भारतीय पुरा-इतिहास कोश

भारतीय पुरा-इतिहास कोश

भाग—2

अरुण

एम. ए. (प्राचीन भारतीय इतिहास)

राधा पब्लिकेशन्स

नई दिल्ली - 110002

पहला संस्करण : 2009
ISBN 81-7487-600-6

राधा पब्लिकेशन्स
4231/1, अंसारी रोड, दरियागंज
नई दिल्ली- 110002
फोन नं० 23247003, 23254306

श्री नितिन गर्ग द्वारा राधा पब्लिकेशन्स, के लिए प्रकाशित तथा छाया ग्राफिक्स,
दिल्ली-6 द्वारा शब्द संयोजन होकर एशियन आफसेट
प्रिंटर्स, मौजपुर, शाहदरा, दिल्ली में मुद्रित।

विषय-तिथिक्रम-संकेतसूची

वंशावलि

नहुष की पत्नी पितृकन्या विरजा थी। उसके गर्भ से नहुष के पाँच बलशाली पुत्र हुए। सबसे बड़े यति का विवाह इक्ष्वाकु के पौत्र ककुत्स्थ की पुत्री गो से हुआ था। उन्होंने राज्य स्वीकार नहीं किया। मोक्ष धर्म की ओर रुचि होने से वे मुनि हो गये।

नहुष के बाद ययाति प्रतिष्ठान के राज्यसिंहासन पर बैठे। उन्होंने दिग्विजय की। उन्होंने पश्चिम में सरस्वती तक सारा मध्य देश जीता। साथ ही दक्षिण तथा दक्षिण-पूर्व में विजय प्राप्त की। वह भारत के सर्वप्रथम सम्राट् थे। उन्होंने भार्गव ऋषि उशनस-शुक्र की कन्या देवयानी तथा असुरराज वृषपर्वन की कन्या शर्मिष्ठा से विवाह किया। देवयानी से यदु और तुर्वशु तथा शर्मिष्ठा से अनु, द्रुह्यु और पुरु नामक पुत्र उन्हें प्राप्त हुए। यदु दक्षिण-पश्चिम में चर्मणवती (चम्बल), वेत्रवती (बेतवा) और शुक्तिमती (केन) नदियों की भूमि में चला गया। आगे चलकर यादवों ने गुजरात में राक्षस शक्ति को नष्ट कर दिया जिसने शर्यात कुल को उखाड़ फेंका था। यादवों में से हैहय, अन्धक-वृष्णि, सात्वत आदि कुल निकले जिनमें सहस्रार्जुन, बलराम, कृष्ण जैसे वीर हुए।

तर्वशु दक्षिण-पूर्व में रीवा के पास बस गया। यह कुल बाद में पौरवों में मिल गया। अनु से आनव निकले जो गंगा-यमुना के ऊपरी दुआब में चले गये। इनकी विभिन्न शाखाएँ यौधेय, सोवीर, कैकय, आदि थीं। द्रुह्यु पश्चिम में यमुना के पश्चिम तथा चम्बल के उत्तर में बसा। धीरे-धीरे उसके वंशज भारत से बाहर की म्लेच्छ भूमि में फैल गये।

पुरु से मुख्य वंश चला और उस महापुरुष के नाम पर चन्द्र वंश का नाम पौरव कुल भी पड़ गया। पुरु की भार्या का नाम पौष्टी लिखा है, दूसरे स्थान पर कौसल्या। वह कोसल के किसी पुष्ट राजा की कन्या थी।[1]

ययाति को रुद्र ने एक दिव्यगुणयुक्त रथ दिया। वह जनमेजय द्वितीय तक पौरवों पर रहा, फिर जरासन्ध के पास हम उसे पाते हैं, जिससे वह कृष्ण के पास आया।[2]

ययाति के बनाये श्लोक महाभारत में मिलते हैं।[3]

---

1. महाभारत, आदि पर्व 89.5
2. वायु पुराण 93.18-27; महाभारत, सभा पर्व 22.16-28
3. महाभारत द्रोण पर्व 63-11; शान्ति पर्व 26.13-16; वायु पुराण 93.94-101

भारत का प्रथम सम्राट् ययाति

(लगभग 3010 ईसा पूर्व)

१

वह सोलह श्रृंगार कर राह पर चली जा रही थी। छहों ऋतुओं में खिलने वाले सुगन्धित पुष्पों के आभूषण पहने, देह में अंगराग लगाये, केशों में अम्लान पारिजात पुष्प गूंथे, वह अपूर्व शोभा की निधि लग रही थी। उसके बड़े विशाल आकर्षक नेत्र थे। चन्द्रानन, बंकिम भौहें, गजराज की सूंड के समान जंघाएँ, सुडौल नितम्ब तथा स्वर्ण-कलश से सुढार कुचों से राह की वनस्पति में भी काम का संचार हो रहा था, प्राणि-मात्र का तो कहना क्या।

सहसा घोड़े की टापों की ध्वनि सुनाई दी। सामने से चार अश्वारोही चले आ रहे थे।

रमणी और उसके दोनों साथियों ने कोई ध्यान नहीं दिया। किन्तु रमणी ने अश्वारोहियों को आकर्षित किया। सबने पास आकर अश्व रोक दिए और उतर पड़े।

उनके नेता ने रमणी के सामने आकर पूछा, "सुन्दरी, तुम कौन हो? इधर कहाँ जा रही हो?"

राह रुकी देखकर वह ठिठक गई। उसके मुख पर क्रोध की घटा ने अनोखी छटा उत्पन्न कर दी।

उसके साथी ने रुष्ट स्वर में पूछा, "तुम कौन हो धृष्ट? अपना काम करो।"

आगन्तुक हँसा, "मैं नमुचि का भाई **मय**[1] हूँ।"

परिचय पाकर रमणी और उसके साथी झिझके और हिचके। रजि के नेतृत्व में अन्तिम देवासुर संग्राम में समस्त असुर योद्धाओं का विनाश हो गया था। केवल मय को अग्नि ने छोड़ दिया था क्योंकि वह बहुत प्रसिद्ध वास्तुशिल्प-विशेषज्ञ था। असुर-शक्ति नष्ट होने पर वह दक्षिण में चला गया था और वहाँ उसने मानवों के लिए अद्भुत प्रासादों का निर्माण किया था। उसका और उसके स्वजनों का नाम ही वास्तुशिल्पविशारद का द्योतक हो गया।

उस मय को सामने पाकर रमणी ने संसभ्रम उत्तर दिया, "असुरश्रेष्ठ, मैं अप्सरा **हेमा** हूँ और यह मेरे साथी गन्धर्व हैं।"

"तुम कहाँ जा रहे हो?" मय ने ललचाई दृष्टि से उसका सौन्दर्य आँकते हुए कहा।

"हम शेषशायी विष्णु की सेवा में जा रहे हैं। वहाँ मैं अपना नृत्य दिखाऊँगी।"

---

1. महाभारत, आरण्यक पर्व 218.39

''तन्वंगी, तुम्हारे रूप ने मुझे मोह लिया है। पहले तुम मेरे साथ चलकर मुझे सन्तुष्ट कर दो, फिर नागराज के दरबार में चली जाना।''

''लेकिन.........

''हेमा, तुम अप्सरा हो। रीझे हुए व्यक्ति को सन्तुष्ट करना तुम्हारा धर्म है।''

हेमा भय के कारण पीली पड़ गई। उसके साथी ने कहा, ''अप्सरा रमण करने में बिल्कुल स्वतन्त्र है। उसकी इच्छा सर्वोपरि है, असुरराज।''

''तो मेरी इच्छा पूरी करो सुन्दरी।''

''किन्तु मेरी इच्छा............

''किन्तु मेरी इच्छा पूरी करनी होगी,'' मय ने बिगड़ कर कहा।

''असुरराज, यह बलात्कार है।''

मय ने अपने साथियों को संकेत किया। थोड़े संघर्ष के बाद उन्होंने हेमा और उनके साथी गन्धर्वों पर अधिकार पा लिया।

तीन दिवस उपरान्त हेमा इन्द्रलोक लौटी। उस पर बलाकार का समाचार सुनकर देवों के भुज फड़क उठे। उस मय का यह साहस जिसे दया करके छोड़ दिया गया था! इन्द्र ने तत्क्षण सभा का आयोजन किया। निश्चित किया गया कि नागराज के पास सहायता के लिए दूत भेजा जाय क्योंकि यह नागराज क्या भगवान विष्णु का अपमान है कि उनकी सेवा में प्रस्तुत किया गया रत्न असुर द्वारा अपहरित कर लिया गया।

हेमा पर बलात्कार जानकर शेषनाग कुल बहुत क्षुब्ध हुआ। अपनी सेना सजाकर वह भी देवों में आ मिला।

हेमा के सौन्दर्य को देखकर मय अपनी सुधबुध खो बैठा था। काम-पिपासा से व्याकुल होकर वह बलपूर्वक उसे उठाकर ले गया। दो दिन बाद जब उसे अपने कार्य की सुध आई तो वह बहुत घबराया–देव इस अपमान का भयंकर बदला लेंगे। महान् असुर साम्राज्य का अन्त हो चुका था। उसके स्थान पर छोटे-छोटे असुर नगर-राज्य किसी भांति अपना अस्तित्व बनाये हुए थे। वे देवों के सामने नहीं खड़े हो सकते थे। मानवों के लिये उसने भाँति-भाँति के प्रासाद बनाये थे किन्तु देवों के विरुद्ध उनकी सहायता का प्रश्न ही नहीं उठता। उसे केवल एक आशा उस असुर साम्राज्य से हो सकती थी जो दक्षिण में सिन्धु और सरस्वती नदियों के बीच में फैला हुआ था। उसका सम्राट वृषपर्वा बहुत शक्तिशाली था। और उसका कुलगुरु भृगुकुलोत्पन्न कवि का बेटा उशना या शुक्र संसार-प्रसिद्ध विद्वान् था।

मय अपने स्वजनों के साथ दक्षिण की ओर भागा और **वृषपर्वा** से शरण मांगी। प्राचीन धर्म के अनुसार वृषपर्वा ने शरणागत का स्वागत किया।

देव और नाग भी पीछा करते हुए वृषपर्वा के राज्य की सीमा तक आ पहुँचे। उन्होंने दूत भेजकर अपराधी मय को मांगा किन्तु वृषपर्वा ने शरणागत को देने से इंकार कर दिया। भीषण युद्ध हुआ जो अनेक दिनों तक चला। देव चकित थे कि उन्हें बहुत जन-हानि उठानी पड़ रही है किन्तु असुरों के मृतक कहीं दिखाई नहीं देते। प्रतिकार लेने के उत्साह में वे रणक्षेत्र में डटे रहे और एक दिन अवसर पाकर

उन्होंने और नागों ने मय और उसके साथियों का संहार कर डाला। अपना ध्येय पूरा कर वे हिमालय में देवलोक में लौट गये।

२

"देवराज, आप जानकर अचम्भित रह जायेंगे कि **शुक्राचार्य** संजीवनी विद्या जानते हैं।" नारद ने देवसभा को समाचार दिया। युद्ध के बाद वह नीचे रह गया था और पूर्व में मानव राज्यों में चला गया था। लौटकर वह अपने एकत्रित किये समाचार दे रहा था।

दार्भ्य ने पूछा, "कौन शुक्राचार्य?"

इसका उत्तर बृहस्पति ने दिया, "शुक्र विद्या-नभ का देदीप्यमान नक्षत्र है। उसके जैसा विद्वान मिलना दुर्लभ है। उसने धनुर्वेद पर एक ग्रन्थ लिखा है। साथ ही महान् अर्थशास्त्र रचा है जिसमें नूतन औशनस नीति की व्याख्या की है। वह सारा संसार घूम चुका है। वृषपर्वा ने उसका मूल्य जानते हुए बहुत मान-सम्मान देकर किसी भाँति उसे रोक रखा है।"[1]

"उशना के कारण भृगुकुल का नाम सारे संसार में फैल गया है," नारद ने जोड़ा। "यहाँ तक कि अर्वस्थान (अरब) जैसे दूर देश में भी उसके नाम पर काव्य (काबा) (कवि का पुत्र होने के कारण शुक्र को काव्य[2] भी कहते थे) नगर बसाया गया है जिसमें उसने काला शिवलिंग स्थापित किया है।"[3]

"यह न भी हो, फिर भी शुक्र के समान कूटनीतिज्ञ तथा विद्वान मिलना असुरों का सौभाग्य है।" बृहस्पति के मुख से शुक्राचार्य की प्रशंसा निकल रही थी।

इन्द्र ने पूछा, "यह संजीवनी विद्या क्या है नारद?"

"देवराज, मय के साथ जब हमारा युद्ध छिड़ा था, तब हम चिन्तित थे कि हमारी जनहानि अधिक हो रही है, असुरों की संख्या घटती दिखाई नहीं देती थी?"

"ऐसा लगता था। हो सकता है यह हमारा भ्रम हो।"

"भ्रम नहीं, इन्द्र! यह तथ्य है," नारद ने कहा।

"क्या मतलब?" अग्नि ने अचम्भे से पूछा। "यह कैसे हो सकता है?"

"यह शुक्राचार्य की संजीवनी विद्या का प्रभाव था।"[4]

"यह क्या बला है?" दस्र विस्मित रह गया।

"संजीवनी विद्या का रहस्य पूरे विश्व में केवल उशना जानते हैं।[5] उन्होंने इस विद्या को ढूंढ निकाला है। अपनी खोजी जड़ी बूटी और आत्म-शक्ति से वे मृत प्राय व्यक्ति को भी जीवित कर डालते हैं।" नारद ने व्याख्या की।

---

1. तैत्तिरीय संहिता 2.5.8.5; तांडय ब्राह्मण 7.5.20; सांख्यायन श्रौतसूत्र 14.27.1
2. मत्स्य पुराण 25.9; वायु पुराण 65.74-75
3. दक्षिण अरब में सागरतट पर स्थित नगर से भारतीय प्रतिमाएँ खोद निकाली गई हैं। प्राचीन काल में भारतीय बस्ती थीं। अर्व का अर्थ घोड़ा है। और अरबी घोड़े आज तक प्रसिद्ध हैं।
4. महाभारत, आदि पर्व 8
5. देवी भागवत 4.11

"ऐसा कैसे हो सकता है?" दस्र और नासत्य दोनों एक साथ चिल्लाये। "ऐसी कोई जड़ी बूटी नहीं है।" अश्विनीकुमार देवों के वैद्य प्रसिद्ध थे। उनका वैद्यक ज्ञान काफी बढ़ा-चढ़ा था। यहाँ तक कि ऋषि खेल की पत्नी विश्पला की टाँग जब देवासुर संग्राम में कट गई थी तब उन्होंने उसके लोहे की टाँग लगाकर सबको आश्चर्यचकित कर दिया था।[1] फिर भी संजीवनी विद्या का सुनकर वे दंग रह गये।

नारद ने तह चढ़ाई, "मैंने बात रोकथाम कर बताई है। वैसे लोकविद्युत है कि वे मृत व्यक्ति को जीवित करने की सामर्थ्य रखते हैं। पिछले समर में उन्होंने सब मत असुरों को संजीवनी विद्या से जीवित कर दिया था।"

सब कुछ पल को शान्त हो गये।

इन्द्र ने ढाढस बँधाते हुए कहा, "शुक्र की प्रशंसा करके बृहस्पति ने अपना बड़प्पन दिखाया है। सब जानते हैं कि विद्या, बुद्धि और धर्म ज्ञान में वे हर प्रकार से शुक्र से बढ़कर हैं।"

"परन्तु संजीवनी विद्या के बिना सब व्यर्थ है।" स्वयं बृहस्पति ने देवराज का प्रतिवाद किया।

"यही हमारी चिन्ता का प्रमुख कारण है," इन्द्र ने माना।

"यदि हमने यह विद्या न सीखी तो अनर्थ हो जायेगा," नारद ने बताया। "समरों में हमारी संख्या और शक्ति का ह्रास होता रहेगा और असुर शक्ति पूर्ववत् बनी रहेगी। आज का शक्ति-सामंजस्य कितने दिन रहेगा?"

अग्नि अद्भुत लड़ाका था। उसने सलाह दी, "क्यों न हम अभियान सजाकर उशना का वध कर डालें। न रहेगा बांस न बजेगी बांसुरी।"

दस्र ने शंका की, "उन्होंने अनेक असुरों को यह विद्या सिखा दी होगी।"

"ऐसा नहीं है," नारद ने बताया। "संजीवनी विद्या के लिए आत्मा की शक्ति अत्यन्त आवश्यक है। बिरला ही इसे उपयोग में ला सकता है। इसी कारण वृषपर्वा ने शुक्र की सुरक्षा के लिये सब साधन जुटा रखे हैं। बिना आज्ञा के शुक्र के आश्रम में पक्षी भी पंख नहीं फड़फड़ा सकता। इसके लिये हमें भीषण युद्ध करना होगा और वह हमारे लिये बहुत हानिप्रद होगा।"

"नासत्य, दस्र, तुम कोई उपाय करो," इन्द्र ने अश्विनीकुमारों से सहायता माँगी।

"देवराज, देवलोक में उपजी प्रत्येक जड़ी बूटी को हम भली भाँति पहचानते हैं। ऐसी कोई जड़ी नहीं है जो मृत प्राणी में जीवन संचार कर सके।"

"फिर क्या किया जाय?" इन्द्र हताश हो उठा।

दस्र का विचार था, "किसी प्रकार से यह संजीवनी विद्या भृगुकुलश्रेष्ठ से सीखी जाय।"

"मैंने पहले बताया कि यह विद्या किसी महान् आत्मा द्वारा ही फलवती होती है। हर कोई इसे नहीं सीख सकता।" नारद ने बात काटी।

---

1. ऋग्वेद 1.171-173

''मैं यह विद्या सीखने के लिए शुक्राचार्य का शिष्य बनने के लिए तैयार हूँ।'' बृहस्पति ने कहा।

''लेकिन आपको शुक्र के आश्रम तक असुर जाने क्यों देंगे? आपको सारा जग पहचानता है।'' इन्द्र का प्रश्न था।

ये सब बातें बृहस्पति का ज्येष्ठ पुत्र **कच** जो सभा में उपस्थित था सुन रहा था। वह अभी युवक था, इस कारण बड़ों की बातों में नहीं बोल रहा था। लेकिन अब उससे नहीं रहा गया। नम्रता से उसने पूछा, ''हमारी समस्या का केवल एक ही हल हो सकता है कि कोई देव संजीवनी विद्या सीख आये और देवलोक में उपयोग में लाये। यदि पिताजी का आशीर्वाद मिले और आप बड़ों की आज्ञा हो तो मैं इसके लिए प्रयत्न करता हूँ।''

''तुम?'' बृहस्पति के मुख से निकला। पिता को पुत्र सर्वदा बालक लगता है।

अग्नि हर्ष से चिल्लाया, ''कच ने हमें उबार लिया। यह बृहस्पति की विद्या, ज्ञान, शक्ति का उत्तराधिकारी है। यह शुद्ध आत्मा है, यह उच्च आत्मा है। फिर इसे कोई नहीं पहचानता। यह असुर नगरी में घुस सकता है।''

इन्द्र ने भी गम्भीरता से कहा, ''देवकुलगुरु, मैं कच की बात से पूर्णतया सहमत हूँ। हम तुम वृद्ध हो चुके हैं। एक दिन कच ही बृहस्पति बनेगा। तुमने उसे सब प्रकार से योग्य बना दिया है। बस, यही कमी वह पूरी कर लेगा, तो उसका यश दिन दूना रात चौगुना फैलेगा।''

देवराज के कथन ने बृहस्पति की रही सही हिचक भी दूर कर दी। उन्होंने आगे बढ़कर कच को हृदय से लगा लिया, ''बेटा, तूने आज बृहस्पति कुल का नाम ऊँचा कर दिया। मुझे तुझ पर बहुत गर्व है। मैं आशीर्वाद देता हूँ, तू अपने काम में सफल हो।''

देवों के हृदय हिलोर ले उठे। शतक्रतु उल्लास से भरकर इन्द्रासन से उठा और अपनी आजानुबाहु बाँहों में कच को लपेट लिया। कच का मस्तक सूंघते हुए गद्गद् कण्ठ से स्वर फूटा, ''कच, तुम आयुष्मान हो। समूची देव जाति को बचाने का बीड़ा तुमने उठाया है। हम सब का आशीर्वाद है तुम अपने कार्य में सफल हो। हम सब का कल्याण होगा।''

अग्नि आदि ने भी कच को घेर लिया था। और सब उसे प्रोत्साहन दे रहे थे। नारद से अधिक संसार को जानने वाला और कोई नहीं था। उसने कच को सलाह दी, ''गुरूपुत्र कच, तुम असुर का भेष बनाकर वृषपर्वा की राजधानी में जाना, तभी तुम सरलता से प्रवेश पा सकोगे। परन्तु प्रवेश ही सब कुछ नहीं है, असली बात है कि शुक्राचार्य तुम्हें संजीवनी विद्या सिखाने को तत्पर हो जायँ।''

नारद की बात सच थी। म्याऊं का ठौर यही था।

बृहस्पति बोले, ''पुत्र, तुम निःस्पृह भाव से शुक्राचार्य की सेवा करना। ब्रह्मचारी व्रत का पालन करना। प्रसन्न होकर भार्गव तुम्हें अपनी विद्या का भागी बनायेंगे।''

''तात, आपकी आज्ञा शिरोधार्य है।'' कच ने नम्रता से स्वीकार किया। फिर नारद की ओर उसने मुड़कर पूछा, ''पितृव्य, आप मुझे वहाँ की परिस्थिति से अवगत करायें।''

नारद बोला, ''मैं तुम्हें एक सलाह देता हूँ। तुम ध्यान से सुनो। कवि के पुत्र उशना ने पितृ-कन्या गो से विवाह किया था।[1] दो कन्याओं को जन्म देने के बाद गो स्वर्ग सिधार गई। बड़ी पुत्री देवी ने चचेरे भाई वरुण से विवाह किया और वह अपने घर चली गई।[2] छोटी पुत्री देवयानी शुक्र के आश्रम में रहती है और पिता की बहुत लाडली है। यदि तुम किसी भाँति देवयानी को प्रसन्न कर सके तो तुम्हारा कार्य बहुत सरल हो जायेगा।''

''मैं पूरा प्रयत्न करूँगा।''

३

असुर राजधानी के बाहर शुक्राचार्य का आश्रम था। उसके समान रम्य और विशाल आश्रम उस समय धरातल पर दूसरा नहीं था। नाना प्रकार के फल-फूलों से भरे वृक्षों और उनसे लिपटी लताओं से वह आच्छादित था। उसमें अनेक तड़ाग, कूप और वापी स्थित थे। प्रकृति ने मुक्तहस्त हो अपनी सुषमा वहाँ बिखेरी थी।

यही नहीं, वह राजसी समृद्धियों से भी भरा हुआ था। संसार की ऐसी कोई वस्तु नहीं थी जो वहाँ उपलब्ध न हो सके। ये वीतराग शुक्राचार्य के लिए नहीं थीं, बल्कि उनकी लाडली पुत्री **देवयानी** के उपभोग की वस्तुएँ थीं। वृषपर्वा जानता था कि शुक्राचार्य का आज क्या स्थान है। उसका आदेश था कि असुर आचार्य को किसी प्रकार का कष्ट न होने पाये और उनकी छोटी से छोटी इच्छा पूरी की जाये।

देवयानी पिता की आँखों का तारा थी। देवी वरुण से विवाह करके बहुत दूर चली गई थी। पिता का सारा वात्सल्य उसे प्राप्त था। शुक्र पूरा ध्यान रखते थे कि उसे अपनी माँ की कमी प्रतीत न हो। इसी कारण वह हठीली हो गई थी। आश्रम में भी उसे सब राजसी ठाठ प्राप्त थे। शुक्राचार्य से पहले वृषपर्वा उसकी हर उचित-अनुचित इच्छा को पूरी करता था।

भार्गव के आश्रम में देवों का प्रवेश निषिद्ध था। दुर्दान्त असुर सैनिक छाया के समान उसकी रक्षा करते थे। उनके नेत्रों में धूल झोंकने के लिए **कच** ने असुर छात्र का वेश धारण किया और निर्भीक होकर आश्रम में प्रवेश करने के लिए आगे बढ़ा। पहरेदार उसे न चीन्ह सके और वह अन्दर चला गया।

देवगुरु बृहस्पति के पुत्र कच का अलौकिक सौन्दर्य कामदेव का प्रतिद्वन्द्वी था। उसके तेजस्वी मुख पर ब्रह्मवर्चस का वह अनुपम ओज था कि लोक को अनायास अपनी ओर आकृष्ट करता था। उसके तेजवी नेत्रों में ऐसी ज्योति थी जो कठोर से कठोर व्यक्ति को सहसा मन्त्रमुग्ध कर लेती थी। उसके वृषभ स्कन्ध और विशाल वक्षस्थल उसे प्राणियों की एक अलग श्रेणी में रखते थे। अजानुबाहु भुजाओं को देखकर

---

1. ब्रह्माण्ड पुराण 3.1.74
2. महाभारत आदि पर्व, 60.52

युवतियों को उनमें आलिंगनबद्ध होने की लालसा उमड़ती थी। युवक उसका मित्र बनने में सौभाग्य समझते थे और वृद्ध पुत्र-सम उस पर वात्सल्य उडेलते थे।

कच अन्दर प्रविष्ट हो गया किन्तु उसका हृदय धड़क रहा था। नेत्र चंचल बनकर इधर-उधर घूम रहे थे। पग धीरे-धीरे उठ रहे थे। तभी यकायक उद्यान में उसकी देवयानी से भेंट हो गई। उसने देखा–एक अनुपम सुन्दरी युवती। उसके समान गोरा रंग देवों में भी मिलना कठिन था। तीखे लम्बे नेत्र, शुकसम नासिका, भरे भरे लाल होंठ, लम्बी पतली ग्रीवा, अवर्णनीय देह-यष्टि। कुछ क्षण को वह ठिठका रह गया। कुलगत आभिजात्य शालीनता ने उसे सहारा दिया। पराई युवती कन्या को इस प्रकार देखते रहना उसने ठीक नहीं समझा। नेत्र नीचे करके वह राह से एक ओर हट गया।

कच से नेत्र मिलते ही देवयानी सहम गई। उसे प्रतीत हुआ कि उसके पगों में प्राण नहीं रहे। वक्षस्थल का तीव्र कम्पन उसने पहली बार अनुभव किया। नेत्रों की उच्छृखंलता पहली बार उसे पता चली–वे उस सौम्य युवक पर से हटने को मना कर रहे थे। उसकी रोमावली खड़ी हो गई। उस प्रियदर्शन युवक ने उस पर सम्मोहन कर दिया। सुध में आकर वह बहुत लज्जित हुई। उसकी सखियाँ क्या सोचती होंगी! शीघ्रता में उसने पग बढ़ाये।

कच चोरी-चोरी झाँक रहा था। उत्सुकता ने उसके हृदय पर अधिकार कर लिया था। कौन है यह सुन्दरी?

हर पग पर देवयानी का गर्व गलता जा रहा था। पहली बार उसे पता चला कि कुछ भाव ऐसे भी हैं जिन्हें किसी से नहीं प्रकट किया जा सकता, चाहे वे सखियाँ हों, चाहे पिता। अब तक जो इच्छा मन में उभरती थी वह उसे प्रकट कर देती थी और प्रकट करने का अर्थ था उस इच्छा का पूर्ण हो जाना। लेकिन आज लोक-लाज ने उसके मुख पर मुहर लगा दी थी, यही नहीं, नेत्रों पर भी अधिकार कर लिया था। केवल एक-दो बार उसने कनखियों से कच की ओर झाँका।

देवयानी के चले जाने पर कच मार्ग पर आ गया। वह आगे बढ़ा। राह में उसे एक स्नातक मिला जिससे उसने आचार्य की कुटिया का पता पूछा। बताई राह पर चलने पर वह शीघ्र वहाँ पहुँच गया।

कविपुत्र कुटिया में अकेले बैठे थे। कच ने देखा एक तेजस्वी सिद्ध पद्मासन पर बैठे हैं। उनके देदीप्यमान नेत्रों से स्नेह की वर्षा हो रही है। वह आगे बढ़ा और भृगुनन्दन के चरण छूकर प्रणाम किया।

शुक्राचार्य ने स्निग्ध स्वर में कहा, ''आसन लो, वत्स।''

सकुचाता सा कच सामने रखे आसन पर बैठ गया। उसकी समझ में नहीं आया वह कैसे बातचीत आरम्भ करे।

शुक्राचार्य ने उसकी झिझक दूर करने के लिए पूछा, ''कहाँ से आ रहे हो वत्स? बहुत थके प्रतीत होते हो।''

'क्या वह अपना वास्तविक परिचय छिपाले?' कच ने सोचा। 'नहीं, इन दूरदर्शी नेत्रों से कोई भेद नहीं छिपा रह सकता। उसे इन नेत्रों के स्नेह पर विश्वास करना होगा।'

''आचार्य, मैं देवकुलगुरु बृहस्पति का पुत्र हूँ। मेरा नाम कच है। विद्या ग्रहण करने के लिए मैं आपकी सेवा में.....

''क्या कहा? बृहस्पति का पुत्र!'' शुक्राचार्य विचलित हो उठे। ''आ पुत्र, गले से लग जा।'' उन्होंने कच को अपनी क्रोड़ में समेट लिया।

''कितने दिनों से मन में उस महान् विभूति के दर्शन करने की इच्छा संजोये था। आज उसी रक्त-मज्जा से निर्मित प्राणी देखकर मुझे कितना हर्ष हुआ है, यह तुम समझ सकते हो कच।''

कच का गला गद्गद् हो आया। वह क्या कहे? एक पिता की गोद छोड़कर वह दूसरे पिता के पास चला आया है।

''बृहस्पति तो सूर्य के समान हैं। अवश्य तुमने उनके पास इतने दिन रहकर ज्योति ली है,'' शुक्राचार्य ने आगे कहा।

''आचार्य, आकाश में एक सूर्य है और हमारा सौभाग्य है कि पृथ्वी पर इस समय दो सूर्य ज्योति दे रहे हैं।'' कच ने रुँधे कण्ठ से कहा।

''उनका अर्थशास्त्र मैंने सुना है। विशालाक्ष शिव को उन्होंने जनता के लिए बोधगम्य बना दिया है।''

''अब तो सारे संसार में औशनस अर्थशास्त्र का प्रचार है, भगवन्।''

''कच, मेरी और बृहस्पति की क्या तुलना! धर्म के रहस्य को उनसे अधिक कौन जान सकता है। प्राचीन नीति का सांगोपांग वर्णन उन्होंने किया है। मैंने केवल लोकनीति और राजनीति पर कुछ लिखा है।''

''इसी विद्या का मैं आपसे दान चाहता हूँ, गुरुवर। आपने अनेक स्थानों पर मानव धर्मशास्त्र में क्रान्तिकारी परिवर्तन सुझाये हैं। कृपया मुझे अपना शिष्य स्वीकार करें।''

''बृहस्पति के शिष्य को मैं क्या शिक्षा दूँगा, यही मुझे संकोच है।''

''भृगुश्रेष्ठ, जिस प्रकार अंगिरा और भृगु की सम्मिलित विद्या के अधिकारी पुरातन काल में बृहस्पति हुए थे, उसी प्रकार आपके आशीर्वाद से मैं शुक्राचार्य और आचार्य बृहस्पति की विद्या का अधिकारी बन सकूँ, यही अभिलाषा है।''

शुक्राचार्य का संकोच दूर हो गया। ''मैं तुम्हें शिष्य स्वीकार करता हूँ, कच! योग्य शिष्य मिलना सबसे बड़ा सौभाग्य होता है। जो कुछ मैं जानता हूँ सब तुम्हें पढ़ाऊँगा।''[1]

इसी समय देवयानी वाटिका घूमकर लौट आई थी। कुटिया में पग रखते ही उसने देखा कि वही सुदर्शन युवक पिताजी के चरणों में बैठा है। वह जड़ रह गई। शुक्राचार्य ने पुकारा, 'आओ देवयानी, आगे आओ। तुम्हारा कच से परिचय कराऊँ।''

बड़ी कठिनाई से देवयानी के पग आगे बढ़े।

''देवयानी, यह देवकुलगुरु बृहस्पति के पुत्र ब्रह्मचारी कच हैं। आज से आश्रम में रह कर शिक्षा ग्रहण करेंगे। तुम मेरे समान इनका भी पूरा ध्यान रखना। इन्हें कोई कष्ट न होने पाय।''

---

1. महाभारत, आदि पर्व 18-19

"जो आज्ञा पिताजी," कह कर देवयानी ने कच को प्रणाम किया और कच ने देवयानी को।

"कच, प्राचीन धर्म और नीति का तुम्हें ज्ञान हो चुका है। भृगु और अंगिरा के ज्ञान के तुम उत्तराधिकारी बन चुके हो। लेकिन वह देवों के लिए, प्राचीन असुरों के लिए उपयुक्त है। जीवन बदलता जा रहा है। जो ब्रह्म के लिए उपयुक्त था, क्या वह आज के राज्य और उससे ऊपर साम्राज्य के लिए सफल सिद्ध हो सकता है? जो देवों और असुरों का जीवन व्यवस्थित करता है, क्या वह साधारण लोक, पिशाच, निषाद, राक्षस, नाग आदि का जीवन भी संभार सकता है? क्या ब्रह्म के यज्ञ, विष्णु की पूजा और शिव का तप ही सब कुछ है, लोक में प्रचलित सैकड़ों देवी-देवताओं की मान्यताएँ कुछ नहीं? मैं सारा सभ्य संसार घूमा हूँ और तभी मेरी यह धारणा बनी है। हमें समस्त लोक व्यवहार का समन्वय करना होगा। जीवन में सारी अच्छी बातें अपनानी होंगी। और इसके लिए एक सुदृढ़ साम्राज्य की अत्यन्त आवश्यकता है। लोक, धर्म और राज्य का समान महत्त्व है। यही **औशनस नीति** सूत्र रूप में है। तुम इस पर मनन करना।"

शुक्राचार्य ने देवयानी को लक्ष्य करके कहा, "बेटी, इन्हें एक कुटिया दे दो और रहने का प्रबन्ध कर दो।"

४

देवयानी ने कच के रहने का सुन्दर प्रबन्ध कर दिया। अपनी कुटिया के पास की कुटिया कच के लिए सजा दी। हर आवश्यकता के साधन जुटा दिये।

शुक्राचार्य जानते थे कि कच का चोरी से आश्रम में प्रवेश छिपा नहीं रह सकेगा। असुर जान जाएँगे। यह बात उन्हें बहुत बुरी लगेगी। इसी कारण पहले उन्होंने कच को शिष्य बनाना स्वीकार नहीं किया और उसे वापिस भेजना चाहा। परन्तु फिर कच के अनुरोध पर और अपने मन की दुर्बलता पर लज्जित होकर उन्होंने उसे अपना शिष्य बना लिया। उन्हें अपनी महत्ता का ध्यान हो आया। वृषपर्वा उनकी कोई बात नहीं काट सकता। वे वृषपर्वा के अधीन नहीं रहते।

कुछ दिनों में कच आश्रम का वासी ही नहीं, शुक्राचार्य के परिवार का एक सदस्य बन गया। अपनी सेवापरायणता, विनयशीलता तथा आकर्षक व्यक्तित्व के कारण वह सब आश्रमवासियों का प्रिय बन गया। वह अत्यन्त मेधावी था। भार्गव को आज तक ऐसा शिष्य नहीं मिला था। जो कुछ उसे समझाया जाता, तुरन्त ग्रहण कर लेता था। वे उससे बहुत प्रसन्न थे।

कच को नारद की बताई शिक्षा का ध्यान था। वह जानता था कि वह लोकनीति, धर्म-नीति और राज्य-नीति का पंडित बन जायेगा, लेकिन शुक्राचार्य स्वेच्छा से उसे संजीवनी विद्या का दान नहीं देंगे। इसके लिये उसे देवयानी की सहायता लेनी होगी। थोड़े दिन रह कर उसे पता चल गया कि देवयानी अपने पिता की बहुत लाड़ली है। वे उसकी कोई बात नहीं टालते चाहे वह अनुचित क्यों न हो। इसी कारण उसने हर प्रकार से देवयानी को प्रसन्न रखने का प्रयत्न किया। देवलोक में रहकर उसने संगीत और वादन भी सीखा था। उससे भी वह देवयानी को लुभाने का प्रयास करता था।

देवयानी तो प्रथम दर्शन में ही अपना हृदय कच को दे बैठी थी। हर समय कच के साथ बनी रहती। उसकी तनिक से तनिक आवश्यकता का ध्यान रखती। कच की दिनचर्या उसकी दिनचर्या बन गई। जहाँ जाते दोनों संग जाते, खाते पीते तो इकट्ठे।

यह दशा देवयानी की सखियों और दासियों से छिपी न रह सकी। उनसे वह अन्य आश्रमवासियों में फैली। वे चिन्तित हो उठे। लेकिन वे हठीली देवयानी को जानते थे इसीलिए किसी को शुक्राचार्य से कहने का साहस न हुआ।

धीरे-धीरे यह घटना असुरपुरी की चर्चा का विषय बन गई। असुर-सम्राट् **वृषपर्वा** भी चिन्तातुर हो उठे। उन्होंने राजभवन में मंत्रियों और सामन्तों की बैठक बुलाई। उस बैठक में जब चर ने कच और देवयानी के सतत सान्निध्य की बात बताई तो सब विचलित हो उठे। मंत्री केतुमान् ने कहा, "सम्राट्, कच देवकुलगुरु बृहस्पति का पुत्र है। वह शुक्राचार्य का विश्वासपात्र बन गया है। वह असुरों के लिए जीवन मरण का प्रश्न है।"

सामन्त तुहुण्ड ने क्रोध में पूछा, "कच हमारे नगर में घुस कैसे आया? हम लोगों के डूब मरने की बात है।"

वृषपर्वा ने उसे शान्त करते हुए कहा, "खैर, जो बीत गया उस पर शोक करने से क्या लाभ? हमें क्या करना चाहिये, यह सोचने के लिए मैंने यह सभा बुलाई है।"

विरूपाक्ष ने स्पष्टवादिता से काम लेना चाहा, "महान् वृषपर्वा, हमें भृगुनन्दन से कह देना चाहिए कि वे कच को अपने आश्रम से निकाल दें। क्योंकि वह हमारे शत्रुओं का भेदिया है, उनके विपक्षी का पुत्र है।"

मंत्री इषुपाद ने प्रतिवाद किया, "आप सब लोग ऋषि काव्य को भली-भाँति पहचानते हैं। ऐसी बात सुनकर वे अपना अपमान समझेंगे और तत्क्षण असुर-भूमि को त्याग देंगे। हम अपने बैरियों के हाथ खेलकर उनका मनचीता पूरा कर देंगे।"

"कच और देवयानी के विषय में जो समाचार सुनने में आ रहे हैं उनसे प्रत्यक्ष है कि किसी भी दिन दोनों विवाह करके अमरावती चले जायेंगे और फिर अकेले न रह पाने के कारण शुक्राचार्य भी अपना बोरिया बिस्तर समेट लेंगे।" मुंहफट तुहुण्ड बोला।

वृषपर्वा ने मान लिया, सब "सम्भावनायें हैं। हमें इस बात का ध्यान रखना है कि हम शुक्राचार्य को कुपित नहीं कर सकते। न उनको हानि पहुँचा सकते है। यह जो कच रूपी कांटा गड़ गया है, इसे किसी प्रकार निकाल फेंकना है।"

सम्राट् के शब्दों ने मंत्री विरूपाक्ष को राह सुझाई। उसने मंत्रणा दी, "जिस प्रकार कच हमारे अनजाने आश्रम में घुस आया और हम कुछ न कर सके, उसी प्रकार उसे चोरी छिपे यदि मृत्यु के घाट उतार दिया जाय तो असुरकुलगुरु कुछ न कर पायेंगे।"

यह सलाह सबको रुचिकर लगी और इसे काम में लाने का निश्चय किया गया। यह काम आठ विश्वस्त अनुचरों पर छोड़ दिया गया।

उस समय की शिक्षा-पद्धति के अनुसार गुरु की गौएँ चराने का कार्य शिष्य के लिए अनिवार्य था। कच प्रातः गुरुसेवा से निमट कर तथा अध्ययन के उपरान्त आश्रम की गायें चराने जाया करता था और यही समय था जब देवयानी को उससे अलग रहना पड़ता था। अगले दिन कच अपने नित्य के कार्य पर चल दिया। उसे नहीं पता था कि असुर-सभा में क्या निश्चय लिया गया है। लौटने के समय से कुछ पहले असुरों ने उस पर आक्रमण किया। उसने लड़ने का काफी प्रयत्न किया, किन्तु आठ के सामने वह अकेला कहाँ तक टिक सकता था? लड़ते-लड़ते वह पृथ्वी पर गिर पड़ा। एक-दो वार और कर उसे मरा जानकर वे असुर भाग गये।

''सूर्य भगवान् पेड़ की फुनगियों से क्षितिज पर उतर आये। गोधूलि का समय हो गया। आश्रम की गौएँ रंभाती हुई कच के बिना वापस लौट आईं। उनका रंभाना सुनकर देवयानी को अनिष्ट की आशंका हुई और वह कुटिया से बाहर निकल आई। बाहर गौओं के मध्य कच को न पाकर उसका माथा ठनका। वह तत्पल शुक्राचार्य के पास गई और सिसकती हुई बोली, ''तात! भगवान भास्कर अस्तंगामी हो गये। हमारी गायें भी आश्रम लौट आई हैं। किन्तु कच नहीं लौटकर आया।''

''पुत्री, चिन्ता क्यों करती हो? कच राह में रुक गया होगा। थोड़ी देर में आ जायेगा।''

''ऐसा कभी नहीं हुआ पिताजी! यदि उसे रुकना होता तो वह मुझसे कह कर जाता। वह आज तक कभी नहीं रुका। मुझे उसके अमंगल की आशंका है।''

''अमंगल की क्या आशंका? यहाँ आश्रम में और वन में उसका अमंगल कौन करेगा?''

''आप जानते नहीं। जब से कच यहाँ आया है सब असुर उसे शत्रु मानते हैं। उन्होंने कहीं उसे....'' देवयानी ने बलपूर्वक अपने को रोका, लेकिन फूटकर रो पड़ी।

शुक्राचार्य के नेत्र विकराल हो उठे। होंठ को दाँतों से काटते हुए वे गरजे, ''सब जानते हैं मेरे शिष्य का शत्रु मेरा शत्रु है। फिर भी तुम्हारा चिन्ता करना ठीक है। मैं और तुम साथ चलकर देखते हैं।''

देवयानी को एक-एक पल की देरी भयानक लग रही थी। ''लेकिन देखेंगे कहाँ? इतना लम्बा चौड़ा वन है।''

''कपिला को ले लेते हैं। देख कैसे रंभा रही है! बेचारा मूक पशु! हम से कुछ कहना चाह रही है। यह हमें उस स्थान पर ले जायेगी।''

गाय को साथ लेकर शुक्राचार्य और देवयानी वन में चल दिये। तीव्र पगों से वे उस स्थान पर आ पहुँचे जहाँ मरणोन्मुख कच पड़ा था।

कच को मृत पड़ा देखकर देवयानी संज्ञाहीन हो गिरने लगी। शुक्राचार्य ने उसे सहारा देकर लिटा दिया। ''देवयानी, बेटी, दिल छोटा न कर। मैं कच को शीघ्र संजीवनी विद्या के प्रयोग से जीवित कर दूँगा। क्या तुम्हें ज्ञात नहीं कि तुम्हारा पिता मृत्यु की विकराल दाढ़ों को तोड़ने की शक्ति रखता है।''

आचार्य के मुख से अस्फुट मन्त्र-ध्वनि गोधूलि के नीरव वातावरण में फैलने लगी। वे तेजोमय हो उठे। उन्होंने एक बूटी का रस कच के मुख में टपकाया और दूसरी का लेप उसके घावों पर कर दिया। मन्त्रोच्चारण ऊँचा हो गया था।

देवयानी मन्त्रमुग्ध सी देखती रही। उसने पिता की इस विद्या के विषय में सुना बहुत था, देख आज पहली बार रही थी।

कुछ मिनटों में कच के पीले निष्प्राण मुख पर रक्त की लहर दौड़ गई। उसने नेत्र खोल दिये। गुरुवर को अपने सम्मुख पाकर वह अचकचा कर उठ बैठा और उन्हें प्रणाम किया।

"बेटा कच, तुम्हें किसने मारना चाहा?" शुक्राचार्य ने पूछा।

"आचार्य, आठ असुरों की एक टोली ने मुझे यहाँ घेर लिया। मैंने उनका सामना किया किन्तु संख्या के आगे मेरी कुछ न चली। वे मुझे मारकर चले गये।"[1]

कच को उठता देखकर देवयानी को अपनी दुर्बलता पर लज्जा आई। वह शीघ्र उठकर उसके पास आई और बीच में बोल पड़ी, "पिताजी, यह असुरों का कितना दुस्साहस है। आप वृषपर्वा से कह उन्हें दण्ड दिलवाइये।"

दूरदर्शी शुक्राचार्य देवयानी की बात सुनकर मन ही मन मुस्करा उठे। वे समझ गये थे कि बिना वृषपर्वा के इंगित के साधारण असुर का यह साहस नहीं हो सकता कि उनके शिष्य पर हाथ उठाये। और वे वृषपर्वा से इस बात पर रुष्ट होना नहीं चाहते थे। वृषपर्वा उनके आदर्श राज्य का मूर्त रूप था।

उन्होंने दिलासा दिया, "कच, असुरों के वेश में दस्यु होंगे। वे अनजाने में तुम पर आक्रमण कर बैठे। अब अपनी भूल पर पछता रहे होंगे।"

रक्त से सने कच को उन्होंने सहारा देकर उठाया। तीनों वापस आश्रम की ओर लौट लिये।

कविपुत्र मन में मना रहे थे कि वृषपर्वा को मेरा संजीवनी विद्या का प्रयोग ज्ञात हो जायेगा और वह फिर ऐसा दुस्साहस नहीं करेगा।

५

यति मुनि हो गया। युवक **ययाति** को राजसिंहासन मिला।

ययाति बहुत उच्चकांक्षी था। मानव धर्मशास्त्र का वह अच्छा ज्ञाता था। वैवस्वत मनु की इस बात को उसने अपना मूल मन्त्र मान रखा था कि इस भू पर भविष्य मानव के हाथ में है, देव, दानव, असुर, नाग के नहीं। सूत और मागध की पुरानी गाथाएँ सुनकर उसका विश्वास दृढ़ हो गया था। पुरानी सभ्यताएँ आपस में लड़भिड़कर, विलासिता में निष्क्रिय बनकर नष्ट हो रही थीं और मानवों में से अनेक वीर थोड़े-थोड़े साथियों को लेकर ही नया संसार बसाने निकल रहे थे।

साथ ही उसने औशनस राजनीति पर भी विचार किया था। उसका सखा अनमित्र भार्गव के आश्रम में रहा था और इस शास्त्र की शिक्षा ग्रहण करके आया था। उससे

---

1. महाभारत, आदि पर्व 76.31-34

ज्ञानपिपासाकुल ययाति ने एक-एक शब्द ध्यानपूर्वक सुना था। अनमित्र को उसने अपना एक मंत्री बनाया था। और इस समय भी वह मन्त्रणागृह में उससे वार्ता कर रहा था।

''अनमित्र, देवों की शक्ति समाप्त होती जा रही है। देवलोक केवल हमारे लिए स्वर्ग के समान रह गया है जहाँ धर्म के अनुसार चलने से दूसरे जीवन में जाया जा सकता है।''

''राजन्, हम उन्हीं की सन्तान हैं। . . .

''उन्हीं की नहीं, हम मानव देव, असुर, गन्धर्व आदि सब की सन्तान हैं। इन सब कुलों की अच्छी बातें हमने अपनाई हैं।''

''यह आप ठीक कह रहे हैं। पर मेरी बात का मर्म समझिये। भृगुनन्दन का उपदेश है कि लोक को धर्म की राह पर चलाने के लिए एक सुदृढ़ साम्राज्य का होना आवश्यक है। लोक, धर्म और राज्य एक दूसरे के पूरक हैं। सुखी लोक और धर्म का पालन स्वयं एक राज्य को सुदृढ़ करते हैं। मेरा यही कहना है कि देवों की छत्रछाया में हमें अपना साम्राज्य फैलाना चाहिए। तभी इस भू पर धर्म फैलेगा।''

ययाति कुछ देर चुप रहा मानो भार्गव की बात को हृदयंगम कर रहा हो। फिर उत्साह से बोला, ''मैं भी यही करना चाहता हूँ। लेकिन देवों के ऊपर निर्भर होकर नहीं, मानव अपने पैरों पर स्वयं खड़ा होगा। मैं मानवों का साम्राज्य स्थापित करूँगा।''

अनमित्र भावुक होकर अपने युवा राजा के सपने में डूबे नेत्रों को देखता रहा। कुछ क्षण बाद उसने बात काटी, ''लेकिन नाहुष, इससे मानवों की शक्ति का क्षय होगा। वे आपस में लड़ेंगे। साम्राज्य के लिये बलि देनी होगी।''

ययाति मुस्करा दिया, ''अनमित्र, तुम अनेक वर्ष असुरनगरी में रहे हो। उनके साम्राज्य की स्थापना तुम्हारे मन में चक्कर काट रही है। लेकिन मैं उस प्रकार साम्राज्य स्थापित नहीं करूँगा।''

''तो फिर?'' अनमित्र की समझ में नहीं आया।

''मानव धर्म में साम्राज्य का भी नया रूप होगा। उसमें वह धर्म पर स्थिर होगा, बल पर नहीं।''

''लेकिन कैसे?'' अनमित्र के मुख से निकल पड़ा। उसकी उत्सुकता बढ़ती जा रही थी।

''मैं मानवों में **चक्र प्रवर्तन** करूँगा। मेरा चक्र समस्त मानव राज्यों में घूमेगा। जो उसे नहीं मानेगा मैं उसे युद्ध से मनवाऊँगा। लेकिन किसी का राज्य नहीं लूंगा। उन सबको माला की एक कड़ी में गूंथ दूंगा। एक महान् यज्ञ करूंगा जिसमें वे सब राजा उपस्थित होंगे और मुझे चक्रवर्ती सम्राट मानेंगे। इस भू पर मानव साम्राज्य स्थापित होगा।''

एक नूतन कल्पना थी। अनमित्र रोमांचित हो उठा। औशनस नीति का वह ज्ञाता बनकर लौटा था लेकिन व्यावहारिक रूप में परिणत उसका राजा ही कर रहा है।

एक ऐसी चीज़ जो आज तक नहीं सुनी गई है क्या यहाँ, क्या सुमेर में, क्या रोमक (मिस्र) में। मानव संसार को एक और पग आगे ले जा रहा है।

"राजन्, वे राज्य ऐसे ही बने रहेंगे? उनकी शक्ति नष्ट नहीं होगी?"

"क्यों होगी? वे तो साम्राज्य के सुदृढ़ स्तम्भ होंगे। वे ही धर्म का राज्य फैलाने में सहायक होंगे। और यही सूत्र अधर्म को दूर करेगा, अनार्यों के हृदय में भय फैलायेगा।"

"राजन्, क्या अनूठी कल्पना है! पुराण, इतिहास में आपका नाम सदा के लिए अमर रहेगा। आप भारत के प्रथम सम्राट के नाम से स्मरित किये जायेंगे। आपके इस विचार को जनता तक पहुँचाने का भार मैं अपने ऊपर लेता हूँ।"

"अनमित्र, यह विचार मेरे मस्तिष्क में अनेक दिनों से उथल-पुथल मचा रहा था। लेकिन बिना सलाह के मैं इसे कार्यरूप में परिणत करना नहीं चाहता था। तुम विद्वान हो और मैं तुम्हारी सम्पत्ति का आदर करता हूँ। जब तुम सहमत हो तो मैं शीघ्र से शीघ्र प्रयाण करूंगा।" ययाति की भुजायें फड़क उठीं।

ययाति ने शीघ्र अपनी सेना सजाई और शुभ अवसर पर प्रयाण किया। कुछ मानव राजाओं ने उसे सम्राट् मान लिया और अपने राज्य में बुलाकर स्वागत किया। थोड़े राजाओं ने उसका विरोध करना चाहा जिन्हें उसने हराकर अपने पक्ष में कर लिया। अन्त में वह अपना ध्येय पूरा करके प्रतिष्ठान लौटा।

६

इस दुर्घटना ने देवयानी को सतर्क कर दिया। वह समझ गई थी कि यह असुरों का जान-बूझकर किया गया वार था। और वे फिर कच पर वार करने में न चूकेंगे। इसलिए वह पहले से ही सब सावधानियाँ लेना चाहती थी। उसने कच का गौओं के साथ जाना बन्द कर दिया। बहाना यह बनाया कि इससे उसकी पढ़ाई की बहुत हानि होती है। सारी दोपहर नष्ट हो जाती है, पाठ पर मनन करने का समय नहीं मिलता। गुरु की सेवा के रूप में वह उनकी यज्ञ-हवन, पूजा-पाठ की सामग्री एकत्र कर दिया करेगा।

शुक्राचार्य भी समझ गये थे कि यह कार्य क्यों हुआ है। वे असुरों के सच्चे हितैषी थे, इसी कारण उनकी अन्तर्ध्वनी को यह तर्क काट रहा था कि आगे वृषपर्वा ऐसा पग नहीं उठायगा जब वह जानता है कि मैंने संजीवनी विद्या के प्रयोग से कच को जिला दिया है।

कच जानता था कि असुरों का उस पर प्रकोप है और यह प्रकोप फिर किसी दिन टूटेगा। लेकिन वह खाली हाथ इन्द्रलोक नहीं लौटना चाहता था। वह जीवित रहा तो संजीवनी विद्या प्राप्त करके रहेगा।

असुर-समाज उन आठ असुरों की सूचना पर बहुत हर्षित हुआ। किन्तु शीघ्र ही दूसरा समाचार मिला कि भृगुनन्दन ने कच को जीवित कर दिया है। राजसभा में उदासी छा गई। वृषपर्वा ने कहा, "अब समस्या कठिन हो गई है। आश्रम में मैं ऐसा पग लेने के विरुद्ध हूँ, और बाहर कच शायद ही निकले।"

तुहुण्ड बोला, ''मैं कच की हत्या का बीड़ा उठाता हूँ। कभी न कभी तो वह बाहर निकलेगा तभी मैं उसे मृत्यु के घाट उतार दूंगा।''

समय बीतता गया। शनैः शनैः आशंकाएँ मिटती गईं। पुरानी बात एक बुरे सपने की स्मृति के समान रह गई। कच यज्ञ की सामग्री एकत्रित करने के लिये बाहर जाने लगा जिसकी उसे अनुमति भी मिल गई।

एक दिन वह कुश एकत्र कर रहा था। तभी उसे असुरों के दल ने घेर लिया। तुहुण्ड ने कड़क कर पूछा, ''बृहस्पतिपुत्र, तू यहाँ क्यों आया है?''

कच ने औसान नहीं खोये। शान्त स्वर में बोला, ''मैं औशनस नीति सीखने आया हूँ।''

''अरे, छलनीति में तो तू पारंगत है। तूने देवयानी को बहका लिया है। तू संजीवनी विद्या सीखने आया है।'' कहकर तुहुण्ड ने उस पर आक्रमण कर दिया।

कुछ क्षणों में कच मृत होकर गिर पड़ा।

तुहुण्ड गरजा, ''चार व्यक्ति इसे उठाकर पास वाली नदी में डाल दो। वहाँ इसका पता भी नहीं चलेगा।''

ऐसा ही किया गया। लेकिन भगवान् की इच्छा सर्वोपरि है। नदी वेग में थी और उसने उछालकर कच को फिर तट पर ले जा पटका।

कच को देर होती देखकर देवयानी का दिल धड़क उठा। किसी तरह उसने पन्द्रह बीस मिनट और बिता दिये। मन में बुरे बुरे विचार आने लगे। दृष्टि आश्रम के द्वार पर लगी रही। अन्ततः उससे नहीं रहा गया। वह पिताजी के पास पहुँची। उसके मुख से बोल नहीं निकला।

देवयानी का मुख उतरा देखकर शुक्र ने प्यार से पूछा, ''क्या बात है बेटी? उदास क्यों है?''

''पिताजी, कच आज भी वापस नहीं आया है,'' इतना कह कर उसकी हिड़की बंध गई।

शुक्राचार्य भी घबरा उठे, ''वह कहाँ गया था? कब गया था? तुमने उसे क्यों जाने दिया? वह मेरे पास बृहस्पति की अमानत है।''

''वह कुश लेने गया था। यह सब असुरों का कार्य है। वे आपका आदर नहीं करते। आपकी इच्छा के विरुद्ध जाने का उन्हें साहस होता है। आप....

''देवयानी, यह बाद की बातें हैं। चलो, उसे ढूँढ़ने चलते हैं।''

शुक्राचार्य और देवयानी कच को ढूँढ़ने निकल पड़े। उन्होंने उसे नदी के तट पर पा लिया। काव्य ने उसे फिर संजीवनी विद्या से जीवित कर दिया।[1]

कच गुरु के पगों पर लोट गया। उनकी कृपा से उसे फिर जीवन मिला था।

शुक्राचार्य ने पूछा, ''बेटा कच, तुम्हें किसने मारा?''

''आचार्य, असुरों का एक दल था जिसने मुझ पर आक्रमण किया। उन्होंने मुझे नदी में फेंक दिया लेकिन नदी ने मुझे वापस लौटा दिया।''

---

1. महाभारत, आदि पर्व 76.41-42

''असुरों ने तुम पर क्यों आक्रमण किया?''

''वे जानते हैं मैं बृहस्पति का पुत्र हूँ। मेरे असुर राजधानी आने पर वे बहुत क्रुद्ध हैं।''

कविपुत्र के मुख पर क्रोध की लहर दौड़ गई। कटु स्वर में वे बोले, ''उन्हें जानना चाहिये कि तुम शुक्राचार्य के शिष्य हो। तुम्हारा यहाँ यही परिचय है और यही पर्याप्त होना चाहिये। इसे मैं आज वृषपर्वा को स्पष्ट कर दूँगा।''

लौटकर शुक्राचार्य ने वृषपर्वा को सन्देश भेजा। लेकिन वृषपर्वा ने इस घटना से अपनी अनभिज्ञता प्रकट की।

संसार का काम पहले के समान चल रहा था। देवयानी का कच के प्रति प्रेम और उग्र हो उठा था। वह उसके साथ छाया के समान रहती थी और उसे आश्रम से बाहर नहीं जाने देती थी। असुरों की द्वेषाग्नि भी प्रचण्ड हो उठी। वे फिर ताक में थे। इस बार वे काम अधूरा नहीं छोड़ना चाहते थे।

तीक्ष्णबुद्धि कच से शुक्राचार्य बहुत प्रसन्न थे। औशनस नीति का वह पण्डित हो गया था। भृगुकुल के संचित ज्ञान का वह अधिकारी बन गया था। लेकिन जिस उद्देश्य के लिए वह आया था, वह पूरा नहीं हुआ था। संजीवनी विद्या अभी उससे दूर थी।

एक दिन कच और देवयानी आश्रम के उद्यान में घूम रहे थे। बसन्त छाया हुआ था। आम्रों पर मंजरी झूम रही थी, कोयलें कुहुक रही थीं। वृक्ष नव-पल्लवित हो उठे थे। भाँति-भाँति के पुष्प खिले हुए थे।

देवयानी ने कहा, ''कैसा मनोहर बसन्त आया है। सब ओर प्रकृति की सुषमा छिटकी है।''

''लेकिन तुम्हें देखने के उपरान्त सब कुछ फीका-फीका लगता है,'' कच ने देवयानी की वन्दना की।

देवयानी ने नेत्र उठाकर कच के नेत्रों में डाल दिये। उसका हृदय उमँग आया।

कच ने फिर कहा, ''इस सुषमा से एक लाभ अवश्य हुआ है।''

''क्या?'' इठलाकर देवयानी ने पूछा।

''इससे तुम्हारा सौन्दर्य द्विगुणित हो गया है।''

देवयानी ने पुलक पर नेत्र नीचे कर लिये।

''जी चाहता है आज भाँति-भाँति के पुष्पों से तुम्हारे रूप की अर्चना करूँ।''

''तुम्हारे वश का काम नहीं,'' देवयानी ने छोड़ा।

''मैं जाता हूँ। अमूल्य पुष्प लेकर आता हूँ।'' कच भी बच्चों की भाँति मचल उठा। ''आश्रम के बाद में लूंगा, पहले बकुल का गुच्छा लाता हूँ।''

''बकुल?''

''हाँ, कुछ दूर पर लगा है। अभी लाया।''

कच पुष्प-चयन करने निकला। आश्रम से कुछ दूर बकुल का वृक्ष था। गुनगुनाते हुए कच ने उसके फूल तोड़ने आरम्भ किये।

असुर ताक में थे। उन्होंने कई प्रहार करके कच को सदा के लिए सुला दिया। भागते-भागते उन्होंने पृथ्वी पर पड़ी सूखी-टहनियों, पत्तों आदि में आग लगा दी जिससे उसका शरीर जलकर राख हो जाय।

उधर देवयानी धड़कते हृदय से बकुल-पुष्पों की प्रतीक्षा करती रही। लेकिन जब काफी देर बाद भी कच नहीं लौटा तो उसका माथा ठनका। आश्रम के उपवन में, उसके कुंजों में, उसके द्वार पर उसने कच को अनेक बार पुकारा, किन्तु उत्तर देने वाला कोई न था। अन्ततः वह रोती हुई पुनः आचार्य के पास पहुँची।

''पिताजी, कच अभी तक नहीं आया। मैंने उसे फूल लाने के लिये भेजा था। इतना विलम्ब तो उसे हो नहीं सकता। मुझे डर है असुरों ने फिर उसकी हत्या कर दी है। अवश्य ऐसा ही हुआ है।'' देवयानी रोने लगी।

शुक्राचार्य व्यथित हो उठे, ''बेटी, कच का अन्तिम समय आ गया है। मैंने उसे अनेक बार जीवित किया है। लेकिन असुर अवसर पाते ही उसे फिर मार डालते हैं।''

देवयानी की श्वास-क्रिया अवरुद्ध होने लगी। उसका मुख पीला पड़ रहा था।

आचार्य ने फिर कहा, ''देवयानी, यह तुम क्या कर रही हो? भृगुनन्दिनी होकर ऐसी दुर्बलता दिखा रही हो।''

उन्होंने समझाया, ''बेटी, प्राण नाशवान् हैं। एक न एक दिन सभी को इस संसार से जाना है। मेरी पुत्री होकर इतना शोक दिखाना तुम्हें उचित नहीं। तुम जैसी ज्ञानवती को साधारण प्राणी के समान नहीं रोना चाहिये। अब कच को जिलाना असम्भव है, व्यर्थ है। मैं उसे जीवित कर दूँगा तो असुर उसे फिर मार डालेंगे।''

देवयानी सिसकी लेकर बोली, ''पिताजी, जो महान् अंगिरा के कुल में जन्में और ज्ञान के भण्डार बृहस्पति जिनके पिता हैं, वे साधारण व्यक्ति नहीं हो सकते। उनके लिये शोक करना अनुचित नहीं हो सकता। आप स्वयं जानते हैं, वे कितने तपस्वी, तीक्ष्णबुद्धि और तत्पर थे। इसीलिये कच मुझे बहुत प्रिय थे। मैं उनके बिना एक पल जीवित नहीं रह सकती। अब मैं भोजन का त्याग कर दूंगी और उनके मार्ग का अनुसरण करूँगी।''

देवयानी का करुण विलाप सुनकर भार्गव विचलित हो उठे। साथ ही उन्हें असुरों पर अत्यन्त क्रोध आया। वे विगलित स्वर में बोले, ''बेटी, तुम चिन्ता मत करो। मैं तुम्हारा मनचीता करूँगा। कच को मैं फिर जीवित करूँगा। इसमें तनिक भी संशय नहीं कि इन असुरों ने मुझसे भी द्वेष ठान लिया है। इसी कारण वे मेरे परमप्रिय शिष्य को बार-बार मार डालते हैं। मैं इनका पुरोहित हूँ। एक ज्ञानी पुरुष की हत्या का अपराध मुझे भी लगेगा। अपने साथ ये मुझे भी काँटों में घसीट रहे है। मैं आज से प्रण करता हूँ कि इन असुरों के लिये कभी संजीवनी विद्या का प्रयोग नहीं करूँगा।''

देवयानी नीरव अश्रु बहाती रही।

शुक्राचार्य अपनी पुत्री के हठ को जानते थे। मानते हुए बोले, ''बेटी, चुप हो जाओ। चलो, कच को ढूँढ़ने चलते हैं।''

शुक्राचार्य देवयानी को साथ लेकर कच को ढूँढ़ने निकले। दोनों कच को पुकारते जा रहे थे। सहसा कुछ दूर पर उन्हें अग्नि की लपलपाती लपटें दिखाई पड़ीं। यह देखकर उनका माथा ठनका। अग्नि के पास जाकर वे ध्यानावस्थित हो गये और समस्त इन्द्रियों को एकाग्र कर उन्होंने कच का आवाहन किया।

अग्नि के पीछे से कच का अत्यन्त क्षीण स्वर सुनाई पड़ा, "आचार्य, मैं अग्नि के उदर में हूँ।"

"तुम वहाँ कैसे पहुँचे?"

"गुरुजी, असुरों ने मुझे पुष्प-चयन करते समय मार डाला और मुझे जलाकर राख कर डालने के लिए वे आस-पास की सूखी लकड़ियों और घास में आग लगा गये हैं।"

भार्गव स्तम्भित रह गये। उन्होंने धीरे-धीरे नेत्र उन्मीलित किये। निराशा भरी दृष्टि से उन्होंने देवयानी की ओर झाँका और कहा, "अब बताओ बेटी, मैं क्या कर सकता हूँ। यदि मैं इस भयंकर अग्नि में प्रवेश करता हूँ और कच को जिलाता हूँ तो मेरा निश्चित मरण है। तुम देख रही हो असुर उसे बार-बार मार डालते हैं, मेरा जिलाना निरर्थक रहता है।"

देवयानी हठ पकड़ गई थी। उसके मन में यह भावना थी कि कच की मृत्यु से असुरों की विजय होती है और उसकी तथा उसके पिता की हार होती है। फिर वह क्या मुख दिखायगी। उसने म्लान मुख से कहा, "पिताजी, क्या आप सोचते हैं कि मैं आपके मरण को भूलकर भी सोचूंगी। परन्तु यह भी निश्चित है कि मेरा लिये कच का मरण और आपका न रहना दोनों ही समान हृदयविदारक हैं। आप दोनों से अलग रहकर मैं भी जीवित नहीं रह सकती। इस भार को हृदय पर रखकर प्राण रखने से क्या लाभ?"

पुत्री की करुण वाणी सुनकर शुक्राचार्य दयार्द्र हो उठे। वे कुछ देर सोच में पड़े रहे। यकायक उनके मुख पर स्मित रेखा दौड़ गई। वे बोले, "देवयानी, तू चिन्ता न कर। जब तक मैं जीवित हूँ तब तक तू कैसे मर सकती है?"

"पिताजी!"

"बेटी, मैं कच को जीवित कर दूँगा।"

"लेकिन कैसे?" देवयानी घबरा गई–कहीं पिताजी अपना जीवन न होम कर दें।

"देखती रहो।" कहकर शुक्राचार्य ने फिर योगासन लगाया।

उन्होंने प्यार भरी वाणी में कच से कहा, "बेटा कच, तुम सचमुच बड़े भाग्यशाली हो जो तुम्हें देवयानी का निष्कपट और सरल प्रेम प्राप्त हुआ है। तुम्हारे निश्छल व्यवहार ने मेरा हृदय जीत लिया है। मैं जानता हूँ तुम मेरे पास मुख्यतः संजीवनी विद्या प्राप्त करने हेतु आये थे, वैसे कभी तुमने अपने मुख से इसकी चर्चा नहीं की। आज मैं स्वयमेव इस विद्या को तुम्हें दे रहा हूँ। मैं जानता हूँ तुम्हारा तपःपूत और पवित्र जीवन है। केवल तुम इस विद्या को पाने के पूर्ण अधिकारी मुझे मिले हो। इसको प्राप्त करने के उपरान्त मैं चाहता हूँ तुम मेरे दो कार्य करो।"

"मैं आपके आदेशों का पूर्ण पालन करूँगा।" कच का स्वर सम्मोहित किये गये व्यक्ति के समान आ रहा था।

"प्रथम तो यह कि जीवित होते ही मुझे जीवित कर देना। दूसरी बात यह कि इस दुर्लभ विद्या का प्रयोग यत्र तत्र न करना और न किसी अनधिकारी को इसे प्रदान करना। अथवा इसका फल जग के लिए भीषण होगा।"

"आचार्य, आपकी आज्ञा शिरोधार्य हैं।"

आचार्य ने योगस्थित होकर कच को ज्ञान प्रदान किया। तत्पश्चात् भयंकर अग्नि में घुसकर कच को निकाल लाये तथा उसे जीवित कर दिया। अग्नि में घुसने के कारण वे बुरी तरह झुलस गये थे और कच के नेत्र खोलते खोलते वे निष्प्राण होकर भूमि पर गिर गये।

पिता की मृत्यु देखकर देवयानी क्रन्दन कर उठी। साथ ही वह अनर्गल प्रलाप भी करती जा रही थी जिसमें मुख्यतया असुरों के प्रति दुर्वचन थे।

कच सुध में आते ही तत्पल उठ बैठा। उसने ध्यानावस्थित होकर उस अमोघ विद्या का प्रयोग किया। वह योग्य गुरु का योग्य शिष्य था। प्रयोग निष्फल नहीं गया। काव्य ने नेत्र खोल दिये। देवयानी अश्रुओं में मुस्करा दी मानों बूंदों में इन्द्र धनुष चमक उठा हो।[1]

७

"बेटा कच, तुम्हारी शिक्षा पूर्ण हुई। तुम प्रथम शिष्य हो जिसको मैंने अपना सारा ज्ञान प्रदान किया है। तुम अमरावती लौट जाओ और देवों को भला करो।" शुक्राचार्य का स्वर भीगा था। वे कच को हृदय से प्यार करने लगे थे।

"आचार्य, आपके आशीर्वाद से मैं जीवन में सफल हो सकूँगा। भगवान् से यही प्रार्थना है कि जिस विश्वास का पात्र आपने मुझे समझा है मैं उस पर पूर्ण उतर सकूँ।"

"कच, मैं तुम्हें आशीर्वाद देता हूँ। तुम्हारा कल्याण होगा और तुम से जग का कल्याण होगा। तुमने पूर्ण ज्ञान प्राप्त किया है। प्राचीन समय की बात है। भृगु ऋषि द्वारा देवों का साथ छोड़ देने के उपरान्त अंगिरा ने अपना पुत्र बृहस्पति भृगु के आश्रम में भेजा था।[2] बृहस्पति के समान ज्ञानी कम हुए। उसने देवों को नई दृष्टि दी, नई शक्ति दी। भृगुओं के समान बृहस्पतियों की परम्परा डाली जो ज्ञान के प्रतीक समझे जाते थे। तुमने इसी प्रकार बृहस्पति और शुक्र की सम्मिलित विद्या ग्रहण की है। तुम हम दोनों का नाम उज्ज्वल करोगे।"

कच शान्त बैठा गुरु के रस-सने शब्द सुन रहा था।

"एक चेतावनी मैं तुम्हें फिर देता हूँ। संजीवनी विद्या के लिए आत्म-शक्ति की बहुत आवश्यकता है। अपनी आत्मा को पवित्र रखना और योगमय जीवन बिताना। मन, वचन, कर्म से शुद्ध रहना, अन्यथा यह विद्या फलवती नहीं होगी।"

---

1. महाभारत, आदि पर्व 76.44-64
2. देखिए पीछे, 'इन्द्र ने स्वराज्य जीता', पृष्ठ 58

''आचार्य, मैं पूरा प्रयत्न करूँगा।'

''असुरों की तुम चिन्ता मत करना। मैंने उनसे कह दिया है कि कच को मैंने संजीवनी विद्या दे दी है। अब वह मेरे समान बलशाली हो गया है। तुम उसका बाल भी बाँका नहीं कर सकते।''

कुछ पल शान्ति छाई रही।

शुक्राचार्य ने फिर पूछा, ''तुम किधर जाओगे?''

''आचार्य, मैं सरस्वती पार करके मानव प्रदेश में प्रवेश करूँगा। फिर देवलोक जाऊँगा।''

''अच्छा, देवयानी से भी विदा ले लो। देवयानी! देवयानी!'' शुक्र ने पुकारा किन्तु कोई उत्तर नहीं मिला।

''पता नहीं कहाँ चली गई है। तुम्हें उपवन में मिल जायेगी।''

कच ने गुरु को दण्डवत् प्रणाम किया और भरे हृदय से उनसे विदा ली।

कच बाहर निकल आया। उसने समस्त आश्रम ढूँढ़ा किन्तु देवयानी कहीं नहीं मिली। सम्भवतः नदी-तट गई है। आश्रम के द्वार पर रुककर उसने अपनी सब प्यारी स्मृतियों को संजोया। यहाँ उसने जीवन के निर्माणात्मक दिन बिताये हैं। यही वह स्थान है जहाँ उसे परदेश में भी घर का प्यार मिला।

संजीवनी विद्या प्राप्त करते ही कच ग्रीष्म के सूर्य के समान प्रखर हो गया। उसे अनुभव हुआ कि उसका दुःख, सन्ताप सब दूर हो गया है। एक अपार सन्तोष उसके मन में भर गया है। उसकी आत्मा को चरम शान्ति प्राप्त हुई। उसने पूर्णता पा ली है। और इसके लिये शुक्राचार्य उसके धन्यवाद के पात्र हैं। आचार्य की महानता बरगद के वृक्ष के समान नहीं जो अपनी छाया तले किसी पौध को उगने नहीं देता। परोपकारी काव्य तो पिता के समान हैं जो पुत्र-सम शिष्यों की बढ़ोतरी में ही प्रसन्न हैं। विद्या-दान में वे सूर्य के समान हैं जो स्वयं तप करके पृथ्वी को जीवन देते हैं।

साथ ही उसे देवयानी की स्मृति हो आई। जितना छलकता उसका सौंदर्य का गागर है, उतना ही स्नेह का सागर भी। उसके समान निष्कपट हृदय कहाँ! यदि उसका सहयोग नहीं मिलता तो वह संजीवनी विद्या तो दूर, जीवन भी नहीं पा सकता था। उसका प्रत्युपकार वह किस भाँति कर पायगा?

आश्रम से वह कुछ दूर इन विचारों में डूब गया होगा कि राह में एक वृक्ष के पीछे से निकलकर देवयानी ने उसे चौंका दिया।

''तुम जा रहे हो कच!''

''हाँ भृगुनन्दिनी,'' कच ने प्रणाम करते हुए कहा। ''अब विदा दो।''

''कच, तुम मेरी एक विनती स्वीकार करोगे?''

''इसमें क्या सन्देह हो सकता है गुरूपुत्री।''

''प्रिय कच, तुम अंगिरा के वंशज हो और महान् बृहस्पति के पुत्र। मैं भृगु की वंशज हूँ और शुक्राचार्य की पुत्री। तुमने ब्रह्मचर्य का पालन करते हुए मेरे पिता जी से विद्या प्राप्त की और मैंने कभी कुछ नहीं कहा। तुम नहीं जानते कि प्रथम दर्शन

से मैं तुम्हारी आराधना करती रही हूँ। लेकिन मैंने तुम्हारे अध्ययन में बाधा बनना स्वीकार नहीं किया। आज तुम विद्या पूरी कर आश्रम छोड़ रहे हो। मैं तुम से प्रार्थना करती हूँ कि मुझे अपनी अर्धांगिनी स्वीकार करो। हम तुम दोनों मिलकर देवों की सेवा करेंगे।'' देवयानी ने अनुनय-भरी वाणी में कहा।

कच को विद्युत का झटका लगा। वह जानता था कि देवयानी उसकी ओर आकृष्ट है, किन्तु समय के साथ वह सब कुछ भूल जायेगी। उसने विनय भरे स्वर में वर्जना की, ''देवयानी, तुम क्या कह रही हो? तुम मेरे पूज्य गुरु की पुत्री हो। जितने मान्य तुम्हारे पिता मेरे लिये हैं, उतना ही मान मैं तुम्हें देता हूँ।''

'मैं भी तुम्हारा बहुत सम्मान करती हूँ। तुम्हारे पिता मेरे पूजनीय हैं।''

''तुम मेरी गुरूपुत्री हो और इस नाते मेरी धर्म-बहन हो। वेद का विधान है कि गुरु के समान गुरु की सन्तति से भी आचरण करना चाहिए। ऐसी बात तुम्हारे मुख से शोभा नहीं देती।''

देवयानी हतप्रभ रह गई। किसी भांति संभलकर उससे कहाँ, ''कच, तुम मेरे पिता के पुत्र नहीं हो। हम दोनों के सम्बन्ध में गुरुजनों की ओर से कोई आपत्ति नहीं आयेगी। प्रत्युत वे प्रसन्न होंगे। तुम्हारे बिना मेरा जीवन व्यर्थ है।''

''देवयानी, यह बड़ा निन्दनीय कार्य होगा। मैं यह कार्य नहीं कर सकता।''

''कच, तुम भूल गये! असुरों ने कितनी बार तुम्हारी हत्या की, मैंने बार-बार पिताजी से प्रार्थना करके तुम्हें जिलाया। मेरा इस प्रकार तिरस्कार करना तुम्हारे लिये उचित नहीं। तुम्हें मेरे अनुराग का उदाहरण मिल चुका है। मैं सम्पूर्ण हृदय से तुम्हें प्रेम करती हूँ कच।''[1]

''देवयानी, तनिक विचार करो। जीवन देने वाला पिता होता है। प्रतापी शुक्राचार्य ने मुझे जीवन दिया। वे मेरे पिता हैं। तुम मेरी बहन हो। तुमने वही किया जो एक बहन को भाई के लिये करना चाहिये था। मैं तुम्हारा उपकार कभी नहीं भूल पाऊँगा।''

देवयानी का गला अवरुद्ध हो गया। उसके मुख से बोल नहीं निकला।

कच ने कुछ देर रुककर कहा, ''कल्याणी, मैं जा रहा हूँ। आज्ञा दो और आशीर्वाद दो कि मार्ग में मेरा मंगल हो। कभी-कभी मेरा स्मरण कर लेना और सदा सजग और सावधान रहकर आचार्य की सेवा करना।''

देवयानी की आत्मा चीख उठी, तुम हर समय मुझे मोहित करने की चेष्टा करते थे, मेरे सौन्दर्य का वर्णन करते नहीं थकते थे। वह क्या था?''

''देवयानी, मैं अपनी बहन की प्रशंसा करता था। तुम मुझे अन्यथा न लो।'' कच ने प्रतिवाद किया।

देवयानी बालिका नहीं थी। एक क्षण में उसे कच के व्यवहार का अर्थ स्पष्ट हो आया। वह क्रोध में ज्ञानशून्य हो गई। ''अब मेरी समझ में आया कि तुम्हारे व्यवहार का क्या कारण था। तुम अपने ध्येय में सफल हुए। किन्तु इस स्वार्थ-भरे व्यवहार

1. महाभारत, आदि पर्व 77.2-11

से तुम्हारी आत्मा पर कालिमा लग गई है। मैं शाप देती हूँ तुम्हें संजीवनी विद्या फलवती नहीं होगी।''[1]

कच स्वयं अपने को दोषी अनुभव कर रहा था उसे यह आशा नहीं थी कि नारद की बताई युक्ति यह रंग लायेगी। उसे स्पष्ट हो आया कि उसके व्यवहार का यह अर्थ भी लग सकता है। वह नारियों के सान्निध्य में नहीं आया, इसी कारण उनका मनोविज्ञान नहीं जानता था और इसी कारण उससे यह भीषण भूल हो गई। उसने सिर झुका कर देवयानी का शाप ग्रहण किया।

कच बोला, ''देवयानी, बहन समझकर मैंने तुम्हारा कहना नहीं माना। इससे तुम्हारा रोष प्रकट करना स्वाभाविक है। परन्तु एक बात स्मरण रखना। कभी मन में यह कल्पना मत करना कि तुम्हारे इस आचरण से मैं तुम्हारे चरित्र में दोष निकाल रहा हूँ। तुम्हारे इस भ्रम का कारण मेरा व्यवहार रहा, इस कारण मैं क्षमा माँगता हूँ।''

देवयानी को अपने रोष पर लज्जा आई। उसने निर्मल अश्रुओं में उसे बहा दिया। ''कच, जाओ। तुम्हारा कल्याण हो। एक सुसमाचार सुनाना चाहती हूँ। जब असुरों से तुम्हें मार कर अग्नि में जलाना चाहा था तब पिताजी ने प्रतिज्ञा की थी कि मैं आज से आगे असुरों पर संजीवनी विद्या का प्रयोग नहीं करूँगा। अन्य पर उनका इसे प्रयोग करने का प्रश्न ही नहीं उठता। सो आज से इस विद्या का लोप हुआ समझो। जिस उद्देश्य के लिये तुम यहाँ आये थे, उसे इस प्रकार पूरा हुआ समझना।''

कच ने गद्‌गद् हो देवयानी के दोनों हाथ पकड़ लिये। ''मैं जानता था मेरी बहन महान् है। मैं आशीर्वाद देता हूँ तुम्हें यशस्वी, दिग्विजयी पति मिले।''[2]

कच आगे बढ़ लिया।

देवयानी वहीं चित्रखिंचित सी देखती रही।

८

ययाति ने प्रथम मानव साम्राज्य स्थापित किया। उसने आस-पास के मानव राज्यों से अपना प्रभुत्व मनवा लिया। अयोध्या के सूर्य वंश और उससे पूर्व के राज्यों को छेड़ना उसने ठीक नं समझा।

तत्पश्चात् उसने अपना प्रभुत्व अनार्यों पर फैलाना उचित समझा। उत्तर में देव थे, पूर्व में सूर्य वंश, पश्चिम में सभ्य असुर साम्राज्य, इस कारण उसने दक्षिण पर अभियान किया। समस्त मानव राज्यों के साहसी उसकी पताका के नीचे एकत्र हुए और एक शुभ दिन सेना ने प्रयाण किया।

यह एक नई दिशा में प्रयास था। इससे पहले दण्ड ने इस प्रदेश में प्रवेश किया था मानव बस्ती बसाने के लिए, जो दैवदुर्विपाक से नष्ट हो गई। इस प्रकार शर्याति पश्चिम-दक्षिण में सरस्वती से नीचे उतरा था सिन्धु-संगम पर, किन्तु उस कुल को पुण्यजन राक्षसों ने भगा दिया। ययाति का ध्येय दूसरा था। वह था वहाँ स्थित बस्तियों

---

1. महाभारत, आदि पर्व 77-17
2. महाभारत, आदि पर्व 77.19-20

को मानव धर्म देने का, आर्य बनाने का। वे मानव साम्राज्य में अपने को सम्मिलित मानकर धर्म का पालन करें।

दक्षिण-पश्चिम को एक राह गई थी। उस पर सेना सहित ययाति आगे बढ़ा। कुछ दूर चलकर मार्ग पश्चिम को मुड़ गया था। वहाँ से ययाति ने दक्षिण को प्रस्थान किया। कुछ दूर पगडण्डी मिली, फिर वह भी समाप्त हो गई।

भीषण जंगल आरम्भ हो गया था। सेना के कुछ व्यक्तियों को यह कार्य सौंपा गया कि आगे रहकर झाड़-झंखाड़ काटकर राह बनाते चलें। प्रगति बहुत धीमी थी।

तीसरे दिन सहसा आगे चलने वालों पर वृक्षों से कुछ डंडे आकर लगे। उन्होंने ऊपर झांका तो कुछ वानरों को अपनी ओर झांकते पाया। एक सैनिक ने उनकी ओर तीर छोड़ा तो उनमें से एक घायल होकर नीचे आ पड़ा। शेष सब डालियों पर उछलते-कूदते विलीन हो गये।

सैनिकों को बड़ा अचम्भा हुआ जब उन्होंने पाया कि घायल वानर नहीं उनके जैसे प्राणी हैं। उसका कद छोटा था, रंग साँवला और मुख गोल। मुख पर अजीब भोलापन था। अपनी भाषा में वह हाथ पैर नचाकर कुछ बातें कर रहा था। हाथों की तर्जना मुद्रा से यह लग रहा था कि वह मारे जाने को मना कर रहा हो, अपने प्राणों की भीख माँग रहा हो।

उस व्यक्ति को पकड़ कर ययाति के सामने प्रस्तुत किया गया।

ययाति ने उससे पूछा, "तुम कौन हो?"

वह अपनी अस्पष्ट भाषा में कुछ कहता रहा।

ययाति ने देव-वाणी को छोड़कर असुर-भाषा का सहारा लिया किन्तु फिर भी कोई उत्तर न मिला। व्यक्ति वह भाषा भी नहीं जानता था।

ययाति ने अनमित्र की ओर देखा और पूछा, "अनमित्र, तुम अनेक स्थान घूम चुके हो। तुम बता सकते हो यह कौन सी वाणी बोल रहा है?"

अनमित्र ने उत्तर दिया, "मानवराज, इसकी भाषा मैं भी नहीं पहचानता। हो सकता है हमारे सेना के आदिवासी सैनिक इसकी भाषा जानते हों।"

"तुम ठीक कह रहे हो। मेरी सेना में कुछ शबर भरती हुए हैं, मैं उनसे पूछता हूँ।"

ययाति ने एक नायक को बुलाकर आदेश दिया। वह शीघ्र एक शबर सैनिक के साथ लौटा। ययाति ने उससे पूछा, "तुम इसकी भाषा जानते हो?"

घायल ने अपने दयाप्रार्थी नेत्र आगन्तुक सैनिक पर लगा दिये और फिर जल्दी जल्दी कुछ कहना आरम्भ किया।

"सम्राट् यह **वानर** जाति का नर है। यह जाति जंगलों में रहती है। ये युद्ध के समय वानरों का मुखौटा पहनते हैं। सादे जीवन में भी वानरों के आचरण की नकल करते हैं। बहुत सीधे-साधे प्राणी हैं।" शबर सैनिक बोला।

"यह कह क्या रहा है?" ययाति ने पूछा।

"यह अपने प्राणों की भीख माँग रहा है। इसके बदले दो कोड़ी फल देने को कह रहा है।"

ययाति मुस्करा दिया। उसने कहा, ''इसे समझा दो हम इसे नहीं मारेंगे। यही बात हमारे साथ चलकर यह अपने अन्य साथियों को समझा दे। हम यही चाहते हैं कि ये अपना असभ्य जीवन छोड़ें और आर्य बन जायँ, धर्म का पालन करें और देववाणी को बोलना सीखें। हम एक दो दिन इनके साथ रहेंगे, फिर आगे बढ़ लेंगे। इतने ये हमें कोई हानि न पहुँचायें।''

शबर ने घायल से उसकी भाषा में अटक अटक कर बात कही। घायल बड़ी तेजी से अपना सिर हाँ में हिलाता रहा। फिर उछलकर नाचने लगा। लेकिन रक्त बहने के कारण शिथिल हो फिर लेट गया।

ययाति ने आगे आदेश दिया, ''तुम इसके साथ आगे चलो। इससे कहो यह हमें अपनी बस्ती में ले चले।''

यात्रा फिर आरम्भ हुई। सौ दो सौ पग आगे बढ़ने पर वन के बीचों बीच एक साफ किया गया मैदान मिला। उसमें झोंपड़ी कह सकने योग्य कुछ लकड़ी के ढाँचे खड़े थे। एक बड़े ढाँचे में फलों का ढेर रखा था। दूसरे में बड़े लकड़ी के बर्तन में कुछ मूल उबल रहे थे। लेकिन वहाँ प्राणी एक नहीं दिखाई देता था। सेना ने वहीं अपना शिविर डाल दिया।

वानर चारों ओर के पेड़ों के पास जाकर अपनी भाषा में कुछ चिल्लाता रहा किन्तु उसे कोई उत्तर नहीं मिला।

कुछ देर में शबर सैनिक ने आकर ययाति को सूचना दी, ''सम्राट्, यहाँ के सब वासी भय के कारण बस्ती छोड़कर भाग गये हैं। वे वापस आने को तैयार नहीं है। आप आज विश्राम करें। कल तक उनका भय कुछ दूर होगा और वे वृक्षों की शरण से लौट आयेंगे।''

ययाति ने घायल वानर के घाव पर लेप करने का आदेश मानव वैद्य को दिया। पट्टी के उपरान्त उसका दर्द बहुत कम हो गया। वह कृतज्ञता-भरी दृष्टि से ययाति को टुकर टुकर ताकता रहा।

सवेरा होने पर उसने अपने को काफी स्वस्थ अनुभव किया। वह कोने में खड़े पेड़ की झुकी शाखा को पकड़ कर उचका और शीघ्र वृक्षों में लुप्त हो गया।

मानव अपने प्रातःकर्म से निवृत होते रहे। कुछ दूर पर एक सरोवर था। वहाँ सब ने स्नान किया। राजपुरोहित ने यज्ञ की तैयारी की।

तभी वृक्षों से उतर कर कुछ वानर युवक हिचकते मानवों की ओर बढ़े। कुछ दूरी पर पहुँचकर वे ठिठक कर रह गये। घायल वानर भी उनमें था। वह आगे बढ़ आया।

ययाति ने शबर से कहा, ''इनसे कहो हम यज्ञ कर रहे हैं। इससे देवराज इन्द्र हम पर प्रसन्न होते हैं। पितर हमें सुख और शक्ति देते हैं। वे भी बैठें और इसमें भाग लें।''

शबर ने सम्राट् का सन्देश कह सुनाया। वानर वहीं बैठ गये किन्तु बिल्कुल चौकन्ने होकर।

वृक्षों से अन्य आँखें भी इस ओर झाँक रही थीं।

यज्ञ आरम्भ हुआ। ययाति ने अग्नि को हव्य कव्य देना आरम्भ किया और स्वयंरचित सूक्त पढ़े। धूम्र की एक गाढ़ी रेखा आकाश की ओर फैलती चली गई। ऐसा प्रतीत होता था कि अग्नि ने धूम्र स्तम्भ का रूप धारण कर आकाश को धारण कर लिया हो।

पहले आये वानरों की कोई हानि न होते देखकर बस्ती के शेष वासी भी धीरे धीरे लौट रहे थे।

यज्ञ चल रहा था।

वानर वृद्ध लौट रहे थे, स्त्रियाँ लौट रही थीं–गोद में बच्चे लिये माँ भी और युवतियाँ भी। वे सब भी शान्त बैठते जा रहे थे।

इन गौरांग लम्बे युवकों को देखकर उनके मन में भय और श्रद्धा का मिश्रण उमड़ रहा था। ये सब दूसरे लोक से आये प्राणी लगते थे। जितने अद्‌भुत वे स्वयं थे, उससे अधिक अद्‌भुत उनका कार्यकलाप था। वे अग्नि उत्पन्न करके उसकी पूजा कर रहे थे।

यज्ञ समाप्त हुआ। तत्पश्चात् समवेत गान हुआ।

ययाति उठ खड़ा हुआ। उसने शबर युवक से कहा, ''जो मैं कहता हूँ वह तुम इनसे इनकी भाषा में कहते रहो।''

फिर उसने गम्भीर स्वर में पुकारा, ''आज से तुम सब मानव साम्राज्य के अन्तर्गत हो। आज से तुम अपने को बिल्कुल निर्द्वन्द्व अनुभव करो। यदि तुम पर किसी प्रकार का कष्ट आये तो हमसे कहना। हम अपने भाइयों की हर प्रकार से सहायता करेंगे।''

शबर ने अनुवाद करके इसे दुहरा दिया।

ययाति कहता रहा, ''मेरी बस यही इच्छा है कि तुम धर्म का अर्थ समझ सको और उसका ठीक प्रकार से पालन कर सको। यदि तुम देव-वाणी सीख सको तो बड़ा अच्छा हो। इससे हम एक दूसरे के बिल्कुल निकट आ जायँगे।''

वह भी सुनकर कुछ देर शान्ति छाई रही। फिर एक वानर वृद्ध उठकर बोला, ''आप लोगों ने यह क्या किया था? क्यों किया था?''

''यह यज्ञ है। इसमें हम सब मिलकर बैठते हैं। महान् इन्द्र की, अग्नि की, वरुण की आराधना करते हैं। उनसे शक्ति माँगते हैं। उनसे सुखी जीवन मांगते हैं। पितरों को स्मरण करते हैं। उनके महान् कार्यों का स्मरण करते हैं। उनकी कृपा माँगते हैं।''

वृद्ध कुछ सोच में पड़ गया। फिर सिर हिलाता बोला, ''हमारी कुछ समझ में नहीं आया।''

मानवों में से प्रगाथ बाहर निकल आया। उसने विनीत भाव से कहा, ''यदि महान् ययाति आज्ञा दें तो मैं कुछ काल इन वानरों के साथ व्यतीत कर लूँ?''

ययाति प्रसन्न हो गया। उसने वृद्ध को संकेत करके कहा, ''यदि आप लोगों की अनुमति हो तो प्रगाथ आपके पास रहेंगे और आपको आर्य जीवनचर्या सिखायेंगे। वे आपको धर्म का अर्थ बतलायँगे।''

एक समवेत स्वर उभरा, "हाँ हाँ, अवश्य।"

प्रगाथ वानर बस्ती में रह गया मानव सेना आगे बढ़ी। वानर घायल ने रुकने से मना कर दिया। वह अपने प्राणदाता के साथ छाया के समान रहना चाहता था।

जंगल हल्का होता जा रहा था। क्षितिज पर वह लुप्त दिखाई दे रहा था। बाहर निकलकर मानवों ने देखा एक छोटी नदी जिसके दोनों तटों पर खेत हैं और छोटी सी बस्ती।

ययाति ने रुकने का आदेश दिया और अनमित्र को बुलाकर पूछा, "अनमित्र, दूर से देखने से यह नाग बस्ती लग रही है। तुम्हारा क्या विचार है?"

"नदी के इस पार खड़ा मन्दिर तो यही बता रहा है। इस मन्दिर में रखी प्रतिमाओं की पूजा नाग ही करते हें।" अनमित्र की सम्मति थी।

"मैं व्यर्थ में रक्त बहाना नहीं चाहता। तुम अकेले इस बस्ती में चले जाओ। उनसे कहना कि वे मुझे अपने राज्य से आने जाने की अनुमति दें। मानव यहाँ पर आकर आराम से रह सकें, अपना जीवन बिता सकें। यहाँ के वासी आकर प्रतिष्ठान में रह सकें और हमारे जीवन में पूरा भाग ले सकें। यही मेरा मानव साम्राज्य का सपना है।"

ययाति का आदर्श धीरे-धीरे स्पष्ट रूप लेता जा रहा था।

कुछ देर बाद अनमित्र लौटा और उसने पुलकित होकर सुनाया कि नागों ने मानव साम्राज्य में सम्मिलित होना स्वीकार कर लिया है।

ययाति ने एक रात्रि नाग बस्ती में काटी। सवेरे यज्ञ करके और नाग प्रतिमा की पूजा करके उसने आगे प्रस्थान किया।

कुछ दूर चलने पर फिर जंगल मिलने लगा। वह अधिक घना कान्तार था, साथ ही भयावना भी। इसमें समय-समय पर हिंस्र पशुओं की दहाड़ सुनाई पड़ जाती थी जिसे सुनकर ययाति का आखेटप्रिय हृदय मचल उठता था। किन्तु इतने सारे मानवों की एक साथ उपस्थित के कारण सब पशु भाग जाते थे, छिप जाते थे, सेना के सामने नहीं पड़ते थे। ययाति की मन की मन में रह जाती थी।

अन्ततः उससे नहीं रहा गया। एक प्रातः उसने मन्त्रियों को बुलाया और कहा, "आज पूरी सेना यहीं विश्राम करेगी। रुरु और हर्याश्व के साथ केवल मैं आखेट के लिये जाता हूँ। इतने घने जंगल में आखेट खूब मिलेगा।"

अनमित्र ने मना करना चाहा, "हो सकता है इस वन में पिशाचों या किसी और कुल की बस्ती हो और आप उनके हाथों में पड़ जायँ। घर से इतनी दूर बहुत संभालकर पग उठाना चाहिये।"

"हम बहुत सावधानी रखेंगे। और शिविर से अधिक दूर नहीं जायेंगे। यदि कोई आपदा आई भी, तो भागकर एक यहाँ समाचार पहुँचा देगा।" ययाति मनोरंजन के लिए कटिबद्ध था।

अश्वों पर सवार होकर तीनों मानव चल दिये। उनके जाते ही वानर अनमित्र के पास आया। उसने देव-वाणी टूटे फूटे रूप में बोलनी सीख ली थी। उसने कहा, "मैं भी सम्राट् के साथ। पेड़ों-पेड़ों पर। समाचार।"

अनमित्र बहुत चिन्तित था। यदि खोज खबर के लिये अश्वारोही भेजे तो सम्राट् रुष्ट होंगे। वानर ने उसकी समस्या हल कर दी। उसने वानर की कमर ठोक कर कहा, "शाबाश, तुम सम्राट् का ध्यान रखो।"

वानर पास के पेड़ पर चढ़ गया और पेड़ों से होता हुआ ययाति के पीछे-पीछे चल दिया।

वन में पशु बहुत थे। आखेट बड़े सुचारु ढंग से चला। लेकिन सिंह या व्याघ्र न मिलने के कारण ययाति व्यग्र था। अश्व थक चले थे। आरोही भी स्वेद से लथपथ थे।

सहसा उन्हें एक सिंह दिखाई दिया। क्या राजसी पशु था! उन्होंने उसके पीछे घोड़ा डालना चाहा कि सिंह को पता नहीं क्या हुआ, वह पूंछ दबाकर कायरों की भाँति भागा और पलों में लोप हो गया।

ययाति आश्चर्यचकित रह गया। उसने फुसफुसाहट में रुरु से पूछा, "तुमने देखा, सिंह कैसा भगा? क्या बात हुई?"

"समझ में नहीं आता सम्राट्। सिंह तो वनराज होता है। वह क्यों डर गया?"

तभी एक भयंकर चिंघाड़ सुनाई दी जिसे सुनकर सारा जंगल स्तब्ध रह गया।

सबसे पहिले अश्वों में जान आई। वे उछल-कूद मचाने लगे। ययाति और साथियों ने बड़ी कठिनाई से उन्हें संभाला। कमान पर तीर चढ़ाकर वे सावधान हो गये।

वानर चीखता चिल्लाता वापस लौट लिया। वह जल्दी से जल्दी शिवर जाकर सेना को लाना चाहता था।

तभी सिंह का भय-रूप एक पशु पेड़ों की ओट से निकलता दिखाई दिया। उस भारी भरकम पशु के आठ पैर थे और ऊपर की ओर नेत्र था। वह महाबलवान था।[1]

अश्वारोहियों को खड़ा देखकर वह रुक गया। उसने सिर नीचे किया और फिर एक हृदयविदारक चिंघाड़ मारी।

तभी तीनों मानवों ने अपने तीर छोड़े। लेकिन उन तीरों ने उसे और क्रुद्ध करने के सिवाय और कुछ नहीं किया।

उधर उसकी चिंघाड़ सुनकर घोड़े फिर बिदक गये। बड़ी कठिनाई से उन पर अधिकार किया जा सका।

पशु ने उनकी ओर भागना आरम्भ किया।

मानवों ने नये तीर चढ़ाये। रुरु और हर्याश्व ने उसके मुख का लक्ष्य कर के तीर छोड़े। तीर मुँह में घुसने पर वह भीषण रूप से डकारा किन्तु रुका नहीं।

---

1. शरभ प्राचीन काल का बलवान्, बनवासी और समस्त प्राणियों का हिंसक पशु था। वह रक्त पीने वाला पशु माना गया है। सिंह भी इससे भय खाता था। साहित्य में इसका वर्णन था और इसे कवि की कल्पना समझा जाता था, किन्तु अब प्राचीन चित्रों में भी इसकी आकृति पाई गई है। आज भारत के इस पशु की जाति लुप्त हो गई है।

इस बार रुरु और हर्यश्व के घोड़े नहीं रुके। वे पलटे और तीर के समान भाग लिए।

ययाति का अश्व बहुत सधा हुआ था। वैसे वह व्याकुल दीख रहा था। किन्तु ययाति की जांघों की जकड़ ने उसे अधिकार में कर रखा था।

ययाति ने अपना तीर रोक रखा था। भयानक चट्टान की भाँति वह पशु लुढ़का चला आ रहा था। ययाति ने देखा था पिछले तीरों ने उसे छोटे मोटे घाव पहुँचाये थे। उसकी असली हानि तभी हो सकती थी जब उसकी आँख पर वार किया जाय। इसमें ययाति चूकना नहीं चाहता था। पशु कुछ और पास आ जाय।

सनसनाता बाण चला और अपने लक्ष्य पर जा लगा। पशु की गति अवरुद्ध हो गई। वह पीड़ा और क्रोध से गरज उठा।

अश्व बिदका और ययाति तुरन्त पृथ्वी पर कूद पड़ा। अश्व भाग लिया। ययाति ने म्यान से खड्ग निकाल लिया और सचेत खड़ा हो गया।

पशु के नेत्र से रक्त की धारें बह रही थीं। वह पीड़ा से व्याकुल था। इधर उधर आठों पैर पटक रहा था।

ययाति बड़े ध्यान से उसकी हर चेष्ट देख रहा था। वह ढूंढ रहा था कि इस पशु का कोई कोमल भाग दीख जाय। सारी देह की खाल पत्थर की भाँति कड़ी थी। वह गैंडे के कुल का पशु लगता था। बस कहीं से वह भेद्य दीखता था तो वह उसका गला था।

ययाति अत्यन्त सतर्कता से आगे बढ़ा। पशु को दिखाई नहीं दे रहा था निकट आकर ययाति ने तलवार पीछे की ओर पूरी शक्ति के साथ उसके गले में घुसेड़ दी।

पशु पागल हो उठा। उसने सिर हिलाया और ययाति पीपल के पत्ते के समान दूर जा गिरा। तलवार उसके हाथ से छूटकर गले में धंसी रह गई थी। अपने न दिखाई देने वाले प्रतिद्वन्द्वी को कुचलने के लिए पशु ने इधर-उधर भागना आरम्भ किया और पेड़ों से टकराने लगा। छोटे पेड़ उसकी टक्कर से धराशायी हो जाते थे। बड़े भी हिल जाते थे। तलवार उसके अन्दर घुसती चली जा रही थी। रक्त के पनाले बह रहे थे।

ययाति एक विशाल वृक्ष की ओट में खड़ा होकर घायल पशु का ताण्डव नृत्य देख रहा था।

धीरे-धीरे पशु दुर्बल होता जा रहा था। उसकी चीखें हल्की पड़ती जा रही थीं। उसकी गति धीमी हो रही थी। कुछ मिनट बाद वह लड़खड़ाया और भू पर जा पड़ा। ऐसा प्रतीत हुआ मानो भूचाल आ गया हो।

ययाति सम्मोहित हुआ सा पशु का मृत्यु से युद्ध देख रहा था। सहसा उसने देखा कि चारों ओर से भाले लिए व्यक्तियों ने उसे घेर लिया है। वह निशशस्त्र था। वह लपका, पशु के पास जाकर उसने अपनी तलवार खींची, रक्त का फव्वारा छूटा जिससे उसका स्नान हो गया, पशु ने उठना चाहा, पर उसकी गरदन लटक गई।

रक्त से भीगी तलवार ले ययाति उस समय दुर्गा का प्रतिरूप दिखाई दे रहा था। उसने देखा जिस जाति के मनुष्यों ने उसे घेरना चाहा है उन्होंने सिर पर मुकुट लगा रखा है, जिस पर इसी पशु का चित्र बना है। उन्होंने कमर पर छाल लपेट रखी है, बाकी देह नग्न है। मुख पर भयानक भाव हैं, आँखें रक्तिम हैं। वे अवश्य मानवभक्षी हैं। वह उन्हें अधिक से अधिक समय तक रोकेगा। रुरु और हर्याश्व अब तक शिविर पहुँच गये होंगे। उसने मन ही मन हिसाब लगाया–पन्द्रह बीस मिनट में वे सेना ले आयेंगे।

पर यह क्या? उन मनुष्यों ने उस पर आक्रमण नहीं किया। उन्होंने भाले नीचे कर लिये और पृथ्वी पर घुटने टेक कर सिर भू से लगा दिये। वे कुछ हड़बड़ा रहे थे।

वानर अनमित्र और सेना के साथ जब वहाँ पहुँचा तब उसने यह अजीब दृश्य देखा। उसने किलकारी मारी और उछलता कूदता ययाति के पैरों में गिर पड़ा।

''आप इन्द्र के समान हैं। आपने शरभ को मार डाला।'' वह चिल्लाया।

''शरभ?' ययाति ने पूछा।

''यह पशु शरभ है। यह सब प्राणियों का काल है। और आपने इसे मार डाला।''

''ये प्राणी कौन हैं?'' ययाति ने अपने चारों ओर संकेत किया।

''यह शरभ कुल है। ये शरभ के समान रक्त पीने वाला कुल है। यह बड़ी भयंकर जाति है।''

मानवों ने शरभ कुल को घेर लिया था।

''ये क्या कह रहे हैं?''

''ये आपकी पूजा कर रहे हैं,'' वानर ने कहा। ''जो व्यक्ति अकेला शरभ को मार डाले, वह इनके लिए भगवान् के समान है।''

ययाति ने आश्चर्य से पूछा, ''यह जाति तुमसे मिलती जुलती लगती है, किन्तु जहाँ तुम भले लगते हो, वहाँ ये भयानक लगते हैं।''

''सम्राट्, हम एक ही कुल के हैं। किन्तु रहन सहन और प्रतीकों के भेंद ने इतना अन्तर ला दिया है।''

''क्या मतलब?''

''हमने वानर का चिन्ह अपनाया है और उसी के समान हम आचरण करते है। इन्होंने शरभ का चिन्ह अपनाया है और उसी के समान इनका जीवन हो गया हैं। आज इनका प्रतीक चूर चूर हो गया है और ये आपके बिना-मूल्य-के दास हो गये हैं। जो आप कहेंगे, वही ये करेंगे।''

ययाति ने वानर को आदेश दिया, ''इनसे कहो, ये हमें अपनी बस्ती में ले चलें।''

वानर चिल्लाया, ''राजा कहता है मैंने तुम्हें अभय दिया। उठो और मुझे अपने गाँव ले लो।''

सब शरभ उठ खड़े हुए और मानवों को अपने साथ ले चले।

उस रात्रि उनकी बस्ती में काफी देर तक गान-नृत्य होता रहा।

शरभों की बस्ती में दो दिन ठहरकर ययाति आगे बढ़ा। प्रतिष्ठान से वह काफी दूर आ गया था। अनेक दिन व्यतीत हो चुके थे।

जंगल फिर छिछला हो आया। वे एक नदी के तट पर पहुँच गये थे। गंगा के समान तो नहीं, फिर भी बड़ी विशाल नदी (चर्मणवती) थी।

हारे थके मानव उतर पड़े और जल में किलोल करने लगे। अपनी थकान दूर कर उन्होंने अश्वों को मल-मल कर नहलाया।

ययाति ने घोषणा की, ''यह नदी मेरे साम्राज्य की दक्षिणी सीमा है। अब हम पश्चिम की ओर चलकर सरस्वती नदी पर पहुँच जायेंगे जो मेरे साम्राज्य की पश्चिमी सीमा होगी।''

पश्चिम की ओर बढ़ने पर नदी पर उन्हें एक बस्ती मिली। उसमें शिवालय देखकर अनमित्र बोला, ''सम्राट्, यह राक्षसों की नगरी लगती है। इनसे अवश्य युद्ध होगा।''

हर्याश्व ने साथ दिया, ''यक्ष तो सीधा-सादे व्यक्ति हैं। किन्तु कार्तिकेय द्वारा सुगठित राक्षस बड़े गर्वोन्मत्त हो गये हैं। वे अत्यन्त धनवान् और महान् बलशाली हैं।''

ययाति हँसकर बोला, ''अच्छा है, मैं उनके गर्व के साथ उनका धन भी छीन लूँगा। तुम युद्ध की तैयारी करो, यदि उन्हें शरण में आना हुआ तो अपने आप चर भेजेंगे।''

दूतों ने राक्षसराज को मानवों की सेना आने का समाचार दिया।

राक्षसराज ने पूछा, ''यह मानव सेना किसकी है?''

''राजन्, यह ऐल वंश के राजा ययाति की सेना है।''

''लेकिन ययाति का यहाँ आने का क्या प्रयोजन है?''

''राक्षसराज, ययाति अपना साम्राज्य स्थापित करने निकला है। वह चाहता है कि उसके इस अभियान में जो सामने पड़े, वह उसकी अधीनता स्वीकार कर ले। उसे राह में जितने कुल मिले हैं, सब ने उसे सम्राट् मान लिया है।

राक्षसराज बिगड़ उठा। वह विद्रूप की हँसी हँसता हुआ बोला, ''आज ययाति को पता चलेगा कि वीर किसे कहते हैं। संसार में यक्ष ही सबसे सम्मानित और समर्थ जाति थी। भगवान कार्तिकेय ने उसे संगठित कर सबसे शक्तिशाली भी बना दिया। समस्त विश्व में राक्षसों का बोलबाला होगा, मानवों का नहीं। हम अभी इनके छक्के छुड़ा देंगे।''

राक्षसराज भी सेना सजाकर नगर से बाहर निकल आया। दोनों सेनायें एक-दूसरे पर टूट पड़ीं। भीषण युद्ध हुआ। किन्तु पलड़ा मानवों का भारी रहा। राक्षसराज बन्दी बना लिया गया।

विजयी ययाति ने नगर में प्रवेश किया। उसने राक्षसराज को छोड़ कर अपने साथ सिंहासन पर बिठाया और कहा, ''राक्षसराज, मैं आपका राज्य आपको वापिस करता हूँ। आज से हम दोनों मित्र हो गये। मैं एक महान् यज्ञ करने जा रहा हूँ।

इसमें मुझे धन की आवश्यकता है। आप मुझे धन प्रदान कर कृतार्थ करें। जब यज्ञ आरम्भ होगा तो मैं आपके पांस सूचना भेजूँगा। आप उसमें अवश्य सम्मिलित हों।''

राक्षसराज ने धन देना और यज्ञ में आना स्वीकार किया।

उसी सन्ध्या ययाति ने महादेव का पूजन किया।

अगले दिन यज्ञ करने के उपरान्त सेना ने सरस्वती की ओर प्रस्थान किया।

९

सरस्वती सबसे पवित्र नदी मानी जाती थी। इसी के तट पर सर्वप्रथम मानव बसे थे। मैदान में स्वयंभुव मनु ने सबसे पहले इसी के किनारे पर यज्ञों की वेला जमाई थी। यहीं वेदमंत्र गूंजे थे। वह बड़ी विशाल नदी थी। हिम-मण्डित पर्वतों से निकलने के क़ारण उसमें अजस्र जल बहता रहता था। उसकी घाटी शस्य श्यामला थी। उसके तट पर अनेक समृद्ध नगर बसे थे।

सरस्वती की धारा वेगवती नहीं थी। उसमें एक विशेष बात और थी। वह स्थान स्थान पर सुन्दर सरोवरों का निर्माण करती थी। ऐसा ही एक सरोवर वृषपर्व की राजधानी से कुछ दूर स्थित था। वह बड़ा ही रम्य सरोवर था और उसमें स्नान करने में अत्यन्त आनन्द आता था।

एक दिन देवयानी ने शर्मिष्ठा के साथ उस सरोवर में स्नान करने का कार्यक्रम बनाया। **शर्मिष्ठा** असुर-सम्राट् वृषपर्वा की पुत्री थी और एक महान् सम्राट् की नेत्रों का तारा होने के कारण बहुत गर्वीली थी। उसकी आयु देवयानी के सामन थी और दोनों सहेली थीं। फिर भी दोनों के अन्तर्मन में एक दूसरे के प्रति डाह भी बहुत थी क्योंकि दोनों अपने पिताओं की लाडली थीं, अपने पिता को अधिक बड़ा मानती थीं, अपने को अधिक सुन्दर और सभ्य समझती थी।

देवयानी का रंग बिल्कुल श्वेत, मुख लम्बा और नेत्र खिंचे हुए थे। शर्मिष्ठा का रंग उससे कुछ दबा हुआ था लेकिन मुख पर लावण्य अधिक था। उसका मुख गोल था और नेत्र बड़े विशाल। छोटी सी नाक पतले-पतले होठों पर बड़ी सुन्दर दिखाई देती थी। हँसना तो दूर, बातें करने पर ही गालों में छोटे-छोटे गड्ढे पढ़ते थे। दोनों के मुख पर सौन्दर्य का दर्प था जो हँसने पर घुल जाता था। दोनों एक समान पुरुष को चुम्बक के समान आकृष्ट करती थीं।

दोनों को अपने पिता पर गर्व था। वृषपर्वा का वैभव बहुत बढ़ा-चढ़ा था और उस वैभव का उपयोग शर्मिष्ठा ने बचपन से किया था। त्रैलोक्य-दुर्लभ संजीवनी विद्या के कारण शुक्राचार्य का सम्मान भी अतुलनीय था और इसी सम्मान की मादकता में देवयानी उन्मत्त रहती थी।

वैसे दोनों के पिता भी उनकी इस भावना को जानते थे, किन्तु बचपना समझकर अनदेखा कर जाते थे। बड़ों को अपने बालक-बालिका कभी बड़े होते नहीं दिखाई देते। शुक्राचार्य और वृषपर्वा यही सोचते थे कि जब दोनों बड़ी होंगी तब अपने आप समझ आ जायेगी।

देवयानी और शर्मिष्ठा अपनी सहेलियों और दासियों के साथ उस मनोहर सरोवर की ओर चल दीं। वहाँ वस्त्र अपनी दासियों की देख-रेख में छोड़कर वे सहेलियों के साथ तडाग में उतरीं और निर्मल जल में किलोल करने लगीं। एक दूसरे पर छींटें उड़ाकर वे हास-परिहास कर रही थीं। दासियाँ भी प्रोत्साहन दे रही थीं। तट पर रंगबिरंगे वस्त्रों का हाट सा सजा था।

यकायक उस समय वायु ने वात्सयाचक्र का रूप धारण कर लिया। भीषण बवण्डर उठ खड़ा हुआ। उसने तटवर्ती अगरु आदि के वृक्षों को झिंझोड़ डाला और जल में तथा थल में पत्ती ही पत्ती बिछा दीं। रेत उठा, गोल चक्कर काटा और फिर सब ओर लपका। दासियों का ध्यान जब तक उस ओर जाय, वस्त्र उड़ लिये। इतना ही बहुत समझो कि वायु का वेग जल की ओर नहीं था। दासियाँ भागीं और सब वस्त्रों को दबोचकर वहीं की वहीं बैठ गईं।

जल में भी रेत ने अपना कार्य किया। उन मनोरम नेत्रों में रेत के कणों ने पीड़ा पहुँचानी प्रारम्भ की। खिले हुए मुख-कमल मुरझाये से लगने लगे। कुछ ने हथेलियों से मुख ढक लिया। कुछ ने मुख फिरा लिया। यह जानते हुए भी कि रेत उनके बालों को भली भाँति उलझा देगा।

सरोवर में छोटी-छोटी लहरें उठने लगी थीं। पग उठते प्रतीत होते थे, उन्हें जमाकर रखना पड़ रहा था। सौभाग्यवश वे महान् नदी में नहीं नहा रही थीं जहाँ जल ने भयंकर वेग धारण कर लिया था। फिर भी सब भय-विह्वल हो रही थीं और एक दूसरे से सटी खड़ी थीं।

झंझावात जैसे आया वैसे शान्त भी हो गया। लगभग पन्द्रह बीस मिनट में वायु पूर्ववत् हो गई। ऐसा लगता था जैसे पृथ्वी सहम गई हो। सब शान्त था।

समस्त रमणियाँ सरोवर से निकलकर तट पर आईं और अपने अपने वस्त्र माँगने लगीं।

वायु ने सब वस्त्रों को मिला दिया था। चतुर दासियों ने झटपट वस्त्रों को अलग-अलग करना चाहा। शर्मिष्ठा और देवयानी के वस्त्र लगभग एक समान और बहुमूल्य थे, उन्हीं में गड़बड़ हो गई।[1] शर्मिष्ठा को दासी ने देवयानी के वस्त्र दे दिये और वे उसने पहन लिये। पहनने पर उसे अपनी भूल पता चली। देवयानी के वस्त्र पहनने में अपना अपमान समझकर वह क्रोध से काँप उठी और दासी को उसने धक्का दे दिया।

देवयानी ऐसा अवसर कब चूकने वाली थी? वह हास्य सा उड़ाती बोली, ''शर्मिष्ठा, दासी को दण्ड देने से क्या लाभ? तुम मेरे वस्त्र पहनना चाहती थी, वह अवसर आज तुम्हारे हाथ लग गया।''[2]

---

1. भागवत पुराण 9.18
2. महाभारत, आदि पर्व 78.8

शर्मिष्ठा और विचलित हो उठी। तीखे स्वर में बोली, "मैं तुम्हारे वस्त्र पहनना क्यों चाहती? तुम ही मेरी बराबरी करना चाहती थी, तभी आज मेरे कपड़े चुराकर अपने कपड़े मेरे लिये रख दिये।"

"मैं तुम्हारी बराबरी क्यों करती? तुमसे बराबरी करने पर तो मुझे अपने पद से नीचे उतरना पड़ता, सम्राट्-कन्या।" देवयानी ने फिर व्यंग किया।

"नीचे उतरना पड़ता! इसका बड़प्पन देखो। मेरे पिता की दो भीख पर यह पलती है और मेरे से बड़े होने का अधिकार जताती है। ये कपड़े मेरे उतरन ही होंगे। उन्हें छोड़कर मेरे नये वस्त्र पहन लिये भिक्षुक की पुत्री ने!"

"वाणी कैसी कतरनी सी चलाती है। बातें तो ऐसी करती है कि 'सम्राट्-कन्या' सम्बोधन को भी लाज आती है। मेरे पिता जी की कृपा पर तुम्हारा सारा राज्य टिका है और उस पर गाल बजाती है। नीच कही की!"

"चोरी, फिर सीनाजोरी, कंगली कहीं की!" कहकर शर्मिष्ठा देवयानी पर झपटी और क्रोध में ज्ञानशून्य हो उसे पीटने लगी। उसकी दासियों ने उसका साथ दिया। देवयानी की सहेली और दासी बहुत थोड़ी थीं, वे कुछ न बोल पाईं। क्षत-विक्षत देवयानी को शर्मिष्ठा और उसकी दासियाँ उठाकर ले चलीं और उसे एक अन्धकूप में डाल दिया।[1]

फिर क्रोध से काँपती शर्मिष्ठा ने सबको सम्बोधित किया, "देवयानी को उसके किये का फल मिल गया है। उसका इतना साहस कि उसने सम्राट् और उसकी कन्या को जी भर के दुर्वचन सुनाये। मैंने उसके निन्दनीय व्यवहार पर उसे दण्ड दिया। अब मैं सबको सावधान करना चाहती हूँ कि नगर लौटकर कोई इस घटना की चर्चा न करे। मैं चैतावनी देती हूँ कि किसी ने भी अपना मुख खोला तो मैं उसकी जीभ खिंचवा लूँगी।"

शर्मिष्ठा की चेतावनी सुनकर सब सन्न रह गई। चुपचाप मुख नीचे किये खड़ी रहीं।

सरस्वती के सहारे सहारे ययाति ऊपर की ओर बढ़ रहा था। दिग्विजय का उत्साह निमट चुका था। अब अपने घर पहुँचना था। उस दिन ययाति मृगया को निकल पड़ा। परिश्रान्त होकर वह जल की खोज में इधर-उधर घूम रहा था, तभी वह अन्धकूप के पास आ निकला।

अन्धकूप में पड़ी देवयानी को कुछ देर उपरान्त संज्ञालाभ हुआ। उसने बाहर निकलना चाहा पर असमर्थ रही। उसे असह्य पीड़ा हो रही थी। उसने ज़ोर ज़ोर से पुकारा किन्तु वहाँ से सब जा चुके थे। स्वर पेड़ों से टकराकर निरर्थक रह जाता था। अन्त में निराश होकर वह क्रन्दन करने लगी।

ययाति ने दूर से उस अन्धकूप को देखा तो जल की आशा में उधर लपका। वह कुछ दूर ही था कि उसे देवयानी का करुण क्रन्दन सुनाई पड़ा। वह आश्चर्य चकित रह गया। सुनसान में इस अन्धकूप से कैसी ध्वनि आ रही है? उसने निकट

---

1. महाभारत, आदि पर्व 78.9-13

जाकर कौतूहल से अन्धकूप में झाँका। वहाँ एक अति सुन्दर, तेजस्विनी युवती को देखकर वह अचम्भित रह गया।

देवयानी को पगों की आहट सुनाई दी थी। उसका दिल धड़क उठा, पता नहीं कौन है। रुदन रोककर वह पत्थर बनी ऊपर देख रही थी। एक सुन्दर देवोपम युवक को झाँकते पाकर उसे रोमांच हो आया।

ययाति ने पूछा, ''आप कौन हैं? आप यहाँ कैसे जा पड़ीं?''

देवयानी ने उत्तर दिया, ''मैं भृगुकुलश्रेष्ठ शुक्राचार्य की पुत्री देवयानी हूँ। मैं इसमें अपने आप नहीं जा पड़ी, मुझे इसमें फेंका गया है।''

ययाति को दूसरा झटका लगा। शुक्राचार्य की पुत्री देवयानी के रूप, सौन्दर्य और गुण के विषय में उसने बहुत सुन रखा था। कच देवलोक जाने से पहले प्रतिष्ठान होता हुआ गया था। वह चाहता था कि देवयानी का विवाह इस अनुपम वीर नरेश से हो जाय जिससे असुरों की शक्ति पर अंकुश लग जाय। इसी कारण उसने ययाति से देवयानी का विशेष वर्णन किया था जिससे उसका ध्यान उसकी ओर केन्द्रित हो जाय। वह देवयानी यहाँ! और इस अवस्था में!

ययाति ने रोष में पूछा, ''कौन हृदयहीन है जिसने ऐसा गर्हित काम किया?''

''भद्र, कहते हुए भी लाज आती है। असुर-सम्राट् वृषपर्वा की पुत्री शर्मिष्ठा ने मेरी यह गति की है। आपकी बड़ी कृपा होगी यदि आप मुझे इस कुएँ से निकाल दें।''

ययाति तत्क्षण अन्धकूप में उतर पड़ा। वहाँ उसने देवयानी का हाथ पकड़ा और उसे सहारा देते हुए ऊपर ले आया।[1]

बाहर प्रकाश में देवयानी की देव-दुर्लभ काया और उद्दाम यौवन से भरे अंग प्रत्यंग देखकर वह जड़ित रह गया। ययाति का हाथ पकड़ते ही उसकी शक्ति का अनुमान देवयानी को हुआ। उस अतुलनीय बलशाली युवक पर वह तन-मन से न्यौछावर हो गई। लेकिन ययाति मनस्वी था। मानव धर्म का वह ज्ञाता था। मन की अभिलाषा छिपाता हुआ वह बोला, ''देवी, चलिये। आपको आपके पिता के आश्रम तक छोड़ आऊँ।''[2]

देवयानी ने स्पष्ट मना कर दिया, ''मैं अपने आप असुरनगरी वापिस नहीं जाऊँगी। वे मुझे लेने आयेंगे तभी जाऊँगी।''

''किन्तु सन्ध्या का झुटपुट हो गया है। शीघ्र अन्धेरा घिरता चला आयेगा। आप अकेली कैसे रहेंगी? आप आज्ञा दें तो मैं समाचार दे आऊँ?''

''आपको अनेक धन्यवाद, भद्र। आप चिन्ता न करें। पिता जी शीघ्र आने वाले होंगे।''

अधिक रुकने का अवसर नहीं था। विदा लेकर ययाति चल पड़ा। उसकी भूख-प्यास पता नहीं कहाँ भाग गई थी।

---

1. महाभारत, आदि पर्व 18.14-23
2. महाभारत, आदि पर्व 18.14-24

१०

पर्याप्त समय तक देवयानी का स्वर न सुनाई देने पर शुक्राचार्य उद्विग्न हो उठे। ऐसा कभी नहीं हुआ कि देवयानी आश्रम से इतनी देर अनुपस्थित रही हो। उनके मन में भाँति-भाँति के बुरे विचार चक्कर काटने लगे। आश्रम काटने को दौड़ने लगा। उनकी समझ में नहीं आया कि देवयानी को कहाँ देर हो गई। जैसे-जैसे पल बीतते जाते थे, उनका चित्त अधिक व्याकुल हो जाता था।

उनसे नहीं रहा गया। पगों में पादुका डालकर वे कुटिया के बाहर निकल आये। उसकी सखियाँ और दासियाँ भी नहीं दिखाई दे रहीं–पूछें किससे? थोड़ी देर तक वे विचार-मग्न खड़े रहे। अकस्मात् उनके कानों में किसी के धीमे रुदन का स्वर पड़ा। वे चौंके और विद्युत् के समान उस ओर लपके।

आश्रम के निर्जन कोने में देवयानी की वृद्धा दासी घूर्णिका रो रही थी। शुक्राचार्य को देखकर वह बुक्का फाड़कर रो उठी।

पल भर को शुक्राचार्य स्तब्ध रह गये। फिर अपने को सँभाल कर उन्होंने उस पर प्रश्नों की बौछार कर दी, "तू क्यों रो रही है घूर्णिका? तू देवयानी को कहाँ छोड़ आई? देवयानी कहाँ गई है? वह अब तक वापस क्यों नहीं आई? तू उसके साथ नहीं गई थी?"

घूर्णिका ने सिसकियों में उत्तर दिया, "आचार्य, देवयानी को शर्मिष्ठा ने मार डाला।"[1]

"तू क्या कह रही है घूर्णिका?"

"मैं सच कह रही हूँ आचार्य।"

"शर्मिष्ठा तो उसकी सहेली है!"

"देवयानी और शर्मिष्ठा सरोवर में नहाने गई थीं। वहाँ शर्मिष्ठा और उसकी दासियों ने देवयानी को मारा-पीटा और फिर उसे घसीटकर एक अन्धकूप में फेंक दिया।" घूर्णिका फिर रोने लगी।

शुक्राचार्य ने क्यों और कैसे नहीं पूछा। उन्होंने उतावली से घूर्णिका को उठाया, "तूने वह अन्धकूप देखा है। कहाँ है वह? मुझे जल्दी से वहाँ ले चल।"

थोड़ी देर में शुक्राचार्य घूर्णिका के साथ अन्धकूप के समीप जा पहुँचे। वहाँ देवयानी का बाहर बैठे देखकर उन्हें कुछ सान्त्वना मिली। फिर भी उसको आहत और रक्तरंजित देखकर उनका पितृ-हृदय भर आया। दौड़कर उन्होंने देवयानी को अंग से चिपटा लिया। पिता-पुत्री दोनों मूक अश्रु बहाने लगे।[2]

कुछ क्षण बाद आचार्य ने दोनों हाथों से देवयानी को अलग कर ऊपर से नीचे तक झाँका। उसकी कोमल देह पूरी कहानी कह रही थी। उन्होंने कहा, "देवयानी, तुम्हारी यह दशा देखकर मेरा हृदय गला जा रहा है।"

---

1. महाभारत, आदि पर्व 18.25-27
2. महाभारत, आदि पर्व 18.28-31

"यह सब शर्मिष्ठा के कारण है।" झगड़े का स्मरण आते ही देवयानी क्रोध में लम्बी-लम्बी साँसें लेने लगी।

शुक्राचार्य उसे शान्त करने के लिए बोले, "देवयानी, धैर्य धरो। संसार में कोई किसी के कारण दुख नहीं भोगता। यह सब अपने अच्छे कर्मों का फल है।"

यह बात सुनकर देवयानी का आवेश और बढ़ गया। वह तीखे स्वर में कह उठी, "माना पिताजी, यह सब मेरे पापों का फल है। लेकिन जो कुछ शर्मिष्ठा ने आपके लिये कहा वह मेरे हृदय को कचोट रहा है। मेरा कुछ नहीं, परन्तु आपका अपमान मैं नहीं सह सकती।"

शुक्राचार्य ने फिर उसे ठंडा करना चाहा, "बेटी, विद्वानों को क्षमाशील होना चाहिये। जो मूर्ख होते हैं वे ही दूसरों का अपमान करते हैं।"

देवयानी धाराप्रवाह बोलने लगी, "उसने मुझे भिक्षुक की पुत्री, स्तुति करने वाले की बेटी बताया और अपने को उसके स्वामी की कन्या। मैं यह कभी सहन नहीं कर सकती कि कोई आपको भिक्षुक बताये। यदि आप अपने को भिक्षुक मानते हैं तो मैं शर्मिष्ठा के पैरों में पड़कर अपने दुर्व्यवहार की क्षमा माँग लूँगी। क्या आप असुरराज के इतने आश्रित हो गये हैं कि उनकी कन्या आपका अपमान कर सके? क्या असुरों का धान्य खाकर हम इतने श्रीविहीन और पुरुषार्थहीन हो गये हैं? क्या हम सचमुच भिखारी हैं?"[1]

देवयानी के कटु वचन सुनकर शुक्राचार्य को गहरी ठेस लगी। वे भी विचलित हो उठे। "देवयानी, तुम दुखी मत हो। कौन कहता है कि तुम एक भिक्षु की पुत्री हो? मैं असुरराज की स्तुति नहीं करता प्रत्युत वह मेरी स्तुति करता है। सारे ब्रह्माण्ड एक ज्ञान मुझ में है। मेरे कारण इन्द्र सुख की निद्रा नहीं सो पाता। मेरे ही कारण एकछत्र मानव सम्राट् ययाति इधर आँख उठाने का साहस नहीं करता। स्वयं वृषपर्वा मेरे तेज को भली भाँति जानता है। उसकी नादान कन्या से यह मूर्खता हो गई है। तुम इसके लिये दुखी मत हो।"

आचार्य ने अपने ऊपर नियंत्रण कर लिया। शान्त स्वर में वे फिर देवयानी को धैर्य बँधाने लगे, "बेटी, जो व्यक्ति दूसरे की कटु बातों को शक्ति रहते हुए भी सहन कर लेता है, वही संसारजयी होता है। हृदय में बसे क्रोध और अमर्ष पर अधिकार रखना चाहिये। और क्षमा मनुष्य का सर्वश्रेष्ठ गुण है। जिसने क्षमा से क्रोध को जीत लिया वही सच्चा साधक है। शर्मिष्ठा अभी बच्ची है। उसकी बुद्धि अपरिपक्व है। तुम उसकी गुरूपुत्री हो। तुम्हें उसके धरातल पर नहीं उतरना चाहिये।"

देवयानी का क्रोध नहीं उतरा, "लेकिन पिताजी......

शुक्राचार्य ने बात काटकर कहना जारी रखा, "एक बात और सोचो बेटी। तुम दोनों के झगड़े को मैं अपना और वृषपर्वा का झगड़ा नहीं बना सकता। क्या मैं वृषपर्वा का विरोध करूँ? क्या मैं शर्मिष्ठा को दण्ड दिलवाऊँ? दुनिया क्या कहेगी?"

---

1. महाभारत, आदि पर्व 78.31.36

देवयानी नहीं मानी, "पिताजी, मैं शर्मिष्ठा की तरह अबोध बालिका नहीं। मैं अपना भला-बुरा खूब पहचानती हूँ। जो शिष्य शिष्य के समान व्यवहार न करे उसको दण्ड देना धर्म के अनुकूल है। आप स्वयं जानते हैं कि इन असुरों का कितना दुस्साहस हो गया है। उन्होंने तीन बार कच को मार डाला। यह उनकी कम धृष्टता थी? आप चाहे कुछ भी कहें, मैं शर्मिष्ठा के कहे शब्द नहीं भुला सकती। वे बार बार आग की लपटों के समान मेरे अन्तर को जलाने लगते हैं। जहाँ आपका अनादर हो वहाँ मैं नहीं रह सकती। आपका विवेक और ज्ञान यदि यहाँ रहने की अनुमति देता है तो आप रहें, मुझे अन्तिम विदा दें।"

भृगुकुलभूषण से नहीं रहा गया। "बेटी, जैसी दैव की इच्छा! चलो, हम इस राज्य को छोड़ देते हैं।"[1]

यह सारा संभाषण वृषपर्वा के चर सुन रहे थे। उन्होंने जाकर असुरराज को सूचना दी कि आचार्य जा रहे हैं। सम्राट् को यह पहले पता चल चुका था कि शर्मिष्ठा ने देवयानी की कैसी दुर्दशा कर डाली है। उसकी समझ में नहीं आ रहा था कि वह क्या पग उठाये। अन्तिम समाचार सुनकर वह बिल्कुल विचलित हो उठा। वह अमात्यों और नायकों के साथ आचार्य को मनाने भागा।

वीतरागी शुक्राचार्य देवयानी के साथ खाली हाथ नगर से विपरीत दिशा की ओर चल दिये। वे कुछ दूर गये होंगे जब वृषपर्वा ने उन्हें जा पकड़ा। वह अश्व से उतर कर आचार्य के पगों में जा पड़ा। "आचार्यश्री, यह क्या? आप मुझे अनाथ करके कहाँ चले जा रहे हैं? आपके क्रोध का कारण क्या है? मैं अपनी और अपने राज्य की सम्पूर्ण शक्ति से उसे दूर करने का सफल प्रयत्न करूँगा।"

सम्राट् की मीठी बातें सुनकर शुक्र का क्रोध भड़क उठा। कैसी बातें बना रहा है जैसे इसे कुछ पता ही नहीं। व्यंग-सने शब्दों में वे बोले, "कारण! कारण एक भिक्षुक और याचक से पूछने आप इतनी दूर क्यों दौड़े आये, वह तो वहीं आपकी लाड़ली पुत्री शर्मिष्ठा बतला देती।"

भृगुकुल का कोप विख्यात था। वृषपर्वा थरा उठा। उसने विनीत स्वर में कहा, "गुरुदेव, आप कुपित न हों। आपके कोप करने पर हम कहीं के न रहेंगे। आपको भिक्षुक कौन कह सकता है?"

"यह शर्मिष्ठा से पूछिये," देवयानी बोली।

"शर्मिष्ठा तो मूर्ख है। उसके पागलपन से आपको हमारा व्यवहार नहीं जाँचना चाहिये।"

"तुम्हारे आचरण पर मुझे पूरा विश्वास था असुरराज, तभी मैंने तुम्हारा आचार्य-पद स्वीकार किया था। किन्तु तुम्हारे असुरों ने तुम्हारी जानकारी में मेरे शिष्य कच को अनेक बार मार डाला। तुम्हारी पुत्री ने मेरी पुत्री को भिखारी की पुत्री और मुझे तुम्हारी दया पर पलने वाला बताया। और यही नहीं, उसे मारा पीटा और मार डालने के

---

1. महाभारत, आदि पर्व 79.1-13

लिये एक कुएँ में धकेल दिया। यह आचरण मेरे लिये असह्य है। अब हम तुम्हारे साम्राज्य में नहीं रह सकते, कहीं और डेरा डालेंगे।''

''भृगुश्रेष्ठ, मैं सब अपराध मानता हूँ। आप मुझे उनका दण्ड दें, मैं उसे सहर्ष स्वीकार करूँगा। मैं प्रायश्चित्त करने के लिए तत्पर हूँ। किन्तु आप हमें छोड़ कर न जाइये। नहीं तो असुरों का इस लोक से नाम लुप्त हो जायेगा।''

वृषपर्वा की बातें सुनकर उशना का हृदय पिघल गया। वे भोले बाबा थे। जितनी जल्दी क्रोध में आते थे, उससे अधिक जल्दी शान्त हो जाते थे। वे ठण्डे स्वर में बोले, ''सम्राट्, तुम्हारे असुरों के व्यवहार से मेरा दिल न दुखा हो, ऐसी बात नहीं, किन्तु मैंने कभी ध्यान नहीं दिया। लेकिन आज शर्मिष्ठा ने मेरी पुत्री का अपमान किया और मार डालने का प्रयास किया, यह मैं नहीं सह सकता। इसी कारण में यहाँ से जा रहा हूँ।''

''आचार्य, इसकी सूचना मिलते ही मैं यहाँ चला आ रहा हूँ। शर्मिष्ठा के साथ मेरा पूरा परिवार आपके चरणों में समर्पित है। आप ही इस नृशंस अपराध का कठोर से कठोर दण्ड निर्धारित करें, मैं और मेरी प्रजा उसे सिर नमाकर स्वीकार करेंगे।''

''इस विषय में तुम देवयानी से निवेदन करो। उसकी इच्छा मेरी इच्छा है।''[1]

देवयानी का कोप भी शान्त हो चला था। असुरराज के नम्र व्यवहार में उसे अपने पिता का अपमान घुलता दिखाई दे रहा था। वृषपर्वा के आचरण में उसके पिता की महान स्थिति स्पष्ट थी।

वृषपर्वा ने विनीत भाव से कहा, ''औशनसी, जो कष्ट तुम्हें पहुँचा है उसके लिए मुझे बहुत दुःख है। मैं उसके लिए क्षमा माँगता हूँ। बताओ, मैं किस प्रकार से तुम्हें प्रसन्न कर सकता हूँ।''

शुक्राचार्य ने भी देवयानी को समझाया, ''बेटी, निश्शंक होकर मन की बात कहो। असुरराज ने तुम्हारी बात मानने का वचन दिया है।''

''हमारे अपमान का एक ही प्रतिकार है सम्राट्, लेकिन आप उसे मानेंगे नहीं।''

''तुम यह क्या कह रही हो गुरूपुत्री? वृषपर्वा वचन देकर फिरना नहीं जानता।'' वृषपर्वा बोला।

देवयानी ने आवेश में कहा, ''शर्मिष्ठा ने भिक्षुक की पुत्री कहकर मेरा उपहास उड़ाया और मुझे मारने का प्रयत्न किया। इसके फलस्वरूप वह शेष जीवन मेरी दासी बनकर रहे। जब मेरा विवाह हो जाय तो वह भी मेरे साथ ससुराल दासी के रूप में जाय। केवल इसी शर्त पर मैं वापस लौट सकती हूँ।''[2]

वृषपर्वा सुनकर स्तब्ध रह गया। उसका रोम रोम कलप उठा कि किस प्रकार अपनी पुत्री का त्राण खोजे।

---

1. महाभारत, आदि पर्व 80.9-12
2. महाभारत आदि पर्व 80.16

देवयानी ने फिर कहा, ''सम्राट्, मैं जानती हूँ आप इस बात पर सहमत नहीं हो सकते। मैं आपका वचन वापस करती हूँ। हम जा रहे हैं। हमारे लौटने का मार्ग बन्द है।''

वृषपर्वा अवाक् था, किन्तु उसका मस्तिष्क तेज़ी से चल रहा था–''देवयानी और शुक्र रुष्ट हैं। जब रोष दूर हो जायेगा तब उन्हें प्रसन्न करके बेटी को दासीपन से छुड़ा लूँगा। शर्मिष्ठा के साथ इतनी दासियाँ भेजूँगा कि उसे कुछ काम नहीं करना पड़ेगा।

मन दृढ़ करके उसने कहा, ''देवयानी, तुम्हारा कहा मैं स्वीकार करता हूँ। आज से शर्मिष्ठा तुम्हारी दासी हुई। अब आचार्य वापस चलें।''

देवयानी ने हृदयहीनता की हद कर दी, ''सम्राट्, आपके कहने से क्या? यदि शर्मिष्ठा ने मना कर दिया तो क्या होगा?''

वृषपर्वा फीका मुस्करा दिया, ''मैं अभी राजकुमारी को यहाँ बुलवाता हूँ। वह भी अपना दण्ड स्वीकार करेगी। आचार्य की प्रसन्नता के लिए असुर-सम्राट् सब कुछ करने को तत्पर है।''

तत्क्षण एक अश्वारोही राजधानी लौटा। उसने राजप्रासाद में जाकर समाचार दिया। धाय भागी हुई शर्मिष्ठा के पास गई और रोती हुई बोली, ''राजपुत्री, अनर्थ हो गया। तुम्हारे पिताजी ने तुम्हें बुलाया है।''

शर्मिष्ठा ने उत्सुकता से उससे रोने का कारण पूछा। धाय ने कुछ नहीं बताया। लेकिन उत्तर राह में उसे अश्वारोही से मिल गया।

शर्मिष्ठा के पहुँचने पर वृषपर्वा ने उससे कहा, ''पुत्री, तुमने देवयानी को मारने का प्रयत्न किया था, उसका दण्ड तुम्हें अवश्य भोगना पड़ेगा।''

''पिताजी, मुझसे क्रोधवश अपराध हो गया। मैं आपकी आज्ञा का पालन करने को तत्पर हूँ।''

''बेटी, अपने परिवार और राज्य के हित तुम्हें त्याग करना होगा। देवयानी चाहती है कि तुम जीवन भर उसकी दासी बनकर रहो। तुम उसकी यह इच्छा पूर्ण कर दो।''

राह भर शर्मिष्ठा अपने को इस सत्य के लिए तैयार करती आई थी। ''पिता जी, आपकी आज्ञा सर्वोपरि है।'' फिर वह देवयानी से मुस्कराकर बोली, ''यदि इसी प्रकार मेरे पिता और मेरी जाति का कल्याण होता तो आज से मैं तुम्हारी दासी हूँ।''

इस पर देवयानी ने कटु व्यंग्य किया, ''इतने दीन वचन क्यों बोल रही हो शर्मिष्ठा? तुम राजपुत्री हो और मैं भिक्षुकपुत्री। मेरी दासी बनने में तुम्हारे गौरव को धक्का नहीं पहुँचेगा?''

शर्मिष्ठा ने शान्त स्वर में कहा, ''देवयानी, चित्त से क्रोध को दूर कर दो। स्वजनों के हित के लिए कर्त्तव्य पालन करने में मेरा गौरव और सम्मान बढ़ेगा, घटेगा नहीं।''

शुक्राचार्य अपनी बेटी के नादानी से बहुत उदास हो गये थे।

सब राजधानी लौट लिये।[1]

११

ययाति उस समय चला गया था मन में यह ठाने कि कल सवेरे वह शुक्राचार्य के आश्रम में जायेगा। अगले दिन फिर उसने मृगया की इच्छा प्रकट की और अकेला शिविर से निकल पड़ा। उसने अश्व का मुख आश्रम की ओर कर दिया जो शिविर से लगभग दस मील दूर सरस्वती पार करके अवस्थित था।

असुरकुलगुरु के आश्रम में मानवों का प्रवेश निषिद्ध नहीं था। और फिर कल की घटना से समस्त प्रहरी घबराये हुए थे। ययाति बिना रोक टोक के आश्रम में प्रवेश कर गया। कुछ दूर चलने पर उसने देखा कि पगडंडी से लगे एक कुञ्ज में अनेक युवतियों के मध्य दो अपूर्व सुन्दरियाँ किलोल कर रही हैं, मानों अनेक नगों के जड़ाव के बीच दो हीरे जगमगा रहे हों। दो पल वह ठगा सा रह गया। जब सुध बुध लौटी तो वह देवयानी को पहचान गया। कल की दीन-हीन देवयानी और आज की तेजस्विनी देवयानी में पृथ्वी आकाश का अन्तर था।[2]

मानवश्रेष्ठ ने अनजान बनते हुए देवयानी से पूछा, "भद्रे, आप दोनों कौन हैं? अवश्य आप किसी राजकुल में जन्मी हैं। कृपया अपना परिचय दें।"

देवयानी भी अपने त्राता को पहचान गई थी। उसे यही लज्जा थी कि कल मैंने उनसे परिचय तक नहीं पूछा। उसने थोड़े शब्दों में परिचय दिया, "मानवश्रेष्ठ, मैं असुरों के आचार्य शुक्राचार्य की कन्या देवयानी हूँ और यह मेरी सहेली और दासी असुर-सम्राट् वृषपर्वा की पुत्री शर्मिष्ठा है।"[3]

यह सुनकर ययाति की उत्सुकता बढ़ गई। उसने पूछा, "सुमुखि, एक बात मेरी समझ में नहीं आई। महान् असुर-सम्राट् की कन्या आपकी दासी कैसे हुई?"

देवयानी ने बात टाल दी, "इस संसार में जो कुछ होता है, दैव की इच्छा से होता है। आप भी अपना परिचय दें। वेशभूषा से आप किसी देश के राजा मालूम पड़ते हैं। आप कृपया अपना नाम बतायें और अपने वंश का भी परिचय दें।"

उस नर-पुंगव को देखकर शर्मिष्ठा भी मन ही मन मुग्ध हो गई थी। किन्तु कल की घटना ने उसे असमय ही प्रौढ़ बना दिया था। वह अपने को दासी मानकर बीच में नहीं बोलना चाहती थी और चुपचाप दोनों का वार्तालाप सुन रही थी।

"देवयानी, मैं ऐल वंश में जन्मा प्रतिष्ठान का सम्राट् ययाति हूँ।"

ययाति का परिचय सुनकर दोनों का चित्त हिलोर ले उठा। उस भूखण्ड पर कौन ऐसा था जिसने मानव सम्राट् ययाति का नाम न सुना हो?

देवयानी ने छींटा लिया, "सम्राट्, आज सवेरे ही आप कहाँ चल दिये? क्या किसी का आखेट करना था? या कोई कमल का फूल तोड़ना था? या किसी मछली को पकड़ना था?"

---

1. महाभारत आदि पर्व 80.26
2. महाभारत, आदि पर्व 81.1-7
3. महाभारत, आदि पर्व 81.8-12

ययाति ने प्रत्युत्तर दिया, "आया था आखेट करने पर कल संध्या से प्यासा घूम रहा हूँ। आज भी जल की खोज में भटक रहा हूँ।"

उत्तर सुनकर देवयानी सिहर उठी। उसने नेत्र उठाकर ययाति की ओर झाँका। उसी क्षण ययाति के नेत्र उस पर जा टिके। दोनों को रोमांच हो आया।

शर्मिष्ठा से उनकी यह दशा छिपी नहीं रह सकी। उसने चुटकी ली, "सम्राट, हमने आपके शौर्य और वीरता के गान सुने थे। परन्तु आप तो अनोखे आखेटक भी निकले।"

"आखेट करने निकला था पर स्वयं लक्ष्य बन गया।" ययाति का तुरंत उत्तर था।

देवयानी ने आँखों में रस घोलकर पूछा, "सम्राट्, कल सन्ध्या आपने मेरा हाथ थामा था, अब अधबीच में मत छोड़ देना।"

"इसीलिए मैं आया था देवी। आपके पिताजी से मिलकर कुछ कामना करनी है। परन्तु दुविधा में पड़ा हूँ।"

"क्या?"

"आप ठहरीं भृगु जैसे प्रसिद्ध ऋषि-कुल में उत्पन्न कन्या और मैं हूँ साधारण मानव राजन्य। कहीं वह मुझे मना न कर दें?" ययाति ने मन का भय स्पष्ट किया।[1]

शर्मिष्ठा मन ही मन ययाति को पति मान चुकी थी। देवयानी के विवाह के साथ ही उसका मनोरथ पूरा हो सकता है, यह वह जानती थी। उसने ययाति को प्रोत्साहन दिया, "सम्राट्, आपसे विवाह करना किसी भी कन्या का सौभाग्य होगा, यह आचार्य भी जानते हैं। आपका प्रस्ताव सुनकर वे अत्यन्त प्रसन्न होंगे। उनकी सर्वगुणसम्पन्न कन्या के लिए आपके समान अन्य वर नहीं मिल सकता।"

देवयानी शर्मिष्ठा की बात से पुलकित हो उठी। उसने कहा, "चलिये सम्राट्, मैं आपको पिताजी की कुटिया में ले चलती हूँ।"

कुटिया में पहुँच कर उसने ययाति का काव्य को परिचय दिया, "पिताजी, आप ऐल वंश के मानव सम्राट् ययाति हैं। . . . .

शुक्राचार्य शासन छोड़कर उठ खड़े हुए, "आओ सम्राट् ययाति, मैं तुम्हारा अपनी कुटिया में स्वागत करता हूँ। तुम्हारे समान वीरवर के पदार्पण से यह कृतार्थ हुई।"

"आचार्य, क्यों आप मुझे कांटों में घसीटते हैं? आपके दर्शन के सौभाग्य से मैं कृतार्थ हुआ।"

"पिताजी, इन्होंने कल मुझे अन्धकूप से निकाला था। इन्हीं के कारण कल मेरा पुनर्जीवन हुआ।" देवयानी ने परिचय पूरा किया।

"कल तुम कहाँ चले गये थे ययाति," शुक्राचार्य ने मीठी झिड़की दी। उन्हें बड़ी प्रसन्नता हो रही थी कि समस्त संसार में मानव धर्म का डंका बजाने वाला यह सौम्य युवक है।

---

1. महाभारत, आदि पर्व 81.18-26

"मैंने आप दोनों के मिलन के समय उपस्थित रहना ठीक नहीं समझा," ययाति ने विनम्र भाव से उत्तर दिया।

आचार्य को ज्ञान हुआ कि ययाति व्यावहारिक भी बहुत है।

ययाति ने कहा, "आचार्य, मेरे मित्र और मंत्री अनमित्र ने आपके यहाँ शिक्षा ग्रहण की है। उससे मैंने औशनस नीति का ज्ञान प्राप्त किया है और उसे व्यवहार में लाने का मैं पूरा प्रयत्न करता हूँ। आपके दर्शनों की बहुत दिनों से इच्छा थी। इधर मृगया हेतु आया था सो आपकी सेवा में चला आया।"

शर्मिष्ठा भी साथ आई थी। उसने पाया कि ययाति अपना मन्तव्य कहने में हिचक रहे हैं। सो उसने सहायता की, "आचार्यश्री, मानव सम्राट् देवयानी के साथ विवाह के इच्छुक हैं और देवयानी भी अपना चित्त इन पर वार चुकी है।"

ययाति को लगा कि बात बड़ी आकस्मिक कही गई है। उसने बात बनानी चाही, "भृगुश्रेष्ठ, मैं देवयानी से परिणय के लिए बहुत उत्सुक हूँ। किन्तु फिर भी हिचकता हूँ।"

पल भर में शुक्राचार्य के नेत्रों के आगे देवयानी का भविष्य घूम गया। देवयानी का विवाह उपयुक्त है अन्यथा उसका स्वभाव और हठीला हो जायेगा। कल की घटना उनके मन पर एक कटु छाप छोड़ गई थी। इतना कठोर बदला लेना ऋषिपुत्री का काम नहीं। विवाह के उपरान्त ही इसका स्वभाव ठीक होगा। और विवाह के लिए जैसा उपयुक्त पात्र दूसरा नहीं मिल सकता। उन्होंने कहा, "सम्राट्, मेरे ऊपर कृपा करने में हिचक कैसी?"

"आचार्य, देवयानी प्राचीन भृगु वंश की कन्या है। भृगु वंश देव, असुर सब का पूज्य है। सो उसकी कामना करना मैं बालक की चन्द्रमा पकड़ने की इच्छा के समतुल्य समझता हूँ।"

"ययाति, तुम क्या कह रहे हो? तुम वैवस्वत मनु और अत्रि के वंशज हो। ये दोनों वंश क्या पुरातन और महान् नहीं हैं? मैं देख रहा हूँ भविष्य भी इन्हीं के हाथों में है।"

देवयानी ने भी उस युग के अनुसार आचरण किया। उसने कहा, "पिताजी, जब इन्होंने कल मेरा हाथ पकड़ा था तभी मैंने इन्हें पति मान लिया था। आपकी अनुमति पाकर मैं सौभाग्यवती हुई।"

शुक्राचार्य ने कहा, "बेटा, सोच विचार न करो। मैं आज तुम्हारा पाणिग्रहण संस्कार करा देता हूँ। हाँ, एक बात का ध्यान रखना। देवयानी के साथ शर्मिष्ठा और उसकी अनेक दासियाँ भी जाएँगी। यह असुर-सम्राट् की कन्या है, इसका किसी प्रकार से अपमान न होने पाये।"[1]

उसी दिन ययाति और देवयानी का पाणि-ग्रहण संस्कार हो गया। बारात में सम्राट् अपने मन्त्रियों के साथ पधारा था। शुक्राचार्य और वृषपर्वा ने भली प्रकार से स्वागत

---

1. महाभारत, आदि पर्व 80.16; 81.34;36.38

किया। विवाह के उपरान्त ययाति देवयानि और शर्मिष्ठा के साथ प्रतिष्ठान की ओर चल दिया।[1]

बेचारा वृषपर्वा मन मसोस कर रह गया। उसका विचार था कि कुछ दिनों बाद जब गुरु और गुरूपुत्री का कोप दूर हो जायेगा वह पुत्री को दास्य भाव से छुड़ा लेगा।

१२

नहुष ने अपने पुत्र के लिए मंगलकलश की कामना की थी, किन्तु इतनी आशा उसे भी नहीं थी कि युवावस्था में ही ययाति तेल वंश का प्रताप चारों ओर फैला देगा, अपने पूर्वजों का मुख उज्ज्वल कर देगा।

ययाति वीर ही नहीं, सत्यवादी और परोपकारी भी था। उसकी प्रजा उससे बहुत प्रसन्न थी। वह प्रजा के सुख के लिए हर समय तत्पर रहता था। मानव नीति और औशनस नीति का वह अद्‌भुत मिश्रण था। दोनों की अच्छी बातों का अपनी प्रतिभा से योग करके उसने एक नया मार्ग स्थिर किया था जिस पर वह चल रहा था।

अपने साम्राज्य के ध्येय को वह प्राप्त कर चुका था। इन्द्र से उसकी मित्रता थी। साहसी देव उसके साम्राज्य में बसने के लिए चले आ रहे थे। महान् शुक्राचार्य का वह जामाता था और असुर-सम्राट् भी उसे अपना जामाता मानता था। अब उसने सोचा कि वह यज्ञ के संकल्प को पूर्ण करे। धन-धान्य उसने एकत्र कर लिए हैं। प्रजा सुखी है। परिवार का पालन कर रहा है।

ययाति ने मन्त्रणा के लिए सभा बुलाई। उसमें उसने पूछा, "आप सब जानते हैं साम्राज्य स्थापित करने के उपरान्त मैंने यज्ञ करने का संकल्प किया था। सब स्थानों से धन एकत्र कर चुका हूँ, सब राजाओं से यज्ञ में भाग लेने का वचन ले चुका हूँ। अब यज्ञ की तैयारी करनी चाहिए।"

"आपका बहुत शुभ विचार है सम्राट्," हर्याश्व उत्साह में बोला। "तैयारियाँ आरम्भ करते हैं।"

"इसमें एक मुख्य बात पर सोच विचार करना है," ययाति ने कहा।

"वह क्या?" अनमित्र ने पूछा।

"यज्ञ हमें किस स्थान पर करना चाहिए।"

"इसमें सोचने की क्या बात है? प्रतिष्ठान सब प्रकार से उपयुक्त है।" वृद्ध बाभ्रव्य ने सलाह दी। नहुष का साथी होने के कारण उनका बड़ा मान था।

"पितृव्य आप ठीक कहते हैं। प्रतिष्ठान से बढ़िया कोई स्थल नहीं। किन्तु यह पहले भी अनेक यज्ञों से पवित्र हो चुका है। मैं चाहता हूँ इस बार नये स्थल पर यज्ञ किया जाय।"

"मानवश्रेष्ठ, यज्ञ किसी नदी के तट पर होना चाहिए," रुरु ने सलाह दी।

---

1. महाभारत, आदि पर्व 73.75; मत्स्य पुराण 27-29

"यही दुविधा का कारण है रुरु। आज अनेक नदियों तक मानव साम्राज्य की सीमा फैल गई है। किस नदी के तट पर यह महान् यज्ञ किया जाय?"

"महाराज, मैं सलाह दूँ?" अनमित्र ने पूछा।

"हाँ, बोलो।"

"सरस्वती के समान किसी नदी का माहात्मय नहीं। उसी के तट पर मानवों को सबसे पहले ज्ञान प्राप्त हुआ। उसी ने सर्वप्रथम मानवों का पालन पोषण किया। उस अनन्तसलिला पर ही इस शुभ कर्म का होना फलदायी होगा।"

"सरस्वती!" नाहुष सोच में पड़ गया।

बाभ्रव्य को अनमित्र का सुझाव बहुत पसन्द आया। "सम्राट्, सरस्वती नदी बहुत उपयुक्त है। वह विद्युत् की पुत्री है। वह नदियों की माता है। वह सप्तस्वरीय है। असुर्या है। वह पृथ्वी की पावन नदी है।"

"वहाँ यज्ञ होता है?" ययाति ने जिज्ञासा की।

"सबसे पहले यज्ञ वहीं हुआ सम्राट। स्वायम्भुव मनु ने वहाँ यज्ञ किया, प्रथम राजा पृथु ने यज्ञाग्नि प्रज्वलित की। सरस्वती का पवित्र तट पावन प्रसूत यज्ञभूमि है।" सूत ने सूक्त सुनाया।

"तब ठीक है। मैं सरस्वती तट पर यज्ञ करूँगा," ययाति ने अपना निश्चय कह सुनाया।

अनमित्र ने सरस्वती की प्रशंसा की, "सरस्वती का निकटवर्ती प्रदेश सरोवर की शृंखलाओं से पूर्ण है। सरस्वती जगत् की विशाल नदी है। उसका जल महार्णव में मिलता है। समुद्र का वही जल मेघ बनकर बरसता है। वह जल पवित्र सरस्वती में आता है। उस सरस्वती में जिसका तट पाँच जातियों का निवास-स्थल है। गंगा, यमुना और शतद्रु के मध्य यह पुण्यसलिला अपने निर्मल जल के साथ प्रवाहित होती है। उसके तट पर अनेक ऋषियों के आश्रम हैं। वह ज्ञान की और विद्या की देवी है।"

"निश्चित हो गया अनमित्र, मैं सरस्वती तट पर यज्ञ करूँगा।" ययाति ने उत्साह में कहा। "मैं वहाँ पर एक नया नगर बसाऊँगा।"

सरस्वती तट पर **ययातिपत्तन**[1] का निर्माण किया गया। धन-धान्य से उसे भर दिया गया। पवित्र तट पर यज्ञमण्डप बनाया गया। हवि, घृत, दुग्ध से यज्ञ-भूमि भर गई। ऋषियों के आगमन और उनके तेज से वह स्थान ज्योतिर्मय हो उठा।

विशाल यज्ञवेदी में चिर युवा अग्निदेव प्रगट हुए और हव्य कव्य ग्रहण करने लगे। मरुत् देव ने उनकी सुरभि को चारों कोनों में फैला दिया, साथ ही ययाति का यश, गौरव और प्रताप भी।[2]

---

1. महाभारत काल तक ययातिपत्तन प्रसिद्ध था। वहाँ की तीर्थ-यात्रा करने पर यज्ञ करने का फल प्राप्त होता था, महाभारत, वन पर्व 82.48; शल्य पर्व 40.29
2. महाभारत, शल्य पर्व 40.30

१३

कुछ समय तक ययाति पूर्ण रूप से देवयानी के साथ केलि-विलास में मग्न रहा। यह ध्यान ही नहीं रहा कि देवयानी के साथ शर्मिष्ठा भी उसके प्रासाद में आई है। देवयानी ने आरम्भ में ही उसे सचेत कर दिया था कि वह कभी भी उसकी दासी शर्मिष्ठा को अपनी पर्यंकशायिनी बनाने की न सोचे। किन्तु जब तीव्र आकर्षण का परदा उसके नेत्रों से हटा तब उसे शर्मिष्ठा के दुर्भाग्य का ध्यान हो आया।

शर्मिष्ठा को आवास के लिए अलग भवन मिला हुआ था जहाँ वह अपनी दासियों के साथ रहती थी और देवयानी का जी बहलाया करती थी। उसने सपना देखा था कि ययाति उसका पति बनेगा। पर वह सपना ही रहा था।

सर्वसमर्थ होने पर भी वृषपर्वा में यह शक्ति नहीं थी कि वह अपनी पुत्री को सुखी बना पाता। दैव से वह यही मनाता रहता था कि ययाति की कृपादृष्टि उसकी पुत्री पर भी हो जाये।

ययाति स्वयं शर्मिष्ठा के भाग्य से व्याकुल था। किन्तु शर्मिष्ठा का मनोरथ न जानने के कारण कुछ बोलने में असमर्थ रहता था। वैसे वह उसे एक राजकुमारी के समान आदर-सम्मान देता था।

देवयानी गर्भवती हुई। यह समाचार सुनकर शर्मिष्ठा तड़प उठी। "क्या मेरा भाग्य ऐसा ही रहेगा? क्या मैं इसी प्रकार से तिल-तिल कर गलती रहूँगी?" ऐसा सोचते-सोचते उसके नेत्र भीग आये। हृदय उद्वेलित हो उठा। तभी उसे कच द्वारा बतलाया लोकायत दर्शन का उपदेश स्मरण हो आया। "मुझे अपना भाग्य अपने आप बनाना होगा। मेरे पुरुषार्थ करने पर ही मुझे सुख प्राप्त होगा। देवयानी के साथ मेरे पिता ने मुझे सम्राट् ययाति को सौंपा है। मुझे भी ययाति का प्रेम पाने का अधिकार है। ययाति मेरा उतना ही है जितना देवयानी का।"

मन में इस प्रकार का निश्चय करते ही शर्मिष्ठा ने अपने अन्दर विद्युत् के समान स्फूर्ति अनुभव की। उसने जी भर के श्रृंगार किया और दासियों को शय्या सजाने का आदेश दिया। यौवन का उन्माद उसके हृदय को व्याकुल करने लगा। लालायित शर्मिष्ठा ने भ्रमण में ययाति को पकड़ लिया।

सजी शर्मिष्ठा को देखकर ययाति चित्रखिंचित रह गया। उसने पूछा, "क्या बात है शर्मिष्ठा? आज अकेली क्यों घूम रही हो?"

शर्मिष्ठा ने मुस्कराकर कहा, "आज अभिसार को निकली हूँ सम्राट्।"

"अभिसार? किससे?" ययाति को बड़ा अचम्भा हुआ।

शर्मिष्ठा मनमोहक हँसी हँस दी, "अपने पति से।"

"क्या मतलब?"

"मानवश्रेष्ठ, आप जानते हैं मैं असुरराज वृषपर्वा की पूत्री हूँ। मैं जन्म और वंश से कुलीन हूँ और उसी प्रकार मेरा लालन-पालन हुआ है। आज तक मैं कुमारी हूँ।"

"यह जगविदित है राजपुत्री।"

"जब मैंने आपको देखा था तभी आपको पति मान लिया था। देवयानी के साथ आते हुए मैं यही सोच रही थी कि अपने पतिगृह को गमन कर रही हूँ। आज मैं आपसे पत्नी के अधिकार माँगती हूँ।"

"मैं तुम्हें पत्नी मानता हूँ शर्मिष्ठा। मैं तुम पर इसीलिए ध्यान नहीं देता था कि कहीं चिड़कर देवयानी तुम पर अधिक अत्याचार न करे।"

"मैं उसकी दासी रहकर क्या आपकी पत्नी नहीं बन सकती?" शर्मिष्ठा ने सीधा सवाल लिया।

"तुम दोनों मेरी पत्नी हो और मेरे लिए एक समान हो, मैं केवल इतना जानता हूँ। किन्तु देवयानी से संघर्ष का विचार आते ही मैं चुप रह जाता हूँ।"

"प्रिय, आप चिन्ता न करें। मेरी दासी सब विश्वस्त हैं। आपका मेरे यहाँ आना, आपका मुझसे मिलना, किसी को कानों कान भी खबर न होगी। अब आप भवन में चल कर मुझे कृतार्थ करें।"

ययाति का मन का द्वन्द्व मिट गया। प्रेम से शर्मिष्ठा का हाथ पकड़ कर वह आवास में चला गया।[1]

देवयानी का पुत्र **यदु** जब कुछ बड़ा हुआ तब उसे समाचार प्राप्त हुआ कि शर्मिष्ठा ने भी पुत्र को जन्म दिया है। यह सुनकर उसके आग लग गई। वह स्वयं प्रथम बार शर्मिष्ठा के आवास में पहुँची। वहाँ उसे पुत्र के साथ पर्यंक पर लेटी देखकर वह जलभुन कर बोली, "शर्मिष्ठा, मैंने सुना था कि तुम्हारे पुत्र उत्पन्न हुआ है। और आज अपनी आँखों से देख भी लिया। तुम कुमारी हो। फिर यह पुत्र किसका है?"

शर्मिष्ठा ने बात बनाई, "देवयानी एक वेद को जानने वाले परम तपस्वी विद्वान् इधर से जा रहे थे। उनसे मैंने अपने धर्म की रक्षा के लिए पुत्र-रत्न की प्राप्ति की। तुम स्वयं स्त्रियों के धर्म का रहस्य जानती हो। तुम्हारी दासी रहते हुए मैं अपने धर्म का पूर्ण पालन भला किस प्रकार कर पाती? उन महात्मा ने मेरी इच्छा पूर्ण की।"

देवयानी के मन में यही शंका थी कि ययाति ने उसे धोखा दिया है। इसी से वह व्यथित हो रही थी। शर्मिष्ठा की बात से उसके मन का चोर दूर हो गया। इस कारण वह प्रसन्न हो उठी और उसकी गहराई में जाने का उसने प्रयास नहीं किया।[2]

फिर भी उसने पूछा, "मैं विवाद करने नहीं आई थी शर्मिष्ठा। मैं . . . .

शर्मिष्ठा ने गर्म लोहे को पीटते हुए कहा, "तुम्हारी परितुष्टि करना मेरा परम कर्त्तव्य है। तुम बचपन से मुझे जानती हो। क्या मेरा चरित्र ऐसा है? क्या मैं धर्म के विरुद्ध कार्य कर सकती हूँ?"

"नहीं, नहीं, तुमने धर्म के अनुसार कार्य किया।" देवयानी ने उत्कण्ठा से पूछा, "उन विद्वान् का नाम क्या था, उनका कुल क्या था?"

---

1. महाभारत, आदि पर्व 82.11-27
2. महाभारत, आदि पर्व 83.1-7

"यह मैंने नहीं पूछा सखि।"

देवयानी ने तिरछी आँखों से शर्मिष्ठा की ओर देखा और कहा, "तुम्हें पूछना चाहिये था। खैर! तुम्हारा पुत्र चिरंजीवी हो!"

यह कह कर देवयानी वापिस चली गई। शर्मिष्ठा की ओर से उसकी रही सही आशंका भी निर्मूल हो गई थी। अपने सुख और वैभवपूर्ण जीवन में वह पूरी तरह खो गई।

उधर शर्मिष्ठा भी ययाति को अपना पति मानकर अपने जीवन को सफल बनाती रही। ययाति उसे अपना पूरा प्यार देता रहा। शर्मिष्ठा की दासियाँ अपनी स्वामिनी की दशा से बहुत दुखी थीं। अब उसके दिन फिरे देखकर वे बहुत प्रसन्न हुईं और उन्होंने शर्मिष्ठा के आवास का समाचार बाहर न निकलने दिया।

कुछ दिनों बाद देवयानी के एक पुत्र और उत्पन्न हुआ जिसका नाम **तुर्वशु** रखा गया। शर्मिष्ठा के तीन पुत्र हुए जिनके नाम **द्रुह्यु, अनु** और **पुरु** थे।

एक दिन देवयानी ययाति के साथ वाटिका में भ्रमण कर रही थी। वहाँ उसने तीन गोल-मटोल बालकों को खेलते देखा। बालक इतने आकर्षक थे कि बरबस अपनी ओर ध्यान आकृष्ट करते थे। उन्हें देखकर देवयानी ने कहा, "देखो जी, कितने प्यारे बच्चे हैं! इन्हें देख कर प्यार करने को जी करता है। पता नहीं किसके बच्चे हैं?"

बच्चों को देख कर ययाति घबरा उठा। बच्चों की धाय ने भी उन्हें ले जाना चाहा, किन्तु पिता को आया देखकर वे कब जाने वाले थे। वे किलकारी मारते पिता जी की ओर बढ़े।

देवयानी ने अनु को गोद में उठा लिया, "बेटा, तुम्हें प्यार कर लूँ? तुम किसके बेटे हो?"

"पिताजी के," अनु ने कहा।

देवयानी की समझ में नहीं आया। "कौन पिताजी? कहाँ हैं तुम्हारे पिताजी?"

पुरु ने ययाति की गोद में चढ़ते हुए कहा, "ये हैं तो हमारे पिताजी।"

उसी समय शर्मिष्ठा वहाँ आ गई। पुरु को झिड़कते हुए वह बोली, "यह क्या कर रहे हो, नीचे उतरो। अच्छे बेटा बनो।"

देवयानी को उनकी माँ का भी पता चल गया। वह क्रोध में आग भभूका बन गई। "अच्छा शर्मिष्ठा, ये थे वे तपस्वी विद्वान्! क्योंजी आपने हामी भरी थी कि आप शर्मिष्ठा से कोई सम्बन्ध न रखेंगे? यह सब क्या . . . ." क्रोध के मारे उसके मुख से बोल न निकला।

शर्मिष्ठा ने दिलासा देना चाहा, "देवयानी, क्रोध न करो . . . .

देवयानी शर्मिष्ठा पर गरज उठी, "दुष्टा, यह सब तेरी करनी है। मैं ऐसा नहीं समझती थी कि तू मेरी सहेली और दासी होकर मेरे साथ छल करेगी। इस पाप का फल भी तुझे भोगना पड़ेगा। मेरे पति को फँसाकर तूने उसे पाप-कर्म की ओर प्रवृत्त किया। तू तो कहती थी एक तपस्वी विद्वान् ने मुझे पुत्र प्रदान किया। कहाँ है तेरा वह तपस्वी विद्वान्?"

शर्मिष्ठा ने धीमे स्वरों में उत्तर दिया, ''मैंने असत्य नहीं कहा था देवयानी! मेरा पति वेद का ज्ञाता ऋषि है। क्या यह झूठ है?''

''तूने मेरे पति को क्यों बहकाया?''

''क्या तुम शास्त्र की बात नहीं जानती? दासी का पति उसका स्वामी होता है। जब तुम्हारा महाराज से विवाह हुआ था, तभी मैंने इन्हें अपना पति मान लिया था। इसी कारण मैंने इनसे पुत्रदान की प्रार्थना की थी और इन्होंने उसे स्वीकार कर लिया था। तुम बताओ, इसमें मैंने क्या अधर्म किया। यदि मैंने पति रूप में किसी और की कामना की हो,'' वह एक साँस में कहे चली जा रही थी, ''तो मेरा कर्म पाप हो। जितना प्रेम तुम इन्हें करती हो उतना ही मैं भी करती हूँ।''

इन बातों का उत्तर न देकर देवयानी ने ययाति को आड़े हाथों लिया, ''क्यों महाराज, यंही तुम्हारा प्रेम है? क्या मेरी की गई सेवा का यही फल है? मैंने सपने में भी कल्पना नहीं की थी कि मेरे पति किसी अन्य स्त्री को अपने हृदय में स्थान देंगे। आप दोनों ने मिलकर मुझे छला। मैं अब आपके पास नहीं रह सकती। मैं जा रही हूँ। कहकर वह चल दी।

ययाति और शर्मिष्ठा हक्के बक्के रह गये। सुध आने पर वे उसके पीछे उसके आवास में गये। पता लगा वह रथ पर सवार होकर शुक्राचार्य के आश्रम को गई है।[1]

१४

देवयानी को असमय आया जानकर भार्गव अचरज में पड़ गये। उन्होंने पूछा, ''बेटी, बिना सूचना दिये कैसे आई? सम्राट् कहाँ हैं?''

''सम्राट् का क्या बताऊँ पिताजी? मैं अब यहीं रहने आई हूँ।'' देवयानी ने बलपूर्वक आँसू रोकते हुए कहा।

''क्या बात है? तुम क्रोध में क्यों हो?''

''पिताजी, मेरे साथ छल किया गया। महाराज ने अपना प्यार बाँट दिया। मेरी दासी . . . .

इसी समय ययाति भी वहाँ पहुँच गया।

उसे देखकर देवयानी रोती हुई बोली, ''लो, ये धर्मराज आ गये। इनसे पूछ लो इन्होंने मुझसे क्यों छल किया। इन्होंने दासी को रानी बना लिया और मुझे दासी बनाकर रखा।''

शुक्र को स्वभाव के अनुसार जल्दी क्रोध आ गया। उन्होंने लाल नेत्र करके पूछा, ''क्यों ययाति, देवयानी क्या कह रही है? तुमने इसके साथ छल क्यों किया? क्या इसे दुःख पहुँचाने के लिए मैंने इसका तुम्हारे साथ विवाह किया था?''[2]

---

1. महाभारत, आदि पर्व 83.11-26
2. मत्स्य पुराण 31.2.10; 160.13; वायु पुराण 38.68

इन्होंने अधर्म का आचरण किया। मेरे मना करने पर भी इन्होंने शर्मिष्ठा को अपनी पत्नी बनाया।''

ययाति ने धीमे स्वर में कहा, ''आचार्य, मैंने अधर्म का आचरण नहीं किया। मैंने किसी प्रकार का पाप-कर्म नहीं किया। आप तो वेद और धर्म जानने वाले हैं। प्रत्येक नारी का धर्म है वह पुत्र उत्पन्न करे। कोई स्त्री यदि किसी पुरुष से पुत्र-प्राप्ति की इच्छा प्रकट करे तो उसकी इच्छा पूरी करनी चाहिये। वह यदि उसकी इच्छा पूरी नहीं करता है तो उसे गर्भहत्या का पाप लगता है। फिर बताइये मैंने क्या पाप किया?''

शुक्राचार्य को अपने क्रोध पर लाज आई। लजाये बोले, ''तुम ठीक कह रहे हो सम्राट्।''

''फिर जब वह अपनी पत्नी हो तब यह मेरा कर्त्तव्य बन जाता है।''

देवयानी चीखती हुई बोली, ''वह मेरी दासी है।''

ययाति ने दृढ़ शब्दों में उत्तर दिया, ''मानव धर्म में कोई आर्य दास नहीं बन सकता। वह तुम्हारे लिए दासी हो, मेरे लिए एक राजकन्या थी . . . .

''देखा पिताजी, काम के वशीभूत होकर कैसे तर्क दे रहे हैं? आप सोचिये वहाँ प्रतिष्ठान में मेरी क्या दशा होगी।''

''दशा तुम्हारे मन की विचित्र है, देवयानी। पिताजी, आपने स्वयं लिखा है दासी का पूर्ण स्वामी उसका स्वामी होता है। शर्मिष्ठा ने मन वचन क्रम से मुझे पति माना है। क्या आप बता सकते हैं इसमें मैं कहाँ न्याय के पथ से विचलित हुआ हूँ?''

ययाति के युक्तिसंगत तर्क सुनकर शुक्राचार्य मुस्करा उठे। उनके अन्तर्मन को यह बहुत अच्छा लगा। देवयानी के साथ दृढ़ता से व्यवहार करना होगा, तभी उसका हठीलापन दूर होगा। ययाति इस समय बिल्कुल ठीक कह रहा है। उसके तर्क अकाट्य हैं। उन्होंने कहा, ''देवयानी, इसमें बुरा मानने की बात नहीं। ययाति ठीक कह रहा है। जो कुछ उसने किया, धर्मसम्मत किया। तुम प्रसन्न हो कि तुम्हें शर्मिष्ठा जैसी सपत्नी मिली जो तुम्हारी पुरानी सहेली है। आज तुम पाँच नर-सिहों की माँ हो।''

देवयानी एकबारगी अवाक् रह गई। उसे स्वप्न में भी यह आशा नहीं थी कि शुक्राचार्य उसका साथ छोड़कर दूसरे की बात उचित ठहरायेंगे। उसने फिर उन्हें अपने पक्ष में करने का प्रयत्न किया, ''पिताजी, आप क्या कह रहे हैं? इन्होंने मेरे साथ छल किया, वह कोई अधर्म नहीं? वर्षों ये उसके साथ रंगरेलियाँ मनाते रहे और मुझसे छिपाकर। मेरे साथ धोखा किया गया।''

ययाति ने तत्पल उत्तर दिया, ''आचार्य, यह धोखा नहीं, मेरा इसके प्रति प्रेम था। मैं किसी प्रकार भी इसका दिल दुखाना नहीं चाहता था। आप स्वयं सोचें आज पता लगने पर इसे कितना दुःख हुआ है। इसी दुःख से बचाने के लिए मैंने छिपाकर रक्खा।''

''देवयानी, ययाति का हर शब्द तुम्हारे प्रति प्रेम से भरपूर है।''

"वैसे मैं यह मानता हूँ कि मैंने छिपाकर गलती की।" ययाति ने अन्तिम रूप देने के लिए कहा, "यदि नहीं छिपाता तो यह दिन आज से अनेक वर्ष पूर्व आ जाता और उसके पश्चात् हम तीनों आराम से रहते। यह दिन किसी न किसी दिन आना था। पहले बता देते तो तुमको शर्मिष्ठा का हार्दिक प्रेम पहले मिल गया होता, मुझे मन में भय न अनुभव करना होता और शर्मिष्ठा के तुम्हारे प्रति विचार उदार हो गये होते।"

शुक्राचार्य की आशा के अनुकूल काम हो रहा था। देवयानी चुप हो गई थी। आज पहली बार उसे दृढ़ता से दूसरे का दृष्टिकोण समझाया जा रहा था जो उसे मानना पड़ रहा था।

ययाति ने उपयुक्त समय जानकर आगे कहा, "मानव धर्म में आर्य किसी का दास नहीं होता। तुम भी शर्मिष्ठा को दासी न समझकर छोटी बहन मानो।"

शुक्राचार्य ने उपदेश दिया, "देवयानी, ययाति ठीक कह रहे हैं। उनकी बातों में तथ्य है तथा व्यावहारिक ज्ञान भी। जीवन को मधुर और सफल बनाने के लिए मिल जुलकर रहना चाहिये। जो देना नहीं जानता वह जीवन से क्या ले सकता है? अब तुम महिषी हो, पुत्रवती हो। तुम्हें छोटी बहन का मान रखना है, पुत्रों का पालन करना है, प्रजा के सामने अच्छा उदाहरण रखना है। मुझे आशा है तुम अपना उत्तरदायित्व पूर्ण रूप से निबाहोगी और ययाति के लिए उपयुक्त पत्नी सिद्ध होगी। मेरा तुम्हारे लिए यही आशीर्वाद है।"[1]

१५

समय के साथ देवयानी का स्वभाव बदल गया। उसकी प्रकृति बहुत प्यार करने की थी। कमी थी केवल हठीले स्वभाव की। इसमें उसकी इतनी गलती नहीं थी जितनी शुक्राचार्य की। उन्होंने उसकी हर इच्छा पूरी करके उसे मानिनी बना दिया था। ययाति ने जब उसके पिता के सामने उसकी बात की काट की और उन्होंने भी उसका साथ दिया, तो उसका मान भंग हो गया। किन्तु समय ने धीरे-धीरे उसका व्रण भर दिया। शर्मिष्ठा और उसके सम्बन्ध सामान्य हो गये।

राज्य का कार्य सुचारु रूप से चल रहा था। ययाति ने अन्य यज्ञ किये। हर नदी पर उसने पवित्र यज्ञाग्नि प्रज्वलित की। वह सोचता था कि इसी माध्यम से वह मानव-धर्म का प्रसार कर सकेगा। अनार्यों में यज्ञ का प्रचार होगा।

पाँचों पुत्र पिता माता का प्यार पाकर फल-फूल रहे थे। धीरे-धीरे सब युवक हो गये। उन्हें सब प्रकार के शस्त्र शास्त्र का अभ्यास कराया गया। सूत और भागध ने उन्हें पुराण और इतिहास सुनाया। वृद्ध मंत्रियों ने राजनीति की शिक्षा दी।

एक दिन ययाति चैत्ररथ वन में मृगया के लिए गया। वहाँ एक हिरन के पीछे भागते भागते वह साथियों से बिछुड़ गया। मृग का आखेट हो गया किन्तु वह राह भूल गया। राह ढूँढते-ढूँढते उसे मार्ग में एक सुन्दर अप्सरा मिल गई।

---

1. महाभारत, आदि पर्व 83.32-38

वह अप्सरा बहुत सुन्दर थी और उसे अपने रूप पर अभिमान था। वह अपने रूप और यौवन का प्रदर्शन करना जानती थी और सबका ध्यान अपनी ओर आकृष्ट करने में अपनी विजय मानती थी।

ययाति उसे देखते ही मोहित हो गया। उसने पूछा, "सुन्दरी, तुम कौन हो?"

ययाति ने वृद्धावस्था की ओर पग बढ़ा लिए थे, किन्तु फिर भी अभी वह युवकों को लजाता था। एक सुदर्शन पुरुष को अपनी ओर मुग्ध दृष्टि से ताकते देखकर उसने इठला कर कहा, "देव, मैं अप्सरा हूँ। मेरा नाम **विश्वाची** है। आप भी अपना परिचय दें।"[1]

उस पर प्रभाव डालने के लिए ययाति ने स्वयं अपना पूरा परिचय दिया, "मैं सोम वंश का सम्राट् ययाति हूँ जिसने मानव धर्म का डंका सारे संसार में बजा दिया है।"

विश्वाची ययाति का परिचय पाकर बहुत प्रभावित हुई। उसने विस्मय प्रकट करते हुए पूछा, "आप सम्राट! आप यहाँ अकेले कैसे घूम रहे हैं? आपके साथी कहाँ हैं?"

"अप्सरे, मैं आखेट खेलने आया था और अपने साथियों से बिछुड़ कर इधर आ निकला। यह भी भगवान् ने अच्छा किया। इस कारण तुमसे भेंट हो गई।"

विश्वाची ने कहा, "मैं भी भगवान् को धन्यवाद देती हूँ, उसने आप जैसे शूरवीर के दर्शन करा दिए।"

ययाति जानता था अप्सरा स्वतन्त्र नारी होती है। उससे विवाह करने में उसके अभिभावकों से नहीं पूछना पड़ता। केवल उसकी इच्छा होनी चाहिए।

ययाति ने पूछा, "सुन्दरी, तुम्हें देखकर मैं कामविह्वल हो उठा हूँ। क्या तुम मुझसे विवाह करोगी?"

वह ययाति जैसे सम्राट् की पत्नी बनेगी, विश्वाची को अपने कानों पर विश्वास नहीं हुआ। महान् पुरुरवा और उर्वशी की कथा जन में व्याप्त थी। ययाति पुरुरवा का वंशज है और उससे भी बलवान् है। विश्वाची ने तत्क्षण हाँ कह दी। उसने तुरन्त दो मालाएँ गूंथी और एक दूसरे के गले में मालाएँ पहना कर गन्धर्व विवाह हो गया।

विश्वाची राह भली प्रकार जानती थी। दोनों अपने साथियों के पास पहुँच गये और उनके साथ प्रतिष्ठान लौट आये। देवयानी और शर्मिष्ठा ने विश्वाची का हृदय से स्वागत किया। प्रजा ने उत्सव मनाया।

रात्रि में सुहागरात मनाई गई। विश्वाची अप्सरा थी। ययाति वृद्ध हो जाने के कारण उसे पूर्ण रूप से सन्तुष्ट न कर पाया। इस पर उस रूप-गर्विता मुखरा ने सम्राट की असमर्थता की खिल्ली उड़ाई। वह उस कुल की थी जहाँ काम की बातें करना साधारण बात थी। लेकिन ययाति को यह बात लग गई।

---

1. महाभारत, आदि पर्व 75.48; 85.9

सवेरा होते ही उसने सोमदत्त रथ जुतवाया और वेग से शुक्राचार्य के आश्रम की ओर प्रस्थान किया।

शुक्राचार्य ययाति को अकेले आते देखकर चकित रह गये। उन्होंने उसका स्वागत किया, "कहा पुत्र, सब कुशल से हैं? कैसे आना हुआ?"

"आचार्य, आज अपनी एक समस्या लेकर उपस्थित हुआ हूँ।"

"बोलो बेटा।"

"आचार्य, लज्जा आती है। . . . . मैंने विश्वाची अप्सरा से विवाह कर लिया है।"

"यह तो जगरीति है, इसमें लजाना कैसा।"

"आचार्य, आज तक मैंने सब पर विजय पाई है, लेकिन आज विजित हो गया हूँ।"

"कैसे?"

"वृद्धावस्था ने मेरे ऊपर विजय पाई है। मैंने एक युवती से विवाह किया किन्तु उसे सन्तुष्ट करने में असमर्थ रहा।"

"ययाति वह अप्सरा है। धीरे-धीरे मानव कुल के योग्य बन जायेगी। तुम चिन्ता मत करो।"

"आचार्य, मैं आपकी शरण में आया हूँ। आप अद्भुत भिषक् हैं। कृपया मुझे इस योग्य कर दें कि मैं अपनी कामपिसासा मिटा लूँ और विश्वाची की तृष्णा शान्त कर सकूँ।"

आचार्य सोच में पड़ गये।

ययाति ने फिर कहा, "पिताजी, मैं इस प्रकार विजित होकर जीवित नहीं रह सकता। अभी मेरी इच्छाएँ शमन नहीं हुई हैं। आप मेरी सहायता करेंगे तो मैं अपने उद्देश्य में सफल हूँगा।"

उशना ने कहा, "मैं तुम्हारी केवल एक प्रकार से सहायता कर सकता हूँ।"

"वह कैसे?" ययाति ने उतावली से पूछा।

"तुम्हें युवक बनाने के लिए किसी युवा की आवश्यकता है। मैं तुम्हें वह युक्ति बता सकता हूँ जिससे तुम अपनी जरा का उसके यौवन से परिवर्तन कर सकते हो। लेकिन इसमें उसकी अनुमति होनी आवश्यक है अन्यथा यह अधर्म होगा।"[1]

"इसकी आप चिन्ता न करें भार्गव। मेरे पाँच पितृभक्त युवा पुत्र हैं।"

उशना ने इस परिवर्तन की युक्ति ययाति को समझा दी।

१६

ययाति ने प्रासाद में लौटकर अपने ज्येष्ठ पुत्र यदु को एकान्त में बुलाया और उससे कहा, "बेटा यदु, तुम मेरी दशा देख रहे हो। मेरा शरीर अशक्त और वृद्ध

---

1. महाभारत, आदि पर्व 83.39-42

हो गया है। साम्राज्य स्थापित करने में मैंने अपनी युवावस्था गँवा दी। मेरी इच्छाएँ अभी तक शान्त नहीं हुई हैं। मैंने यौवन का पूर्ण रूप से उपभोग नहीं किया है। इसी कारण मेरा मन अतृप्त है। मैं अपने भीतर एक विचित्र अशान्ति अनुभव करता हूँ। शुक्राचार्य के आशीर्वाद से मैं अपनी इस जरावस्था को तुम्हारी युवावस्था से बदल सकता हूँ। अतः मेरा अनुरोध है कि तुम मुझे अपने यौवन का एक सीमित अवधि के लिए दान कर दो।''

यह अनुरोध सुन कर यदु असमंजस में पड़ गया। वह कुछ क्षणों तक सोचता रहा। फिर विनीत भाव से बोला, ''पिताजी, यह काम अत्यन्त कठिन है। बुढ़ापा तो मरने के समान है। उसमें बाल पक जाते हैं। झुर्रियाँ पड़ जाती हैं। जब आप का चित्त अभी युवावस्था का पूर्ण सुख भोग न कर पाने के कारण असन्तुष्ट है तो मुझे क्या सन्तुष्टि हो सकती है? वृद्ध दुबला और अशक्त हो जाता है। उससे कोई काम नहीं होता। मैं ऐसी अवस्था की कल्पना करके ही काँपता हूँ। मैं आपकी आज्ञा मानने में असमर्थ हूँ।''

ययाति यदु के इस उत्तर से मर्माहत हो गया। उसने यदु को बाहर भेज दिया और तुर्वशु को बुलाकर अपनी मनोव्यथा प्रकट की।

तुर्वशु दुःशील था। उसने स्पष्टता से ययाति की भर्त्सना की, ''पिताजी, मैं बल, रूप और प्रतिष्ठा खोने वाली आपकी वृद्धावस्था को कैसे ले सकता हूँ? आप स्वयं सोचिये, वृद्ध होकर आप पुत्र के सामने कैसी कामना प्रकट कर रहे हैं? आप तो उदार और नीतिपरायण पिता है। फिर पुत्र से यौवन की याचना कैसी?''

ययाति इस बात का कुछ उत्तर न दे सका। उसने सिर हिलाकर तुर्वशु को वहाँ से जाने का आदेश दिया।

तभी देवयानी वहाँ पर आ गई। उसके सामने राजा अपने ऊपर अधिकार न रख सका। उसने शुक्राचार्य से हुई सब बातें उसे कह सुनाईं।

देवयानी ने सहानुभूति से सुना और बोली, ''सम्राट्, आप चिन्ता क्यों करते हैं? मैं यदु को बुलाकर लाती हूँ।''

ययाति ने उसे रोक कर कहा, ''यदु को बुलाकर क्या करोगी, मैं यदु और तुर्वशु दोनों से पूछ चुका हूँ। दोनों ने स्पष्ट मना कर दिया है।'' वह फीकी हँसी हँसा। ''देवयानी, अब जीवित रहने को मन नहीं करता। अपने पुत्रों को मैंने स्नेह और वात्सल्य दिया, उन पर मैं अभिमान करता था, लेकिन उन्होंने मेरी प्रार्थना ठुकरा दी। तुम बताओ, मैं इस धूसरित मन को लेकर कैसे प्राण धारण करूँ।''

देवयानी बहुत दुखी हुई, पर ढाढस बँधाते हुए गद्‌गद् कण्ठ से बोली, ''आप ऐसी बात क्यों सोचते हैं? क्या आप भूल गये कि आपके तीन पुत्र और हैं? उन्हें बुलाकर भी तो पूछिये।''

''रानी, साहस नहीं होता।''

''डरने की क्या बात है? वे भी मना कर देंगे तो आपको पिता के समान प्यार करने वाली प्रजा है। मुझे पूर्ण विश्वास है कि उनमें से कोई नवयुवा आपकी इच्छी पूरी कर देगा।''

देवयानी की आशाभरी बातों से ययाति को बड़ा आश्वासन मिला। उसने कहा, "तुमने मुझे बहुत धीरज बँधाया। मैं शेष तीन पुत्रों से भी पूछकर देखता हूँ। तुम जाते हुए द्रुह्यु को भेजती जाना।"

द्रुह्यु परम विनीत था किन्तु उसने भी मना कर दिया, "पिताजी, वृद्धावस्था को वहन करना सबसे दुर्भर है। वृद्ध न ठीक प्रकार से कार्य कर सकता है, न पत्नी से भोग कर सकता है। उसकी बोलने की शक्ति भी ठीक नहीं रहती। आप मुझे क्षमा करें।"

ययाति को यही आशा हो रही थी इसलिए अधिक बुरा नहीं लगा। यन्त्रवत् उसने अनु को बुला भेजा और उससे भी यौवन की माँग की।

अनु ने उत्तर दिया, "पिताजी, बुड्ढा आदमी बच्चों की भाँति गन्दा रहता है। न उसके खाने-पीने का नियम होता है, न वह समय पर अग्निहोत्र आदि कर पाता है। उधर उसकी लालसाएँ बढ़ जाती हैं जिन्हें वह पूरी नहीं कर पाता और उचित-अनुचित काम करता है।"

ययाति का इस उत्तर से रहा-सहा धैर्य भी समाप्त हो गया। वह जानता था कि अनु वीर बहुत है लेकिन उसमें बुद्धि की कमी है। फिर भी उसने इस कथन को अपने ऊपर छींटा समझा। उसने सोचा अब पुरु को बुलाना निरर्थक है उससे भी यही कोरा उत्तर मिलेगा।

पुरु ने अपने भाइयों को पिता के पास जाते और लौटते देखा। अनु के निकलने के बाद वह स्वयं अन्दर चला गया और पूछा, "कहीये पिताजी, क्या आज्ञा है?"

ययाति ने एक पल सोचा—कहूँ या न कहूँ। फिर ध्यान आया कि पुरु से न कहना और पहले से ही धारणा बना लेना उसके प्रति अन्याय होगा। अत: उन्होंने उससे भी अपनी माँग दुहरा दी।

पुरु ने प्रसन्नवदन कहा, "पिताजी, यह मेरा सौभाग्य है कि आपने मुझे इस योग्य समझा। इसे आप अनुरोध क्यों कहते हैं? आपका आदेश मेरे सिर आँखों पर। मैं आपकी वृद्धावस्था लेने को तैयार हूँ। आप युवा होकर प्रजा को सुख पहुँचाइये। वह पुत्र धन्य है जो माता, पिता और गुरु को सुख-सन्तोष पहुँचाता है। पिता की आज्ञा मानने से पुत्र को सब सुख प्राप्त होते हैं।"

ययाति ने शुक्राचार्य की बताई विधि से कायाकल्प कर लिया। वह युवा हो गया और पुरु अकालवृद्ध।[1]

१७

पुरु से युवावस्था लेकर ययाति ने फिर सुचारु ढंग से शासन आरम्भ कर दिया। उस काल पृथ्वी से दुख-द्वन्द्व बिल्कुल मिट गया। उसकी देवों से मित्रता थी और

---

1. महाभारत, आदि पर्व 84.1-34; भागवत 5.1.34; मत्स्य पुराण 24.52.3; वायु पुराण 1. 155; 65.84; 98.20; विष्णु पुराण 4.10.4, 20; भागवत् पुराण 9.18.7-51; मत्स्य पुराण 25.7; 26.32

असुरों का वह सम्बन्धी था। फिर उसका बाहुबल ऐसा था कि छोटे-छोटे राजा उसके नाम से थर्राते थे। इस कारण उसके युग में युद्ध समाप्त हो गये। समर न होने से सुख, शान्ति और समृद्धि बढ़ी। वह पृथ्वी का स्वर्णयुग था।

विश्वाची भी पूर्ण सन्तुष्ट थी। अपनी तीनों पत्नियों के साथ विहार करते ययाति को समय बीतने का भी आभास न हुआ।

पुरु पूर्ण योगी हो गया था। प्रचण्ड मनोबल से उसने अपनी इन्द्रियों पर अधिकार कर रखा था और युवावस्था में ही संन्यास का जीवन बिता रहा था। मुख्य बात यह थी कि उसके मन में पिता के प्रति तनिक भी दूषित भाव नहीं था।

समय भागा जा रहा था, फिर भी ययाति की लालसाएँ पूरी न हो सकीं। यह देखकर वह खिन्न हो गया। उसने पूरे परिवार को एकत्र किया और अनन्त काम-तृष्णा के कारण मानसिक भावावेश को इस प्रकार प्रकट किया–

"विषय-भोग की इच्छा विषयों का उपभोग करने से कभी शान्त नहीं हो सकती। घी की आहुति डालने से अधिक प्रज्वलित होने वाली आग की भाँति वह और भी बढ़ती जाती है।[1] रत्नों से भरी हुई सारी पृथ्वी, संसार का सारा सुवर्ण, सारे पशु और सुन्दर स्त्रियाँ किसी एक पुरुष को मिल जाएँ, तो भी वे सब-के-सब उसके लिए पर्याप्त नहीं होंगे। वह और भी पाना चाहेगा। ऐसा समझकर शान्ति धारण करे और भोगतृष्णा को दबा दे। खोटी बुद्धि वाले लोगों के लिए जिसका त्याग करना अत्यन्त कठिन है, जो मनुष्य के बूढ़ी होने पर भी स्वयं बूढ़ी नहीं होती तथा जो एक प्राणान्तक रोग है, उस तृष्णा को त्याग देने वाले पुरुष को ही शान्ति मिलती है। अत: मैं इस तृष्णा को त्यागकर अब ब्रह्म में मन लगाऊँगा।"

देवयानी ने कहा, "हम भी आपके साथ रहकर आपके बताये मार्ग पर चलेंगी।"

ययाति ने पुरु को युवा बनाकर जरावस्था वापस ले ली। उसने घोषणा की कि कल प्रात: वह पुरु को राजतिलक करके वानप्रस्थ ले लेंगे।

जब प्रजा को पता चला कि सम्राट् पुरु को राजपद पर अभिषिक्त करना चाहते हैं तो और प्रतिनिधियों ने ययाति से आकर भेंट की। उन्होंने कहा, "महाराज, शुक्राचार्य के पौत्र और अपने ज्येष्ठ पुत्र यदु के होते हुए आप पुरु को किस कारण राज्य दे रहे हैं। यदु के बाद भी आपके तीन पुत्र हैं, पुरु तो सबसे छोटे हैं। ज्येष्ठ पुत्र के होते हुए कनिष्ठ पुत्र राज्य का अधिकारी नहीं हो सकता, यह मानव धर्म है। हम आपको इस नीति का स्मरण दिलाने के लिए एकत्र हुए हैं। आप धर्म का पालन कीजिये।"

ययाति ने इसका तर्कपूर्ण उत्तर दिया, "परिजन, आप सुनें मैं क्यों ज्येष्ठ पुत्र को सिंहासन नहीं देना चाहता। मेरे ज्येष्ठ पुत्र यदु ने मेरी आज्ञा का पालन नहीं किया, मेरे अनुरोध की रक्षा नहीं की। जो पिता के प्रतिकूल है, वह सत्पुरुषों की परिभाषा के अनुसार पुत्र नहीं माना जा सकता। जो माता और पिता की आज्ञा मानने वाला,

---

1. महाभारत, आदि पर्व 80.840; विष्णु पुराण 4.10.9-15

उनके प्रति हितबुद्धि रखने वाला, और उनके अनुकूल है, वही पुत्र है। पुत्र की इसीलिए इच्छा की जाती है कि वह माता-पिता की इच्छापूर्ति करे। यदु, तुर्वशु, द्रुह्यु और अनु ने मेरी अवहेलना और तिरस्कार किया। पुरु ने आदरपूर्वक मेरी आज्ञा का पालन किया और अपनी युवावस्था देकर मेरी वृद्धावस्था स्वयं ले ली। शुक्राचार्य ने अपनी औशनस नीति में कहा है–जो पुत्र तुम्हारा अनुसरण करे वही राजा होना चाहिये और प्रजा का पालक होना चाहिये।[1] इसलिए मैं आपसे अनुरोध करता हूँ कि पुरु को राज्यसिंहासन पर अभिषेक कीजिए।''

प्रजा ने इस विचार से सहमत होते हुए कहा, ''जो पुत्र गुणवान और माता-पिता का हितैषी हो वह छोटा होने पर भी अधिकारी है। हम जानते हैं कि पुरु ने आपकी जरावस्था अपने ऊपर ले ली थी। उन्होंने आपका प्रिय और हमारा प्रिय किया था। अत: वे ही सिंहासन पाने के अधिकारी हैं।''

तत्पश्चात् ययाति ने पुरु को प्रतिष्ठान का राज्य सौंपकर यदु आदि चारों पुत्रों को सीमान्त का राज्य सौंप दिया। फिर अपनी पत्नियों के साथ वे भृगुतुंग पर्वत पर चले गये और वहाँ तपस्या करने लगे।[2]

एक दिन देवराज इन्द्र उनसे मिलने आये। बातचीत चलती रही। सहसा इन्द्र ने पूछा, ''राजन्, आपसे एक बात पूछना चाहता हूँ।''

''पूछिये देवराज।''

''मैंने सुना है जब आपने पुरु को राज्यसिंहासन दिया था तब बड़ा सुन्दर उपदेश दिया था। क्या था वह?''

ययाति ने कहा, ''मैंने पुरु से कहा–बेटा! गंगा और यमुना के बीच का यह सारा प्रदेश तुम्हारे अधिकार में रहेगा। यह पृथ्वी का मध्य भाग है, इसके तुम राजा होंगे और तुम्हारे भाई सीमान्त देशों के अधिपति होंगे।

''देवेन्द्र! इसके बाद मैंने यह आदेश दिया कि मनुष्य हीनता, शठता और क्रोध न करे। कुटिलता, मात्सर्य और वैर न करे। माता-पिता, विद्वान्, तपस्वी तथा क्षमाशील मनुष्य का बुद्धिमान मनुष्य कभी अपमान न करे। शक्तिशाली पुरुष सदा क्षमा करता है। शक्तिहीन मनुष्य सदा क्रोध करता है। दुष्ट मानव साधु पुरुष से और दुर्बल अधिक बलवान से द्वेष करता है। कुरूप मनुष्य सदा रूपवान से, निर्धन धनवान से, अकर्मण्य कर्मनिष्ठा से और अधार्मिक धर्मात्मा से द्वेष करता है। इसी प्रकार गुणहीन मनुष्य गुणवान् से डाह करता है। इन्द्र! यह कलि का लक्षण है।

---

1. इस प्रसंग में यह बात ध्यान देने योग्य है कि मनु द्वारा उपदिष्ट प्राचीन राजनीति के अनुसार ज्येष्ठ पुत्र को राज्यसिंहासन पाने का अधिकार होता था और जानपद प्रतिनिधियों ने यह दृष्टिकोण रखा। इसके विपरीत शुक्राचार्य की उपदिष्ट नीति थी जो अधिक उदार और उपयुक्त थी।
2. महाभारत, आदि पर्व 85.1-33

"क्रोध करने वालों से वह पुरुष श्रेष्ठ है, जो कभी क्रोध नहीं करता। इसी प्रकार असहनशील से सहनशील उत्तम है, मनुष्येतर प्राणियों से मनुष्य श्रेष्ठ है, और मूर्खों से विद्वान् उत्तम हैं।"

"यदि कोई किसी की निन्दा करता या उसे गाली देता हो तो वह भी बदले में निन्दा या गाली-गलौज न करे। क्योंकि जो गाली या निन्दा सह लेता है, उस पुरुष का आन्तरिक दुख ही गाली देने वाले या अपमान करने वाले को जला डालता है। साथ ही उसके पुण्य भी वह ले लेता है।

'क्रोधवश किसी के मर्मस्थान में चोट न पहुँचाये। किसी के प्रति कठोर बात भी मुँह से न निकाले। अनुचित उपाय से शत्रु को भी वश में न करे। जो जी को जलाने वाली हो, ऐसी बात मुँह से न बोले, क्योंकि पापी लोग ही ऐसी बातें बोला करते हैं।

"जो स्वभाव का कठोर हो, दूसरों के मर्म में चोट पहुँचाता हो, तीखी बातें अत्यन्त बोलता हो और कठोर वचनरूपी काँटों से दूसरे मनुष्य को पीड़ा देता हो, उसे अत्यन्त अभागा समझे। वह कड़वी बोली के रूप में अपने मुँह में बँधी हुई पिशाचिनी को ढो रहा है।

"अपना व्यवहार ऐसा रखें कि साधु पुरुष सामने तो सत्कार करें ही, पीठ-पीछे भी उनके द्वारा अपनी रक्षा हो। दुष्ट लोगों की कही हुई अनुचित बातें सदा सह लेनी चाहिये तथा श्रेष्ठ पुरुषों के सदाचार का आश्रय लेकर साधु पुरुषों के व्यवहार को ही अपनाना चाहिये।

"दुष्ट मनुष्यों के मुख से कटु वचनरूपी बाण सदा छूटते रहते हैं जिनसे आहत होकर मनुष्य रात-दिन शोक और चिन्ता में डूबा रहता है। वे बाग्बाण दूसरों के मर्मस्थानों पर ही चोट करते हैं। अत: विद्वान् पुरुष दूसरों के प्रति ऐसी कठोर वाणी का प्रयोग न करें।

"सभी प्राणियों के प्रति दया और मैत्री का बर्ताव, दान और सब के प्रति मधुर वाणी का प्रयोग–तीनों लोकों में इनके समान कोई वशीकरण नहीं है। इसलिए कभी कठोर वचन न बोलें। सदा सान्त्वनापूर्ण मधुर वचन ही बोलें। पूजनीय पुरुषों का पूजन करें। दूसरों को दान दें और स्वयं कभी किसी से कुछ न माँगें"।[1]

यह शिक्षा सुनकर देवेन्द्र बहुत प्रसन्न हुए, वे ययाति को साधुवाद देते हुए देवलोक चले गये।

कुछ दिनों बाद ययाति ने अन्न-जल छोड़कर अपने प्राण-त्याग दिये।

---

1. महाभारत, आदि पर्व, 87 अध्याय

वंशावलि

ययाति (लगभग 3010 ईसा पूर्व) के उपरान्त उसके पाँच पुत्रों ने अलग-अलग राज्य स्थापित किये। मुख्य वंश सबसे छोटे **पुरु** से चला। पुरु एक विख्यात नरेश हुआ जिसके कारण ऐल वंश पुरु वंश भी कहलाने लगा।

तुर्वसु ने दक्षिण-पूर्व में वर्तमान रीवा के पास राज्य स्थापित किया, **अनु** ने उत्तर में गंगा यमुना के मध्य में तथा **द्रुह्यु** ने पश्चिम में चम्बल के उत्तर तथा यमुना के पश्चिम में।

यदु ने चर्मणवती (चम्बल), वेत्रवती (बेतवा) और शुक्तिमती (केन) में सींचित भू पर अपना राज्य स्थापित किया। वह और दक्षिण-पश्चिम की ओर बढ़ा। शार्यातों को नष्ट कर पुण्यजन या पणिजन राक्षसों ने जो राज्य स्थापित किया था उसे यादवों ने उखाड़ फेंका। सम्भवतः इसके उपरान्त ही पणिजनों ने भूमध्यसागर के पूर्वी तट के अपने उपनिवेश की शक्ति बढ़ाई और महान् नाविक फिनीशियन (पणिजन) राज्य स्थापित किया जिसने एक बार रोमन साम्राज्य के भी छक्के छुड़ा दिये।

एक अनुश्रुति के अनुसार यदु सागर में घूमता हुआ एक बार नागों के राजा धूम्रवर्ण के हाथों बन्दी हो गया जिसने उसकी वीरता पर मुग्ध होकर अपनी पाँचों पुत्रियाँ उसे ब्याह दी।[1]

ऐल वंश के शेष चार कुलों में कोई शक्तिशाली राजा नहीं हुआ किन्तु यदु के वंशजों ने अपनी शक्ति खूब बढ़ाई। उसके दो पुत्र प्रसिद्ध हैं—**क्रोष्टृ** जिससे यादव वंश चला और **सहस्रजित** जिससे हैहय वंश प्रारम्भ हुआ।[2] यदु का बारहवाँ वंशज यादव राजा चित्ररथ था जिसका समकालीन पौरव राजा मतिनार था। मतिनार की पुत्री गौरी का विवाह अयोध्या के सूर्यवंशी राजा युवनाश्व द्वितीय से हुआ था। उनका पुत्र सार्वभौम मान्धाता हुआ जिसने चित्ररथ के पुत्र शशबिन्दु की बेटी बिन्दुमती से विवाह किया।[3]

शशबिन्दु महान् सम्राट् था।[4] उसने अनेक अश्वमेध यज्ञ किये। उसके पास सोने का बड़ा भारी कोष था जिसे उसने खूब वितरित किया। उसके समय से एक नया नियम चला। पहले नगर-राज्यों के समय राजा के पुत्र अपने अलग-अलग नगर-राज्य बसा लेते थे। ययाति ने सर्वप्रथम साम्राज्य स्थापित किया था किन्तु मरने के समय

---

1. हरिवंश 1.2.38.2
2. पाजिटर, पृष्ठ 87
3. भागवत पुराण 9.6
4. वायु पुराण 95.19

उसे अपने पाँचों पुत्रों में बाँट दिया। इससे साम्राज्य फिर बिखर गया। यह नियम केन्द्रीकरण के विरुद्ध पड़ रहा था। यादव चित्ररथ ने सर्वप्रथम शशबिन्दु को अपना पूरा साम्राज्य दिया और शेष छोटे भाइयों को उसके नीचे रखा।

शशबिन्दु ने पौरव राजा मतिनार को हराकर अपना करद राजा बना लिया। मतिनार के पुत्र तंसु ने शशबिन्दु के पुत्र रुक्म के विरुद्ध उभरना चाहा। दोनों ने मान्धाता से सहायता माँगी। मान्धाता ने मामा के विरुद्ध साले का पक्ष लिया और तंसु को हराकर राज्यच्युत कर दिया एवं पौरव राज्य को भंग कर दिया।

भारत का दूसरा प्रसिद्ध वंश सूर्य या ऐक्ष्वाक वंश था। ययाति के बाद उसने अपनी शक्ति बढ़ाई। पुरञ्जय ने इन्द्र को सहायता देकर असुर सेनापति सुजंभ का वध किया। उसका छटा वंशज श्रावस्त था जिसने श्रावस्ती[1] बसाई। श्रावस्त का पोता कुवलयाश्व था जिसने धुन्धु दैत्य को मारकर मदालसा से विवाह किया। वह धुन्धुमार नाम से प्रसिद्ध हुआ।[2] उसका आठवाँ वंशज युवनाश्व द्वितीय (सौद्युम्नि) था जिसने मतिनार की कन्या गौरी से विवाह किया। उनका पुत्र मान्धाता हुआ (लगभग 2740 ईसा पूर्व)।

मान्धाता के जन्म के विषय में एक अनोखी अनुश्रुति है। उसका वैज्ञानिक समाधान सम्भवतः यह हो कि गर्भ में बलशाली होने के कारण उसको माता का ऑपरेशन कर बाहर निकाला गया जिसमें उसकी माता का देहान्त हो गया और युवनाश्व को उसे पालने में कठिनाई पड़ी।

मान्धाता 16 वर्ष की आयु में गद्दी पर बैठा। वह गौर वर्ण, शानदार डील-डौल का महाबलवान् युवक था। वह चक्रवर्तिन् सम्राट् था। भारत के इतिहास में वह और भरत केवल दो सम्राट् सार्वभौम राजा कहे गये हैं जिन्होंने समस्त सभ्य संसार को विजय किया। मान्धाता ने भारत के आठ नृपतियों को जय किया। चौदह मास के युद्ध में उसने द्रुह्यु वंशी अंगार को मारा। अंगार के बाद उसका बेटा गन्धार सिंहासन पर बैठा। उसने उत्तर-पश्चिम में नया राज्य स्थापित किया।[3] उस भू-खण्ड का नाम गान्धार प्रसिद्ध हुआ। जनसंख्या बढ़ने पर द्रुह्यु भारत से बाहर चले गये और उन्होंने पश्चिम में आर्य सभ्यता फैलाई। गोमती[4] के तट पर नाग नामक नगर पर मान्धाता ने इन्द्र को भी हराया और एक दिन में उसका आधा राज्य छीन लिया। फिर उसने पाताल (अफ्रीका) भी विजय किया।

उसने अनेक राजसूय और अश्वमेध यज्ञ किये और खूब दान दिया। बाद में उसे विष्णु का पंचम अवतार मानकर पूजा गया। जब वह वृद्ध हुआ तब मृगया के समय

1. महाजनपद और बुद्ध के काल में कोसल की राजधानी अयोध्या के स्थान पर श्रावस्ती हो गई थी। बुद्ध के समय वहाँ महाबलवान् प्रसेनजित राज्य करता था। इस नगरी को आज सहेत महेत में खोद निकाला गया है।
2. महाभारत, वन पर्व 193; हरिवंश 1.11; वायु पुराण 88; भागवत 9.6; आदि।
3. गान्धार ईसा की आरम्भिक शताब्दियों तक प्रसिद्ध रहा।
4. सम्भवतः अफगानिस्तान की गोमल नदी।

मथुरा के असुर राजा लवण ने पुरानी हार का बदला चुकाने के लिए धोखे से मार डाला।

मान्धाता के तीन पुत्र थे–पुरुकुत्स, अम्बरीष और मुचुकुन्द।[1] पुरुकुत्स से नागों ने सहायता माँगी जिनको मौनेय गन्धर्वों ने बहुत तंग कर रखा था। उसने मौनेय गन्धर्वों की शक्ति नष्ट कर दी और नागों ने अपनी राजकन्या नर्मदा का पुरुकुत्स के साथ विवाह कर दिया।[2] उसने नर्मदा तक आर्यों की सभ्यता फैलाई। वैदिक अनुश्रुति के अनुसार इन्द्र ने मायावी शुष्ण के विस्तीर्ण नगर को ध्वंस्त कर कुत्स की रक्षा की।[3] पुरुकुत्स का पुत्र त्रासदस्यु था।[4] अम्बरीष के विषय में विशेष कुछ पता नहीं। वैसे द्वादशी माहात्म्य और दुर्वासा गर्व की अनुश्रुतियों का वह नायक है।[5] मुचुकुन्द ने पारियात्र और ऋक्ष पर्वतों के मध्य एक नगर और दुर्ग बनाया जिसे बाद में हैहय राजा महिष्मंत ने जीतकर महिष्मती नाम देकर अपनी राजधानी बना लिया।[6] कृष्ण मथुरा से भागते हुए कालयवन को अरावली की गुहा में ले गये थे जहाँ मुचुकुन्द ने उसका विनाश कर दिया। सम्भवत: वह मुचुकुन्द कुल का कोई राजा था।[7]

मान्धाता की बहन या पुत्री कावेरी का विवाह कान्यकुब्ज के राजा जन्हु से हुआ था।[8]

इसके बाद चन्द्र वंश ने फिर शक्ति ग्रहण की।

---

1. भागवत 9.6.38; वायु पुराण 88.72; विष्णु पुराण 4.2.20
2. भागवत पुराण 9.6.38; 9.7.3
3. ऋग्वेद 2.19.6; 6.20.10
4. ऋग्वेद 4.42.8
5. भागवत पुराण 9.4-5
6. हरिवंश 2.38.2; 14-23
7. भागवत 10.51; विष्णु पुराण 5.23; ब्रह्म पुराण 196; हरिवंश 1.12.9; 2.57
8. ब्रह्मांड पुराण 3.66.28-30; वायु पुराण 91.58

गुहा

पुराणों में गुहाओं का वर्णन मिलता है। पश्चिम की ओर धुन्धु राक्षस की गुहा थी जिससे अग्नि ने निकल कर सूर्यवंशी कुवलयाश्व की सेना को नष्ट कर दिया था। अरावली की किसी गुहा में कृष्ण कालयवन से बचने के लिए छिपे थे जहाँ उन्होंने मुचुकुन्द से कालयवन का विनाश करा दिया था। नाग और गन्धर्वों द्वारा गुहाओं में बसाई अनेक बस्तियों का वर्णन मिलता है जहाँ पहुँच कर राजाओं ने नागकन्या या गन्धर्वकन्या से विवाह किया था।

वेदव्यास

व्यास ज्ञान-गंगा के भगीरथ हैं। पुराण मुनि वेदव्यास ने भारतीय लोक-साहित्य के आरम्भ युग में हिमालय के बद्रिकाश्रम में घोर तपस्या करके अध्यात्म, धर्मनीति और पुराण का अपने अन्दर संग्रह किया और फिर यह त्रिपथगा लोक में प्रवाहित की। हिमालय की नर और नारायण शिखरों की छाया में भागीरथी के तट पर विशाला बदरी में व्यास ने अपना आश्रम स्थापित किया। वहाँ उन्होंने वेद सूक्तों का संग्रह करके उसके चार भाग किये और चार मुख्य शिष्यों को उनका पारायण कराया–पैल को ऋग्वेद का, वैशम्पायन को यजुर्वेद का, जैमिनि को सामवेद का और सुमन्तु को अथर्ववेद का। इसी आश्रम में कुरु-पाण्डवों के युद्ध की समाप्ति पर तीन वर्ष के सतत प्रयत्नों से व्यास ने महाभारत की रचना की। इसे उन्होंने अपने पाँचवें शिष्य रोमहर्षण को पढ़ाया। वह महाभारत जहाँ उन्होंने गर्व से घोषणा की है– धर्म, अर्थ, काम और मोक्ष नामक जीवन के चार पुरुषार्थों से सम्बन्ध रखने वाला जो कुछ ज्ञान महाभारत में है वही दूसरी जगह है; जो यहाँ नहीं है वह कहीं और भी नहीं मिलेगा। और यह बिल्कुल सत्य है।

यही नहीं, उनका जीवन घटनाओं से भरपूर था। उस समय की घटनाओं में उन्होंने पूरा भाग लिया। महाभारत के अनेक स्थलों पर वे आये हैं और उन्होंने पात्रों को धर्म का ज्ञान दिया है और उसके अनुसार चलने की प्रेरणा दी है। घटनाओं के झंझावात में वे ज्ञान भी आत्मसात् करते रहे और उसे लोक को देते रहे। पुराण भी उन्होंने एकत्र किया और उग्रश्रवा को उसका ज्ञान दिया। फिर उन्हें वेदान्तसूत्रों का कर्त्ता भी माना जाता है। वेदान्तसूत्रों का नाम भिक्षुसूत्र भी है और पाणिनि की अष्टाध्यायी से पता चलता है कि भिक्षुसूत्र के रचयिता पाराशर्य थे। पराशर के पुत्र होने के कारण व्यास को पाराशर्य भी कहते थे। बदरी-आश्रम में रहने के कारण इनका नाम बादरायण मुनि भी था और वेदान्तसूत्रों को बादरायणसूत्र भी कहते हैं।

मान्धाता

लगभग 2740 ईसा पूर्व पुरु के उपरान्त सोम वंश का प्रभाव कम हो गया और सूर्य वंश आगे आया। इस वंश के अनेक राजा प्रसिद्ध हुए। किन्तु सबसे प्रसिद्ध मान्धाता हुआ जो इक्ष्वाकु की इक्कीसवीं पीढ़ी का था। मान्धाता और भरत दो सम्राट् ऐसे हैं जिन्हें सार्वभौम कहा गया है।[1]

ऋग्वेद में इसका अनेक बार निर्देश हुआ है।[2]

मान्धाता महान् विजेता था। महाभारत के अनुसार उसने सारा भारत, लंका तथा भूमध्यसागर के द्वीपों तक पृथ्वी जीतकर सार्वभौम चक्रवर्ती पद पाया था। बाण के हर्ष-चरित के अनुसार उसने पाताल (अफ्रीका) भी विजय किया। अफ्रीका में मान्धाता स्थान है। वायु पुराण और गोपथ ब्राह्मण में उसे त्रैलोक्य-विजयी कहा गया है। वायु पुराण और विष्णु पुराण में लिखा है कि सूर्योदय के प्रदेश से लेकर सूर्यास्त तक का प्रदेश सब युवनाश्व के पुत्र मान्धाता का है। मान्धाता रचित सूक्त ऋग्वेद में भी मिलते हैं।

ऋग्वेद में लिखा है कि इन्द्र ने गोमती (सम्भवतः अफगानिस्तान की गोमल नदी) तट पर नाग नामक नगर में इन्द्र को हराया और एक दिन में उसका आधा राज्य छीन लिया।

बौद्ध दिव्यावदान की एक कथा है-एक बार उपोषध नाम का एक राजा था। उसके माथे पर एक फोड़ा हुआ और उस फोड़े से एक पुत्र का जन्म हुआ। राजा ने इस नवजात पुत्र का नाम मान्धाता रखा। वयस्क होने पर एक बार मान्धाता जब राज्य में भ्रमण करने के लिये गया था, तो उसके पिता अकस्मात् बीमार हो गये। मंत्रियों ने राजा की दशा चिंतनीय देखी, तो उन्होंने मान्धाता को राज्य में लौट आने का सन्देश भेजा। पर, मान्धाता ने लौटने से इन्कार कर दिया और उनकी अनुपस्थिति में ही राजा का देहावसान हो गया। मन्त्रियों ने पुनः मान्धाता से राजधानी लौटने का अनुरोध किया, पर मान्धाता तो राजधानी लौटना ही नहीं चाहता था। अतः उसने मंत्रियों को कहला भेजा, ''मैं तो नियमतः राजा हो रहा हूँ। अतः राज्याभिषेक का कार्य वहीं सम्पन्न कराया जाये, जहाँ मैं हूँ।' पहले तो मन्त्रियों ने अड़चन बताई कि राज्याभिषेक के लिये रत्न-शिला और सिंहासन आदि वस्तुओं की आवश्यकता होगी, पर मान्धाता अपनी बात पर अड़ा रहा। अतः राज्याभिषेक सम्बन्धी सब ही वस्तुएँ वहाँ लाई गईं जहाँ मान्धाता था और वहीं उसका राज्याभिषेक सम्पन्न करा गया। राज्याभिषेक के अवसर पर उसके सिर पर राजमुकट रखा गया तथा चक्र-रत्न, हस्ति-रत्न, मणि-रत्न, परिणायक रत्न, स्त्री-रत्न, गृहपति-रत्न आदि उसे भेंट किये गये।

---

1. जो चक्रवर्ती सम्राट् समुद्र को पार कर भारत से बाहर द्वीपों तथा देशान्तरों को विजय कर लेता था, वह सार्वभौम कहलाता था।
2. ऋग्वेद 1.112.13; 8.39.8; 10.2.2; 8.40.12

कालान्तर में प्रतापी राजा मान्धाता को सौ पुत्र हुए। मान्धाता के राज्य काल में ही, वैशाली के वन-प्रान्तर में 500 ऋषि तपस्या करते थे। किन्तु, वन में बगुलों एवम् अन्य पशुओं के कोलाहल से ऋषियों की तपस्या में बाधा पड़ती थी। इसी पर क्रुद्ध होकर दुर्मुख ने बगुलों को शाप दिया कि उनके पर कट जायें। जब मान्धाता को दुर्मुख के शाप की बात मालूम पड़ी तो उसे बड़ा क्रोध आया और उसने ऋषियों को अपने राज्य से निकल जाने का आदेश दे दिया। ऋषियों ने तत्काल वैशाली छोड़ दी और सुमेरु पर्वत पर जाकर तप करने लगे।

इस प्रकार 6 युगों तक राज्य करने के पश्चात् मान्धाता ने यक्ष-दिवौकस के परामर्शानुसार पूर्व-विदेह, अपर-गोदानीय तथा उत्तर-कुरु पर आक्रमण किया।

जब मान्धाता सुमेरु पर्वत की ओर बढ़ा, तब उसने रास्ते में ऐसे वृक्ष देखे जिनमें फल के स्थान पर आभूषण और वस्त्र लगे थे, और कुछ वृक्षों की डालियों पर उसने अप्सरायें भी देखीं। उसने अपने सेनापतियों को आदेश दिया कि तुम लोग इन फलों का पूर्ण उपयोग करो। उस क्षेत्र में धान भी बिना उगाये होता था। अतः राजा ने अपनी सेना को उसे भी खाने की आज्ञा दे दी।

सुमेरु पर उसको वे 500 ऋषि भी मिले, जिनको उसने अपने राज्य से निकाल दिया था। यहाँ दुर्मुख ने अपने चमत्कार से मान्धाता को रोकने की चेष्टा करी पर मान्धाता ने व्यंग्य के साथ कहा, ''ऋषिवर, यह मान्धाता की सेना है, बगुला पक्षी नहीं कि उस पर आपका जादू चल जायेगा।' अन्त में दुर्मुख की इस कुचेष्टा से अप्रसन्न होकर राजा ने आदेश दिया कि सभी तपस्वियों की जटाएँ मुंडवा दी जायें।

आगे बढ़ने पर मान्धाता को सुदर्शन नामक नगर मिला। वहाँ देवताओं ने 5 रक्षा-पंक्तियाँ बना रखी थीं। प्रथम पंक्ति नागों की थी। सबसे पहले उन लोगों ने ही मान्धाता का सामना किया, पर मान्धाता की सेना के सामने वे न टिक सके।

पराजित नागों में से कुछ करोटपाणि देवता के पास गये और उसकी सहायता से मान्धाता को रोकने की चेष्टा की, पर इस संघर्ष में भी मान्धाता विजयी हुआ। इसी प्रकार उसने मालाधर, सदामुक्तक तथा चतुर्महाराजिक देवताओं की पंक्तियों पर भी विजय प्राप्त कर ली।

अब मान्धाता और आगे बढ़ा। उसने सुमेरु पर्वत के नीचे पारिजातक का एक वृक्ष देखा जिसके नीचे वर्ष में चार मास तक देव-गण क्रीड़ा किया करते थे। मान्धाता ने अपने सेनापतियों को आदेश दिया–'जाओं, देवताओं के समान तुम लोग भी इस वृक्ष के नीचे सानन्द क्रीड़ा करो।'

पर्वत के ऊपर मान्धाता ने देवताओं का नगर सुदर्शन देखा, जो स्वर्ण एवम् रत्नों से निर्मित था। उसी नगर में इन्द्र और उपेन्द्र के भी स्थान थे। इन्द्र ने मान्धाता को अपने निकट आसन दिया और देवताओं ने मान्धाता से कहा कि यहाँ असुर हम लोगों को बहुत कष्ट देते हैं। मान्धाता ने क्रुद्ध होकर अपने धनुष की प्रत्यंचा झंकृत की, जिसे सुनते ही सभी असुर डर गये। राजा ने रथ पर आरूढ़ होकर असुरों

पर आक्रमण कर दिया। घमासान युद्ध हुआ। असुरगण या तो भाग गये या मारे गये।

इससे पता चलता है कि मान्धाता की इन्द्र पर विजय बौद्ध काल तक लोक-विश्रुत थी। बौद्धों ने अधिकतर हिन्दु कथाएँ लेकर उन्हें अपना संस्पर्श देकर अपना लिया। विष्णु पुराण में मान्धाता को युवनाश्व की पसली से उत्पन्न बताया गया है, बौद्धों ने उसे माथे के फोड़े से उत्पन्न बता दिया।

पश्चिमी भारत में भाजा, बेदसा, कार्ला आदि अनेक गुफाएँ हैं जो ईसा से 150 वर्ष पूर्व से लेकर 100 वर्ष बाद तक की हैं। इनमें अनेक चित्र बने हुए हैं। उनमें दो शिलापट किसी ऐसे कथानक के हैं जो अभी तक समझ में नहीं आया था। कुछ समय पूर्व श्री रणछोड़ लाल ज्ञानी, डॉ. वासुदेवशरण अग्रवाल तथा डॉ. मोतीचन्द्र ने जब इनका मिलान दिव्यावदान की इस कथा से किया तो उन्हें पता लगा कि ये दोनों इस बौद्ध कथा के चित्रण हैं। इनका सारा विवरण मान्धाता की उत्तराखण्ड की यात्रा का है। वे मान्धाता की विजय-यात्रा के दृश्य हैं।

अति प्राचीन यादें

बहुत प्राचीन काल की बात है हिमालय पर्वत का अस्तित्व नहीं था। उसके स्थान पर एक विशाल समुद्र लहराता था जिसका नाम टेथिस था। आसाम और काश्मीर में उन दिनों भी भूमि थी। धीरे-धीरे यह समुद्रतल उठता गया और इसके दक्षिण की भूमि दबती गई। यह उभरता समुद्रतल जल से बाहर निकल आया और हिमालय बन गया। विन्ध्याचल की ऊँचाई कम हो गई।

इस प्रक्रिया में काफी समय लगा। भयानक भूकम्प आये। पृथ्वी हिली डुली। शनैः शनैः वह स्थिरता को पहुँची। इस समय की घटनाओं का वेद में अनेक स्थलों पर उल्लेख मिलता है। जैसे ऋग्वेद के द्वितीय मण्डल के 12वें सूक्त का दूसरा मन्त्र है–

य: पृथिवीं व्यथमानाभदृंहद्य: पर्वतान् प्रकुपितां अरम्णात्।
यो अंतरिक्षं विममे वरीयो यो द्यामस्तम्नात्स जनास इन्द्रः।

"हे लोगो, जिसने व्यथित (हिलती डुलती) पृथिवी को दृढ़ किया, जिसने कुपित, चंचल, क्षुब्ध पर्वतों को शान्त किया, जिसने अन्तरिक्ष को फैलाया, जिसने आकाश को स्थिर किया, वह इन्द्र है।"

इस मन्त्र का यह अर्थ नहीं कि ऋषि के सामने यह घटना घट रही है। लेकिन इस काल की स्मृति उस समय तक उस भूभाग के वासियों के हृदय में सुरक्षित है जिस समय इसकी रचना हुई। इसी प्रकार दशम मण्डल के 85वें सूक्त का तेरहवाँ मन्त्र बतलाता है कि एक समय अयन परिवर्तन उस समय होता था जब सूर्य मघा में होता था। पूर्व फाल्गुनी से गति बदल जाती थी। मघा में सूर्य अगस्त में होता है। और आजकल दिन में परिवर्तन 23 दिसम्बर को मूल नक्षत्र में होता है। मघा में परिवर्तन आज से 17000 वर्ष पूर्व होता था।

सरस्वती

वह वेद की महान् नदी थी। उसके तट पर धन-धान्यपूर्ण बीसियों विशाल नगर बसे थे। कालीबंगा, मोहनजोदड़ो, हड़प्पा की सभ्यता का पोषण इसी के कांठे में हुआ था। कहाँ है वह महिमामयी सरस्वती?

सरस्वती की महिमा सब जानते हैं। जब ययाति ने यज्ञ करना चाहा तो सब नदियों का माहात्म्य मिलाया गया और सरस्वती को सर्वप्रथम होने का गौरव मिला, यह महाभारत में भी वर्णित है। लेकिन सरस्वती खो कैसे गई?

सरस्वती हिमाचल प्रदेश के सिरमौर ज़िले से निकल कर बहने वाली घग्घर नदी से मिलकर करनाल, हिसार, बीकानेर, हनुमानगढ़, सूरतगढ़, बहावलपुर आदि जिलों से होती हुई कच्छ के रन में गिरती थी। हिमालय की टोंस और यमुना ही सरस्वती के नाम से दक्षिण-पश्चिम को बहती थीं और घग्घर शायद दृषदवती थी। शतद्रु (सतलज) इसकी मुख्य सहायक नदी थी। महाभारत युद्ध के कई सौ वर्ष पूर्व–कहा नहीं जा सकता कब–गंगा की सहायक चम्बल की एक उत्तरी सहायक नदी ने सरस्वती की धारा पलट दी। यह शाखा यमुना नाम धारण कर प्रयोग में गंगा से जा मिली। पहले यह चम्बल की सहायक शाखा थी, अब सरस्वती का पानी पाकर विशाल रूप धारण करने के कारण चम्बल इसकी सहायक बन गई। लोग जो प्रयाग में त्रिवेणी संगम मानते हैं, वह ठीक ही है।

वर्षा की वृद्धि, दुर्बल और कोमल चट्टानों की घिसाई, भूमि का उठना–इन सब कारणों से नदियों का पथ गहरा हो जाता है, लम्बा हो जाता है, शीर्ष की ओर बढ़ता चला जाता है और इसी कारण नदियाँ अपना पथ भी पलटती रहती हैं। एक विशाल शान्त नदी है जिसकी सतह उथली है। दूसरी छोटी, जरा सी, पर बहाव के तेज के कारण से या और किसी कारण से गहरी है। बाढ़ आने पर विशाल नदी का पानी फैलता है और दोनों एक हो जाती हैं। गहरी होने के कारण वह अधिक पानी खींचेगी, बीच की मिट्टी काट देगी जिससे बाढ़ उतरने पर पानी उसमें बहने लगेगा और विशाल उथली नदी सूखी रह जायेगी। या फिर कटाव के कारण शीर्ष ऊपर पहुँच सकता है जिसे अभिशीर्ष अपरदन कहते हैं। तीसरे भूमि के उठने के कारण भी नदी का मार्ग अवरुद्ध हो सकता है। चम्बल की एक उत्तरी शाखा थी जो हरियाना और उत्तर प्रदेश के सीमान्त पर कहीं उपजती थी। अभिशीर्ष अपरदन के कारण वह उत्तर की ओर बढ़ती रही और सरस्वती की धारा इस छोटी नदी में उमड़ पड़ी। सम्भव है अरावली का दिल्ली से पूर्वोत्तर दिशा वाला भाग ऊपर को उठने लगा हो और उसके अवरोध के कारण सरस्वती दक्षिण-पश्चिम की बजाय दक्षिण दिशा में बहने लगी। इस शाखा का नाम पड़ गया यमुना।[1]

---

1. यदि हनुमानगढ़ के निकट चितरंग नदी के पाट के किनारे-किनारे चलें तो यमुना तक जा पहुँचेंगे। इसी प्रकार सिरसा से सरहिन्द नाले के सहारे ऊपर चलें तो रूपड़ में सतलज मिल जायेगी। मतलब यह है कि ये ही सरस्वती और सतलज के पुराने पथ हैं।

यमुना नाम भी खूब है। यही हाल पूर्व में ब्रह्मपुत्र का है। इसकी एक शाखा थी कपिली जिसने मेघना नदी का जल अपहृत कर लिया। कालान्तर में यही कपिली के साथ हुआ। उत्तर की ओर बहने वाली धनश्री ने इसकी सहायक शाखा का अपहरण कर लिया। यहाँ भी नई नदी का नाम पड़ा यमुना। स्वयं ब्रह्मपुत्र नदी ने भी यही किया। आज से ढाई सौ वर्ष पूर्व यह पूर्वी बंगाल में मैमनसिंह जिले के पूर्व में होकर बहती थी और मेघना से मिलती थी। बीच में अवरोध उठने के कारण यह दक्षिण में गंगा की ओर आकृष्ट हुई और नई वाहिका बनाकर गंगा में मिल गई। दोनों का मिलकर नाम हुआ पद्मा, किन्तु नई वाहिका का नाम यमुना रखा गया।

तभी हिन्दुओं ने इसे यम की बहन माना है। मनुष्यों के प्राण ले जाने वाले यम और नदियों के प्राण ले जाने वाली यमुना।

मुख्य धारा के यमुना में बदल जाने पर भी सरस्वती लुप्त नहीं हुई। घग्घर और शतद्रु का सम्मिलित जल बहुत था और सरस्वती जहाँ समुद्र से मिलती थी वहाँ एक बहुत बड़ा पोत-पत्तन था। लेकिन भगवान सरस्वती से रूठ गया था। ग्यारहवीं शताब्दी के बाद सतलज ने अपनी धारा पलट दी। वह व्यास का पानी अपने में समेट कर सिन्धु से मिलने लगी। इस दुर्भाग्य से सरस्वती सदा के लिए लुप्त हो गई। अब उसकी स्मृति शेष है या शेष हैं हक्रा और घग्घर के सूखे रेतीले पाट। यह कितनी विशाल नदी थी, इसका अनुमान इस बात से पता चल सकता है–दिल्ली के पास यमुना का पाट कोई आधा मील का होगा, कितना बड़ा लगता है। सरस्वती का पाट औसतन 3 से 5 मील तक चौड़ा है और बीकानेर में तो वह 10 मील चौड़ा हो जाता है।

खण्ड एक

सार्वभौम मान्धाता

(लगभग 2740 ईसा पूर्व)

१

कल्लोलिनी सरयू मुस्कराती हुई बह रही थी। तट पर खड़े वृक्षों की सघन छाया में धूप निरर्थक प्रवेश करने का प्रयत्न कर रही थी। वहाँ सहसा पक्षी कलरव कर उठते और फिर सब शान्त हो जाता।

अयोध्या पर्याप्त पीछे छूट चुका था। ऋषि के आश्रम को भी पार कर **युवनाश्व** उपवन में व्यग्रता से टहल रहे थे।

दूर आश्रम से समवेत स्वर आ रहा था—

इन्द्रं वो नरः सख्याय सेषुर्महो यन्तः सुमतये चकानाः।

महो हि दाता वज्रहस्तो अस्ति महायुरण्वम् अबसे यजध्वम्।।[1]

राजा का ध्यान पल भर को इस ओर गया, किन्तु तभी एक दर्द भरी चीख ने उसे थर्रा दिया। उसके पग शीघ्रता से उठने लगे। वह यह चीख नहीं सुन सकता। वह आगे वन में खो जायेगा, सन्ध्या को आश्रम वापस लौटेगा।

वह ठिठक गया। पग पीछे लौट लिए। क्या ऐसे कठिन समय वह महिषी को अकेला छोड़ दे? वह क्या गलती करने जा रहा है? उसे आश्रम में उपस्थित रहना चाहिए।

युवनाश्व रुक गया। वहाँ जाकर मैं क्या करूँगा? ऋषि हैं, ऋषि-पत्नियाँ हैं। वे सब ठीक कर लेंगे। मेरी व्याकुलता उनके कार्य में बाधक बनेगी।

तो मैं क्या करूँ? राजा फिर भारी पगों से टहलने लगे।

''राजन्,'' पीछे वृक्षों के मध्य से पुकार आई।

युवनाश्व चौंककर मुड़े। शतबलाक के साथ एक युवक उनकी ओर आ रहा था। युवक अति सुन्दर था। उसका रंग गोरा तथा मुख चपटा एवं नेत्र बड़े थे। नाक छोटी थी। किन्तु मुखाकृति बड़ी मनोहर थी।

''राजन्,'' शतबलाक ने फिर पुकारा, ''अयोध्या से चर आया है। गुरुदेव के आदेशानुसार मैं उसे आपकी सेवा में ले आया हूँ।''

चर के प्रणाम का अनमने मन से उत्तर देते हुए युवनाश्व ने पूछा, ''शतबलाक, गौरी का क्या हाल है? वह कितनी देर और कष्ट उठायेगी? आचार्य क्या कहते हैं?''

इक्ष्वाकु-वंशी **युवनाश्व** अयोध्या के राजा थे। वे प्रबल प्रतापी थे और अनुपम साहसी। उनके राज्य में सर्वत्र शान्ति छाई हुई थी। किन्तु उनके हृदय में शान्ति नहीं

---

1. ऋग्वेद

थी। अनेक पत्नियाँ होने पर भी उनके कोई पुत्र नहीं था और यही कसक उनके दिल को सालती रहती थी। राजा ने इस विषय में पुरोहित, मंत्रिन्, ऋषि आदि सबसे सलाह ली। अयोध्या से कुछ दूर महर्षि **दालभ्य** का आश्रम था। वे आयुर्वेद के भी ज्ञाता थे। उन्होंने राजा को ढाढस बँधाया और अनेक जड़ी-बूटियों से तैयार करके एक हविर्भागयुक्त पेय पदार्थ रानी के पीने के लिए दिया। युवनाश्व की प्रधान रानी **गौरी** थी। वह प्रसिद्ध पौरव वंश के राजा **मतिनार** की कन्या थी।[1] मतिनार महादानी राजा था। उसने सरस्वती नदी पर बारह वर्ष का यज्ञ किया था। इसी कारण उसकी पत्नी मनिस्विनी, गौरी की माता, का दूसरा नाम सरस्वती पड़ गया था। पेय के फलस्वरूप गौरी गर्भवती हुई। आज रात्रि से गौरी के दर्द आरम्भ हुए किन्तु काफी समय तड़पने पर भी जब सन्तानोत्पत्ति नहीं हुई, तो राजा और मन्त्री आदि घबरा उठे। महिषी को रथ में लिटाकर युवनाश्व महर्षि दालभ्य के आश्रम में ले आये। महर्षि ने राजा को सान्त्वना दी और आश्रमवासिनियों की सहायता से गौरी की चिकित्सा में लग गये। राजा चिन्ता से व्याकुल होकर टहलते-टहलते आश्रम से दूर निकल गये।

"आप धैर्य धरें। प्रसूति का समय निकट है।" शतबलाक महर्षि का प्रमुख शिष्य था। उसने हल्के से चर को संकेत में ठेला कि वह अपनी बात आरम्भ करे। वह जानता था कि चर की बातों में राजा का मन अन्यत्र चला जायेगा और मन का तनाव कम हो जायेगा।

युवक ने दो पग आगे बढ़कर कहा, "राजन, मैं यक्ष **दिवौक्ष**[2] हूँ। मुझे मन्त्री प्रमति ने एक गूढ़ कार्य के लिए भेजा था।"

शतबलाक "मुझे आचार्य ने शीघ्र लौटने को कहा है" कहकर लौट लिया। वह गूढ़ मन्त्रणा के बीच नहीं पड़ना चाहता था।

युवनाश्व के मुख पर संशय उभर आया। एक यक्ष, वह भी किशोरावस्था को पार कर युवावस्था में पग रखने वाला, और गूढ़ चर।

दिवौक्ष तुरन्त पहचान गया। उसने समाधान किया, "राजन्, मैं मन्त्रिवर का पालित पुत्र हूँ।"

राजा को यह जानकर प्रसन्नता हुई कि चर में मुख के विचार पढ़ने की क्षमता है।

"मन्त्री ने अपनी सारी विद्या मुझे देने का प्रयास किया है। और एक यक्ष होने के कारण मैं चर बनने के लिए अधिक उपयुक्त हूँ।"

"दिवौक्ष, तुम्हें मैंने अयोध्या में पहले नहीं देखा?"

"राजन्, मैं अयोध्या में बहुत कम रहा हूँ। विद्या सीखने के लिए पितृव्य मन्त्री ने मुझे पवित्र सरस्वती नदी के तट पर भेजा। फिर जन-सम्पर्क और जन-भाषाएँ सीखने के लिए मुझे अनेक स्थानों पर विचरण का अवसर दिया।"

---

1. ब्रह्माण्ड पुराण 3.63.67; ब्रह्म पुराण 7.91; हरिवंश 1.12.5
2. दिव्यावदान

दिवौक्ष पुरानी स्मृति में खो गया। उसे अपने प्रारम्भिक जीवन का कुछ पता नहीं। धुंधला आभास मात्र है। और वह आभास मन्त्री के बताये घटना-क्रम से प्रत्यक्ष हो उठता है। उसके पिता एक यक्ष व्यापारी थे। उत्तर से सुवर्ण लेकर मैदान के नगरों में बेचते थे। एक बार वे राह में किरातों द्वारा घेर लिये गये। उसकी माता साथ थी, कुछ अनुचर थे और वह भी था छोटा लगभग चार वर्ष का। वे किरात सिर-शिकारी थे। उन्होंने सबको मार डाला और सिर काट कर ले गये। वह ही बच गया, महादेव की कृपा से। उन्हें उसके वहाँ होने का पता नहीं चला, क्योंकि वह ढका बैठा था और स्तब्ध हुआ टुकुर टुकुर ताकता रह गया था बिना एक शब्द बोले। थोड़ी देर बाद प्रमति वहाँ से निकले थे और उसे अपने साथ ले आये थे। उनसे उसे पिता का प्यार मिला था और उसके लिये वे सब कुछ थे।

उसके दिवा-स्वप्न को झिंझोड़ती एक हृदयविदारक चीख सुनाई पड़ी। वह चौंक उठा। राजा का मुख फिर विवर्ण हो गया।

कुछ संभलते हुए राजा ने पूछा, ''प्रमति ने तुम्हें किस कार्य भेजा था?''

''राजन्, मैं यादव नरेश चित्ररथ के राज्य का हाल जानने भेजा गया था।''

''चित्ररथ! उसका राज्य तो सुदूर पश्चिम में है, पुरु राज्य के भी दक्षिण-पश्चिम में। उसके हमारे बीच अनेक मानव वंश हैं।''

''नृपति, आप ठीक कहते हैं। परन्तु वे सब छोटे छोटे हैं, न के बराबर। यादवों ने अपनी शक्ति बहुत बढ़ा ली है। इस समय वे सबसे शक्तिशाली माने जाते हैं।''

''कौन मानता है? मैं तो नहीं मानता।'' युवनाश्व ने भौंह चढ़ाकर कहा।

''यही भय है नरश्रेष्ठ! यादव इधर-उधर विजय करके सम्राट् की पदवी ग्रहण करना चाहते हैं। कापेयों ने राजा चित्ररथ को द्विरात्रयज्ञ कराया है।[1] वहाँ की आन्तरिक स्थिति जाँचने के लिए मन्त्री ने मुझे भेजा था।''

तुमने वहाँ क्या देखा?''

''राजन्, मैं वहाँ व्यापारी के भेष में पहुँचा। पूर्व से ले गया सामान बेचने में मैंने कुछ समय लगाया, फिर वहाँ का सामान छाँटने में भी समय लगाया। इतने में मुझे यादव शक्ति का अध्ययन करने को पर्याप्त समय मिल गया।''

हल्की-हल्की चीखें लगातार आ रही थीं, कभी तेज आ जाती थीं। राजा का ध्यान फिर उस ओर बँट जाता था।

''सम्राट् ययाति के ज्येष्ठ पुत्र **यदु** ने चर्मणवती (चम्बल), वेत्रवती (बेतवा) और शुक्तिमती (केन) से सींचित भू पर अपना राज्य स्थापित किया था। फिर पश्चिम की ओर बढ़कर उसने शार्यातों को विनष्ट करने वाले पुण्यजन राक्षसों (फिनिशियनों) को (गुजरात से) उखाड़ फेंका। वे नावों में भर कर पश्चिम की ओर भाग गये। जो शेष रहे, वे उसके अनुचर बन गये और उसकी शक्ति बढ़ गई। एक बार सागर में घूमते हुए यदु नागों के राजा धूम्रवर्ण से टकरा गया। भयंकर युद्ध के बाद यदु

---

1. पंचविंश ब्राह्मण 20.12.5

बन्दी हो गया परन्तु धूम्रवर्ण ने उसकी वीरता पर मुग्ध होकर अपनी पाँचों कन्या उसे ब्याह दीं। इस प्रकार नागों की शक्ति भी उसे मिल गई। इस यदु का बारहवाँ वंशज **चित्ररथ** है। उनकी शक्ति केवल मानव शक्ति नहीं, नाग, राक्षस, असुर आदि की मिश्रित शक्ति है। उसी के बल पर वह अपना राज्य बढ़ा रहा है।''

''हमने सुना था यदु के मरने के उपरान्त उसकी शक्ति उसके दो पुत्रों में बँट गई थी। बड़े पुत्र **कोष्टृ** से यादव वंश चला था और **सहस्रजित** से हैहय वंश।''

''नरेश, हैहय वंश आर्य सभ्यता के बिल्कुल छोर पर नर्मदा और सागर के तट पर बसा है। वहाँ हर समय उसे अनार्य वंशों से लोहा लेना पड़ता है और उसकी सारी शक्ति इसी में व्यय होती रहती है। यादव हैहय वंश के उत्तर में हैं और उस ओर से निश्चिन्त रहकर साम्राज्य के सपने देख सकते हैं।''

''हमने सुना है चित्ररथ वृद्ध हो चले हैं। वे गौरी के पिताजी मतिनार की आयु के हैं।''

''उन्होंने संन्यास ले लिया है राजन्।''

''संन्यास ले लिया। फिर...........

''राजन!.............

''अब उनसे क्या डरना! उनके कितने पुत्र हैं?''

''आप समझे नहीं। उनके संन्यास ने भय बढ़ा दिया है।''

''क्यों?''

''उन्होंने समस्त यादवों को साम्राज्य के विचार से अनुप्राणित कर रखा है।''

''इससे क्या होता है?''

''उन्होंने नया नियम चलाया है राजन्! कि राज्य सबसे बड़े पुत्र को मिलना चाहिये।''

''क्या मतलब?''

''उन्होंने दरबार करके ज्येष्ठ पुत्र **शशबिन्दु** को सिहांसन सौंप दिया।''[1]

''उनके अन्य पुत्र भी थे।''

''सब को उन्होंने यादव सम्राट् के प्रति आज्ञाकारी रहने की शपथ दिलवाई। वे सब अनुचर रह कर शशबिन्दु की सहायता करेंगे। इस प्रकार उन्होंने यादव शक्ति को बिखरने से रोक दिया।''

''यह तो मानव नियम के विपरीत है।'' युवनाश्व सोच में पड़ गये। ''और विपरीतं भी क्या। पहले मानव शक्ति के विस्तार के लिये राजा के पुत्र नये नगर बसाते थे, नये वंश चलाते थे। पहले हम थोड़े थे इसलिये शक्ति बँटी लगती थी। अब नगर-राज्य के स्थान पर साम्राज्य बनने लगे हैं। ययाति के समान उसे अपने बेटों में विभक्त कर देना अपने जीवन-कार्य को नष्ट कर देना है।..........चित्ररथ ने ठीक किया। अब हमें साम्राज्यों की आवश्यकता भी है। छोटे-छोटे असभ्य राज्यों को दबा कर हम महान् असुर, नाग, राक्षस साम्राज्यों के सम्पर्क में आ गये हैं। उनके साथ उनकी भाषा में

---

1. देखिये शौनक में वर्णन; ताण्डय ब्राह्मण 20.12.5

ही बातें हो सकती हैं। परिस्थिति अब बदल गई है।..........और नये राज्य बनाने वालों को किसने रोका है? कोई पुत्र चाहे तो नई भू पर बस जाय या बड़े भाई के अधीन रहकर मानव कुल की शक्ति बढ़ाये।''

''राजन्, आपने बहुत सुन्दर विवेचन किया है,'' यक्ष बोला।

''शशबिन्दु की क्या कामनाएँ हैं?''

''वे अपने पिता से सवाये हैं। उन्होंने आस-पास के राजाओं से अपनी अधीनता स्वीकार करा ली है। अब वे अश्वमेध यज्ञ करके सम्राट की उपाधि ग्रहण करने जा रहे हैं।''

''तो उससे युद्ध होगा?''

''फिलहाल अभी नहीं।''

''क्यों?''

''जहाँ तक मैं समझ सका हूँ उनका अभीष्ट और है।''

''क्या?''

''एक दो वर्ष तो उन्हें यज्ञ पूरा करने में लगेगा।''

''तत्पश्चात्?''

''फिर जैसा मैंने सुना है वे सर्वप्रथम सागर तक अपनी सत्ता फैलाने जा रहे है। यादव नगरी में नौका बनाने का काम पूरी शक्ति से चल रहा है।''

''इसका तात्पर्य हुआ कि यादव सबसे पहले अपने बन्धुओं हैहयों से भिड़ेंगे?''

''हाँ राजन्! जो लाभ समुद्री व्यापार में है, स्थली व्यापार में उससे चौथाई भी नहीं। पुण्यजन, नागों, गरुड़ों के साथ रहकर यादव यह भली-भाँति समझ गये हैं। सबसे पहले वे व्यापार-मार्गों पर अधिकार करके या उन पर स्थित सत्ताओं से मोटी भेंट लेकर आर्थिक महानता पाना चाहते हैं। बाहर के द्वीपों में हमारे समान–लकड़ी, नील, कपास, पशु-पक्षियों की बहुत माँग है और उनके मुँहमाँगे मूल्य मिलते हैं। सो वे पहले हैहयों को अपने अधीन करेंगे, फिर उत्तर या पूर्व की ओर बढ़ेंगे।''

''पश्चिम की ओर क्यों नहीं बढ़ते?'' युवनाश्व ने पूछा।

''राजन्, सिन्धु नदी की घाटी में एक विशाल असुर साम्राज्य है–बहुत धनवान्, बलवान्। उससे टकराना सरल नहीं है। यादव सरस्वती का व्यापार अपने अधिकार में करना चाहते हैं।''

राजा कुछ देर शान्त रहे। फिर उन्होंने पूछा, ''दिवौक्ष, तुम्हारी सम्मत्ति से हमें क्या करना चाहिये?''

''वहाँ रहकर राजन् इसका भी मैंने कुछ अनुमान लगाया है। इक्ष्वाकुवंश का सारे भारत में मान है। प्रातः स्मरणीय वैवस्वत मनु का सच्चा प्रतिनिधि हमें समझा जाता है। सब हमारी शक्ति भी जानते हैं और उसका सम्मान करते हैं। हम पर आक्रमण करने का साहस शशबिन्दु सौ बार सोचकर करेंगे।''

चीखें कराहट में बदल गई थीं।

"हम भी अपना साम्राज्य स्थापित करें......." राजा अपनी बात पूरी नहीं कर पाये। घबराये हुए शतबलाक ने आकर राजा से कहा, "राजन्, आपको गुरुदेव बुला रहे हैं महिषी की तबियत खराब है।"

साथ लपकते हुए युवनाश्व ने पूछा, "क्या बात है शतबलाक? चिन्ता की बात तो नहीं?"

"राजन्, आपकी सन्तान बहुत हष्ट-पुष्ट है, इसी कारण प्रसूति नहीं हो पा रही।"

"रानी?"

"रानी बेसुध हो गई हैं। इन्द्र की कृपा होगी।"

महर्षि दालभ्य कुटिया के बाहर खड़े हुए मिले।

"महर्षि!" राजा ने कहा।

"राजन्, मैंने अपना जाना सब कुछ किया। आपसे........

"तो फिर?"

"आपकी सम्मति चाहिये। मैं महिषी की कुक्षि फाड़कर बच्चे को निकालने का प्रयत्न करूँगा।"

"लेकिन इसमें गौरी को भय तो नहीं?"

"युवनाश्व, यदि मैंने शीघ्र शल्य-क्रिया नहीं की तो गौरी और बच्चा दोनों मर जायेंगे। शल्य करने के उपरान्त बच्चे की सुरक्षा निश्चित है और महिषी को बचाने का मैं पूरा प्रयत्न करूँगा।"

"बिना माँ के बच्चे का क्या जीवन!.........

"राजन्, शीघ्र आदेश दें। ऊहापोह में समय खोने का अवसर नहीं एक क्षण की देरी भी घातक सिद्ध हो सकती है।"

"महर्षि, आप कुक्षि का शल्य करें। जैसी इन्द्र की इच्छा हो।"

महर्षि अन्दर चले गये। राजा ने फिर व्यग्रता से टहलना आरम्भ किया। दिवौक्ष छाया के समान साथ था। वैसे बोल दोनों में से कोई भी नहीं रहा था।

पल घण्टों के समान व्यतीत हो रहे थे। कुटिया से किसी प्रकार की ध्वनि नहीं आ रही थी।

सहसा एक बच्चे की चीख सुनाई दी। अन्दर हलचल प्रतीत हुई। युवनाश्व लपक कर द्वार के पास पहुँचे। तनिक देर में द्वार खुला और एक ऋषि-पत्नी ने झाँककर राजा से कहा, "राजन्, बधाई हो। आपके पुत्र हुआ है।"[1]

पीछे से दूसरा स्वर सुनाई पड़ा, "कितना हष्ट-पुष्ट बच्चा है। बड़ा होकर इन्द्र के समान बलशाली होगा।"

राजा ने चिन्तित स्वर में पूछा, "गौरी का क्या हाल है?"

ऋषि पत्नी के आँसू ढलक पड़े, "वे पितृलोकवासी हुईं।" महर्षि दालभ्य को स्थान देने के लिये वह एक ओर हो गई।

---

1. महाभारत, वन पर्व 193.3; भागवत पुराण 9.6.25-32

महर्षि ने दुखी मन और थके स्वर से कहा, ''मेरे प्रयत्न निष्फल रहे राजन्। मैं महिषी को न बचा सका।''

राजा के मुख से बोल नहीं निकला। यक्ष युवक अभी परिपक्व था। उसके नेत्रों में आँसू डबडबा आये।

कुछ क्षण बाद महर्षि ने संयत स्वर में कहा, ''दुख और सुख एक साथ! क्या कहूँ! आपकी इच्छा पूरी हुई राजा युवनाश्व। पुत्र उत्पन्न हुआ। और इतना स्वस्थ मानो इन्द्र, वायु और अग्नि देवों का अंश अवतरित हुआ हो।''।

''पर वह पलेगा कैसे? कौन उसे दूध पिलायेगा? कैसे वह बड़ा होगा?'' राजा की आत्मा चीख रही थी।

''आप चिन्ता न करें,'' महर्षि ने राजा को सान्त्वना दी। ''वह इन्द्र का अंगूठा पीकर पलेगा। वह बड़ा होगा और उसकी यश-सुरभि सारे संसार में फैलेगी।''

युवनाश्व अविश्वास-भरे नेत्रों से दालभ्य को ताकते रहे।

दिवौक्ष ने विगलित स्वर में कहा, ''नरेश, महर्षि ठीक कह रहे हैं। बचाने वाला, पालने वाला इन्द्र है।''

राजा ने कुछ उत्तर नहीं दिया।

महर्षि ने फिर कहा, ''राजन्, यदि आप ठीक समझें तो पुत्र के पालन-पोषण का उत्तरदायित्व मुझे सौंप दें। मैं प्रण करता हूँ कि बालक को सब प्रकार से इक्ष्वाकु वंश का उचित उत्तराधिकारी बना दूँगा।''

राजा के मुख से शब्द निकले, ''महर्षि, मैं आपकी कृपा का किस भाँति धन्यवाद दूँ। बालक आपका दिया है और उसका पालने का भार भी आप ले रहे हैं। आपके मुख से साक्षात् इन्द्र कह रहे हैं कि मैं इस बच्चे को पालूँगा। मैं इसका नाम इसी कारण **मान्धातृ** रखता हूँ।''[1]

राजा यक्ष दिवौक्ष की ओर मुड़कर बोले, ''दिवौक्ष, तुम्हारी बुद्धि और परख शक्ति से मैं बहुत प्रसन्न हूँ। मैं आज से ही तुम्हें मान्धाता का मन्त्री नियुक्त करता हूँ। तुम महर्षि दालभ्य को उसकी शिक्षा-दीक्षा में हर प्रकार की सहायता दोगे। आज से तुम्हारा वास्तविक स्वामी मान्धाता है।''

''जो आज्ञा राजन्,'' सिर झुका कर तरुण ने स्वीकार किया।

२

हल्की बूँद पड़ रही थी जिसके कारण सरयू का पानी झिलमिला रहा था। ऐसा प्रतीत होता था मानो असंख्य हीरे टूट कर उस पर बिखर रहे हों। वृक्ष के पत्तों में हल्की सरसराहट थी मानो कोई हौले से मृदंग बजा रहा हो। कदम्ब के वृक्ष के नीचे मोर ने अपना छाता तान लिया था। और बेसुध होकर नाच रहा था। कुछ दूर आम्र-कुंज में भी अनेक छाते लहर रहे थे।

---

1. महाभारत, वन पर्व 126, शांति पर्व 29.74-86; देवी भागवत 7.9-10; अश्वघोष, बुद्धचरित, 1.10

रथ वेग से गड़गड़ाता हुआ तट पर आकर रुका। सारथी ने कहा, "राजन्, अभी वर्षा हो रही है, कुछ देर रुकें।"

"यह तो दो पल की बूँदाबाँदी है। कुछ क्षण में रुक जायेगी।" युवनाश्व ने रथ से उतरते हुए कहा।

कुछ अन्य रथ भी आकर रुक चुके थे जिनसे रानियाँ, मन्त्री, पुरोहित उतर रहे थे। घाट पर चहल-पहल मच गई। निषादों ने अनेक नावें रथ के सामने तट पर लगा दीं। पूरे दल के बैठने पर वे दूसरे तट की ओर तैरने लगीं।

राजा ने ठीक कहा था, वर्षा रुक गई थी। जल ने हल्का सा रंग बदल लिया था। किनारों से मिट्टी की एक सोंधी उसाँस उठ रही थी।

दूसरे तट पर महर्षि दालभ्य का आश्रम स्थित था। वहाँ शतबलाक और दिवौक्ष राजा के स्वागत के लिए खड़े थे।

युवनाश्व असाधारण रूप से शान्त थे। शेष भी मौन थे।

तीर पर उतरते ही शतबलाक और दिवौक्ष ने झुककर राजा का अभिवादन किया। राजा ने प्रत्युत्तर देकर प्रमति की ओर देखा। प्रमति ने अंजली भरकर स्वर्ण निषादों को दिया और कहा, "आज राजपुत्र का तृतीय जन्मदिवस है। तुम सब भी आनन्द मनाओ।"

एक वृद्ध आगे बढ़ आया। वह निषादराज था। विनीत भाव से वह बोला, 'यदि अयोध्यापति की आज्ञा हो तो हमारा दल आश्रम में आकर अपना नृत्य दिखाये।"

उत्तर युवनाश्व ने दिया, "क्यों नहीं, तुम भी दल समेत इस समारोह में भाग लो।"

जल पर शिकारी चिड़िया आकर रपटती थीं, फिर उठकर धारा के साथ-साथ उड़ती थीं। वे तेज़ दृष्टि से तैरती उतराती मछलियों को खोज रही थीं।

शतबलाक ने राजा का स्वागत किया, "राजन्, चलें। सब आयोजन किया जा चुका है। आपके पहुँचते ही संस्कार विधि आरम्भ कर दी जायगी।"

युवनाश्व ने दिवौक्ष से पूछा, "मान्धाता नहीं दिखाई देता। वह तुम्हारे साथ नहीं आया?"

"राजन्, समझ आने के उपरान्त वह पहली बार आपको देखेगा। उसके मन में कुछ कुतूहल है, कुछ लज्जा है और कुछ रोष है।"

"रोष क्यों?" एक रानी ने पूछा।

"देवी, जन्म होते ही माता का देहान्त हो गया। और पिता माता से दूर वह आश्रम में पला। हम कितनी ही देख-भाल क्यों न कर लें, परन्तु माता-पिता की कमी पूरी नहीं की जा सकती।"

राजा का मुख विवर्ण हो गया। दिवौक्ष ठीक कह रहा है। पुत्र को पालने में उसने कमी रखी है। अन्य बच्चे आज के दिन प्रत्युत उससे भी दो वर्ष पश्चात् आश्रम में पढ़ने आते हैं। उनका बचपन माता-पिता की शीतल छाया में बीतता है। मान्धाता की माँ को पितरों ने अपने पास बुला लिया और पिता ने उसे नेत्रों से दूर कर रखा

है। आज तक उसने अपनी पुरखों की पूरी अयोध्या के दर्शन नहीं किये। राजा भी केवल दो बार उससे मिलने आया जब वह छोटा था और उसके संस्कार होने थे।

दिवौक्ष ने राजा के मुख की भाषा पढ़ ली। उसने तत्क्षण बात पलट दी, "राजन्, मान्धाता बहुत समझदार है। बुद्धि और बल में वह अपनी से दूनी आयु का लगता है। वह दूसरा इन्द्र होगा।"

सब यज्ञस्थल की ओर चल दिये। वहाँ पहुँच कर शतबलाक ने बच्चों के समूह में लक्ष्य करके कहा, "राजन् वह मान्धाता है।"

युवनाश्व ने प्यासी दृष्टि से झाँका। वे नहीं चीन्ह पाये।

दिवौक्ष ने पुकारा, "कुमार, मान्धाता! तुम्हारे पिता आये हैं। उनसे मिलो।"

एक हृष्ट-पुष्ट बालक झिझकता आगे बढ़ा।

राजा का पूरा दल दंग रह गया। क्या यही मान्धाता है? यह तो पाँच छह वर्ष का बालक लगता है।

मान्धाता का गात पुलक रहा था। आज पहली बार वह पिता को देखेगा, उनकी गोद में बैठेगा। उसके सब साथियों के माता-पिता आश्रम में रहते थे। वह उनका पारिवारिक जीवन देखता था। गुरु-पत्नी उससे मातृवत् स्नेह करती थीं। किन्तु वह बहुत समझदार बालक था। गुरु-पत्नी उससे मातृवत् स्नेह करती थीं। किन्तु वह बहुत समझदार बालक था। या अकेले रहने के कारण उसमें समझ जल्दी आ गई थी। साथ ही कुछ शैतान बच्चे उसे बिना माता-पिता का कह कर छेड़ते भी थे। बस, दिवौक्ष से उसे बड़े भाई का प्यार मिला था और उसे वह हृदय में संजोये था।

मान्धाता ठिठकता आगे बढ़ रहा था। युवनाश्व ने लपककर उसे उठा लिया और हृदय से लगा लिया।

कुछ क्षण चिपटाये रखकर राजा ने मान्धाता का मुख अपनी ओर किया। कितना सुन्दर बालक था। बिल्कुल श्वेत रंग, लम्बा मुख, पिंगल केश और दीर्घ नेत्र। पूर्णतया गौरी का प्रतिरूप।

गौरी का ध्यान आते ही अचानक मन चीखा–इसी के कारण गौरी चली गई। पच्चीस वर्ष की साथिन चली गई। यही गौरी की मृत्यु का कारण है। राजा के मन का काँटा कसकने लगा। उन्होंने मान्धाता की गोद से उतार दिया।

मान्धाता रुआँसा हो उठा। पिता का यह कैसा प्यार है? न कुछ लाड़, न कुछ प्यार।

युवनाश्व भाँप गये। अपने को सम्भालते हुए बच्चे की उँगली पकड़कर बोले, "चलो बेटा, महर्षि बाट देख रहे हैं।"

महिषी से नहीं रहा गया। उसने मान्धाता को गोद में उठा लिया और राजा के पीछे चल दी।

महिषी से भेंट करने के बाद सब अपने-अपने स्थान पर जा बैठे। कुण्ड में अग्नि प्रज्वलित की गई और ऋचाओं के गान के साथ यज्ञ आरम्भ हो गया।

यज्ञ में पूर्णाहुति दी गई। तत्पश्चात् भोजन हुआ। कुछ देर में निषादों की टोली आ गई। उन्होंने अपना नृत्य दिखाया। साथ ही आश्रमवासियों ने भी संगीत और नृत्य प्रस्तुत किया।

पूरे समय मान्धाता राजा और रानियों के साथ रहा। और जब राजा वापस लौटने लगे तो उसका प्यासा हृदय चीखता रहा, किन्तु उसने मुख से एक बार नहीं कहा कि वह भी पिता के साथ जायेगा। रानियों ने उसकी बलइयाँ लीं, राजा ने उसे चूमा, गाल थपथपाये और पुचकार कर कहा, "मैं फिर मिलने आऊँगा बेटा। बस, जल्दी से विद्या पूरी कर लो, फिर अयोध्या आना। सारी नगरी तुम्हारे बिना सूनी लगती है।"

मान्धाता ने कोई उत्तर नहीं दिया, नेत्रों में आँसू की झालर पिरोये टुकुर-टुकुर ताकता रहा।

नावें चल दीं। जब वे दूसरे तट पर पहुँच गईं तब मान्धाता और दिवौक्ष मुड़े। कुछ देर मान्धाता शान्त चलता रहा। दिवौक्ष शंकित था, वह इतनी देर चुप रहने वाला बच्चा नहीं। सम्भवत: पिता के चले जाने से उसका दिल भर आया हो, इसी कारण चुप हो।

सहसा मान्धाता ने रुक कर पूछा, "दिवौक्ष, राजा मुझसे क्यों कुपित हैं?"

राजा शब्द पिता के स्थान पर सुन कर और इन दोनों की दूरी भांप कर दिवौक्ष का दिल हाहाकार कर उठा। उसने समझाया, "पिता कहीं अपने इकलौते पुत्र से कुपित हो सकता है?"

मान्धाता ने दृष्टि दिवौक्ष के मुख पर गड़ा दी, "सच बताओ। क्या मैं उनका पुत्र नहीं?"

"तुम कैसी बात करते हो, छोटे राजा!"

मान्धाता खोया खोया सा बोला, "उन्होंने मुझे गोद में उठाया, प्यार किया और फिर अलग कर दिया, मानो कोई गलती कर गये हों....

दिवौक्ष राजा युवनाश्व की मन:स्थिति से भली भाँति परिचित था। वह जानता था कि मान्धाता को देखते ही राजा को गौरी का स्मरण हो आता है। पता नहीं कैसे उनके मन में काँटा गड़ गया है कि मान्धाता ही गौरी के मरण का कारण है किन्तु वह यह बात बच्चे को कैसे समझाये? उसने बहलाया, "राजा ने तुम्हें देखते ही प्यार में भर कर गोद में उठा लिया। फिर उन्हें लज्जा आई कि सारे आश्रमवासी उनकी बाट में बैठे हैं और वे पुत्र से लाड़ लड़ा रहे हैं। इसी कारण उन्होंने तुम्हें उतार कर कहा था–बेटा, जल्दी चलो, संस्कार आरम्भ करें।"

मान्धाता के मुख से प्रत्यक्ष था कि उसे इस बात पर विश्वास नहीं हुआ।

दिवौक्ष ने और बात बनाई, "कुमार, राजा की राह बड़ी कठिन डगर है। उसे अपना विचार छोड़कर सब का ध्यान रखना पड़ता है। यह भी समझो कि तुम्हें राजा बनने की शिक्षा प्राप्त हुई है।"

वैसे दिवौक्ष जानता था कि उसका कथन मरीचिका है। बच्चे के मन में भी गाँठ पड़ गई है।

३

तरुणी जल में पग लटकाये बैठी थी, पैर ठण्डे हो रहे थे किन्तु मन में चिन्ता की आग धधक रही थी। वह पानी में अपना प्रतिबिम्ब देखने का प्रयत्न करती किन्तु निष्फल रहती। लेकिन बाँहें तो नयनों के सामने थीं। उन पर पड़े सफेद चकत्ते उसके मुख की कथा और हृदय की व्यथा सुना रहे थे।

वह अभी तेरह वर्ष की हुई है। इतने में भी उसे भान हो चुका है कि वह कितनी अकेली है। उसके त्वग्दोष के कारण अन्य बच्चे उसके साथ नहीं खेलते। भले उसे दया की दृष्टि से देखते हैं और बुरे उसे व्यंग-बाण छोड़ते रहते हैं। दोनों स्थिति उसके लिए असह्य हैं। क्यों नहीं वह सादा जीवन बिता सकती? क्या श्वित्र (श्वेत कुष्ठ) उसके वश की बात है? वरुण, क्या यही तुम्हारा न्याय है?

वह अपने पिता की पहली सन्तान थी। उसके उत्पन्न होने पर पिता सत्यक ने कितना आनन्द मनाया था। वे बढ़ई थे। उसके लिए एक सुन्दर पालना, चलना सीखने के लिए गड्डूलना, वे उसे लेकर मग्न हो गये थे। परन्तु कितने दिनों तक! जब उन्होंने उसकी देह पर सफेद छोटे-छोटे छींटे देखे तो वे घबरा उठे। पता नहीं किस देवता का प्रकोप है। वे विश में रहने वाले आचार्य के पास उसे ले गये। देह पर लगाने के अनेक अनुलेपन बारी-बारी से प्रयोग किये गये। किन्तु फल कुछ न निकला। वे छींटे बड़े होकर चकत्ते बनने लगे। निराश होकर पिता ने हार मानी ली। बस, वरुण और इन्द्र से यही प्रार्थना करते रहते थे कि यह रोग उसके मुख पर न दिखाई दे। यह भी व्यर्थ गई। लगभग एक मास से एक धब्बा चाँद के कलंक के समान मुख पर भी उभर आया है।

बचपन में उसे ज्ञान नहीं था। वह पिता की व्यथा से दुखी रहती थी। जब समझ आई तब देह में व्यापी व्याधि को देखकर वह सहम गई। सम्भवतः वह इस प्रकार के जीवन को स्वीकार कर लेती, लेकिन कोई करने देता तभी तो। पिता के अकथ प्रयत्न, सहजीवियों की अकथ करुणा, दया से भरी दृष्टियाँ; और दुष्ट संगी-सहेलियों का चिड़ाना। वह अधोवस्त्र इस प्रकार बाँधती कि त्वग्दोष छिपे रहें। पर विधाता की निष्ठुरता वज्र बनकर गिरी। अब मुख को वह किस प्रकार छिपाये? वह असामान्य हो उठी। सबसे बची बची फिरती। कोई उसे देख न ले। वह संसार में अकेली रहने लेगी।

कभी उद्वेग में भर कर वह जीवन का अन्त करने का सोचती। सत्यक को भी इस बात की आशंका थी। इसी कारण वह बचपन से उसे ऋक् सुनाता और स्मरण कराता जिनमें आत्महत्या करना घोरतम पाप बताया गया है।

"गोचपला गोचपला!" नदी तट पर स्वर गूँज उठा।

गोचपला दिवा स्वप्न से वास्तविक जगत में लौट आई है। झट उठ खड़ी हुई और बोली, "आई पिता जी"।

"बेटी, देख मेरे साथ कौन आए हैं" पिता जी एक जटाजूटधारी प्रौढ़ व्यक्ति के साथ पगडण्डी से चले आ रहे थे।

गोचपला ने विनित भाव से झुककर आगन्तुक को प्रणिपात किया। उसने बाहु उठाकर आशीर्वाद दिया, ''सदा सुखी रहो।''

गोचपला के मुख पर कटु मुस्कान खेल गई । सुखी और वह!

सत्यक ने परिचय दिया, ''ये महर्षि दालभ्य के आश्रम में रहने वाले आर्य श्रुतश्रवा हैं। मैंने इनसे तेरी व्याधि की चर्चा की थी।''

''पिताजी!'' गोचपला ने बीच में टोका। उसके नेत्रों में आँसू भर आये। पिताजी क्यों प्रत्येक के सामने उसका अपमान करते हैं?

श्रुतश्रवा अनुभवी ऋषि थे। वे तरुणी के जीवन की कटुता समझ गये। बड़े प्रेम से गोचपला के कन्धों पर हाथ रखकर वे बोले, ''आओ सत्यक, नदी के किनारे बैठेंगे।''

सत्यक के मन में उत्साह भरा था। बैठते-बैठते वह बोला, ''गोचपला, ऋषि ने बताया है कि महर्षि दालभ्य आयुर्वेद के बहुत बड़े ज्ञाता हैं। वे अवश्य ही तेरा रोग जड़ से दूर कर देंगे.....

श्रुतश्रवा ने सत्यक की बात बीच में रोक दी। ''देखो सत्यक, तुम मेरी बात को अन्यथा न समझाओं। मैंने अवश्य नहीं कहा है। चिकित्सा का पूरा प्रयत्न करना हमारे वश में है और रोगमुक्ति वरुण के हाथों में।''

श्रुतश्रवा की मृदु संस्कारी वाणी ने गोचपला पर बहुत प्रभाव डाला। उसके मन में कहीं एक आशा की लौ टिमटिमा उठी।

सत्यक फिर बोल उठा, ''जब महर्षि प्रयत्न करेंगे तो वरुण क्यों न प्रसन्न होंगे?''

''मैं किस प्रकार महर्षि दालभ्य की कृपा पा सकती हूँ?'' गोचपला ने ऋषि से पूछा।

उसके स्वर में अजीब गम्भीरता थी। ऋषि को प्रतीत हुआ कि वह असमय ही बड़ी हो गई है; बचपन के सुनहरे दिन उसके लिए आकाश-कुसुम रहे। ''पुत्री, तुम मेरे साथ आश्रम चलो। वहाँ तुम्हारी आयु के अनेक विद्यार्थी हैं। उनके साथ रहकर विद्या ग्रहण करना और महर्षि को चिकित्सा का अवसर देना।''

गोचपला के मुख पर फिर कटु मुस्कान थिरक उठी। सम आयु के बालक-बालिका! कुछ की करुणा-विगलित आँखें, कुछ के व्यंग-जनाते नेत्र! जीवन वहाँ भी सामान्य नहीं होगा।

श्रुतश्रवा ने उसके नेत्रों में पुराना इतिहास नाचते देखा। सहारा देते हुए वे बोले, ''हमें साहस नहीं छोड़ना चाहिए, गोचपला। बाहर निकलकर रोगमुक्ति हो गई तो बहुत सुन्दर है, अन्यथा जिस अभिशाप के साथ जन्म लिया है उसके साथ रहने की हिम्मत गृह से बाहर रहकर ही आयेगी।''

प्यासे की भाँति गोचपला ऋषि के वचन हृदयंगम कर रही थी।

''पुत्री, विद्या ग्रहण करो। विदुषी बनो। ऋषि बनो। ऋत को हृदय में स्थान दो। हृदय में देव से साक्षात्कार करो। तुम देखोगी कि तुम्हारा रोग दूर हो गया है। जन तुम्हारी पूजा करेगा। तुमने ऋषि अपाला की कथा सुनी होगी?''

"कौन अपाला"

"उसे मैं भी नहीं जानता", सत्यक ने अनभिज्ञता दिखाई।

"मैं तुम्हें अपाला की कथा सुनाता हूँ और विश्वास करता हूँ कि तुम उससे प्रेरणा ग्रहण करोगी"

अपाला महर्षि अत्रि की पुत्री थी। अत्रि का वंश जगतप्रसिद्ध है। वृत्र से लड़ने में इन्द्र को अत्रि ने पूर्ण सहयोग दिया था। इसी वंश में आगे चलकर सोम हुआ जिसने बृहस्पति की पत्नी तारा का हरण किया था और कुछ दिन शिव की शरण में रहकर पश्चिम की ओर चला गया था। उसके पुत्र बुध ने वैवस्वत मनु की पुत्री इला से विवाह किया जिसके पुत्र प्रतापी पुरुरवा से महान् चन्द्रवंश चला। इसी वंश की मध्य देश में निवासी शाखा के प्रधान अत्रि की पुत्री अपाला थी।

वह बचपन में बड़ी सुन्दरी और चपल थी। माता-पिता का पूरा स्नेह उसे मिला था। युवा होने पर उसका विवाह ऋषि कृशाश्व से कर दिया गया। पिता के गृह के समान पतिगृह में भी उसे पूरा स्वागत मिला। योग्य पति था, सास-ससुर उसकी सेवा से प्रसन्न थे। सहसा इस सुख पर वज्राघात हुआ। उसके शरीर में शिवित्र उत्पन्न हो गया। तनिक तनिक से निर्दोष लगने वाले छींटे बढ़कर धब्बे बनने लगे। सारा जीवन अस्त-व्यस्त हो गया। जो आश्रम खिलखिलाता प्रतीत होता था, वह निर्जीव हो गया था। पेड़ों पर पतझड़ आया लगता था, लताओं ने आनन्द से झूमना छोड़ दिया था। कृशाश्व के हृदय में भी अन्धकार घर कर गया था, वह अधिक से अधिक अलग रहने का प्रयत्न करता था। उपचार की समुचित व्यवस्था की गई किन्तु कोई प्रभाव न हुआ। रोग शान्त होनें का नाम न लेता था।

अपाला इस उपेक्षा को न सह सकी। उसने एकान्त में कृशाश्व से बात की। कृशाश्व ने सरल हृदय से अपने हृदय में छिड़े तुमुल युद्ध का वर्णन करा और बता दिया कि वह उसकी कुरूपता को नहीं सह पाता। पति का तिरस्कार पाकर अपाला ने पतिगृह का त्याग कर दिया और पिता के आश्रम की ओर चल दी। उस समय अत्रियों को औषधि का पिता कहा जाता था। चन्द्र प्रसिद्ध भिषग् था। शिव के समीप रहकर उसने अनेक जड़ी-बूटियों का ज्ञान प्राप्त किया था। अपाला को विश्वास था कि उसका सर्वसमर्थ पिता अवश्य उसे इस कठिन रोग के चंगुल से छुड़ा लेगा।

महर्षि अत्रि पुत्री का आगमन सुनकर बड़े प्रसन्न हुए। वे प्रसन्नता में भर कर स्वयं उसका स्वागत करने आगे बढ़े। उन्हें देखकर अपाला उनके चरणों में गिर पड़ी। उन्होंने उसे प्यार से उठाकर अंक में भर लिया। लेकिन उसका वेदना से बोझिल मुख देखकर उनका माथा ठनका। उनकी प्रसन्नता कपूर के समान उड़ गई। वे अपाला के साथ कुटिया के एकान्त में चले आये।

अपाला से उसके रोग का कारण जानकर महर्षि का हृदय करुणा से विगलित हो उठा। जिस पुत्री को उन्होंने प्राणों से अधिक चाहा था, वह आज दुख सहकर उनके पास आई है। गम्भीर ऋषि भी अपने आँसू न रोक सके। वाणी कुछ न कह सकी। अपाला को वात्सल्य से चिपटा कर हृदय की भाषा सुनाने लगे। पिता की

शीतल स्नेह-छाया पाकर अपाला की दग्धता शान्त हुई।

पिता ने पुत्री की चिकित्सा आरम्भ की। रोग आगे बढ़ने से रुक गया। शनैः शनैः उसका प्रकोप शान्त होने लगा। परन्तु उन धब्बों का क्या किया जाय, यह महर्षि की समझ में भी नहीं आया।

इसी के साथ-साथ उन्होंने अपाला को विद्या देनी भी आरम्भ की। ज्ञानी पिता की छत्रछाया में अपाला का जीवन नव-पल्लवित हो उठा। वह तेजस्विनी हो उठी। उसके मन में नई-नई कल्पनाएँ रूप लेने लगीं। उसने सूक्त रचने आरम्भ किये। जन उसके त्वग्दोष की बात भूल गये। उसकी तेजोमय गरिमा के सामने वे धब्बे मानो छिप गये।

अन्त में महर्षि ने शिक्षा दी, ''बेटी, जितना मेरे वश में था, वह मैंने किया। इससे अधिक इन्द्र की कृपा पर निर्भर है। इन धब्बों को दूर करने की चिकित्सा केवल देवेन्द्र कर सकते हैं।''

''पिताजी, मुझे बताइये मैं इन्द्र को कैसे प्रसन्न करूँ?''

''अपाला, तुम सोमाभिषव क्रिया करो। उससे इन्द्र प्रसन्न होकर अवश्य दर्शन देंगे। पर यह क्रिया बड़ी दुरूह है।''

''आपकी कृपा से मैं उसे पूर्ण कर सकूँगी।''

''मैं तुम्हारे दृढ़ निश्चय को जानता हूँ अपाला। वरुण तुम्हें सफलता प्रदान करें।''

अत्रि स्वयं भी यह अनुष्ठान कर सकते थे, लेकिन वे जानते थे कि अपाला भी अपनी साधना, तपस्या और विनय से देवेन्द्र को प्रसन्न कर लेगी और यही अधिक उपयुक्त होगा। उन्होंने उसे पूरी क्रिया समझाई।

अपाला ने पिता को बताई राह पर सोमाभिषव की क्रिया सम्पन्न करने का संकल्प लिया। माता ने आशीर्वाद दिया, पिता ने सब विघ्न-बाधाओं को दूर करने के उपाय सुझाये। उसे विश्वास था कि अपनी साधना से वह देवराज को प्रसन्न करके रूप और यौवन पुनः प्राप्त कर लेगी।

उसकी अखण्ड साधना आरम्भ हुई। महर्षि के बताये वेद मन्त्रों से उसने इन्द्र की आराधना आरम्भ की, साथ में अपने बनाये सूक्तों से भी उसने इन्द्र का अभिनन्दन किया। एक सोम लता को ढूँढकर ला उसने अपनी कुटी के पास लगाया और उसकी पूर्ण सेवा-सुश्रूषा करने लगी, इस आशा में कि एक दिन अपने हाथों से इसका रस निकाल कर देवराज को पिला कर तृप्त करूँगी।

निराहार रह कर, कभी निर्जल भी रह कर, उसने अपने मन को इन्द्र में रमा दिया। उसकी देह क्षीण होती चली गई, फिर भी मुख की कान्ति पूर्ववत् रही। साथ ही उसके धब्बे भी फीके पड़ते चले गये।

महर्षि पुत्री की कठोर तपस्या से प्रसन्न थे। सारे आश्रम में अपाला की धूम मची थी। और उसकी बड़ाई फैलती रही—आस-पास फैली, फिर दूर दूर, और अन्त में इन्द्र के कानों तक पहुँच गई। उस कठिन साधना की गाथा सुनकर इन्द्र से अमरावती में नहीं रहा गया। उन्होंने मातलि से रथ जुड़वाया और मध्य देश की ओर चल पड़े।

यह समाचार भी उड़ता-उड़ता अपाला के कानों तक जा पहुँचा। वह हर्ष से फूली नहीं समाई। स्वयं देवराज इन्द्र उसकी चिकित्सा के लिए पधार रहे हैं। जिस दिन इन्द्र को वहाँ पहुँचना था, उस दिन वह निराहार और निर्जल रहकर वेद का पाठ करती रही। इन्द्र पधारे। अपाला ने उनका स्वागत किया। सोम का रस निकाल कर उन्हें भेंट किया। स्वयंरचित सूक्तों से उनकी स्तुति की।

इन्द्र युवती ऋषि की बुद्धि पर गद्‌गद् हो उठे। साधुवाद देते हुए उन्होंने सोम ग्रहण किया। शल्य चिकित्सा से उन्होंने अपाला के फीके पड़े धब्बों को निकाल फेंका और देह पर लगाने का लेप दिया।

इन्द्र की बताई विधि के अनुसार लेप करने से एक सप्ताह के अन्दर अपाला की देह पर नई निर्दोष त्वचा निकल आई। वह पहले से भी अधिक रूपवती हो गई, क्योंकि अब उसमें रूप के सौन्दर्य के साथ बुद्धि का सौन्दर्य भी मिल गया था।

अत्रि पुत्री को सफलमनोरथ देखकर कृतकृत्य हो उठे। कृशाश्व और उसके माता-पिता को अपनी दुर्मति पर बड़ी लज्जा आई। वे स्वयं अपाला को लेने अत्रि के आश्रम में उपस्थित हुए और पिछले व्यवहार की क्षमा माँगने लगे। अपाला विनय से उनके पगों पर जा पड़ी।[1]

श्रुतश्रवा ने देखा कि अपाला की गाथा सुनते-सुनते गोचपला के गालों पर अश्रु-धाराएँ बह रही थीं। उन्होंने स्नेह-सने स्वर में कहा, ''पुत्री, जब एक नारी साधना से अपना जीवन बदल सकती है तब तुम क्यों नहीं बदल सकती?''

गोचपला ने रुंधे कंठ से कहा, ''पिताजी, आप आज्ञा दें तो मैं ऋषि के साथ प्रस्थान करूँ।''

सत्यक ने बड़ी कठिनाई से रुलाई रोकते हुए कहा, ''जा बेटी, जा। वरुण तुझे सुखी करें।''

४

आश्रम के निर्मल सरोवर के पास कुछ बालक-बालिकायें खेल रहे थे। उनमें एक लड़का सबसे तगड़ा लगता था। उसकी अवस्था भी अधिक लगती थी। वह विमद ऋषि का पुत्र काक्षीवान् था। अनेक वर्षों से विद्या ग्रहण कर रहा था, किन्तु एक ही स्थान पर अड़ा हुआ था। बुद्धि की कमी वह बल से पूरी करना चाहता था। दिन भर बल बढ़ाने और बल दिखाने में वह लगा रहता था। साथी बच्चों पर वह अधिकार जमाता था और अधिकतर उससे घबराकर उसका कहा पूरा करते थे।

आश्रम के अधिष्ठाता महर्षि दालभ्य का विचार था कि यदि इस वर्ष भी कक्षीवान् ने कोई प्रगति नहीं दिखाई तो वे उसे अयोध्या भेज देंगे जहाँ राजा युवनाश्व उसे किसी उपयुक्त स्थान पर लगा लेंगे।

---

1. ऋग्वेद 8.91; बृहद्‌देवता 9.99.108; शाटयायन ब्राह्मण

कक्षीवान् इस समय भी बच्चों पर प्रभुत्व जता रहा था और उन्हें आदेश दे रहा था। कुछ बच्चे, जो उससे घृणा करते थे, अलग टोली बनाकर खेल रहे थे। सहसा उसने दो जटाजूटधारी बाबाओं को एक बच्चे के साथ आश्रम में आते देखा। पुरुषों का रंग साँवला था और उन्होंने अपने बालों पर भस्म मल रखी थी। कहाँ वे भयंकर दीखने वाले जटिल और कहाँ आश्रम के सौम्य ऋषि! उनके हाथ में लम्बे त्रिशूल थे। सब बच्चों का ध्यान उधर खिंच गया और खेल बन्द हो गया।

एक जटिल ने अपने साथ आये बच्चे से कहा, ''देखो बेटा, यहाँ तुम्हारे अनेक साथी खेल रहे हैं, तुम भी खेलो। हम इतने महर्षि दालभ्य से बातें करते हैं।''

बच्चे ने झिझक कर एकबारगी उँगली नहीं छोड़नी चाही।

पुरुष ने फिर कहा, ''घबराते नहीं बेटा, अब तुम्हें इनके साथ ही रहना है। जाओ, इनसे मित्रता कर लो।''

बच्चा सहमता सहमता साथियों की ओर बढ़ा और आगन्तुक आगे आश्रम के मध्य की ओर महर्षि से भेंट करने चल दिये।

कक्षीवान् ने सबको आदेश दिया, ''तुम सब चुप रहना। इसे आगे आने दो। इन रीछों के बालक से मैं सुलटूंगा।''

उन जटाजूटधारियों की रीछ से तुलना सुनकर उसके पीछे चलने वाले दुर्बल मनोवृत्ति के बालक हँस पड़े। कुछ ऐसे भी थे जिन्हें यह बुरा लगा।

उस हँसी से कक्षीवान् का साहस और बढ़ गया। छाती फुलाता हुआ वह बोला, ''यदि इन रीछों को आश्रम से न निकाल बाहर किया तो मेरा नाम कक्षीवान् नहीं।''

बालक को प्रतीत हो रहा था कि उसी पर बात हो रही है। और वह घबरा गया।

बालक को हिचकिचाते देखकर काक्षीवान् स्वयं उसकी ओर बढ़ा और कड़कते स्वर में बोला, ''ए लड़के, तेरा नाम क्या है?''

लड़का हकलाता हुआ बोला, **''महाबल।''**

''और उस रीछ का?'' जिधर वे जटिल गये थे उस ओर लक्ष्य करते हुए उसने पूछा।

लड़के की समझ में नहीं आया। ''किसका?

''तेरे बाप का।''

लड़का भयभीत हो उठा। रुंधे स्वर में बोला, ''महजम्भ कपर्दिन्।''

''एक बात बताऊँ।''

''क्या?''

''तेरा नाम महाबल झूठा है। महाबल तो मैं हूँ।''

अनेक हँसी के स्वर सुनाई देते ही महाबल की सिट्टी-पिट्टी गुम हो गई।

कक्षीवान् ने आगे कहा, ''तू अपना नाम बल पर ही रखना चाहता है तो रख निर्बल या दुर्बल।''

महाबल शान्त खड़ा रहा।

कक्षीवान् उसकी हथेली पकड़कर दबाता हुआ बोला, "जल्दी बोल, तू अपना नाम निर्बल रखता है या दुर्बल?"

महाबल को लगा कि उसकी हड्डियाँ चरमरा उठी हैं। उसके नेत्रों में आँसू भर आये।

सहसा दूसरे दल से एक गौरवर्ण सुदर्शन बालक आगे बढ़ा। पास आकर उसने कक्षीवान् के एक चांटा दिया और संयत स्वर में कहा, "कक्षीवान्, उसे छोड़ दे।"

कक्षीवान् के नेत्रों के आगे रंग-बिरंगे जुगनू चमके और बुझ गये। महाबल का हाथ स्वयमेव छुट गया। उसे क्या, सब बालक-बालिकाओं को आश्चर्य हुआ कि यह सर्वदा शान्त रहने वाला आज बीच में कैसे बोल पड़ा।

कक्षीवान् को लगा कि उसकी आज सबके सामने किरकिरी हो गई है। आँखों से आग बरसाता हुआ वह गरजा, "मान्धाता, तू चुप रह, नहीं तेरी पिटाई कर दूँगा।" उसने फिर महाबल का हाथ पकड़ने का प्रयत्न किया।

तीर के वेग के समान मान्धाता का मुक्का उसके पेट में लगा और वह कटे वृक्ष के समान धरती पर जा पड़ा।

साथियों का साँस रुक गया। अब वह उठता है और मान्धाता को कूटता है। वह आयु में बहुत बड़ा और बलवान् है। दुष्टप्रकृति बालक सोच रहे थे–अच्छा है, आज मान्धाता की मरम्मत हो जाय तो ये दो-चार अलग रहने वाले भी उनके साथ आ मिलेंगे। भले सोच रहे थे–इस मान्धाता को बीच में बोलने की क्या आवश्यकता थी? क्या करें, जैसा किया वैसा भोगना पड़ेगा।

परन्तु उन दो प्रहारों से कक्षीवान् की आधी जान निकल गई थी। वह काफी लड़ा भिड़ा था, अनुभवी था। उसे पता चल गया कि मान्धाता किसी और धातु का बना है। यदि वह उठकर लड़ने का प्रयत्न करेगा और एक दो और खा लेगा, तो स्वयं उठकर नहीं जा सकेगा।

उसे उठने में भी कठिनाई हुई। सिर नीचे किये वह वहाँ से खिसक गया। सारे साथी अचम्भे में डूब गये। आज सूर्य पश्चिम में निकल आया। उन सब ने मान्धाता को नेता स्वीकार कर लिया।

मान्धाता ने आगे बढ़कर महाबल की कमर में बाँह डाल दी। बोला, "मैं मान्धाता हूँ। आश्रम में पढ़ता हूँ।"

"मेरा नाम महाबल है। मैं **कपर्दिन् जाति** के राजा का पुत्र हूँ।"

"तुम यहाँ कैसे आये? एक छोटी बालिका उत्कण्ठा न दबा सकी।

"मैं पढ़ने आया हूँ। पिताजी ने कहा, इन मनुसन्तानों में कोई विशेष बात है जिससे ये सारी भूमि पर छाते जा रहे हैं। हम इनसे निर्बल नहीं, हमारे महादेव जाग्रत देवता हैं।[1] फिर क्या बात है? बस, इनकी विद्या अनुपम है। मैं आप लोगों की विद्या सीखने आया हूँ जिससे हम कपर्दिन् भी बलवान बन सकें।"

---

1. ब्रह्माण्ड पुराण 2.25.68; 3.25.12; 4.34.27; वायु पुराण 109.3

मान्धाता मुस्कराकर बोला, कपर्दिन् भी मानव ही हैं।''

''क्या मतलब?'' कपर्दी ने अचम्भे में भर कर पूछा।

''हम सब मनुष्यों को समान समझते हैं और मानते हैं। जो अन्तर है वह आर्य और अनार्य में।''

''यह क्या अन्तर हैं?''

''**आर्य** माने भला। जो जीवन के नियमों का पालन करता है। जो ऋत पर चलता है, जो धर्म का पालन करता है, वह आर्य है। और जो इससे उलटा करते हैं वे अनार्य हैं। हमारा कार्य है उन्हें आर्य बनायें अन्यथा उनका संहार करें जिससे विश्व में दुष्टता न बढ़े।''

''यह ऋत और धर्म क्या हैं?'' महाबल की कुछ समझ में नहीं आया।

''इनका अर्थ जानने ही हम आश्रम में आये हैं। यहीं रहकर हम धर्म का पालन करना सीखेंगे।''

कुछ क्षण रुककर मान्धाता ने फिर कहा, ''यह समझो कि कक्षीवान् ने अनार्य का काम किया था। किसी को बेबात सताना अनार्य की निशानी है। उसकी यह आदत छुड़ाना हम सबका उत्तरदायित्व है।''

साथियों ने गम्भीरता से सिर हिला दिया जैसे वे आज से इस उत्तरदायित्व को संभाल रहे हों।

महाबल लजाता सा बोला, ''मैं एक बात कहना चाहता हूँ।''

''क्या?''

''मैं कक्षीवान् से निर्बल नहीं हूँ। मैं उसका दिमाग ठीक कर सकता था।''

कोई कुछ न बोला।

''पहले दिन मैं अनजान व्यक्तियों के बीच आने के कारण घबराया हुआ था। और दूसरे तुम इतने सारे थे मैं अकेला।''

''आर्य का धर्म है कि जब दो समान व्यक्ति लड़ रहे हों तो तीसरा बीच में नहीं कूद सकता।'' मान्धाता ने समझाया।

महाबल उत्साह में कहता रहा, ''एक बात और। अब मैं अनजानों में नहीं हूँ और न अकेला हूँ। मुझे तुम्हारे जैसा मित्र मिल गया है। मैं तुम्हारे लिए प्राण न्यौछावर करने से भी पीछे न हटूँगा मित्र।'' भावावेग में मान्धाता का हाथ पकड़ हिलाता हुआ वह बोला।

५

बच्चे फिर खेल में लग गये थे।

मान्धाता और महाबल हाथ में हाथ डाले उपवन में निकल गये। मान्धाता को बड़ी उत्कण्ठा हो रही थी कि वह महाबल से कपर्दिन् जाति के विषय में ज्ञान ग्रहण करे। हर चीज के बारे में जानने की उसमें अगाध पिपासा थी।

''महाबल, मुझे कपार्दिन् वंश के बारे में बता?'' उसने पूछा।

''**कपर्दिन्** नाग जाति के हैं, लेकिन अब वे अलग हो गये हैं।''

''क्यों?''

''क्योंकि अब हम नाग देवता के पुजारी न रहकर महादेव के पुजारी हो गये हैं।''

''परम योगिराज के?''

''हाँ, लेकिन उनके भूतनाथ रूप के। जटाजूटधारी, श्मशान में विचरने वाले चिताओं की भस्म से अपना श्रृंगार करने वाले! परम तपस्वी महादेव जो मृत्यु के उपरान्त भी हम सब भूतों के स्वामी हैं।''

''तभी तुम लोग भी जटिल हो?''

''हाँ, हम भी महादेव के अनुसार जीवन बिताने का प्रयत्न करते हैं। नाग देवता को भी हम नहीं भूले हैं। लेकिन उन्हें वहीं तक स्मरण करते हैं जहाँ तक महादेव ने उन्हें ग्रहण किया है। साथ ही हम बैल की महादेव के वाहन नन्दी के रूप में पूजा करते हैं। वह हमारा पवित्र पशु है। उसके साथ हम खेल करते हैं, पूजा करते हैं और महादेव की सेवा में उसे दूसरे लोक भेज देते हैं।''

''तुम्हारे नगर में अन्य जाति के लोग भी बसते हैं?'' मान्धाता का नया प्रश्न था।

''अन्य जाति के लोग हमारे मध्य नहीं रह सकते। जो भूला भटका हमारे यहाँ पहुँच जाता है उसे हम मार डालते हैं।''

''यही तुम्हारी सबसे बड़ी दुर्बलता है। तभी तुम कूपमण्डूक बन गये हो। तुम धर्म नहीं जानते। सब मनुष्य एक समान हैं। सब में एक से प्राण हैं। इसी आधार पर धर्म खड़ा है। इसी पर जीवन के अन्य नियम बने हैं।''

''जैसा तुम कहोगे वैसा ही होगा, मान्धाता। मैं तुम्हारा अनुगामी बन गया हूँ। सारे कपर्दी युवक तुम्हारा अनुसरण करेंगे।''

''मेरा एक सपना है महाबल। बड़ा होकर मैं उसे पूरा करूँगा।''

''क्या?''

''मैं चाहता हूँ कि सारे संसार में सार्वभौम साम्राज्य स्थापित करूँ और सब को धर्म का पालन करना सिखाऊँ।''

''तुम.....!'' महाबल के नेत्र विस्फारित हो उठे। उसे लगा सामने मान्धाता नहीं तेजस्वी सूर्य मानव रूप धारण कर आ खड़ा हुआ है।

''मैं मानव संस्कृति फैलाने का निमित्त बनूँ यही मेरी आकांक्षा है। जैसे मनुष्य वैवस्वत मनु और यम को स्मरण करते हैं, वैसे मैं भी किया जाऊँ।''

''तुम अकेले?''

''हाँ, मैं अकेला।'' मान्धाता के मुख पर एक पल को वेदना के बादल छाये और हट गये। ''मैं अकेला कहाँ हूँ। तुम मेरे साथी हो, यक्ष दिवौक्ष मेरा साथी है। अयोध्या मेरे साथ है।''

''अयोध्या? और तुम?'' महाबल अचरज में पड़ा था।

''मैं अयोध्या के राजा युवनाश्व का पुत्र हूँ।''

''तुम वैवस्वत मनु के वंशज हो?''

'बड़ा होकर मैं प्रयत्न करूँगा कि ऐसा वास्तव में कहा सकूँ।''

महाबल घुटनों के बल बैठ गया। ''तुम मेरे स्वामी हो मान्धाता। आज से मैं तुम्हारा अनुचर हूँ। मैं तुम्हारे किसी काम आ सका तो अपने को धन्य मानूँगा।''

मान्धाता का ध्यान विचल गया। उसे लगा कि आस-पास से कहीं हल्के रुदन की ध्वनि आ रही है। वह व्याघ्र की चपल गति से आगे बढ़ा। महाबल भी उठकर पीछे लग लिया।

झुरमुट से निकलकर सरोवर के निकट बेला की झाड़ियाँ थीं। उनके पीछे से रोने की ध्वनि आ रही थी। मान्धाता ने झाँककर देखा–एक तरुणी घुटनों में मुख छिपाये रो रही थी। रह रहकर सिसकियों के कारण उसकी समस्त देह काँप उठती थी। एकबारगी मान्धाता की समझ में नहीं आया कि वह क्या करे।

सहसा उसने अपने कन्धों पर किसी के हाथ का स्पर्श अनुभव किया। उसने चौंक कर पीछे देखा। महाबल फुसफुसाया, ''मान्धाता, हमें इससे पूछना चाहिए कि यह क्यों रो रही है।''

मान्धाता के मन की बात थी यह। दोनों मित्र झाड़ी से बाहर निकल कर आये। मान्धाता ने कोमल स्वर में पूछा, ''तुम कौन हो? क्यों रो रही हो?''

तरुणी कूदकर खड़ी हो गई। पल भर में नेत्र सूख गये और उनसे स्फुलिंग बरसने लगे। मुख से कोई बोल न निकला।

मान्धाता और महाबल भी उसका रौद्र रूप देखकर अचकचा गये। कुछ क्षण बाद मान्धाता ने फिर पूछा, ''तुम कौन हो? हम तुम्हारा............

उसकी बात काटकर तरुणी गरज उठी, ''ठीक है, तुम भी पूछो। पहला प्रश्न यही है–तुम कौन हो, तुम्हारा नाम क्या है? मैं बताऊँगी कि मेरा नाम गोचपला है। फिर कहना, गो तो सीधी होती है उसके साथ चपला! यह क्या नाम हुआ? और तेरे गाल पर क्या हुआ? अच्छा! किसी चपला गो ने तेरे गाल पर खुर रख दिया होगा तभी तेरे पिता ने तेरा नाम गोचपला रख दिया होगा।'' कहते-कहते गोचपला के नेत्रों से फिर आँसू बह निकले।

मान्धाता और महाबल ने चकित होकर देखा। तरुणी का कद लम्बा था, नेत्र बड़े और मुखाकृति सुन्दर। रंग भी सुन्दर था। किन्तु उसके दायें गाल पर दो सफेद दाग थे जिन्होंने सारी मुखश्री बिगाड़ रखी थी।

महाबल ने मुट्ठी भींचते हुए कहा, ''अवश्य कक्षीवान् ने इसे भी छेड़ा है। मैं उसे पीटूँगा।''

मान्धाता ने गम्भीर स्वर में कहा, ''आज के अपमान के बाद उसका साहस समाप्त हो गया है। जहाँ तक मैं समझता हूँ आगे वह ऐसा कार्य नहीं करेगा। मुख्य कार्य तो गोचपला को धीरज बँधाने का है।''

मान्धाता आगे बढ़ा। वह अवस्था में गोचपला से अनेक वर्ष छोटा था, फिर भी लम्बा उतना ही था। उसने गोचपला के कन्धे पर सान्त्वना का हाथ रखा और कहा, ''गोचपला, हिम्मत करो। तुम्हें तंग करने वाले को हम दोनों ने ठीक कर दिया है।''

गोचपला ने नेत्रों से आँसुओं का आवरण हटाया। उसके सामने एक सुदर्शन बालक खड़ा है। नेत्रों में कोई दुर्भावना नहीं, न उसकी दुर्दशा पर तरस। बराबर के साथी की सद्‌भावना और सहानुभूति। विगलित स्वर में पूछा, "तुम कौन हो?"

"मैं मान्धाता हूँ और यह मेरा साथी महाबल है। हम दोनों गुरुदेव के आश्रम में शिक्षा पा रहे हैं।"

"मैं सत्यक बढ़ई के पुत्री गोचपला हूँ। मैं भी शिक्षा ग्रहण करने आई हूँ। मैं बिल्कुल अकेली हूँ। मेरा कोई साथी नहीं।"

"कौन कहता है! पहले मैं भी यही समझता था।"

महाबल नये अचरज में पड़ गया। उसके मुख से निकला, "तुम भी यही समझते थे?"

गोचपला के नेत्रों में भी यही प्रश्न भरा था।

"हाँ! फिर जाना कि यह मेरा बचपना था। यह फुदकती चिरैया, चीं-चीं करती गौरैया, पंख फैलाये हंस, कुहू पुकारती कोयल, नीर से झाँकती मीन–सब मेरे साथी हैं। मैं अकेला कहाँ हूँ?"

यह एक दुखी आत्मा का स्वीकरण था। गोचपला मुग्ध हो उठी। "मान्धाता, तुम भी.........तुम भी मेरे समान!"

"इन्हें भी छोड़ दो। तनिक ध्यान से देखो, तुम अकेली कहाँ हो? दो छोटे भाई खड़े हैं और बहन तुम अपने को अकेला कह रही हो?"

"मैं गलती पर थी, मैं अकेली नहीं हूँ," गोचपला आनन्द के आँसू हँसती हुई बोली। "मान्धाता, तुमने एक नहीं दो जगह मुझे सुधारा। मैं सोचती थी कि जीवित रहने से क्या लाभ है। तुमने मुझे जीवन का काम भी समझा दिया है।"

"वह क्या बहन?" महाबल ने पूछा।

"अपने छोटे भाई मान्धाता की हर प्रकार से सेवा करना।" गोचपला ने मान्धाता को प्यार से अंग में भर लिया।

मान्धाता का परिवार बढ़ता जा रहा था।

६

"मान्धाता!" स्वर गूँजा।

प्रत्युत्तर नहीं मिला।

"मान्धाता! छोटे राजा!" दिवौक्ष ने फिर पुकारा।

"मैं बुलाकर लाता हूँ।" मान्धाता के एक साथी ने कहा। साथ ही छींटा लिया, "कहीं विजन में पक्षियों से वार्तालाप कर रहा होगा।"

"उससे कहना अयोध्या से पितृव्य सूत पधारे हैं। तुम सब भी एकत्रित हो जाओ। उनसे पुराण सुनने को तैयार हो जाओ।"

आश्रम के शान्त वातावरण में हलचल मच गई। पुराण विद्यार्थियों में उतना ही रुचिकर था जितना वेद। वह प्राचीन वीरों की कथाएँ सुनाता था, उनकी वीरता बखानता था जिसे सुनकर सब की भुजाएँ फड़क उठती थीं, मन में उमंगे उठती थीं। सूत

पुराण का भंडार थे। जितनी गाथा उन्हें स्मरण थीं, उतनी अन्य किसी को नहीं फिर उनका कहने का ढंग भी निराला था।

आश्रम के मिलन-स्थल पर सूत बैठे थे, लगभग साठ साल के भव्य वृद्ध। उनके सब बाल श्वेत हो आये थे, यहाँ तक कि उनकी भौहें भी, फिर भी मुख पर शान्ति के स्थान पर तेज और नाक से दर्प का आभास मिलता था। दिवौक्ष के लौटने पर उन्होंने पुकारा, "कहाँ है मेरा पृथु? मिला नहीं?"

"पितृव्य, अभी आ रहा है।"

शिष्य एकत्र होने लगे थे। अन्य आश्रमवासी भी आ रहे थे। दूर से ही मान्धाता को आते देखकर सूत भावावेश में चिल्लाये, "आ गया, मेरा इन्द्र आ गया। बिल्कुल वही है। मैं आज तक मनु का वर्णन करता रहा हूँ, आज उसे प्रत्यक्ष सामने देख रहा हूँ।"

सूत के ये शब्द सुनकर मान्धाता सकुचा गया।

"आप सत्य कह रहे हैं पितृव्य," गोचपला ने चिल्लाकर अनुमोदन किया, "मान्धाता नया मनु है।" वह अपनी कायिक कमी के साथ रहना सीख गई थी। धीरे-धीरे वह अपरिचितों की दृष्टि सहन करने की भी आदी हो गई थी। और आश्रम ने तो मान्धाता और महाबल का अनुसरण कर उसे अपना लिया था। उसने भी दिवौक्ष की भाँति मान्धाता पर अपना जीवन न्यौछावर कर दिया था। पढ़ने में वह कुशाग्र बुद्धि थी। वह घुड़सवारी, तीर चलाने और असि-धारण में भी वह लड़कों से होड़ लेती थी।

"मान्धाता मनु ही नहीं, पृथु का भी प्रतिरूप है। मैं पन्द्रह वर्षीय पृथु की मूर्ति का स्मरण करता हूँ, समन में भाग लेते हुए, फिर पिता की मृत्यु के उपरान्त वन में भटकते हुए।[1] और मेरे सामने वह खो जाती है और मान्धाता में बदल जाती है। मैं पिंगलकेशी इन्द्र को भृगु के पास वृत्र के विरुद्ध कहने जाता देखता हूँ।[2] और एक पल बाद देखता हूँ वह इन्द्र नहीं मान्धाता है। मैं जानता हूँ समय बीतने पर मेरा वंश इसी प्रकार मान्धाता की गाथाएँ सुनाएगा।"

मान्धाता की समझ में नहीं आ रहा था कि वह पितृव्य को कैसे चुप कराये। एक ही राह है। वह सूत के पास पहुँच गया। पास बैठकर मचलते हुए उसने कहा, "पितृव्य, पुराण सुनाओ। हमें दक्ष......

"क्यों नहीं सुनाऊँगा अयोध्यापति, आज तुम्हें तुम्हारे पूर्वजों की गाथा सुनाऊँगा, इक्ष्वाकु वंश की जिसका सम्मान समस्त पृथ्वी के नरेश करते हैं।" सूत ने सुनाना आरम्भ किया।

वैवस्वत मनु के ज्येष्ठ पुत्र का नाम इक्ष्वाकु था जो उनके बाद अयोध्या के सिंहासन पर बैठा और जिससे प्रसिद्ध सूर्यवंश चला। मनु ने संसार को नियम दिए और उनका वास्तविक प्रतिपालक सूर्यवंश था। इक्ष्वाकु पिता का प्रतिरूप था। उसने

---

1. देखिए पीछे 'पृथु ने हल चलाया', पृष्ठ 104-7 और 122-152
2. देखिये पीछे 'इन्द्र ने स्वराज्य जीता', पृष्ठ 29-32

मानव शक्ति को अक्षुण्ण रखा। उसका पुत्र विकुक्षि था और विकुक्षि का पुत्र पुरञ्जय। पुरुञ्जय का दूसरा नाम ककुत्स्थ था और वह अत्यन्त वीर था। बाण चलाने में लाघव के कारण वह बाण भी कहा जाता था। छठे देवासुर संग्राम में इन्द्र ने उससे सहायता मांगी थी और उसने प्रतापी असुर सेनापति सुजंभ को मारकर अपना डंका बजा दिया था।[1] ककुत्स्थ का पुत्र अनेना था जिसका पाँचवाँ वंशज **श्रावस्त** था जिसने श्रावस्ती नगरी बसाई।[2] श्रावस्त का उत्तराधिकारी बृहदश्व था जो महाबली और सर्वास्त्रविदों में श्रेष्ठ था। उसके पुत्र कुवलयाश्व ने पराक्रम कर धुन्धुमार की उपाधि प्राप्त की, उसकी गाथा मैं तुम्हें सुनाता हूँ।

बृहदश्व ने जब गृहस्थाश्रम पूरा कर लिया तब उन्होंने पुत्र **कुवलयाश्व** को राजपाट देने की घोषणा की और स्वयं वानप्रस्थ ग्रहण करने का निश्चय किया। जिस दिन वे राजपाट छोड़कर वन में जाने वाले थे, उस दिन एक ऋषि उनसे भेंट करने आये। राजा ने उन्हें सादर प्रणाम किया और उनका नाम-ग्राम पूछा।

ऋषि ने उत्तर दिया, ''राजन्, मेरा नाम उदंक है। मैं पश्चिम दिशा का रहने वाला हूँ। मेरा आपसे एक प्रश्न है।''

''पूछिये।''

''मनु ने राजा का धर्म बताया है कि वह प्रजा की रक्षा करे, उनका दु:ख-दर्द दूर करे। अपना धर्म पूरा किए बिना आप वन कैसे प्रस्थान कर रहे हैं?''

''ऋषिवर, मेरी प्रजा सब प्रकार से सुखी है। उसे कोई कष्ट नहीं है। इसी कारण आयु प्राप्त करने पर मैंने तीसरा आश्रम स्वीकार किया है।''

''महाबली, मुझे बहुत कष्ट है, इसी कारण मैं आपकी शरण में आया हूँ।''

''आप अपना कष्ट बतायें, मैं उसके निवारण का उपाय सोचूँगा।''

''राजा बृहदश्व, पश्चिम में मरुधन्व प्रदेश में मेरा आश्रम है। वहीं पास में बालू से भरा हुआ उज्जानक नाम का एक समुद्र है। वहाँ एक क्रूर प्रवृत्ति वाला मायावी असुर धुन्धु रहता है। वह किसी को दिखाई नहीं देता। सब चर-अचरों के विनाश की कामना के लिए वह उस बालू के गर्त में छिपा सोया रहता है। वर्ष में एक बार वह जागता है और बड़ी जोर से अपना श्वास छोड़ता है। उसके भयंकर श्वास से पृथ्वी डोलने लगती है, वह अत्यन्त वेग धारण कर लेती है और भूमि की धूल उड़कर आकाश पर छा जाती है। एक सप्ताह तक सूर्य का दिखना बन्द हो जाता है। उस समय हो रही ध्वनि के कारण हमने उसका नाम धुन्धु रख दिया है। उसके भय के कारण मेरा आश्रम उजड़ा रहता है। यदि वह इधर बढ़ आया तो सब मानवों का जीवन नष्ट हो जायेगा। राजन्, आप उसका वध करके मेरा तथा अन्य मानवों का भय दूर करें।''

---

1. देखिये पीछे 'नमुचि, नहुष और इन्द्र', पृष्ठ 350-353
2. बौद्ध काल में महाबली प्रसेनजित कोशलराज की राजधानी। सहेत महेत में यह खोद निकाली गई है।

ऋषि को सान्त्वना देते हुए राजा ने उत्तर दिया, "उदंक ऋषि, आप चिन्ता न करें। मैं अब अस्त्र-शस्त्रों का त्याग कर चुका हूँ, किन्तु मेरा पुत्र कुवलयाश्व बड़ा साहसी और सब प्रकार से समर्थ है। मेरे बाद वह राजसिंहासन पर प्रतिष्ठित होगा और मानव धर्म का पालन करेगा। मैं उससे आपके कष्ट का वर्णन करूँगा। वह निश्चय ही धुन्धु को मार कर आपका आश्रम नष्ट होने से बचायेगा।"

ऋषि को सन्तुष्ट कर बृहदश्व ने कुवलयाश्व को बुलाया और उसे सारी वार्ता कह सुनाई। कुवलयाश्व ने पिता का आदेश सिर माथे उठाया। पिता के वन जाने के उपरान्त उसने सबसे पहला काम यही किया कि सौ परिजनों को साथ लेकर मरुधन्व प्रदेश की ओर प्रस्थान किया। साथ में ऋषि उदंक भी थे।

उज्जानक पहुँच कर कुवलयाश्व ने अपने अनुचरों से उसे खुदवाना आरम्भ किया। वे धुन्धु दैत्य का पता लगाना चाहते थे। सहसा उस खुदे स्थान में विस्फोट हुआ। एक मुख बन गया जिससे अग्नि निकलने लगी। साथ ही सबका संहार करता अग्निमय जल (लावा)[1] बहने लगा। कुवलयाश्व और उसके तीन साथियों को छोड़ कर शेष सब उसमें जल कर भस्म हो गये।

यह देखकर कुवलयाश्व बहुत क्रुद्ध हुआ। किन्तु उसने धैर्य नहीं छोड़ा। बहुत देर तक वह मनन करता रहा। आखिर उसे एक युक्ति सूझी। अपने तीन साथियों और ऋषि उदंक की सहायता से उसने एक नहर खोदी और कुछ दूर बहती नदी के जल की एक धारा इस मुख की ओर मोड़ दी। जल वेग से बहता हुआ आया और उसने मुखाग्नि को शान्त कर दिया। पानी के गह्वर में पड़ते ही सूँ सूँ की ध्वनि आने लगी मानो कोई अन्तिम साँस ले रहा हो। कुछ घन्टों के बाद धुन्धु मर गया और वह बालू का समुद्र सर्वदा के लिए शान्त हो गया।

इस प्रकार धैर्य और चातुर्य से तुम्हारे पूर्वज कुवलयाश्व ने धुन्धु का विनाश किया। सारे संसार ने धुन्धुमार का नाम देकर उसकी वन्दना की। मान्धाता, तुम भी धुन्धुमार के समान यशस्वी बनो। जगत के कल्याण के लिए नित-नये कार्य करो।[2]

७

पन्द्रह वर्ष की अवस्था में ही मान्धाता ने सब शस्त्रों और शास्त्रों का ज्ञान प्राप्त कर लिया। महर्षि दालभ्य ने अपना कर्त्तव्य पूरा जान कर राजा युवनाश्व को सूचना भेजी। राजा ने मान्धाता को अयोध्या बुला भेजा। मान्धाता का अयोध्या में प्रथम प्रवेश था। नगरी के नर-नारी सरयू के तट पर आकर बड़ी उत्सुकता से भावी राजा की बाट देख रहे थे। बन्दनवार और मंगल-तोरणों से सारी अयोध्या सजी थी।

---

1. सम्भवतः वह कोई ज्वालामुखी गह्वर था। सुराष्ट्र के ऊपर पूर्वी राजस्थान में शायद उज्जानक उज्जयिनी के आस-पास का कोई स्थान हो या बाद में वहीं उज्जयिनी बसी हो।
2. भागवत पुराण 9.6.21-23; मत्स्य पुराण 12.31; वायु पुराण 68.31, 88.28, 45.61; विष्णु पुराण 4.2.39-42; महाभारत, वन पर्व 193; हरिवंश 1.11; ब्रह्माण्ड पुराण 3.63.29

नाव के रुकते ही राजा ने आगे बढ़ कर पुत्र का राजधानी में स्वागत किया। मान्धाता कूद कर नाव से उतरा और पिता से चिपट गया। अपने से एक हाथ लम्बे, विशाल डील-डौल के और महाबलशाली तथा तेजस्वी पुत्र को पाकर पिता का गात पुलक उठा। उसकी आँखें निर्झर बन गईं। पुरुष सब छोटे राजा पर निछावर हो गये। कुमारियों में पति की तथा विवाहिताओं में पुत्र की कामना उमड़ आई।

छाया के समान दिवौक्ष यक्ष, महाबल कपर्दी और गोचपला मान्धाता के पीछे पीछे थे। मान्धाता ने उनका परिचय कराया, "पिता, यह मेरा मित्र कपर्दियों का राजकुमार महाबल है तथा यह मेरी बड़ी बहन गोचपला है।"

महाबल ताम्र वर्ण का सुगठित देह वाला नवयुवक था। सूर्य की आभा में उसकी देह चमचमा रही थी। गोचपला गौर वर्ण की सुन्दर युवती थी जिसका मुख की श्री गाल पर पड़े हल्के रंग के धब्बे कम कर रहे थे। राजा ने दोनों को आशीर्वाद दिया।

मान्धाता ने रानियों को, मन्त्री को तथा पुरोहित को प्रणाम किया और उनका आशीर्वाद ग्रहण किया। फिर उसने समस्त प्रजा को प्रणाम किया जिसने हर्ष-ध्वनि कर सारे आकाश को गुँजा दिया।

युवनाश्व ने विह्वल नेत्रों से झाँकते हुए मान्धाता से कहा, "वरुण की कृपा से सर्व-गुण-सम्पन्न पुत्र पाकर मैं कृतार्थ हुआ। पुत्र, तुमने सम्पूर्ण शिक्षा प्राप्त की, केवल व्यावहारिक राजनीति रह गई है। वह तुम्हें अयोध्या में रहकर स्वयं प्राप्त हो जायेगी। मेरा आशीर्वाद है तुम इक्ष्वाकु-कुल-सूर्य बनो।"

मान्धाता ने विनम्र स्वर में कहा, "पिताश्री, अभी मुझे बहुत कुछ सीखना शेष है। वह मैं आपके चरणों में बैठकर प्राप्त करूँगा।"

राजा मान्धाता को लेकर प्रासाद लौट गये। वहाँ मान्धाता ने प्रमति आदि मन्त्रिगण से तथा पुरोहित से राज्य-कार्य सीखना आरम्भ किया।

कुछ दिनों बाद युवनाश्व ने दिवौक्ष को प्रासाद के अपने कक्ष्य में एकान्त में बुलाया। राजा ने कहा, "बैठो दिवौक्ष, मुझे एकान्त में तुमसे कुछ बातें करनी थीं।"

"राजन्, मुझे आदेश दें।" दिवौक्ष की समझ में नहीं आया कि राजा उससे एकान्त में क्या बाते करना चाहता है।

"अभी मान्धाता को बुलाया है, वह भी आता होगा," युवनाश्व बोले। मान्धाता के आने पर मन्त्रणा आरम्भ हुई।

"दिवौक्ष, तुम्हें स्मरण है, जिस दिन मान्धाता उत्पन्न हुआ था, उस दिन तुमने मुझे कुछ सूचनाएँ लाकर दी थीं?"

"जी हाँ, राजन्। मैंने यादवनगरी में जाकर वहाँ के समाचार एकत्र किये थे।"

"तुमने सबसे पहले बताया था कि शशबिन्दु को चित्ररथ ने एकछत्र सम्राट् बना दिया है और शशबिन्दु का विचार पूर्व-पश्चिम और उत्तर-दक्षिण सब और दिग्विजय करने का है।"

"जी हाँ, राजन्।"

"उसके बाद क्या हुआ, तुम्हें पता है?"

''उड़ते समाचार सुने थे कि सम्राट् शशबिन्दु ने अनेक विजय प्राप्त कीं, अपरिमित सोना एकत्र किया और तीन चार अश्वमेध यज्ञ करके प्रजा को खूब दान दिया।'' दिवौक्ष का उत्तर था।

राजा ने विस्तार से बतलाया, ''शशबिन्दु ने हैहयों को अधीन करके समुद्री व्यापार अपने अधिकार में कर लिया। फिर उसने यज्ञ किया। तत्पश्चात् उसने आस-पास के मानव नगर राज्यों से अधीनता स्वीकार कराई। इसके बाद भी उसने यज्ञ किया। उसकी शक्ति यहाँ तक बढ़ गई कि उसने महान् पुरु राज्य पर भी आक्रमण किया और वृद्ध राजा मतिनार को हरा दिया। वह अनेक यज्ञ कर चुका है। इस समय उसके समान बलशाली संसार में दूसरा नहीं। मेरे विचार से उसकी दृष्टि अब अयोध्या पर ही गड़ी है। जब तक इक्ष्वाकु वंश उसकी अधीनता स्वीकार नहीं करता, तब तक वह एकछत्र सम्राट् नहीं कहला सकता।''

पिता की बात सुनकर मान्धाता को क्रोध चढ़ आया। अपने को संयत करता हुआ वह धीमे से बोला, ''पिता जी, अच्छा है शशबिन्दु हम पर आक्रमण करें।

हम बता देंगे कि किसकी कृपाण की धार तीखी है। मेरा संसार-विजय का सपना यहीं से आरम्भ हो।''

युवनाश्व ने चकित होकर मान्धाता को देखा।

दिवौक्ष ने नपे तुले शब्दों में कहा, ''युवराज, आप ठीक कह रहे है। शशबिन्दु एकछत्र सम्राट बनें या न बनें, आप अवश्य बनेंगे। लेकिन केवल बल से ही विजय प्राप्त नहीं होती, उसके साथ हमें नीति-कुशलता और चतुरता का भी सहारा लेना पड़ता है। हमें यह अवश्य पता लगाना चाहिए कि शशबिन्दु के क्या विचार है, उसकी कितनी सेना है, उसके अधीन राजा भी उसका साथ देंगे या नहीं। इन सब बातों का पता लगने पर ही हम अपनी नीति निर्धारित कर सकेंगे।''

दिवौक्ष की बात राजा के मन को भा गई। ''दिवौक्ष, तुमने बहुत सुन्दर विवेचना की है। अब मुझे कोई चिन्ता नहीं, चाहे मैं आज ही मर जाऊँ।''

''राजन्, आप यह क्या कह रहे है? मैं जो कुछ हूँ आपके और मन्त्री-प्रवर के आशीर्वाद से हूँ। यदि आप आज्ञा दें तो मैं एक बार फिर यक्ष व्यापारी का रूप धारण करूँ और यादवनगरी का चक्कर लगा आऊँ।''

मेरा भी यही विचार था। इसी कारण मैंने यह एकान्त-गोष्ठी बुलाई थी।''

''दिवौक्ष, मैं फिर कहता हूँ कि शशबिन्दु की शक्ति की पराकाष्ठा पहुँच चुकी है। इससे ऊपर उठना उनके वंश में नहीं। अब यादव शक्ति का ह्रास ही होगा।'' मान्धाता बोला।

दिवौक्ष का सीना फूलकर चौड़ा हो गया। यह उसके साथ का फल है कि मान्धाता ये सपने देख रहा है। उसने हर्ष-भरे स्वर में कहा, ''युवराज, मुझे आपके कथन स्मरण रहेंगे। मुझे ध्यान है कि एक दिन अयोध्या यादव वंश को अपने अधीन बनायेगी। यह समझिये कि मेरी यात्रा इसी ध्येय की पूर्ति के लिए हो रही है।''

"लेकिन यह यात्रा अधूरी मत करना।" मान्धाता का स्वर गम्भीर था।

"क्या मतलब?" यक्ष की समझ में नहीं आया।

"जब इतनी दूर जा रहे हो तो महान् सिन्धु साम्राज्य के विषय में भी सब समाचार एकत्र कर लाना।"

युवनाश्व ने अचम्भे में भर कर पूछा, "क्यों?"

"एक दिन उस पर भी सूर्य वंश की पताका फहरेगी।"

युवनाश्व और दिवौक्ष को लगा कि सूर्य ने उस कक्ष में प्रवेश करके मान्धाता का मुख एक अनोखी आभा से दीप्त कर दिया हो। वे पलक झपझपाने लगे।

किसी तरह संभल कर दिवौक्ष ने झुककर कहा, "जो आज्ञा युवराज!"

वहाँ से विदा लेकर दिवौक्ष ने शीघ्र ही तरह-तरह का सामान एकत्र किया। उनमें पहनने के वस्त्र से लेकर भाँति-भाँति के बहुमूल्य पत्थर थे। उत्तर के यक्षों से खरीदा हुआ सोना था, पूर्व से पशुओं के चर्म और मयूर आदि थे। अयोध्या से वस्त्र और आभूषण लिए थे। दक्षिण की लकड़ी और हाथी दाँत की पच्चीकारी थी। सुचिक्कण आबनूस थी और सुगन्धित मलय। दस अनुचरों को साथ लेकर घोड़ों पर सामान लादकर उसने यात्रा आरम्भ की।

सर्वप्रथम वह प्रतिष्ठान पहुँचा। वहाँ वह थोड़े दिन ही रुका। उसका सामान भी कोई विशेष नहीं बिका। उसे प्रतीत हुआ कि विशाल पौरव राज्य श्रीहत पड़ा है। वह मतिनार जिसने सुदूर सरस्वती तक विजय प्राप्त करके यज्ञ किया था और यश-पताका फहराई थी, शशबिन्दु से हारने के कारण लुटा सा पड़ा था। पौरवों को यादवों की अधीनता स्वीकार करनी पड़ी तथा यज्ञ के लिए एक विशाल धनराशि देनी पड़ी, इन दोनों धक्कों से वह उभरा नहीं। कुछ राजपुत्रों से बातें करने पर उसे यह विश्वास हो गया कि यदि शशबिन्दु ने अयोध्या राज्य पर चढ़ाई की तो पुरु राज्य उसकी सहायता नहीं करेगा, बल्कि सम्भव है। मतिनार प्रत्यक्ष रूप से अपने जामाता युवनाश्व की सहायता को आ जाये।

उस समय लगभग सारा भू-भाग विशाल वृक्षों से ढका था। केवल नदी किनारे मानव-विश बसने आरम्भ हुए थे और वहीं से सभ्यता का विस्तार हो रहा था। दिवौक्ष यमुना नदी के सहारे आगे बढ़ा। मार्ग में उसे अनेक मनु के वंशजों द्वारा शासित नगर-राज्य मिले। उनमें से अधिकतर ने बिना लड़े ही यादव सम्राट् शशबिन्दु की अधीनता स्वीकार कर ली थी, साथ ही धन-राशि देना और यज्ञ में सम्मिलित होना भी स्वीकारा था। कुछ ने शशबिन्दु का प्रस्ताव स्वीकार नहीं किया था, वे लड़े थे और युद्ध में हारने के पश्चात् धनराशि देना और यज्ञ में आना माना था। उस समय युद्ध के भी नियम बन चुके थे और नियमों में बंधा युद्ध धर्म-युद्ध कहलाता था। युद्ध केवल दिन में होता था, रात्रि में नहीं, चाहे एक पक्ष कितनी ही लाभदायक स्थिति में हो। युद्ध में विश, कृषि और सम्पत्ति को हानि नहीं पहुँचाई जाती थी। युद्ध में हारने वाला राजा जीते हुए को अपना सम्राट् मान लेता था, उसे मांगी गई धन-राशि प्रदान करता था तथा उसके यज्ञों में उपहार भी लेकर उपस्थित होता था।

इसके अतिरिक्त वह अपने राज्य में बिल्कुल स्वतन्त्र होता था। और जीते हुए राजा के मरने के उपरान्त तो वह नाम की अधीनता भी समाप्त हो जाती थी।

दिवौक्ष ने पाया कि शशबिन्दु की अधीनता स्वीकार करना इन राजाओं को अधिक नहीं अखरा था। प्रत्युत कुछ तो प्रसन्न थे कि शशबिन्दु के अभियान के बाद उन पर वन वासियों (नदी तट से दूर वन के अन्दर रहने वाली असभ्य जातियों जैसे पिशाच, कोल, मुण्डा आदि) के आक्रमण कम हो गए थे। उन्हें यह भी सहारा था कि यदि उन पर कोई विपत्ति आई तो सम्राट् उनकी सहायता करेगा।

चर्मणवती और यमुना के संगम पर यादव नगरी विद्यमान थी। नगर में घुसते ही दिवौक्ष चकाचौंध रह गया। नगर लम्बाई चौड़ाई में काशी तो क्या, अयोध्या और प्रतिष्ठान का भी आधा नहीं था। परन्तु उसकी प्रत्येक वस्तु पर अतुल ऐश्वर्य की छाप लगी थी। वह कृषि पर पला नगर नहीं, व्यापार से उभरा नगर था। वह आर्यों का प्रतिबिम्ब नहीं, समूचे सभ्य संसार का प्रतिनिधित्व करता था।

दिवौक्ष सेवकों और सामान के साथ पान्थशाला में टिका। उसने देखा कि अगले दिन ही उसका सारा सामान विक्रय हो गया है, अब वह किस आधार पर नगर में टिके।

सम्राट शशबिन्दु को चिन्ता में पड़े देखकर प्रधान मन्त्री रुचि व्यग्र हो उठे। "सम्राट्, आज आप कुछ चिन्तित हैं।"

"हाँ, मन्त्रिन्, मुझे एक चिन्ता ने घेर रखा है। तुम बताओ, कैसे आना हुआ?"

"राजन्, कल एक यक्ष हमारे नगर में सामान बेचने आया था। उसके पास बड़ा सुन्दर सामान था। भृगु वितथ ने उसका सारा सामान खरीद लिया था और उसमें से एक हाथी दाँत का पंखा आपकी सेवा में भेंट किया है।"

"कहाँ है वह पंखा?" सम्राट् ने पूछा।

"वह मैंने राजकुमारी बिन्दुमती की सेवा में भेज दिया है। लेकिन मैंने चर भेजकर यक्ष को बुला भेजा है। सुना है वह बहुत दूर-दूर घूमा हुआ है आशा है वह आपकी मनचाही वस्तु ला देगा।"

"मेरी मनचाही वस्तु क्या?" शशबिन्दु मुस्करा दिये।

रुचि कुछ अप्रतिभ रह गये। "मेरा मतलब यह था कि यदि आप कोई वस्तु मंगाना चाहें या दूर देश में बनवाना चाहें, तो यह व्यक्ति उसमें हमारा सहायक हो सकता है।"

प्रधान मन्त्री को सकपकाते देखकर शशबिन्दु को आनन्द आया। उन्होंने गंभीर स्वर में पूछा, "मन्त्रिन्, तुम्हें पता है कि इस समय हमें किस की सबसे अधिक चाह है?"

"नहीं।"

"सोचो, मस्तिष्क काम में लाओ।"

रुचि सोच रहे थे—पता नहीं, आज सम्राट् को क्या हो गया है।

"मैं सहारा देता हूँ। वही वस्तु हमारी कुछ समय पहले की चिन्ता का कारण बनी हुई थी।"

"राजन्, मेरी समझ में कुछ नहीं आया।"

"आप कैसे मन्त्री हैं!" सम्राट् ने भृकुटि तिरछी की, "आपको यह भी नहीं पता कि हमें क्या चिन्ता सता रही है!"

सम्राट् को तुम से आप पर आया देखकर रुचि समझ गये कि सम्राट् विनोद पर उतरे हुए हैं।

"क्या हरियूपिया पर धावा बोलने का विचार हो रहा है?" रुचि ने भोले बनते हुए पूछा। पश्चिम में **हरियूपिया**[1] (**हड़प्पा**) के वरशिख और **नार्मिणी**[2] (**मोहन जोदड़ो**) के असुर बहुत प्रसिद्ध थे।

"तुम हार गये, रुचि", शशबिन्दु ने बच्चे के उत्साह से कहा। फिर सहस गम्भीर होकर बोले, "रुचि, मुझे **बिन्दुमती** की चिन्ता लग रही है।[3] पुत्री विवाह योग्य हो रही है। कहाँ से लाऊँ उसके उपयुक्त वर?

"सम्राट् इसमें भी शायद वह यक्ष हमारी सहायता कर सके। वह जगह-जगह घूमा हुआ है। उसने अनेक प्रदेश देखे हैं। सब राज्यों की स्थिति वह बता सकता है। हो सकता है राजकुमारी के उपयुक्त राजकुमार उसने कहीं देखा हो।"

"देखो!" सम्राट् ने कुछ निराशा-भरे स्वर में कहा। उन्हें रह रह कर यह ध्यान हो रहा था कि उनकी शक्ति की टक्कर का घर-वर कहाँ मिलेगा। कुछ देर दोनों शान्त रहे। तभी द्वारपाल ने दिवौक्ष के आने की सूचना दी।

राजा ने आदेश दिया, "उपस्थित करो।"

दिवौक्ष मन ही मन प्रसन्न था–बिना कोई विशेष प्रयत्न किए ही उसकी मन की मुराद पूरी होने वाली है। सम्राट् शशबिन्दु ने उसे स्वयं बुलाया है। उनसे बातें करके वह उनके मन की टोह लेने का प्रयास करेगा।

और यहीं उसकी प्रसन्नता समाप्त हो जाती थी। सम्राट् ने उसे क्यों बुलाया है? क्या उनको पता चल गया है कि मैं महाराज युवनाश्व का दूत हूँ। यह तो मैंने छिपाकर नहीं रखा है कि मैं अयोध्या से आ रहा हूँ। क्या सम्राट् का विचार अयोध्या पर आक्रमण करने का है जिसके कारण मुझे उसकी स्थिति बतलाने के लिए बुलाया है?

मन की इसी डावाँडोल स्थिति में वह सम्राट् के सामने आकर खड़ा हो गया और उसने सिर झुकाकर विनीत भाव से नमस्कार किया।

नमस्कार का उत्तर देकर शशबिन्दु ने पूछा, "यक्ष, सुना है तुम व्यापारी हो।"

"हाँ, सम्राट्! बाप-दादों के समय से हमारा कुल व्यापार करता आया है।" अपने को यक्ष व्यापारी सिद्ध करने के लिए उसने जोड़ा, "सम्राट्, यक्षों के समान व्यापारी मिलना दुर्भर है।"

---

1. ऋग्वेद 6.275
2. ऋग्वेद 1.149.3
3. वायु पुराण 88.70

सम्राट् मुस्करा दिये, "हम जानते हैं, स्थल पर यक्ष और रक्ष, तथा जल में नाग और पणिजन। लेकिन मानव भी पीछे नहीं हैं यक्ष। भृगुकुल जलीय व्यापार में आगे बढ़ता जा रहा है।

"सम्राट्, भविष्य मानव के साथ है। कुछ दिनों में यक्ष, नाग, सब का भेद मिट जायेगा। केवल मानव नाम ही सुनाई देगा।"

शशबिन्दु प्रसन्न हुए, यक्ष युवक बहुत चतुर है। खूब बातें बनाता है। लगता है पहले भी राजकुलों में आ जा चुका है। उन्होंने बात पलटी, "क्या सीधे हिमालय से आ रहे हो?"

"जी नहीं, घर से निकले मुझे दो शरद बीत चुके हैं। तब से लगातार मै। घूमता ही रहा हूँ।"

"कहाँ कहाँ घूम आये हो?" रुचि ने पूछा।

दिवौक्ष घबराया। आ गए असली बात पर। उसने बात टाल दी, "सम्राट्, हमारा कहाँ घूमना नहीं होता। सब नगरों में हम घूमते रहते हैं। सामान बेचते हैं, उस नगर की विशेष वस्तुएँ खरीदते हैं, और फिर आगे चल पड़ते हैं।"

"इस समय तक तुम कहाँ-कहाँ हो आये हो?" रुचि ने फिर प्रश्न किया।

"समस्त मानव राज्यों में मैं हो आया हूँ। आगे नार्मिणी के असुर साम्राज्य में जाने का कार्यक्रम था किन्तु अब वह पलट गया है।"

"क्यों?"

मन्त्रिवर, आपके नगर में पैर रखते ही मेरा सारा सामान बिक गया है और वह भी बड़े अच्छे मूल्य पर। इसका अर्थ है इस समय यादवों के समान कोई शक्ति नहीं, आप पर लक्ष्मी बरस रही है।"

शशबिन्दु ने मुस्कराकर रुचि की ओर देखा। नेत्रों में कहा–युवक बड़ा नीतिज्ञ है।

दिवौक्ष कहता रहा, "मुझे पर्याप्त लाभ हुआ है। अब कुछ दिन हिमालय की गोद में विश्राम करूँगा।" उसने दिखाना चाहा कि वह कहीं से आ रहा हो लेकिन वापस यक्ष देश ही जा रहा है।

सम्राट् ने बात का सूत्र अपने हाथ में लिया, "अपनी यात्राओं में तुम केवल व्यापारियों से मिले हो या राजन्य वर्ग से मिलने का भी तुम्हें सौभाग्य प्राप्त हुआ है?"

दिवौक्ष की समझ में नहीं आया कि यह प्रश्न क्यों पूछा जा रहा है। कुछ पल के उपरान्त उसने उत्तर दिया, "सम्राट्, दोनों से ही व्यापार करने का मुझे सौभाग्य प्राप्त हुआ है।"

शशबिन्दु समझ गये कि युवक स्पष्ट उत्तर देते हुए घबरा रहा है। उन्होंने उससे स्पष्ट प्रश्न किया, "यक्ष, मेरी पुत्री बिन्दुमती विवाहयोग्य हो रही है। तुम सारे देश में व्यापार के कारण घूमे हो। क्या तुम्हें उसके योग्य वर दिखाई दिया है?"

दिवौक्ष का उद्वेग समाप्त हो गया। उसका मस्तिष्क त्वरित गति से कार्य करने लगा। वह बोला, ''राजकुमार मैंने अनेक देखे हैं, किन्तु आपके तथा राजकुमारी के उपयुक्त कहाँ!''

रुचि ने सलाह दी, ''राज्य हमारी टक्कर का न हो, लेकिन राजकुमार सिंहशावक हो। मानव अपना भाग्य स्वयं बना सकता है।''

दिवौक्ष कुछ सोचता हुआ बोला, ''एक कुलीन राजकुमार मेरी दृष्टि में है, परन्तु. ....

''किस कुल का?'' सम्राट् ने उत्कण्ठा से पूछा।

''सूर्यवंश का। राजा युवनाश्व का बेटा।'' दिवौक्ष रुका, अपनी बात का प्रभाव आँकने के लिए। सम्राट् और प्रधान मंत्री के मुख पर आये प्रसन्नता के भावों ने उसका उत्साह बढ़ाया।

रुचि ने अन्यमनस्कता दिखाते हुए कहा, ''कुल तो उपयुक्त है।''

''कुमार मान्धाता की प्रशंसा मैं क्या करूँ। वे बिल्कुल मनु के प्रतिरूप हैं। साढ़े छह फुट का कद, सुन्दर मुख, गोरा रंग, मनोहर व्यक्तित्व–पहली दृष्टि में ही वे मनुष्य को अपनी ओर खींचते हैं। वे अतुल बलशाली हैं। जन्म से ही ऋषि आश्रम में रहकर पढ़े हैं। वेद-पुराण के पूर्ण ज्ञाता हैं। और सबसे बड़ी बात यह है कि उनमें आत्म-विश्वास प्रचुर मात्रा में है।'' दिवौक्ष रुक गया, कहीं वह आवश्यकता से अधिक तो नहीं कह गया।

शशबिन्दु और रुचि पुलकित हो रहे थे–जो वस्तु मिलने की उन्हें कोई आशा नहीं थी, वह सरलता से दिखाई दे गई। उन्होंने यह ध्यान नहीं दिया कि एक व्यापारी इतना विस्तृत वर्णन कैसे कर रहा है।

शशबिन्दु ने पूछा, ''तुमने आरम्भ में परन्तु कहा था, वह किसलिए?''

''यदुश्रेष्ठ, केवल इसलिये कि मान्धाता अभी छोटे हैं। उनकी आयु केवल पन्द्रह वर्ष की है।''

सम्राट् का उत्साह कुछ मन्द हुआ। ''बिन्दुमती भी पन्द्रह की है।''

''लेकिन उनकी उठान बड़ी अच्छी हुई है। बीस वर्ष का युवक भी उनके सामने बच्चा लगता है।''

''देखो। अच्छा तुम जा सकते हो। विश्राम करने के पश्चात् अगली बार जब आओ तब सबसे पहले मेरे पास आना।''

दिवौक्ष हर्षित होकर बाहर निकल आया। वह किस लिये भेजा गया था और क्या घट गया।

वह यादव कुल का मन्तव्य जाँचने आया था कि उसका अयोध्या पर आक्रमण करने का विचार है क्या। और कुबेर की कृपा से बानक ऐसी बनी कि यादव अयोध्या की ओर बढ़ेगा पर मैत्री का हाथ लेकर।

मान्धाता के स्वप्न का प्रथम चरण पूरा हुआ। देश की प्रथम शक्ति उसकी अनुगामी बन जायेगी। पुरु कुल का वह नाती है। उसका विश्व-विजय का स्वप्न अवश्य पूरा होगा।

दिवौक्ष ने तय किया कि वह अपनी यात्रा के अगले पड़ाव पर अभी नहीं जायेगा। मान्धाता ने उसे सिंधु साम्राज्य की राजधानी नार्मिणी जाने का कार्य सौंपा था। इतना समय नहीं है। उसे शीघ्र लौटकर अयोध्या में राजा को यह सूचना देनी है। एक दो दिन में यादवनगरी से सन्देश भेजा जाने वाला है। यदि राजा युवनाश्व को आज के वार्तालाप की सूचना नहीं मिली तो पता नहीं इसमें भी कुछ भेद समझें।

दिवौक्ष अनुचरों के साथ अयोध्या की राह पर बढ़ चला।

९

दिवौक्ष को इतनी जल्दी वापस आते देखकर युवनाश्व का माथा ठनका। उन्होंने तत्क्षण चर को मन्त्री प्रमति और युवराज मान्धाता को बुलाने का आदेश दिया।

उन्होंने दिवौक्ष से पूछा, "क्या बात है? इतनी जल्दी कैसे लौट आए?"

"राजन्, एक शुभ समाचार लाया हूँ।"

राजा के सीने से मानो पहाड़ उतर गया हो। "अभी मत सुनाओ। मन्त्री और मान्धाता को भी आने दो।"

शीघ्र ही प्रमति और मान्धाता वहाँ आ गये। मान्धाता के साथ महाबल और गोचपला भी थे। मन्त्रणा-कक्ष में राजा के साथ दिवौक्ष को बैठे देखकर वे ठिठक गये। लेकिन युवनाश्व ने हँसते हुए पुकारा, "महाबल, गोचपला, रुको मत। तुम भी जाओ। तुम भी समिति के सदस्य हो। मन्त्रणा में तुम्हारा सहयोग भी आवश्यक है।"

सब के उचित स्थान ग्रहण करने पर दिवौक्ष ने पुलकित स्वर में कहा, "राजन्, सिर पर आ रही विपत्ति ही नहीं टल गई, हमारी शक्ति भी सुदृढ़ हो गई है।"

प्रमति ने मुस्करा कर पूछा, "दिवौक्ष, तुमने सूत्रों में बात करनी कब से आरम्भ की है?"

हास्य गूँज उठा।

दिवौक्ष ने बिना लज्जित हुए कहा, "मेरी वाक् मेरा साथ नहीं दे रही। मैं मान्धाता के लिए योग्य वधू ढूँढ लाया हूँ।"

अब सब के चकित होने की बारी थी। राजा ने पूछा, "क्या कह रहे हो तुम?"

"सम्राट् शशबिन्दु की सबसे बड़ी पुत्री बिन्दुमती।"

"तुम आरम्भ से सुनाओ।" राजा ने आदेश दिया।

दिवौक्ष ने अपनी यात्रा का संक्षेप में और शशबिन्दु से हुई वार्ता का शब्द-शब्द सुनाना आरम्भ किया।

वर्णन सुनकर गोचपला ने छेड़ा, 'भैया को उसके योग्य भाभी मिल गई। अब वह महाबल और गोचपला को कहाँ पूछेगा।?"

मान्धाता ने आँख तरेर कर उसकी ओर देखा, गोचपला ने जीभ दिखा दी, तीनों मुस्करा दिये।

प्रमति कुछ सेच में पड़ गये थे। उन्होंने शब्दों में सोचा, "राजन्, कहीं ऐसा तो नहीं, वे इस प्रकार हमें अधीन करना चाहते हों!"

युवनाश्व कुछ नहीं बोले। वे सोच रहे थे।

दिवौक्ष ने सलाह दी, "मन्त्रिवर, कन्या बराबर के शक्तिशाली कुल में दी जाती है। उनकी कन्या घर में लाने से हमारी शक्ति बढ़ेगी, हानि कुछ नहीं होगी।"

महाबल ने जोड़ा, "राजन्, मेरे विचार से इस विवाह से हमारा यदुकुल में प्रभाव हो जायगा। फिर वह हमारे विरुद्ध अस्त्र ग्रहण करने से पहले दस बार सोचेगा।"

पिता को पुत्र बच्चा ही लगता है। राजा ने सन्देह प्रकट किया, "मान्धाता की अभी अवस्था ही क्या है! क्या वह इस उत्तरदायित्व को ओढ़ने के लिए तैयार हो गया है?"

गोचपला बोली, "राजन्, इस स्वर्ण अवसर को ऊहापोह में न खोइये। मान्धाता सब प्रकार से योग्य है। इतना उपयुक्त सम्बन्ध मिलना दुर्भर है।"

प्रमति का डाँवाडोल मन शान्त हो गया। "राजन्, ये ठीक कह रहे हैं। योगिराज शिव की इच्छा यही है।"

महाबल ने मान्धाता के कुहनी मारी। "तुम क्यों नहीं बोलते? तुम्हारे विवाह की बात हो रही है और तुम चुप बैठे हो।"

मान्धाता सकुचाता हुआ बोला, "इस विवाह से मेरा कार्य कुछ सरल हो जायेगा।"

"लो, इसकी सहमति भी मिल गई," युवनाश्व बोले। "लेकिन, दिवौक्ष, क्या तुम्हें निश्चय है कि यादवराज ने अपना मन पक्का कर लिया है?"

"राजन् उनकी बातों से यही ज्ञात होता था। आप स्वयं सोचिए, मान्धाता के समान वर और सूर्यवंश के समान कुल उन्हें कहाँ मिलेगा। सारे देश पर उनकी दृष्टि है। इस समय उनकी टक्कर के हम हैं या असुर हैं। असुरों को कन्या देना कौन पिता चाहेगा! उधर पश्मोत्तर में देव हैं, लेकिन इन्द्र तथा अन्य देवों के भोगविलास की कहानियाँ जगत्प्रसिद्ध हैं.........मेरे विचार से परसों तक पुरोहित को लेकर यादव कुल का राजपुरुष आपकी सेवा में उपस्थित होगा।"

दिवौक्ष की कल्पना सत्य निकली। दो दिन बाद शशबिन्दु के छोटे भाई रविबिन्दु मन्त्री रुचि और बिन्दुमती के छोटे भाई रुक्म के साथ अयोध्या पधारे। राजा युवनाश्व ने उनका भव्य स्वागत किया।

रविबिन्दु ने विनीत भाव से मान्धाता से बिन्दुमती के विवाह का प्रस्ताव किया। राजा ने मान्धाता को बुला भेजा। यादव मान्धाता को देखकर लट्टू हो गये। यादवों को भावी राजा रुक्म बहुत अधिक प्रभावित हुआ।

प्रस्ताव स्वीकृत हुआ। रुक्म ने मान्धाता के टीका किया।

चलते समय दिवौक्ष से मन्त्री रुचि ने कहा, "मुझे ऐसा लगता है जैसे पहले भी आपको कहीं देखा हो।"

दिवौक्ष ने कहा, "अधिकतर यक्ष एक समान लगते हैं, मन्त्रिन्।"

महाबल ने बात हँसी में उड़ा दी, "पहले इन्हें न देखा होगा, पर आगे आप इन्हें अवश्य देखते रहेंगे।"

शीघ्र ही मान्धाता और बिन्दुमती का धूमधाम से विवाह हो गया।[1] यदु-कन्या को देखकर वृद्ध राजा युवनाश्व को लगा कि उनका जीवन सार्थक हो गया है। अयोध्या हर्ष से पागल हो उठी। वह फूल-बेलों में मुस्करा दी।

"बिन्दु, मैं मृगया करने जा रहा हूँ।" मान्धाता ने वीर वेश में सजते हुए कहा।

"आपका मन प्रासादों में लगता ही नहीं," बिन्दुमती ने शिकायत की।

"तुम ठीक कह रही हो। बचपन से ही मुझे ऐसा लगता है जैसे वन मेरा घर है। इस जन-संकुल नगर में मैं भिंचा-भिंचा प्रतीत करता हूँ। मन करता है पक्षी के समान धरती पर निर्द्वन्द्व विचरता फिरूँ।"

"यह कैसे हो सकता है। धरती पर इतनी विभिन्न संस्कृतियों के रहते हुए आप निर्द्वन्द्व कैसे विचर सकते हैं।"

"तभी मेरा सपना है कि समस्त विश्व को आर्य कर दूँ।" मान्धाता के विशाल नेत्र उठ कर शून्य में जा टिके। "भले व्यक्ति को कहीं भी जाने में कोई भय न हो।"

बिन्दुमती को लगा वह एक देवपुरुष के सामने खड़ी है। हर्ष में भर कर वह मान्धाता से चिपट गई, "मैं आपका स्वप्न पूरा करने में सच्ची सहचरी बनूँगी। मुझे विश्वास है कि आपके नाम के समाने पिताश्री का नाम सब भूल जायेंगे।"

मान्धाता और महाबल अयोध्या से दक्षिण के वन में घुसे। वे आगे बढ़ते रहे। सूर्य ऊपर उठ रहा था, लेकिन पेड़ों की सघनता के कारण उन्हें प्रकाश कम मिलता जा रहा था। ऐसा लगता था जैसे घनघोर काले मेघों ने सूर्य को ढक लिया हो या चन्द्र सूर्य और पृथ्वी के बीच में आ गया हो और कुछ देर में हाथ को हाथ भी नहीं सूझेगा।

दिन का समय था। हिंसक पशुओं के विश्राम का समय था। वे आगे बढ़ते रहे। सहसा उन्हें सामने केलि करता हुआ हिरनों का जोड़ा दिखाई दिया।

महाबल फुसफुसाया, "युवराज, तीर चलाओ। पहला आखेट आपका।"

"इन निरीह जीवों को मारने में क्या आनन्द है, महाबल! ये किसी का कुछ नहीं बिगाड़ते, बल्कि प्राणियों के जीवन में रंग भरते हैं।"

अश्वों की टाप सुन कर हिरनों ने एक पल इधर ताका और दूसरी पल छलाँगें भरते वे लुप्त हो गये।

उधर मान्धाता मृगया को निकला, इधर राजा युवनाश्व की सहसा तबियत खराब हो उठी। पुरोहित और राजवैद्य को बुलाया गया। उनके हृदय की गति बहुत धीमी हो गई थी। दिल बैठा जा रहा था। स्वेद से सारा बिछौना भीग गया था। बूटी घिस

1. वायु पुराण 88.70-72; 95.17-18, 20-21

कर उन्हें पिलाई गई। उसके प्रभाव से या निर्बलता से राजा के कुछ देर को नेत्र बन्द हो गये। वैद्य उनकी नाड़ी पकड़े बैठे थे।

पुरोहित मन्त्री प्रमति को अलग ले गये। "मन्त्रिवर, राजा को अचानक हृद्‌भेद हुआ है। इस समय युवराज का यहाँ होना बहुत आवश्यक है। वे कहाँ गये हैं?"

"वे मृगया निमित्त वन में गये हैं। मैं उन्हें बुलाने पर चर दौड़ाता हूँ।"

महाबल ने कहा, "युवराज, अब लौट चलें। हम काफी दूर निकल आये हैं। अयोध्या पहुँचते-पहुँचते रात्रि हो जायेगी।"

आखेटक को यदि आखेट न मिले तो बड़ी झुंझलाहट होती है। "कुछ दूर और चलते हैं," मान्धाता बोला।

"अश्व थक गये हैं, इन्हें कुछ देर सुस्ता लेने दो। इतने में तुम्हारे लिए कुछ फल तोड़ कर लाता हूँ।" महाबल ने अश्व की गति रोकते हुए कहा।

"देखो, कुछ दूर कक्ष-सा दिखाई दे रहा है। शायद हमें वहाँ जल भी मिल जाय।"

महाबल वनों में पला था। उसकी तुरतबुद्धि ने भय की तुरही बजाई। "इस घनघोर जंगल में यह पता नहीं किसका घर है। किसी जंगली जाति का हुआ तो व्यर्थ का विवाद करना पड़ जायेगा।"

आपत्ति से भिड़ने का चिर-अभ्यस्त मान्धाता यह सुनकर बड़ा प्रसन्न हुआ, "अच्छा है महाबल, हम उन्हें सिखा देंगे कि भूखे-प्यासे को शरण देना प्राणी का पहला कर्तव्य है।"

महाबल जानता था कि जब मान्धाता ने दिल में ठान ली है तो फिर नहीं सुनेगा। वह चुपचाप चल दिया।

कोठरी के पास आकर दोनों घोड़े से उतरे। कोठरी पर कंगूरा था और द्वार के इधर-उधर दीवाल पर गेरु पुता था। महाबल ने फिर रोका, "यह तो किसी जाति का पूजा-स्थान मालूम होता है।"

"अन्दर चल कर देखते हैं। अपने शस्त्र बाहर छोड़ दो जिससे किसी को हमारे अभिप्राय पर सन्देह न हो।" मान्धाता ने धनुष-बाण बाहर दीवार के सहारे टिका दिये और खाली हाथ अन्दर प्रवेश किया। महाबल ने भी बेमन से उसका अनुकरण किया।

कोठरी लगभग दस पग लम्बी और दस पग चौड़ी थी। उसमें मध्य में एक गोल पत्थर रखा था जिस पर अश्वत्थ पेड़ का चित्रण हुआ था। उस पत्थर पर भी जगह-जगह सिन्दूर का लेप हो रहा था। उसका नीचे का भाग फूल-पत्तियों से ढका हुआ था। सामने एक विशाल गदा रखी थी।

महाबल ने धड़कते हृदय से कहा, "ओह युवराज! यह **पुलस्तिन्** जाति का पूजा स्थान है। बड़ी लड़ाका जाति है। यदि उन्हें पता चल गया तो बेमौत मारे जायँगे। उनके हाथ से बच निकलना कठिन होगा।"

"अभी चलते हैं। यह दीवार पर क्या बना है? बड़ी रसमय जाति है, यहाँ भी कितने सुन्दर चित्र बना रखे हैं।" अन्धेरे के कारण साफ दिखाई नहीं दे रहा था, इस कारण मान्धाता पास जाकर देख रहा था।

लेकिन महाबल विकल था। वह द्वार के पास खड़ा था। आहट पाकर उसने बाहर झाँका। "मान्धाता, जल्दी करो। पुलिस्तनों ने इस कोठरी को घेर लिया है।"

कक्ष्या में सस्वर वेद-पाठ हो रहा था। महर्षि दालभ्य भी आ गये थे। उन्होंने दवा पीस कर राजा के मुख में डाली।

पुरोहित ने प्रमति से पूछा, "वीरवर, युवराज आये?"

"नहीं।"

"क्यों? क्या उन्होंने आने से मना कर दिया है?"

"नहीं ब्रह्मोपासक, पता नहीं वे किधर निकल गये हैं। चर उन्हें ढूँढ नहीं पाये।"

"और चर भेजो मन्त्रिवर।"

तभी महर्षि दालभ्य ने प्रमति को पुकारा। पुरोहित और मन्त्री उनके सामने आये। दालभ्य बोले, "राजा युवनाश्व का हृदयावरोध होता जा रहा है। मृत्यु को रोकने का कोई उपाय नहीं है। वे घड़ी दो घड़ी के मेहमान हैं। मान्धाता कहाँ है?"

"युवराज मृगया हेतु गये हैं," पुरोहित ने उत्तर दिया।[1]

तभी शय्या पर कुछ हलचल हुई प्रमति ने उधर जाना चाहा। दालभ्य ने उन्हें रोककर कहा, 'सब व्यर्थ है प्रमति। राजा अन्तिम साँस ले रहे हैं। तुम शीघ्र सेवकों को लेकर जाओ और जहाँ तक हो सके शीघ्र से शीघ्र मान्धाता को लेकर आओ। इस समय सिंहासन को सूना रखना खतरे से खाली नहीं। उसका राज्याभिषेक करना होगा।"

रुदन का समवेत स्वर उठा लेकिन कर्तव्यपरायण मन्त्री भरे हृदय से कक्ष्या से बाहर निकल गया।

मान्धाता झपटकर द्वार पर आया।

महाबल हताश स्वर में बोला, "हमारे घोड़ों पर भी उन्होंने अधिकार कर लिया है। दो पुलस्तिन् हमारे अस्त्रों पर पहरा दे रहे हैं। खाली हाथ हम क्या करें।"

मान्धाता ने कोठरी में चारों ओर दृष्टि दौड़ाई। बोला, "यह गदा जो पड़ी है।"

महाबल नीरस स्वर में बोला, "यह पूजा की गदा है। इसे चार आदमी भी नहीं उठा सकते।"

वह कह रहा था, उधर मान्धाता ने लपक कर गदा उठा ली, बायें हाथ से महाबल को खींचकर पीछे किया और कहा, "तुम निहत्थे हो, मेरे पीछे-पीछे चले आओ।"

मान्धाता को **गदा** उठाये देखकर महाबल की आँखें विस्मय से फट गईं।

पुलस्तिन् आक्रमण के लिए दबे पाँव आगे बढ़ रहे थे। यकायक वे अचम्भे में जड़ रह गये। उनके पूजास्थान के द्वार से एक पंचहत्था श्वेत देव निकला जिसके हाथ में उनके भगवान् की गदा थी। वही गदा जिसे पूजास्थान को साफ करते समय

---

1. दिव्यावदान

चार आदमी संभलकर पकड़ते थे और इधर-उधर रखते थे। उनके उपास्य की गदा। उन्हें लगा कि उनके उपास्य ने जन्म ले लिया है।

दो तीन जो कोमलहृदय थे वे बेहोश हो गये। बाकी घुटनों के बल गिर गये और अपनी भाषा में मान्धाता की पूजा करने लगे।

मान्धाता भी चकित रह गया। महाबल के मुख पर प्रसन्नता झलक उठी। वह बोला, "युवराज, मैं इनकी भाषा समझता हूँ। ये तुम्हें अपना भगवान् मानकर तुम्हारी पूजा कर रहे हैं।"

"लेकिन क्यों?" मान्धाता का अचम्भा दूर नहीं हुआ।

महाबल भी घुटनों के बल गिर पड़ा। "क्योंकि तुम सचमुच भगवान् हो। तुमने भगवान् की गदा खेल-खेल में उठा ली जिसे कोई नहीं उठा सकता था। तुममें अवश्य दैवी अंश है। तुम सचमुच संसार को आर्य बनाने के लिए उत्पन्न हुए हो।"

पुलस्तिनों का गान चल रहा था। कुछ देर में वह रुका। उनका नेता डतरे-डरते आगे बढ़ा और मान्धाता के चरणों में जा पड़ा। उसने कुछ कहा।

मान्धाता ने प्रश्नसूचक दृष्टि से महाबल की ओर देखा।

महाबल ने बतलाया, "यह कह रहा है कि तुम उसके भगवान् हो। वे सब तुम्हारा कहा करेंगे। तुम उनसे रुष्ट मत होना।"

"मैं इनसे रुष्ट नहीं हूँ।" मान्धाता मुस्करा दिया। मान्धाता के मुख पर मुस्कान देखकर पुलस्तिनों के धड़कते हृदय शान्त हुए।

नेता फिर कुछ बोला। महाबल ने अनुवाद किया, "ये तुम्हें अपने गाँव ले चलना चाहते हैं जो दो सौ पग दूर है।"

"इनसे कह दो अभी मुझे लौटना है। फिर किसी दिन आऊँगा।"

"ये कहते हैं कि इससे पता चलता है कि भगवान् अभी रुष्ट हैं। पूजा-स्थान से निकलते समय का रौद्र रूप अभी शान्त नहीं हुआ है।"

मान्धाता खिलखिलाकर हँस पड़ा। "तुम इन्हें समझाओ महाबल, मैं बिल्कुल रुष्ट नहीं हूँ। हम दोनों को अयोध्या लौटना है। फिर किसी दिन आयेंगे।"

महाबल ने समझाया। मान्धाता को हँसते देखकर उन्हें धैर्य आया। नेता ने महाबल से कुछ कहा।

"ये कहते हैं कि अब ये भगवान् को नहीं छोड़ेंगे। तुम नहीं चलते तो ये सब तुम्हारे साथ चलेंगे।"

"जब भी मुझे आवश्यकता होगी इन्हें अवश्य बुलाऊँगा।"

"बुलाने की आवश्यकता ही नहीं पड़ेगी, ये सब साथ चलने की जिद कर रहे हैं।"

मान्धाता सोच में पड़ गया। "अच्छा, एक काम करें। अपना एक साथी ये मेरे साथ भेज दें जिससे इन्हें विश्वास रहे कि मैं इन्हें छोड़कर ऊपर नहीं भाग जाऊँगा।"

महाबल और नेता कुछ देर बहस करते रहे। अन्त में महाबल बोला, "ये इस पर बड़ी कठिनाई से तैयार हुए हैं। एक बात और है। हम कुछ देर यहाँ रुकें। ये हमें कुछ भेंट देना चाहते हैं।"

मान्धाता ने तुरन्त उत्तर दिया, ''भेंट के लिए इन्हें गाँव नहीं जाना पड़ेगा। यदि ये भेंट देना चाहते हैं तो ये गदा मुझे भेंट करदें जिसने मेरे प्राण बचाये हैं।''

महाबल से ये बात सुनकर पुलस्तिन् हर्ष से पागल हो उठे। ''भगवान् ने अपनी चीज स्वीकार कर ली। जिसे इतने दिनों से उन्होंने उसकी सेवा में चढ़ा रखा था, उसे लेने वे स्वयं रूप धर कर आये।''

मान्धाता गदा[1] लिए हुए महाबल और पुलस्तिन् के साथ वापस लौट रहा था जब उसे राह में प्रमति कुछ सेवकों के साथ मिले। पिता की मृत्यु सुनकर वह काष्ठवत् रह गया।

११

मान्धाता का राज्याभिषेक हो गया। समिति की सलाह से राज्यकार्य सुचारु रूप से चलने लगा। एक दिन एक निषाद ने राज्यसभा में आकर पुकार मचाई।

''राजन्, आपके राज्य में अन्याय हो रहा है।''

''किस पर अन्याय हो रहा है?'' मान्धाता की भृकुटि चढ़ गई।

''उन मूक पक्षियों पर जो अपनी व्यथा किसी से नहीं कह सकते।''

''क्या मतलब?''

''कुछ व्यक्ति उनका बिना कारण हनन कर रहे हैं।''

''कौन व्यक्ति? तुम्हें कैसे पता?''

''राजन्, हमारे ग्राम के पास ऋषियों का एक आश्रम है जिसके अधिष्ठाता सुमुख हैं। कुछ दिनों से उन्होंने पक्षियों के विरुद्ध अभियान छेड़ रखा है। निरर्थक पक्षियों की हत्या की जा रही है। धीरे-धीरे वह स्थान पक्षीशून्य होता जा रहा है। हम तो पक्षियों की चहचहाहट सुनने को तरस गये हैं।''

मान्धाता के सम्मुख अपना बचपन का चित्र आ गया जब कल-कल करता पानी और कलरव करते पक्षी ही उसके एकमात्र साथी थे। अपने उन साथियों पर अत्याचार होने सुनकर उसे बड़ा क्रोध आया। ''हम अभी तुम्हारे साथ चलते हैं।''

निषाद का कहना सत्य था। आश्रम में अधिकतर ऋषिकुमार धनुष-बाण लिए घूम रहे थे। राजा का आना सुनकर उनमें से दो भागे हुए आये और उसका स्वागत करके सुमुख के सामने ले गये।

राजा ने अभिवादन किया और ऋषि ने अभ्यर्थना की।

''कहिये, ऋषि। आपके आश्रम का कार्य सुचारु रूप से चल रहा है?'' राजा ने पूछा।

''सब राजा की कृपा के कारण है। प्रतापी सूर्यवंश के राज्य में किसका साहस है कि एक ऋषि के कार्य में अड़चन डाले।''

---

1. महाभारत, सभा पर्व 3.5 में यौवनाश्व की गदा का वर्णन है।

''लेकिन आपके समक्ष आते समय मैंने देखा कि समस्त ऋषिकुमार अस्त्र धारण किये हैं। क्या बात है? क्या किसी जंगली जाति के आक्रमण का भय है आश्रम पर?''

''नहीं, नहीं। उसका यह कारण नहीं है।''

''फिर क्या बात है?''

''राजन्, इस वन में पक्षी बहुत अधिक हैं। उनके कोलाहल से हमारे यज्ञकर्म में विघ्न पड़ता है। बच्चे वेद-पाठ ठीक प्रकार से नहीं कर पाते। इस कारण हमने उनको मार डालने का निश्चय किया है।''

मान्धाता के नेत्रों के डोरे खिंच आये। ''ऋषिवर, यह मैं नई बात सुन रहा हूँ। आज तक मैंने ऐसा नहीं होते देखा।''

''हमारे सामने एक समस्या आ गई थी, उसका हमने निदान सोचा है।''

''यह समस्या नहीं, प्रकृति का एक रूप है। किस आश्रम में, किस वन-उपवन में पक्षी नहीं होते। यहाँ तक कि नगर में भी पक्षी सवेरे कलरव कर लोगों को जगाते हैं। लेकिन उन पर ऐसा अत्याचार होते पहली बार देखा है।''

ऋषि को भी कुछ क्रोध आया। ''यह अत्याचार नहीं, पक्षियों के अनाचार का प्रतिवाद है।''

''यह अनाचार नहीं है, पक्षियों का आचार है। प्रकृति माँ के विरुद्ध नहीं जा रहे वे। आप ऋषिकुमारों को मना कर दीजिये कि वे पक्षियों को न मारें।''

''राजन्, आपका धर्म है कि ऋषियों को अपने राज्य में रहने की सब प्रकार से सुविधा दें।''

''उससे भी बड़ा कर्त्तव्य है कि वह राज्य में किसी पर भी अत्याचार न होने दे। मूक पशु-पक्षियों को सताना अच्छा काम नहीं।''

''आपके लिये ये पक्षी हमारे से अधिक मान्य हैं?'' ऋषि ने गरजकर पूछा।

मान्धाता ने लोहे से ठण्डे शब्दों में कहा, ''ऋषि जब यज्ञ-कार्य करें तब समाधि अवस्था में करें। बच्चे जब वेद-पाठ करें तब एकाग्रचित्त हों। पक्षियों का चहचहाना क्या, शेर की गरज भी उस समय उन्हें सुनाई न दे। आप अपने आश्रम को इस प्रकार की शिक्षा दें।''

''आपका मतलब है हम ठीक प्रकार ऋषि-कार्य नहीं करते। आप हमें क्रोध दिलवा रहे हैं, आप यहाँ से चले जायें।''

''मुझे तो नहीं, आपको जाना पड़ेगा। आप मेरे राज्य की सीमा से बाहर निकल जाइये। मेरे राज्य में कोई अनार्य काम नहीं चल सकता।'' मान्धाता ने दृढ़ स्वर में कहा।

''ओह, अयोध्या राज्य में ऋषि का अपमान! राजन्, आपको इसका फल भुगतना पड़ेगा।''

''यदि मैं गलती पर हूँ तभी तो।''

"आपने ऋषि की क्रोधाग्नि भड़काई है, कहीं उसमें आहुति न बन जाएँ।"

"अब आप मेरी क्रोधाग्नि न भड़कायें। एक सप्ताह के पश्चात् मैं आपको अपने राज्य में न देखूँ।"[1]

मान्धाता के आदेश का पालन हुआ।

१२

सुमुख के आश्रम के पचास सदस्य थे। निर्वासित होकर सबसे पहले यह गोत्र पुरु राज्य में आया। सुमुख क्रोध के मारे विवेकशून्य हो रहा था। उसने मतिनार की सभा में जाकर पुकार मचाई। मतिनार ने उसे झिड़क दिया, "ऋषिवर, तुम्हें लज्जा नहीं आती। मान्धाता ने जो कुछ किया ठीक किया। तुम उसके नाना से उसकी शिकायत करने आये हो।"

सुमुख का सार्थ आगे बढ़ा। उसने सोचा—ये छोटे-छोटे नगर-राज्य मेरी क्या सहायता करेंगे? वह आगे बढ़ता गया। यादव-राज्य आ पहुँचा।—इनसे कहने से क्या फायदा। ये असली मानव नहीं रहे। इनमें नाग, गरुड़, पणि, न जाने कितनी जातियों का सम्मिश्रण हो चुका है। ये तो स्वयं भूल गये होंगे कि ऋषि की सहायता करना मानव-धर्म है।

फिर कहाँ चलूँ? हरियूपिया का वरशिख साम्राज्य बहुत विशाल है। परन्तु वे असुर है। मुझे केवल एक ही भरोसा शेष रहा है। वह है देवों के स्वामी इन्द्र का। वे अवश्य इस धृष्ट मानव को उसके अन्याय का प्रतिकार चुकायेंगे।

सुमुख ने मन में ठान लिया कि उसे उत्तर-पश्चिम में देवों के राज्य में जाना चाहिये।

देवों की शक्ति समाप्त प्राय थी। परन्तु पुरातन जाति होने के कारण उनका सारे भूमण्डल पर मान था। मानव विशेषकर अपने को उनकी शाखा मानकर विशेष आदर देते थे। सबसे बड़े सम्मान का कारण था वेद। वेद-सूक्त सर्वप्रथम देवों में गाये गये थे। उनके वीरोचित कार्यों का उनमें गान था। देवों की प्रतिभा की उसमें उड़ान थी।

पुराने इन्द्र और नये इन्द्रों में जल थल का अन्तर था। अब के इन्द्र भोगी, कामपिपासु, इन्द्रियलोलुप थे। कोई भी राज्य या साम्राज्य सौ दो सौ वर्षों से अधिक उत्कर्ष पर नहीं रहता। यह तो प्रथम इन्द्र द्वारा अपनाई गई इन्द्र चुनने की प्रथा तथा लगातार असुर साम्राज्य से युद्ध की तैयारी थी जिन्होंने देवों को इतने दिन शिखर पर बिठाये रखा।

इन्द्र के सामने सुमुख आया और उसने विगलित स्वर में अपने ऊपर हुए अत्याचार का समाचार देव-सभा में कह सुनाया।

देवों की बताई राह पर मानव नहीं चल रहे, यह सुनकर इन्द्र क्रुद्ध हो उठा।

"राजन्, इन्द्र ने एक चर आपकी सेवा में भेजा है," प्रतिहारी ने सभा में प्रवेश करके कहा।

---

1. बाल्मीकि रामायण 4.18.35; दिव्यावदान

मान्धाता ने प्रमति से कहा, ''मन्त्रिवर, जाइये। उसकी उचित अभ्यर्थना कर सभा में ले जाइये।''

तत्क्षण प्रमति बाहर चले गये। कुछ पलों के बाद वे देव-युवक को साथ लेकर सभा में आये। ''राजन्, ये देव-कुमार रुरु हैं। ये इन्द्र का सन्देश लेकर आपकी सेवा में उपस्थित हुए हैं।''

''कहिये रुरु, इन्द्र सकुशल हैं? देवलोक के क्या हाल-चाल हैं?''

''सब वरुण की कृपा है। पितरों की दया से सब जगह सुख-शान्ति है।''

''मेरे विचार से आज आप विश्राम कीजिए। इतनी दूर से चले आ रहे हैं। आप थक गये होंगे।''

''राजन्, पहले मैं आपको इन्द्र का सन्देश सुना दूँ। अन्यथा देरी होने पर देवराज कुपित होंगे।''

''क्या असुरों ने फिर देवलोक पर चढ़ाई कर दी है?'' प्रमति ने चिन्तित स्वर में पूछा।

''नहीं मन्त्री, ऐसी कोई बात नहीं है,'' रुरु ने कहा। फिर वह मान्धाता से बोला, ''राजन्, इन्द्र ने कहलाया है कि ऋषि-कुल पर अत्याचार करके आपने अच्छा नहीं किया। आप अपना निर्वासन का आदेश वापस ले लें और ऋषि सुमुख को अयोध्या में स्थान दें।''

यह सुनकर पुरोहित और प्रमति अशान्त हो उठे। उनके मुख पर चिन्ता की रेखा खिंच आई। सूर्य-कुल पर यह कैसा लांछन लगा! वेद-पुराण में इसका बखान होगा।

दिवौक्ष भी चिन्तित हो उठा। दूसरे कारण से। देवों से रार उत्पन्न हो गई, अब साम्राज्य बनाने के स्वप्न का क्या होगा?

महाबल और गोचपला क्रुद्ध हो उठे; परन्तु मान्धाता ने उन्हें उंगली से तर्जना की।

मान्धाता ने मुस्कराते हुए कहा, ''रुरु, इन्द्र को इतना समय मिल गया कि उन्होंने सुमुख की पूरी बात सुन ली और उस पर भली भाँति विचार कर लिया।''

प्रमति ने दाँतों तले जीभ दबाई। राजा अभी नवयुवक है, केवल सोलह वर्ष का है। वह क्या कह रहा है? देवराज इन्द्र पर व्यंग्य-बाण कस रहा है। यह बीच में बोल पड़े, ''रुरु, इन्द्र ने केवल दूसरी ओर की बात सुनी है। हम तुम्हारे साथ अपना चर भेजेंगे।''

रुरु ने कहा, ''इसमें चर भेजने से क्या लाभ? प्रत्यक्ष है कि एक ऋषि का आश्रम उजाड़ दिया गया है। इन्द्र को खेद है कि ऐसा ऐक्ष्वाक राज्य में हुआ है।''

मान्धाता को क्रोध आ गया। उसे बलपूर्वक दबाते हुए उसने शान्त स्वर में कहा, ''इन्द्र को यह भी खेद होगा कि उसने तुम्हें मेरी सभा में क्यों भेजा?''

रुरु ने विचलित होकर पूछा, ''क्या मतलब? मैं आपकी बात का अर्थ नहीं समझा।''

पुरोहित बोले, ''राजन्।''

मान्धाता ने हाथ उठाकर पुरोहित को बोलने से वर्जित किया। वह बोला, "रुरु, तुम इन्द्र को मेरा सन्देश भी पहुँचा देना। इसका उत्तर देने मैं स्वयं देवलोक आऊँगा। अभी नहीं, कुछ समय बाद। यह समझो, लगभग दो वर्ष का समय मुझे लगेगा।"

१३

मान्धाता की सेना अभियान के लिये निकली थी। क्या धज थी उसकी! बाँके मानव धनुर्धारी थे, तो त्रिशूल लिये कपर्दी और भाले, गदा लिये पुलस्तिन्। इस चतुरंगी सेना को देखकर ही डर लगता था।

सबसे पहले पूर्व की ओर प्रयाण हुआ। मिथिला का जनक राज्य था। समर छिड़ा और कुछ पलों में ही निमट गया। जनक ने अश्वमेध यज्ञ में आना स्वीकार किया।

फिर दक्षिण-पश्चिम की ओर चला गया। सर्वप्रथम काशी राज्य पड़ा। वह भी नहीं ठहर सका।

पश्चिम में प्रतिष्ठान में मतिनार मर चुके थे और पुरु कुल पर उनके पुत्र **तंसु** का राज्य था। मान्धाता ने प्रमति को दूत बनाकर भेजा। अधीनता स्वीकार करें या युद्ध। मामा ने भानजे की अधीनता स्वीकार कर ली और स्वयं नगर से बाहर आकर उसका स्वागत किया।

अगला नम्बर यादव साम्राज्य का था। मान्धाता के साम्राज्य में घुसते ही शशबिन्दु ने एक सेना उसका विरोध करने के लिए भेजी जो गाजर-मूली की तरह काट डाली गई। मान्धाता बहुत तेजी से आगे बढ़ा और उसने यादव राजधानी को घेर लिया। दामाद के हाथों हार जाने की अपेक्षा उसे स्वयमेव सम्राट् मान लेना शशबिन्दु को अधिक उपयुक्त लगा। उस पर सोने का बड़ा कोष था, वह उसने मान्धाता को भेंट किया।

छोटे-छोटे राज्य स्वयं भेंट भेजकर अधीनता स्वीकार कर रहे थे। आनव राज्य तक पहुँचने में मान्धाता को कोई विशेष असुविधा न हुई। आनव कुल और तुर्वशु कुल ने उसे रोकना चाहा, परन्तु उनके प्रयास निरर्थक रहे। जनमेजय आनव को हराकर मान्धाता ने उसका राज्य छीन लिया।

इन विजयों के उपरान्त मान्धात के सामने दो राह थीं। एक थी पश्चिम में जाकर हरियूपिया (हड़प्पा) के वरशिख साम्राज्य पर विजय और दूसरी थी उत्तर पश्चिम की ओर मुड़कर द्रुह्यु कुल पर विजय।

प्रमति की सम्मति थी कि घर वापस चला जाय। इस समय ही मान्धाता ने इतना बड़ा साम्राज्य बना लिया है जितना आज तक न देखा गया, न सुना गया। उधर नवयुवकों की सम्मति थी कि लगे हाथों मानव वंश के शेष राज्य द्रुह्यु राज्य पर भी विजय प्राप्त की जाय।

लेकिन मान्धाता कुछ और ही सोच रहा था। जब राह में **वरशिख** साम्राज्य पड़ता है तो उसे क्यों छोड़ा जाय। इस असुर साम्राज्य पर विजय प्राप्त कर उसे आस-पास के छोटे-छोटे राज्यों का सहयोग प्राप्त होगा, साथ ही यह उसकी आगे की योजना के लिए भी वरदान सिद्ध होगा।

दिवौक्ष नार्मिणी (मोहनजोदड़ो) नहीं गया था, पर हरियूपिया हो आया था। उसकी राय थी कि सभ्यता और सुख-शान्ति ने असुर जनता को ढ़ीला-ढाला बना दिया था। वे आरामतलब हो गये थे।

मान्धाता ने पश्चिम की राह पकड़ी और हरियूपिया पर आक्रमण किया। हरियूपिया-वासी एकबारगी अचकचा गये। उन्हें सपने में भी विचार न था कि कोई उन जैसी महान् शक्ति को चुनौती दे सकता है। शीघ्रता से उन्होंने सेना सजाई और लोहा लेने बाहर आ गये। उनके सामने के सैन्य दल में 130 **वृचीवत** सकवच योद्धा थे और पीछे साधारण सिपाही। प्रथम, मानवों के तीरों ने असुरों को व्याकुल कर दिया। तत्पश्चात् कपर्दी और पुलस्तिन् विकराल रूप धारण करके भिड़ गये। दो घंटे में फल निकल आया। असुर सम्राट् पकड़ लिया गया। उसने मान्धाता की अधीनता स्वीकार की, बहुमूल्य भेंटें दीं और यज्ञ में आना स्वीकार किया।

द्रुह्यु राजा **अंगार** विकट योद्धा था। उसके अधीन **भलानस**[1], **पक्थ**[2] आदि अनेक लड़ाकू जातियाँ थी। उसने मान्धाता का कड़ा विरोध किया। घनघोर युद्ध आरम्भ हुआ।

मान्धाता की वरशिख असुरों पर विजय सुनकर पुरु मामा और यदु ससुर को बड़ी प्रसन्नता हुई। दोनों ने अपनी-अपनी सेना के भाग मान्धाता की सेवा में भेजे।

अंगार से भीषण युद्ध हुआ। चौदह मास तक यह युद्ध चलता रहा।[3] अन्त में अंगार मारा गया। राज्य पर मान्धाता का अधिकार हो गया। उसने अंगार के बेटे **गंधार**[4] का राजतिलक किया और उसे अपना करद राजा बनाया।

मान्धाता ने सभा बुलाई। मन्त्री, पुरोहित और सब सेनापति उसमें उपस्थित हुए। सब हर्ष से पागल थे। उनके सम्राट् ने वह कर दिखाया जो आज तक किसी ने सोचा भी नहीं था।[5]

सर्वप्रथम, पुरोहित ने इन्द्र और पृथु की प्रशंसा में गाये कुछ सूक्त सुनाये। फिर स्वयंरचित सूक्त में मान्धाता की बड़ाई गाई। प्रमति ने एक भाषण में मान्धाता तथा उसके साथियों की प्रशंसा की। दिवौक्ष, महाबल, गोचपला आदि कम बोलते थे।

मान्धाता चुप बैठा मुस्कराता रहा।

पुरोहित बोले, ''बस, वापस लौट कर विशाल अश्वमेध यज्ञ करना और रह गया। यह भी हम ऐसा करेंगे जैसा किसी ने न देखा हो, न सुना हो।''

मान्धाता ने बात काटी। ''आप भूल रहे हैं ऋषिवर। मेरा एक काम अभी रह गया है।''

---

1. बोलन दर्रे का नाम सम्भवतः इसी जाति पर पड़ा।
2. आज के अफगान के पूर्वज, पक्थ से पश्तो निकली।
3. यह समर महामेध युद्ध के नाम से प्रसिद्ध हुआ।
4. जिसने उस देश को गान्धार नाम दिया।
5. महाभारत, शान्ति पर्व, 28.88-89; द्रोण पर्व 62.10

तीन मुखों से एक साथ निकला, "क्या?"

"मुझे किसी से मिलना है। मैंने किसी को भेंट का समय दे रखा है।"

किसी की समझ में नहीं आया सिवा दिवौक्ष के। वह उत्साह में भर कर पुकार उठा, "सम्राट् मान्धाता की जय हो। वरशिख-विजयी की जय हो।"

महाबल और गोचपला की समझ में नहीं आया, परन्तु उन्होंने भी दिवौक्ष का साथ दिया।

दिवौक्ष ने समझाया, "सम्राट्, देवलोक पर चढ़ाई का विचार कर रहे हैं।"

"हाँ, मुझे इन्द्र को उत्तर देना रह गया है।"

प्रमति ने भावावेश में मान्धाता को सिंहासन से उठाकर गले से लगा लिया। पुरोहित अवश्य कुछ दुविधा में पड़ गये।

मान्धाता सेना के साथ उत्तर-पश्चिम की ओर बढ़ा। इस अभूतपूर्व आक्रमण की सूचना शीघ्र देवलोक में पहुँच गई। इन्द्र ने आलस्य उतार फेंका और तैयारी आरम्भ की।

सबसे पहले मान्धाता को सुमुख अपने कुल के साथ हिमालय की मनोरम घाटी में मारण यज्ञ करता हुआ मिला। मान्धाता ने हँस कर कहा, "मान्धाता की सेना मूक पक्षीगण नहीं, जो तुम्हारे मारण यज्ञ में भस्म हो जायेंगे।" और सर्वप्रथम मान्धाता ने एक सूक्त रचा जिसका अर्थ था कि कोई भी यज्ञ तब तक सफल नहीं हो सकता जब तक उसका करने वाला पवित्र मन, पवित्र वचन और पवित्र कर्म वाला न हो। मान्धाता ने आदेश दिया–इनकी जटाएँ मूँड दो क्योंकि ये ऋषि नहीं और इन्हें यहाँ से भगा दो जिससे ये अपनी विफलता की सूचना इन्द्र को दे सकें।

नारद वंशज व्यक्ति देवलोक से नीचे रहने वाले मित्र नागों के पास भेजे गये थे जिनसे उन नागों ने बड़ाई मारी थी कि देवों को कष्ट करने की आवश्यकता नहीं पड़ेगी, हम ही मानवों को यहाँ से भगा देंगे। देवों ने देवलोक की रक्षा के लिए पाँच पंक्तियों का सुदृढ़ व्यूह रचा। सब से आगे नागों की सेना मिली। उन्होंने मान्धाता को रोकना चाहा, परन्तु समर में स्वयं न टिक सके। वे भाग कर करोटपाणि पंक्ति में मिल गये।

अगले संघर्ष में भी मान्धाता विजयी हुआ। फिर मालाधर और तदुपरान्त सदामुक्तक की पंक्तियों को भी उसने कुचल दिया।[1]

अन्त में गोमती नदी (प्राचीन गान्धार में, अफगानिस्तान की गोमल नदी) के तट पर नाग नामक नगर पर मान्धाता का इन्द्र से युद्ध हुआ। देवों ने प्राणपण से देवलोक को बचाने का युद्ध किया, किन्तु निरर्थक रहा। आधे दिन में देवसेना हार गई और इन्द्र बन्दी बना लिया गया।[2]

---

1. दिव्यावदान
2. ऋग्वेद; एपिक माइथोलॉजी, पृष्ठ 136

आगे बढ़कर मान्धाता ने अमरावती पर अधिकार कर लिया। और दो वर्ष में प्रथम बार अपनी सेना को सानन्द क्रीड़ा मनाने की आज्ञा दी जिससे उनकी थकान भी दूर हो जाये और वे देवों के नन्दन वन का सुखोपभोग भी कर सकें।[1]

१५

धूमधाम के वातावरण में मान्धाता इन्द्रासन पर बैठा।

सभा में दोनों ने साथ प्रवेश किया था, लेकिन संकोच के मारे इन्द्र नीचे ही खड़ा रह गया था। मान्धाता ने उठकर इन्द्र का हाथ पकड़कर उसे अपने पास स्थान दिया। वह मुस्कराकर बोला, ''इन्द्र, आज से आधे सिंहासन का स्वामी मैं हूँ।'' वह इतना महाशय था कि उसने इन्द्र से यह नहीं कहा कि मैं तुम्हारे सन्देश का उत्तर देने आया हूँ। वह जानता था कि यदि देवों में कुछ मान बचा होगा तो वे स्वयं समझ जायेंगे।

इन्द्र ने विनीत भाव से कहा, ''यह आधा सिंहासन भी मुझे तुम्हारी कृपा से मिल रहा है मानवश्रेष्ठ।''

मान्धाता हँस पड़ा, ''मैं हँसी कर रहा था देवेन्द्र। इन्द्रासन तुम्हारा है। जो मेरी इच्छा थी वह पूरी हुई।''

बृहस्पति चूकने वाले नहीं थे। वे बोले, ''सम्राट्, जब आप इन्द्र को सिंहासन दे रहे हैं तो सब प्रकार से सुरक्षित करके दें।''

''आपका क्या मतलब है देवकुलगुरु?''

''हमें **मद**[2] असुरों ने बहुत तंग कर रखा है। आपसे हारकर हमारी शक्ति विध्वंस हो गई है, इस बात का उन्हें पता चल गया होगा। इधर आप अयोध्या की ओर प्रयाण करेंगे, उधर वे हम पर चढ़ दौड़ेंगे। तभी देवलोक की आपसे प्रार्थना है कि आप इन्द्रासन सुरक्षित भी करते जायँ।''

''यह आपने हमारे मन की बात कह दी ब्रह्मर्षि। हम सार्वभौम सम्राट् बनना चाहते हैं। इधर मद असुरों को छोड़ गये तो हम सार्वभौम कैसे बनेंगे?''

मान्धाता के आह्वान पर सेना सुसज्जित हो गई। इन्द्र भी देवसेना के साथ चला। ऐसा लगता था कि मान्धाता के धनुष की टंकार से पृथ्वी दहल गई हो। आगे पश्चिम की ओर पर्वतों को पार कर यह विशाल लहर मद असुरों की सेना रूपी भित्ति से जा टकराई। घमासान युद्ध हुआ। मद असुरों को अपने राज्य और प्राण की पड़ी थी, परन्तु अनेक युद्धों के महारथी के सम्मुख वे न टिक सके। अधिकतर मारे गये और शेष भागकर उत्तर-पश्चिमी ईरान में बस गये।

मान्धाता ने इन्द्र से कहा, ''देवराज, अब आप निष्कंटक राज्य करें। आपका शत्रु मैंने सदा के लिए मिटा दिया।''

---

1. मान्धाता ने इन्द्र को राजधर्म बताया। (महाभारत, शान्ति पर्व, 64)
2. उत्तरी ईरान की Medes (मीड) जाति

वहीं मान्धाता ने **नाग और गरुड़ की कहानी** सुनी।

नाग और गरुड़ आदि इस संसार की सबसे पुरानी जातियाँ हैं। ये कश्यप सागर (Caspian sea[1]) के चारों ओर रहती थीं। यह प्रजाति एक ही थी किन्तु अलग-अलग देवता को पूजने के कारण अलग-अलग जातियाँ बन गई थीं। नाग, नागों की पूजा करते थे और गरुड़, गरुड की। इसी पूजा के ऊपर इन दोनों में लड़ाई रहती थी और ये दोनों एक दूसरे की घोर शत्रु बन गईं। नाग अधिक संख्या में थे, इसलिये सर्वप्रथम उन्होंने गरुड़ों को दास बना लिया। नागों के आदेश से गरुड़ उन्हें समुद्र रचित रमणक (मिस्र) द्वीप में ले गये। राह में उन्होंने समुद्रवासी 1000 मल्लाहों का विनाश किया जो निषाद जाति के थे। रमणक में उन्हें गज और कच्छप जाति के लोग मिले जिनमें आपस में बहुत लड़ाई थी। उनकी लड़ाई से लाभ उठाकर नागों और गरुड़ों ने इन दोनों जातियों को भी नष्ट कर डाला।

इधर कश्यप सागर के पास गरुड़ दास बने-बने व्याकुल हो उठे थे। उसी समय कश्यप सागर के पूर्वी किनारे पर विष्णु ने शेषनाग कुल की सहायता से बैकुण्ठ नगर[2] बसाया। इस नगर ने बड़ी तरक्की की और शेषनाग कुल की भाषा के अनुसार कश्यप सागर का नाम क्षीर सागर भी हो गया। गरुड़ों ने विष्णु से मैत्री की। साथ ही उन्होंने इन्द्र से सधे सधाये अश्वों की सहायता ली। अपनी शक्ति बढ़ाकर उन्होंने नागों के विरुद्ध विद्रोह कर दिया और स्वाधीन हो गये।[3] रमणक में दोनों कुलों में अन्तर्भुक्ति हो गई। वहाँ के निवासी सूर्य की गरुड़ के रूप में पूजा करने लगे और वहाँ का पेरोए (राजा-पुरोहित) अपने मुकुट पर नाग का चित्र धारण करने लगा।

मान्धाता ने, जिस मद बन्दी ने यह कथा सुनाई थी, उससे पूछा, ''क्या ये दोनों जातियाँ अब भी रहती हैं?''

''यह तो बहुत प्राचीन काल की गाथा है। वैसे हमारे राज्य के दक्षिण-पश्चिम में दो विशाल नदियाँ बहती हैं, वहाँ अनेक सभ्य राज्य हैं।''

''उधर जाने की राह किधर से है?'' मान्धाता ने उत्कण्ठा से पूछा।

''हमारा उनके साथ व्यापार चलता है।'' मद बोला, ''मैं आपको अपने साथ ले चल सकता हूँ।''

मान्धाता के कुछ कहने से पूर्व दिवौक्ष बोल पड़ा, ''हम वहाँ भी चलेंगे सम्राट्। पर एक साथ इतने आगे तक शत्रु पक्ष में बढ़ जाना ठीक नहीं। हम पीछे एक असुर साम्राज्य छोड़ आये हैं।''

वैसे मान्धाता न भी मानता, परन्तु नार्मिणी के असुर साम्राज्य का स्मरण दिलाकर दिवौक्ष अपने मनोरथ में सफल हुआ।

---

1. मार्को पोलो ने चौदहवीं सदी ईसवी में इसे क्षीर सागर नाम से लिखा है।
2. यह नगर 1956 में रूसियों ने खोद निकाला है।
3. असीरिया के असुर सम्भवतः गरुड़ कुल के थे क्योंकि उनके देवता असुर का मुख गरुड़ का था।

मद अपना प्राण बचाने के लिए अधिक से अधिक सूचना देना चाहता था। वह बोला, "इस देश में समुद्र की राह से भी जा सकते हैं। पूर्व में एक सु (सुराष्ट्र, गुजरात) प्रदेश है; वहाँ के नाविक ऊर, किश आदि नगरों में हमें मिले हैं। जल-मार्ग से एक लाभ और है। वहाँ से आप रमणक द्वीप भी जा सकते हैं।"

"रमणक द्वीप?"

"जी सम्राट्, वहाँ गरुड़ों और नागों ने मिलकर एक विशाल साम्राज्य बनाया है।"

"तुम ठीक कहते हो दिवौक्ष। पहले अयोध्या लौटकर हम अश्वमेध करते है। फिर असुर साम्राज्य विजय करते हुए सुमेर की ओर बढ़ेंगे।"

मान्धाता की विजय ने उत्तर-पश्चिम की राह खोल दी, जिससे क्षत्रिय, इक्षु और काशी जातियों ने पश्चिम में जाकर अश्वों तथा रथों की सहायता से एक हजार साल बाद महान् **खत्ती (क्षत्रिय) साम्राज्य, मितन्नी (मित्राणि) साम्राज्य, कस्सी साम्राज्य तथा मिस्र का इक्षु साम्राज्य** बनाये।

मान्धाता अयोध्या लौट आया। वहाँ उसने अश्वमेध यज्ञ किया। उसने महान् दान दिये जिससे बाद में वह विष्णु का पंचम अवतार कहा जाने लगा।[1]

1. पुराण, महाभारत, रामायण

खण्ड दो
सिन्धु विजय

१

उस अनुपम सुन्दर युवती ने जलाशय के किनारे पर बने एक प्रकोष्ठ में जाकर अपने वस्त्र उतारने आरम्भ किए। उसने अधोभाग में एक लहंगे-जैसा वस्त्र पहन रखा था जो चुन्नटदार कपास का बना था।[1] उसके साथ दो दासियाँ थीं जिन्होंने उसे आभूषण उतारने में सहायता की। माथे पर पंखे के समान फैला हुआ आभरण ओपश था जिसके निचले भाग में एक पात बँधा था। कानों में उसने तिकोना, कुल्फी जैसा आभूषण कुरीर पहन रखा था। बाहुओं में भुजबन्द थे और गले में कण्ठे के अतिरिक्त तीन बड़े हार। करधनी के तीन बड़े लपेट सामने की ओर पदक से कसे थे। आभूषण उतार कर दासियों ने उस कोमल देह पर उबटन की मालिश की। प्रकोष्ठ से बाहर आकर अनायास ही उसके पग वाष्प-स्नानागार की ओर उठे, किन्तु कुछ सोचकर वह ठिठकी और फिर सरोवर के निकट आ गई।

सिन्धु साम्राज्य की राजधानी **नार्मिणी (मोहन जोदड़ो)** का वह कृत्रिम सरोवर प्राचीन सभ्य संसार का एक आश्चर्य था। वह एक वृहत् स्नानागार के मध्य में स्थित था जो 180 फुट लम्बा तथा 108 फुट चौड़ा था। वह जलकुण्ड 39 फुट लम्बा तथा 23 फुट चौड़ा और 8 फुट गहरा था। उसमें उतरने के लिए आमने सामने दो सीढ़ियाँ थीं और पक्के कगार पर तीन ओर खम्भे थे। पास के एक पक्के कुएँ के स्वच्छ जल से वह सरोवर भरा जाता था। एक कोने में बनी पानी निकालने की नाली बाहर की ओर एक बड़े नाले में मिल जाती थी। कुंड के तट पर पतले स्तम्भों पर तीन ओर दालान और उसके पीछे कमरे बने हुए थे।

प्रातःकाल का समय था, पर वर्षा के भय के कारण जलाशय में अधिक भीड़ नहीं थी।

युवती ने किनारे पहुँच कर जल में छलांग मारी। किनारे की सीढ़ियाँ बालकों तथा तैरना न जानने वालों के लिए बनी थी, वह तो तैरना जानती थी और इसी वर्ष नारियों में प्रथम आई थी। एक बार कुछ बुलबुले उड़ाकर वह जल के मध्य बैठ गई पर शीघ्र ही ऊपर आकर मन्थर गति से सामने के तट की ओर बढ़ चली।

पानी में छपाक की ध्वनि होते ही जलाशय में क्रीड़ा करते व्यक्तियों का ध्यान एक पल को इस ओर खिंचा। पानी में पैर लटकाये किनारे पर बैठे एक युवक ने अपने साथी से पूछा--''क्यों केतुमान्, यह युवती कौन है? इसे घड़ते समय तो योगिराज

---

1. संस्कृत में गोणी

ने अपनी सम्पूर्ण कला लगा दी है। जल में पड़ते आकाश में छाये मेघों के प्रतिबिम्ब में यह चंचला के समान चमक रही है। इसके कमनीय गौर शरीर को देखकर यह प्रतीत होता है कि महान् सिन्धु की लहर खिलखिला रही हो।''

पूछने वाला गौर वर्ण का, उन्नत भाल नवयुवक था। उसका सिर लम्बा था। लम्बी खिंची हुई आँखें, छोटी नासिका और भरे होठ अनायास ही दृष्टि अपनी ओर आकर्षित करते थे। उसकी देह सुगठित थी, बाहु जानु तक लटकती थीं और वक्ष कुम्हार के चाक के समान था। उसका साथी कुछ साँवले रंग का, पर उससे पाँच अंगुल लम्बा, बलिष्ठ शरीर का था।

केतुमान् प्रश्न सुनकर खिलखिला उठा–''क्यों स्वर्भानु, तुम उत्तर में अपने पिता के साथ सुदूर देशों की यात्रा कर आये हो। कहीं तुम्हें ऐसा सौन्दर्य देखने को नहीं मिला?''

स्वर्भानु अभी भी टकटकी लगाकर युवती की ओर देख रहा था जो पानी के ऊपर फिसलती सी दूसरे किनारे की ओर तैर रही थी, ''केतुमान्, तू सच कहता है। इतना मनोहर रूप, इतनी कमनीयता एक स्थल पर एकत्रित मैंने आज तक नहीं देखी। यह मनुष्य से उत्पन्न नहीं हुई है। राकेश की वर्तुलता, वल्लरियों की लहर, किसलयों का आलिंगन, घास का कम्पन, वेणुओं की तनुता, पुष्पों का नवयौवन, पत्तियों की चपलता, हाथी की सूँड की हिलोर, मृगों के दृष्टिनिपात, मधुमक्खियों का गुंजन, सूर्य-किरणों का प्रफुल्लित उल्लास, मेघों का रुदन, वायु की अस्थिरता, खरगोश की कातरता, मयूर का अभिमान, तोते के वक्ष की कोमलता, वज्र की दृढ़ता, मधु का मिठास, चीते की क्रूरता, अग्नि का स्नेहातिशय, हिम की शीतलता, नीलकण्ठ की चहचहाहट, कोकिला का कुंजन, सारस का कपट, चक्रवाक का अनुराग–इन सब से यह उत्पन्न हुई है।''

केतुमान् फिर ठहाका मार कर हँस पड़ा। ''मैं तो सीधा सादा व्यक्ति हूँ। हर वस्तु को उसके उपयुक्त स्थान पर रखकर देखता हूँ। सत्य और तथ्य तो बस इतना है कि यह जम्भक और अय:शिरा की जंघाओं से उत्पन्न हुई कन्या है जिसका नाम असिलोमा है।''

''कौन जम्भक? वही महाश्रेष्ठी जिसका प्रासाद इस स्नानागार से तीन मकान छोड़कर है?''

''हाँ वही। ताम्र-टिन के सबसे बड़े व्यावसायी। तुम्हारे पिताजी तो अवश्य उन्हें जानते होंगे।''

''बात यह है मैं कुछ शरमीली प्रकृति का हूँ। अनजान से मुझसे बातें नहीं होती। तुम्हारे नाम लेते ही मैं जम्भक को भली प्रकार समझ गया। पिताजी से उनकी घनिष्ठ मित्रता है। पर मैं अभी तक उनके घर नहीं गया हूँ।''

''लजीली प्रकृति का हूँ–तुम स्त्री हो या पुरुष? क्या तुमने अब तक योनि और लिंग देवता की पूजा नहीं की? क्या तुम्हारे पिताजी ने तुम्हें बाँधकर कुमारियों से अलग रखा है?''

स्वर्भानु खीजकर बोला, "क्या कहते हो? मैं.....

केतुमान् मुस्कराया–"मैं दस बार अनुभव कर चुका हूँ, यही कहने जा रहे थे न। मिस्र, ऊर, एलाम की दासियों के साथ सम्भोग कर वार्तालाप करने की बुद्धि नहीं आती।"

स्वर्भानु नें भृकुटी चढ़ाकर केतुमान् की बात काटनी चाही पर केतुमान् ने उसे कहने नहीं दिया। वह बोलता गया–"यह तुम्हारी नहीं, मैं अपने समाज की बुराई बता रहा हूँ। हमारी सहस्रों वर्ष की संस्कृति आज काल-गह्वर के मुख पर खड़ी है, हमारी सभ्यता अधोपतन की ओर अग्रसर है। सिन्धु देश महान् है, अजेय है, यही हमारी अवनति का कारण है। निरन्तर शान्ति और हमारे धन वैभव ने इसको अकर्मण्य बना दिया है, इसकी जड़ खोखली कर दी है। समाज उच्छृखंल हो गया है, जन विलासी हो उठे हैं।"

केतुमान् का जोश देख स्वर्भानु धीमे स्वर में बोला, "मित्र, तुम अब दूर की सोचने लगे हो।"

"स्वर्भानु, तुम बहुधा अपने पिता के साथ यात्रा पर रहे हो। पर मैंने अपना एक एक पल इस राजधानी में काटा है। जब से मैंने बुद्धि सँभाली है, तब से इसकी दशा देख मेरा हृदय विकम्पित है। हम पहले से दुर्बल हो रहे हैं पर इन दास-दासियों का विक्रय कर हमने अपना रहा-सहा सत्त्व भी खो दिया है।"

तभी बाहर सड़क पर रथ की गड़गड़ाहट सुनाई दी। स्नानागार के द्वार पर रथ रुका। सीढ़ियों पर एक स्त्री चढ़ती दिखाई दी। वह विशाल नेत्रों वाली सुन्दर थी पर उसकी देह कुछ भारी थी। स्वर्भानु के नेत्रों में प्रश्न भरा था। केतुमान् सूखी हँसी हँसकर बोला, "यह हमारे सम्राट् की पत्नी है–सैन्धवी। सम्राट् नगर में आने वाली दासियों को छाँटते हैं तो यह नगर के युवकों को प्रेम-पाठ पढ़ाती है।"

सैन्धवी के साथ कोई दासी नहीं थी। वह एक स्नानागार में चली गई।

केतुमान् फिर बोला, "छोड़ो इन बातों को। इतने दिन बाद तुम आये हो और मैं व्यर्थ की बकवास कर रहा हूँ। आओ तुम्हारा असिलोमा से परिचय करा दूँ।"

दोनों उठकर उस किनारे की ओर चल दिये जहाँ असिलोमा जल से निकल रही थी। केतुमान् ने असिलोमा को स्वर्भानु का परिचय दिया, "असिलोमा, यह तुम्हारे पिता के मित्र एकचक्र के पुत्र स्वर्भानु हैं। यह बहुत बड़ा व्यापारी है। इसका व्यापार अमरावती, हरियूपिया से लेकर अलका नगरी तक, और बाहर सुमेर, एलाम, मिस्र आदि विदेशों तक फैला हुआ है। कल ही यह उत्तर से वापिस आया है।"

युवती के नेत्रों में एक चमक आई। "आपसे मिल कर बहुत प्रसन्नता हुई। आपसे तो नई बातें सुनने को मिलेंगी।"

केतुमान् हँस कर बोला, "हाँ, मुझे भी कई नई बातें सुनने को मिली हैं। जैसे तुम्हारी देह सिन्धु की खिलखिलाती लहर है। उसमें घास का कम्पन, किसलयों का...........

स्वर्भानु ने केतुमान् का मुख बन्द कर दिया। असिलोमा लज्जा से लाल हो उठी। स्वर्भानु हकलाता बोला, "नहीं, यह मेरा कथन नहीं है असिलोमा। हरियूपिया के सम्राट् के दरबार में एक मनुपुत्र आया था--सुन्दर वर्ण, लम्बी नासिका, केतुमान् से भी ऊँचा। पर था असभ्य। उत्तर-पश्चिम से वह आया था जहाँ उसके जैसे अन्य व्यक्ति गाय चरा कर जीवनयापन करते हैं। वहाँ हरियूपिया की राजकुमारी को देख उसने यह कहा था।"

केतुमान् ने पूछा, "क्या राजकुमारी असिलोमा से सुन्दर है?"

स्वर्भानु प्रतिवाद कर उठा, "नहीं, नहीं, कौन कहता है?" फिर वह स्वयं ही झेंप गया।

असिलोमा को वहाँ खड़ा रहना दुर्भर हो गया। वह लज्जा से लाल पानी में छलाँग मार गई। तैरते हुए उसने पुकारा-"आप दोनों कल प्रातःकाल बाँध पर मिलिये, मैं वहाँ नित्य भ्रमण के लिये जाती हूँ।"

केतुमान् स्वर्भानु की ओर मुड़ा, "देखा, तुम्हें पहला पाठ मैंने पढ़ा दिया है। अब शीघ्र विजय की ओर अग्रसर हो।"

स्वर्भानु झुँझला कर बोला, "उत्तर में पहाड़ के जंगलों में एक पशु होता है गिरगिट। वह हर समय अपना रंग बदलता रहता है। यही तुम्हारा हाल है। समाज की विलासिता पर रोते हो और स्वयं उच्छृखंल बातें करते हो।"

केतुमान् फिर मुस्कराया, "एक गिरगिट पकड़ लाना। यह कला तो मैं उससे सीखना चाहूँगा। पर जो तुम्हारा आरोप है वह असत्य है। मैं जो बात करता हूँ स्वच्छ हृदय से करता हूँ। मैं इस समाज के अन्दर ही हूँ और अपने साथ इसे भी उठाने के प्रयत्न में लगा हूँ। पर समझ में नहीं आता क्या करूँ।"

"तुम्हें अन्दर से भय है और मुझे बाहर से। जिस मनुपुत्र का मैंने युवती वर्णन तुम्हें सुनाया है, उसकी जाति शक्तिशाली होती जा रही है। बड़े-बड़े असुर साम्राज्य निर्बल राज्य रह गये हैं। नाग, देव, दानव भी दुर्बल हो उठे हैं। यक्ष गन्धर्व अपने राग-रंग में मस्त हैं। उत्तर-पश्चिम, उत्तर, मध्य और पूर्व में मानव राज्य स्थापित हो चुके हैं तुमने ययाति के विषय में सुना होगा जिसने असुर-सम्राट् वृषपर्वा की पुत्री से विवाह किया था। वह भी एक मानव राजा था। ऐसे अनेक मानव राजा हैं जो हमारे साम्राज्य को लुब्ध दृष्टि से देख रहे हैं। क्या पता..........

केतुमान् भी ह्रासमान् असुर शक्ति का सच्चा प्रतिरूप था। जानता था कि देश गह्वर को जा रहा है परन्तु स्वयं कुछ करे.....वह स्वर्भानु की बात सुनकर ऊब उठा।

सैन्धवी स्नानागार से बाहर आ जलाशय में उतर चुकी थी। केतुमान् उधर इंगित कर बोला, "देखो, सच्चे गुरु तो अब आ रहे हैं। कहो तो तुम्हारा उनसे परिचय करा दूँ।"

स्वर्भानु गम्भीर स्वर में बोला, "चलो, भागें यहाँ से। तुमने तो मुझे इतना डरा दिया कि नगर से, जलाशय से, नारी से, अपने से, तुमसे, सबसे भय लगने लगा है। तुमने ठीक कहा था हमें हर चीज से कुछ न कुछ सीखना चाहिये। कुछ दिनों में मैं अकेला मिस्र की ओर जा रहा हूँ, वहाँ से इस भय को दूर करने का उपाय सीख कर आऊँगा।"

दोनों स्नानागार में जाकर वस्त्र पहनने लगे।

सैन्ध्वी और असिलोमा की जलाशय की मध्य भेंट हुई। असिलोमा ने भी सैन्धवी के विषय में अनेक बातें सुन रखी थीं। वह सीधे निकल जाना चाहती थी, पर सैन्धवी भी वहीं से लौट ली। बगल में तैरते हुए उसने असिलोमा से पूछा, "क्यों असिलोमा, केतुमान् के साथ कौन था?"

असिलोमा ने कड़ी दृष्टि से सैन्धवी को देखा। "मैं नहीं जानती।" छोटा सा उत्तर था।

सैन्धवी मनमोहक मुस्कराई, "हमारे नगर की सुन्दरियाँ जलाशय के तट पर अनजान व्यक्तियों से बातें खूब करती हैं।"

असिलोमा का मुख क्रोध के मारे विवर्ण हो उठा। वह कुछ कहना चाहती थी किन्तु सैन्धवी ने उसे बोलने नहीं दिया, "तुम तो मेरी छोटी बहन हो असिलोमा! हँसी में बुरा मान गई। पर मुझे बहुत अनुभव है। तुम्हारी हालत से.......

असिलोमा तीव्र गति से तैर सैन्धवी से आगे निकल गई। किनारे आकर वह स्नानागार में चली आई जहाँ उसके वस्त्र रखे थे। दासियों ने एक वस्त्र से उसकी देह पोंछ दी। बैल, हाथी आदि पशुओं से छपी साड़ी कमर में बाँध वह बाहर निकली। तभी स्नानागार के प्रवेश-द्वार पर कुछ शोर सुनाई दिया।

असिलोमा ने झाँककर देखा। प्रवेश-द्वार पर प्रहरी एक युवक और युवती को अन्दर घुसने से मना कर रहा था। उसने भाले को द्वार के सामने फैला कर राह रोक दी। यह देख कर युवक को भीषण क्रोध चढ़ आया। उसने विद्युत के समान हाथ उठाया और भाला प्रहरी के हाथ से छूटकर उसके हाथ में था। वह बोला, "क्या महान् सिन्धु साम्राज्य में इस प्रकार का व्यवहार श्लाघनीय है?"

असिलोमा मुग्ध देखती रही। युवती की देह वल्लरी अनुपम थी। अनोखा रंग था जो मुख पर कुछ दबा-दबा लगता था। नेत्र लम्बे वर्तुलाकार थे और इस समय तो उनकी डोर खिंची हुई थी। युवक दुबला पतला दीखता था, परन्तु उसका कार्य देखकर असिलोमा को असि की चपलता का भास हुआ।

प्रहरी गरज उठा, "यह क्या मूर्खता है! तुमने मेरा अस्त्र क्यों छीना?" वह भाला छीनने के लिए आगे बढ़ा।

सहसा असिलोमा को पता चला कि अन्य व्यक्ति भी इस दृश्य के दर्शक हैं। केतुमान् और स्वर्भानु दोनों दूर नहीं गये थे, कोलाहल सुनकर वापस लौट आये। युद्धोद्यत प्रहरी को वर्जित करते हुए केतुमान् ने युवक से पूछा, "युवक, तुम कौन हो? तुमने प्रहरी का भाला क्यों छीन लिया।"

"भद्र, मैं इस नगर में नवागन्तुक हूँ। हम दोनों इस सरोवर में स्नान करना चाहते थे जिसकी हमने सारे संसार में बड़ाई सुनी थी। इस पर इस प्रहरी ने हमारी राह छेकी और इस देवी से भद्दा मज़ाक किया। कहने लगा आज सम्राट् की अंकशायिनी बन जाओ तो कल वे तुम्हें स्वयं स्नान कराने लायंगे।"

युवती के क्रोध से नथुने फूल रहे थे। ऐसा लगता था वह प्रहरी पर किसी भी क्षण टूट पड़ेगी।

स्वर्भानु फुसफुसाया, "मैं इसे पहचानता हूँ मित्र। यह देव कुल की कन्या है।"

केतुमान् ने धीमे स्वर में समझाया, "यह मूर्ख है युवक। इसका भाला इसे वापस कर दो। मैं तुम्हें बताता हूँ। इस सरोवर में स्नान करने का अधिकार हर किसी को नहीं है। इसमें केवल कुछ प्रमुख असुर कुल ही स्नान कर सकते हैं।"

युवक ने बात काटी, "लेकिन मैंने तो सुना था इसमें हर कोई..........

"तुमने गलत सुना था। यदि सारा महानगर इसमें स्नान करने लगे तो इस का जल एक घटिका भी न चल सके। और फिर तुम स्वयं सोचो, क्या यह सम्भव है! माना कि हम असुर स्वच्छता के बहुत प्रेभी हैं। तुम हर घर में कुआँ पाओगे, स्नानागार पाओगे, गन्दा पानी निकालने की ढकी नालियाँ पाओगे। लेकिन इसी स्वच्छता को ध्यान में रखकर हमने यह नियम बनाया है।"[1]

"इससे तो नदियाँ अच्छी हैं। प्रकृति ने उन्हें असीम उमड़ता जल दिया है। कोई भी उसमें नहाये और कितने भी नहायें, सर्वदा स्वच्छ रहेगी।"

वह युवती बोली थी। बड़ा संस्कृत बोल था। असिलोमा को लगा मानो कोई मधुर घण्टी बज उठी हो।

"तुम ठीक कह रही हो कदलीजंघा," आँखों से युवती को निर्वस्त्र करता हुआ केतुमान् बोला। "तुम जाकर विशाल सिन्धु में नहाओ। वहाँ कोई रोक-टोक नहीं है। केवल विपद का ध्यान रखना। सिन्धु में विशाल कूर्म हैं और हैं मगर। मगर नदी में भी हैं और बाहर भी। नहाते समय किसी की निगाह चढ़ गई तो तुम्हारे साथी को अकेले ग्राम लौटना पड़ेगा।" वह खिलखिलाकर हँसा और लौट लिया।

युवती थर थर काँप उठी, लेकिन युवक ने उसका हाथ वज्रमुंष्टि में पकड़ कर उसे रोका। भला उसने छोड़ दिया जो स्वर करता हुआ पथ के पत्थरों पर जा टकराया। युवती को खींचता हुआ सा वह ले चला, "अपने को सँभालो कदलीजंघा।"

युवती ने क्रोध में उसके दो मुक्के जड़ दिये। युवक हँस दिया, "इस महानगर नार्मिणी के लिए यह नाम क्या बुरा है! जब तक हम इसमें रहेंगे मैं तुम्हें इसी नाम से पुकारूँगा।"

"और तुम्हारा नवागन्तुक!" कहकर युवती मुस्करा दी। असिलोमा ऊपर से झाँक रही थी, बड़ी भुवनमोहिनी मुस्कराहट थी।

२

चौड़ा पथ था। युवक-युवती चले जा रहे थे। एक स्थान पर दो निषाद पथ का एक पत्थर उठाकर रख रहे थे। युवती ने उत्कण्ठा से पूछा, "ये क्या कर रहे हैं?"

"चलो, चलकर देखते हैं।"

दोनों ने पास जाकर देखा। निषादों ने पत्थर उठाकर अलग रख दिया। वह पत्थर नहीं था, लकड़ी का मोटा ढक्कन था जिसके नीचे एक उथला गड्ढा था। उसकी

---

1. उपनिषद में उल्लेख है कि असुर जाति देह को ही आत्मा मानकर उसे स्वच्छ रखती है।

सतह पर कूड़ा जमा था। एक ने उस कूड़े को साथ रखे भाण्ड में भरना आरम्भ किया।

उसके साथी से युवक ने पूछा, "यह गड्ढा कैसा है?"

साथी ने घूर कर दोनों को देखा, जैसे वे उसका मज़ाक उड़ा रहे हों।

युवक ने सफाई दी, "हम बहुत दूर से आये हैं। हमें यह महानगर बहुत अद्‌भुत लग रहा है।"

कहाँ निषाद झल्लाया था, कहाँ नवागन्तुक को वास्तविक रुचि लेते देखकर वह उत्साह में भर उठा, "मैं तुम्हें समझाता हूँ। नार्मिणी के हर घर में पानी निकलने की नाली है। ये नलियाँ बाहर गलियों में बनी नालियों से मिल जाती हैं। इन गलियों की नालियों का पानी लेने के लिए बड़े पथों में बीचोबीच नालियाँ बनी हैं जो 18 इंच तक चौड़ी हैं। ये नालियाँ ऊपर ईंटों से ढकी रहती हैं। ये तो तुम जानते हो कि इस पानी के साथ कूड़ा करकट भी घर से आता रहता है। यदि उनका कोई उपाय नहीं किया गया तो वह नालियों को बन्द कर देगा, या ऊपर की ईंटों को उखाड़ फेंकेगा और गन्दा जल सारे पथ पर फैल जायेगा।"

युवती ने पूछा, उससे इन गड्ढों का क्या सम्बन्ध?"

निषाद युवती के भोलेपन पर मुस्कराया, "उसी के लिये थोड़ी-थोड़ी दूर पर ये गड्ढे बनाये गये हैं और उन्हें भारी लकड़ी के पट्टों से ढक दिया गया है। जल के साथ बहता हुआ कूड़ा-करकट, कीच, मल सब इनमें इकट्ठा हो जाता है। कुछ दिनों में इन्हें साफ कर दिया जाता है।"[1]

युवक ने प्रशंसा-भरी दृष्टि गड्ढे पर डाली। "मान गये भई", उसके मुख से स्वयमेव निकल पड़ा।

युवती ने आगे पूछा, "यह पानी कहाँ जाता है?"

"ये सब नालियाँ अन्त में दो फुट चौड़े, पाँच फुट गहरे नाले में जाकर मिल जाती हैं। यह नाला धोवन के पानी के साथ बारिश के पानी को भी ले जाकर सिन्धु नदी में डाल देता है।"

युवती के होंठ घृणा से विकृत हो उठे, "छि, छि। नदी का जल गन्दा करते हैं, फिर उसमें कौन नहाये? यह अनार्यों का कार्य है, पवित्र नदी जल को गन्दा करना। मानव नियम है कि जो नदी में दीर्घशंका या लघुशंका करे उसका तत्काल वध कर देना चाहिये।"

युवती को फिर उत्तेजित होते देखकर युवक ने जल्दी से कहा, "आओ, चलें।" सुनने की सीमा से दूर होने पर उसने समझाया, "तुम बात बात पर उत्तेजित न हो कदलीजंघा। इनकी संस्कृति और मानव संस्कृति में बहुत अन्तर है। सरोवर के पास तुम उत्तेजित हो उठी, ठीक भी था। किन्तु तुमने ध्यान दिया जिस स्वर में प्रहरी बोल

---

1. सारा विचरण खुदाई के अनुसार

रहा था, उसी स्वर में वह असुरकुलदीपक बोला। इनकी सभ्यता में स्त्री-पुरुष का सम्बन्ध देहतृप्ति का आधार है और कुछ नहीं।''

३

नार्मिणी के चारों ओर वप्र था जो पच्चीस फीट चौड़ा था। (वप्र मिट्टी थोपकर बनाया गया थूहा होता था जिस पर प्राकार खड़ी करते थे।) उसके ऊपर ईंटों का परकोटा (इष्टका-प्राकार) था जिसके बीच-बीच में अट्टालक (बुर्ज) थे और चारों ऊँचे गोपुर थे। कोट के अन्दर दर्शनीय वस्तुएँ थीं। राजप्रासाद। यह अनेक कमरों तथा महासोपान वाला विशाल भवन था। इसमें असुर सम्राट् निवास करते थे। दूसरा जलाशय था और उसी के पास एक 20 खम्भों पर स्थित सभाभवन था जो असुर-संस्कृति के आरम्भ में पौर जानपदों के संस्थागार रूप में काम देता होगा।[1] युवक और युवती ने वह भी देखा–सुनसान, अपनी विशालता पर गर्व करता। उसे देखकर युवक ने कहा था–''सभ्यता की चरम सीमा पर मनुष्य साथ विचरना भूल जाता है। वह अपने को देखता है और अपने समान व्यक्तियों के स्वार्थ देखता है। जन को भूल जाता है। उस मही को भूल जाता है जिससे सब जन्मते हैं।''

युवती बोली, ''महान् सिन्धु साम्राज्य नाम का है। यह खोखला हो चुका है। चक्रवर्ती मान्धाता का प्रहार यह नहीं सह सकेगा।''

सूर्य आकाश में तप रहा था और पृथ्वी को तपा रहा था। घूमते फिरते युवती को प्यास लग आई। ''मैं पानी पिऊँगी, नवागन्तुक।''

दोनों ''नवागन्तुक' पर मुस्करा दिये। युवक बोला, ''मुख्य बाजार में चलते हैं, वहाँ पानी का प्रबन्ध हो जायेगा।''

मुख्य पथ पर रथ्याएँ और कुल्याएँ (छोटी गलियाँ) आकर मिल रही थीं। इधर उधर मकान खड़े थे–छोटे, बड़े, इकमंजिले, दुमंजिले, पक्की ईंटों के बने। घरों का द्वार मुख्य पथ पर नहीं खुलता था, उधर सीधी दीवार खड़ी थी। पथ से समकोण पर मिलती हुई रथ्याओं पर मकान खुलते थे और वहीं दुकानें भी थीं।

वे एक कुल्या में मुड़ गये। पहली दुकान एक सर्राफ की थी। दुकान पर भाँति-भाँति के आभूषण जगमग कर रहे थे। वहाँ सुदूर दक्षिण के कोलार से आया पासे का सोना था, तो मध्य एशिया की नदियों से धोकर प्राप्त पैपिलिक सुवर्ण भी था। चाँदी देवलोक तथा ब्रह्मा से आती थी। इनमें जड़ने के लिये रत्न अधिकतर दक्षिण से आते थे। शजावर्त सुमेर (मेसोपोटामिया) से मंगाया जाता था। कुछ मनके राजस्थान के खानों में भी मिलते थे। उस दुकान में माथे पर गोलाई में बाँधने के लम्बे सुनहले पात थे, सोने के कुलफीनुमा कर्णाभरण थे, भाँति-भाँति की लड़ियों की मेखला थीं, तथा गले के हारों और अँगूठियों की विविधता के तो कहने क्या! उस दुकान पर पानी को पूछने का युगल में साहस नहीं हुआ।

अचानक युवती ने युवक का हाथ पकड़कर ध्यान अपनी ओर आकर्षित किया और बुदबुदाई, ''कितने सुन्दर!'' जिसकी ओर उसका ध्यान था वे बालों में खोंसने के काँटे थे जिन पर दो कृष्णमृग पीठ फेरे हुए बैठे दिखाये गये थे।

---

1. खुदाई के आधार पर

दुकानदार चिल्लाया, ''आओ नरश्रेष्ठ! प्रिये के बालों में लगाने के काँटे देखो।'' उसने अनेक काँटे निकालकर रखे। उनमें एक हाथीदाँत का बना था जिसके सिरे पर एक बड़े सींग वाली पहाड़ी बकरी बनी थी। दूसरे सुन्दर काँटे पर तीन बन्दर गलबहियों की मुद्रा में परस्पर लिपटे हुए दिखाये गये थे। एक काँटे का सिरा कमल के फुल्ले की कर्णिका समान था तो दूसरे में कुत्ते जैसा सिर दिखाया गया था।

युवक ने मुस्कराकर कहा, ''युवतियाँ सब एकसमान आभूषण प्रिय हैं, चाहे वह देव हो, या मनुपुत्री या असुर।''

दुकानदार ने समझा कि युवक को कोई रुचिकर नहीं लगा है। उसने प्रलोभन दिया, ''आप कल आयें श्रीमान्! मेरे पास रोमक (मिस्र) से आभूषणों का वेष्ठन आ रहा है। नावें आ गई हैं पर माल कल तक उतर पायेगा। उनमें एक अनुपम काँटा है जिसमें आमने सामने दो घिरारे दिखाये गये हैं।''[1]

चलने की सूरत पाकर युवती ने कहा, ''हम कल आकर देखेंगे।'' और दोनों आगे बढ़ लिये।

दुकान से लगा हुआ एक मकान का द्वार था जो खुला था। अन्दर कमरे में तीन व्यक्ति चौपड़ खेल रहे थे। उनके बगल में एक बालक खड़ा बड़े ध्यान से खेल देख रहा था। उसके दायें हाथ में वृषभ के समान बनी एक सीटी थी और दूसरे में उसने मिट्टी की गाड़ी पकड़ रखी थी (जैसी आज भी चटर पटर होती है)। उसने यकायक मुंह में सीटी दबाई और बजा दी। खेल में ध्यान-मग्न आदमी चौंक पड़े। उसके पिता ने डाटा, ''शैतान कहीं का, चल भाग अन्दर। हमें तंग करता है।'' युवक और युवती मुस्करा दिये।

आगे एक सीप, शंख, कौड़ी आदि की दुकान थी। उस पर जाकर युवक ने पूछा, ''हम परदेसी है। हमें प्यास लगी है। क्या पानी पिलाने की कृपा करेंगे।''

दुकानदार बहुत भला था। प्रेम से बोला, ''परदेसी, महानगर ने पानी का सुचारु प्रबन्ध कर रखा है। हर पथ के जोड़ पर एक ठिया है जहाँ स्वच्छ जल का मटका रखा है। साथ ही मिट्टी के कुल्हड़ रखे हैं। उनमें पानी ओजो और पियो।''

अगले मोड़ पर उन्हें पानी का मटका मिल गया। पास में कुल्हड़ों का झल्ला रखा था और नीचे भी बीसियों कुल्हड़ फूटे पड़े थे। दोनों ने कुल्हड़ उठाकर पानी पिया और उन्हें जमीन पर फेंक दिया।

तभी घरघराहट का स्वर सुनाई दिया। जिस कुल्या पर वे खड़े थे, वह इतनी बड़ी थी कि उसमें एक रथ कठिनाई से आ जा सकता था। उसी पर कोई रथ भगाये लिये आ रहा था। दोनों की समझ में नहीं आया कि क्या करें, कहाँ जायँ। तभी किसी ने चिल्लाकर कहा, ''पागल हो गये क्या! मरना है! जल्दी दीवार से चिपक कर खड़े हो जाओ।''

---

1. सिन्धु और मिस्र दोनों देशों में खुदाई में मिला है।

दोनों स्वयमेव दीवार से चिपक गये। रथ घड़घड़ाता निकल गया। उन्होंने देखा अन्य व्यक्ति भी यही कर रहे थे। युवक बड़बड़ाया, ''यह कहाँ का नियम है! इतने छोटे पथ पर तेजी से रथ हाँकना। मानो और किसी के प्राण ही न हों।''

युवती मुस्कराई, ''अब तुम बड़बड़ा रहे हो और क्रुद्ध हो रहे हो।''

रथ कुछ आगे चलकर रुक गया था। उसमें से एक प्रौढ़ व्यक्ति नीचे उतरा और राजसी चाल चलता हुआ युवती के पास आया। उसने बालों की चुटिया गूँथ कर पीछे लटका रखी थी, मूछें उस्तरे से साफ कर रखी थीं और घनी काली दाढ़ी बढ़ा रखी थी। उसके वस्त्र बहुमूल्य थे। कन्धे पर पड़ी चादर उत्तर से आई थी।

पास आकर उसने युवती को घूरा और प्रशंसा-भरे स्वर में कहा, ''सुन्दर, बहुत सुन्दर। मैं बाजी लगाता हूँ कि इतनी कमनीय देह नार्मिणी में किसी सुन्दरी की नहीं होगी।''

युवती लज्जा और क्रोध से लाल हो उठी। युवक ने अपने को सम्भाल कर पूछा, ''आप क्या कह रहे हैं?''

''तुमने नहीं देखा? युवक, तुमने माँ शक्ति की देन नहीं देखी। सुन्दरी, एक बार फिर दीवार से चिपक कर खड़ी हो जाओ। यह भी देख ले।'' हाथ मलते हुए वह बडबड़ाया, ''न हुआ मेरे साथ तुहुण्ड, नहीं तो इतनी सुन्दर मूर्ति बनाता कि इसे प्राप्त करने पेरोए (मिस्र का राजा) भी भागा चला आता।''

''आओ चलें।'' युवक ने युवती से कहा और आगे बढ़ा।

''कहाँ जा रही हो सुन्दरी। तुम मेरे साथ चलो। **इषुपाद** को सुन्दर वस्तुएँ एकत्र करने का शौक है। अब उसके भवन में संसार की सर्वोत्तम देह भी आ जायेगी।''

युवती के मुख से क्रोध के मारे बोल नहीं निकला। युवक बिगड़कर बोला, ''तुम कौन हो? यह महानगर है या जंगल?''

इषुपाद भी बिगड़ा, ''और तुम कौन हो? यह तुम्हारी क्या लगती है?''

''यह मेरी क्या लगती है,'' युवक ने युवती की ओर झाँका और प्रथम बार युवती ने उन नेत्रों में वह भाव पढ़ लिया जो स्वयं उसके हृदय में छिपा पड़ा था। ''यह मेरी पत्नी है।''

''तो तुम्हारे भाग्य भी बदल गये। इधर-उधर भटकने के दिन बीत गये। मैं तुम्हें सैनिकों में स्थान दिला दूँगा।''

कुछ व्यक्ति रुककर इस वार्ता को सुन रहे थे, पर दूर-दूर खड़े।

युवक के क्रोधातिरेक में प्रौढ़ का हाथ पकड़ लिया, ''अच्छा इषुपाद जी अब तुम अपने रथ में बैठकर चल दो।''

इषुपाद को झटका लगा। नार्मिणी में कोई असुर सेनापति के साथ ऐसा व्यवहार कर सकता है? 'तु मेरी राह में न आओ। सुन्दरी.....

युवक ने हल्के धक्के से उसके पैर उखड़ गये। वह गिरते-गिरते बचा। दर्शक भी घबरा उठे।

इषुपाद पीछे हटने लगा, "तुझसे इस अपमान का बदला न लिया तो मेरा नाम इषुपाद नहीं। कुछ देर में तेरा मांस मेरे प्यारे मगर खा रहे होंगे और यह सुन्दरी मेरे भवन में होंगी।"

"जा कहाँ रहा है, मांस खिलाता जा।" युवक ने ललकारा।

रथ पर चढ़ते हुए इषुपाद बोला, "मैं अजनबी के मुँह नहीं लगता। तुझसे सुलटने अभी सैनिक भेजता हूँ। देखता हूँ बचकर जाता कहाँ है।" उसने रथ दौड़ दिया।

जो भीड़ खड़ी थी, वह छँटने लगी। एक वृद्ध बगल से गुजरता बोला, "युवक, तुमने अच्छा नहीं किया। वह सम्राट् का मुँहलगा सभासद है।" धीरे-धीरे सब खिसक गये बिना युवक-युवती से कुछ बोले, जैसे वे अस्पृश्य हों। युवक भी चिन्तित हो उठा। "चलो, नगर से बाहर चलते हैं।"

सिसकी भरती सी युवती बोली, "इस महान् सभ्यता से जितने दूर हो लें उतना ही अच्छा।"

दोनों ने वेग से पग उठाये। कुछ दूर जाने पर उन्होंने देखा कि एक व्यक्ति उनके साथ-साथ चलने लगा है। बिना उनकी ओर मुख किये वह बोला, "मैं निषाद भर हूँ। तुम मेरी बात ध्यान से सुनो बिना मेरी ओर मुँह किए। तुम कहाँ जा रहे हो?"

"हम गोपुर जाकर इस महानगर से बाहर निकल जायँगे।" युवक ने युवती की ओर देखते हुए कहा।

"तुम निश्चित मृत्यु की ओर जा रहे हो। सबसे पहले वे तुम्हें वहीं खोजेंगे।"

"यहाँ हम कहाँ छिप सकते हैं?"

"कोई घर ऐसा नहीं जहाँ तुम्हें शरण मिल सके। इषुपाद का भय भूत की तरह है।"

युवती हँसी, "एक राह ही शेष बचती है नवागन्तुक।"

"क्या कदलीजंघा?"

"हमें रण का चिरपरिचित खेल खेलना पड़ेगा।"

भर फिर बोला, "तुम मेरी बात सुनो। मैं तुम्हें बचाने का प्रयत्न-करूँगा।"

"तुम कौन हो?" युवक ने सन्देह से पूछा।

"समय नष्ट न करो। इषुपाद घर पहुँच चुका होगा। मैं निषाद हूँ, इन असुरों का दास। तुम मेरे पीछे चले आओ।"

गजब का चलने वाला था वह निषाद। युवक और युवती को लगा कि उन्हें लगभग भागकर उसका साथ देना पड़ रहा है। गोपुर के स्थान पर वह उन्हें उल्टा ले चला। यकायक उनके सामने एक बड़ा भवन उभर आया।

युवक ने पूछा, "यह क्या है?"

भर ने आगे देखते हुए उत्तर दिया, "यह धान्यागार है। इसमें 27 कोठे हैं जिनमें अन्न भरा रहता है। मैं इसमें तुम्हे छिपा दूँगा। उन्हें स्वप्न में भी ध्यान नहीं आयेगा कि तुम इसमें छिपे हो।"

"लेकिन हम इसमें दम घुटकर न मर जायेंगे?" युवक ने पूछा।

"नहीं, इसमें वायु के आने-जाने का सुन्दर प्रबन्ध है। अभी अन्न आने का समय नहीं है। कोई अन्दर नहीं झाँकेगा। अन्न मैं और मेरे साथी दास निकालते हैं।"

धान्यागार से लगा हुआ एक ऊँचा मंच था। वे उस पर चढ़ गये। "यह अन्न भरने और निकालने का स्थान है। यहाँ हम ऊखल-मूखल से अन्न कूट कर आटा बनाते हैं।[1] पीछे की ये छोटी कोठरियाँ हम दासों के रहने के लिए हैं। तुम चाहो तो वहाँ भी रह सकते हो। पर क्या पता वहाँ भी सैनिक खोजने आ पहुँचें।"

"रात्रि होने तक हम धान्यागार में ही छिपे हैं," युवक ने कहा।

४

चन्द्र आकाश में उदित थे। सिन्धु का पानी रुपहला हो रहा था। तीक्ष्ण वायु के चुम्बनों से सिन्धु का वक्ष ऊपर नीचे उठ रहा था। वह अपनी लहराती उंगलियों से नार्मिणी का आलिंगन, किनारे का बांध, दूर करने का प्रयत्न करती और निराश हो उंगलियाँ हटा लेती।

असिलोमा अपने प्रकोष्ठ के कक्ष से झाँक रही थी। यह सारा दृश्य आज का नहीं जब से पृथ्वी उत्पन्न हुई है तब से है। उसके गुरु शिवदास ने उसे यह सब बताया था।

चन्द्र ने सिन्धु के वक्ष पर चंचल पोतों का नृत्य देखा था जिनमें भर कर सिन्धु निवासियों ने दोनों तटों को सागर तक जीता था। चन्द्र ने वह विजयवाहिनी देखी थी जिसने पशुपतिनाथ की कृपा से आस-पास के सब ग्राम अपनी मातृभूमि में विलीन कर दिये थे। उसने वह दिन भी देखा था जब यह नगर टूटी फूटी झोंपड़ियों का एक संकलन मात्र था जिसे असुरों ने जीतकर सभ्यता सिखाई थी। उसी ने वह दिन भी देखा था जब यहाँ की जनता ने उठकर अपना राज्य हरियूपिया के वृचीवन्त असुरों के समान विशाल और बलशाली बना लिया था।

यह नार्मिणी का युग था। सारे जगत में उसका बोलबाला था। उसका व्यापार चारों ओर फैला था। ऊर, किश, लगश, शूषा आदि देशों में उसके व्यापारी बसे हुए थे और कपड़े तथा सुगन्धित मसालों, हाथी दाँत व लकड़ी का व्यापार करते थे। सारे संसार का धन खिंच कर उनकी ओर चला आ रहा था।

पर असिलोमा का गुरु शिवदास दार्शनिक था। वह कहता था–"यही चन्द्र एक दिन इसी प्रकार चमकता रहेगा जबकि नार्मिणी का सौभाग्य-सूर्य अस्त हो जायेगा और यहाँ श्मशान की शान्ति छा जायेगी। वह अदृश्य शक्ति अपना ताना-बाना बुन रही है। सिन्धुवासियों को दो चीज़ से काम रह गया है–विलास और धन। यह देश महान् है, पर यहीं इस महानता के नीचे छिपा पड़ा है दासत्व, निर्धनता और असन्तोष। हमारा चरित्र समाप्त हो गया है। स्वतन्त्रता की भावना भाग गई है। प्रजातन्त्र कुछ धनी व्यक्तियों के हाथ में है। साधारण जन तथा दास असन्तुष्ट हैं। मध्यम वर्ग भी शासन में हाथ चाहता है।"

---

1. कश्मीर में अभी तक यही पद्धति काम में लाई जाती है।

असिलोमा कक्ष से लौटकर बिस्तरे पर लेट गई पर उसकी आँखों में नींद नहीं थी। वह सवेरे जलाशय में हुई भेंट को दुहरा रही थी। केतुमान् को वह प्रेम करती थी।

तभी प्रकोष्ठ के बाहर किसी के पैरों की आहट सुनाई दी। कोई अन्दर आया और बिस्तर पर गिर कर उससे लिपट गया। विस्मय के एक पल बाद असिलोमा को पता लगा कि वह उसकी बहन गगनमूर्धा थी। गगनमूर्धा फूट-फूट कर रो रही थी। असिलोमा उठ बैठी और गगनमूर्धा का सिर अपनी गोद में लेकर सहलाने लगे। धीरे-धीरे रुदन सुबकियों में बदल गया।

असिलोमा ने बड़े प्यार से पूछा, ''क्या बात है मूर्धे? रो क्यों रही है?''

''दीदी, वह बहुत मोटा है। उसकी अवस्था भी अधिक हैं''

''पर वह सम्राट् का भाई है। वहाँ तुम बड़े सुख से रहोगी। उसका प्रासाद इतना बड़ा है कि प्रकोष्ठों की कोई गिनती नहीं। असंख्य दास हैं। धन है। और क्या चाहिये?''

''यदि ऐसा है तो तुम उससे विवाह क्यों नहीं कर लेतीं। तुम मुझसे बड़ी हो और दुगनी सुन्दर हो।''

सोलह वर्ष की होकर भी गगनमूर्धा बिल्कुल बच्ची है–असिलोमा ने सोचा। वह सांसारिक बातों को नहीं जानती। असिलोमा की अवस्था अठारह वर्ष की। है तथा वह परम सुन्दरी है, इसी कारण तो अजक उससे विवाह करना नहीं चाहता। उसे डर है........। फिर उसके पिता का व्यवसाय डूब चुका है। खदानों से मोल लाया उनका ताम्र राह में पीली जाति ने लूट लिया है। अब पिता निर्धन हैं और अपना व्यापार फिर से अजक से उधार मांगकर जमाने के प्रयत्न में हैं। कुछ दिन पहले क्या उनके पिता ही इस विवाह को स्वीकार कर सकते थे। पर अब वे बाध्य हैं। उन्हें अपनी नाक ऊँची रखनी है। इसके लिए वे अपनी प्रिय से प्रिय वस्तु का भी परित्याग कर सकते हैं। लेकिन, यदि वह मोटा सभासद असिलोमा को ही माँग बैठता?–असिलोमा की देह ने एक फुरहरी ली।

गगनमूर्धा ने सिर उठाकर चन्द्रमा की ज्योति में अपनी बहन के मुख के भावों को पढ़ने का प्रयत्न किया, ''क्या है दीदी?''

''कुछ नहीं बहन! तुम क्या कम सुन्दर हो? तुम मुझ से अधिक आकर्षक हो।''

''गगनमूर्धा ने अपने मुख के प्रसन्नता के भावों को छिपाते हुए कहा, ''क्या सच?''

''मैं झूठ नहीं कह रही हूँ।''

''पर फिर भी, इस नगर में कई सुन्दर कुमारी हैं। फिर अजक मुझे......

''मूर्धे, हमारे पिताजी बहुत शक्तिशाली सभासद हैं। हम से नाता जोड़कर अजक शक्तिशाली बनना चाहता है। तुम सम्राट् के कुल की हो जाओगी। अहिराज के वार्षिकोत्सव में तुम्हें ऊँचा स्थान मिला करेगा।''

गगनमूर्धा मन ही मन प्रसन्न हो उठी। लेकिन बात को दूसरी ओर पलटती हुई वह बोली, ''तुम बड़ी हो। तुम्हारा विवाह पहले होना चाहिये।''

"हम निर्धन हो चुके हैं। बिना धन लिये कौन मुझसे विवाह करने को तैयार है?"

"असुर-विवाह क्यों नहीं कर लेती?"

अर्चना खीजकर बोली, "नहीं।" वह इस मूर्ख को कैसे समझायें कि असुर विवाह युवक कर सकते हैं युवती को उसमें विकल्प नहीं।

"क्यों नहीं? पिताजी तो कहते हैं कि तुम अठारह वर्ष की हो गई हो और अभी तक विवाहित नहीं हो, यह हमारे लिये लज्जा की बात है।"

असिलोमा की भृकुटि चढ़ गई पर उसने कोई उत्तर नहीं दिया।

"और फिर हमारी जाति का नियम....

"नियम मैं जानती हूँ। जब तक मैं विवाह के लिये तैयार नहीं हूँ तब तक मेरा विवाह नहीं होगा।" वह बरस पड़ी।

गगनमूर्धा ने एक पल के लिए शान्ति रखी। फिर वह बोली, "तुम मुझसे बिल्कुल उलटी हो। अवश्य शिवदास से तुम्हारा पढ़ना, सैन्धवी आदि से मिलना-जुलना तुम्हारे लिये गलत है। अच्छा! तुम विवाह के लिये क्यों नहीं तैयार हो?"

असिलोमा का क्रोध कपूर हो गया। इस भोली गगनमूर्धा पर बिगड़ कर भी वह क्या करे। उनके पिता पहले से असिलोमा की स्वतन्त्र प्रकृति को जानते थे तभी उन्होंने उसे पढ़ाने के लिए प्रसिद्ध दार्शनिक शिवदास को रखा था। पर उन्हें यह पता नहीं था कि शिवदास में भी असन्तोष की गहरी अन्तर्भावना विद्यमान है। फल यह हुआ कि शिवदास असिलोमा को अपनी पुत्री की भाँति प्यार करने लगा और वह अपने घर वालों से अधिक दूर होती चली गई।

असिलोमा दूरदर्शी थी। वह भूत को जानती थी और उसके प्रकाश में वर्तमान और भविष्य को समझने का प्रयत्न करती थी। पर गगनमूर्धा को वर्तमान और निकट भविष्य को छोड़ किसी की चिन्ता नहीं थी। उसे गम्भीर शिक्षा नहीं मिली थी सिवाय गायन और नृत्य के। असिलोमा का बिल्कुल श्वेत वर्ण था, लम्बे काले बाल, काली खिंची आँखें, सुडौल नसिका और मधुर ओठ, लम्बी ग्रीवा थी, स्तन उठे हुये और उनके अग्रभाग भूरे थे, मुष्टिमेय कटि थी, नितम्ब भारी और कदली के समान चिक्कण थे। असकी चाल में एक राजसी ठाठ था जो हर देखने वाले को रोक कर कहता था कि हमारी ओर देखो। गगनमूर्धा की देह असिलोमा से मिलती थी पर लम्बाई में वह कुछ छोटी थी, रंग कुछ सांवला था और नेत्र बहुत बड़े व गोल थे।

असिलोमा सोच रही थी–आज हमारी असुर जाति में स्त्री को पुरुष की सम्पत्ति समझा जाता है, विवाह से पहले पिता की और विवाह के पश्चात् पति की। कहाँ आरम्भ में हम मातृसत्तात्मक थे। स्त्रियों को सर्व अधिकार थे। परिवार की वे अधिपति होती थीं। उसके पिता इषुपाद से उसका विवाह करना चाहते हैं। रुके इसीलिये हैं कि इषुपाद ने अभी तक बिना धन लिये विवाह करने का शब्द नहीं कहा है। इषुपाद धनी और सभासद है, उच्च वर्ण है। पर अपने प्रथम प्रेम के सम्मुख असिलोमा को वह नहीं जँचता। क्या बिना प्रेम के ही वह इषुपाद से विवाह कर ले?

वह सोच विचार में अपनी बहन को भूल गई थी। परन्तु गगनमूर्धा ध्यानपूर्वक अपनी दीदी का मुख परख रही थी। उसने अपना प्रश्न फिर दुहराया। असिलोमा ने कुछ क्षण उसकी ओर देखा, फिर हँस कर बोली, ''मैं अभी नहीं करना चाहती।''

''क्यों, क्या केतुमान् के कारण?'' गगनमूर्धा ने सहसा पूछा। असिलोमा को एक निश्वास छोड़ना पड़ा। गगनमूर्धा ने समझाना आरम्भ किया, ''उसके पत्नी भी है जो बहुधा बीमार रहती है। खैर, वह उसे त्याग सकता है। तुम्हें यह सब बातें पता हैं दीदी?''

वह जानती है कि केतुमान् की पत्नी है। पर वह उसका त्याग करेगा वह नहीं जानती। यौवन के ज्वार में वह यह पूछना भूल गई है और बिना पूछे ही उसे विश्वास है। आखिर वह बांध पर बिताई गई सुनहरी प्रात और सुनहरी संध्या........

गगनमूर्धा फिर बोली, ''मैंने इसलिये पूछा क्योंकि वह मुझे अच्छा नहीं लगता वह विलासी है। कल सैन्धवी के घर दावत में वह पयधवला छेड़खानी कर रहा था।''

असिलोमा की मुट्ठियाँ भिंच गई। उसने नीचे का ओठ दाँतों से भींच लिया। गगनमूर्धा घबरा कर उठ गई, ''क्या बात है दीदी?''

असिलोमा कुछ नहीं बोली।

''मैंने तुम्हारा दिल दुखाने के लिए नहीं कहा था।'' गगनमूर्धा की समझ में नहीं आया कि और क्या कहे।

असिलोमा ने दाँत खोले, ''मूर्धे, सोने का समय हो गया है। जाओ, जाकर सो जाओ।''

''अभी नींद नहीं आ रही है, दीदी।''

''पर मुझे तो आ रही है पगली। तुम्हें तो अपने विवाह की प्रसन्नता है, नींद कहाँ से आये।''

असिलोमा ने गगनमूर्धा को एक प्रकार से घसीट कर बाहर निकाल द्वार की अर्गला बन्द कर ली।

गगनमूर्धा ने ऐसी बात कह दी थी जिसने उसके आग लगा दी थी। इस समय शिवदास उसके पास होते तो वह शान्त हो जाती, अपने मन की आग सब उन्हें कह सुनाती।

सो नहीं होगा। शिवदास प्रासाद के प्रथम खण्ड में रहते हैं। और इतनी रात्रि में वे गम्भीर निद्रा में मग्न होंगे।

व्याकुल हो वह फिर अलिन्द पर आ खड़ी हुई। बाहर हरियाली भरी पड़ी थी और उस पर चाँदनी छिटक रही थी। उनके प्रासाद के पीछे एक बाटिका थी–छोटी सी, पर वह इस समय हीरे के समान जगमगा रही थी। क्या जीवन भी इसके समान सुन्दर और मधुर है? यदि यही है तो इसे बार-बार जीने की इच्छा करती है। पर यह सब रात के अंधियारे में है। चन्द्रमा की कृत्रिम ज्योति में है। सवेरे सूर्य के प्रखर

प्रकाश में वह स्वप्न मिट जायेगा। तब पानी-पानी दिखाई देगा मोती नहीं, द्वार फूलों से लदी लतिका नहीं लगेंगे और फव्वारा वही पुराना काई जमे पत्थरों का दिखाई देगा।

वह यह सब सोचते-सोचते फिर बिस्तर पर लेट गई। उसने अपने गले में आई सिसकी को बलपूर्वक रोका। पिताजी बहुत जिद्दी हैं। और गगनमूर्धा ने इषुपाद के बारे में जो कहा है सो ठीक है। तो क्या मुझे उसकी पत्नी बनाना पड़ेगा? इषुपाद में कमी क्या है? वह असुरराज का सेनापति है। कुछ दिन पहले खानों की ओर सैन्य लेकर गया था उधर की असभ्य जातियों को कुचलने और अपना काम पूरा करके लौटा। पर उसके चेहरे से मूर्खता के भाव टपकते हैं। वह अभिमान में चूर रहता है जब कि वीरता के साथ उसमें बुद्धि नाममात्र को नहीं है। फिर उसकी अवस्था असिलोमा से दूनी और कई घटनाओं के साथ उसका नाम जुड़ा हुआ है।

उसकी अपेक्षा केतुमान्! जो देखने वाले को अपनी ओर चुम्बक की भाँति खींचता है। यह लम्बा विशालकाय व्यक्ति मनुष्यों में दैत्य के समान लगता है। पर गगनमूर्धा ने उसके साथ पयधवला का नाम जोड़ दिया है। क्या यह सच है? इस उच्छृंखल समाज में सब कुछ सम्भव है। वह पशु है निरा पशु। वह असिलोमा से विवाह करना चाहता है और फिर इधर-उधर भी दौड़ना चाहता है। उसकी मुट्ठियाँ फिर बँध गई।

उसके नाखून मांस में घुसे जा रहे थे। उसने अपने को शान्त करने का बहुत प्रयत्न किया। यह सब इसलिये सोच रही है कि चन्द्रमा से परिपूर्ण रात्रि है और उसे नींद नहीं आ रही है। तभी वह मन में स्वप्न घड़ रही है। नहीं, केतुमान ऐसा नहीं होगा। कल प्रातःकाल वह उससे अवश्य पूछेगी। उसकी सारी जलन और सन्देह मिथ्या है, एक खाली मस्तिष्क की उपज है। यह चन्द्रिका भी खूब है। हर वस्तु को दुगना बढ़ाकर दिखाती है।

पर, इतने दिलासे के बाद भी यह विचार उसके मन को कचोटता रहा। क्या पता, इस समय भी केतुमान् पयधवला के साथ हो।

५

इषुपाद घायल गैंडे की तरह बिफर रहा था। अभी एक गौल्मिक ने आकर उसे सूचना दी कि युवक-युवती कहीं नहीं मिले।

"कहाँ गये वे? क्या नगर से बाहर निकल गये? क्या उन्हें पवन उड़ाकर ले गया?"

"वे नगर से बाहर नहीं जा सकते। हमने चारों गोपुर पर विश्वस्त सैनिक भेज दिये थे।"

"तो कहाँ गये वे? क्या उन्हें नगर खा गया?"

"वे कहीं छिप गये हैं। हम उन्हें अवश्य खोज निकालेंगे।"

"वे अजनबी कहाँ छिपेंगे? इस महानगर में कौन उन्हें इषुपाद के विरुद्ध शरण देगा।"

गौल्मिक ने सलाह दी, "यदि आप कहें तो नगर में डंका पिटवा दें, फिर उन्हें ढूँढ निकालना आसान होगा।"

इषुपाद ने रक्तिम दृष्टि से घूरा, "हाँ अपनी नालायकी का डंका पिटवा दो।" क्रोध के मारे उसके मुख से आगे बोल नहीं निकला।

वह फिर गरजा, "जाओ, मेरे नेत्रों से दूर हो जाओ। उनको लेकर ही मेरे सामने उपस्थित होना। कुछ टुकड़ियाँ नगर से बाहर भेजो, सब रास्ते छान मारें।"

इषुपाद घूमता रहा। इतने व्यक्तियों के सामने एक परदेशी ने उसका अपमान किया। यदि उसके पास अस्त्र होते तो वहीं उसे मजा चखा देता। खाली हाथ लड़कर भरे बाजार में भद् तो नहीं पिटवानी थी।

एक दासी आई। रंगरूप से वह इस देश की नहीं लगती थी। झुककर उसने इषुपाद का अभिवादन किया। "स्वामी, अमास पधारे हैं।"

इषुपाद की इस भावदशा के समय किसी दास-दासी को उसके सामने जाने का साहस नहीं था। किन्तु अपने देशवासी के लिये इस मिस्री दासी ने हिम्मत बटोरी थी।

इषुपाद चिल्ला पड़ा, "क्या कहा?"

दासी थर-थर काँप उठी। "स्वामी, आपके सखा मिस्र के श्रेष्ठी **अमास** पधारे हैं।"

"उन्हें जल्दी बुला ला," अपने पर नियन्त्रण करते हुए इषुपाद बोला।

कुछ देर बाद अमास उस प्रकोष्ठ में घुसा। वह मिस्री वेश-भूषा में अधेड़ व्यक्ति था। नार्मिणी में वह इषुपाद का अन्तरंग मित्र विख्यात था। वैसे कहने वाले बहुत कुछ कहते थे। सुना जाता था कि वह नील नदी में चलने वाले बेड़े पर खेने वाला दास था। सवेरे से संध्या तक कमर तोड़कर परिश्रम करता था, उस पर खाने को मिलती थी पल-पल में कोड़ों की मार। यदि वहाँ से भागे, तो और भी बुरा भविष्य सामने था। उसकी बोटी काट-काट कर मन्दिरों में पाले गये पवित्र मगरों को खिला दी जाती। फिर भी वह भागा और इषुपाद के सार्थ से जा टकराया। कुछ दिन नार्मिणी में छिपा रहा। उसका मिस्र का ज्ञान और बेड़े में हुए व्यापार की वार्ताओं की जानकारी ने इषुपाद को धनवान बना दिया और स्वयं उसका भविष्य भी सुधर गया। अब वह मिस्र का एक धनाढय व्यापारी था जो आधे समय मिस्र में रहता था और आधे समय नार्मिणी में।

"तुम कुछ व्यग्र लग रहे हो, मित्र?" उसने इषुपाद से पूछा।

"नहीं, कुछ नहीं," इषुपाद ने मुख पर चिन्ता के भाव छिपाने का प्रयत्न किया।

अमास खिलखिलाकर हँसा जैसे कोई लकड़बग्घा बोला हो। "हमसे ही छिपाव! कोई बात नहीं! हमने तुम्हारी चिन्ता दूर करने का उपाय कर रखा है।"

''क्या?'' चिड़चिड़े स्वर में इषुपाद ने पूछा।

''मरुत देश[1] से एक नर्तकी लाया हूँ।''

''तो यहाँ क्यों बैठे हो, जाकर आनन्द मनाओ।'' इषुपाद का वही स्वर था।

''अवश्य कोई गम्भीर बात है,'' उसके मुख की ओर घूरता अमास बोला। ''खैर, वह फिर पूछूँगा। तुम्हें इस समय मेरे से अधिक उस नर्तकी के सान्निध्य की आवश्यकता है। तुम मेरे साथ चलो। उसके नृत्य में तुम खो जाओगे। मैं तुम्हें लेने आया हूँ।''

इषुपाद पहले कुछ कड़वी बात कहना चाहता था, लेकिन चुप रह गया। यहाँ बैठकर ही क्या करेगा, चले, शायद वहाँ ही जी बहले।

अमास फिर उत्तेजित हो उठा था। ''नर्तकी क्या है, चपला है। तुहुण्ड तो उसे देखता रह गया। उसने उसका रेखाचित्र बना लिया है, अब कांसे की मूर्ति ढालेगा। वह नृत्य करेगी और उसका अंग-चालन बिजली बनकर तुम्हारी चिन्ता पर गिरेगा।''

६

रात्रि के प्रथम प्रहर में कोठार का ऊपर का द्वार खुला और भर का स्वर हलका आकाशवाणी के समान आया, ''मैं भर हूँ। खाना लेकर आया हूँ।''

सीढ़ियों से नीचे उतरते हुए उसे युवक-युवती ऊपर चढ़ते मिले। उसने फिर कहा, ''तुम ऊपर क्यों आ रहे हो? मैं खाना नीचे ला रहा हूँ।''

युवक फुसफुसाया, ''हम यहाँ इस अन्धकूप में जीवित नहीं रह सकते। यहाँ हमारा दम घुटता है।''

युवती ने पूछा, ''हमारी खोज का काम कैसा चल रहा है?''

''सारा महानगर छान मारा गया है। गोपुरों पर कठोर पहरा है। कुछ टुकड़ियाँ जंगल छानने गई हैं।''

''लेकिन हम अब यहाँ नहीं रह सकते।''

''बाहर निकलकर छिपे नहीं रह सकते। इस समय तो कुछ शान्ति है, सवेरे ही फिर जोर शोर से ढूँढ मचेगी।''

''बस, इसी रात की शान्ति में हम बाहर निकल जायँगे।''

भर ने पूछा, ''परन्तु नगर से बाहर कैसे निकलोगे?''

''यही तो सोचना है। लाओ, पहले भोजन कर लें, फिर मस्तिष्क काम करेगा।''

सवेरे के भूखे दोनों भोजन पर टूट पड़े और मिनटों में उसे सफाचट कर गये।

यह नहीं कि खाते समय युवक सोच न रहा हो। तभी तो युवती के खाना निमटाने पर उसने चुटकी ली, ''कदलीजंघा, मैंने बाहर निकलने की युक्ति सोच ली।''

युवती मुस्करा उठी, ''इस चोले से, या नगर से''

''नगर से। और नगर से बाहर निकलते ही यह नवागन्तुक का चोला भी उतार फेकूँगा।'' युवक ने हँसी का हँसी में उत्तर दिया।

---

1. शायद बिलोचिस्तान में रहने वाली जाति।

निषाद भर चकित था। उसने ऐसे व्यक्ति आज तक नहीं देखे थे जो मृत्यु को द्वार पर खड़ा देखकर भी हँसी मजाक करते हों।

युवक ने भर से पूछा, "भर, क्या तुम हमें नदी तट तक पहुँचा सकते हो?"

युवती चमक पड़ी, "बहुत बढ़िया। वही हमें इस नगरी से तारेगी।"

"लेकिन नदी से नहीं भागा जा सकता," भर निरुत्साही रहा। "वह भयंकर मगरों और विशालकाय कछुओं से भरी पड़ी है। कुछ दूर पहुँचने पर निर्जन स्थान में रात्रि में उसमें गैंडे उछल-कूद मचाते हैं।"

"तुम समझे नहीं भर। हम कोई छोटी नाव हथियाने का प्रयत्न करेंगे।"

"यह हो सकता है। चलो।"

भर के साथ दोनों निश्शब्द चल दिये। पर कुत्ते उनकी पदचाप सुन ही लेते थे और भौंकने लगते थे। अच्छा यही था कि नार्मिणी में आवारा सड़क के कुत्ते नहीं थे। वहाँ के निवासियों को कुत्ते पालने का शौक था जो दिन में शिकार में साथ और रात में घर के अन्दर पहरा देते थे। केलि-विलास में खोये या थके सोये नागरिकों को इतना होश नहीं था कि वे कुत्तों के भौंकने पर ध्यान देते।

नदी में बहुधा जल बढ़ आता था। इस कारण नगर की ओर उसके तट पर एक विशाल बाँध बना हुआ था जो पूरे नगर की लम्बाई तक चला गया था। उस पर जाने के लिये स्थान-स्थान पर सीढ़ियाँ बनी हुई थीं। कुछ बड़े व्यापारियों के घरों को बारजे उससे जोड़ते थे। जो बाँध दिन भर व्यापार का सामान उतारने चढ़ाने से जनरव से भरा होता था, वह इस समय शान्त पड़ा था। वे एक जीने से ऊपर चढ़े। सीढ़ियों पर इधर-उधर परिश्रम से थके दास लुढ़के पड़े थे। उनसे टकराने से बचते हुए वे ऊपर पहुँचे।

ऊपर पहुँचकर युवक और युवती दंग रह गये। सिन्धु का सारा पाट भाँति-भाँति की नौकाओं से भरा पड़ा था। कोई छोटी तीर सी पतली नौका थी, तो कोई सौ डांडों से खेई जाने वाली विशाल नौका। तरह-तरह के आकार-प्रकार, चित्र-विचित्र बनी आकृतियों से स्पष्ट था कि वे संसार के सारे सभ्य देशों का प्रतिनिधित्व कर रही थीं। छोटी नावों के नाविक बाँध पर नाव की रस्सी खूंटों में बाँधकर बाँध पर सो रहे थे। बड़ी नावों के नाविक नगर की सरायों में चले गये थे सिवाय दो तीन प्रहरियों को छोड़कर।

तीनों व्यक्ति नदी के नीचे की ओर चलते चले गये। जब नावों का जमघट हल्का हुआ तो युवक और युवती तीर से बँधी एक छोटी नाव पर चुपचाप जा बैठे। भर ने उसकी रस्सी अपने कमर में लटकते छुरे से काट दी। चप्पू चलाने से शोर होता, दूसरी नावों के किनारे पकड़कर उन्होंने नाव को तट से दूर किया। फिर वह धारा में पड़कर मन्थर गति से बह चली।

७

"रात्रि भर हमने नाव को बहने दिया। सवेरे किनारे लगाकर तेजी से आपकी सेवा में चले आ रहे हैं।" युवक बोला।

जिसे सम्बोधन किया गया था, वह भी एक युवक था किन्तु पहले वाले युवक से दूना। उसने कहा, "तुम हमारी बात मानते नहीं दिवौक्ष। यदि तुम पकड़ लिये जाते तो हमारा एक बाहु टूट जाता।"

"सम्राट्, आप क्या कह रहे हैं? ऐसे सैकड़ों प्राण आप पर न्यौछावर हैं।"

"और गोचपला, तुम क्यों चली गई थी बहन?" युवती की ओर मुड़कर मान्धाता ने पूछा।

"इसके मन की बात आप नहीं समझे सम्राट्।" दिवौक्ष ने मुस्कराते हुए कहा।

"दिवौक्ष के मन की बात मैं बता दूँ?" गोचपला ने पूछा।

मान्धाता ने आनन्द लेते हुए कहा, "हाँ, बताओ।"

"इषुपाद के सामने वह प्रत्यक्ष हो आई थी।..........

उसकी बात काटकर दिवौक्ष बोला, "सम्राट्, मैंने शत्रु के सामने इसका वरण किया है। हमने गन्धर्व विवाह कर लिया है।"

८

दिवौक्ष और गोचपला से समाचार पाकर मान्धाता वेग से आगे बढ़ा। वह नार्मिणी से एक दिन के फासले पर था। उस विशाल सेना का समाचार कोई सार्थ पहुँचा सकता था, लेकिन वे सब रोक लिये गये थे। कुछ वनवासियों ने नगर में सूचना दी भी थी कि उन्होंने मानवों का एक बड़ा समूह कुछ दूरी पर देखा है। किन्तु नगर को अपनी अजेयता और दृढ़ता पर विश्वास था, किसी ने उनकी बात का विश्वास नहीं किया। जब दूर पर सेना दिखाई दी तब असुर सम्राट् चेता। उसने सब गोपुर बन्द कर लिये। मान्धाता की सेना ने पड़ाव डाल दिया।

अगले दिन इषुपाद की अध्यक्षता में असुर सेना नगर से बाहर आई। भयंकर युद्ध हुआ। बीच में मान्धाता स्वयं था। दायें हाथ महाबल ने अपने कपर्दियों और पुलस्तिनों से भयंकर मारकाट मचा दी। बायें हाथ पर दिवौक्ष और गोचपला के साथ अन्य मानव राजाओं की भेजी सेना थी। असुरों का भयानक संहार हुआ। कुछ ही बचकर वापस लौट सके। इषुपाद ने भागकर गोपुर बन्द करा दिये।

अब असुर उस विशाल परकोटे के पीछे से लड़ रहे थे। प्रतिदिन मानव उन पर आक्रमण करते परन्तु उस कोट का कुछ न बिगाड़ पाते बल्कि उनकी ही जन-हानि होती।

मान्धाता ने मन्त्रणा के लिये दिवौक्ष, महाबल आदि को बुलाया। उसकी समझ में नहीं आया कि वह कैसे इस परकोटे को तोड़े।

दिवौक्ष ने सलाह दी, "सम्राट्, एक ही राह है।"

"वह क्या?"

''वही जिससे मैं निकल भागा था।''

''अर्थात् नदी की राह अन्दर घुसा जाय?''

''हाँ सम्राट्।''

''ठीक है। हमारी सारी सेना इधर ही लगी रहे। केवल कुछ चुने वीरों को लेकर मैं नदी के ऊपर की ओर जाता हूँ। वहाँ पेड़ काटकर एक बेड़ा बनाकर हम नदी में डाल देंगे।''

''सम्राट्, आप ठीक कह रहे हैं। लेकिन आप स्वयं न जाइये, मुझे जाने दीजिये।''

''क्यों?''

''आप नार्मिणी के मार्ग नहीं जानते। मैं अन्दर घुसकर एक गोपुर खोल दूँगा।''

''और तुम जानते हो?''

''और मुझे इषुपाद से भी बदला चुकाना है सम्राट्।'' दिवौक्ष ने कहा।

''तुम्हें नहीं, मुझे। वह मैं आज ही चुका दूँगा।''

''वह कैसे सम्राट्?''

''तुम आज देखते रहो। जो परकोटे पर रक्षक खड़े हैं उनमें तुम मुझे इषुपाद को बता दो। अभी न हो तो जब आये बता देना।''

''सम्राट्, वह तो आदेश देता इधर-उधर घूमता रहता है। देखिये, इस समय भी वह रहा दायें से तीसरा।''

मान्धाता ने पास रखा धनुष उठा लिया और एक तीर चढ़ाया।

दिवौक्ष बोला, ''सम्राट्, वह बहुत दूर है।''

''तुम देखते रहो,' मान्धाता ने झिड़क दिया। बाहु की मछलियाँ तड़पीं और फिर स्थिर होकर पत्थर हो गईं। डोरी कान तक खिंची और त्वांग की ध्वनि से छूटी। लक्ष्य भेद हो गया। सब आश्चर्यचकित खड़े रह गये।

९

वाटिकाओं में, पथों पर, सिन्धु पर चन्द्रिका वापस जाने की तैयारी कर रही थी। प्राची में टंगा एक मेघ रक्तमय हो रहा था मानों इस बात की सूचना दे रहा हो कि आज का दिन बड़ा भयंकर होगा। धीरे-धीरे चन्द्रमा अपनी ज्योति लुटा बैठा और पूर्व दिशा अवर्णनीय स्वर्णमयी हो गई। कोट पर प्रहरी बदलने का समय हो गया था। कल इषुपाद की अकस्मात् मृत्यु ने उनके मन में एक भय उत्पन्न कर दिया था सामने शत्रु के शिविर में हलचल हो रही थी। अवश्य आज फिर आक्रमण होगा। असुर सम्राट् अजक को लेकर सब तैयारियाँ देख रहा था। उधर बेड़ा सिन्धु में नार्मिणी की ओर बढ़ता चला आ रहा था।

एक निश्चित समय पर सेना ने कोट पर आक्रमण किया। युद्ध आरम्भ हुआ। कुछ देर बाद ही बेड़ा तट पर आ लगा। मान्धाता और उसके साथी कूद कर बाँध पर उतरे। अस्त्र चलाते वे वेग से आगे बढ़े। नगर-रक्षक एकबारगी हक्के-बक्के रह

गये। वे चक्की के दो पाटों के बीच में पिस गये थे। मान्धाता ने शीघ्र एक गोपुर पर अधिकार करके उसका द्वार खोल दिया।

मानव सेना अन्दर घुस आई। आध घन्टे बाद असुर सम्राट् ने अस्त्र टेक दिये। उसने सन्धि के लिए प्रार्थना की। मान्धाता ने स्वीकार कर ली।

अगले दिन सभा में असुर सम्राट् ने मान्धाता को सम्राट् स्वीकार किया और एक विशाल धन-राशि भेंट में दी। मान्धाता ने उसके स्थान पर एक अन्य मांग रखी। ''इस समय जितनी नौकाएँ नार्मिणी में हैं, वे सब मेरे हवाले करो। मैं उन पर बैठकर सागर पर विजय पाने के लिए निकलता हूँ। मेरा अगला ध्येय **सुमेर का नाग साम्राज्य** और **रमणक का नाग-गरुड़-मिस्र** राज्य है।''

तत्क्षण माँग स्वीकार की गई। प्रत्युत इस वीरोचित अभियान को सुनकर अनेक असुर बली भी साथ जाने को तत्पर हो गये।

सुमेर विजय

१

जहाँ आज मरमगोआ का बन्दरगाह है, आज से पाँच सहस्र वर्ष पूर्व भी वहाँ एक बड़ा व्यस्त पत्तन था। वहाँ समुद्री व्यापारियों के अनेक नौका-समूह खड़े रहते थे जो विशेषकर चन्दन की लकड़ी और कोलार का सोना लादकर ले जाते थे और समस्त सभ्य संसार में पहुँचाते थे।

सुबाल पणि का नौकाओं का बेड़ा बहुत दिनों से पत्तन में रुका पड़ा था। दिन पर दिन उसकी व्याकुलता बढ़ती जा रही थी। उसने नौकाओं पर सन्दल (चन्दन) खूब लाद लिया था, इसकी **सुमेर**[1] में बड़ी माँग थी। लेकिन अभी सोना लेकर अरशं (पीपल के टोटम के) जाति तथा पौरा (कबूतर के टोटम के) जाति के लोग नहीं आये थे। वह उन्हीं की बाट जोह रहा था, क्योंकि सोना थोड़ा स्थान घेरता था और अधिक महँगा बिकता था।

आखिर उससे नहीं रहा गया। उसने अपने एक नौकापति अकूपार को बुलाया जो कच्छप जाति का था और अरशं की बोली समझ-बोल लेता था। "अकूपार, हमें देर हो रही है और अरशं आ नहीं रहे हैं।"

"समझ में नहीं आया स्वामी। ऐसा तो आज तक नहीं हुआ।"

"हम अधिक दिन यहाँ रुक भी तो नहीं सकते। वार्षिक उत्सव के दिन से पहले हमें सुमेर पहुँचना आवश्यक है। तभी हम अपना सारा सामान वहाँ बेच सकते हैं।"

"स्वामी, वे आयेंगे अवश्य। उन्हें हमसे कपड़ा लेना है।"

"परन्तु आयेंगे कब? क्या उनका सोना समाप्त हो गया है?" सुबाल ने अपने मन में छिपा भय व्यक्त किया।

"आप ऐसा न सोचें। मैं सोने की खानें (कोलार में) देख चुका हूँ। वहाँ सोना भरा पड़ा है। अधिक नीचे खोदना भी नहीं पड़ता।[2] और उसे खोदने को इनके पास दास भी बहुत हैं। अरशं राजा ने बहुत बड़ी सेना बना रखी है। उसे लेकर वह इधर-उधर की जातियों पर आक्रमण करता है और उन्हें हराकर दास बना लेता और सोना खोदने पर लगा देता है।"

---

1. आधुनिक इराक का प्राचीन नाम सुमेर था। दजला-फरात जहाँ फारस की खाड़ी से मिलती हैं वह भाग सुमेर कहलाता था, और ऊपर का भाग अक्काद कहलाता था। खुदाई के लिहाज से सुमेर सभ्यता संसार की प्राचीनतम सभ्यता मानी जाती है। सुमेरवासी किस जाति के थे, यह पता नहीं चलता। लेकिन उनके लेखों से पता चलता है कि उनके पूर्वज पूर्व से सागर द्वारा सुमेर आये थे।
1. तब काफी ऊपर ही सोना मिल जाता था। अब खोदते-खोदते बहुत नीचे उतर गये हैं।

नाग पिण्डार की नौका पत्तन पर कुछ देर पहले लगी थी। वह नार्मिणी होता हुआ आ रहा था और उस पर सिन्धु (सूती वस्त्र को सारे संसार में उस समय यही पुकारते थे) का बड़ा ढेर था। वह सुबाल के साथ उसका सौदा करने आया था। यह सुनकर बोला, ''हर शक्तिशाली का यही काम है। वह निर्बल को जीवित नहीं रहने देना चाहता।'' उसकी बात में पणियों पर व्यंग था। समुद्री व्यापार के लिए पणियों और नागों में घोर प्रतिद्वन्द्विता थी।

सुबाल समझ गया। ''नहीं, यह बात नहीं है। पणियों ने प्रत्येक से मित्रता कर रखी है। उनका एक अधिपति बब्रु महान् दानी करके जगत्विख्यात है। भुज्यु और इन्द्र की मित्रता सब जानते हैं।''[1]

सुबाल की बात में काट नहीं, गर्व का आभास था। पिण्डार चुप हो गया। उसने व्यापार की बात आरम्भ की, ''मेरे विचार से सुबाल तुम सोना छोड़ दो और मेरा वस्त्र-संग्रह ले जाओ। पश्चिम में सिन्धु की मांग सोने से कम नहीं।''

सुबाल ने नाक फुलाकर उत्तर दिया, ''सुमेर में पणि सुबाल को सब सोने और सन्दल का व्यापारी करके जानते हैं खैर सिन्धु भी मैं ले लूँगा। बोलो, नौका पर कितना माल है और क्या मूल्य लोगे?''

सुबाल बातें कर रहा था पिण्डार से, लेकिन मन में चिन्ता लगी थी और आँखें सुदूर पूर्व पर टिकी थीं। अकूपार भी वहीं देख रहा था।

सहसा एक घायल को लेकर एक नाविक सुबाल के सामने आया। ''स्वामी, यह अरशं राज्य से आया है।''

''अकूपार, इससे पूछो, इसके साथी कहाँ हैं? यह घायल कैसे हो गया? इन्होंने इतनी देर कैसे लगा दी?'' सुबाल ने एक साँस में अनेक प्रश्न पूछ डाले।

अकूपार को पूछने की आवश्यकता ही नहीं पड़ी। घायल व्यक्ति ने स्वयं कहना आरम्भ कर दिया। वह बहुत घबराया हुआ था। ''स्वामी, हमें क्षमा करें। हम अरशनों पर विपद टूट पड़ी है।''

''क्यों, क्या हुआ?''

''हम सेनापति की सुरक्षा में दासों पर सोना लदवा कर ला रहे थे। राह में हमें यक्ष मिल गये।''

''यक्ष यहाँ?'' सुबाल ने अचम्भे से पूछा।

''यक्ष कौन?'' अकूपार नहीं जानता था।

सुबाल ने उसकी मूर्खता पर तरस खाकर बताया, ''जैसे पणि समुद्र के व्यापारी हैं, वैसे यक्ष स्थल के व्यापारी हैं। उन जैसा धनाढय कोई नहीं। संसार में नव-रत्नों के स्वामी वे ही हैं–मणि या मुक्ता (Pearl), वज्र या हीरा (diamond), विद्रुम (coral), पद्म-राग (ruby), मरकत (emerald), नील (sapphire), पुष्प-राग (topaz), स्फटिक (crystal) और गोमेद के। वे उत्तर में हिमालय पर रहते हैं जहाँ सोना बिखरा पड़ा

---

1. ऋग्वेद

रहता है। लेकिन वे यहाँ कैसे आयें? बीच का अनचीन्हा भाग उन्होंने कैसे पार किया? वे क्या व्यापार करने आये हैं?''

''नहीं स्वामी। वे काफी संख्या में हैं। वे व्यापार की खोज में नई-नई जगह बस रहे हैं। उन्होंने हम पर आक्रमण किया और हम सब को मार डाला! मैंने किसी भाँति वृक्ष पर चढ़कर अपने प्राण बचाये।''

''और सोना?''

''सोना सब उन्होंने छीन लिया था जिसे पाकर वे बहुत खुश हुए। हमारे पग-चिन्हों का पीछा करके वे हमारे देश में जा पहुँचे।''

''क्या? वे खानों तक पहुँच गये?''

''हाँ स्वामी! मैंने पेड़ों पर उनका पीछा किया था। उनका नेता **किरमीर यक्ष**[1] है। उसने हमारे सब पुरुषों को मार डाला। स्त्रियों को आपस में बाँट लिया। वह तो अरशं राजा को मन्दिर की एक नर्तकी **तिरुमामहल**[2] ने छिपाकर निकाल लिया, नहीं तो वह भी मारा जाता। अरशं जाति बिल्कुल समाप्त हो जाती। जंगलों में छिपकर बचे खुचे व्यक्तियों ने फिर जीवन बिताना आरम्भ किया है। राजा ने मुझे आपके पास सूचना देने के लिए भेजा है।''

''क्या सूचना देने के लिए?'' सुबाल का अपना माथा पीट लेने को जी चाह रहा था।

''कि इस वर्ष हम आपको सोना नहीं दे सकते, लेकिन अगले वर्ष आप अवश्य आयें।''

''इन यक्षों को सूझा क्या! मैंने तो सुना था ये बहुत भोग-विलासी हैं, इनका लड़ने-झगड़ने से कोई मतलब नहीं। धन ने इन्हें आलसी बना दिया है।''

''यह मैं समझा सकता हूँ,'' पिण्डार मुस्कराते हुए बोला। ''हम नागों का जल थल पर एक समान प्रभुत्व है।''

पणि ने जलती दृष्टि से नाग को घूरा, किन्तु शान्त रहा। वह उत्तर में हुई नई राजनैतिक उथल-पुथल जानना चाहता था। तभी उसे अपना भविष्य का कार्यक्रम बनाना था। आगे वह इधर व्यापार के लिए आये या नहीं।

पिण्डार ने बताया, ''कार्तिकेय को पूजने वाली **रक्ष** जाति प्रबल हो उठी है।[3] देवों के साथ रहकर वे पक्के साम्राज्यवादी हो उठे हैं। कुबेर को पूजने वाले यक्षों को उन्होंने कई स्थानों से मार भगाया है। यक्ष पर्वतों से नीचे उतरकर मानव राज्यों को पार करके नर्मदा की घाटियों में आ बसे थे। लेकिन मैंने सुना है कि कुछ दिन हुए वहाँ से भी **रक्षों के रावण** (राजा का पद जैसे देवों का राजा इन्द्र) ने उन्हें मार भगाया है। किरमीर की उन्हीं यक्षों की कोई टोली होगी।''

---

1. दक्षिण में पूजा जाने वाला यक्ष।
2. दक्षिण में अपने प्रेम और वीरता के कारण देवी के समान पूजित।
3. देखिये 'दक्ष और तारक वध'

''मारे गये,'' सुबाल के मुख से स्वमेव निकल पड़ा। ''मेरा व्यापार तो समाप्त हो गया।''

''आनन्द मनाओ, पणिपति,'' पिण्डार ने उत्साह दिलाया। ''अगले वर्ष तुम्हें चिन्ता नहीं करनी पड़ेगी। और माल भी पहले से दूना-चौगुना मिलेगा।''

''क्यों?''

''यक्ष सहस्रों वर्षों से सोने से खेलते चले आये हैं। वे उसे बटोरना जानते हैं।''

''हूँ।'' सुबाल को विश्वास नहीं हुआ।

''और अब अपने व्यापार में कुबेर के नव-रत्न और जोड़ लो। वे इन्हें ढूढ़ने के लिये यहाँ के सारे पर्वत छान मारेंगे।''

''वे मुझे सोना क्यों देंगे, वे तो स्वयं व्यापारी हैं।''

''नहीं सुबाल, वे जलयात्री नहीं। जल से वे डरते हैं।[1] हाँ, अब तुम माल कौड़ियों के मोल नहीं ले सकोगे, यक्ष धातुओं और पत्थरों का वास्तविक मूल्य जानते हैं। तुम्हारी जल पर प्रतिद्वन्द्विता तो हम नाग ही करते रहेंगे।''

''तुम ही अपने दिल को बहलाये रखो। जिनके मुँह में खून लग गया है, वे फिर सरलता से जल-व्यापार भी छोड़ने वाले नहीं। मुझे दीख रहा है कि भविष्य में हमें व्यापार के नए स्थान ढूंढने पड़ेंगे।''[2] सुबाल बहुत चिन्तित था। लेकिन कुछ देर तक। **बाल**[3] का स्मरण कर उसमें फिर साहस और व्यापार के प्रति उत्साह लौटा।

''अकूपार, सब नाविकों को तत्पर करो। हम अभी ऊर की ओर प्रस्थान करेंगे।'' आदेश देकर वह पिण्डार से सिन्धु का मोल-तोल करने लगा।

२

उस समय के सभ्य संसार के केन्द्र में स्थित होने का सुमेर पूरा लाभ उठा रहा था। वहाँ छोटे-छोटे नगर राज्य थे, जो धन-धान्य से भरे पड़े थे। **ऊर, निप्पुर, उम्मा, एशुन्ना, लार्सा, लगश, उरुक (एरीच), किश, एरिडु** आदि पत्तन और नगर सारे संसार में प्रसिद्ध थे।

प्रातःकाल सुबाल जब सोकर उठा, तो उसे पूरा विश्वास था कि आज वह ऊर पहुँच जायेगा। यह सागर के इतने चक्कर लगा चुका था कि जहाँ अन्य प्राणियों को जल ही जल दिखाई देता था, वहाँ वह उसमें भाँति-भाँति की धारा और वनस्पति

---

1. उसे क्या पता था कि कुछ सौ वर्षों के बाद यक्ष और रक्ष सारा जल-व्यापार अपने हाथों में कर लेंगे।
2. कुछ समय पश्चात् पणियों ने भूमध्य सागर के पूर्वी तट पर (आज के लेबनान और सीरिया) कई बन्दरगाह बेबिलोस, सिडोन, टायर आदि बसाये जहाँ से देवदार आदि लकड़ी लाकर वे मिस्र को पहुँचाते थे। बाद में सारा भूमध्य सागर उन्होंने अपना राज्य बना लिया। रोम को साम्राज्य बनने से पहले उनकी शक्ति को तोड़ना पड़ा।
3. पणियों का देवता।

भाँप लेता था। समय की गिनती से और जल के रंग तथा बनावट से उसे आभास हो रहा था कि वह भूमि के पास आ रहा है।

और कुछ देर में उसकी कल्पना सत्य हो गई। दूर ऊर नगर का जिगूरात (शिखर) क्षितिज में उभर आया था। उसी ओर लगातार देखा जाय तो ऐसा प्रतीत होता था कि वह किसी शक्तिशाली चुम्बक से खिंचकर धीरे-धीरे पास चला आ रहा है। फिर दिवास्वप्न टूटता तो पानी में डाँडों की ध्वनि उभर आती। धरती को पास आते देखकर नाविक प्रसन्न हो गये। अपना परिश्रम सफल हुआ जानकर उनका उत्साह एक गाने में फूट पड़ा।

दूर विस्तीर्ण समतल में उभरा नगर खड़ा था। वहाँ अनु, एनलिल और इआ की पूजा में बना आकाश को चीरता मन्दिर जिगूरात खड़ा था। एक विशाल सीढ़ीदार मीनार, कच्ची ईंटों की बनी जिसमें पात्रांश के सहस्रों टुकड़े लगे थे, आकाश में चढ़ने का प्रयास करती दिखाई देती थी।

और पास आने पर फरात नदी सागर में अपना जल उलीचती दिखाई देने लगी। नावें आगे बढ़ती रहीं और शीघ्र ही ऊर नगर में प्रवेश कर गईं। ऊर नगर लगभग चार मील में फैला हुआ था। पहले छोटे-छोटे खेत इधर-उधर फैले दिखाई दिये जिनमें नदी से निकाली गई अनेक लहरें इधर-उधर दौड़ रही थीं। एक बड़ी धारा नगर के विशाल द्वारों को पार कर अन्दर तक घुस आती थी जहाँ व्यापार के अनेक नौका-घाट थे। उसके इधर-उधर छोटी सड़कें और अधिकतर एकमंजिला कच्ची ईंटों के मकान[1] थे। आगे चलकर एक और ऊँची दीवार थी जिससे मन्दिर के बाहरी भवन घिरे थे। उसके अन्दर भी अधिक ऊँचाई पर एक दूसरी गोल दीवार थी जिसे पार करके मन्दिर का केन्द्रीय प्रांगण था। यहाँ कोई नहीं आ सकता था सिवाय राजा और पुरोहितों के। नग्न पुरोहितों की रेखा सुदूर कोने में सीढ़ियों के ऊपर बने मन्दिर में अपने आराध्यों की पूजा करती थी।

इसके बगल में एक अन्य विशाल भवन था जहाँ राजा अपने परिवार के साथ रहता था।

नावों के नगर में प्रवेश पाते ही अकूपार ने सुबाल को एक मुर्गा लाकर दिया। पणि ने कुछ बुदबुदाते हुए उसकी गरदन झटके से अलग कर एनलिल पर बलि दे दी। उसकी कृपा से वह ऊर आने में सफल हुआ था।

सुबाल ने आदेश देने शुरू किये, ''अकूपार, नावें किनारे से लगाओ। कुछ नमूने का सामान लेकर पास बनी सराय में चलो। तुम जानते ही हो जहाँ ऊर के व्यापारी हमें मिलते हैं। मुरु, तुम मयूर लेकर मेरे साथ आओ। मैं उसे राजा को भेंट करूँगा। **महाकाल बाल**[2] की कृपा से वह मुझ पर प्रसन्न होगा और मुझसे सन्दल खरीदेगा।

---

1. भारत में पक्की ईंटों के मकान मिले हैं जैसे आज की पकाई गई ईंटें होती हैं।
2. पणियों का एक बाल (देवता) महाकाल था। जोर्डान घाटी में बेथ-शान नाम का पणि-नगर खोद निकाल गया है। वहाँ का देवता मेकाल (महाकाल) था।)

इआ (जल का देवता) ने मुझे अपने वार्षिक उत्सव के एक दिन पहले ऊर पहुँचा दिया।''

३

राजा सोने का मुकुट जिसमें नव-रत्न जड़े थे पहने सभा में बैठा था। उसकी रानियों और प्रेमिकाओं को भी सोना और चाँदी जगमगा रहा था। सभास्थल भाँति-भाँति के सुन्दर मृत्तिका-भाण्डों से सजा था। धातुओं का काम किये सिन्धु की लकड़ी के बने फर्नीचर से वह भरा-भरा लग रहा था। एक कोने में कुछ संगीतज्ञ वाद्य बजा रहे थे और सामने अर्धनग्न नर्तकियाँ नृत्य के नाम पर शरीर थिरका रही थीं।

तभी द्वारपाल ने सभास्थल में प्रवेश किया। ''राजन्, सिन्धु के उस पार से सुबाल व्यापारी आया है।''

''अच्छा, सुबाल आ गया। इस बार उसने बड़ी देर लगा दी।''

एक रानी ने झुककर कहा, ''स्वामी, वह मेरा गोमेद लाया होगा।''

''और मेरे लिये हीर की लौंग।''

ऐसा लगता था कि अन्य भी कुछ कहेंगी परन्तु राजा के तेवर चढ़ते देखकर सब शान्त हो गईं। नृत्य और संगीत चलता रहा।

द्वारपाल ने फिर कहा, ''राजन्, वह आपके दर्शन की अनुमति चाहता है।''

''उसे शीघ्र हमारी सेवा में ले जाओ।''

सुबाल ने अन्दर आ झुककर राजा को प्रणाम किया। उसके पीछे मयूर लिये मुरु था।

''कहो सुबाल, तुम्हारी यात्रा कैसी रही?''

''एनलिल देवी की कृपा से मैं सुरक्षित रहा। अभी-अभी मेरी नावें नौका-घाट पर लगी है। मैंने सोचा सबसे पहले आपको प्रणाम कर आऊँ।''

''तुमने अच्छा किया। यह तुम्हारे साथ कौन है?''

''राजन्, यह मेरा भृत्य है। मैं आपको सेवा में मयूर भेंट करने लाया हूँ।''

रंग-बिरंगे पंखों वाले मयूर को देखकर राजा और उसकी सारी सभा चकित रह गई। राजा ने पूछा, ''यह क्या है?''

सुबाल ने उत्तर दिया, ''राजन्, यह एक पक्षी है जो सिन्धु और उसके आस पास के देशों में पाया जाता है।''

प्रधान रानी के मुख से निकल पड़ा, ''बड़ा सुन्दर पक्षी है।''

राजा ने भी हामी भरी। ''इसके पंख तो देखो!''

अपनी भेंट का प्रभाव पड़ते देखकर सुबाल उत्साहित हो उठा, ''महिषी, अभी क्या। किसी दिन मेघ घिर जाने दीजिये। फिर बूंदों की फुहार पड़ते ही यह पक्षी अपने पंख फैलाकर नाचने लगेगा। तब इसकी सुन्दरता देखते बनती है। तब आपको पता चलेगा कि सिन्धु कैसा अद्‌भुत देश है। वहाँ की नर्तकियों ने तो इससे नृत्य सीखा है।''

राजा ने पुलकित गात होकर कहा, ''पणिश्रेष्ठ, हम तुम्हारी भेंट स्वीकार करते हैं। हमारे लिये कुछ सामान लाये हो तो दिखाना।''

पणि कृतार्थ हो उठा। जिस उद्देश्य के लिये उसने भेंट दी थी वह पूरा हुआ। राजा प्रसन्न हो उठा है और उसे सामान का मुँह माँगा मूल्य मिलेगा। हाथ जोड़कर उसने कहा, ''राजन्, आपके लिये मैं बड़ा बहुमूल्य माल लाया हूँ। वह मैंने अभी खोला नहीं है। कल उत्सव से निपट कर मैं आपकी सेवा में फिर उपस्थित हूँगा।''

''ठीक है,'' राजा ने एक नर्तकी की ओर इंगित किया। उसने एक चषक उठाया, पास भरे भांड से उसने वारुणी उलटी और राजा को पकड़ा दिया। राजा ने एक घूँट भरी और चषक आगे बढ़ा दिया। पणि ने अपने को धन्य माना और गटागट उसे पी गया।

यह चले जाने का इशारा था, फिर भी व्यापारी को न जाते देखकर राजा अचंभित हुआ। उसने पूछा, ''क्या तुम्हें और कुछ कहना है?''

''राजन्, प्राणों की भिक्षा दें तो एक बात कहूँ?''

राजा का मनोभाव अच्छा था। ''कहो, क्या कहना चाहते हो?''

''राजन्, राह में मैंने एक बुरी खबर सुनी है।''

''क्या?''

''मैंने सुना है कि असभ्य मानवों का राजा मान्धाता सुमेर पर आक्रमण करने आ रहा है।''

राजा खिलखिलाकर हँस पड़ा, ''वाह, सुबाल। एक चषक ने ही तुम्हारी कल्पना दौड़ा दी।''

''राजेश्वर, जैसा मैंने सुना था, वैसा आपको बता रहा हूँ। अब तक अपने यायावर जीवन में मैं मान्धाता के बारे में अनेक कथाएँ सुन चुका हूँ।''

''यह मान्धाता है कौन? मैंने इसका नाम आज पहली बार सुना है।''

''मान्धाता मानव सम्राट है। वह पूरब में बहुत दूर अयोध्या का राजा है। उसने असुर, नाग, वरशिख आदि अनेक जातियों को जीत लिया है। कहते हैं उसने गोमती नदी के तट पर नाग नामक नगर में इन्द्र को आधे दिन में पराजित कर इन्द्रासन को छीन लिया था।''

''इन्द्र, देवों का राजा इन्द्र? जिसने मद-असुरों को हराया था?''

''मद को भी इन्द्र ने नहीं, मान्धाता ने हराया था। उसने सिन्धु साम्राज्य भी जीत लिया है कहते हैं। उसका विचार सारे जग को विजय करने का है।''

''वह इतनी दूर नहीं आ सकता। और आया भी तो महान् सुमेरी उसके दाँत खट्टे कर देंगे। इआ उसे अपने क्रोड़ में समाधि देंगे।'' राजा ने डींग हाँकी।

सुबाल वास्तव में भयभीत था। उसे अपने सामान और धन का डर था। राह भर वह अनेक समुद्री व्यापारियों से मिलता रहा। और अजब-अजब भयावह गाथाएँ सुनता रहा। उसने फिर समझाना चाहा, ''राजन्, वह राजाओं को हरा कर अपने पैर में स्थान देता है और उनका सारा धन छीन लेता है। मैंने सुना है उसने असंख्य यज्ञ किये हैं।''

"यज्ञ क्या होते हैं?"

"यज्ञ देव और मानव करते हैं। इसमें अग्नि की पूजा कर वे वेद गाते हैं। यज्ञ करके मान्धाता सारा धन अपने देश-वासियों को बाँट देता है। और नये देश जीतने निकल पड़ता है। सुनते हैं कि उसकी रानी बिन्दुमती बड़ी बुद्धिमान है। वह राजकाज देखती है और राजा बहुधा युद्धों पर रहता है।"

राजा ऊब गया था। उसके इशारे से नृत्य की गति तीव्र हो गई।

सुबाल ने अन्तिम हथियार प्रयोग किया, "राजन्, मैंने सुना है उसका बेड़ा मुझ से कुछ दूरी पर ही था। हो सकता है कल वह यहाँ पर पहुँच जाये। आपको लड़ने की तैयारी कर लेनी चाहिये।"

राजा हँस पड़ा। "यदि कल वह आया तो हमारे देश की सबसे सुन्दर कुमारी छाँट लेगा।" फिर वह गम्भीर हो गया। "मूर्ख पणि, तू हमें क्या दुर्बल समझता है। हमारी सेना का जौहर निप्पुर से पूछ, उरूक से पूछ। हम अपनी सुरक्षा के लिये हर समय तत्पर हैं। अनु अपने सहस्र नेत्रों से सर्वदा हमारी रक्षा करता है।"

सुबाल घबरा उठा, बिना मुड़े ही वह पीछे हटा और पीछे खड़े मुरु से जा टकराया। दोनों गिरते-गिरते बचे। रानियाँ खिलखिला कर हँस उठीं। राजा के मुख पर भी मुस्कराहट छा गई।

तभी द्वार पर द्वारपाल के पीछे मन्दिर की प्रधान पुजारिन खड़ी दिखाई दी। उन्हें अभिवादन करते हुए सुबाल और मुरु शीघ्रता से सभा-स्थल छोड़ गये। प्रधान पुजारिन आगे बढ़ी। राजा और रानियों ने आसन से उठकर उसकी अभ्यर्थना की।

प्रधान पुजारिन ने पूछा, "राजा, यह कौन था?"

"यह एक पणि व्यापारी है। बड़ा सुन्दर सामान लाता है।"

"यह किस देश का रहने वाला है?"

"किस देश का बताऊँ? हर देश की भाषा यह जानता है, हर देश का सामान इसके पास होता है।"

"यह क्या कहा रह था? कल के उत्सव में कुछ गड़बड़ होने का अन्देशा है?"

"पागल है यह। आप इसकी बातों में न आयें।"

"एनलिल की पूजा में कोई विघ्न नहीं पड़ना चाहिये। देवी प्रसन्न हो गई तो तुम्हारा कोई कुछ नहीं बिगाड़ सकेगा।"

"आप निश्चिन्त रहें। नगर में अनेक विदेशी आये हुए हैं। हमारी सब कुमारियों को कल विदेशी साथी मिल सकेंगे। फिर वे विवाह करके ऊर को सुदृढ़ बनाने में स्वतन्त्र होंगी।"[1]

---

1. ऊर की प्रथा थी कि वर्ष में एक दिन मन्दिर में नगर की सब विवाह योग्य कुमारियाँ एकत्र होती थीं। वहाँ विदेशियों को उन्हें छाँटकर उनके साथ एक रात्रि बिताने की अनुमति थी। उस रात्रि के बाद वे विवाह करने को स्वाधीन होती थीं। जो नहीं छांटी जाती थीं, उन्हें अगले वर्ष तक रुकना पड़ता था। अगले वर्ष वे फिर इस उत्सव में सम्मिलित होती थीं।

"कल आनन्द का दिन है। कुमारियों को आनन्द प्राप्त होगा तो **एनलिल**[1] को आनन्द प्राप्त होगा। वह सुखी होगी और हम पर प्रसन्न होंगी।"

"आप ठीक कह रही हैं।"

प्रधान पुजारिन अत्यन्त सुन्दर युवती थी। केवल कटि पर एक हल्का वस्त्र वह पहने थी। मुख पर भोलेपन के साथ गम्भीरता थी। अपने उपास्यों के गौरव पर वह मुस्कराई तो सभा में उपस्थित सब व्यक्तियों को बड़ी मोहक लगी। राजा का जी किया कि वह आसन से उतर कर उसे बाँहों में भरले। रानी ने होंठों ही होंठों में उसे गाली दी।

"राजा, मुझे तुमसे एक बात कहनी है। मुझे अकेले में ले चलो।" प्रधान पुजारिन ने कहा।

राजा शक्ति की साकार प्रतिमा लगता था। उसने एक दृष्टि अपने शरीर पर डाली और विश्वस्त हो उठा। प्रधान पुजारिन भी आनन्द का उपभोग करना चाहती थी उसके साथ। उसने रानी को आदेश दिया, "प्रिये, तुम इस मयूर को अपने किसी दास की रेखरेख में कर दो। और अब मैं सभा भांग करता हूँ।"

राजा का आदेश सुनकर वह कमरा खाली हो गया। राजा ने वारुणी ढाली और प्रधान पुजारिन के मुँह से लगा दी।

४

रानी परेशान थी। आज अत्यन्त पवित्र दिन है। वह सोचती थी कि यदि आज वह गर्भ धारण कर पाती तो उसका पुत्र बड़ा बलवान राजा होता। परन्तु यह प्रधान पुजारिन कहाँ से टपक पड़ी। इसने मेरे स्वामी को बहका रखा है। वे उसके हाथों की कठपुतली हो रहे हैं। यही भरम भी कहता है। वह कहता है प्रधान पुजारिन झूठी है। हम झूठ मानते हैं कि इसकी सुन्दरता देखकर देव अनु भी इससे संभोग करने आते हैं। देवों से तो केवल आत्माओं द्वारा बात होती है। यह वह कर सकता है और करता है। कैसा भयानक व्यक्ति है। रहता भी श्मशान में है। और कोयले से हर समय धरती में क्या यन्त्र तन्त्र बनाता रहता है।

श्मशान भी कैसा भयावह स्थान है। जब पिछला राजा मरा था तब उसने वह देखा था। धरती में एक विशाल गड्ढा खोदा गया था। वहाँ बीचोंबीच राजा के शव को पूरी राजसी वेशभूषा में उतारा गया था। उसके अगल बगल में उसकी रानियाँ सज धज कर लेटी थीं। पास ही उसके प्रतिदिन काम में आने वाला सारा सामान रख दिया गया था—सोने के प्याले, रत्नजटित कटार, बहुमूल्य धातुओं के आभूषण, एक वीणा, हाथीदाँत का खेलने का पट्ठा। और बगल के स्थान में एक रेखा में स्त्रियों लेटी थीं—उसके सारी दासियाँ। इसी प्रधान पुजारिन ने जब पूजा समाप्त की तो उन सब ने प्यालों से भाँग पीली और मृत राजा का साथ देने के लिए मृत्यु सहर्ष स्वीकार की। उनकी बेहोश देहों पर मिट्टी पाट दी गई।[2]

---

1. पृथ्वी की देवी। धान्य तथा प्रजनन की प्रतीक।
2. यह सुमेर की प्रथा थी। वूली ने अनेक राजाओं के समाधि कमरे खोद निकाले हैं जिसमें राजा के साथ साठ-साठ व्यक्ति तक जीवित दबाये गये हैं।

उस दृश्य का ध्यान आते ही रानी की देह ने झुरझुरी ली। लेकिन प्रधान पुजारिन तो उस समय भी शान्त खड़ी होकर यह अनुष्ठान करा रही थी। उसके मुख पर वही भोलापन था, मानो वह इस काल की न होकर किसी और देश और अन्य काल की हो। वही पुजारिन इस समय राजा के साथ है।

रानी को क्रोध चढ़ आया। वह इसी समय श्मशान जाकर भरम से बात करेगी। वह कहता है कि वह प्रधान पुजारिन को नष्ट कर देगा। उसी ने मुझसे वादा किया है कि वह मुझे पुत्र देने का आशीर्वाद देगा।

रात्रि घिरती चली आ रही थी। उसने कटि की सोने की पट्टी खोलकर रख दी और उस पर एक महीन सिन्धु लपेट दिया। गले में हार झूलने दिया, लेकिन सिर का मुकुट उतार कर रख दिया। पाँवों में घुटनों तक बँधने वाली चप्पलें बाँध लीं। वह अपने भवन से चल पड़ी। पीछे से एक दासी ने पुकारा, ''स्वामिनी, मैं भी चलती हूँ।''

रानी ने मुड़कर उसके एक करारा चांटा दिया, ''टोकती है, नालायक! यहीं रह।''

दासी को रानी प्रिय थी। वह न मानी, फिर उसने पुकारा, ''रानी जी, अकेली न जायँ। आज नगर में सहस्रों मदमत्त विदेशी घूम रहे हैं। उनमें सभ्य पणि, नाग, गरुड़ हैं तो असभ्य दानव और पिशाच भी। व्यापारी और सैनिक हैं तो नाविक और दास भी। आज नारियों का बाहर निकलना सुरक्षित नहीं।''

रानी मन ही मन मुस्कराई। इसे क्या पता मैं नगर में नहीं जा रही बल्कि इस भवन के पीछे भयावह भूमि में जा रही हूँ जहाँ दिन में भी व्यक्ति जाते घबराता है। ''तू यहीं रह। और देख, किसी को मत बताना मैं बाहर गई हूँ।''

रानी तेजी से आगे बढ़ ली। वह जिधर जा रही थी वह निर्जन सुनसान था। कोलाहलपूर्ण नगर पीछे छूटता जा रहा था। अंधेरे ने वहाँ खड़े पेड़ों पर अपना साम्राज्य जमा लिया था। आगे कुछ हाथ तक ही मार्ग दिखाई देता था। रानी भयभीत हो उठी। उसे लगा जैसे कोई उसका पीछा कर रहा था। उसने चाल धीमी की तो पीछे की पगचाप भी धीमी हो गई।

वह रुककर खड़ी हो गई। कमर से छुरी निकाल कर हाथ में ली और पीछे मुड़कर पूछा, ''कौन है?''

''स्वामिनी, मैं हूँ,'' वही दासी थी।

उसे देखकर रानी को बड़ी शान्ति मिली। वैसे उसने गरज कर कहा, ''मैंने तुझे मना किया था, फिर भी तू क्यों आई?''

''रानी, मैं दोषी हूँ। पर आप लौट चलें।''

''मैं भरम के पास जा रही हूँ।''

''आप लौट चलें। फिर पालकी में आइये।''

''नहीं।''

'आप यहीं बैठिये। आप थक गई होंगी। मैं अभी पालकी लाती हूँ।''

"भरम ने कहा था उस आकाश के देवता अनु को प्रसन्न करने के लिए मुझे पैदल चलकर आना चाहिये। वह मुझे गर्भ में अपना अंश प्रदान करेगा।"

"रानी, वह झूठ बोला है।"

"चुप रह डंकिनी।"

"रानी, वह धर्म नहीं मानता। वह श्मशान में रहता है। वहाँ दबाये शवों की आत्माओं से वह बात करता है। वह बड़ा खतरनाक है।"

"जानती हूँ।"

बातें करती हुई दोनों आगे बढ़ी जा रही थीं।

"चरवाहे कहते हैं वह भूमि खोदकर शव निकाल लेता है और फिर उन्हें खाता है।"

"सब झूठ है।"

"रानी, आगे मत जाओ। मुझे डर लग रहा है।"

"मेरे रहते हुए डरती है।" रानी ने वीरता जताई।

"मुझे तुम्हारे लिये डर लगता है। तुम मेरी स्वामिनी हो। तुम्हें कुछ हो गया तो राजा कुत्तों से मेरी खाल नुचवा लेगा।"

"मुझे क्या होगा?"

"वहाँ भरम होगा।"

"मैं भरम के लिये भी रानी हूँ," रानी में राजसी ओज था।

"वह भी तुम्हारा दास है। परन्तु उसके साथ आत्माएँ हैं। वे राजा रानी को नहीं पहचानतीं।"

"तू मुझे मत डरा।"

मरघट पास आता जा रहा था। दासी का दिल डावाँडोल हो उठा। वह रुक गई। "मैं जा रही हूँ।"

'तू कहाँ जा रही है?" रानी भी रुक गई।

"मैं वापस महल जा रही हूँ। मैं राजा से कहूँगी। वे आपको रोकेंगे।"

"तू राजा से नहीं कहेगी।"

"मैं जाती हूँ।" दासी ने पग उठाये। रानी एक पल दुविधा में रही। उसके हाथ में नंगी छुरी थी। वह उसने दासी की पीठ में पूरी शक्ति से ठूँस दी।

गले से गों गों का स्वर निकला और दासी भूमि पर लुढ़क गई। रानी ने अपना हाथ दासी के वस्त्र से पोंछ और आगे बढ़ ली। कुछ दूर पर उसे एक क्षीण प्रकाश की रेखा दिखाई दी। उसका डूबता साहस किनारे लगा। अवश्य यह भरम की जलाई अग्नि है।

कुछ देर में वह वहाँ पहुँच गई। वह भरम ही था। उसने कुछ लकड़ियाँ जला रखी थीं। सामने बैठा वह सुरा पी रहा था। रानी की पद-चाप सुनकर उसने सिर उसी दिशा में उठाया। लेकिन अग्नि के आदी उसके नेत्र अंधेरे में एकबारगी कुछ न देख सके। वह गुरु-गंभीर स्वर में गरजा, "कौन है?"

"मैं हूँ।"

"तू रानी है न।" इतनी देर में उसने कुछ दूर खड़ी रानी को पहचान लिया था।

"हाँ।"

"अभी एक आत्मा आई थी। उसने मुझे बताया कि रानी आ रही है।"

"वह मेरी दासी की आत्मा होगी। वह मुझे रोक रही थी। मैंने उसे मार दिया।" रानी के स्वर में लग रहा था वह अत्यन्त भयभीत है।

"चिन्ता न कर। उसके शव को श्रृगाल खा रहे हैं।"

कुछ देर चुप्पी छाई रही।

"तू पुत्र की इच्छा से आई है न?"

"हाँ भरम। तूने कहा था अनु मुझे पुत्र देंगे।"

"विश्वास कर स्त्री, अनु सर्वशक्तिशाली है। उसे बलि देकर तृप्त करना होता है।"

"मुझे क्या करना होगा? रानी ने पूछा।

"डर मत। तूने बलि दी है। दासी की बलि लेकर देवता प्रसन्न होगा। वह तुझे पुत्र देगा। तू यहाँ आ।"

५

ईंटों की बनी सराय कोलाहल से भरपूर थी। उसके अनेक कमरों में विदेशी टिके थे, लेकिन सब इस समय बीच के बड़े कमरे में एकत्रित थे जहाँ खान-पान चल रहा था। कुछ नग्न युवतियाँ सुरा ला लाकर दे रही थीं और कुछ वाद्य बजा रही थीं। सराय का मालिक एक कोने में बैठा था। वह मोटा सुमेरी था। जिसने मूँछें साफ कर घनी काली दाढ़ी रखी हुई थी, बिल्कुल सिन्धुवासियों की भाँति।

सुबाल कमरे में घुसा। मालिक ने उसे नमस्ते की, वह पुराना ग्राहक था। "आपका सब सामान उतार कर कमरे में पहुँचा दिया है। आप आराम करेंगे या यहाँ बैठेंगे? सुरा लेंगे?"

"मैं चल रहा हूँ। खाना भी वहीं भिजवा देना दासी के हाथ। दासी **हाबिरु**[1] हो या असुर हो।"

"जैसी आपकी इच्छा हो।"

खाने के कमरे में एक मेज पर तीन व्यक्ति बैठे थे, जिनमें दो पुरुष थे और एक युवती।

एक पुरुष कह रहा था, "मैं इधर पहली बार आया हूँ। मैं तो डर रहा था पता नहीं कैसा नगर हो, कैसे वासी हों। लेकिन अब लगता है जैसे में इनसे युग-युग से परिचित हूँ। सारे संसार में एकसा जीवन जिया जाता है।"

"तुमने ठीक कहा है केतुमान्। घर से बाहर निकलो तब पता चलता है। और यह नगर तो सैलानियों का बड़ा प्रिय है। कल के उत्सव के बाद तुम बार-बार यहाँ आना चाहोगे।"

---

1. हैब्रू या यहूदी।

दूसरा व्यक्ति मिस्री अमास था। उसके साथ केतुमान् था और थी असिलोमा। मान्धाता का पहला आक्रमण होते ही उसने नार्मिणी छोड़ने का निश्चय कर लिया। जब वह अपना सामान लदवा रहा था, उसी समय उसे केतुमान् मिल गया और कुछ देर की बात ने ऐश्वर्य में पले बिगड़े असुर युवक को काफी घबरा दिया। उसने सोने के सौ मना देकर मिस्री को अपने को ले चलने को राजी कर लिया। उसी दिन वह असिलोमा से मिला, धोखा देकर उसे सामान दिखाने के बहाने मिस्री नौका पर ले आया और डांड छुड़वा दिये। पहले अमास लड़की को ले जाने को तैयार नहीं हुआ, पर फिर पता नहीं क्या सोचकर मान गया। असिलोमा भी शुरू में बिगड़ी, लेकिन फिर केतुमान् की प्रेम-भरी बातों ने और अमास की साहसिक अद्‌भुत कथाओं ने उसे इस यात्रा के लिए तैयार कर दिया। अमास की मरुत नर्तकी भी साथ थी। अन्य दास-दासियाँ भी साथ थीं। इसलिये उसका जी बहला रहा।

"कल क्या होगा अमास?" युवक ने पूछा।

"कल सुमेरी लोग उत्सव मनायेंगे," अमास ने केतुमान् की ओर देखते हुए कहा।

"उसमें क्या होगा?" असिलोमा ने उत्कण्ठा से पूछा। स्त्रियाँ स्वभाव से उत्सव प्रिय होती हैं।

अमास ने असिलोमा की आँखों में आँख डाल दीं। पता नहीं उन आँखों में क्या बात थी कि असिलोमा व्याकुल हो उठी। "सुमेर की प्रथा है कि किसी भी कुमारी का तब तक विवाह नहीं हो सकता जब तक इस उत्सव में कोई विदेशी उसे छाँटकर उसका कौमार्य-भंग न कर दे।[1] तभी कल मन्दिर में कितनी युवतियाँ बन ठनकर तितली बनी घूम रही होगी। जो नहीं छाँटी जातीं, उनका बड़ा अपमान समझा जाता है।"

असिलोमा संकुचित हो उठी, मुख लाल हो आया और सांस तीव्र हो गया। यह असुर-कन्या की कल्पना से बाहर की बात थी। उसने नेत्र नीचे कर लिये।

केतुमान् ने फूहड़ मजाक किया, "इसकी विपरीत प्रथा भी होनी चाहिये।"

"उसके लिए उत्सव की क्या आवश्यकता है?" अमास ने असिलोमा पर नेत्र गड़ाये हुए जोड़ा।

असिलोमा को वहाँ बैठना दूभर हो गया। "मैं अपने कक्ष में जा रही हूँ।"

"भोजन तो करती जाओ। अभी आ रहा है।" केतुमान् ने कहा।

"जाने दो केतुमान्, मैं खाना कमरे में भिजवा दूँगा।" अमास बोला।

केतुमान् की समझ में अमास का यह कथन नहीं आया। उसने प्रश्न भरी दृष्टि से अमास को झाँका। अमास ने आँख मार दी।

असिलोमा उठकर बाहर चली गई। उसके जाने पर अमास हँसता हुआ बोला, "अच्छा हुआ, बला टली।"

---

1. आज से 2500 वर्ष पूर्व ग्रीक इतिहासज्ञ हेरोडोटस ने इस अतिप्राचीन सुमेरी प्रथा का उल्लेख किया है।

"क्यों?"

"एक रमणी के साथ होते हुए भोजन का क्या आनन्द आ सकता है।"

केतुमान् की समझ में नहीं आया। लेकिन अमास पुराना घाघ था। उसने सुमेरी भाषा में कुछ आदेश दिया। सुरा की सुराहियाँ उठाये दो नर्तकियाँ उस ओर बढ़ चलीं।

६

कमरे के एकान्त में असिलोमा विचारों से घिर गई। घर की याद आने लगी। नार्मिणी का क्या हुआ होगा? गगनमूर्धा का विवाह होने वाला होगा? पिता क्या सोचते होंगे? किसी को पता नहीं कि वह कहाँ गई है। भाँति-भाँति की अटकल लग रही होंगी। कोई कहता होगा—बड़ी घूमने की शौकीन थी। सिन्धु में मगर खींचकर ले गया होगा। दूसरे का मत होगा कि किसी भूले-भटके व्याघ्र का ग्रास बन गई होगी। किसी ने तो यह अनुमान भी किया होगा कि सम्भवत: आक्रमणकारी न उठाकर ले गये हों। उन आक्रमणकारियों का नेता भी क्या विलक्षण था। दूर से ही अलग पहचाना जाता था, साथ के वीरों से एक हाथ ऊँचा। कितना गोरा था और पिंगल केश लहराते कितने सुन्दर लगते थे।

गगनमूर्धा अवश्य समझ गई होगी जब उसने केतुमान् के लोप हो जाने का समाचार सुना होगा। केतुमान्! बातों से जैसा लगता था वैसा है नहीं। तो क्या मैंने मूर्खता की? यदि वह चरित्रहीन है और मुझे भगा लाया है तो इस विदेश में मेरा क्या होगा? गुरु शिवदास कहते थे कुछ ऐसे होते हैं जिनमें जो बुद्धि दस वर्ष की अवस्था में होती है वही बीस, तीस, चालीस वर्ष की अवस्था में रहती है, और कुछ ऐसे होते हैं जो बचपन से ही मेधावी लगते हैं और आयु के साथ तेजस्वी होते जाते है। तीव्र बुद्धि भगवान देता है परन्तु वह पैनाती हैं संसार के सम्पर्क में आकर, आयु के साथ-साथ। मैं कैसा बचपना कर गई।

इसी ऊहापोह में एक घंटा बीत गया। भूख का उसे पता भी नहीं चलता यदि कोई द्वार न खटखटाता। उसने पूछा, "कौन?"

एक शब्द में उत्तर आया, "खाना।"

उसने द्वार खोल दिए। द्वार पर अमास था। वह अन्दर घुस आया। असिलोमा ने पाया, वह सुरा में धुत् था। "यह क्या?"

फिर भौंडा मजाक किया गया, "तुम्हारा खाना आया है।"

असिलोमा क्रोध में काँप उठी, "तुम यहाँ कैसे आये? केतुमान् कहाँ है?"

"केतुमान् से मरुत नर्तकी के बदले मैंने तुम्हें बदल लिया है।" अमास हँसते हुए पलंग पर बैठ गया।

असिलोमा के मुख से बोल नहीं निकला, नेत्र डबडबा आये। इतने बड़े विश्वासघात की वह कल्पना भी नहीं कर सकती थी। उसे क्या पता था कि अमास आधा सच बोल रहा है और आधा झूठ।

"इनलिल की मेरे ऊपर कृपा है," अमास बड़बड़ाने लगा। "मैं कल उस पर दो मुर्गे चढ़ाऊँगा। सुमेरी कुमारी कल मिलेगी और सिन्धु कुमारी आज।"

"नीच, निकल जा यहाँ से। नहीं तो मैं शोर मचा दूँगी।"

अमास खिलखिलाकर हँसा, "इस सराय में शोर का कोई मूल्य नहीं। इस नगर में इन दिनों शोर का कोई मूल्य नहीं। और मुझे लड़ती बिल्ली अच्छी लगती है।"

असिलोमा क्रोध में पागल हो उठी। उसने लपककर पास में रखी पानी की सुराही उठाई और पूरा बल लगाकर अमास के सिर पर दे मारी। जब तक अमास संभले, वह खुले द्वार से बाहर भाग ली बिना सोचे समझे कि इस निर्दय नगर में वह कहाँ जायेगी।

७

पथ अंधेरा और भयावह लगता था।

दो आदमी मिले। एक ने पूछा, "तू कौन है?"

दूसरा बोला, "मैं सुहनु पिशाच हूँ। पणि सुबाल की नौका पर आया हूँ। और तू।"

"मैं दानव मर्क हूँ। मय दानव की जाति का। उदपारक नाग ने मुझे अपना भवन बनाने के लिए बुलाया है।"

दोनों मदमत्त थे।

"यहाँ कैसे घूम रहा है?" सुहनु ने पूछा।

"मयों का क्या पूछता है, उनके पैर में चक्कर है। वे सर्वदा घूमते रहते हैं। और तू यहाँ कैसे घूम रहा है? मैंने तो तुझे सराय में सुरा पीते और उस गरुड़ नर्तकी से छेड़खानी करते देखा था।"

"हाँ, वहीं था मैं।"

"तो यहाँ क्यों घूम रहा है? क्या उस गरुड़ स्त्री ने धन अधिक माँगा?"

सुहनु की दुखती रग छू गई। वह तड़प उठा, "कौन कहता है! बात यह है हम पिशाचों को ऐसे आनन्द नहीं आता। बल से जब नारी पर अधिकार किया जाय तभी आनन्द मिलता है।"

मर्क हँसा, "यही हम दानवों का भी विचार है। इन सरायों के लेन-देन से तो हम ऊब उठते हैं।"

तभी कोई आकृति उनके पीछे से भागती हुई आई और आगे निकल गई। दोनों चौंक पड़े। "मैं शर्त लगाता हूँ यह कोई रमणी है," बोलता हुआ सुहनु व्याघ्र की तरह लपका। मर्क भी पीछे भागा।

बीस पगों में दोनों ने उस नारी को पकड़ लिया।

"छोड़ दो मुझे," असिलोमा चिल्लाई।

मर्क बोला, "बोल भई सुहनु, मजा आ गया। यह तो अभी तरुणी है। खूब मिली।"

पथ जनशून्य पड़ा था। रंगरेलियाँ मनाई जा रही थीं। इक्का-दुक्का व्यक्ति घर से बाहर दिखाई देता था।

असिलोमा में पता नहीं कहाँ का बल आ गया था। उसने अपने को छुड़ा लिया और भागने लगी।

"यह ऐसे नहीं मानेगी," कह कर पिशाच ने उसका हाथ पकड़ कर मरोड़ दिया। वह दर्द से दोहरी हो गई। फिर भी चिल्लाती रही।

पास से एक व्यक्ति निकला। मद्य-सिंचित स्वर आया, ''निमटकर मेरे पास पहुँचा देना। चौथा घर है मेरा।''

मर्क ने घसीटते हुए कहा, ''इसे नौका पर ले चलते हैं। तेरी नौका कहाँ बँधी हुई है?''

''कुछ दूर पर है। पर ऐसे नहीं कपड़ा खोल ले। गठरी बाँध कर ले चलेंगे।''

सहसा दो मनुष्य मूर्तियाँ उनके सिर पर आ धमकीं। दोनों के हाथ में नंगी तलवार थी। उनमें लम्बी मूर्ति गरजी, ''छोड़ दो इसे।''

''क्यों छोड़ दूँ? मेरा शिकार तू ले जाना चाहता है।''

''मूर्ख! हमें भी तू अपने जैसा समझता है।'' यह दूसरा था।

स्वर सुनकर असिलोमा चौंकी, वह कहीं से उसकी स्मृति के तार छू गया। उसने चन्द्र की क्षीण रोशनी में पहचानने का प्रयास किया। ''कौन, नवागन्तुक?''

''सम्राट्, यह सिन्धु-कन्या है। यह यहाँ कैसे आ गई?'' दिवौक्ष ने कहा।

''धृष्ट, मैं निहत्थे पर वार नहीं करता। अपना अस्त्र उठा।'' मान्धाता गरजा।

''सम्राट्, ये ऋत की बातें इन दस्युओं के लिये नहीं हैं। इनके कार्य का दण्ड इनका वध ही है।'' दिवौक्ष बोला।

मान्धाता की तलवार चमकी और सुहनु के दो टुकड़े पृथ्वी पर पड़े हुए तड़प रहे थे। सम्राट के सम्मुख दिवौक्ष पहले तलवार नहीं चलाना चाहता था। अब उसने मर्क पर वार किया। पर मर्क भाग निकला और अंधेरे में खो गया।

असिलोमा छूटी जाकर पथ पर गिर गई थी। उसे हाथ पकड़ कर उठाते हुए दिवौक्ष बोला, ''बहन, तुम कौन हो? मैं तुम्हें नहीं पहचान पा रहा।''

बड़ी कठिनाई से धड़कते दिल को शान्त करके असिलोमा बोली, ''आपको मैंने एक युवती के साथ नार्मिणी में जलाशय के द्वार पर देखा था।''

''पर नार्मिणी से तुम यहाँ कैसे? और इस हालत में?'' मान्धाता की समझ में नहीं आया।

''हमें मिले कुछ ही दिन हुए हैं,'' दिवौक्ष बोला। ''इसका अर्थ है तुम भी हमारे से एक दो दिन पहले ऊर को चल दी थी।''

असिलोमा मान्धाता के प्रति बहुत कृतज्ञ थी। उसे लगता था जैसे उसका दूसरा जन्म हुआ हो और इसके लिये वह इस आजानुबाहु युवक की ऋणी है। नार्मिणी में जलाशय के ऊपर से सुनी बात के आधार पर उसे लग रहा था कि वह दिवौक्ष को युगों से जानती है। उसने दिवौक्ष से पूछा, ''आप कौन हैं?''

दिवौक्ष ने उत्तर दिया, ''ये सम्राट् मान्धाता हैं, मेरे स्वामी। महान् विजेता जिन्होंने देव, असुर, नाग, गरुड़ सबको विजय कर लिया है।''

अच्छा, यही वह हैं जिन्होंने नार्मिणी पर आक्रमण किया था। असिलोमा ने सोचा वह फिर फिसल रही है। नहीं, केतुमान् के प्रति बचपना था, प्रणयोन्माद था। और अब एक रात के चक्कर ने उसे दस वर्ष बूढ़ा कर दिया है। इसी प्रबल भुजा के नीचे वह जीवन बिता सकती है।

''लेकिन तुम यहाँ कैसे आई?'' दिवौक्ष ने फिर प्रश्न किया।

सिसकी भरते भरते उसने सब गाथा कह सुनाई।

मान्धाता ने पूछा, "अब तुम कहाँ जाओगी?"

असिलोमा इसी प्रश्न की आशा कर रही थी। "अब आपको छोड़कर कहाँ जाऊँगी। आप ही मेरे सब कुछ हैं। यदि कुछ भी हो गया होता, तो मैं इस नदी में डूबकर प्राण दे देती। यह प्राण आपने ही बचाये हैं।"

मान्धाता सोच में पड़ गया। "यहाँ हम युद्ध करने आये हैं। कल ही युद्ध होगा, तुम्हें कहाँ रखेंगे!"

दिवौक्ष का दिल पिघल गया था। "आप समझे नहीं सम्राट्।"

"क्यों?"

"यह स्वेच्छा-वरण के शब्द हैं।"

असिलोमा शरमा गई। वह सचमुच बड़ी सुन्दर थी और लज्जा ने तो मुख पर अद्भुत लाली उत्पन्न कर दी थी।

"क्या कह रहे हो दिवौक्ष!" मान्धाता ने झिड़का। "तुम इस युवती की हँसी उड़ा रहे हो।"

"नहीं सम्राट्, भैया सच कह रहे हैं," असिलोमा ने निर्लज्ज बनकर कहा। मैं जग को विजय करने आया हूँ विवाह करने नहीं।"

"महाराज, वसुन्धरा और उसकी हर वस्तु वीर के लिये भोग्या है। सम्राट् ययाति ने असुरकुल कन्याओं से विवाह किया था, आप भी इस असुरकुलनन्दिनी को सहारा दीजिये।" दिवौक्ष बोला।

"लेकिन इसे मैं.........

"यह आप पर भार नहीं बनेगी। मेरी बहन बड़ी वीर है। और फिर गोचपला जैसी बहन के रहते हुए आप स्त्री की वीरता पर अविश्वास करते हैं।"

"ऐसा ही हो। नार्मिणी ने तुम्हें गोचपला उपहार में दी और ऊर ने मुझे....

"सम्राट, मेरा नाम असिलोमा है।"

"हाँ, ऊर ने मुझे असिलोमा।" मान्धाता ने असिलोमा का हाथ थाम लिया। असिलोमा का रोम-रोम सिहर उठा। कर्ण में सुर बज उठे और मुख आरक्त हो गया।

"सम्राट्, अब वापस नावों पर चलिये। नावों पर की थकावट दूर हो गई है। वास्तव में वरुण को आपको वधू प्रदान करनी थी, इस कारण कुछ दूर घूमने की प्रेरणा दी।"

८

अगले दिन राजा को उठने में देर हो गई। क्योंकि सुमेरी सेनापति घबराया द्वार पर उपस्थित था, इसलिये दो दासियों को उसे विशेषतः जगाना पड़ा और मार खानी पड़ी।

सेनापति को बुलाने की आज्ञा देकर उसके आने पर राजा ने पूछा, "क्या बात है सेनापति?"

"राजन्, एक लम्बा श्वेत युवक आया है। वह अपने को सम्राट् मान्धाता का चर बताता है।"

''मान्धाता कौन?'' राजा के मस्तिष्क में सहसा बिजली कौंधी, ''हूँ, कल वह पणि इसी के विषय में कह रहा था। अच्छा, चर को बुलाओ।''

चर ने अन्दर आकर सनम्र अभिवादन किया और कहा, ''राजन्, मैं जगत्विजेता सम्राट् मान्धाता का चर हूँ। जगत-विजय की इच्छा से सम्राट् आपके देश आ पहुँचे हैं उन्होंने कहलावाया है कि आप उनकी अधीनता स्वीकार करें और नगर-घाट पर आकर उनका स्वागत करें अन्यथा युद्ध की चुनौती स्वीकार करें।''

''बत्तमीज! सेनापति इसका सिर गरदन से उड़ा दो।''

दूत ने नम्र स्वर में कहना जारी रखा, ''राजन्, मानव धर्म के अनुसार दूत अबध्य होता है। हम चाहते तो कल सन्ध्या जब हम यहाँ पहुँचे थे, आप पर आक्रमण कर सकते थे। पर हमने ऐसा नहीं किया। मानव धर्म धोखे से मारना नहीं सिखाता, न रात्रि को लड़ने की अनुमति देता है। सैनिक लड़ते हैं और हार जीत होने पर मित्र हो जाते हैं। आप इस पर मनन कीजिए। युद्ध और विजय राजा का धर्म है। परन्तु कोई काम ऐसा न होना चाहिए जिससे फिर बाद में सम्बन्धों में कटुता आये।''

विलक्षण संस्कृत बोली थी दूत की और अभिव्यक्ति का बल भी था। राजा को लगा कि वह उसकी बात से सहमत है। उसने अंगुली से सेनापति को वर्जित किया जो चर को पकड़ कर बाहर ले जाने का प्रयत्न कर रहा था।

राजा ने पल भर सोचा और उत्तर दिया, ''दूत, मान्धाता से कहना, हम कुछ देर में उसका शस्त्रों से स्वागत करने पहुँच रहे हैं।''

९

मान्धात ने युद्धस्थल नगर से बाहर एक समतल स्थान चुना जिससे साधारण जनता की कोई हानि न हो। मानव धर्म की यह विशेषता थी–युद्ध होते थे, सैनिक लड़ते थे, किन्तु साधारण विश अपना काम करता था; कृषि और व्यापार, ऋषि के आश्रम तथा गुरुकुल को कोई हानि नहीं पहुँचती थी।[1]

सुमेर सेना बाहर निकली, किन्तु अनेक समरों के महारथियों से वह क्या लोहा ले सकती थी। केवल दो घंटे में समर का भाग्य निर्णीत हो गया। ऊर के राजा ने शस्त्र डाल दिये और मान्धाता को आत्म-समर्पण कर दिया।

मान्धाता नहीं चाहता था कि किसी देश की प्रथाओं, मान्यताओं में वह हस्तक्षेप करे। उसने आज्ञप्ति करा दी कि उत्सव पहले के समान मनाया जायेगा। मन्दिर के विशाल प्रांगण में सभा जुड़ी। असिलोमा को विश्वास नहीं हो रहा था कि क्या वह सपना देख रही है या जो कुछ आँखों के सामने घट रहा है वह सत्य है। कहाँ कल उसके सामने नदी की शरण लेने के अतिरिक्त कोई चारा नहीं था और कहाँ आज वह इस विशाल जनसमूह के सामने साम्राज्ञी की हैसियत से बैठी है। अमास और केतुमान् भी इस भीड़ में कहीं होंगे और अपने नेत्र मल रहे होंगे।

---

1. यह प्रथा सहस्रों सालों में भारतीयों में इतना घर कर गई, रक्त में इतना बस गई, कि बाद में बाहर के असभ्य शक, तुर्क, मंगोल आक्रमणों से वे आश्चर्यचकित रह गये। इनके कोई घर नहीं था और वे भूमि हड़पने आये थे, लड़ने वालों सबको मारकर, उनको नेस्त-नाबूद कर।

मान्धाता ने राजा को अपने पास स्थान देते हुए प्रधान पुजारिन को एनलिल की पूजा आरम्भ करने का आदेश दिया।

सहसा भीड़ में कुछ हलचल मची और दिवौक्ष और गोचपला हाथ में रक्त रंजित तलवार लिये भीड़ में से निकलते दिखाई दिये।

मान्धाता ने पूछा, "तुम दोनों कहाँ थे?"

"सूर्य के सूनु, हमें क्षमा करें। हमें अपनी बहन का प्रतिकार चुकाना था?" दिवौक्ष ने कहा।

"क्या?"

"सम्राट्, हम भीड़ में मिले हुए थे अमास और केतुमान् की खोज में।" गोचपला ने बात आगे बढ़ाई, "और हम उन्हें पहचानने में समर्थ हुए।"

मान्धाता मुस्करा दिया, असिलोमा कृतार्थ हुई।

प्रधान पुजारिन ने देवी की स्तुति आरम्भ की, लेकिन फिर विघ्न पड़ा। भीड़ से भरम बाहर निकल कर आया। "प्रधान पुजारिन झूठी है। हमें नई प्रधान पुजारिन छांटनी होगी।"

"क्यों?" राजा ने पूछा।

"इस पर देवी की कृपा नहीं है। यह पूजा करना नहीं जानती।"

"यह कौन है," मान्धाता ने राजा से पूछा।

उत्तर स्वयं भरम ने दिया, "मैं अनु का उपासक भरम हूँ। मुझे अनु ने इस की पोल खोलने भेजा है। इसी की गलत पूजा के कारण हमारी हार हुई।"

भीड़ में चिमगोइयाँ होने लगीं। लेकिन मान्धाता के गम्भीर स्वर ने सबको शान्त कर दिया। वह सिंहासन से उठकर पूरी ऊँचाई पर तन कर खड़ा हो गया। "मैं सूर्य वंशी हूँ। मैं तुम्हारे अनु (सूर्य) का पुत्र हूँ। इस झूठे की बात का उत्तर यह है।" मानधाता ने तूणीर से एक तीक्ष्ण बाण निकाला और हाथ से ही भाले के समान उसे तीव्र गति से फेंका। बाण ने भरम का वक्ष विदीर्ण कर दिया। वह कटे वृक्ष के समान भूमि पर जा पड़ा।"

जनता एक पल को स्तब्ध रह गई और फिर समवेत स्वर उठा, "अनु के पुत्र की जय हो। सम्राट् मान्धाता की जय हो।"

उसके पश्चात् अनेक वर्षों तक सुमेरी अपने बाल-बच्चों को यह बताते रहे कि जब भरम ने शैतानी फैलाई थी तो अनु उत्सव वाले दिन भेष बदलकर ऊर में आये और उन्होंने राजा के माथे पर स्वयं मुकुट रखा।[1]

उत्सव बड़ी धूमधाम से मनाया गया।

१०

मान्धाता ने ऊर में रहते हुए अन्य नगर-राज्यों को अपने दूत भेजे। सब जगह ऊर के पतन का समाचार पहुँच चुका था। सब ने अधीनता स्वीकार कर ली।[2]

---

1. सुमेरी लोक-कथा
2. बाणभट्ट, हर्षचरित, तृतीय उच्छ्‌वास, पृष्ठ 244

मन्त्री प्रमति की सलाह पर मान्धाता ने एक यज्ञ फरात के तट पर करने की ठानी। सब सुमेर और अक्काद राज्यों को निमंत्रण भेजा गया। धन-धान्य की भेंट लेकर सब राजा उपस्थित हुए। यज्ञ धूमधाम से निर्विघ्न समाप्त हुआ।

तभी एक दिन सुबाल मान्धाता से मिलने आ पहुँचा। "सम्राट्, आपसे एक निवेदन है।"

"तुम कौन हो?"

"सम्राट्, मैं सुबाल पाणि हूँ। मेरी नौकाएँ सागरों और नदियों में चलती हैं।"

"कहो, तुम्हें क्या कहना है?"

"आप अब रमणक (मिस्र) की ओर विजय के लिए प्रस्थान कर रहे हैं?"

"हाँ?"

"सुमेरवालों ने जो धन आपको दिया है, यदि वह आपके साथ रहा तो वह आपके हृदय पर व्यर्थ का भार बनकर रहेगा।"

मान्धाता और उसकी समिति की समझ में नहीं आया कि सुबाल क्या कहना चाहता है।

सुबाल ने बात आगे बढ़ाई। "यदि आप मुझे इस योग्य समझे, तो इस धन-सम्पत्ति को अयोध्या पहुँचाने का उत्तरदायित्व मुझे सौंप दें और स्वयं निश्चिन्त होकर विजय की ओर अग्रसर हों।" व्यापारी की दृष्टि बड़ी पैनी थी। मान्धाता का प्रताप वह अपने नेत्रों से देख चुका था और चाहता था कि इस बहाने मानव राज्यों में भी उसकी पहुँच हो जाय।

बात तो ठीक थी परन्तु यह अनजाना व्यक्ति! मानवों ने एक दूसरे की ओर झाँका। प्रमति ने पूछा, "लेकिन हमें कैसे भरोसा हो कि तुम सामान अयोध्या पहुँचा दोगे?"

पूछने के बाद सब को प्रश्न स्वयं अजीब सा लगा। सुबाल ने विनीत भाव से हाथ जोड़कर प्रार्थना की, "मैंने बेईमानी की तो सार्वभौम सम्राट् से बचकर कहाँ जाऊँगा। वैसे मैं व्यापारी हूँ और आप ऊर आदि सुमेर के नगरों के किसी दुकानदार या सिन्धु का कोई व्यापारी यहाँ हो तो उससे पूछ सकते हैं कि मेरी साख क्या है। ये लोग सामान लाने के लिए मुझे अग्रिम में कितना ही धन दे देते हैं, मेरे हाथ के लिखे परचे को कहीं भी सकेरा जा सकता है।"

"तुम ठीक कहते हो सुबाल। हम तुम्हारे बड़े कृतज्ञ हैं। हमारे पत्र भी लेते जाना और सब सामान अयोध्या पहुँचा देना।"

सामान अयोध्या भेजकर मान्धाता ने रमणक (मिस्र) की ओर प्रस्थान किया।

---

1. इस आक्रमण ने सुमेर नगर-राज्यों की दुर्बलता को उजागर कर दिया। शीघ्र ही किश नगर में एक जन-नेता सारगन (शर्रू-किनु) उठ खड़ा हुआ जिसने सब नगर-राज्यों को जीतकर एक कर दिया। उसने एक नया नगर अगादे बसाकर उसे अपनी राजधानी बनाया। पूर्व में उसने एलाम (प्राचीन दक्षिण-पश्चिम फारस) जीता और पश्चिम में सीरिया और लेबनान जीतता भूमध्यसागर के तट तक जा पहुँचा। उसकी पुत्री एन-खेदु-अन्न नन्नार (चन्द्रदेव के मन्दिर की प्रधान पुजारिन) बनी। उस समय भारत में सगर अपना चक्रवर्ती साम्राज्य स्थापित कर रहा था।

मिस्र विजय

१

नील की दलदलों में आदमी जंगली बत्तखों को जाल में फँसा रहे थे। कुछ भाले से मछली का शिकार खेल रहे थे और कुछ बत्तखों के पंख नोच रहे थे।

दासियाँ खड़ी फसल को काट रही थीं। अन्य पत्थर की चक्की पर आटा पीस रही थीं।

कसाई मवेशियों की खाल निकाल रहे थे और मांस के टुकड़े अलग करके रख रहे थे।

पास ही एक आदमी गधों पर सामान लाद कर ले जा रहा था। यकायक एक गधा बिगड़ गया और अड़ गया। गधे वाले ने सहायता के लिए पुकार मचाई। पास में जाता एक आदमी रुक गया। उसने झुककर गधे के अगले पैर कसकर पकड़ लिये और गधे वाले ने कस कस कर लगाम को झटके देने आरम्भ किये।[1]

एक अफसर के घर में दावत हो रही थी। अफसर की सुरुचिसम्पन्न पत्नी अपनी पतली देहयष्टि को महीन पारदर्शक कपड़े में छिपाये अध्यक्ष बनी बैठी थी।[2] अतिथि कुर्सियों पर बैठे थे या गाव तकियों के सहारे लेटे थे। नग्न दासियाँ उन्हें सुरा और सुस्वादु व्यंजन परोस रही थीं। संगीतज्ञों का दल ताली बजा रहा था, चर्मपत्र-मंढी छोटी ढोलकियों पर थपकी दे रहा था और वीणा पर ठेकबदी कर रहा था तथा एक नर्तकी उनकी लय पर नृत्य कर रही थी। एक कोने में कुछ सहगान की युवतियाँ गले को पूरा स्वर दे रही थीं।

सहसा सब स्तब्ध हो गया। बुरा समाचार अग्नि के समान पलों में फैल गया। "ऊपरी और निचले मिस्र के सम्राट्, महान् न्यायी होरस (मिस्री प्रधान देवता) के पुत्र, प्रबल प्रतापी जोसेर या नेतेर-खेट का स्वर्गवास हो गया।"

पत्नी ने रोते स्वर में कहा, "यह कैसे हो गया? क्या इमहोतेप वहाँ उपस्थित नहीं थे?"

इमहोतेप पेरोए **जोसेर** (लगभग 2780-40 ईसा पूर्व) के प्रधान मन्त्री थे। वे हरफन मौला थे। राजकाज की देखभाल करते थे। साथ ही प्रमुख इंजीनियर थे। उन्होंने अनेक भवन बनवाये थे। संसार का सर्वप्रथम सक्कर का सीढ़ीदार पिरेमिड़ भी उनका बनवाया था। मिस्री चित्रलिपि में भी उन्होंने अनेक परिवर्तन किये और उसे परिष्कृत

---

1. ये और आगे के सारे वर्णन पिरेमिडों में तथा मन्दिरों में पाये गये चित्रों तथा श्रीपत्र (पैपीरस) पाण्डुलिपियों के अनुसार हैं।
2. मिस्र में स्त्रियाँ एक लम्बा चिपका हुआ परिधान पहनती थीं जो गले में बाँधा जाता था लेकिन फिर भी वक्ष खुला रहता था और सब देह ढकी रहती थी।

किया। साथ ही वैद्यक में भी वे अनुपम थे। बाद के मिस्री उनकी ज्ञान विज्ञान के देवता के रूप में पूजा करते थे। जब यूनानी मिस्र में आये तब उन्होंने इमहोतेप की अपने वैद्यक के देवता इसकुलपियस से तुलना की। साथ ही कहा कि वह घड़े पत्थरों से भवन निर्माण करने की कला का आविष्कर्ता था। उसकी कहावतें आज तक लोगों की जबान पर चढ़ी हैं और उसकी मूर्तियाँ सहस्रों की संख्या में पाई जाती हैं।

अतिथियों में से एक बोला, "इमहोतेप क्या कर सकते थे? मैंने सुना है कल ही उन्होंने अपने विश्वस्त शिष्य से कहा था– मैं बीमारी से लड़ सकता हूँ किन्तु मृत्यु से नहीं।"

आतिथेय बोले, "आप ठीक कहते हैं। मृत्यु पर किसी का वश नहीं।"

२

मिस्र के आरम्भ में दो भाग थे जब का इतिहास हम जानते हैं। एक ऊपरला मिस्र (दक्षिणी मिस्र, ऊपरला नील की ऊपरी धारा के हिसाब से) और दूसरा निचला मिस्र (उत्तरी मिस्र जहाँ नील सागर से अपना डेल्टा बनाती थी)। इससे पहले के नोम (छोटे-छोटे नगर-राज्य) इन दो बड़े राज्यों में बदल गये थे। एक की राजधानी नेखेन थी, दूसरे की बूटो। ऊपरले का देवता **होरस** था, नीचे का **सेत**। एक का चिन्ह गरुड़ था, दूसरे का सर्प। (सम्भवत: **गरुड़ और नाग** की भारतीय अनुश्रूति बिल्कुल ठीक हो।) 3200 ईसा पूर्व के लगभग ऊपरले मिस्र के राजा **मेने** ने निचले मिस्र को जीतकर दोनों राज्यों को एक कर दिया। राजधानी मेम्फिस बनाई। उसने दो रंग के मुकुट बनवाये–लाल (ऊपरले मिस्र) और सफेद (निचले मिस्र) रंग के। मुकुट पर सर्प बना था और गरुड़ उसका राजचिन्ह था। होरस के पिता ओसिरिस का सेत छोटा भाई माना गया। इस प्रकार दोनों राज्यों का मिश्रण कर एक बड़ा साम्राज्य उसने स्थापित किया और स्वयं पेराए की उपाधि ग्रहण की।

वह प्रथम वंश का संस्थापक था। उसके बाद दूसरा और तीसरा वंश चला। इनके सब पेराए के नाम मौजूद हैं लेकिन मेने के बाद प्रसिद्ध पेराए तीसरे वंश (2780 से 2720 ईसा पूर्व तक) का संस्थापक जोसेर हुआ। लगातार 400 वर्षों की शान्ति ने मिस्र को सुख समृद्धि से भरपूर कर दिया। जब समृद्धि बढ़ी तब कलाओं और विज्ञान में भी उन्नति हुई। नील नदी में प्रति वर्ष बाढ़ आती थी जो उसकी भूमि को उपजाऊ बना जाती थी। प्राकृतिक दशाओं को देख-देख कुछ व्यक्तियों ने यह अनुमान लगा लिया कि किस समय बाढ़ आती है। उनकी पूछ हुई और वे पुरोहित बन गये। इसी प्रकार मिस्रियों ने सर्वप्रथम सूर्य के अनुसार 365 दिन का वर्ष माना जिसमें 60, 60 दिन के छ: महीने होते थे और 5 दिन उनके विभिन्न देवताओं के होते थे।

३

सक्कर का सीढ़ीदार पिरेमिड इमहोतेप की अमर कृति था। मिस्र में आरंभ से विश्वास था कि मनुष्य के मरने के बाद उसकी आत्मा जिसे वे 'क'[1] कहते थे

1. उपनिषदों में भी आत्मा को 'क' कहा गया है।

जीवित रहती थी। जोसेर से पहले के पेराओं ने अपने 'क' के लिए ईंटों के विशाल मस्तब बनवाये थे जिनमें उनका पार्थिव शरीर पूरे राजसी ठाठ और उनके समस्त सांसारिक वैभव के साथ दबा दिया जाता था। जोसेर ने भी अपने लिये एक विशाल ईंटों का मस्तब बनवाया था जो कभी प्रयोग में नहीं लाया गया, क्योंकि उसके चतुर मन्त्री इमहोतेप ने पत्थर की वास्तु-कला आरम्भ की और सक्कर का विशाल सीढ़ीदार पिरेमिड़ बनाया।

जोसेर की शव यात्रा बड़ी धूमधाम से आरम्भ हुई। मेम्फिस से वह पश्चिम की ओर बढ़ी जहाँ लीबिया के पठार के कोने पर वह 6 सीढ़ियों का पत्थर का बना अजूबा खड़ा था। शव के पीछे नया पेराए **सेखेम-खेत** (अर्थ–देह से शक्तिशाली) था और उसके साथ इमहोतेप चल रहा था। शीघ्र ही वह एक आयताकार स्थल के सामने आकर रुकी जो 33 फुट ऊँची दीवार से घिरा था। उसके अन्दर जाने पर विभिन्न भवन मिले।

पिरेमिड के प्रांगण तक पहुँचने के लिए एक स्तम्भावलि से गुजरना पड़ा जिसके हर कोने पर एक द्वार था। वह द्वार मेम्फिस के राजभवन के काष्ठ के द्वारों का नमूना था। कब्जे भी उसमें थे और जोड़ के छड़ की झिरी भी। लेकिन वे द्वार पाषाण के थे और न खुलने वाले थे। चारों ओर की दीवार भी वप्रों के क्रम में थी जिसमें खाँचेदार दिले थे काष्ठ-कार्य के समान। स्तम्भावलि के खम्भे भी धारीदार थे नरकुल के बंडलों के समान जिनसे मिस्र की गारे-मिट्टी की दीवार छाई जाती थी। इन खम्भों ने छत को सहारा दे रखा था जो पत्थर के टुकड़ों से, जो ताड़ के लट्ठों के समान लगते थे, बनी थी। अभी पाषाण वास्तु-कला का विकास नहीं हुआ था और काष्ठ वास्तु-कला को ही पाषाण में रूप दे दिया गया था।

पिरेमिड के अतिरिक्त उस आयत में अन्य भवन भी थे जिनमें मन्दिर प्रमुख था। लेकिन शव सीधा पिरेमिड में प्रविष्ट हुआ और नीचे बने कमरे में संभाल कर रख दिया गया। उस कमरे के पीछे अन्य कमरे थे जो बिल्कुल राजा के निवास स्थान के प्रतिरूप थे।

अन्त्येष्टि संस्कार के पश्चात् सब बाहर निकल आये और पिरेमिड का द्वार बन्द कर दिया गया।

४

सात वर्ष का होथा अपने हाथ के श्रीपत्र का पढ़ने का प्रयत्न कर रहा था। ''एक मगर था। वह पवित्र नील के किनारे रहा करता था।''..............

उसकी बात बीच में काट कर तयी बोली, ''बेटा, तुम अब खेलो। तुम्हारे पिता थके हारे लौटे हैं। उन्हें विश्राम करने दो।''

इमहोतेप काफी वृद्ध हो चुके थे। अपने साथी जोसेर के मरने पर वे भी अपने को टूटा टूटा अनुभव करते थे। नया पेराए सेखेम-खेत उनका आदर करता था। लेकिन राज-काज अपनी मरजी से करता था। उनके जिम्मे यही काम सौंपा गया था कि

वे नये पेराए के लिये भी एक शानदार पिरेमिड तैयार कर दें। उसी काम से वे इस समय लौटे थे।

होथा ने इमहोतेप की ओर देखा। इमहोतेप ने पूछा, "कहो बेटा, क्या पढ़ रहे थे?"

"पिताजी, **केगेम्नी** की नीति-कथा[1] पढ़ रहा था।"

"शाबाश बेटा केगेम्नी बड़ा अच्छा आदमी है। वह खेल-खेल में बच्चों को बड़ी अच्छी बातें सिखाता है।"

"पिताजी, एक बात पूछूँ?"

"पूछो बेटा!"

"आप बच्चों के लिये क्यों नहीं लिखते?"

"क्या मतलब?"

"कहावतें आप कहते हैं। बड़े आदमी आपकी पूजा करते हैं। और आपकी कहावतों पर बच्चों की कहानियाँ केगेम्नी लिखते हैं।"

तयी बीच में चिल्ला पड़ी, 'फिर तुमने उन्हें परेशान करना आरम्भ किया। जाओ, बाहर जाकर पढ़ो।"

"क्यों बच्चे को डाँट रही हो।"

"डाँटूँ नहीं तो तुम्हारी जान खा जायेगा। सवाल पूछ पूछकर नाक में दम कर देगा।" कहते हुए तयी ने होथा को घूर कर देखा। वह अपना श्रीपत्र उठा कर बाहर भाग गया।

एक दास आकर इमहोतेप की चप्पल खोल रहा था। चप्पल खोल कर उसने पैरों को गर्म पानी से धोना आरम्भ किया।

तयी ने पूछा, "आज बड़ी देर कर दी।"

"आज पत्थरों को अपने स्थान पर लगाया था। इसमें देर हो गई।"

"तुम्हारे इतने सारे शिष्य हैं। पर तुम्हें किसी पर भरोसा हो तभी तो।"

इमहोतेप हँसने लगा, "तुम ठीक कह रही हो। जी नहीं ठुकता। दूसरे कुछ आदत ऐसी पड़ गई है कि उन पत्थरों की खुदाई-लगाई में ही मुझे आराम मिलता है।"[2]

"तुम्हारी आदत तो मैं जानती हूँ। महान् पेरोए को तुम्हें पिरेमिड बनाने का काम ही नहीं सौंपना चाहिए था। तुम्हें अपने पास रखता तो कुछ काम की बातें सीखता।"

इमहोतेप उदास हो गए। "मेरे स्वामी महान् जोसेर चले गये। उनका पुत्र उनके अनुरूप नहीं हुआ।"

---

1. उस समय में केगेम्नी प्रसिद्ध लेखक हुआ जिसकी बाल नीति-कथाएँ और कहावतों की कहानियाँ बहुत लोकप्रिय थीं।
2. सेखेम-खेत के अधूरे पिरेमिड में एक दिवार पर इमहोतेप का नाम लिखा है और उसके पास ही पत्थरों की सीध बैठाने के लिये डोरी से गेरु छिटका हुआ है, जैसे आज के राज भी लाइन बनाते हैं।

५

प्रासाद के कमरे में सेखेम-खेत ने जादूगर **ज़ज़मोंख** से कहा, ''आज हमारा जी नहीं लग रहा। बताओ हम क्या करें?''

जादूगर ने सोचने का अभिनय किया।

पेरोए ने बिगड़ कर पूछा, ''क्या बात है? आज तुम्हारा दिमाग घास चरने गया है?''

''भगवन्, मैं कोई बढ़िया खेल सोच रहा था और वह मुझे स्मरण हो आया है।''

''जल्दी बोलो।'' पेरोए ने आदेश दिया।

''आप इसी समय प्रासाद की झील पर चलें। वहाँ जितनी भी अपनी पत्नियाँ हैं। उन सबको अपनी नाव खेने पर लगा दें। फिर देखिये, उन्हें देख-देख कर आपको कितना आनन्द आयेगा।'' जादूगर ने सलाह दी।

''तुम मूर्ख हो,'' सेखेम-खेत ने झिड़का।

ज़ज़मोंख सकते में रह गया। उसका मुख जरा सा निकल आया।

''यदि मैं अपनी सब पत्नियों को नाव पर बैठा लूँगा तो मेरी नाव डूब जायेगी।''

जादूगर ने अपने को कोसा। उसे यह बात ध्यान क्यों न आई।

परन्तु राजा का दिमाग चल रहा था। ''मैं तुम्हें आदेश देता हूँ कि तुम उनमें से 20 को छाँट लो जिनके लम्बे अंग हों, सुन्दर वक्ष हों और घुंघराले बाल हों, और जिन्होंने अभी तक गर्भ धारण न किया हो। साथ ही 20 मछली पकड़ने के जाल भी लेते आना। वे वस्त्र उतार कर इन जालों को धारण करेंगी और चप्पू चलाते समय मछलियों के समान तड़पती दिखाई देंगी।''

ज़ज़मोंख आनन्द के मारे उछल पड़ा। उसने जल्दी-जल्दी सब प्रबन्ध कर दिया और नाव पर महान् पेरोए भ्रमण करने चल दिये। जादूगर भी साथ था। लेकिन आज उसका भाग्य उल्टा पड़ रहा था। चप्पू चलाते-चलाते एक रानी का चप्पू उसके बालों से टकरा गया और उसके बालों में टँका मैलेकाइट का मकराकृति टीका निकल कर पानी में जा पड़ा। पेरोए की सनक से वह रुष्ट थी ही, अपना प्यारा आभूषण खोकर उसके दिल को और ठेस लगी। उसने चप्पू चलाना छोड़ दिया। उसकी देखा देखी उस ओर की अन्य रानियों ने भी चप्पू चलाना बन्द कर दिया।

पेरोए ने अचम्भे से पूछा, ''क्या बात है? नाव क्यों नहीं खे रही?''

रानी ने उत्तर दिया, ''मेरा टीका जल में गिर गया है।''

''तो चिन्ता किस बात की है। प्रासाद में जाकर मैं तुम्हें दो टीके मँगवा दूँगा।''

लेकिन रानी को तो बहाना मिल गया था। उसने मान करते हुए कहा, ''मैं तो यही टीका लूँगी। यह मुझे बहुत प्रिय है।''

पेरोए ने जादूगर की ओर मुड़कर कहा, ''ज़ज़मोंख, अपना जादू दिखाओ। पानी के बीच से वह टीका उठा लाओ।''

जादूगर के हाथों के तोते उड़ गये। वह कुछ टाल-मटोल करने की सोच रहा था किन्तु सेखेम-खेत की भृकुटि ने उसे कपड़े समेत झील में कूद जाने को बाध्य किया। वह तो ओसोरिस के पुत्र होरस की कृपा थी कि झील का पानी स्वच्छ था और उसे टीका तली में चमकता हुआ दिखाई दे गया।

जादूगर का जाता मान रह गया, लेकिन उन भीगे वस्त्रों में काँपता वह अपने भाग्य को कोसता रहा।[1]

६

नौका-भ्रमण से लौटकर आने पर सेखेम-खेत प्रसन्न था। वह सीधे सभास्थल की ओर गया। वहाँ उसके सिंहासन पर उसकी प्रधान रानी सभा लगाये बैठी थी। चारों ओर चाटुकार सभासद बैठे थे।

उसे देखकर रानी ने हटकर उसके लिए स्थान खाली कर दिया और मदसिक्त स्वर में चिल्लाई, ''पहले एक प्याला मुझे और देना, फिर महान् पेरोए को। मैं आज सुरा की झील में डूब जाना चाहती हूँ।'' उसकी बात से लगता था कि वह नौका भ्रमण पर अपने को न ले जाये जाने के कारण कुछ क्रुद्ध है।

परन्तु पेरोए प्रसन्न था। उसने कहा, ''हाँ, पहले रानी को पिलाओ।''

खाल्दी दासी आगे बढ़ी और रानी का प्याला भर दिया।

सहसा द्वार पर एक चर प्रकट हुआ। उसके हाल बेहाल थे। दोनों हाथ उठाकर उसने पेरोए से प्राणों की भीख मांगी। अवश्य वह कोई दुखद समाचार लाया था।

पेरोए ने उसे अभयदान देते हुए कहा, ''उठ, बोल तू क्या कहना चाहता है?''

''ओ महान् पेरोए, मैं ऊपरले मिस्र से आ रहा हूँ। वहाँ एक विशाल आदमियों की सेना ने आक्रमण किया है।''

''विशाल आदमी!'' सभासद हुनी ने पूछा।

''उन्हें आदमी कहूँ या क्या कहूँ। सब बहुत लम्बे हैं। उनका रंग बहुत सफेद है और बाल काले, पिंगल और भूरे हैं। वे अपने को मानव कहते हैं।''

''तो हमारे प्रतिनिधि ने उन्हें उनकी मूर्खता का मूल्य चुका दिया होगा?'' पेरोए ने दाँत चबाते हुए पूछा।

''होरस के पुत्र क्षमा करें। वे हार गये हैं और मार डाले गये हैं। मानवों का सम्राट् मान्धाता राजधानी की ओर बढ़ा चला आ रहा है।''

''मेरे बेटे का क्या हुआ?'' बूढ़े **हुनी**[2] ने पूछा।

''**स्नोफ्रू** ने बड़ी वीरता दिखाई पर वे पकड़े गये। साथ में उनकी पत्नी **हेतेफ्रास** और नन्हा **खुफू** भी।''

---

1. श्रीपत्र पर लिखी मिस्री गाथा।
2. सेखेम-खेत के बाद तीन अल्पकाल राज्य करने वाले पेरोए के बाद हुनी पेरोए बना। वह भी जल्दी मर गया। उसके बाद पुत्र स्नोफ्रू पेरोए बना जिसने प्रसिद्ध तिरछा पिरेमिड बनाया। उसके बाद उसका पुत्र महान् खुफू गद्दी पर बैठा जिसने गीज़ा का सबसे विशाल पिरेमिड बनवाया। संसार के साथ आश्चर्यों में से केवल वही बचा है।

"हे होरस, मेरा क्या होगा? हुनी बिलबिलाया।

"चुप रह मूर्ख।" पेरोए गरजा। मिस्र में निरंकुश शासन था और पेरोए भगवान् का बेटा माना जाता था।

"मान्धाता ने नूबिया (सूडान) के सब दासों (हब्शियों) को छोड़ दिया है। वह कहता है सब मानव आपस में बराबर हैं। कोई एक दूसरे को दास नहीं बना सकता। वे सब अपने देश भाग गये हैं। सुना है वहाँ उन्होंने **मान्धाता**[1] नाम का नगर बसाया हैं।"

"बस, और मत सुना। हम अभी सेना लेकर चलते हैं और मान्धाता को दण्ड देते हैं।"

तभी दूसरा चर द्वार पर दिखाई दिया।

"महान् होरस के पुत्र! मैं दुखद समाचार लाया हूँ। विद्वान इमहोतेप काम पर मूर्छित होकर गिर पड़े और फिर न उठ सके।"

"इस समय ऐसा समाचार!" सेखेम-खेत ने कहा।

जादूगर ज़ज़मोंख ने अर्थ-व्याख्या की, "इसका मतलब है कि आपके सामने वह मान्धाता भी पृथ्वी पर जा पड़ेगा और उसका 'क' पश्चिमी मार्ग पर चला जायेगा।"

७

सेखेम-खेत ने अपनी बड़ी सेना एकत्र की और आगे बढ़कर मान्धाता की सेना से मोर्चा लिया। मिस्री सेना अपने देवता होरस के पुत्र के लिए प्राणों पर खेल गई। घमासान समर हुआ। नील में उस वर्ष मानो रक्त की बाढ़ आ गई।

सन्ध्या होने से पहले फल निकल आया। सेखेम-खेत[2] मारा गया। कुछ साथी भाग गये और शेष अस्त्र-शस्त्र फेंककर मान्धाता की शरण में आये। मान्धाता की पंचरंगी सेना ने राजधानी मेम्फिस में विजय-प्रवेश किया।

स्नोफ्रू और उसके परिवार ने मान्धाता पर अच्छा प्रभाव डाला था। स्नोफ्रू वीर था और उसकी पत्नी भी बड़ी चतुर और पतिव्रता थी। और पूत खुफु के पाँव पालने में दिखाई दे रहे थे। मान्धाता ने स्नोफ्रू से पूछा, "पेरोए मारा गया है, उसके कोई सन्तान है?"

"एक लड़का है।"

"वह भी पिता जैसा होगा। मेरे विचार से तुम सिंहासन पर बैठ जाओ।"

"आप क्या कह रहे हैं? अगला पेरोए वह..........

"मैं तुम्हें सिंहासन पर बिठा दूँगा, कोई चूँ नहीं करेगा।" मान्धाता चाहता था कि योग्य व्यक्ति इस महान् साम्राज्य की बागडोर सँभाले।

---

1. आज भी इसी नाम से मौजूद है।
2. सेखेम-खेत का पिरेमिड अधूरा पड़ा है। इससे पता चलता है कि इमहोतेप और वह जल्दी मर गये।

"यह आपकी कृपा है। लेकिन **थौथ**[1] के नियमों के अनुसार वह लड़का पेरोए हो गया है। यदि मुख्य वंश निश्शेष हो गया तो मेरा नम्बर आ सकता है।"

मान्धाता नियमों को पलटना नहीं चाहता था। वह मान गया।

विशाल राज्यसभा जुड़ी जिसमें नए पेरोए ने सम्राट् मान्धाता का पाद-प्रक्षालन किया, उन्हें सार्वभौम राजा स्वीकार किया और एक महान् धनराशि भेंट में दी।

इस दृश्य को देखकर दिवौक्ष फूट-फूट कर रो पड़ा। गोचपला असमंजस में पड़ गई। मन्त्री प्रमति ने उसे दिलासा देते हुए पूछा, "हट पगले, रोता क्यों है? यह तो आनन्द का अवसर है।"

"पितृव्य, ये आनन्द के आँसू हैं। आज मेरी मनोकामना पूरी हुई। जो सपना मैंने बचपन से राजा के मस्तिष्क में भरा था, वह आज पूरा हुआ। आज मेरा राजा **सार्वभौम राजा**[2] बन गया।" उससे आगे नहीं कहा गया।

प्रमति और गोचपला के नेत्रों में भी जल भर आया।

---

1. थौथी मिस्री देवता था जिसने उन्हें नियम दिये।
2. गोपथ ब्राह्मण 1.2.10; "सूर्योदय के प्रदेश से लेकर सूर्यास्त तक का सारा प्रदेश मान्धाता के राज्य में था।"-वायु पुराण 88.68; विष्णु पुराण 4.2.19; महाभारत, द्रोण पर्व 62.11

नया मनु

१

नील के डेल्टा में अनेक नावें खड़ी थीं। सबसे आगे मिस्री पथप्रदर्शक नाव थी। वह मान्धाता को स्वेज की नहर[1] से राह बताकर लाल सागर ले जायेगी और फिर वह साथियों के साथ देश लौट जायेगा। मान्धाता को छोड़ने नया पेरोए आया था और साथ आया था स्नोफ्रू अपनी पत्नी हेतेफ्रास और पुत्र खुफू के साथ।

विदा लेकर मान्धाता नाव पर सवार हुआ और उसका बेड़ा चल पड़ा। उस नाव पर असिलोमा भी थी। महाबल कपर्दियों के साथ था। दिवौक्ष, गोचपला अलग नाव पर थे।

तीर दूर होता जा रहा था। मान्धाता मिस्र की ओर देखता खोया सा बैठा था। असिलोमा ने उसका ध्यान तोड़ा, "क्या सोच रहे हो?"

"मैं इस अद्‌भुत देश के बारे में सोच रहा हूँ। बड़ा अजीब देश है।"

"यहाँ की रीति विचित्र है। अधिकतर आदमी खेती करते हैं या मछली पकड़ते हैं। फिर भी बेचारे गरीब के गरीब रहते हैं। और दूसरा वर्ग धनवानों का है जो इनके परिश्रम पर मौज करता है।"

"तुम उन हाथी जैसे डील डौल वाले हब्शियों को भूल रही हो जिन्हें इन्होंने दास बना रखा है। कैसा उनके साथ पशुओं के समान व्यवहार करते हैं। बाड़ों में रखते हैं। बाहर कहीं ले जाते हैं तो बीस बीस एक साथ जंजीर में बँधे हुए। और सुना है ये दास ही इनकी खानों में खुदाई करते हैं और धातु निकालते हैं।"

"तुमने बड़ा अच्छा किया उन सबको स्वाधीन कर दिया।" असिलोमा ने प्रशंसा की दृष्टि से मान्धाता को देखते हुए कहा।

"मैंने कितने स्वाधीन किये, कुछ भी नहीं। और यह समाज की संरचना तो इनके रक्त में बस गई है। नूबिया पर नये आक्रमण करके ये अन्य असंख्य दास ले आयेंगे।" मान्धाता उदास हो उठा। उसके उदार चरित्र को यह अत्याचार खनक रहा था जिसमें वह कुछ कर भी नहीं सकता।

असिलोमा ने बात पलटने को नई बात छेड़ी, "हेतेफ्रास कितनी सुन्दर है और उसका पति भी खूब जँचता है।"

"बहुत सुन्दर जोड़ा है। और उनका बच्चा **खुफू** कितना प्यारा है। बचपन में ही इतना शरारती है, बड़ा होकर खूब नाम कमायेगा।"

"अच्छा ज्योतिषी जी," असिलोमा ने छेड़ा।

मिस्र का तीर आँखों से ओझल हो गया था। नौकाएँ मन्थर गति से आगे बढ़ रही थीं।

---

1. अति प्राचीन काल में भी मिस्रियों ने स्वेज़ नहर से भूमध्य सागर और लाल सागर को जोड़ रखा था। उस पर बड़ा व्यापार होता था।

भूमध्यसागर के मध्य से भूकम्प की पेटी गई है। सहसा भूमि ने अंगड़ाई ली। हत्ती, असुर आदि देशों (अर्वाचीन तुर्की, उत्तरी इराक, ईरान) में भयंकर भूचाल आया और पानी में भी खलबली मच गई। ऊँची-ऊँची लहरें उठने लगीं। नौका पत्तों के समान काँप उठीं। मनुष्यों का उन पर वश नहीं रहा। उस भयानक भूकम्प ने उन्हें तिनके के समान बिखेर दिया। नाविकों ने पूरा प्रयत्न किया किन्तु निष्फल रहे। झंझावात चलता रहा, मनुष्य जूझता रहा।

अन्त में तूफान जब शान्त हुआ तो नावों को बटोरा गया। सब नावें मानव, असुर, सुमेर वीरों की एकत्रित हो गईं। जिन नावों में पुलस्तिन् और कपर्दी थे वे खो गई थीं।

पुलस्तिनों की चार नावें थीं। झंझावात से बचने के लिये उन्होंने तीव्र वेग से खेना आरम्भ किया और वे आगे निकल गये। लेकिन कितनी दूर। और जब जल शान्त हुआ तब उनको पता लगा कि वे भटक गये थे, आस-पास और नावों का निशान भी नहीं है। बेचारे बहुत निराश हुए। उनका देवता खो गया था और वे विदेश में सागर की लहरों पर सवार थे। बुझे दिल से वे नाव खेते रहे, खेते रहे और कुछ दिनों बाद अनजान भूमि पर आ लगे। वे वहीं बस गये। और वह देश उनके नाम पर आगे चलकर **फिलिस्तीन** के नाम से प्रसिद्ध हुआ।[1]

यही हाल महाबल और कपर्दियों के साथ हुआ। झंझावात ने न जाने उन्हें कहाँ ले जाकर फेंक दिया। स्वप्न पूरा करने पर भी भगवान् ने क्या मजाक़ किया, उन्हें उनके परिश्रम का फल न भोगने दिया।

विपत्ति में ही मानव नया मानव बनता है। वे नाव खे रहे थे इस आशा में कि किसी तीर पर उनकी नावें लग लायँ तो वे अपना नया जीवन आरम्भ कर सकें।

२

भूमध्यसागर के पूर्वी तट पर पणि व्यापारियों ने अपनी छोटी-छोटी बस्ती बसा ली थीं। उनमें एक बस्ती का नाम **टायर** था जो आगे चलकर बहुत प्रसिद्ध नगर हुआ। यहाँ से वे देवदार की लकड़ी काट काट कर मिस्र के बन्दरगाहों में पहुँचाते थे। टायर के एक पणि सरदार की लकड़ी का नाम **यूरोपा** था। उसकी सुन्दरता की धूम सारे नगर में थी।

एक दिन यूरोपा का जी किया कि आज घूमने चलते हैं। उसने अपनी सहेलियों से कहा और सब बन ठन कर जाने को तैयार हो गईं। सवेरे का समय था। उनका विचार था कि पास के वनों से सुन्दर पुष्प इकट्ठे करके लाये जायँ। हाथों में एक-एक टोकरी लेकर गातीं बतियातीं वे नगर से बाहर निकल लीं। कभी वे पास की पहाड़ियों

---

1. पैलेस्टाइन के असल रहने वाले फिलिस्तीन कहाँ से आये, यह इतिहासकारों को पता नहीं चला। उनके अवशेषों से यह अवश्य परीक्षण कर लिया गया है कि न वे सामी (यहूदी, अरब आदि) थे न हेमी (मिस्री) जो दोनों जातियाँ मध्य पूर्व की वासी थीं और हैं। वे किसी अन्य जाति के वंशज थे।

पर चढ़ जाती थीं जहाँ से सागर की तरंगों का तट से टकरा कर बिखर जाने का स्वर बड़ा मधुर सुनाई देता था और कभी वे फूलों के मैदान में उतरी आती थीं और अपनी टोकरियों को फूलों से भरने लगती थीं। सहसा उनको दूर एक सुन्दर, प्रातः के सूर्य में सुनहरा चमकने वाला वृषभ दिखाई दिया। एक सहेली ने पुकारा, "देखा, कितना सुन्दर वृषभ है!"

यूरोपा उनकी नेता थी। उसने उत्साह से भर कर कहा, "चलो, इसे पकड़ लेते हैं।"

सब युवतियाँ उस ओर भाग लीं जहाँ वह वृषभ खड़ा था। वह वृषभ भी विचित्र था। मानवों से वह परिचित मालूम पड़ता था। इतनी पदचाप सुनने पर भी वह डर कर नहीं भागा, वहीं खड़ा घास चरता रहा। शीघ्र ही उन युवतियों ने उसको चारों ओर से घेर लिया। कोई उसकी खाल पर हाथ फेर रहा था, कोई उसके सींग छू रहा था और कोई उसका थपथपा रहा था। वृषभ शान्त खड़ा यह प्रेम-भरा भाव स्वीकारता रहा।

एक सहेली ने कहा, "इसे घर ले चलना चाहिये।"

दूसरी बोली, "घर ले जाकर क्या करेंगे। इस पर चढ़कर दौड़ लगानी चाहिये।"

यह बात सब सहेलियों को पसन्द आई। यूरोपा ने कहा, "सबसे पहले मैं इस पर चढ़ूँगी।"

"तू कैसे चढ़ेगी? सलाह तो मैंने दी है। पहला नम्बर मेरा।"

"तेरा कैसे? सबसे पहले मैंने इस पशु को देखा था।"

सब झगड़ने में व्यस्त थीं। इतने में अवसर पाकर यूरोपा ने छलांक मारी और वृषभ की पीठ पर जा बैठी। उसका बैठना था कि वृषभ बिदक गया और समुद्रतट की ओर बड़ी तेजी से भागने लगा। यूरोपा के होश उड़ गये। वह डर कर वृषभ की पीठ से चिपक गई और दोनों हाथों से उसकी गर्दन की कौली भर ली। सहेलियाँ भी आश्चर्यचकित रह गईं। उनकी समझ में नहीं आया कि यह क्या हो गया। कुछ पलों बाद वे शोर मचाती उसके पीछे भागीं।[1]

समुद्र के तट पर कुछ नावें खड़ी थीं। वृषभ उछल कर एक नाव पर जा चढ़ा और शान्त खड़ा हो गया। यूरोपा तो डर के मारे बेहोश हो गई।

ये नावें महाबल और उसके साथियों की थीं। बहुत दिन भटकने के बाद कल शाम उनकी नावें इस तीर पर लगी थीं। नावें बाँध कर पहली बार वे निश्चिन्तता से जी भर कर सोये थे। विचार था कि अगले दिन सवेरे उठकर इस स्थान को खोजा जायेगा। वृषभ उनका पालतू था और वे उसकी शिव वाहन के रूप में पूजा करते थे।

---

1. यह कथा यूनानी दन्त-कथाओं में ज़ीयस और यूरोपा के नाम से सम्बन्धित है और यूरोपा के नाम पर ही भूमध्यसागर के उत्तर में स्थित एशिया के पश्चिमी भूखण्ड का नाम यूरोप पड़ा।

सवेरे वे अपने नित्यकर्म से निवृत्त हुए थे कि वृषभ भागता हुआ आया और नाव पर चढ़ गया। उसकी पीठ पर एक सुन्दर नवयुवती थी। महाबल ने सोचा–अनर्थ हो गया। अवश्य यहाँ आस-पास बस्ती है। पता नहीं यह युवती कैसे वृषभ के साथ चली आई है। थोड़ी देर में इसके घर वाले अपने साथियों के साथ इसे ढूँढ़ने आते होंगे। अनजान देश में अधभूखे आदमियों को साथ लेकर उसने लड़ना ठीक नहीं समझा। सहेलियों का शोर भी सुनाई पड़ रहा था। उसने कपर्दियों को आदेश दिया, ''नावों को पानी में छोड़ दो और शीघ्र खेना आरम्भ करो। जल्दी से जल्दी तट से दूर हो जाओ।''

सहेलियाँ जब तट पर पहुँची तो नावें यूरोपा को लेकर सागर में आगे बढ़ती चली जा रही थीं।

३

तट से काफी दूर निकल आने पर कपर्दियों की घबराहट कम हुई। तभी उनका ध्यान वृषभ की पीठ पर चिपकी युवती की ओर गया। महाबल ने सावधानी से युवती को उतारा। वह अब भी बेसुध थी। महाबल ने उसका हाथ पकड़कर देखा, साँस धीरे-धीरे आ जा रही थी। उसके मुख पर पानी के छींटे मारे।

कपर्दी बहुत प्रसन्न थे। शिव ने अपने वाहन द्वारा उनके पास रानी भेजी है। अब राजा महाबल उन्हें नये स्थान पर बसायँगे यह निश्चित हो गया, नहीं तो शिव क्यों भेजते। वे आनन्द के मारे नाचने लगे। योगिराज शिव की कृपा से उनके दुख के दिन शीघ्र समाप्त होने वाले हैं।

महाबल को प्रथम दृष्टि में ही यूरोपा से प्यार हो गया था। लेकिन मान्धाता के साथ रहते-रहते उसके विचारों में क्रान्तिकारी परिवर्तन आ गया था। वह यूरोपा को पत्नी बनाना चाहता था, लेकिन उसकी अनुमति के बिना नहीं। उसके साथियों ने यूरोपा को अपनी रानी पहले से ही मान लिया था, इस पर वह मन ही मन हँस भी रहा था और पुलकित भी हो रहा था।

कुछ देर बाद यूरोपा की सुध लौटी। एक पल उसकी समझ में नहीं आया कि वह कहाँ है। मानों कोई उसे हिलोरे देकर सुला रहा हो। लेटे लेटे उसने स्मरण करने का प्रयत्न किया। वह प्रातःकाल सहेलियों के साथ पुष्प चुनने निकली थी। फिर वह सुनहरा चमकता वृषभ दिखाई दिया था, मानों स्वर्ग से उतरा हो। वह उसकी पीट पर कूदकर बैठी और वृषभ उसे ले भागा। फिर.........

वह अचकचाकर उठ बैठी। वह एक नाव पर बैठी है; चारों ओर सागर का अथाह जल बिखरा हुआ है। इधर-उधर दृष्टि फिराई। नाव पर अनेक व्यक्ति हैं। और उसके पास एक सुन्दर सुगठित शरीर वाला ताम्रवर्ण युवक बैठा है।

''तुम कौन हो? मुझे यहाँ क्यों लाये हो?''

महाबल को बड़ी प्रसन्नता हुई कि युवती को सुध आ गई है। ''मैं कदर्पियों का राजा महाबल हूँ। तुम स्वयं मेरी नाव पर चली आई हो।''

''तुम झूठ बोलते हो। मैं तो......

"तुम वृषभ पर चढ़ी थीं। वह हमारा था। वह सीधा नाव पर चला आया।"

"तुम मुझे कहाँ ले जा रहे हो?"

"हम कुछ ही मनुष्य हैं। हम किसी से लड़ना नहीं चाहते। हम यहाँ बिल्कुल अजनबी हैं।......

"इन सबसे क्या मतलब? तुम मुझे क्यों ले जा रहे हो?"

"तुम हमारी स्थिति समझने का प्रयत्न करो।" महाबल ने फिर समझाना आरम्भ किया। "पीछे से शोर आ रहा था। निश्चय था कि हमें सफाई देने का अवसर नहीं मिलता। हम एक युवती के अपहरणकर्ता समझकर तत्काल मार डाले जाते। इसीलिये हमें फौरन तट छोड़ना पड़ा।"

"सब झूठ है। तुम मेरा अपहरण कर ले जा रहे हो।"

"मैं सत्य कह रहा हूँ।"

"तुम मुझे कुछ दूर तट पर उतार सकते थे।"

"हम नाविक नहीं हैं। हम मान्धाता की सेना के वीर हैं। हमें इधर का कोई ज्ञान नहीं। तट छोड़ने के बाद हम फिर भटक गये हैं।"

यूरोपा के नेत्रों में निराशा के अश्रु भर आये। उसने नेत्र बन्द कर उन्हें चुआ दिया। महाबल स्तबध बैठा रहा। पन्द्रह बीस मिनट घण्टों के समान बीत गये।

जब उसने फिर नेत्र खोले, तो महाबल ने पूछा, "तुम कौन हो? वह देश क्या था?"

"मैं पणि हूँ। वह बस्ती टायर नगर थी जहाँ के एक बड़े व्यापारी की मैं पुत्री हूँ। मेरा नाम यूरोपा है।"

"यूरोपा, मैं सच कह रहा हूँ। जो कुछ हुआ, शिव की इच्छा से हुआ। हम सब बिल्कुल निर्दोष हैं।"

यूरोपा ने कोई उत्तर नहीं दिया।

"यदि राह में कोई पणियों की नाव मिली, तो उस पर मैं तुम्हें वापस भेज दूँगा। या फिर भूमि मिलने पर तुम्हारे वापस जाने की सोचेंगे।"

४

दिन पर दिन बीतते गये। नाव का भोजन निमटता जा रहा था पर किनारा कहीं दृष्टिगोचर नहीं हो रहा था।

यूरोपा महाबल की भलमनसाहत से बहुत प्रभावित थी। उसे रह रह कर अपने देशवासियों का ध्यान हो आता था। उनके हाथ न जान पहचान की युवती पड़ती थीं तो वे बाँट ली जाती थीं चाहे वे किसी कुल की हों। उनसे दासी का या कुल बढ़ाने का काम लिया जाता था। और एक यह बलवान् युवक है! कहता रहता है, 'शिव सब कल्याण करेंगे।" पता नही किस धातु का बना है! इतनी नावें हैं, सब पर आदमी ही आदमी हैं, फिर भी मुझे किसी ने छुआ भी नहीं। वह महाबल के प्रति आकृष्ट होती चली गई। एक दिन उसने कह ही दिया, "जब शिव ने मुझे तुम्हारी वधू बनने का विधान..........

महाबल ने उसे वाक्य पूरा न करने दिया, बाँहों में भर लिया। कपर्दो नाव खेना भूल गये। नाचने गाने लगे। अब सब ठीक होगा।

५

आखिर नावें भूमि से जा लगीं। सागर जल की फुहारों से निकलते मोती के समान वह द्वीप सुन्दर था। दूर पर बर्फ से ढकी चोटियाँ क्षितिज पर मेघों के समान टंगी थीं।

सब उतर लिये। भोजन-सामग्री समाप्त हो गई थी। अब सागर में वापस जाने का प्रश्न ही नहीं उठता था। लड़-भिड़ कर अपना जीवन यहीं बिताना होगा। सबसे पहले एक **पीपल के पेड़** के नीचे महाबल और यूरोपा का विवाह रचाया गया।[1] वहाँ **कुरेत**[2] जाति उन्हें मिली। उससे बचने के लिए उन्हें समतल को छोड़ना और आरम्भ में पर्वतों की गुफाओं में रहना पड़ा।

यूरोपा के तीन पुत्र हुए–**मनु, ऋतुमन्त और सर्पदान**[3]। मनु समतल पर उतरा, कुरेतों को मानव धर्म सिखाया और क्रीट की मानव सभ्यता का आरम्भ हुआ जो भूमध्यसागर के आस-पास की सब सभ्यताओं का मिलन-स्थल बनी, जिससे ग्रीक सभ्यता तथा आज की पश्चिमी सभ्यता का प्रादुर्भाव हुआ।

मिस्रियों के अनुसार क्रीट की सभ्यता का आरम्भ करने वाले 'कफत' थे (मिस्री भाषा में भी उर्दू के समान मात्रा नहीं लगतीं)। यह शब्द ऋग्वेद में उल्लिखित कपर्दी हो सकता है। आरम्भ करने वाले को ग्रीकों ने मिनुस् प्रथम कहा है जो यूरोपा और ग्रीक भगवान् जीयस का पुत्र था। इस सभ्यता का नाम इतिहासकारों ने मिनुः पर मिनोअन (मानव-विशेषण) रखा है। इस सभ्यता में वृषभ और त्रिशूल की पूजा होती थी। इसके प्रासादों में वृषभ से युद्ध के दृश्य अंकित हैं जो आज भी स्पेन में नेशनल गेम है। यही इससे पहले की मोहनजोदड़ो की मोहरों पर चित्रित है। मिनुः प्रथम का काल सार्वभौम मान्धाता के कुछ बाद का है।

फिलिस्तीन (पुलस्तिन) में भी मूसा से पहले वृषभ की पूजा होती थी।

---

1. यह वृक्ष पूरी मिनोअन (मानव) सभ्यता और ग्रीक सभ्यता में पूज्य रहा।
2. सम्भवतः किरात। क्रीट उधर की किसी भी भाषा–सामी, हेमी, पणि–का शब्द नहीं; शायद किरात भाषा का है।
3. Minos, Rhadamanthus, Sarpedon.

खण्ड तीन

१

मान्धाता के तीन पुत्र हुए–**पुरुकुत्स, अम्बरीष** और **मुचुकुन्द।** वह दोनों रानियों के साथ सुखपूर्वक जीवन बिता रहा था। सारे भारत भूखण्ड पर सुख, शान्ति और समृद्धि का साम्राज्य था।

एक दिन सभा में दक्षिण के नागों ने, जो नर्मदा के तट पर रहते थे, आकर पुकार मचाई। ''सम्राट्, हमारी रक्षा करें। उत्तर से मौनेय गन्धर्वों ने हम पर आक्रमण किया है। वे हमसे हमारी भूमि छीनना चाहते हैं।''

अत्याचार की बात सुनकर मान्धाता के नेत्र लाल हो उठे। उसने कहा, ''नागो, तुम अभय रहो। मान्धाता के रहते कोई शक्ति दूसरी शक्ति पर अत्याचार नहीं कर सकती। मैं सेना लेकर आ रहा हूँ।''

पुरुकुत्स युवा हो चुका था। वह बीच में बोल बड़ा, ''पिताजी, यदि आपकी आज्ञा हो तो मैं नागों की सहायता के लिए जाऊँ?''

प्रमति स्वर्गवासी हुए थे, अब दिवौक्ष प्रधान मन्त्री था। मान्धाता ने उसकी ओर देखा। दिवौक्ष बोला, ''युवराज ठीक कह रहे हैं। आप उन्हें जाने दें।''

पुरुकुत्स सेना लेकर गया और उसने मौनेय गन्धर्वों की शक्ति भंग कर दी। वे नर्मदा से नीचे अनजान प्रदेश में भाग गये। नागराजा पुरुकुत्स की वीरता पर बहुत मुग्ध हुए और उन्होंने पुत्री **नर्मदा** उसे विवाह में प्रदान की।

२

''दिवौक्ष, पुरुकुत्स कार्य में सफल हुआ। मुझे बड़ी प्रसन्नता है।'' मान्धाता बोले।

''सम्राट्, वह पुत्र किसका है,'' दिवौक्ष ने प्रशंसा की दृष्टि से मान्धाता को देखते हुए कहा।

''साथ में कितनी सुन्दर पत्नी मिली है।''

तभी पुरुकुत्स और नर्मदा भी उसी प्रकोष्ठ में बिन्दुमती और असिलोमा के पीछे–पीछे आये।

बिन्दुमती ने कहा, ''स्वामी, यह पुरु यात्रा पर जाना चाहता है।''

''कहाँ?''

''नर्मदा के सम्बन्धी वासुकि नागराज हैं। उन्होंने अपनी राजधानी भोगवती से रसातल[1]-भ्रमण कराने का कार्यक्रम बनाया है।''

''लेकिन..........

''लेकिन क्या, तुम्हें घूमने फिरने का कम शौक था!'' बिन्दुमती बोली।

पिता पर डाँट पड़ते देखकर पुरुकुत्स और नर्मदा मुस्करा दिये।

---

1. रसातल किस देश को कहा गया है ठीक नहीं कहा जा सकता।

"जाओ, भई जाओ। मैं सोच रहा था एक बार महाबल से मिल आऊँ। सुना है वह किसी द्वीप में रह रहा है।"

"इस बार मैं साथ चलूंगी और यह असिलोमा यहाँ रहकर राजकाज देखेगी।" बिन्दुमती ने ठिठोली की।

सहसा मुचुकुन्द भी वहाँ आ गया। वह अभी तरुण था। उसके मुख से प्रतीत होता था कि वह भी कुछ कहना चाहता है।

असिलोमा ने पूछा, "क्या बात है मुचु? तुम्हें भी कुछ कहना है?"

"यह भी कहीं जाना चाहता होगा।" मान्धाता हँसा।

समय उपयुक्त जानकर वह बोला, "पिताजी, मैं कुछ साथियों के साथ पारियात्र और ऋक्ष पर्वतों की ओर जाना चाहता हूँ। वहाँ मैं नया विश बसाऊँगा।"

"लेकिन तुम अभी छोटे हो।"

"आप जब गद्दी पर बैठे थे तब कितने बड़े थे?" बिन्दुमती वीर-माता थी।

"जाओ बाबा जाओ," मान्धाता का हृदय भी उपयुक्त पुत्रों को पाकर फूल उठा।

सम्राट्, ये सिंहशावक हैं।" दिवौक्ष बोला।

"दिवौक्ष, इनकी बात सुनकर मेरी आखेटक प्रवृत्ति जाग्रत हो उठी है। हम तुम भी मृगया पर चलते हैं। तनिक लम्बे चलेंगे।"

"हम भी चलेंगी," बिन्दुमती और असिलोमा दोनों साथ-साथ बोलीं।

"फिर कभी।" मान्धाता का उत्तर था। बचपन की आदत के कारण उसे वन-भ्रमण अकेले में ही सुहाता था।

३

बिन्दुमती और असिलोमा के आँसू निर्झर के समान बह रहे थे। सामने चर खड़ा था। पूरी समिति थी, अनेक महर्षि थे।

महर्षि शतकाम ने पूछा, "क्या यह सत्य है?"

"हाँ महर्षि। सम्राट मृगया हेतु बहुत दूर चले गये थे। उनके द्रुतगामी अश्वों ने उन्हें और साथियों को युमना के तट पर पहुँचा दिया।"

"फिर?"

"वहाँ असुरों के राजा **लवण** ने उन्हें धोखे से घेर कर मार डाला।"[1]

एक सभासद के मुख से निकल पड़ा। "हत्भाग्य है! क्या सम्राट् का अकेले में ऐसा ही अन्त होना था!"

असिलोमा चमक उठी, "सम्राट् वीरों की मृत्यु प्राप्त हुए हैं। वे समर में खेत रहे, यह उन जैसे महारथियों को उपयुक्त अन्त है।"

"तुम ठीक कहती हो बहन। हमारा कर्त्तव्य शेष रह गया है। पुरुकुत्स रसातल घूमने गया है। अम्बरीष की धार्मिक प्रवृत्ति है। मुचुकुन्द नया विश बसा रहा है। हम दोनों को ही सम्राट् की मृत्यु का बदला लेना है। महर्षि, पुरुकुत्स के लौटने तक समिति राज्य की देखभाल करे। हम सेना लेकर जा रही हैं।"

---

1. बाल्मीकि रामायण, उत्तर काण्ड 67.21

गवेषणा

सुमेर के दिल्मुन और मेलुहह

१

सुमेर सभ्यता में पाये गये अभिलेख दिल्मुन, मक्कन और मेलुहह का वर्णन करते हैं।

दिल्मुन 'पृथ्वी पर स्वर्ग' था–वह नगर जहाँ सूर्य निकलता था। यह सुमेर के पूर्व में स्थित था और इसके जहाज माल भरकर लाते थे। अरुण क़ुमार ने कालीबंगन के समीप एक गाँव की ओर ध्यान खींचा है जिसका नाम तिल्मुन है।

मेलुहह का मेल लीमन्स ने पश्चिमी भारत से, ओपेनहीम ने सिन्धु प्रदेश से और रोमिला थापर ने गुजरात से किया है। मेलुहह न सुमेरी शब्द है, न संस्कृत का। शायद यह द्राविड़ 'मेलुक्कू' से निकला है जिसका अर्थ है 'अन्तिम छोर' या 'बाहरी सिरा' और 'पश्चिमी' भी। गुजरात पूर्व का अन्तिम छोर था–जो संस्कृत में 'अपरान्त' का अर्थ है और गुजरात का नाम भी।

नामों की साम्यता

क्या नाग और गरुड़ को ही बाद में द्राविड़ कहा गया है? **नाग** कश्यप से पैदा हुए। काश्यप सागर कैस्पियन सी (ईरानी–कास्पी सागर) को कहते थे। बाद में देवों, असुरों ने भी कश्यप को आदि पिता माना और क्षीर सागर या काश्यप सागर को उत्पत्ति स्थल। उसके तट पर अर्मीनिया है। क्या वह रमणीयक द्वीप था जहाँ गरुड़ के साथ वे जाकर बसे थे। उन्होंने अलम्ब (अल्बानिया?) भी बसाया।

गरुड़ आरंभ में शाल्मली द्वीप (खाल्दी) का वासी था। उसका पिता कश्यप उत्तर में तपस्या करता था। खाल्दी उत्तरी इराक के निवासी थे।

नागों की माता कद्रू थी। आजकल की कुर्द जाति क्या उसकी सन्तति है?

तुर्किस्तान (तोषरिस्तान) में बैकुण्ड (बैकुण्ठ) नाम का नगर खोद निकाला गया है।

रूस में बाकू शहर है जहाँ तेल की बहुतायत है और हर समय अग्नि निकलती रहती है। क्या वह पुराण का बड्कू–बढवा सागर के तट का महाज्वालामुखी–है?

इराक का बेबिलोन (प्राचीन सर्वप्रसिद्ध शहर, बगदाद से कुछ ऊपर) ऋग्वेद का बायरी, बाबिरु अथवा बपिलु, अवेस्ता का बावरी और बौद्धों का बावेरु है।

मध्य एशिया का बुखारा पुवकर द्वीप का बिगड़ा रूप है। तूरानी असुरों का पुराना नाम ओरुश्ना था जो पुष्कर द्वीप में रहते थे।

ऋग्वेद के रचयिता

ऋग्वेद के प्रत्येक सूक्त के आरम्भ में यह दिया होता है कि उसकी अमुक ऋचा का अमुक ऋषि और अमुक देवता है। प्रत्येक ऋचा का छन्दस् या वृत्त भी

लिखा रहता है। देवता का अर्थ है विषय–जिसके विषय में या सम्बोधित करके ऋचा कही गई है। ऋषि का नाम आज के हिन्दी कवियों के समान बहुधा ऋचा में ढला होता था।

ऋग्वेद के पहले मंडल के पहले पचास सूक्त तथा समूचा आठवाँ मण्डल काण्व वंश के ऋषियों का है। दूसरा गृतस्मद, तीसरा विश्वामित्र, चौथा वामदेव, पाँचवाँ आत्रेय, छठा बार्हस्पत्य और सातवाँ वसिष्ठ वंश का है। नवें मण्डल में विभिन्न ऋषियों के सोम पवमान–केवल एक ही देवता के विषय में सूक्त हैं। पहले मण्डल के 51 से 191 तक शेष सूक्त तथा दसवाँ मण्डल विभिन्न विषयों पर विभिन्न ऋषियों की रचना है।

इस वर्गीकरण से स्पष्ट है कि सूक्तों को एकत्रित और सम्पादित किया गया है। सरस्वती के सूखने के पश्चात् प्राचीन आश्रम उजड़ गए और ऋषि तितर-बितर हो गए। पुराने सूक्त भी विस्मरण होने लगे। इस महान् विपत्ति से उबारा महर्षि वेदव्यास ने। उन्होंने घूम-घूमकर सूक्त एकत्रित किए, उनका सम्पादन किया, विभाजन किया और एक-एक शिष्य को कर्तव्य सौंपा कि वह उसे दिये गये भाग को याद रखे।

हर मण्डल में भी एक समय के सूक्त नहीं हैं। कुछ बहुत पुराने हैं (बहुत सारे पुराने खो गये भी सकते हैं) कुछ बीच के समय के हैं। लेकिन अधिकतर 2500 से 1500 ईसा पूर्व के हैं। अगस्त्य, वसिष्ठ, विश्वामित्र, जमदग्नि 2500 ई.पू. के आस-पास हुए। बृहस्पति, दीर्घतमस्, भारद्वाज सगर के आस-पास और मेधातिथि काण्व भरत के समय हुए। प्रसिद्ध ऋषि बामदेव उत्तर पांचाल के राजा सुदास (दाशराज्ञ युद्ध का विजेता) के समय हुआ (1250 ई. पू.)।

अनन्त यात्रा

ऋग्वेद में पिरोए गये भाव आज तक लोक मानस को उद्वेलित करते हैं और साहित्य में पाए जाते हैं। उदाहरणस्वरूप–

"मैं जो हवा से भरी धौंकनी की तरह फूला-फूला फिरता हूँ, मुझे क्षमा करो। हे महान् प्रभु! मुझे क्षमा करो, कृपा करो।

"हे पवित्र और शक्तिशाली प्रभु, अपनी दीनता से मैं उलटे मार्ग पर चलता रहा, मुझे क्षमा करो, कृपा करो।

"पानी के बीच में रहने पर भी यह गायक प्यासा है, हे महान् प्रभु, क्षमा करो, कृपा करो।"[1]

इस मन्त्रों में कहे भाव आज के भारतीय साहित्य से सुपरिचित हैं। कबीर की वाणी स्मरण हो जाती है–

"पानी में मीन पियासी।
मोहे देखत आवे हाँसी।।"

---

1. ऋग्वेद 7.89.2-4

अगस्त्य
(लगभग 2542 ईसा पूर्व)
उन्मुक्त प्रेम

१

"मैं एक सूक्त का दूसरा मन्त्र सुनाता हूँ, ध्यान से सुनो," कहते हुए ऋषिवर **मान** ने नेत्र निमीलित कर लिये। उनकी गुरु गहन वाणी गूँज उठी–

"विद्मा ते अग्ने त्रेधा त्रयाणि विद्मा ते धाम विभृता पुरुत्रा।
विद्मा ते नाम परमं गुहा यद्विद्मा तमुत्सं यत आजगन्थ॥[1]

"इसका शाब्दिक अर्थ है–'हे अग्नि, मैं तुम्हारे तीनों स्थानों और तीनों रूपों को जानता हूँ, मैं तुम्हारे उस धाम को जानता हूँ जो अनेक प्रकार से सुरक्षित है, मैं तुम्हारे उस नाम को जानता हूँ जो परम गुहा में है अर्थात् परम गोपनीय है, मैं उस कुण्ड को जानता हूँ जहाँ से तुम निकले हो।'

"इससे कुछ अर्थ तो निकलता है परन्तु पूरा अर्थ नहीं निकलता। एक पहेली सी बन जाती है। मन्त्रद्रष्टा ने समाधिभाषा का प्रयोग किया है।[2] मनन के साथ ऋषि से तादात्म्य किये बिना हम इसका अर्थ नहीं पा सकते।"

मान का भव्य भाल दमक रहा था। उसके सामने बारह शिष्य पद्मासन लगाये बैठे थे। सभी तरुण थे और उनके मुख के भावों से प्रकट था कि वे गुरु के एक-एक शब्द को पी जाना चाहते थे।

पास में गंगा बह रही थी। उसके तट पर अवस्थित एक विशाल वट वृक्ष के नीचे पाठ चल रहा था।

"साथ ही एक बात और बताना चाहता हूँ। देखने में तो मन्त्र वाक्य, शब्दों का समूह, होता है, लेकिन वह केवल इतना ही नहीं है। वह शब्दों का ही नहीं ध्वनियों का समूह होता है। ठीक-ठीक उच्चारण करने से जो संयुक्त ध्वनि निकलती है, उसी में मन्त्र का मन्त्रत्व है। अर्थ को दूसरे शब्दों में भी व्यक्त किया जा सकता है, किन्तु ध्वनि उन शब्दों में नहीं निकल सकती। इसी कारण मन्त्र का अनुवाद करना अनर्थ

---

1. ऋग्वेद 10.45.2
2. वेदों में मन्त्र का सादा अर्थ निकलता है। किन्तु उसी में गहराई में जायँ तो प्रकृत्यर्थ निकलता है जिसको सायण ने अपने भाष्य में माना है और पश्चिमी विद्वान् जिसे वेद का असली अर्थ मानकर चलते हैं। लेकिन वेद की असली कुंजी खो गई है। आश्रम व्यवस्थां समाप्त होने पर असली अर्थ लुप्त हो गया। वेद में कई मन्त्र ऐसे हैं जिनका प्रकृत्यर्थ नहीं दिया जा सकता। वहाँ सायण भी मूक रह गये हैं।

कर देता है। उसको ध्यान से मनन कर समझना चाहिये। ध्वनि वह प्रतिक्रिया है जो कम्पन से हमारे मस्तिष्क में होती है। कम्पन भेद से ध्वनि भेद होता है। जहाँ गति है वहाँ कम्पन होता है। प्रत्येक गति, प्रत्येक कम्पन हमारे अंत:करण में अपने को ध्वनि, शब्द, नाद रूप से व्यक्त करता है। शक्ति के प्रत्येक भेद के साथ विशेष प्रकार का स्पंदन सम्बद्ध है। जब वैसा कम्पन होगा या स्पन्दन तो शक्ति का वही भेद प्रकट होगा। वेद में शक्ति को देवता कहा गया है। देवता का स्त्रीलिंग में प्रयोग हुआ है और उसे देव से अलग माना गया है। रुद्र देवता, इन्द्र देवता का अर्थ रौद्री शक्ति, ऐन्द्री शक्ति है। सो दूसरे शब्दों में, प्रत्येक देवता के साथ विशेष प्रकार का स्पन्दन सम्बद्ध है। कोई भी मन्त्र तुम पढ़ो, उसे ठीक विधि से पढ़ो; उससे पर्यावरण में जो कम्पन होगा उसका द्विधा प्रभाव होगा। एक ओर वह पढ़ने वाले के नाड़िजाल और मस्तिष्क को विशेष रूप से प्रताड़ित करेगा और दूसरी ओर शक्ति के सर्वव्यापी विशाल सागर को क्षुब्ध करके तरंगित करेगा। अग्नि सर्वत्र है, किन्तु जहाँ रगड़े जाने से क्षोभ उत्पन्न होता है वहाँ वह प्रकट हो जाता है। इसी प्रकार मन्त्र पाठ के द्वारा विशेष प्रकार का स्पन्दन होने से विशेष प्रकार की शक्ति या देवता उत्पन्न होती है। रुद्र देवता का मन्त्र पढ़ने पर रौद्री शक्ति का उद्भव होगा।

"यदि मन्त्र-पाठ में दोष रह गया तो हो सकता है कुछ भी प्रभाव न हो या उल्टा प्रभाव भी पड़ सकता है। अस्तु, अमुक मन्त्र का देवता इन्द्र है का अर्थ है कि उस मन्त्र का यथोचित पाठ करने से ऐन्द्री शक्ति उद्भव होगा और वह व्यक्ति.....

मान बीच में रुक गये और एक शिष्य की ओर इंगित करके बोले, "हिरण्यस्तूप, तुम गंगा की ओर क्या देख रहे हो?"

हिरण्यस्तूप ने लज्जित होकर दृष्टि सीधी कर ली।

"उपदेश के समय प्रत्येक शिष्य को एकाग्रचित्त होना चाहिये। नहीं तो गुरु का कहा व्यर्थ जाता है और समस्त शिष्यों की पाठ हानि होती है क्योंकि उस शिष्य को साथ लेने के लिये गुरु को पाठ फिर दोहराना पड़ता है।"

शिष्य नीची गरदन किये बैठा रहा।

तुम्हारा मन इस समय पाठ में नहीं लग रहा है। सो मैं इस समय पाठ समाप्त करता हूँ।" मान के मुख पर क्रोध तनिक भी न था।

हिरण्यस्तूप से न रहा गया। हाथ जोड़कर वह बोला, "गुरुदेव, क्षमा करें। मेरे ध्यान में एक कुम्भ से व्याघात पड़ा।"

"कुम्भ से?"

"हाँ, ऋषिवर। वह देखिये, गंगा में वह बहता चला आ रहा है। कितनी मन्थर गति से।"

सब का ध्यान उसी ओर खिंच गया जहाँ गंगा के विशाल वक्ष पर एक कुम्भ सीधा बहा चला जा रहा था।

ऋषि मान बोले, ''कुम्भ की गति से प्रतीत होता है कि उसके अन्दर कुछ है। यदि जल होता तो अब तक वह सतह पर पैठ गया होता। क्या पता किसी यात्री का सर्वस्व इसमें हो!''

गुरु का ध्यान भी केन्द्रित हुआ देखकर हिरण्यस्तूप उत्साह में भर उठा। ''गुरुदेव, आज्ञा दें। हम इस कुम्भ को निकाल लेते हैं।''

मान की आज्ञा पाते ही चार शिष्य गंगा में कूद पड़े और कुम्भ को बड़ी सावधानी से निकाल लाये। एक बोला, ''गुरुदेव, आप सच कहते थे। इस कुम्भ में कोई वस्तु है।''

''इस कुम्भ से पता चलता है कि यह किसी अप्सरा का है। गन्धर्व कुल में ऐसे कुम्भ प्रयोग में लाये जाते हैं। लेकिन एक बात समझ में नहीं आती।''

''क्या ऋषिवर?''

''इसका मुख भली भाँति ढक्कन ढक कर लेप लगा कर बन्द कर रखा है, फिर भी ऊपर की ओर इसमें छेद कर रखे हैं।''

''जिससे इसमें वायु प्रवेश करती रहे,'' एक शिष्य ने सुझाव दिया।

''तुम ठीक कहते हो। अब इसे खोल कर देखते हैं।'' ऋषि मान ने बड़ी सावधानी से उसका ढक्कन हटाया। कुम्भ के अन्दर झाँकते ही वे पल भर को स्तब्ध रह गये। अन्दर लगभग एक मास का सुन्दर बच्चा कपड़ों के साथ लेटा था। फिर सुध में आकर उन्होंने उसे कुम्भ से उठा लिया।

कुम्भ से बच्चे को निकलते देखकर शिष्य भी चकित रह गये।

लम्बा मुख, गौर वर्ण, बुद्धिमत्तापूर्ण नेत्र। बच्चा न कुम्भ में रो रहा था, न बाहर उठाये जाने पर रोया। वह टुकुर टुकुर सब को ताक रह था।

''वाह रे मेरे **कुम्भज**,''[1] ऋषि मान भावविभोर हो उठे। ''किस ध्यानावस्थित स्थिति में हो।'' फिर जैसे वे अपने आप से बातें कर रहे हों, ''अवश्य यह ऋषिपुत्र है और इसकी माता कोई अप्सरा है जिसने इसे अपने उन्मुक्त प्रेम में बाधा समझ कर इसे अपने से दूर कर दिया।''

''कैसी निर्दयी हो गई वह माँ,'' एक शिष्य के मुख से निकल पड़ा।

''मानव धर्म के अनुसार हम उसे निर्दयी कहेंगे, लेकिन अप्सरा धर्म के अनुसार यह कोई विशेष बात नहीं है।''

''क्या यह अप्सरा धर्म ही गलत नहीं है, गुरुदेव?'' उसी शिष्य ने पूछा उसे बालक की माँ पर क्रोध आ रहा था।

''हे शारंगरव, तभी हम मानव धर्म में समस्त पृथ्वी को दीक्षित करना चाहते हैं। लेकिन जिस समाज में जो व्यक्ति उत्पन्न होता है, साँस लेता है, बढ़ता है, उसकी रीतियाँ ही उसके रक्त में बस जाती हैं। उन्हें धीरे-धीरे ही बदला जा सकता है।''

---

1. ऋग्वेद सर्वानुक्रमणी 1.166; निरुक्त 5.13; बृहद्देवता 2.37; 44-156; 3.56; मस्त्य पुराण 61.201; पद्म सृ. 22.22; ब्रह्माण्ड पुराण 3.35; महाभारत, वन पर्व 96; द्रोण पर्व 132, 185; शान्ति पर्व 342.51

"इसके माता-पिता को कहाँ ढूँढ़ें ऋषिवर?" दूसरे ने पूछा।

एकटक बालक का मुख देखते हुए मान बोले, "मैं इसे पालूँगा हिरण्यस्तूप। यह एक महान् ऋषि होगा। देखा, विपत्ति में भी यह घबराता नहीं, रोता नहीं। कितना शान्त है यह कुम्भज। मैं इसे अपनी सारी विद्या दूँगा। और किसी दिन इसका पिता मुझे मिल गया तो इसे मैं वापस कर दूँगा, लेकिन माता को नहीं दूँगा, वह इसे पाने की अधिकारिणी नहीं।" बच्चे को वापस करने की कल्पना से ही उनके नेत्र भर आये, इतना प्रेम उमड़ आया था उनके हृदय में।

२

दूर पर्वतों की पहली श्रेणियाँ दिखाई दे रही थीं। उन्हीं से घिरा उस यात्री का गन्तव्य स्थान था। विशाल भाल, तीक्ष्ण दृष्टि, धूप से तपा श्वेत रंग, लम्बा डील-डौल। उस व्यक्ति में ज्ञान की अदम्य पिपासा थी, साथ ही ग्रहण करने की अद्‌भुत शक्ति। जहाँ उसे नया ज्ञान मिलता था, वहीं वह रुकता था। अपनी प्रखर मेधा और विलक्षण स्मरणशक्ति को काम में लाता था। और फिर आगे बढ़ लेता था।

वह बहुत दूर से आ रहा था, किन्तु थका हुआ लेश मात्र भी न था। क्योंकि ध्येय सम्मुख आ गया था, इसलिए पगों ने तीव्र गति पकड़ ली थी।

पगडण्डी नदी के किनारे-किनारे पहाड़ों को चीरती चली गई थी। वह छोटी-छोटी पहाड़ियों के मध्य बसे एक ग्राम की ओर ले गई। यात्री उस ग्राम से पूर्व-परिचित था। वह उसमें घुसा और एक कुटिया के पास जाकर उसने द्वार खटखटाया।

अन्दर से स्वर आया, "आ रही हूँ।"

कुछ पल बाद द्वार खुल गया। द्वार खोलने वाली एक अनिन्द्य सुन्दरी थी। गोल सुन्दर मुखड़ा जिस पर लालिमा लहरें ले रही थी, कामदेव ने अपना धनुष खींच रखा था। पके दाड़िम के समान लाल रक्तवर्ण ओंठों पर शुक के समान भावुक नासिका टंगी थी। गले के नीचे दो चूचाग्र-कलंक-युक्त पूर्णचन्द्र थे जिन तक पहुँचने के लिए उदर पर तीन बलों की तीन सीढ़ियाँ पड़ी थीं और नीचे गोल चिक्कण स्तम्भों पर टिकी वेदी।

"कौन? **मित्रावरुण!**" वह चहकी।

"हाँ, मैं आ गया **उर्वशी**," यात्री बोला।

युवती टूटकर उससे चिपट गई। युवक भी सब कुछ भूलकर उसके आलिंगन में खो गया।

कुछ पल बाद उर्वशी बोली, "मैं सोचती थी तुम अब नहीं आओगे।"

"ऐसा कैसे हो सकता था," मित्रावरुण ने उत्तर दिया।

"गन्धर्वराज चित्रायु भी यही कहते थे—सब जानते हैं मित्रावरुण एक स्थान पर रुक कर बैठने वाले नहीं, उर्वशी तेरा मानव प्रेमी अब नहीं लौटेगा।"

"यह बात पहले ठीक थी, लेकिन अब मत्त हाथी को बाँधकर रखने वाली दृढ़ रज्जु भी तो मिल गई थी।"

उर्वशी ने फिर मुख उनके सीने में छिपा लिया। उसने मान किया, ''तो फिर तुम मुझे छोड़कर क्यों गये थे?''

मित्रावरुण ने ठंडी साँस छोड़ी, ''यहाँ रहता था तो दिल नहीं मानता था और मैं चाहता था कि मेरा पुत्र खूब स्वस्थ उत्पन्न हो।.......हाँ, पुत्र कहाँ है?''

उर्वशी को झटका लगा, वह अलग हो गई। ''पुत्र!''

''हाँ पुत्र। मैंने गणना कर ली थी कि मेरे पुत्र होगा, वह महान् ऋषि होगा, उसका यश दिग्दिगन्त तक फैलेगा। कहाँ है वह मेरा बाल ऋषि?''

उर्वशी निष्पन्द रह गई।

मित्रावरुण ने पुकारा, ''उर्वशी।''

''वह यहाँ नहीं है।''

मित्रावरुण कुछ चिन्तित लगे। ''यहाँ कुटिया में नहीं, तो किसी गन्धर्व परिवार में होगा जहाँ तुमने उसे पलने दे दिया होगा।''

''नहीं नहीं, मैं उसे गन्धर्व नहीं बनाना चाहती थी। यहाँ उसका कोई ठीक प्रकार पालन नहीं कर सकता था।''

''तो तुमने क्या किया?''

उर्वशी बिलख उठी। ''मैंने सोचा था तुम नहीं आओगे। मैं उस पुत्र को लेकर किस आश्रम में जाऊँगी। तुम्हारी थाती को किसे सौंपूँगी। कौन मेरी बात मानेगा कि यह बालक ऋषि मित्रावरुण की सन्तान है।''

''तो?'' ऋषि के मुख से बड़ी कठिनता से निकला।

''जब वह एक मास का हुआ तो मैंने उसे एक बड़े कुम्भ में रख कर गंगा में बहा दिया। दोनों तटों पर इतने अश्रम हैं, किसी न किसी की दृष्टि उस कुम्भ पर पड़ेगी और वे उसको गंगा की गोद से निकाल लेंगे। तभी मेरा पुत्र तुम्हारे उपयुक्त बन सकेगा।''

मित्रावरुण के पैरों में प्राण नहीं रहे। वे धम से पृथ्वी पर जा पड़े।

३

मित्रावरुण को झटका लगा और वे नहीं संभाल सके। उस यायावर ऋषि के मन में मोह उपजा था। अपने ज्योतिष-ज्ञान से उसने जान लिया था कि उसका पुत्र महान् होगा। उसका नाम ऊँचा करेगा। मन में हिलोर थी कि उसे खूब प्यार करे, अपना अर्जित ज्ञान शीघ्र से शीघ्र उसे सौंप दे। लेकिन सपना टूट गया। वे दिग्भ्रान्त हो उठे।

उर्वशी ऋषि की यह दशा देखकर दु:ख और करुणा से प्लावित हो उठी। जितना उसकी बुद्धि ने सुझाया था, वही उसने किया। ऋषि बिना कुछ कहे सुने उसे छोड़ कर चले गये थे। सब ने उसे सुझाया था कि वे अब नहीं आयेंगे। वह अपने पुत्र को गन्धर्व नहीं बनाना चाहती थी, इसी कारण उसने यह पग उठाया। इसमें उसका क्या दोष है? उसने सहारा देकर मित्रावरुण को उठाया और घर के अन्दर ले गई।

मित्रावरुण की सुध नहीं लौटी। वे विमूढ़ की भाँति सब कार्य कर रहे थे, बिना सोचे समझे। उर्वशी को उनका बालकों के समान ध्यान रखना पड़ता था। जो वह कहती थी, वे करते थे। बाकी समय शून्य दृष्टि से चारों ओर निहारते रहते थे।

आधा प्रहर बीता। दो प्रहर बीते। चार प्रहर गये। रात आई और चली गई। पूरा दिवस गणना में आ गया। दो दिन बाद उर्वशी से नहीं रहा गया। उन्हें भोजन कराते समय उसने झुंझलाकर कहा, "तुम्हें क्या हो गया है?"

ऋषि ने मूक नेत्र उसकी ओर उठाये।

'मेरी ओर ऐसे क्यों देख रहे हो?"

"ऐं!"

"ऐं के क्या माने, कुछ तो बोलो," उर्वशी झुंझला उठी।

मित्रावरुण चुप रहे।

"हमारा पुत्र जीवित है। वह किसी आश्रम में पल रहा होगा।"

"अच्छा।"

"मैंने कुम्भ का मुख भली प्रकार बन्द कर दिया था। और गंगा का पूजन करके उसे जल में उतारा था।"

"अच्छा।"

"गंगा ने उसे सुरक्षित पहुँचा दिया होगा।"

"अच्छा।"

उर्वशी पागल हो उठी। "क्या अच्छा-अच्छा कर रहे हो! यह तो होता नहीं कि उठें और बेटे को ढूंढ लायें। स्वयं पागल बने बैठे हैं और मुझे पागल बना रहे हैं।" उसका बाँध टूट गया। आँचल में मुख छिपाकर वह बिलख उठी।

"जाऊँ।"

"हाँ जाओ। ढूंढकर लाओ।"

मित्रावरुण चुपचाप उठे और कुटिया से बाहर निकल गये।

४

उर्वशी को क्या पता था कि ऋषि फिर इस विस्तृत विश्व में खो जायँगे। उसने एक दिन बाट देखी, दो दिन देखी—मन में यह उछाह लिये कि मित्रावरुण उसका पुत्र लेकर लौटने वाले हैं। लेकिन यह आशा मृगमरीचिका सिद्ध हुई। यायावर दूर दिशाओं में खो गया।

गन्धर्वों का जीवन 'आनन्द' शब्द को सार्थक करता था। उनका जीवन दर्शन यही था। उर्वशी अप्सरा थी, स्वच्छन्द विचरण करने वाली। उस समय उसके समान सुन्दरी कोई नहीं थी। जब उसने मित्रावरुण से गन्धर्व विवाह किया, तो अन्य गन्धर्वों को बुरा लगा था लेकिन वे कुछ नहीं कह सकते थे क्योंकि अप्सरा की इच्छा पर कोई प्रतिबन्ध नहीं था। जब मित्रावरुण उसे गर्भवती छोड़कर चले गये, तब अप्सराओं ने उसे बहुत झिकाया, गन्धर्वों ने व्यंग-बाण कसे—कौआ चला हंस की चाल। किन्तु मित्रावरुण ने उसे ढेर सारा प्यार दिया था, वही उसका कवच बना रहा। पेट की निशानी भी रह रहकर उसे मित्रावरुण का स्मरण कराती रही।

मित्रावरुण फिर आये और चले गये। प्रेम में उबाल आया और ढके रहने के कारण उबलता रहा। वे उससे क्रुद्ध हो गये हैं, किस प्रकार उन्हें मनाकर लाऊँ? कहाँ होंगे वे? इसी दुविधा में उर्वशी के दिन बीत रहे थे।

पहले वह गर्भवती थी, इसका बन्धन था। अब गन्धर्वों की टोली उसके पीछे घूम रही थी। वे स्वतन्त्र प्रेम के पक्षपाती थे लेकिन अप्सरा या गन्धर्वों पर बलात्कार करने के समर्थक नहीं। भाँति-भाँति से उसके प्रेमी उसे प्रसन्न करने का प्रयत्न करते लेकिन वह प्रसन्न नहीं होती। हँसने-हँसाने में वह भाग नहीं लेती, आनन्द-भोग से वह कितने दिनों से दूर थी, रह रहकर उसके नेत्रों के सामने दिग्भ्रम ऋषि का भोला मुख आ जाता।

एक दिन गन्धर्वराज स्वयं उसकी कुटिया में आये। उर्वशी ने उनका स्वागत किया और आसन दिया।

"उर्वशी, तुम्हारा जीवन सफल हुआ है।" वे बोले।

उर्वशी की कुछ समझ में नहीं आया। "कैसे महाराज?"

"इन्द्र ने तुम्हें अमरावती बुलाया है।"

"क्यों?" उसके मुख से निकल पड़ा।

"इन्द्र की वार्षिक सभा का दिन निकट आ गया। उसमें भाग लेने दूर-दूर से ऋषि मुनि, गन्धर्व अदि पहुँच रहे हैं। इन्द्र ने चर भेजकर कहलावाया है कि वे उस दिन सर्वसुन्दरी उर्वशी का नृत्य देखना चाहते हैं। ऐसा सौभाग्य बिरले को ही प्राप्त होता है उर्वशी।"

"मैं कृतार्थ हुई गन्धर्वराज। लेकिन.....

"लेकिन क्या, उर्वशी! इसमें क्या संशय है?"

"मैं नृत्य करना नहीं चाहती।"

गन्धर्वराज कुपित हो उठे। अपने को सँभालते हुए वे बोले, "हम अपनी नीति से बँधे हुए हैं, इसका अर्थ यह नहीं कि तुम ऐसी मूर्खता की बात कहो।"

उर्वशी चुप रही।

गन्धर्वराज ने समझाया, "इन्द्र ने स्वयं तुम्हें बुलाया है। सारे संसार को यह बात विदित हो चुकी है। तुम्हारा न जाना उनका अपमान होगा। गन्धर्व कुल देवराज का अपमान नहीं कर सकता। तुम्हें न चाहते हुए भी अपने कुल के लिये देवलोक जाना पड़ेगा उर्वशी।"

वे ठीक कह रहे थे। उर्वशी समझ रही थी। लेकिन क्या वह नृत्य कर सकेगी? वहाँ नृत्य में उससे कुछ गलती हो गई तो इन्द्र का क्रोध उस पर वज्र बनकर टूटेगा। परन्तु उसका फल केवल उसे भोगना पड़ेगा। न गई तो उसके राज्य पर आपत्ति आयेगी।

गन्धर्वराज ने और लालच दिया। "एक बात और है उर्वशी। सभा में सब महान् ऋषियों को भाग लेने बुलाया जाता है। मित्रावरुण को भी देवों के चर ने जहाँ भी वे होंगे, आमन्त्रण दिया होगा। वे भी वहाँ आयेंगे और तुम्हारा उनसे मिलन हो जायेगा।"

उर्वशी प्रफ्फुलित हो उठी। 'मैं तैयार हूँ गन्धर्वराज।"

५

उर्वशी सोलह श्रृंगार किये इन्द्र सभा की ओर चली जा रही थी। श्रृंगार ने उसके अनुपम सौन्दर्य को द्विगुणित कर दिया था। पिया से मिलने की चाह ने मुख पर भी निराली आभा उत्पन्न कर रखी थी। अमरावती पहुँच कर उसे पता चला था कि मित्रावरुण भी सभा में आ रहे हैं। आज वह प्रणयिनी थी जो अपने रूठे पिया को रिझाने जा रही थी।

सहसा उसके मार्ग में बाधा पड़ी। कोई सामने आ गया था–एक तेजस्वी प्रौढ़ता को प्राप्त करता देव। मार्ग रोककर उसने पूछा, "क्या मैं देवि का नाम जान सकता हूँ?"

"मुझे उर्वशी कहते हैं।" उर्वशी ने उसकी लुब्ध दृष्टि से सकुचा कर कहा।

"सुन्दर, अति सुन्दर। रमणी तुम्हारे दर्शन ने मुझे अग्नि बना दिया है। मेरे साथ रमण करके मुझे शीतलता प्रदान करो।"

वह निर्लज्जता उर्वशी के लिए नई नहीं थी। देवों और गन्धर्वों के मुख से ये शब्द सुनना साधारण बात थी। उसने बड़ी नम्रता से कहा, "आप जैसे महान्.......
...

उर्वशी की बात काट कर पुरुष बोला, "अच्छा हुआ, तुमने मुझे पहचान लिया। मैं **सूर्य** हूँ।"

उर्वशी परिचय जानकर स्तम्भित रह गई। सूर्य इन्द्र का दाहिना हाथ था। उसका शौर्य जगत्विख्यात था। उसने हाथ जोड़कर प्रार्थना की, "सूर्य देव, मुझे जाने दें। मुझे इन्द्र-सभा में नृत्य दिखाना है।"

"मैं भी वहाँ चलूँगा। कुछ देर में दोनों साथ चलेंगे।"

उर्वशी ने नया बहाना बनाया, "वहाँ महर्षि मित्रावरुण मेरी राह देख रहे होंगे।"

"मित्रावरुण कुछ देर रुक सकते हैं, सूर्य नहीं," उर्वशी का हाथ पकड़कर उसे कुंज की ओर खींचता सूर्य बोला। वह वीरता के दर्प में फूला था।

उर्वशी ने फिर अनुनय की, "मैं मित्रावरुण की विवाहिता हूँ। ऋषि क्रुद्ध होंगे।"

हँसी उड़ाता सूर्य बोला, "अप्सरा और विवाहिता! उर्वशी, यदि इन्द्र-सभा देखनी है तो मुझे प्रसन्न कर दे।"[1]

उर्वशी चोट खाई सर्पिणी की भाँति फुंकारी, "तो क्या यह घूस समझूँ?" उसने मन ही मन महादेव का स्मरण किया, "प्रभु, इस देव जाति का विनाश कर दो। यह ऋत से विचलित हो गई है।"

अन्य युगल भी कुंजों में आ जा रहे थे। किसी ने कोई ध्यान नहीं दिया।

६

उर्वशी इन्द्र-सभा में कुछ देर में पहुँची, लेकिन इन्द्र उस समय भी नहीं आये थे। गन्धर्वों के साथ उसने स्थान ग्रहण करते हुए व्याकुलता से चारों ओर झाँका।

---

1. एपिक माइथोलॉजी

थे, मित्रावरुण वहाँ थे। ऋषि-मण्डली में प्रमुख स्थान पर बैठे थे। पर उनके नेत्रों में वही शून्य भरा था। हे शिव, क्या ये अभी तक खोये से हैं?

कुछ देर बाद सभा का कार्य आरम्भ हुआ। कुछ ऋषियों ने नवीन सूक्त सुनाये। गन्धर्वों ने समवेत गायन किया। फिर उर्वशी को नृत्य के लिए पुकारा गया। वह शिव को स्मरण करती उठी–हे शिव, कल्याण करो। आज इनकी स्मृति जगा दो। मुझे देखकर ये सुध पा जायें।

उसने सर्वप्रथम इन्द्र तथा बृहस्पति को झुककर नमस्कार किया और फिर साथियों की वाद्य-लहरी पर पग उठाने आरम्भ किये। घुंघरू छनके मानो झनझनाकर मित्रावरुण से कह रहे हों मेरी ओर देखो। उसने एक चक्कर लिया और मित्रावरुण के सम्मुख आकर रुकी। घुंघरु छनछनाये। ऋषि के नेत्र कुछ सिकुड़े। वे कुछ सोच में पड़े लगते हैं। वे पहचानने का प्रयत्न कर रहे हैं।

उर्वशी का उत्साह बढ़ा। नृत्य में गति आ गई।

मित्रावरुण का खोया ध्यान केन्द्रित हुआ। कौन नृत्य कर रहा है? गौर से देखा। उन्हें स्मरण हो आया, ऐसा नृत्य एक बार पहले भी देखा था। कहाँ? गन्धर्वराज के यहाँ। उर्वशी ने किया था। उर्वशी.....उर्वशी!

उर्वशी सुध-बुध भूलकर नृत्य कर रही थी। आज उसे मित्रावरुण की स्मृति लौटानी है, पिया को वापस पाना है। सारी सभा मन्त्रमुग्ध बैठी देख रही थी।

लेकिन ऋषि के मन में झंझावात उठ रहा था। यह अवश्य उर्वशी है। पिया को सामने देखकर शरीर में काम उभर आया। फिर मन की परतें एक एक खुलने लगीं।

लौट कर गया था। अपने पुत्र को न पाया। साधारण जन की भाँति धक्का न संभाल सका। मूर्ख......ऋषि अपने ऊपर विद्रूप-भरी हँसी-हँस दिये।

तूने गणना की थी। जब वह विश्वविजयी ज्ञानी बनने के लिए जन्मा है तो उसका कोई कुछ नहीं बिगाड़ सकता, यह तूने क्यों नहीं सोचा। गंगा ने माँ की तरह थपकी देकर उसे किसी ऋषि के आश्रम में पहुँच दिया होगा। माता-पिता का विछोह भी वरुण की इच्छा से हुआ होगा। वह बचपन से आत्म-निर्भर बनेगा। और तू उर्वशी से क्रुद्ध हो उठा था।

मित्रावरुण ने प्यार भरी दृष्टि से प्रिया को निहारा।

उर्वशी ने उन नेत्रों की भाषा पढ़ ली। वह निहाल हो उठी। नृत्य में अद्‌भुत गति आ गई। उसके पैर पृथ्वी पर पड़ते नहीं दिखाई दे रहे थे, मानो वह वायु में पंख फड़फड़ा रही है।

'छत्र' का स्वर गूंजा और फिर सर्वत्र शांति छा गई। दर्शकों की तन्द्रा टूटी। बीच में उर्वशी खड़ी थी, स्वेदकण झलकाती, अश्रुसिक्त नयन लिए। उसका उन्नत वक्ष सागर के समान उद्वेलित था। पैर थरथरा रहे थे।

इन्द्र पुकार उठे, ''उर्वशी, मांग ले जो मांगना चाहती है।''

सब की कर्णेन्द्रियाँ सजग हो उठीं। इन्द्र अत्यन्त प्रसन्न हैं। देखें, उर्वशी क्या मांगती है।

उर्वशी चुप रही।

इन्द्र ने फिर कहा, "हम तेरी इच्छा पूर्ण करेंगे उर्वशी। बोल।"

"मुझे अप्सरा धर्म से मुक्ति दें, देवेन्द्र।"

सारी सभा सन्न रह गई। क्या माँगा है मूर्ख ने?

"क्या कह रही है तू? इन्द्र विस्मय में बोले।

गन्धर्वराज के मुख से केवल एक शब्द निकला, "उर्वशी!"

और वही मानो मित्रावरुण ने दोहराया, लेकिन यह सम्बोधन आल्हाद से परिपूर्ण था।

इससे उर्वशी को बल मिला। वह हँसती हुई मित्रावरुण के पास आ खड़ी हुई, "मैं अपने पति के साथ मानव धर्म पालन करना चाहती हूँ।"

इन्द्र के मुख से निकला, "तथास्तु।"

७

सभा समाप्त होने पर उर्वशी और मित्रावरुण बाहर निकले। ऋषि कुछ चिन्तित लग रहे थे। वे सोच रहे थे–क्या मैं परिवार का भार उठाने में समर्थ हूँ?

आखिर उनसे नहीं रहा गया। वे बोले, "उर्वशी, मैं यायावर हूँ।" वे चुप हो गये।

स्त्रियों में छठी इन्द्रिय होती है। इन तीनों शब्दों से उर्वशी ऋषि के मन की ऊहापोह समझ गई। वह मुस्कराकर बोली, "मैं तुम्हारी पत्नी हूँ।"

"मेरे पैर में चक्कर है।"

"मैं तुम्हारा साथ दूँगी।"

"नहीं दे सकोगी! यह असम्भव है!"

"तो घर में तुम्हारी बाट तकूँगी।"

मित्रावरुण ने उर्वशी की ओर ताका, उसके नेत्रों में प्रेम छलछला रहा था। सब दुविधाएँ दूर हो गईं। दो यायावरों ने दक्षिण की ओर पग बढ़ाये।

८

घूमते-घूमते मित्रावरुण और उर्वशी गंगा के तट पर आ निकले। मधुर जीवन बीत रहा था। लेकिन दोनों के मन में एक फांस पड़ी थी–हमारे पुत्र का क्या हुआ? उर्वशी के मन में चिन्ता सालती थी परन्तु वह मित्रावरुण से नहीं कह सकती थी। उसे भय था कभी वे फिर अपनी स्मृति खो बैठें या क्रुद्ध होकर उससे दूर हो जाएँ। मित्रावरुण भी पुत्र की बात चलाकर अपने सुखी जीवन में व्याघात नहीं डालना चाहते थे, वैसे उनका दिल पुत्र को ढूंढने के लिए तड़पता रहता था।

गंगा के धीर मन्थर विस्तार ने उन दोनों को अधीन बना दिया। मित्रावरुण बोले, "इस नदी के तट पर हम दोनों परिणय-सूत्र में बँधे थे। अब कुछ दिनों यहीं कुटिया छाकर रहेंगे।" उनका मुख उर्वशी की ओर नहीं था, कहीं वह उस पर उनका असली मन्तव्य न पढ़ ले।

उर्वशी पुलक उठी। अपने मन के भावों को छिपाते हुए उसने कहा, "इससे अच्छी बात क्या हो सकती है। मेरी थकान भी कुछ दूर हो जायेगी।"

कुछ दिन कुटिया छाने और गृहस्थी जोड़ने में लगे। कुछ दूर बसे मानों के विश ने ऋषि मित्रावरुण की हर प्रकार से सहायता की और उनके भोजन का प्रबन्ध अपने कन्धों पर उठा लिया। इतना महान् ऋषि उनके सान्निध्य में आकर बस रहा है।

प्रातः यज्ञ करके मित्रावरुण घर से निकल जाते और कभी दोपहर, कभी सन्ध्या और कभी रात्रि को वापिस लौटते। उर्वशी समझती कि ऋषि को एक स्थान पर रहने की आदत नहीं है, इस कारण घूम-फिर कर जी बहलाते हैं। लेकिन वे गंगा के दोनों तटों पर बसे आश्रमों में जा रहे थे–शायद किसी में उनका पुत्र मिल जाय।

९

"गुरुदेव, महर्षि मित्रावरुण आश्रम में पधारे हैं।" चिल्लाता हुआ हिरण्यस्तूप कुटिया में घुस आया।

दोपहर में मान का मौन चिन्तन का समय था। उस समय शिष्यों को उन की कुटिया में प्रवेश करने का निषेध थ। परन्तु इस आनन्ददायक समाचार को सुनकर ऋषि ने तत्क्षण शिष्य को क्षमा कर दिया। पद्मासन से उठकर उन्होंने पैरों में खड़ाऊँ डालीं।[1] कुटिया से बाहर निकलकर उन्होंने देखा कि शिष्यों ने मित्रावरुण को गुरु-स्थान दे दिया है और उनके चारों ओर विनीत भाव से बैठ गये हैं। गुरुदेव मान को आते देख कर वे सब उठ खड़े हुए। मित्रावरुण भी उठने लगे। मान ने लपक कर उनकी अभ्यर्थना की। "महर्षि, आज मेरा जीवन सफल हुआ और मेरा आश्रम धन्य हुआ जो आपके पावन चरण इसमें पड़े।"

"आप क्या कह रहे हैं ऋषिवर! आप धन्य हैं जो मानव समाज की सेवा कर रहे हैं। उसके घटकों को इस योग्य बना रहे हैं कि वे अपने कर्तव्यों को सुचारु रूप से पालन कर सकें।"

उन्हें बिठाते हुए मान बोले, "यह आप क्या कह रहे हैं। आप हम गुरुओं के भी गुरु हैं। आप ज्ञान की खान हैं। आपसे जो कुछ हम प्राप्त करते हैं, वह सब इन बच्चों को बाँट देते हैं। मेरी आपसे यही प्रार्थना है कि आप कुछ दिन मेरे आश्रम में विश्राम करें और हमें उपदेश-लाभ दें।"

"जो कुछ सेवा मुझसे हो सकेगी मैं अवश्य करूँगा।" मित्रावरुण ने विनीत भाव से कहा।

शिष्यों ने मित्रावरुण का नाम बहुत सुन रखा था, उनका भव्य व्यक्तित्व तथा गुरुदेव का आदर देखकर वे और प्रभावित हुए।

"कहिये ऋषिवर, आपका आश्रम ठीक चल रहा है?"

---

1. जो मानवों को आदिवासियों ने पहननी सिखाई थीं। देवकाल के समय की चमड़े की सैंडिलें गर्मी में बहुत कष्ट देती थीं।

''सब इन्द्र की कृपा है। आश्रम से साथ लगी पर्याप्त कृषि-भूमि है। इन्द्र और गंगा माता की कृपा से जल खूब प्राप्त हो जाता है। इन शिष्यों की कृपा से धन-धान्य की कमी नहीं रहती। आश्रम की गौएँ भी निरन्तर वृद्धि की ओर हैं। इससे दुगने शिष्य भी हो जायें तो आश्रम को कोई कठिनाई नहीं होगी।''

''इस समय आपके पास कितने शिष्य हैं?''

''आश्रम में बयासी शिष्य हैं और सब बहुत योग्य और होनहार हैं।''

''योग्य गुरु के योग्य शिष्य होते हैं। ये सब आस-पास के जन के होंगे?''

''हाँ, सब इसी जनपद के हैं.....

''सिवाय **मान्य** को छोड़ कर।'' एक वाचाल शिष्य बोल पड़ा।

''मान्य भी गंगा की किसी ऊपरी बस्ती का है।'' गुरुदेव ने शिष्य को सुधारा।

''यह मान्य कौन है?'' मित्रावरुण ने धड़कते हृदय से पूछा। उन्हें लगा कि उनकी यातना का अब अन्त होने वाला है।

''मान्य कौन है, हम नहीं जानते। कुछ वर्ष पहले वह हमें गंगा की धारा में बहता मिला था। मैंने और मेरी पत्नी ने उसे पाला-पोसा, इस कारण सब उसे मान्य[1] कहते हैं।''

''एक अप्सरा के कुम्भ में रखा हुआ जिसमें ऊपर छिद्र थे?'' मित्रावरुण ने फिर पूछा।

''आप सर्वज्ञ हैं, महर्षि। ऐसा ही था, इसी कारण उसके साथी उसे कुम्भज भी पुकारते हैं।''

''कहाँ है मान्य,'' महर्षि ने कातर होकर पुकारा।

''खेतों में काम कर रहा होगा,'' एक शिष्य ने कहा।

माण्डव्य उठ खड़ा हुआ। ''नहीं, वह अभी छोटा है। वह बालकों की टोली में गौएँ चराने गया है। मैं अभी उसे बुला कर लाता हूँ।'' वह भाग कर वन में विलीन हो गया।

मान कुम्भज को बहुत प्यार करते थे। वे कहने लगे, ''अद्‌भुत बालक है मेरा कुम्भज। इतना सरल है, बिल्कुल सीधा-सादा। और वैसे बुद्धि इतनी तीव्र है कि मैं बड़े शिष्यों को जो पढ़ाता हूँ उसे भी वह स्मरण रखता है। परसों बड़ा मज़ा आया महर्षि।''

''क्या?''

मान ने ध्यान नहीं दिया कि मित्रावरुण के नेत्रों में जल छलछला आया है। वे कहते रहे, ''माण्डव्य अपना पाठ याद कर रहा था। मान्य ने उसे टोक दिया कि तुम अशुद्ध बोल रहे हो और याद कर रहे हो। और मान्य ही ठीक था।''

''ऋषिवर, मैं आपका ऋण जन्म भर नहीं भूल सकता,'' मित्रावरुण फूट पड़े।

''यह आप क्या कह रहे हैं?'' मान अचम्भित रह गये।

---

1. ऋग्वेद 1.165.14-15; 166.15

"ऋषिवर, मान्य मेरा पुत्र है। मेरा और उर्वशी का। आपने उसे बचाया, पाला-पोसा, मैं इसका..........[1]

"मैं कौन होता हूँ बचाने वाला। इन्द्र सबकी रक्षा करता है। मैं स्वयं आश्रमवासियों से कहता था कि यह अवश्य किसी महर्षि का पुत्र है।" मान का स्वर गद्‌गद् हो उठा। मान्य का पिता मिल गया है, अब वह चला जायेगा।

मित्रावरुण ने ठहर-ठहर कर उर्वशी परिणय, बच्चे के जन्म, उसके बहाने और बाद की सारी घटनाएँ सुना दीं।

माण्डव्य मान्य के साथ लौट आया था। गुरुदेव के पास एक भव्य मूर्ति को देखकर मान्य सहमता-सा आगे बढ़ा और उसने सिर झुकाकर दोनों को नमस्कार किया।

गुरु ने प्यार से पुकारा, "मान्य, बेटा तुम इन्हें जानते हो?"

"नहीं गुरुदेव!" मान्य एकटक अतिथि को देख रहा था।

"ये महर्षि मित्रावरुण हैं। ज्ञान के अगाध सागर। समस्त भूलोक में विचरण कर इन्होंने ज्ञान एकत्र किया है।"

मान्य का सिर झुक गया, मानों वह दुबारा प्रणाम कर रहा हो।

"और ये तुम्हारे पिता भी हैं।"

"पिता!" उसका सिर एकदम उठ गया।

"हाँ बेटा," मित्रावरुण बोले। "मेरी गोद में आ। तू मेरा पुत्र है। आज प्रथम बार पुत्र को देखकर जी जुड़ा गया है।" उन्होंने हाथ फैला दिये।

मान्य सकुचाता सा आगे बढ़ा और पिता की कौली में समा गया।

१०

"देख उर्वशी, मैं किसे लाया हूँ?" मित्रावरुण उत्साह में दूर से ही चिल्लाये।

उर्वशी कुटिया के साथ लगे उपवन में जल दे रही थी। बाल्टी रखकर उसने कमर सीधी की। पति के साथ एक प्यारा बालक था। माँ की ममता ने जोर मारा। वह भागी और पुत्र को छाती से चिपटा लिया।

ऋषि ने आश्चर्य में पूछा, "तुम्हें कैसे पता लगा कि यह कौन है?"

"अच्छा! माँ से भी बेटे का परिचय कराना पड़ेगा?"

"देखा, मेरा बाल-ऋषि मिल गया।" दोनों के दिल का काँटा एक झटके में निकल गया था। "इसके गुरुदेव इसकी प्रशंसा करते नहीं अघाते थे।"

"क्यों न प्रशंसा करेंगे, आखिर यह पुत्र किसका है। संसार प्रसिद्ध ज्ञानी मित्रावरुण का।"

"और सर्वश्रेष्ठ सुन्दरी उर्वशी का।"

और मान्य पागल बना माँ के हृदय से चिपका सब कुछ शान्ति से सुन रहा था।

---

1. ऋग्वेद 7.33.13; बृहद्देवता 5.134

''मैंने इसका नाम **अगस्त्य** रखा है।''

''बहुत सुन्दर नाम दिया है,'' उर्वशी ने प्रेम और प्रशंसा भरे नेत्रों से पति को झाँका।

''इसके गुरुदेव ऋषि मान इसे बहुत प्यार करते हैं। वे और ऋषि-पत्नी दोनों अगस्त्य को मेरे साथ भेजते हुए रो पड़े। सब आश्रमवासियों का भी दिल भरा हुआ था। उन सबका यह प्रिय खिलौना था।''

''मैं भी ऋषि मान के दर्शन करूँगी।''

''हम दोनों इसे आश्रम पहुँचाने चलेंगे।''

''मतलब?'' उर्वशी ने पति के नेत्रों में झाँका।

मित्रावरुण ने क्षमा माँगते स्वर में कहा, ''यह बीच में हमारे पास रहने आ जाया करेगा, हम भी इससे मिलते रहेंगे, लेकिन अपनी प्रारम्भिक शिक्षा यह आश्रम में ही पूरी करेगा।''

''क्यों?'' उर्वशी ने बलपूर्वक आँसू रोकते हुए पूछा।

''पगली, रोती क्यों है? इस अवस्था में तो घर में पले बालक भी गुरु के आश्रम में भेजे जाते हैं, और इसका तो संग ही वहाँ है। स्नेहपूर्ण गुरु हैं, प्रेमी माता है।''

''तुमसे अच्छी शिक्षा कौन दे सकता है?'' उर्वशी के प्रश्न में उपालम्भ भरा था।

''आरम्भ में संगी साथी के साथ रहकर हर प्रकार की शिक्षा प्राप्त होती है। मान का ज्ञान यह ग्रहण कर लें, फिर तो पिता पुत्र की जोड़ी जमेगी ही।''

''जैसा तुम ठीक समझो।............लेकिन इस बार जो पुत्र होगा उसे मैं कहीं नहीं भेजूँगी।''

''अच्छा-अच्छा!'' मित्रावरुण चकित रह गये।

अगस्त्य का छोटा भाई **वसिष्ठ** भी माँ के गर्भ में आ गया था,[1] यह उन्हें पहली बार पता चला। उन्होंने पुत्र और पत्नी को खींचकर गले से लगा लिया।

जिज्ञासु अगस्त्य की समझ में माता-पिता की ये सांसारिक बातें नहीं आईं।

---

1. ऋग्वेद 7.33.11; भागवत 6.18.5; ब्रह्माण्ड पुराण 4.5.38; मत्स्य पुराण 61.21-31,201. 29,202.1

अराजक स्थिति

१

मान्धाता के पश्चात् **पुरुकुत्स** ने राज्य सँभाला। उसकी असुर राजा शुष्ण से लड़ाई हुई जिसमें इन्द्र उसकी सहायता को आया। बाद में इक्ष्वाकु वंश में कोई प्रतापी राजा नहीं हुआ और शक्ति दक्षिण में हैहय वंश के हाथों में चली गई। यदु के वंशज दो शाखाओं में बँट गये थे—यादव और हैहय। मान्धाता से पूर्व यादव सर्वोपरि थे और उसके उपरान्त हैहय। कुछ पीढ़ी बाद हैहयराज **महिषमन्त** सिंहासन पर बैठा। उसे मुचुकन्द की बसाई नगरी उसके वंशजों से छीन ली और महिष्मती नाम देकर राजधानी बना लिया। तब से नर्मदा तट पर बसी महिष्मती का गौरव प्रारम्भ होता है।[1]

उसका उत्तराधिकारी **भद्रश्रेण्य** बहुत लड़ाका सम्राट् था। मान्धाता ने अपने साले रुक्म के साथ मिलकर महान् पुरु वंश को प्रतिष्ठान से उखाड़ फेंका था। भद्रश्रेण्य ने प्रतिष्ठान से पश्चिम की ओर चले गये पुरु कुल पर आक्रमण कर वहाँ भी उसकी शक्ति समाप्त कर दी। तत्पश्चात् उसने बनारस पर आक्रमण कर उसे जीत लिया और मानव शक्ति के केन्द्र से राज्य करना आरम्भ किया।[2] राजा हर्याश्व ने काशी वापस लेनी चाही लेकिन निष्फल रहा और मारा गया। उसका पुत्र सुदेव पकड़ लिया गया। यह पहला अवसर था जब किसी मानव राजा ने दूसरे मानव राजा का देश छीना हो।

इन युद्धों में काशी का सारा प्रदेश नष्ट-भ्रष्ट हो गया और मानव शक्ति दुर्बल हो गई। वनों से बाहर आकर राक्षसों के राजा क्षेमक ने बनारस पर आक्रमण कर अपना राज्य स्थापित किया। लेकिन कुछ समय बाद हैहय **दुर्दम** ने फिर उसे राक्षसों से छीन लिया। अगली पीढ़ी में फिर राक्षसों ने काशी पर अपना अधिकार कर लिया।

२

आनवों को मान्धाता ने हराया था। **महामनस** आनव के समय फिर उन्होंने कुछ शक्ति ग्रहण की। महामनस के दो पुत्र थे—उशीनर और तितिक्षु।[3] **उशीनर** पंजाब के कुछ भाग पर राज्य करता था। **तितिक्षु** कुछ साथी लेकर पूर्व की ओर नया राज्य स्थापित करने लौट गया। विदेह और वैशाली पार करके उसने पूर्वी बिहार में राज्य बसाया जो 'पूर्वी राज्य' के नाम से प्रसिद्ध हुआ।[4]

---

1. हरिवंश 1.33.5
2. हरिवंश 1.29.69-72, 32.27-28
3. वायु पुराण 99.17
4. भागवत, मत्स्य पुराण, वायु पुराण

उशीनर के पाँच पुत्र थे। सबसे बड़ा **शिवि** जो मुलतान के आस-पास राज्य करता था।[1] शिवि बड़ा धर्मात्मा राजा था, उसकी बाज और कपोत की कहानी सर्वप्रसिद्ध है। दूसरा **नृग** था। जो मान्टगुमरी और बीकानेर क्षेत्र पर राज्य करता था।[2] **नव** ने अपना राज्य नवराष्ट्र स्थापित किया, **कृमि** ने कृमिला और **सुव्रत** ने अम्बस्थ।[3]

बिलोचिस्तान में मरुगों की शक्ति बढ़ रही थी। उन्होंने शिवि पर आक्रमण किया। शिवि ने इन्द्र से सहायता ली और इन आक्रमणकारियों को मार भगाया। शिवि के चार पुत्र थे। **वृषदर्भ** ने वर्तमान मुलतान क्षेत्र पर राज्य किया, **सौवीर** ने सिन्ध पर, **केकय** ने पंजाब के वर्तमान शाहपुर और गुजरात ज़िलों पर तथा **मद्रक** ने साकल (वर्तमान स्यालकोट, लाहौर और जम्मू) पर। इस प्रकार पंजाब और सिन्ध में आनव राज्य स्थापित हुए जो महाभारत काल तक मिलते हैं और कुछ सिकन्दर के काल तक वर्तमान थे।

३

भृगुओं का आनर्त (गुजरात) में शार्यात के साथ वर्णन आया है। च्यवन के साथ सम्बन्ध होने पर शर्याति की शक्ति बहुत बढ़ गई थी। आनर्त में बसने से वहाँ की महान् नाविक शक्तियों–नागों तथा पणिजनों–के सम्पर्क में वे आये और धीरे-धीरे वे स्वयं एक व्यापारिक कुल बन गये। भृगुओं में परिस्थितियों के अनुकूल ढलने की क्षमता बहुत थी और थी हर कुल से तथा हर प्रकार का ज्ञान पाने की पिपासा। बहुत पहले वे देवों में अपनी मेधा के कारण पूज्य थे। किन्तु ज्ञानपिपासा से उन्होंने असुरों से मेल कर लिया और देवों के भय का कारण बन गये। इस सम्मिलित शक्ति का महानतम पुष्प था शुक्राचार्य। इन्हीं भृगुओं की एक शाखा जब आनर्त में नागों और पणिजनों (फिनीशियन) के सम्पर्क में आई तो समुद्री शक्ति बन गई। उन्होंने पश्चिमी संसार से समुद्री व्यापार धीरे-धीरे अपने अधिकार में कर लिया और पणिजनों को अपनी बस्तियाँ भूमध्यसागर के पूर्वी किनारे पर बसानी पड़ी। अरब प्रायद्वीप के सारे तटों पर भृगुओं ने व्यापार के सिलसिले में अपनी बस्तियाँ बसाईं। बाइबिल में वर्णित फ्रिगियन सम्भवत: भृगुओं का ही वहाँ के वासियों का अपनी भाषा में बोला गया उच्चारण था।

शार्यातों के पणिजन से हारने के उपरान्त भृगुओं ने हैहयों का दामन पकड़ा। वे हैहयों के पुरोहित बन गये। मान्धाता के मरने के बाद हैहय भारत की सर्वप्रमुख शक्ति हो गई और उसी अनुपात में भृगु भी शक्तिशाली हो गये। हैहयों की छत्रछाया में रहकर वे बहुत धनाढय हो गये; समुद्री व्यापार उनके हाथ में था ही।

---

1. सिकन्दर को भी शिवि गणतन्त्र उसी स्थान पर मिला था।
2. इससे आगे चलकर यौधेय गण निकले।
3. वायु पुराण 2.37.17-24; विष्णु पुराण 4.18; मत्स्य पुराण 48

उसी समय देवों की एक अन्य शाखा ने समुद्री व्यापार की ओर ध्यान दिया। वह था अत्रि कुल। वह भी बड़ा साहसिक वंश था। उन्होंने नाव बनाने में बहुत प्रसिद्धि प्राप्त की। और धीरे-धीरे भारत से बाहर जाना आरम्भ किया।[1]

४

सुदेव के पुत्र **दिवोदास** ने काशी पर फिर अधिकार करना चाहा। परन्तु निष्फल रहा। उसका पुत्र **प्रतर्दन** बहुत वीर था, लेकिन वह भी काशी न ले सका। उसके पुत्र **वत्स** ने कौशाम्बी के आस-पास का क्षेत्र[2] जीतकर वहाँ शासन किया और अपनी शक्ति सुगठित की जिसका फल उसके पुत्र **अलर्क** को मिला। उसने राक्षसों से बनारस स्वतन्त्र करा लिया और कई पीढ़ियों बाद अपने पैतृक राज्य पर शासन करना आरम्भ किया।[3]

इस प्रकार इस समय देश में अराजकता की स्थिति उत्पन्न थी। न कोई शक्तिशाली राजा था और न कोई ऋषि जो मानवों को संगठित कर सकता था। राक्षस, मरुत आदि मानवों पर आक्रमण कर रहे थे। हैहय शक्ति प्रबल हो रही थी, पर वह मानव धर्म का पूर्ण रूप से पालन नहीं करती थी।

---

1. होमर द्वारा वर्णित ट्रोजन युद्ध भी क्या भृगु और अत्रि कुल की लड़ाई थी? ट्राय पर फ्रिगियन कुल का राज्य था और हेलन के ससुर का नाम अत्रिः (Atrius) था।
2. वह वत्स देश कहलाने लगा जो बुद्ध के समय प्रसिद्ध था।
3. हरिवंश 1.29; विष्णु पुराण 49; भागवत 9.17, वायु पुराण 92.68; ब्रह्मांड पुराण 3.67

प्रस्फुटन

१

अगस्त्य बड़ा हो चला था। वह पिता मित्रावरुण की प्रतिकृति था। उसका मन घर पर नहीं लगता था। एक तो पिता का रक्त ही ऐसा था, दूसरे उसे बचपन में माता-पिता का पता न रहने के कारण साथियों के ताने सुनने पड़े थे जिससे उसका जी परिवार से उचाट हो गया था। तीव्रबुद्धि बहुत था ही, किशोरावस्था से उसने सूक्त रचने आरम्भ कर दिये और अपने माता-पिता तथा गुरु को चकित कर दिया।[1] उसकी ज्ञान की पिपासा ऐसी थी कि वह हर प्रकार का ज्ञान हर किसी से सीखने को तत्पर रहता था। उसने भ्रमण करते समय वनों में सब अर्धसभ्य जातियों से भी उनका जादू टोना सीखा और उनमें भी निष्णात हो गया। इसी कारण मानवों के अतिरिक्त अन्य कुलों के सदस्य भी उसका बहुत आदर करते थे।

वसिष्ठ उर्वशी की आँखों का तारा था। अगस्त्य की कमी वह उससे लाड़ लड़ाकर पूरा करना चाहती थी। उसका रंग बहुत गोरा था और वह अभी से अगस्त्य के बराबर लम्बा हो गया था। उसकी प्रवृत्ति अन्तर्मुखी थी और वह बहुत गम्भीर था। किसी से भी नहीं बोलता था और बोलता था भी तो केवल कुछ शब्द। वेद में भी वह पारंगत हो रहा था। बैठे-बैठे वह आत्मविस्मृत रह जाता था और ईश्वरीय ज्ञान के दर्शन करता था।

२

दो पथिक चले जा रहे थे। एक कद में मध्यम था, दूसरा उससे लम्बा था। लम्बे का रंग बिल्कुल श्वेत था और उसके मुख ने अभी दाढ़ी मूंछ के गहने नहीं पहने थे, केवल जड़ें जमी थीं।

लम्बे ने दूसरे से पूछा, "भैया, कल रात्रि तुम नींद में कुछ बड़बड़ा रहे थे? क्या बात थी? क्या.......

दूसरा मुस्करा उठा, "वसिष्ठ, बड़बड़ा नहीं रहा था। कल रात्रि में एक सूक्त मन में उमड़ पड़। उसे गुनगुना रहा था।"

"मुझे सुनाओ भैया", वसिष्ठ ने मनुहार की।

अगस्त्य ने सस्वर सूक्त पढ़ा–

"नि गावो गोष्ठे असदन्नि मृगासो अविक्षत।
नि केतवो जनानां न्यदृष्टा अलिप्सत।।"[2]

---

1. ऋग्वेद में अगस्त्य के रचित अनेक सूत्र पाये जाते हैं।
1. ऋग्वेद 1.191

(गायें गोष्ठ में बैठ गईं। मृग अपने स्थानों में प्रवेश कर गये। आदमियों की आगें बुझ गईं। अदृष्ट वस्तुओं ने मुझे लिप्त कर दिया।)

वसिष्ठ आनन्द से उछल पड़ा। "बहुत बढ़िया, महर्षि! रात्रि का तुमने कितना सुन्दर और संक्षिप्त वर्णन किया है।"

"मैंने कहाँ किया भाई। कोई अदृष्ट शक्ति है जो कानों में आकर गुनगुना जाती है।"

वसिष्ठ कुछ नहीं बोला, केवल प्रशंसा-भरी आँखों से भाई को झाँकता रहा। कितना विनीत है अगस्त्य। शायद ठीक भी कहता है। वह स्वयं भी समय-समय पर दिवास्वप्न में खो जाता है। उसका स्थूल शरीर यहीं रह जाता है और सूक्ष्म देह पता नहीं कहाँ घूमती फिरती है। और फिर वरुण उससे भी सूक्त कहलाता है।

चलते-चलते वे एक ग्राम में प्रवेश कर गये थे। सोलह कुटियाओं का वह छोटा ग्राम था, लेकिन सब खाली पड़ी थीं। दोनों भाई अचम्भित थे, सब वासी कहाँ गये। सहसा एक आदिवासी भागकर आता दिखाई दिया। अगस्त्य ने उसे रोककर पूछना चाहा, लेकिन वह रुकना नहीं चाहता था। दोनों भाइयों ने उसकी राह छेंक ली तो वह विवश हो गया, परन्तु गिड़गिड़ाता बोला, "आर्य, मुझे जाने दें। ग्रामणी की पुत्री को साँप ने काट लिया है। मैं उरुगुला (साँप के विष के वैद्य-नाग शब्द) को बुलाने जा रहा हूँ। देर हुई तो वह मर जायेगी।" उसने वसिष्ठ से हाथ छुड़ा लिया था।

अगस्त्य के अन्दर मानों विद्युत-संचार हुआ हो। उसकी पकड़ कड़ी हो गई। वह गरजा, "कहाँ है वह! मुझे फौरन ले चल। मैं उरुगुला हूँ।"

उस दास ने और वसिष्ठ ने अगस्त्य को घूरा। दास बोला, "आप आर्य मानव हैं, आप उरुगुला नहीं हैं। आप हम नहीं हैं। वह युवती मर जायेगी।"

अगस्त्य उसे घसीटता सा जिधर से वह आया था उधर ही ले चला। "तभी मैं कहता हूँ मूर्ख, जल्दी मुझे उस मानवी के पास पहुँचा दे। तू अपने उरुगुला को कहाँ ढूँढ़ता फिरेगा। इन्द्र ने मुझे स्वयं यहाँ भेज दिया है।"

दास ने आश्चर्य-विस्फारित नेत्रों से देखा-यह तेजस्वी व्यक्ति झूठ नहीं बोल सकता। वह वापस लौट लिया और शीघ्र ही दोनों भाइयों को घटनास्थल पर पहुँचा दिया।

सारा गाँव वहाँ जुड़ा हुआ था। माँ की गोद में सिर रखे एक सुन्दर युवती निढाल पड़ी थी। कुछ व्यक्ति दास के आदेशानुसार शोर मचाकर उसे जगाने का प्रयत्न कर रहे थे, लेकिन उसके नेत्र मुंदे थे। अगस्त्य ने दास का हाथ छोड़ दिया और बिजली की तरह भीड़ को चीरता मध्य में पहुँच गया।

तरुणी के पैर के अंगूठे से रक्त बह रहा था। अगस्त्य ने अपने झोले में से एक बूटी निकाली और उसे सर्प के काटे हुए स्थल पर रगड़ने लगा। अंगूठे का ऊपरी हिस्सा नीला हो गया था और वह नीलापन धीरे-धीरे बढ़ रहा था।

अगस्त्य ने जेब से चाकू निकाला, काटे हुए स्थान को गहरा काट दिया और फिर उस पर जड़ी को रगड़ दिया। साथ ही वह सूक्त पढ़ रहा था नागिन का आह्वान कर-

"आलिगी तुम्हारा पिता है, बिलिगी तुम्हारी मता, तैमात और उरुगुला की तुम दुहिता हो।.........[1]

फिर वह उठ खड़ा हुआ। "अब कोई डर नहीं। थोड़ी देर में यह तरुणी ठीक हो जायेगी।"

दास अगस्त्य के पीछे आ गया था और विह्वल दृष्टि से उसका कार्य देख रहा था। वह उसके पैरों पर लोट गया, "महर्षि, आप सचमुच उरुगुला हैं। आप सर्प के काटे का मन्त्र जानते हैं। मुझे क्षमा करें; मैं आपको नहीं पहचान सका।"

इस बात का अन्य उपस्थित व्यक्तियों पर भी बहुत प्रभाव पड़ा। उन्होंने आदर की दृष्टि से दोनों आगन्तुकों को देखा और फिर तरुणी पर दृष्टि गड़ा दी। वह वैसे ही निश्चल पड़ी थी। पल-पल घट के समान बीत रहा था। सब व्यग्र थे सिवाय तीन को छोड़कर। अगस्त्य के अनुभवी नेत्रों ने अपनी औषधि का प्रभाव आँक लिया था, वसिष्ठ को भाई में पूर्ण विश्वास था, और दास उरुगुला के चमत्कर से पूर्ण परिचित था।

कुछ समय उपरान्त तरुणी कुनमुनाई। उसके मुख से कुछ अस्पष्ट स्वर निकले। भीड़ में आगे खड़ा एक लम्बा सुदृढ़ प्रौढ़ आगे बढ़ा और अगस्त्य के सामने झुककर उसने साष्टांग प्रणाम किया। "देव, अपना परिचय दें। मैं अपने कृपानिधान का नाम जान लूँ।"

मैं अगस्त्य हूँ महर्षि मित्रावरुण का पुत्र। यह मेरा छोटा भाई वसिष्ठ है।"

अगस्त्य का नाम अभी इतना नहीं फैला था, परन्तु महर्षि मित्रावरुण विश्व विश्रुत थे। सारे ग्राम ने ऋषिपुत्रों को दण्डवत् प्रणाम किया। वही व्यक्ति बोला, "आज हमारा ग्राम धन्य हो गया जो मैत्रावरुण यहाँ पधारे हैं। मैं ग्रामणी हूँ। हम आपका स्वागत करते हैं। कृपया हमारा आतिथ्य स्वीकार करके हमें कृतार्थ करें।"

३

थके पथिकों को गाँव में हर प्रकार का स्वागत मिला। ग्रामणी की कन्या भी ठीक हो गई थी। काटे गये घाव में पीड़ा हो रही थी, साथ ही वह कुछ दुर्बलता अनुभव कर रही थी। किन्तु माँ से सारी घटना सुनकर वह जीवनदाता के प्रति निछावर हो उठी और उन्हें भोजन कराने में सबसे आगे रही।

कक्ष में बिछावन पर लेटते हुए एकान्त में वसिष्ठ ने अगस्त्य से पूछा, "भैया, तुम क्या जादू भी जानते हो?"

"क्यों, वसिष्ठ? यह भुलावा तुम्हें कैसे हुआ?"

---

1. अथर्ववेद। ऋग्वेद और अथर्ववेद में 'तुर्फरी', 'जर्फरी', 'आलिगी', 'बिलगी', 'उरुगुला' 'तैमात', 'यह्वा' आदि सुमेरी-बाबुली शब्द पाये जाते हैं, जिन्हें यास्क निरर्थक शब्द बताता है। मेरे विचार से ये नाग परिवार के शब्द हैं। शायद 'अलाय', 'बलाय' के भी पूर्वज जो अरबी और फारसी में प्रयुक्त होते हैं।

"आज का तुम्हारा चमत्कार देखकर। तुमने क्या मन्त्र पढ़कर उस तरुणी को जीवित कर दिया?"

भाई के भोलेपन पर अगस्त्य ज़ोर से हँस पड़ा।

वसिष्ठ बिना अप्रतिभ हुए कहता रहा, "उरुगुल तो नागों, शबरों आदि में जादूगर को कहते हैं जो जादू-टोने से हर प्रकार का इलाज करते हैं। मुझे तो यह बताया गया है कि एक मानव को इन पर विश्वास नहीं करना चाहिये।"

"बताया मुझे भी यही गया था वसिष्ठ। लेकिन अपने भ्रमणों में मैं इनके सम्पर्क में आया हूँ। और मुझे अनुभव हुआ कि ये भी वेद विद्या के एक अंग को जानते हैं।"

"आप क्या कह रहे हैं भैया?"

"मैं ठीक कह रहा हूँ भैया। इनके पास जो ज्ञान है वह हमारे पास नहीं है। जो ज्ञान हमारे पास है उन्हें ये नहीं जानते, इसीलिय हम इन्हें अज्ञानी समझते हैं।"

"भैया!" वसिष्ठ का मुख अचम्भे में फट गया।

"हाँ यह कहो कि हमारे पास ज्ञान अधिक है लेकिन अनुभव में ये हमसे बढ़े-चढ़े हैं। आज की घटना लो। तरुणी के सर्प के काटने पर सारे मानव हाथ पर हाथ धरे रह गये थे। मन ही मन अश्विनीकुमार के आह्वान के सूक्त पढ़ रहे होंगे। पर उससे क्या होता, कुछ देर बाद तरुणी का देहान्त हो जाता है। लेकिन तुमने देखा वह दास कैसी तेजी से भागा जा रहा था उरुगुला को बुलाने। वह जानता था कि समय पर उरुगुला आ गया तो तरुणी बच जायेगी।"

"वह कैसे? जादू करके?"

"जादू नहीं वसिष्ठ, औषधि से। हमारे वनों में प्रकृति ने अनेक जड़ी-बूटी प्रदान की हैं। ये उरुगुला उन्हें जानते हैं और किस पर वे क्या प्रभाव करती हैं यह भी जानते हैं। मैं जो जड़ी तरुणी के पैर पर रगड़ रहा था वह विषकाटे की औषधि थी। जहाँ तक विष चढ़ चुका था वह भाग मैंने काटकर शरीर से अलग कर दिया, शेष औषधि ने अपना प्रभाव दिखलाया।"

"लेकिन वे निरर्थक शब्द जो आपने बोले?"

"वे हैं निरर्थक ही, किन्तु श्रद्धा-विश्वास से भरे। जैसे हम इन्द्र, अश्विनी-कुमार का स्तवन करते हैं, उसी प्रकार ये नाग इन शब्दों में नागिन का आह्वान करते हैं कि वह अपना विष चूस ले और रोगी को अच्छा कर दे।"

"भैया, अब मेरी समझ में आ गया," वसिष्ठ में भी इस ज्ञान के प्रति जिज्ञासा जगी।

अगस्त्य का उत्साह और बढ़ा, "मैंने इन लोगों को गुरु मानकर इनकी बहुत सेवा की है। स्थान-स्थान पर इन्हें ढूँढ़ निकाला है और इनसे ज्ञान प्राप्त किया है। ये लोग बड़े सरल प्राणी हैं। बस, इन्हें समझने की आवश्यकता है।"[1]

---

1. अगस्त्य ने ही देवों और मानवों से प्राचीन संस्कृति के ज्ञान को सीखने का आरम्भ किया। वह ही अथर्ववेद का प्रारम्भकर्ता था

"और हमारे मानवों में विख्यात हो गया है कि अगस्त्य जादूगर हो गया है। वह ऋत से विचलित हो गया है।" वसिष्ठ ने दुख मानते हुए कहा।[1]

"क्या सच?"

"हाँ भैया! तुम्हारे सामने वे कुछ न कहते हों, पर पीछे उनकी यही बातचीत है। वैसे तुम्हारे अगाध ज्ञान में सबको श्रद्धा है, तुम्हें ऋषि भी सब मानने लगे हैं। वेद तुम्हारे मुख से बोलता है। परन्तु वे तुमसे घबराते भी हैं। तुम अनेक भाषाएँ जानते हो। तुम शबर से उसकी भाषा में बात करते हो, नाग से उसकी वास्तव में वे तुम्हें समझ नहीं पाते।"

"यही हम मानवों की दुर्बलता है। इस उत्तराखंड में हम नदी तटों पर छोटी संख्या में फैले पड़े हैं, लेकिन अपने में अलग-थलग। जनसंख्या के अधिकतम भाग को हम असभ्य समझते हैं और उसके लिए हमने अपने मन में यह उद्देश्य स्थिर कर लिया है कि वह मानव धर्म सीख ले। वह हमें अपने अधिकारों का हर्ता समझता है और हमें घृणा और भय की दृष्टि से देखता है। क्या इस प्रकार से दो सभ्यताओं का आपस में देखना हितकर है? नाग अभी बहुत प्रबल हैं, उधर यक्ष और रक्ष संस्कृति बहुत बढ़ रही हैं। मानवों के विरुद्ध आदिवासियों ने राक्षसों को अपना रक्षक मान लिया है। इधर मानवों ने आपस में लड़कर बड़े-बड़े साम्राज्य बनाये, पर कितने दिनों के लिए! आज वे दुर्बल हो उठे हैं। कोई महान् राजा नहीं है। काशी पर राक्षसों ने अधिकार कर लिया है। सब कुछ हमारी अधूरी विद्या का परिणाम है, अपने को श्रेष्ठ समझने की भावना का फल है।"

"आप ठीक कह रहे हैं भैया", वसिष्ठ चकित होकर अगस्त्य की बात सुनता रहा।

"मानव धर्म है क्या? मानव संस्कृति किसे कहते हैं? मनु महान् ने प्रलय उपरान्त सब जातियों को एकत्र करके उन्हें देव, असुर, नाग, गरुण, यक्ष, गन्धर्व सब जातियों के अच्छे नियम मिलाकर एक जीने का मन्त्र दिया था जो मानव धर्म कहलाया। हम उसी से संतुष्ट हो गये, लेकिन उसको रेखांकित करती प्रवृत्ति की ओर हमने ध्यान नहीं दिया। वह सब संस्कृतियों का निचोड़ था, महान् मनु के समय तक ज्ञात। हमने उसे इति समझा, आरम्भ नहीं। तब हम पर्वतों में रहते थे, अब हम समतल पर उतर आये हैं और लगातार नीचे की ओर फैल रहे हैं, निरन्तर नई सभ्यताओं के सम्पर्क में आ रहे हैं। इन्हें हम अपना नहीं सके, इनके धर्म को मानव धर्म में आत्मसात् न कर सके। क्या यह मनु की आत्मा के प्रति अन्याय नहीं है?"

"मैं समझ गया, भैया! मैं समझ गया। मैं तुम्हें वचन देता हूँ ज्ञान पाकर मैं अपना समस्त जीवन इस ध्येय की पूर्ति में लगाऊँगा।"

---

1. वैदिक इन्डैक्स, पृ. 6-7

४

सवेरे प्रात:कर्म से निवृत्त होकर दोनों ज्ञान-मार्ग के पथिकों ने चलने की तैयारी की। ग्रामीण ने उनसे तीन चार दिन रुकने की प्रार्थना की लेकिन निष्फल रहा।

अगस्त्य ने देखा वह फिर कुछ कहना चाह रहा था लेकिन कह नहीं पाता था। उसने कहा, "ग्रामणी महोदय, आपको कोई आदेश हो तो......

"आदेश नहीं, एक प्रार्थना है।"

"कहिये।"

ग्रामणी ने पत्नी की ओर देखा। वह बोली, "कहो न, बोलते क्यों नहीं।"

रुक-रुक कर ग्रामणी ने कहा, "हम चाहते थे कि आप हमारी पुत्री से विवाह कर लेते। उसको आपने जीवन दान किया है। उसके जीवन पर आपका अधिकार है।"

अगस्त्य लज्जा से लाल हो उठा। साथ ही उद्विग्न भी। उसके मुख से केवल "नहीं, नहीं" निकला।

ग्रामीण ने आगे कहा, "हम भी जानते हैं कि महर्षि की बिना आज्ञा के....

अगस्त्य ने बीच में बात काटी, "आप समझे नहीं। मैं विवाह नहीं कर सकता। मैं विवाह के योग्य नहीं हूँ। मेरे पैर में चक्कर है, पैर में क्या मस्तिष्क में चक्कर है। मेरा विवाह नहीं होगा।"

जल्दी जल्दी पैर बढ़ाकर वह गाँव से निकल गया। सब ग्रामवासी देखते के देखते रह गये। ग्रामणी और उसके पति का मुँह उतर गया। एक तरुण कण्ठ की सुबकी सुनाई दे रही थी।

वसिष्ठ दंग रह गया कि उसका इतना सुलझा हुआ भाई अपने जीवन की बात पर इतना उलझा कि कुछ भी न कह सका। और एक खेल बनकर रह गया। उसने कहा, "आप लोग भैया की बात को अन्यथा न लें। मैं उन्हें बहुत समीप से जानता हूँ। उन्होंने जीवन का एक ध्येय निश्चित किया है और उस ध्येय की प्राप्ति में वे पत्नी को बाधक तो नहीं, लेकिन......जो पत्नी और परिवार के प्रति अपने कर्तव्य हैं उन्हें पूरा करने में असमर्थ समझते हैं। इसलिये वे विवाह नहीं करेंगे। अच्छा, अब हमें विदा दें।"

५

भ्रमण चलता रहा। पग भूमि को नापते रहे।

उन दिनों वे विपाशा (व्यास) नदी का सहारा लेकर उसके उद्‌गम की ओर जा रहे थे। मनाली के पास पहुँच कर वसिष्ठ का मन हर्षित हो उठा। विपाशा से कुछ ऊँचाई पर एक गन्धक का गर्म पानी का स्रोत था। उसमें नहा कर दोनों की देह प्रफुल्लित हो उठी।[1]

---

1. आज भी वसिष्ठ कुण्ड

"भैया इस एकान्त में मेरा चित्त रम गया है। मैं यहाँ कुछ दिन मनन-चिन्तन करूँगा।" वसिष्ठ ने कहा।

अगस्त्य ने भाई की आँखों में झाँका।

वसिष्ठ फिर बोला, "मुझे आभास हो रहा है कि यहाँ मेरा ज्ञान से तादात्म्य होगा। यहाँ एकान्त में कुछ दिन रहना चाहता हूँ।"

वसिष्ठ वहीं रुक गया।[1] अगस्त्य आगे बढ़ लिया। उसे घूमते-घूमते वर्षों निकल गये। हर जाति की सभ्यता की धारा उस अथाह सागर में भरती रही।

---

1. गोपथ ब्राह्मण 1.28

मध्यस्थ

१

मरुत भी देवों और असुरों के समान एक घुमक्कड़ जाति थी। वह शायद सेमेटिक परिवार के थे। बाइबिल और कुरान में भी इनका वर्णन आया है। असुर और देव नाग, गरुड़ आदि के सम्पर्क में आकर नगरवासी और देशवासी बन गये थे। लेकिन मरुत अभी घुमन्तु ही थे। भारत में सबसे पहले वे बिलोचिस्तान में प्रबल हुए और वहाँ से निकल कर उन्होंने मुलतान के पास राजा शिवि पर आक्रमण किया। उनकी मुख्य शक्ति बलशाली अश्वों और दुर्द्धर्ष सवारों में थी जिसका वेद में अनेक स्थल पर वर्णन है। उनकी तीव्र गति शत्रुओं को चकित कर देती थी। शिवि को उनका आक्रमण संभालना कठिन हो गया और उसने इन्द्र से सहायता माँगी।

इन्द्र के चर सभ्य संसार में घूमते रहते थे। उसे स्वयं मरुतों की बढ़ती शक्ति से भय था। उसने तत्क्षण शिवि की सहायता को देवसेना भेज दी और एक बार मरुतों की शक्ति विध्वंस कर दी गई।

लेकिन मरुत अधिक दिन तक दबे न रह सके। बाद के शकों और हूणों के समान मरुतों की लहर पर लहर बढ़ी चली आ रही थी।

२

"अग्नि, हम बड़े चिन्तित हैं," देवकुलगुरु का स्वर आशंका से भरा था। देव-सभा भी निस्तब्ध थी।

अग्नि ने पूछा, "गुरुदेव, किस बात की चिन्ता है?"

"चिन्ता है किस बात की नहीं," इन्द्र झुंझलाये।" मानवों ने आपस में लड़कर और हमसे लड़कर शक्ति खो दी है। स्थान-स्थान पर अर्ध-सभ्य जातियाँ उठ खड़ी हुई हैं। अब कहीं नागों के राज्य चमक रहे हैं तो कहीं खाल्दियों के। कहीं राक्षस प्रबल हो उठे है तो कहीं यक्ष।"

इन्द्र को यह ध्यान नहीं था कि देवों की शक्ति स्वयं उन लोगों की मूर्खता से ही खो गई थी। पूर्ण सभ्यता पाकर वे उसी दशा को पहुँच गये थे, जिस दशा में पहले असुर पहुँच चुके थे और जिनसे उन्होंने शक्ति छीनी थी। शक्ति का दुरुपयोग, भोग-विलास में मत्त हो जाना यह किसी भी सभ्यता की अन्तिम अवस्था थी।

बृहस्पति ने इन्द्र को टोका, "इन्द्र, तुम दूर की बातों को सोच रहे हो, अपने पास आये संकट का तुम्हें आभास नहीं।"

दस्र हँसी उड़ाता बोला, "आज देवकुलगुरु को सोम पीने को नहीं मिली है, तभी निरुत्साह हो रहे हैं।"

इन्द्र ने पूछा, "तुम किसका भय बता रहे हो बृहस्पति?"

"मैं मरुतों की बढ़ती शक्ति से चिन्तित हूँ देवराज।" बृहस्पति का दो टूक उत्तर था।

अग्नि हँस पड़ा। "वाह भई, खोदा पहाड़ निकला चूहा। बृहस्पति सम्भवत: भूल गये कि इन मरुतों की शक्ति नष्ट किये हुए हमें बीस साल भी नहीं हुए होंगे।"

बृहस्पति गम्भीर हो उठे। "देवों, यह समय राग रंग में खोने का नहीं है। जैसा इन्द्र ने बताया, देवों और मानवों पर चारों ओर से आपत्ति छा रही है। मरुतों के विषय में नवीनतम समाचारों के अनुसार कह रहा हूँ। मरुतों के एक दल को हरा कर हमें हर्ष से फूलना नहीं चाहिये। पश्चिम से मरुतों की लहरें अपने भीषण अश्वों पर सवार होकर हमारे दक्षिण द्वार पर एकत्र हो रही हैं। पता नहीं किस दिन उनका मुँह हमारे धन-धान्य-पूर्ण विश की ओर उठ जाये।"

बृहस्पति के कथन ने सब पर प्रभाव डाला। अग्नि की हँसी मुँह में छिप गई। दस्र भी गम्भीर हो उठा। इन्द्र बोला, "तुम ठीक कह रहे हो बृहस्पति। बुद्धिमान मनुष्य वही है जो आगे की खोज खबर रखे। नासत्य, तुम्हारी क्या राय है?"

"मेरी राय तो यह है देवराज कि जो पहल करता है वही जीतता है। हमें मरुतों पर आक्रमण कर उन्हें भगा देना चाहिये।"

बृहस्पति चिड़ उठे, "तुम्हें मरुतों की शक्ति का पता है? कहीं अपनी शक्ति के अभियान में मूर्खता का काम कर बैठो और 'आ बैल मुझे मार' वाला दृष्टान्त चरितार्थ हो।"

"एक बार हम मान्धाता से क्या हार गये, देवगुरु को अपनी शक्ति पर से विश्वास जाता रहा।" नासत्य ने प्रत्यक्ष चोट की।

इन्द्र ने बात पलट दी, "हमारा प्रथम और अन्तिम ध्येय तो यही है कि हम मरुतों की शक्ति छिन्न-भिन्न कर दें। इसे किस तरह से प्राप्त करें यही सोचना है। बृहस्पति, तुम्हारा क्या विचार है?"

"इन्द्र, मेरा विचार है कि हम इधर-उधर की बातों को छोड़ कर शक्ति बढ़ाने की ओर ध्यान दें। यदि हम शक्तिशाली होंगे तो कोई हमारी ओर दृष्टि उठाने का साहस नहीं करेगा।"

"शक्ति तो हमारी जगत-प्रसिद्ध है देवगुरु," एक देव हुँकारा।

"इस प्रसिद्धि के बल पर कितनी देर नाचते रहोगे तुम लोग? क्या जगत में यह सूक्त नहीं गाया जाता कि मान्धाता ने आधे दिन में इन्द्रासन पर अधिकार कर लिया?"

"यदि मुझे आज्ञा हो तो मैं कुछ कहूँ?" यह अथर्वा था।

"कहो अथर्वा, तुम क्या कहना चाहते हो?" इन्द्र ने पूछा।

"मरुत जिस भू पर रहते हैं, वह उबड़ खाबड़ है? वहाँ जीवन का आधार कृषि नहीं है। वे अपने पशुओं के गोल पर निर्भर करते हैं। उन्हीं से उनके जीवन की सब आवश्यकताएँ पूरी होती हैं।"

"हूँ।"

"मेरी सम्मति है कि हम उनका पशुधन उड़ा लें तो हम उन्हें निराधार कर देंगे और जहाँ से वे आये हैं वहीं उन्हें लौट जाना पड़ेगा।"

तीन चार स्वर उठे, "हम अथर्वा से एकमत हैं।"

अग्नि बोला, "पशुधन चुराने का उत्तरदायित्व मैं अपने ऊपर लेता हूँ। बोलो, कौन-कौन मेरे साथ चलना चाहेगा?"

"हम चलेंगे, हम चलेंगे" के अनेक स्वर गूँज उठे जिन में बृहस्पति की वाणी डूब गई।

३

अग्नि ने जो कहा था वह कर दिखाया। दिन रात एक करता हुआ वह शीघ्रातिशीघ्र मरुतलोक जा पहुँचा और रात में दस्युओं के समान उसने छापा मार कर उनके असंख्य पशुओं का हरण कर लिये। उधर की राह देवों की भली भाँति देखी भाली थी। पशुओं को लेकर वे पर्वतों में जा छिपे।

अगले दिन सवेरे रक्षकों को मृत और पशुओं को अन्तर्धान पाया गया तो मरुतों में बड़ी खलबली मची। लीक पकड़ने में निष्णात व्यक्ति चारों ओर भेजे गये। शीघ्र ही उन्हें पता चल गया कि यह देवों की बदमाशी है। मरुतों का रक्त खौल उठा। रण के लिय सुसज्जित होकर उन्होंने देवलोक पर चढ़ाई कर दी।

पहली मुठभेड़ देवलोक के प्रवेशस्थल पर हुई। भीषण युद्ध हुआ, भयंकर मारकाट मची। मरुत विजयी हुए, देवों को पीछे हटना पड़ा।

बृहस्पति अत्यन्त कुद्ध थे। उनका कहना था कि इन देवों का काल आ गया है, ये असुरों और पणियों की लीक पर चल रहे हैं। पहले असुर और पणि इनकी गऊएँ चुराते थे, अब ये दूसरों की चुराते हैं।

लेकिन अब किया क्या जा सकता था। शीघ्रगामी चर सब मानव राज्यों में भेजे गए। देवों ने अपने ग्राम खाली कर दिये, वे पर्वतों में ऊपर की ओर परिवार समेत चले गये। जितने योद्धा थे वे सब अमरावती आ गये और उसकी प्राणपण से सुरक्षा का प्रबन्ध किया गया।

विजय ने मरुतों का उत्साह चौगुना कर दिया था, फिर भी वे फूँक-फूँक कर पाँव बढ़ा रहे थे क्योंकि इन्द्र के साहसिक कार्य सहस्रों वर्षों से संसार में गाये जा रहे थे।

४

मरुत-सभा जुड़ी हुई थी। आज एक मानव उनके शिविर में प्रवेश करता हुआ पकड़ा गया था। उसके भाग्य का निर्णय होने के लिये सब महारथी एकत्रित हुए थे।

सभास्थल में दो मरुत सुभटों के साथ जब एक निहत्थे गौर वर्ण के युवक ने प्रवेश किया तो उसकी निश्चिन्तता देखकर सब दंग रह गये। उसके हाव-भाव, चाल-ढाल से यह लग रहा था मानों वह अपने बहुत दिनों के बिछुड़े मित्रों से मिलने आ रहा था!

मरुतराज ने कड़क कर कहा, ''तुम हमारे शिविर में चोरी छिपे क्यों घुस रहे थे?''

''राजन्, आप अपने साथियों से पूछ सकते हैं कि मैं चोरी छिपे नहीं आया था।''

''तुम क्यों आये हो? तुम्हें हमसे क्या काम था?''

''मैं महान् मरुतराज से मिलना चाहता था।''

एक मरुत वीर बोला, ''राजन्, यह कोई शिवि राजा का जासूस मालूम पड़ता है, शायद हमारी टोह लेने आया है।''

यह बात सुनकर युवक के मुख पर एक मुस्कराहट खेल गई, ''राजन्, मैं क्षत्रिय नहीं, ऋषि हूँ। शिवि गण से मेरा कोई सम्बन्ध नहीं।''

''तुम्हारा नाम क्या है?''

''मेरा नाम अगस्त्य है।''

नाम सुनते ही सभा में उपस्थित एक सभासद चौंककर खड़ा हो गया। ''क्या आप अगस्त्य हैं? राजन्, मैं अश्व बेचने के सिलसिले में अनेक मानव राज्यों में घूमा हूँ। सब जगह महर्षि अगस्त्य का नाम मुझे सुनाई पड़ा है। वे बहुत भारी विद्वान हैं। लेकिन आप तो युवक हैं। मैंने तो उनकी एक वृद्ध प्रतिमा मन में बना रखी थी।''

अगस्त्य हँसकर बोला, ''मरुत-वीर, मैं ही अगस्त्य हूँ। चाहे आप उसे महर्षि करके जानते हों, लेकिन मैं तो अपने को अभी विद्यार्थी ही मानता हूँ।''

अगस्त्य का परिचय प्राप्त करके सभा का दृष्टिकोण परिवर्तित हो गया। राजा ने आश्चर्य से पूछा, ''अगस्त्य, आप हमारी बोली कैसे बोल लेते हैं?''

इसका उत्तर उसी मरुत व्यापारी ने दिया, ''राजन्, मैं आपको बताना भूल गया। अगस्त्य जादूगर भी हैं। वह निषाद से निषाद भाषा में बात करते हैं तो शबर से शबर भाषा में। हो मिले तो हो भाषा चलती है और कोर्व से उसी की भाषा में वार्तालाप होता है।''

अगस्त्य के मुख पर चिरपरिचित मुस्कान खेल गई। ''भाई मेरे, यह जादू नहीं है, यह मेरे अध्यवसाय का फल है। मैंने परिश्रम करके ये सब बोलियाँ सीखी हैं और इस प्रकार सब जातियों का ज्ञान एकत्र किया है। सबका सत एकत्र कर मैं सब कुलों को एक धर्म में बाँधना चाहता हूँ।''

''तो इसी प्रकार आपने हमारी बोली सीखी है और हमारे विषय में ज्ञान अर्जित किया है?'' राजा ने पूछा।

''हाँ, राजन्।''

''इसे आप हमें सुनाएँ।'' राजा ने आदेश दिया।

''राजन्, महर्षि हमें सूक्त रचकर सूनाएँ जिससे वह वेद का भाग बन सके।'' मरुतों के पुरोहित ने कहा।

"ऐसा ही होगा, राजन्।" अगस्त्य ने अपना मुख ऊपर की ओर उठया, विशाल नेत्र अन्तरिक्ष में गड़ा दिये। उसके मुख में अजस्र वाणी फूट निकली[1]–

फलवर्षक यज्ञ के सुसम्पादन के लिए, मरुतों के शीघ्र आकर उपस्थित होने के लिए, उनके प्रसिद्ध पूर्वतन माहात्म्य को कहता हूँ। हे विशाल ध्वनि से युक्त और सब कार्यों में समर्थ मरुद्गण, तुम्हारे यज्ञस्थल में जाने के लिए प्रस्तुत होने पर जैसे समिधा तेज से आवृत्त होती है, वैसे ही तुम लोग युद्ध में जाने के लिए प्रभूत बल धारण करो।

औरस पुत्र की तरह प्रिय-मधुर हव्य धारण करके घर्षणकारी मरुद्गण, प्रसन्न चित्त से, यज्ञ में क्रीड़ा करते हैं। विनीत यजमान की रक्षा के लिए रुद्रगण मिलते हैं। उनके बल उनके अधीन हैं; वे कभी यजमान को क्लेश नहीं देते।

जिस हविर्दाता यजमान की आहुति से प्रसन्न होकर सर्व-रक्षक, अमर और सुखोत्पादक मरुद्गण यथेष्ट धन देते हैं, उसी यजमान के हितकारी सखा की तरह तुम लोग समस्त संसार को अच्छी तरह सींचते हो।

मरुतों, तुम्हारे अश्वगण अपने बल से सारे संसार का भ्रमण करते हैं; वे अपने ही रथ से युक्त होकर जाते हैं। तुम्हारी यात्रा अत्यन्त आश्चर्यमयी है। हथियार उठाने पर जैसे लोग संसार में डरते हैं, वैसे ही सारे भुवन और अट्टालिकायें, तुम्हारे यात्रा-काल में डरती हैं।

मरुतों का गमन अत्यन्त प्रदीप्त है। वे जिस समय गिरि-गह्वरों को ध्वनित करते हैं अथवा मनुष्यों के हित के लिए अन्तरिक्ष के ऊपरी भाग में चढ़ते हैं, उस समय उनके पथ के सारे वीरुध, डर के मारे व्याकुल हो जाते हैं और रथारूढ़ा स्त्री की तरह औषधियाँ एक स्थान से दूसरे स्थान पर चली जाती हैं।

उग्र मरुतों, सुबुद्धि के साथ, तुम लोग अहिंसक होकर हमें सुबुद्धि प्रदान करो। जिस समय तुम्हारी क्षेपणशील और दन्त-विशिष्ट विद्युत् दर्शन करती है, उस समय सुलक्षित हेति (अस्त्र-विशेष) की तरह, पशुओं को नष्ट करती है।

जिनका दान अविरत है, जिनका धन भ्रंश-रहित है, जिनका शत्रु-वध पर्याप्त है और जिनकी स्तुति सुगीत है, वे मरुद्गण, सोम के पाने के लिए, स्तुति गाते हैं; क्योंकि वे ही लोग इन्द्र की प्रथम वीर-कीर्त्ति जानते हैं।

मरुतों, तुमने जिस व्यक्ति को कुटिल-स्वभाव पाप से बचाया है, हे उग्र और बलवान् मरुद्गण, तुमने जिस मनुष्य को पुत्रादि-पुष्टि-साधन-द्वारा निन्दा से बचाया है, उसे असंख्य योग्य वस्तुओं-द्वारा प्रतिपालित करो।

---

1. ऋग्वेद 1.165 से 1.172 तक इन्द्र और मरुतों का झगड़ा और अगस्त्य द्वारा उनकी मित्रता कराना वर्णित है।

यह विवाद वैदिक ग्रन्थों में काफी प्रसिद्ध प्रतीत होता है (तै. मं 7.5.5.2; तै ब्रा. 2. 7.11.1; मै. सं. 2.1.8; क.सं. 10.11; पं. ब्रा. 21.14.5)। मरुतों के लिये लाये गये पशु का इन्द्र ने हरण किया, तब वे इन्द्र को मारने को उद्यत हुए, अगस्त्य ने मरुतों का सान्त्वन किया और मैत्री कराई (ऐ.ब्रा. 5.16)।

मरुतों, सारे कल्याणवाही पदार्थ तुम्हारे रथ पर स्थापित हैं। तुम्हारे स्कन्ध-देश में परस्पर स्पर्द्धा वाले आयुध हैं। तुम्हारे लिए विश्राम-स्थान पर खाद्य तैयार है। तुम्हारे सारे चक्र अक्ष के पास घूमते हैं।

मनुष्यों की हितकारिणी भुजाओं पर मरुद्गण अनन्त कल्याण-साधक द्रव्य धारण करते हैं, वक्षःस्थल में कान्तियुक्त और सुन्दर-रूप-संयुक्त सोने के आभूषण धारण करते हैं। स्कन्ध देश में श्वेत-वर्ण की माला धारण करते हैं। वज्र-सदृश आयुध पर क्षुर धारण करते हैं। जैसे पक्षी पक्ष धारण करते हैं, वैसे ही मरुत्लोग श्री धारण करते हैं।

जो मरुद्गण महान्, महिमान्वित, विभूतिमान् और आकाशस्थ नक्षत्रों की तरह दूर से प्रकाशित हैं, जो प्रसन्न हैं, जिनकी जीभ सुन्दर है, जिनके मुख से शब्द होता है, जो इन्द्र के सहायक हैं और जो स्तुति-युक्त हैं, वे हमारे यज्ञ-स्थल में आयें।

सुजात मरुद्गण, तुम्हारा माहात्म्य प्रसिद्ध है और तुम्हारा दान अदिति के व्रत की तरह अविच्छिन्न है। तुम जिस पुण्यात्मा यजमान को दान देते हो, उसके प्रति इन्द्र कुटिलता नहीं करते।

मरुद्गण, तुम्हारी मित्रता प्रसिद्ध और चिरस्थायिनी है। अमर होकर तुम लोग हमारी स्तुति की भली भाँति रक्षा करते हो। अनुग्रहपूर्वक, मनुष्यों की स्तुति की रक्षा करते हुए, उनके साथ मिलकर तथा उनका नेतृत्व स्वीकार कर कर्म-द्वारा सब जान जाते हो।

वेगवान् मरुतों, तुम्हारे महान् आगमन पर हम दीर्घ कर्मयज्ञ को वर्द्धित करते हैं। उसके द्वारा युद्ध में मनुष्य विजयी होता है। इन सब यज्ञों द्वारा मैं तुम्हारा शुभागमन प्राप्त कर सकूँ।

मरुतों, कवि मान्य मान्दर्य का यह स्तोत्र तुम्हारे लिए है, यह स्तुति तुम्हारे लिए है; इच्छानुसार उसकी शरीर-पुष्टि के लिए तुम्हारे पास आती है। हम भी अन्न, बल और दीर्घायु प्राप्त करें।[1]

अगस्त्य के चुप होते ही अनेक सभासदों के मुख से स्वयमेव निकल पड़ा, "साधु, साधु, महर्षि आप सचमुच पूज्य हैं।"

सूक्त का प्रभाव पड़ता देखकर अगस्त्य ने आगे कहा, "मरुत, आप देवी रोदसी की पूजा करते हैं जिस प्रकार हम उषा का स्तवन करते हैं–

असुर (मरुतों के देव) की अपनी पत्नी रोदसी (बिजली) आलुलायित केश और अनुरक्त मन से मरुतों के संगम के लिये.उनकी सेवा करती है। जैसे सूर्या अश्विनीकुमारों के रथ पर चढ़ती है, वैसे ही प्रदीप्तावयवा रोदसी चंचल मरुतों के रथ पर चढ़ कर शीघ्र आती है।[2]

मरुतों की महिमा सबकी प्रशंसनीय और अमोघ है। मैं उसका वर्णन करता हूँ। उनकी रोदसी वर्षणाभिलाषिणी और अविनश्वरा है। यह सौभाग्यशाली और उत्पत्तिशील प्रजा को धारण करती है।[3]

---

1. 1.166
2. 1.167.5
3. ऋग्वेद 1.167.7

"मरुत्गण, जो आपका देवता रुद्र है, वही हमारा शंकर है, यक्षों का शिव है, नागों का महादेव है, अनेक जातियों का पशुपतिनाथ और महायोगी है। आपके समान हम भी उसके रौद्र रूप से परिचित हैं और कल्याण की कामना से उसकी पूजा करते हैं।"

"महर्षि, हम आपके ज्ञान से बहुत प्रभावित हुए। हम आपको मरुतों में से एक मानते हैं। कहिये आप किस कामना से यहाँ आये हैं?" मरुतराज भी गद्‌गद् हो उठे थे।

"राजन्, मेरी एक ही इच्छा है।"

"उसे पूरी करने में हम अपना सौभाग्य समझेंगे।"

"राजन्, जब से मैंने मरुतों और देवों के समर के विषय में सुना है, मेरा हृदय विकल हो उठा है। यदि आप दो प्रबल शक्तियाँ टकरायेंगी तो विश्व का ऋत से विचलित हो जाना अवश्यम्भावी है। मेरी प्रार्थना है कि आप दोनों समझौता कर लें।"

अगस्तय का कथन सुनकर राजा की भृकुटि तन गई। "हमें आप से यह सुनने की आशा नहीं थी। इस विवाद में हमारा क्या दोष है, आप हमें बताएँ।"

"राजन्, इसी कारण मैं आपके पास आया हूँ। देवों ने आपका पशुधन चुराया है। गलती उनकी ही है और वे पछता रहे होंगे। पहले आपने राजा शिवि पर आक्रमण किया था, सन्देह के बीज तभी से बोये गये हैं। आप विशालहृदयता दिखाते हुए देवों को क्षमा कर दीजिये, दोनों कुलों के हृदय का मल धुल जायेगा।"

राजा सोच में पड़ गया। उसने अपने साथियों की ओर झाँका।

पुरोहित के मन में शंका थी, उसने व्यक्त की, "राजन्, देव जाति बड़ी प्रबल है। प्राचीन काल में इन्द्र ने वज्र से महान् वृत्र जैसे शक्तिशाली सम्राट् का हृदय विदीर्ण कर दिया था। हम व्यर्थ की रार बढ़ाना नहीं चाहते। यदि इन्द्र हमारे पशु-धन को वापस कर दे तो हम.....

राजा को राह सूझ गई। बात काट कर वह बोला, "तुमने ठीक कहा ऋजु। यदि इन्द हमारा पशुधन लौटा दे तो हमारा उससे किस बात का विवाद रह जायेगा! अगस्त्य, समझौता करना इन्द्र के हाथ में है।"

"मरुतों की जय हो!" अगस्त्य ने उत्साह से पुकारा। आप समझौते के लिए तत्पर हैं, इससे मैं बहुत अनुप्राणित हुआ। मैं शीघ्र इन्द्र के पास जाता हूँ। मेरी आपसे प्रार्थना है कि जब तक मैं बात करके न लौटूँ आप अपना आक्रमण स्थगित रखें।"

५

अगस्त्य इन्द्र के सम्मुख उपस्थित था। उसने मरुतों के साथ हुई पूरी वार्ता इन्द्र तथा अन्य देवों को सुनाई और प्रार्थना की, "देवराज, मेरी विनती है कि आप मरुतों को पशुधन लौटा दें और उन्हें अपने साथ यज्ञ में सोम का भागी बनायें। इस प्रकार आपको संसार में एक बलवान मित्र की प्राप्ति होगी।"

इन्द्र बोले, "आज या कल कुछ नहीं है। अद्‌भुत कार्य की बात कौन कह सकता है। मनुष्यों का मन अत्यन्त चंचल होता है। जो अच्छी तरह पढ़ा जाता है, वह भी भूल जाता है।"[1]

"इन्द्र, आप मेरी बात का हनन क्यों करना चाहते हैं? आप समझते क्यों नहीं? मरुद्‌गण आपके भ्राता के समान हैं। वे आपकी शक्ति के सुदृढ़ स्तम्भ सिद्ध होंगे। उनके साथ आप जन्मजन्मान्तर तक यज्ञभाग भोगेंगे।"

"भ्राता अगस्त्य, तुम हमें अनादृत करना चाहते हो। जो हम देवों का भाग है, तुम उसमें मरुतों को भी सहकारी बनाना चाहते हो।"

बृहस्पति बीच में बोल पड़े, "इन्द्र, इतनी जल्दी किसी निश्चय पर पहुँचाना ठीक नहीं। तुम पहले अगस्त्य की पूरी बात तो सुन लो, फिर देवों से राय लो।"

बृहस्पति की बात ने इन्द्र को चुप कर दिया।

अगस्त्य ने अपनी बात समझानी प्रारम्भ की। "देवगण सुनें। मैंने मरुतकुल का भली भाँति अध्ययन किया है। यह कुल अत्यन्त वीर है किन्तु संस्कृति के नाम पर आपसे बहुत पीछे है। मरुत्गण एक बड़ी अच्छी भुजा सिद्ध होंगे जिनका पथप्रदर्शन देवरूपी मस्तिष्क ही करेगा। जो महान् संस्कृति होती है वह छोटे मोटे कुलों को आत्मसात् कर लेती है। कुछ समय में समस्त मरुत्गण देव संस्कृति अपना लेंगे। फिर आप स्वयं सोच सकते हैं कि आपकी शक्ति कितनी बढ़ जायेगी, आप पूर्वास्था को प्राप्त होंगे।"

त्रित देव बोला, "ऐसा कभी नहीं हुआ है। ऐसा कभी नहीं हो सकता। देवों ने मानवों को भी समान यज्ञभागी नहीं बनाया है।"

अगस्त्य ने नेत्र संकुचित किये, "इन्द्र ने सत्य कहा था–जो अच्छी तरह पढ़ा जाता है, वह भी भूल जाता है। ऋभुगण ने भी प्राचीन काल में आपके साथ सोमपान करने का अधिकार माँगा था। तब भी आप लोग चिनमिनाये थे, जानते हुए भी कि तक्षण-कला के वे माहिर हें और उनके बिना आपका कार्य नहीं चल सकता। अन्त में यह अधिकार आपको उन्हें देना पड़ा और आज वे देवों में घुल मिल गये हैं और आपके समाज के लिए कितने उपयोगी सिद्ध हुए हैं। यही क्या, एक दिन आपने अश्विनीकुमारों का भी सोमपान में भाग लेना स्वीकार्य नहीं किया था। वह आपकी दुर्बलता का चिन्ह था, शक्ति का नहीं। और मानव–मानव मैं स्वयं हूँ। इसलिये अधिक क्या कहूँ। देव नीति और मानव नीति में अन्तर आ गया है। फिर भी, जब भी देवों पर भीर पड़ी है तभी इन्द्र ने मानव राजाओं को बुलाकर यज्ञ में उनका स्तवन किया है।"

अगस्त्य की बात कड़वी थी पर थी सच्ची। देवों को मुँह बनाकर वह गले से नीचे उतारनी पड़ी।

---

1. ऋग्वेद 1.170.1–4

अर्चनाना ने फिर शंका प्रस्तुत की, "शत्रु से सोमपान में समभाग माँगने पर उसे हिस्सा देना अपनी हार स्वीकार करना है। इससे तो अच्छा है कि हम मरुतों से टक्कर लें, चाहे हारें चाहें जीतें।"

अगस्त्य ने फिर समझाया, "आपको धोखा हो रहा है। यह माँग मरुतगण की ओर से नहीं आई है। उन्हें सोमपान का महत्त्व पता नहीं। वे केवल चाहते हैं। कि उनका पशुधन उन्हें वापिस मिल जाय और आगे फिर कोई ऐसी बात नहीं हो, इस बात पर समझौता हो जाय।"

"अच्छा, तो यह आपके मस्तिष्क की उपज है।" पीछे से एक देव ने छींटा छोड़ा।

अगस्त्य के होठों पर एक करुणा-भरी मुस्कान छिटक आई। उसने सोचा–इन देवों का पतन निश्चित है। इनका भविष्य नहीं। इनके सोचने समझने की शक्ति नष्ट हो गई है। लेकिन वह हार नहीं मानेगा, जो काम उसने लिया है, उसे पूरा करके छोड़ेगा।

"हाँ, यह मेरा सुझाव है। आपकी बात से पता चल रहा है कि आप शत्रु के साथ संधि करना चाह रहे हैं; जबकि मेरा विचार इससे उल्टा है। जब आप समझौता करें तो पूरी उदारता से, महामनस्कता से उन्हें छोटा भाई समझें और बना लें। मरुतों को एक दिन किसी न किसी कुल में मिलना है, चाहे वह असुर हो या मानव, या देव या राक्षस। आप स्वयं सोच लें कि इन दुर्द्धर्ष अश्वारोहियों को देव बनाना, इनसे देवलोक की दिशाओं की रक्षा कराना आपको लाभदायक होगा या नहीं।"[1]

"महाभाग, तुम धन्य हो। तुम मेरे भी गुरु हो।" बृहस्पति जो अब तक चुपचाप सुन रहे थे पुकार उठे।

अगस्त्य बच्चों के समान लाल हो उठा। "देवकुलगुरु, आप मुझे क्यों लज्जित करते हैं।"

"तुम वास्तव में महर्षि हो, मान्य। जो भूत को समझकर वर्तमान में भविष्य को सुधारने का प्रयत्न करता है, वही महर्षि है। मैं तुम्हें प्रणाम करता हूँ अगस्त्य।" बृहस्पति ने झुककर प्रणाम किया।

६

अगस्त्य के साथ अग्नि, अथर्वा और पाँच अन्य देव मरुतों को अमरावती में बुलाने के लिए भेजे गये। मरुतों ने आना स्वीकार किया।

अमरावती में उनका हार्दिक स्वागत किया गया। विशाल यज्ञ हुआ जिसमें यज्ञभाग में देवों और मरुतों दोनों को समान हिस्सा दिया गया। सूक्त पढ़े गये। अप्सराओं के नृत्य हुये। वीणावादन हुआ। जैसा अगस्त्य का विचार था, मरुत देवों का सुसंस्कृत जीवन देखकर मुग्ध हो उठे।

---

1. बृहद्देवता 4.46-55

इन्द्र ने पशुधन वापस करने की घोषणा की। साथ ही अगस्त्य से सूक्त सुनाने के लिए अनुरोध किया।

अगस्त्य ने पहले ऋक् में इन्द्र का स्तवन किया और फिर मरुतों की प्रशंसा[1]–

इन्द्र, तुम हज़ारों तरह से रक्षा करो। तुम्हारी रक्षायें हमारे पास आयें। हरि नामक अश्ववाले इन्द्र, तुम्हारे पास हज़ार तरह के प्रशंसनीय अन्न हैं; वे हमें प्राप्त हों। इन्द्र तुम्हारे पास हज़ार तरह का धन है। हमारी तृप्ति के लिए वे हमें प्राप्त हों। हज़ार चौपाये हमें प्राप्त हों।

आश्रय देने के लिये मरुद्गण हमारे पास आयें। सुबुद्धि मरुद्गण प्रशस्यतम और महादीप्ति-संयुक्त धन के साथ हमारे पास आयें; क्योंकि उनके नियुत् नाम के उत्कृष्ट अश्व समूह के उस पार भी धन धारण करते हैं।

सुव्यवस्थित, जल-वर्षक और सुवर्ण-वर्ण विद्युत् मेघमाला की तरह अथवा निगूढ़ स्थान में अवस्थित मनुष्य की भार्या की तरह अथवा कही गई यज्ञीय वाणी की तरह इन मरुतों के साथ मिलती है।

साधारण स्त्री की तरह आलिंगन-परायण बिजली के साथ शुभ्रवर्ण, अति गमनशील और उत्कृष्ट मरुद्गण मिलते हैं। भयंकर मरुद्गण द्यावा-पृथिवी को नहीं हटाते। देवता लोग मैत्री के कारण उनकी ससृद्धि का साधन करते हैं।

असुर (मरुतों) की अपनी पत्नी रोदसी या बिजली आलुलायित केश और अनुरक्त मन से मरुतों के संगम के लिए उनकी सेवा करती है। जैसे सूर्या अश्विनीकुमारों के रथ पर चढ़ती है, वैसे ही प्रदीप्तावयवा रोदसी चंचल मरुतों के रथ पर चढ़कर शीघ्र आती है।

यज्ञ आरम्भ होने पर वृष्टि दान के लिए तरुण वयस्क तरुणी रोदसी को रथ पर बैठाते हैं। बलवती रोदसी नियमानुरूप उनके साथ मिलती है। उसी समय अर्चन-मंत्र-युक्त हव्यदाता और सोमाभिषवकारी यजमान मरुतों की सेवा करते हुए स्तव-पाठ करता है।

मरुतों की महिमा सबकी प्रशंसनीय और अमोघ है। मैं उसका वर्णन करता हूँ। उनकी रोदसी वर्षणाभिलाषिणी, अहंकारिणी और अविनश्वरा है। यह सौभाग्यशालिनी और उत्पत्तिशील प्रजा को धारण करती है।

मित्र, वरुण और अर्यमा इस यज्ञ को निन्दा से बचाते और उसके अयोग्य पदार्थ का विनाश करते हैं। मरुतों, तुम्हारे जल देने का समय जब आता है, तब वे मेघों के बीच संचित जल की वर्षा करते हैं।

मरुतों, हमारे बीच किसी ने भी, अत्यन्त दूर से भी, तुम्हारे बल का अन्त नहीं पाया है। दूसरों को परास्त करने वाले बल के द्वारा बढ़कर जलराशि की तरह अपनी शक्ति से शत्रुओं को विजित करते हैं।

---

1. ऋग्वेद 1.167 सूक्त

आज हम इन्द्र के प्रियतम होंगे, यज्ञ में उनकी महिमा गायेंगे। हमने पहले इन्द्र को महात्म्य गाया था और प्रतिदिन गाते हैं! इसलिये महान् इन्द्र हमारे लिये अनुकूल हों।

मरुतों, कवि मान्दर्य की यह स्तुति तुम्हारे लिये है। इच्छानुसार उसकी शरीर-पुष्टि के लिए तुम्हारे पास आती है। हम भी अन्न, बल और दीर्घायु पायें।[1]

७

यज्ञ में जितनी सफलता की आशा थी, उससे सौगुनी मिलने पर देवगण बहुत प्रसन्न थे। समस्त देवलोक में राग-रंग व्याप्त हो गया था। अगस्त्य ने जब देवलोक से विदा ली, तब बृहस्पति कुछ दूर उन्हें छोड़ने आये।

अगस्त्य ने भरे दिल से कहा, ''आचार्य, जब मैं देवों और मरुतों की सन्धि कराने चला था, तब उत्साह से परिपूर्ण था। सोचता था एक बार फिर देवों का स्वर्ण युग लौट आयेगा।..........'' वह कुछ रुक गया।

''लेकिन क्या?'' बृहस्पति ने उत्कण्ठा दिखाई।

''लेकिन अब निराश लौट रहा हूँ।''

''क्यों?''

''आचार्य, मैं सत्य कहने में विश्वास रखता हूँ, भरोसा है आप अन्यथा न लेंगे।''

''मान्य, तुम कहो। मैं जानता हूँ कि तुम्हारी वाणी में भविष्य बोलता है।''

''मैं इसलिये निराश लौट रहा हूँ क्योंकि मैं अपने कार्य में सफल नहीं हो सका।''

''क्या कहते हो वत्स, तुम्हारी सफलता सारे देवलोक में गाई जा रही है।''

''देवकुलगुरु, देव निष्प्राण हैं, उनमें प्राण फूँके नहीं जा सकते। उनका कोई भविष्य नहीं है। मैंने उनकी समाप्ति की काल-धारा को कुछ लम्बा कर दिया है। भविष्य मानवों का है क्योंकि वे सागर के समान हैं जिसमें संस्कृति की अनेक धाराएँ आकर मिलती रहती हैं। इस कारण उसका जल कभी गदला नहीं होगा, दुर्गन्ध कभी नहीं देगा। आज के देवों को मानव भूल जायेंगे। प्राचीन देवों को कल्पना के स्वर्ग में बसायेंगे। वे फिर भी मानवों को अच्छे कर्म की प्रेरणा देंगे, ऋत पर दृढ़ रहने का बल देंगे, जिससे जीते जी तो नहीं किन्तु मरने के उपरान्त उन तक पहुँचा जा सके।''

बृहस्पति क्रोधित नहीं हुए। ''अगस्त्य, यह तो जीवन की अजस्र धारा है। इसे मैं या तुम नहीं रोक सकते। देवों का पतन अवश्यम्भावी है।''

''यह कल्पना ही भयानक है, देवगुरु''

''देव कुल समाप्त हो जायेगा, लेकिन वह मानव जाति में जीवित रहेगा। भृगु देवों को छोड़कर असुरों के पास गये थे और अब वे मानवों के साथ हैं। अत्रि कुल भी मानव हो गया है। मैं यहाँ लकीर पीट रहा हूँ, वैसे अंगिरा कुल के अधिकतर होनहार गंगा के तट पर जा बसे हैं।''

---

1. ऐतरेय ब्राह्मण 5.16; तैत्तीय संहिता 7.5.5.2; तैत्तिरीय ब्राह्मण 2.7.11.1; मैत्रायणी संहिता 2.1.8; कंठ संहिता 10.11; पंचविंश ब्राह्मण 21.14.5

''यही नहीं, मैं देख रहा हूँ और प्रयत्न करूँगा कि मरुत अपने पड़ौसी तुर्वशु, अनु, द्रुह्यु आदि वंशों से मिल जायें। इससे मानवों के दूर फैले कुल शक्तिशाली होंगे।''[1]

''जिस वंश में तुम जैसे होनहार उत्पन्न हों, वह उसके उत्थान के चिन्ह हैं। जाओ वत्स, अपने ध्येय में सफल बनो।''

---

1. तीन सौ वर्ष बाद पंजाब में तुर्वशु वंश का मरुत विजय प्राप्त कर सम्राट् बना। वह भारत के प्राचीन 16 प्रसिद्ध सम्राटों में एक था। ऐसे ही आगे चलकर राजपूतों में महमूद गजनबी के आक्रमण के बाद उसकी उपाधि 'अमीर' को अपनाकर हम्मीर नाम रखा गया।

सागर विजय

१

जहाँ सिन्धु सागर से मिलती थी वहाँ एक विशाल नगर **पाताल** बसा हुआ था[1] वह एक बड़ा व्यापारिक नगर था और सब वंशों के व्यक्ति वहाँ रहते थे। उसके पूर्व जहाँ सरस्वती सागर से मिलती थी वहाँ दूसरा महान् पोताश्रय था। काफी पूर्व में चलकर नर्मदा के सागर से मिलने पर भी एक पत्तन था जो हैहयों के अधीन था। इनके अतिरिक्त अन्य छोटे-छोटे पत्तन समुद्री तट पर इनके बीच में बिखरे पड़े थे जहाँ से बहुमूल्य पत्थर, सागौन की लकड़ी, काष्ठ-निर्मित वस्तुएँ, मालाएँ, स्वर्णाभूषण आदि बाहर पश्चिम के सभ्य संसार में भेजे जाते थे। यहाँ छोटे-छोटे मानव राजा राज्य करते थे जो समुद्री व्यापार से खूब सम्पन्न हो गये थे।

सहसा इनकी सम्पन्नता में बाधा आई। सागर में स्थित द्वीपों में **कालिकेय** नामक समुद्री लुटेरों का अभ्युदय हुआ। वे रात के समय आते और किसी भी पत्तन पर छापा मारते, वहाँ का सामान लूटते खसोटते, प्रतिरोध करने पर निवासियों की हत्या कर डालते। सवेरा होने पर उनकी लूट के अवशेष दिखाई पड़ते, रात ही रात में वे अपनी नावों में बैठकर अन्तर्धान हो जाते।

समस्य पत्तनों के वासी त्राहि-त्राहि कर उठे। उनका व्यापार चौपट होने लगा, विपन्नता छाने लगी। उस समय मानव लोक में स्वयं अराजकता छाई हुई थी, कोई महान् राजा नहीं था। इसलिये इन्द्र को सूचना भेजी गई कि वह इस विपत्ति से उन्हें उबारे।

इन्द्र की मरुतों से सन्धि हो चुकी थी और देवलोक पश्चिम तथा दक्षिण-पश्चिम से निरापद हो गया था। समय उपयुक्त था, इस समय देवों की गिरती साख को सँभाला जा सकता था। अत: इन्द्र एक बड़ी सेना के साथ मानवों का साथ देने आ पहुँचा।

देवसेना के पहुँचने पर इन पत्तनों ने सुरक्षा की साँस ली लेकिन झूठी। कालिकेयों के रात्रि-अभियानों में कोई अन्तर नहीं आया, उन जल-दस्युओं की लूटमार चलती रही। जिस पत्तन में देवसेना ठहरी होती, वहाँ कुछ नहीं होता, लेकिन आस-पास के पत्तनों पर रात्रि में छापा पड़ जाता।

इन्द्र ने प्रमुख देवों और मानवों की सभा बुलाई इस समस्या पर विचार करने के लिए। उस सभा में कुछ मानवों ने उठकर बताया, "हमें पता है कि कालिकेय सागर में से कहाँ से आते हैं। हम उनके आक्रमण के समय किसी प्रकार बच निकले थे और हमने उन्हें नावों में लौटते देखा था।"

इन्द्र ने अग्नि को आदेश दिया, "अग्नि, तुम कल इनके साथ देवसेना को लेकर चले जाओ और कालिकेयों को नष्ट कर आओ।"

---

1. आज के कराची के पास। ग्रीक यात्रियों ने इसका इसी नाम से वर्णन किया है।

देवों में पहले जैसे प्राण नहीं रहे थे। अग्नि तत्क्षण उठ खड़ा हुआ और बोला, "इन्द्र, आप क्या कह रहे हैं! सागर पर मेरी वीरता कुछ नहीं चलती। थल पर आप मुझे लड़ने का आदेश दीजिये, मैं आपके शत्रुओं के दाँत खट्टे कर दूँगा। लेकिन जल पर मैं कुछ नहीं कर सकता।" बात एक सीमा तक सत्य भी थी, देवों ने विशाल सागर पर कभी पग नहीं दिया था। ऊँचे पर्वत, विशाल नदियाँ, घने वन, इनसे वे भली भाँति परिचित थे, किन्तु पानी का अथाह भण्डार, जहाँ दूसरी ओर की भूमि भी दिखाई नहीं दे रही हो, उन्होंने पणियों, नागों, दानवों के मुख से सुना था लेकिन पार कभी नहीं किया था।

इन्द्र ने वायु की ओर मुख किया, "वायु, अग्नि लाचार है, लेकिन तुम्हारी गति जल थल में एक समान है, तुम इन कालिकेयों का नाश करो।"

वायु उठ खड़ा हुआ। "इन्द्र, आप क्या कह रहे है! माना कि मैं जल युद्ध में प्रवीण हूँ, लेकिन वह सरिताओं के। इस सागर का जिसका ओर न छोर, मैं कुछ नहीं जानता।"

इन्द्र का मुख उतर गय। सब देव निष्प्रभ बैठे थे, मानव दंग–क्या देव भी इन कालिकेयों के विरुद्ध हमारी सहायता नहीं कर सकते। इन्द्र की चाल उल्टी हो गई थी। देवों की साख पर सागर ने पानी फेर दिया था।

बृहस्पति भी वहाँ उपस्थित थे। उन्होंने एक राह निकाली, "इन्द्र, कुछ दिन रुककर इन कालिकेयों के आक्रमण का अध्ययन होना चाहिये। मैंने सुना है अगस्त्य इधर आने वाले हैं। उन्हें अगाध ज्ञान है। उनसे भी सलाह हो जायेगी।"

२

अगस्त्य को यायावरी पैतृकता के रूप में मिली थी। यात्राओं के मध्य उसे इस संकट की सूचना मिल चुकी थी। वह शीघ्रता से सागर तट की ओर बढ़ रहा था। राह में उसे यह समाचार भी मिल गया था कि अग्नि और वायु ने कालिकेयों के विरुद्ध अपने को असमर्थ ठहरया। देव हाथ पर हाथ धरे बैठे हैं, यह देखकर दानवों का साहस और बढ़ गया है।

शीघ्र ही वह उस पत्तन में आ पहुँचा जहाँ इन्द्र ठहरे थे। अन्य पत्तनों के दूत भी वहाँ आ पहुँचे। विशाल सभा जुड़ी। तीरवासियों ने अपना रोना रोया, देवों ने अपनी असमर्थता प्रकट की, अगस्त्य क्रोध के मारे लाल हो उठा, आज देव कितने निष्प्राण हो उठे हैं। खैर, माना उन्हें सागर से वास्ता नहीं पड़ा है, इसी कारण वे आशंकित हो उठे हैं, किन्तु ये अन्य गण! ये तो सागर की छाती चीर कर ही धनवान बने हैं। सागर के वक्ष पर क्रीड़ा करना इनका धर्म बन गया है। फिर भी ये इतने भयभीत हो उठे हैं।

अगस्त्य ने गुरु-गम्भीर स्वर में पूछा, "आप जानते हैं ये कालिकेय असुर रात्रि में आप पर आक्रमण करते हैं?"

एक मानव ने उत्तर दिया, "हाँ ऋषिवर, इनके आक्रमण रात्रि में होते हैं। ये लूट-खसोट मचाते हैं, हत्या करते हैं और सवेरे इनका नाम-निशान भी नहीं रहता।"

अगस्त्य ने समझाना चाहा, ''आप मेरी बात सुनिये। ये आक्रमण कभी प्रतिदिन होते हैं, कभी कुछ दिनों बाद। यह आपने मुझे बताया। इसका अर्थ क्या निकालता है? ये जल-दस्यु जो लूटमार पर जीवित हैं ऐसे मूर्ख नहीं होंगे कि पिछले दिन की लूट नावों में रखकर नया आक्रमण करेंगे।''

''मैं तुम्हारी बात समझ गया अगस्त्य,'' देवेन्द्र चिल्लाये। ''तुम्हारा कहना है कि सागर में आस-पास ही इनका निवास-स्थान है।''

''हाँ देवराज! सागर में कुछ दूर पर ही द्वीप होंगे जहाँ ये छिपे रहते हैं।''

''मैंने देखा है ये किस ओर से आते हैं,'' सोम भार्गव ने खड़े होकर कहा। ''मैंने छिपकर देखा था इनकी नावें दक्षिण-पूर्व की ओर लौट रही थीं।''

''तुम्हारा नाम क्या है?'' अगस्त्य ने उत्साह से पूछा।

''मैं सोम भार्गव हूँ। मुझे रात्रि में उठकर चलने की आदत है। उस दिन जब मेरे पत्तन पर आक्रमण हुआ, मैं सागर के तट तक पहुँच गया था। शोर सुन कर मेरी तन्द्रा टूटी। मैंने अनेक मकान जलते देखे और उनके प्रकाश में इन दस्युओं की नावों को उस ओर भागते पाया।'' सोम ने उँगली उठाकर इंगित किया।

''सोम भार्गव, तुम्हारे साथ हम इन दस्युओं को ढूँढ़ निकालेंगे।'' अगस्त्य ने फिर सभा को सम्बोधित किया, ''दूसरी बात ध्यान करने योग्य यह है कि ये जल-दस्यु रात्रि में ही क्यों आक्रमण करते हैं।''

''मैंने सुना है कि रात्रि में दानवों का बल दुगना हो जाता है,'' एक स्वर आया।

अगस्त्य की समझ में नहीं आया कि वह हँसे या रोये। ''आप क्या कह रहे हैं। मैं नागों के साथ रह चुका हूँ, असुरों के साथ भी, राक्षसों के साथ भी और दानवों के साथ भी। इसके अतिरिक्त अन्य जातियों का आतिथ्य भी मुझे प्राप्त हुआ है। वे भी आपके समान मानव है, बिल्कुल आपके समान। झूठी बातों पर विश्वास करके अपने साहस से हाथ न धो बैठिये।''

सभा में शान्ति छा गई।

अगस्त्य उत्तेजना से कहता रहा, ''वे रात्रि में आक्रमण करते हैं क्योंकि वे बलहीन हैं।''

एक उत्तेजित स्वर गूँजा, ''आप क्या कह रहे हैं ऋषिवर?''

''मैं ठीक कह रहा हूँ बन्धु। ये दानव आपसे दुर्बल हैं, इसी कारण इनका आगमन रात्रि में होता है; जिससे इनकी संख्या, इनके बल का भली भाँति अनुमान न हो सके। यदि ये बलवान होते तो दिन दहाड़े आप पर आक्रमण करते। रात्रि का सहारा न लेते। इनके बल केवल दो हैं–एक अन्धकार, दूसरे अनियोजित आक्रमण। दोनों कार्य अनार्यों का कार्य है। ऐसे दानवों को नष्ट कर देना चाहिये जिससे अन्य कुलों को भी पाठ मिल सके।''

बृहस्पति को अगस्त्य का विश्लेषण बहुत भाया। ''साधु अगस्त्य, साधु। देवों और मानवों के तुम ही त्राता हो।''

''नहीं देवगुरु, मैं नहीं, मानव स्वयं अपने त्राता हैं यदि उन्हें अपने ऊपर विश्वास हो। आपको पता है मानव देव के बराबर क्यों नहीं थे? क्योंकि वे अपने ऊपर भरोसा

नहीं करते थे, कोई भीर पड़ती थी तो सोचते थे देव और पितर आकर उनकी रक्षा करेंगे। मान्धाता ने इस विश्वास पर ठोकर लगाई थी, लेकिन अच्छा नेता न मिलने के कारण उनका फिर भरोसा जाता रहा। मुझे तो शोक इस बात का है कि देव भी आत्म-विश्वास खो बैठा हैं।'' मुख से बात कुछ कड़ी निकल गई थी, इसलिये अगस्त्य शान्त हो गया। वह क्या करे, अपने कुलों का हाल देखकर उसके हृदय में लावा भर गया है।

सारी सभा में सूचीभेद्य शान्ति छाई थी। कुछ देव अगस्त्य को उत्तर देने को कसमसा रहे थे परन्तु इन्द्र और बृहस्पति को शान्त देखकर बोल नहीं रहे थे।

अगस्त्य ने बात पलट दी। ''कल हम इन कालिकेयों पर आक्रमण करेंगे। यह हमारा पहला और अन्तिम आक्रमण होगा। सागर से आप न घबराइये। यह है क्या चुल्लू भर पानी है। जब वीर कन्धे से कन्धा मिलाकर चलेंगे तो सागर सूख जायेगा, वह उन्हें राह दे देगा। आप सब लोग तैयार हो जाइये। कल सवेरे सूर्य निकलते ही हमारी नावें चल पड़ेंगी। सोम भार्गव हमारा मार्ग निदर्शन करेगा।''

सोम भार्गव उत्साह में भर कर गरजा, ''मैं आपके साथ चलूँगा ब्रह्मर्षि। यदि मैं आपको इन दानवों के छिपे स्थान तक पहुँचा सका तो अपने को धान्य मानूँगा।''

''और कौन-कौन चलेगा मेरे साथ?'' अगस्त्य फिर हुंकारा।

''मैं चलूँगा।'' ''मैं चलूँगा।'' ''हम सब चलेंगे।'' सारे मानव उठकर खड़े हो गये।

देव अगस्त्य की खरी बातें सुनकर खिजाये बैठे थे, लेकिन इस सामूहिक उत्साह ने उन्हें भी अनुप्राणित कर दिया।

३

सभा भंग होते ही पत्तनों के प्रतिनिधि अपने अपने स्थानों पर लौट गये। उस पत्तन पर उस समय सात नौका बँधी थीं, पौ फटने तक वहाँ एक सौ बाइस नौका हो गईं जिन पर सुसज्जित वीर बैठे थे। अगस्त्य और देवों को लेकर नौकाएँ तीर के समान छूटीं। उनका लक्ष्य दक्षिण-पूर्व दिशा था।

नौकाएँ तेजी से आगे बढ़ रही थीं। अनुभवी मानव आँखें सामने बिछे सागर के वक्ष को टटोल रही थीं। लगभग दो घण्टे चलने के पश्चात् एक उत्तेजित मानव स्वर आया, ''देखो, पश्चिम की ओर कुछ काले धब्बे दिखाई दे रहे हैं।''

नावें धीमी हो गई। सब आँख फाड़-फाड़ कर उसी ओर देखने लगे। ''हाँ हाँ, वहाँ भूमि प्रतीत होती है।'' दूसरे ने हामी भरी।

''चलो, उस ओर चल कर देखते हैं,'' अग्नि ने पुकारा।

''रुको, दो पल रुको'', अगस्त्य ने अपना उत्तरीय कन्धे से उतारा। उसके कोने को खोला। उसमें एक पक्षी बंधा था। उसे उड़ाता हुआ अगस्त्य बोला, ''मैं इस पक्षी को छोड़ रहा हूँ। यह बता देगा उधर भूमि है कि नहीं।''

''यह कैसे?'' एक ने शंका की।

''यह विद्या मैंने गरुड़ कुल से सीखी है। सब जानते हैं कि पक्षी पानी में नहीं रह सकते। अब देखों यह ऊपर उठ रहा है। ऊपर उठकर यह चारों ओर देखेगा।

इसकी दृष्टि बड़ी तीव्र होती है। इसे यदि दूर पर भी भूमि दिखाई दे गई तो यह तीर के समान उस ओर उड़ जायेगा।''

एक देव ने पूछा, ''यदि इस बार इसे धरती दिखाई नहीं दी, तो अगली बार कैसे परीक्षण करोगे। तुम्हारे पास तो और पक्षी नहीं है।''

''यदि इसे भूमि दिखाई नहीं दी तो जल में कहाँ जायेगा,'' कहता हुआ अगस्त्य मुस्करा दिया। ''लौटकर स्वयं किसी नौका पर बैठ जायेगा और थोड़ी-थोड़ी देर बाद उड़ कर देखता रहेगा।''

पक्षी ऊपर उठकर आकाश में गोल चक्कर लगा रहा था। सहसा वह मुड़ा और उसी ओर तीव्र गति से झपटा जहाँ दूर क्षितिज पर कुछ काले धब्बे उभरे प्रतीत होते थे। सारी नावें उसी दिशा में मुड़ गई और नाविकों ने प्राणपण से खेना आरम्भ किया।

कुछ ही देर में द्वीप की काली चट्टानें और कहीं-कहीं बिखरा हुआ सुनहरा रेत स्पष्ट हो आया। थल को देखते ही वीरों की भुजायें फड़क उठीं। कुछ ही क्षणों में नावें तट पर जा लगीं और अपने आयुध सँभालते आक्रमणकारी भूमि पर उतर गये।

बड़ा रूखा द्वीप था वह, वनस्पतिहीन। सूर्य ने उसे तपा रखा था। कुछ दूर आगे बढ़ने पर उन्हें कुछ हरियाली दिखाई दी। अवश्य ही वहाँ मीठे पानी का स्रोत था। उसी के पास अनेक झोंपड़े छाये हुए थे। दस्युओं का वास-स्थान पाते ही देवों और मानवों ने रणहुंकार की और तेजी से उन पर टूट पड़े।

इस बार दानवों की अचानक पकड़े जाने की बारी थी। उन्हें सपने में भी ध्यान न था कि मानव सागर में उनके छिपे टापू पर आकर उन पर आक्रमण कर देंगे। वे रात्रि के अभियान से आकर थके हुए सो रहे थे जब उन पर आक्रमण हुआ। उनमें से अधिकांश मारे गये। कुछ घायल पड़े रह गये। थोड़े से पीछे की ओर भाग लिये। उनकी नावें किसी दूसरे तट पर बंधी हुई थीं। वे उनमें बैठकर भागना चाह रहे थे। अगस्त्य ने रण देवता का रूप धारण कर रखा था। उसने ललकारा, ''सावधान, किसी को जाने मत देना। जहाँ तक हो सके सब को मार डालना। ये अनार्य हैं। इनका काम अनार्यों का है। इनके भाग्य से और कोई ऐसे अनार्य कार्य न करने का सबक सीखेंगे।''

पीछा किया गया। चार नावें ही तट छोड़ पाई थीं। उन पर भी तीरों की बौछार की गई। दो नावों के समस्त सवार मर जाने के कारण वे फिर बहती बहती वापिस तीर पर आ लगीं। केवल दे नावें ही इस भयंकर हत्याकांड से बच कर जा सकीं।

''इनकी नावें भी अपनी नावों के पास ले चलो। द्वीप का सारा सामान नावों पर लाद लो। कोई वस्तु न छोड़ो। और फिर झोंपड़ों में आग लगा दो। इस द्वीप को न रहने योग्य बना दो।''[1]

---

1. एपिक माइथोलॉजी, पृष्ठ 185; पद्म पुराण सृ. 19.186; महाभारत, वन पर्व 103; 105.3-6

दिवास्वप्न और उसका फल

१

अगस्त्य सोचता चला जा रहा था--

उस दिन सभा में उसके कहने पर कि देवों ने आत्म-विश्वास खो दिया है, देव कैसे बिगड़े। इन्द्र की भृकुटि भी चढ़ गई। यहाँ तक कि बृहस्पति के मुख पर भी मन के भाव उमड़ आये। लेकिन क्या मैंने असत्य बात कही थी? मेरी चेतावनी को उन्हें गम्भीरता से लेना चाहिये था। यदि उनमें प्राण होता तो वे चेतते।.........

मुझे देवों से कोई आशा नहीं है, और न हम मानवों को उनसे आशा रखनी चाहिये। हमें अपने पैरों पर खड़ा होना है। अपने पर भरोसा रख कर ही हम आगे बढ़ सकेंगे। लेकिन निरन्तर पराजयों ने हमारा आत्म-विश्वास चूर-चूर कर दिया है। कहाँ गये ययाति और मान्धाता जैसे सम्राट्! आपस में लड़ कर मानव-शक्ति दुर्बल हो गई है। राक्षस और अन्य जातियाँ प्रबल हो उठी हैं। सरस्वती तीर पर लगातार दुर्भिक्ष पड़ रहा है। उसका लाभ उठा कर राक्षस सरस्वती तीर पर बढ़ आये हैं। कोई राजा ऐसा दिखाई नहीं देता जो मानव महा-शक्ति के टुकड़े बटोर सके। मानव-जाति को फिर बलवान बनाने का, मानव धर्म को फैलाने का कार्य हम ऋषियों को करना है। यही दुर्भाग्य के मेघों में एक सुनहरी रेखा चमक रही है। इस समय अनेक ऋषि ऐसे हैं जिनका अनुकरण मानव कर रहे हैं।

सोचते-सोचते अगस्त्य दिवास्वप्न में खो गया। समाधि अवस्था में अगस्त्य ने एक अदभुत दृश्य देखा। उसने देखा कि मार्ग के बिल्कुल समीप एक अंधकूप में कुछ व्यक्ति उल्टे, मुँह नीचा किये लटक रहे हैं। उनके नेत्रों से आँसू बह रहे हैं। अगस्त्य में आरम्भ से प्राणिमात्र के प्रति कल्याण-कामना थी। उसकी अनथक यात्रा के यही दो उद्देश्य थे–ज्ञानप्राप्ति और दुखियों की सहायता। उन व्यक्तियों की ऐसी गति देखकर अगस्त्य ने कौतूहल से पूछा, "भद्रगण, आप कौन है और इस अवस्था में क्यों पड़े हैं?"

एक ने उत्तर दिया, "आर्य, हम लोग आपके पितरगण हैं और किसी विशेष कारणवश हम यह दण्ड भोग रहे हैं।"

अगस्त्य ने चिन्तित होकर पूछा, "पूज्य पितर। किस अपराध के कारण आपको ऐसा कष्ट भुगतना पड़ रहा है? मेरी समझ में नहीं आ रहा। आप मुझे बताइये। यदि मेरे से आपके अपराध का शमन हो सके तो आप निस्संकोच मुझसे कहिये, मैं शक्ति भर आपके दण्ड को दूर करने का प्रयत्न करूँगा।"

करुण स्वर आया, "बेटा, हम सब तुम्हारे वे पूर्वज हैं जो निस्सन्तान मर गये थे। कोई सन्तान उत्पन्न न करने के कारण हमें यह दुख भोगना पड़ रहा है। यदि आप पुत्र उत्पन्न कर सकें तो हमारा इस दारुण दण्ड से छुटकारा हो सकता है।

निस्संतान मरने वालों को इस प्रकार का दु:ख उठाना पड़ता है। हम नहीं चाहते कि मरने पर आपको भी यह दण्ड भोगना पड़े।''

अगस्त्य आश्चर्यचकित रह गया। वह समस्त शास्त्रों का ज्ञाता और वेदविद् था। किन्तु उसे यह ज्ञान नहीं था कि पुत्र के न होने से प्राणी को कष्ट उठाना पड़ता है। वह अभी तक अविवाहित ही था और अविवाहित ही रहना चाहता था क्योंकि उसके जैसे पर्यटक को परिवार के बंधन में फँसना स्वीकार नहीं था। उसके पिता का रक्त उसमें दौड़ रहा था। इस करुण निवेदन से उसे झटका लगा। वह सिरह उठा और उसका दिवास्वप्न टूट गया। उसकी गति रुक गई। कुछ क्षण वह निस्तब्ध खड़ा रह गया।

यह किस लोक में पहुँच गया था वह? क्या यह सत्य हो सकता है? अगस्त्य के मन में ऊहापोह मच गई–

सुदूर प्राचीन काल में जब हर जाति अन्य जाति की शत्रु थी, जब हर समय युद्ध की स्थिति बनी रहती थी, जब व्यक्ति छोटी अवस्था में ही काल का ग्रास बन जाता था, तब विश को मानव शक्ति की बहुत आवश्यकता थी। इसी कारण सन्तान पर बहुत ज़ोर दिया गया था। अधिक से अधिक सन्तान, नियोग प्रथा, विधवा विवाह सब इसी के परिणाम थे। और यह आज भी आवश्यक है।

अगस्त्य की बुद्धि तीव्रता से काम कर रही थी। इससे भी बड़ा कारण संतान उत्पन्न करने का एक और है। पुत्र पिता का ज्ञान लेकर पैदा होता है। वह उसका नाम और काम आगे बढ़ाने वाला होता है। एक प्रकार से पुत्र पिता का पिता होता है। योग्य पुत्र से ही पिता का नाम संसार में स्थित रहता है। मैं आज जो कुछ हूँ महर्षि मित्रावरुण के कारण हूँ। उन्हीं से मुझे पर्यटन की भूख मिली और ज्ञान की पिपासा.........अब मुझे लो। मैं मानवों के दुख-द्वन्द्व दूर करने का प्रयत्न कर रहा हूँ और जितना मुझसे हो सकेगा अन्तिम क्षण तक करता रहूँगा। किन्तु जब मैं मर जाऊँगा तब क्या होगा? जो ज्ञान मैंने प्राप्त किया है वह मेरे साथ चला जायेगा। यदि मेरे सन्तान हो तो वह उसे ग्रहण कर पृथ्वी पर आगे बढ़ा सकती है। इसी प्रकार प्रगति हो सकती है।

वरुण! तुमने मेरे नेत्र खोल दिये। आज इस दिवास्वप्न से मैंने एक नया पाठ पढ़ा। यदि मैं नि:सन्तान मर जाता तो जिस लोक में भी जाता वहीं विक्षुब्ध रहता, तड़पता रहता। ज्ञान प्राप्त करने के साथ यह भी आवश्यक है कि उस ज्ञान को सन्तान तथा शिष्यों को देकर स्थिर रखा जाये।[1]

२

अगस्त्य जो काम करते थे अधूरा नहीं करते थे। उन्होंने मन में ठान लिया कि मुझे विवाह करना है और तेजस्वी सन्तान उत्पन्न करनी है। इसके लिये एक सुयोग्य

1. महाभारत, वन पर्व 96.19

पत्नी की आवश्यकता है। अपने अनुरूप पत्नी पाने के लिये वे कन्या की खोज में लग गये। अब उनकी यात्राएँ इस उद्देश्य की पूर्ति के लिये होने लगीं।

सर्वप्रथम वे पुराने मानव-राज्यों में घूमे। लेकिन कहीं उनको अपनी कल्पना के अनुसार कन्या नहीं दिखाई दी–न राजकुलों में, न ऋषियों के आश्रमों में। फिर उन्होंने अपना वृत्त और विस्तृत किया। वे दक्षिण की ओर चले और वहाँ विदर्भ राज्य में उन्हें अपनी मनचाही वस्तु मिली।

विदर्भ राजकन्या **लोपामुद्रा** की प्रशंसा सारे राज्य में फैली हुई थी। उस राज्य में वह सबके आकर्षण की वस्तु थी। वहाँ पहुँचते ही अगस्त्य के कानों में उसके गुणों की भनक पड़ी। वह अनुपम सुन्दरी है। विचक्षण प्रतिभाशालिनी है। गहन से गहन विषय की सरलता से व्याख्या कर डालती है। ज्ञान के अतिरिक्त कलाओं में भी वह पारंगत है। कोई कोई तो कहता था कि वह स्वयं सूक्त भी रचती है।

अगस्त्य को इस अद्भुत युवती को देखने की उत्कण्ठा जगी। एक दिन उनका उससे साक्षात्कार हुआ। यही वह पत्नी थी जिसकी खोज में वे इधर-उधर भटक रहे थे। वे तत्क्षण राजसभा में जा पहुँचे।

एक तेजस्वी पुरुष को सभा में आते देखकर सब ने उठकर उनका स्वागत किया। अगस्त्य ने हाथ उठाकर आशीर्वाद दिया और कहा, "राजन्, मैं अगस्त्य हूँ।"

परिचय सुनते ही सभा में आनन्द की लहर दौड़ गई। इतना महान् ऋषि जिसका नाम बाल-वृद्ध सब की वाणी में गूँज रहा है आज उनके अलग-थलग पड़े मानव राज्य में उपस्थित हुआ है। कितने युवक हैं महर्षि, फिर भी सारे मानव इनका सम्मान जता रहे हैं।

विदर्भराज ने ससम्मान कहा, "आज विदर्भ के भाग्य खुल गये जो आप जैसे महर्षि ने हमारी भूमि पर पदार्पण किया। हम पर कृपा करके कुछ दिन हमारा आतिथ्य स्वीकार कीजिये।"

"राजन्, मैं एक प्रार्थना लेकर आपके सामने उपस्थित हुआ हूँ।"

"आज मुझे लज्जित न कीजिये, महर्षि। आज्ञा दीजिये, मैं आपकी क्या सेवा कर सकता हूँ।"

"मैंने सुना है आपके एक अपूर्व लावण्यमयी युवती कन्या है?"

"हाँ, महर्षि, लोपमुद्रा अब विवाहयोग्य हो गई है, और हम इस चिन्ता में हैं।" राजा ने सुन रखा था कि अगस्त्य ने सारा देश पैदल घूमा हुआ है। उन्हें आशा हुई कि अवश्य वे लोपामुद्रा के उपयुक्त राजकुमार बता सकेंगे।

"राजन्, पितरों की आज्ञा हुई है कि मैं विवाह करूँ। मैं लोपामुद्रा से विवाह करना चाहता हूँ।"

विदर्भराज एकबारगी हक्के-बक्के रह गये। उनकी समझ नहीं आया कि वे प्रसन्न हों या रुष्ट। अगस्त्य जैसे महान् ऋषि से विवाह करना लोपामुद्रा का सौभाग्य होगा। लेकिन–लेकिन सबसे बड़ी 'लेकिन' यही है कि अगस्त्य के पैर में चक्कर है।

और मेरी सुखों में पली लाड़ली उनके साथ कैसे घूमेगी? क्या वह सुखी रह पायेगी?

अगस्त्य को विदर्भराज के मन की उथल-पुथल को समझने में देरी नहीं लगी। किन्तु वे राजा को स्वयं किसी निश्चय पर पहुँचने देना चाहने के लिए चुप रहे।

राजा किंकर्त्तव्यविमूढ़ हो गये थे। न उनसे हाँ करते बनती थी और न ना। अगस्त्य सब प्रकार से उपयुक्त वर हैं। उनसे सम्बन्ध जुड़ने पर विदर्भ मानव-राज्य का पद मध्यदेशीय मानव-राज्यों के समान हो जायेगा। लेकिन क्या लोपामुद्रा सुखी रह सकेगी?

अन्ततः अगस्त्य ने पूछा, ''राजन्, आप चुप क्यों हैं? आपको कोई कठिनाई दिखाई दे तो मुझे बताइये।''

राजा को एक राह सूझ गई। ''महर्षि, मुझे संकोच हो रहा है।''

''क्या?''

''लोपामुद्रा पर जितना मेरा अधिकार है, उतना ही उसकी माता का। उनसे बिना सलाह लिये मेरा कुछ कहना ठीक नहीं होगा।''

''आप ठीक कह रहे हैं राजन्! बल्कि लोपमुद्रा से भी पूछ लीजिये, क्या वह मेरा जन्म भर साथ देने को तैयार है।''

''ऋषिवर, आप आज अतिथिगृह में आराम करें। मैं कल आपको उत्तर देने में समर्थ हूँगा।''

३

मन्त्री का कहना था, ''राजन्, अगस्त्य ऋषि का तप बल कौन नहीं जानता? उनका प्रभाव समस्त जग पर पड़ा है। बड़ अच्छा वर मिला है आपकी पुत्री को।''

पुरोहित-''इन्द्र और मरुतों का समझौता कराके वे देवों के भी वन्द्य हो गये हैं। कालिकेय असुरों के सामने देव भी हाथ पर हाथ धरे रह गये थे। आपका वंश अगस्त्य से सम्बन्ध करके धन्य हो जायेगा।''

परन्तु राजा और रानी दोनों विह्वल थे। राजा बोला, ''रानी, मैं सब बातें मानता हूँ। फिर भी अगस्त्य को लोपामुद्रा देते हुए मेरा दिल काँपता है। कहाँ वह सुकुमारी और कहाँ वह यायावार ऋषि।''

रानी धीरज बँधाती हुई बोली, ''आप धीरज रखिये, मैंने लोपामुद्रा से पूछा था, वह इस विवाह के लिये सहर्ष तैयार है।'' फिर रानी बिखर गई, ''पर मेरी बच्ची अगस्त्य के साथ कैसे रह पायेगी? जो कभी नगर से बाहर नहीं निकली है, वह दिन-रात कैसे भटक सकेगी? क्या विवाह के बाद अगस्त्य की यह आदत छूट जायेगी?''

सारी रात ऊहापोह में बीत गई।

४

अगले दिन अगस्त्य के कक्ष में राजा और रानी स्वयं पधारे। अगस्त्य ने दोनों को नमस्ते की।

राजा बोले, "अगस्त्य, मैं आपकी कृपा पाकर कृतार्थ हो उठा हूँ। लोपामुद्रा से आपका विवाह करके मुझे अत्यन्त प्रसन्नता होगी।"

रानी ने बीच में बात काटी, "राजा ठीक कह रहे हैं महर्षि, किन्तु मुझे एक संकोच हो रहा है।"

"आप बताइए महिषी, मैं आपका संकोच दूर करने का प्रयत्न करूँगा।"

"लेकिन वह............कुछ अजीब............" रानी के मुख से बोल नहीं निकले।

अगस्त्य ने राजा की ओर देखा, वे नेत्रों से रानी को बोलने के लिए प्रोत्साहित कर रहे थे। "आप कह डालिये राजन्।"

राजा सकुचा गए।

"क्या मैं आपकी पुत्री के उपयुक्त वर नहीं हूँ?" अगस्त्य ने पूछा।

'यह आप क्या कह रहे हैं ऋषिवर," रानी ने अगस्त्य का प्रश्न निराधार ठहराते हुए काटा। "बात यह है कि मेरी पुत्री का लालन-पालन हमारे घर में हुआ है। उसने गृहस्थी के सब सुख-साधनों का उपभोग किया है। हमें यही शंका है कि वह आपके साथ जीवन कैसे बिता पायेगी।"

राजा ने बात बनाई, "हमें यही डर है महर्षि, कि हमारी पुत्री को तपोवन का जीवन बिताना नहीं आता। यदि वह आपको सुखी न कर सकी तो हमें अत्यन्त दुःख होगा।"

बेचारे यायावर ऋषि को परिवार की प्रथम कड़ी पत्नी का प्रत्यक्ष अनुभव नहीं था। वे तो सोचते थे कि जैसे वे और वसिष्ठ घूमते फिरते थे, उसी प्रकार वे और लोपामुद्रा घूमते फिरेंगे। जहाँ रात हुई वहाँ रह जाएँगे; जो बस्ती मिलेगी वहीं खा लेंगे। राजा-रानी की बातों से उन्हें झटका लगा, पर बात ठीक है उनकी। परिवार और यायावरी साथ नहीं चल पायेंगे–उनमें आकाश पाताल का अन्तर है।

वे बोले, "आप चिन्ता न करें राजन्, मैं लोपामुद्रा को सब प्रकार से सुखी रखूँगा।"

इतना कहने पर रानी का साहस पर्याप्त बढ़ गया था। "ऋषिवर, मैं यही चाहती हूँ कि जब आप लोमामुद्रा को हमारे घर के समान सुख-सुविधा प्रदान करने योग्य धन कमा लाएँ तब विवाह करें।"

राजा ने बात साफ की, "अगस्त्य, लोपामुद्रा आपकी वाग्दत्ता है। जिस दिन आप धन कमाकर लौटेंगे, उसी दिन आपका उससे विवाह कर दिया जायेगा।

५

अगस्त्य विदर्भ से चल पड़े। इस भूखण्ड के अनेक राजाओं से उनका भली-भाँति परिचय था। राजा-रानी ने कोई अलभ्य माँग नहीं की थीं उसे वे सरलता से पूरी कर देंगे। माता-पिता को सन्तान के भविष्य का सोचना ही पड़ता है। और फिर उनका जीवन–वह लीक से अलग हट कर है। उसे जीना हर व्यक्ति के वश का नहीं। अच्छा हुआ, विदर्भराज ने उनके नेत्र खोल दिए। वे भी अपना आश्रम बनाएँगे, घूमना कम करेंगे, जो ज्ञान अर्जित किया है उसका दान देना आरम्भ करेंगे। केवल ज्ञान

कमाना ही लक्ष्य नहीं, उसको उपयोग में लाना उनका लक्ष्य है। और ज्ञान का सर्वोत्तम उपयोग उसे साथियों में बाँटना है, उन्हें भी इस योग्य बना देना है कि वे ज्ञान का उपयोग कर सकें।

अगस्त्य सबसे पहले राजा **श्रुतर्वा** के पास पहुँचे।

श्रुतर्वा ने महर्षि का सादर स्वागत किया और कुशल-क्षेम के अनन्तर उनसे पूछा, "महर्षि, बहुत दिनों से आपके दर्शन नहीं हुए। बहुधा आपका इधर चक्कर लगता रहता था। क्या कोई आश्रम बना लिया है?"

"नहीं राजन्, मैं तनिक पश्चिम की ओर निकल गया था। वहाँ कालिकेय असुरों ने मानवों को बहुत तंग कर रखा था। फिर अपने विवाह का भी ध्यान हो आया।" अगस्त्य का श्रुतर्वा के साथ सख्य भाव था।

"विवाह का ध्यान हो आया–अच्छा, मैं अब कन्या देखनी आरम्भ करता हूँ।"

"कन्या भी देख ली है श्रुतर्वा। विदर्भराज की पुत्री लोपामुद्रा मेरे लिये सब प्रकार से उपयुक्त है।"

"फिर भले काम में देरी क्या। मैं अभी चर भेज कर मित्रावरुण को समाचार भेजता हूँ और उहें बुलाता हूँ।"

"इसमें एक अड़चन है राजन्।"

"आपके विवाह में अड़चन! यह कैसे हो सकता है?"

अगस्त्य ने विदर्भराज तथा उनकी पत्नी से हुई बातचीत श्रुतर्वा से कह सुनाई और बोले, "मैं इसीलिए तुम्हारे पास उपस्थित हुआ श्रुतर्वा। तुम मेरे मित्र हो। मैं चाहता हूँ तुम मेरी धन से सहायता करो जिससे मैं विवाह करने में शक्य हो सकूँ।"[1]

माँग सुनकर श्रुतर्वा संकोच में पड़ गया। "मुझे बड़ा खेद है महर्षि कि मैं आपकी माँग पूरी करने में असमर्थ हूँ। मैं........

अगस्त्य हक्के-बक्के रह गए। "क्यों राजन्!"

श्रुतर्वा ने जल्दी-जल्दी कहना आरम्भ किया, "महर्षि, मैं आपकी सहायता करने से असमर्थ हूँ क्योंकि मेरे कोष में अतिरिक्त धन नहीं है। जो कुछ मैं अपने प्रजाजनों से 1/6 भाग प्राप्त करता हूँ, वह प्रजा की भलाई पर ही व्यय करता हूँ। मेरा छोटा सा राज्य है, स्वयं की खेती इतनी है कि अपने परिवार का पेट पालता हूँ। आप मेरे राज्य का आय व्यय देख सकते हैं।"

इस बात ने अगस्त्य का सन्तोष कर दिया बल्कि वे बहुत प्रसन्न हुए। "राजन्, मैं जानता हूँ आप बहुत नीतिज्ञ हैं। आपकी सुव्यवस्था से मुझे बड़ा हर्ष हुआ। मैं स्वयं प्रजा को कष्ट देकर धन लेना नहीं चाहूँगा। मुझे तो इससे बड़ी प्रसन्नता हुई कि आपने संकोच नहीं किया और वास्तुस्थिति बता दी। यदि आप तथ्य छिपाकर

---

1. महाभारत, वन पर्व 98.4

मुझे कुछ धन दे देते तो बाद में मुझे बड़ा दु:ख होता। आपने सच्चे मित्र का कर्त्तव्य निभाया।''

''मुझे आपकी समझदारी में पूर्ण विश्वास है महर्षि, तभी मैं आपसे ऐसी बात कह सका। अन्य कोई ऋषि होता तो क्रुद्ध होकर मुझे शाप तत्क्षण दे डालता, फिर चाहे वस्तुस्थिति से अवगत होकर पछताता रहता।..........यह तो छोड़िये लेकिन हमारी समस्या तो वहीं की वहीं मुँह बाये खड़ी है।''

''आप चिन्ता न कीजिए श्रुतर्वा। मैं राजा व्रध्नश्व के पास जाता हूँ। उसका राज्य बड़ा है, वह मेरी मांग पूरी करने में समर्थ होगा।''

''आप आज विश्राम कीजिए। कल मैं भी आपके साथ चलूँगा।''

''आप क्यों कष्ट करते हैं राजन्?''

''कष्ट कैसा, मैं अपना कर्त्तव्य इसी प्रकार आपका साथ देकर निभा सका तो अपने को धन्य मानूँगा।''

६

अगले दिन अगस्त्य और श्रुतर्वा राजा **व्रध्नश्व** से मिलने चल दिए। उसके नगर में पहुँचकर भेंट होने पर अगस्त्य ने विस्तार से अपना विवाह का विचार कह सुनाया। साथ ही यह अभिलाषा प्रकट की कि राजा व्रध्नश्व यदि उसकी धन से सहायता कर सके तो वह अपनी इच्छा पूरी कर सकेंगे।[1]

श्रुतर्वा ने भी जोड़ा, ''महर्षि अगस्त्य के साथ मैं भी राजन् इसी प्रार्थना के साथ उपस्थित हूँ कि आप इन्हें धन देने की कृपा करें जिससे ये सफलमनोरथ हों।''

यह बात सुनकर राजा व्रध्नश्व का उत्साह ठण्डा पड़ गया। वे सोच-विचार में पड़ गये।

अगस्त्य राजा को ऊहापोह में पड़े देखकर बोले, ''राजन्, आप चिन्ता न कीजिए। मैं प्रजा के लिए रखा धन नहीं लेना चाहता। यदि आप पर इसके अतिरिक्त धन हो तो उसे देकर आप मेरी सहायता करें।''

इन शब्दों ने व्रध्नश्व को उबार लिया। उन्होंने कहा, ''महर्षि, मैं सोच में इसीलिए पड़ गया था। आपका इस समय आना हुआ जब मेरे कोष में दान के लिए धन शेष नहीं है। इस समय अपेक्षित व्यय के अतिरिक्त मेरे कोष में कोई बचत नहीं है। मैं आपको कुछ भी देने में असमर्थ हूँ इसी कारण अत्यन्त लज्जित हूँ। बस, अपनी बात की प्रामाणिकता के लिए राजकोष का विवरण उपस्थित कर सकता हूँ।''

''आप यह क्या कह रहे हैं राजन्! मैं तो अत्यन्त प्रसन्न हूँ कि आप किसी प्रकार का अपव्यय न करके राजकोष को सुचारु रूप से व्यय करते हैं।'' अगस्त्य बोले।

''प्रश्न यह है कि हमें किस राजा के पास जाना चाहिए जो महर्षि को धन दे सके।'' श्रुतर्वा ने कहा।

---

1. महाभारत, वन पर्व 98.9

"पास में ही राजा त्रासदस्यु राज्य करता है। सुना गया है कि उसके पास खूब धन-सम्पदा है।" व्रध्नश्व की सलाह थी।

"सुना मैंने भी है कि राजा त्रासदस्यु बहुत धनाढय है।" श्रुतर्वा ने हामी भरी।

अगस्त्य ने कहा, "चलो, उसके पास चलते हैं। आशा है वह मेरी इच्छा पूरी कर सकेगा।"

"आपके साथ मैं भी चलूंगा," राजा व्रध्नश्व ने आज्ञा चाही।

तीनों के आने का समाचार सुनते ही **त्रासदस्यु** कमल के समान खिल उठा। प्रासाद के द्वार पर उसने उनका स्वागत किया और विधिवत् समादर किया।

प्रासाद में उनको सब प्रकार से आराम पहुँचाकर त्रासदस्यु ने अगस्त्य को उलाहना दिया–"महर्षि ने इस बार बहुत दिनों बाद दर्शन दिया। क्या आपने अपना यायावरी धर्म छोड़ दिया?"

अगस्त्य ने संक्षेप में अपना समाधि का अनुभव सुनाया–कैसे उन्होंने पितरों को दु:ख-सन्ताप से भरे देखा, कैसे उन्होंने विवाह का निश्चय किया। फिर उन्होंने विदर्भ राज से बात और धन की कामना का वर्णन किया।[1]

यह सुनकर त्रासदस्यु का मुख विवर्ण हो उठा। उनका प्रसन्न मुख-कमल मुरझा गया। चिन्ता की एक गहरी श्वास उनके वक्ष को कँपा गई। मन की उधेड़बुन में उनकी समझ में नहीं आया कि अगस्त्य को क्या उत्तर दें।

किन्तु उनकी उदासीनता ने स्वयं वस्तुस्थिति को प्रकट कर दिया। श्रुतर्वा ने सहानुभूति से भरे हुए शब्दों में कहा, "राजन्, यदि आपके पास धन नहीं है तो इसमें लज्जित होने की क्या बात है! हम सब स्वयं जानते हैं कि यह वर्षान्त का समय है।"

राजा को तिनके का सहारा मिला। विनयपूर्वक बोले, "मित्र, क्या करूँ? किस मुँह से मैं महर्षि अगस्त्य को धन देने को मना करूँ। उन्होंने सर्वदा हम आर्यों को दिया ही दिया है। आज प्रथम बार उन्होंने एक कामना प्रकट की थी और उसे ही पूरा करने में मैं असमर्थ हूँ।"

अगस्त्य को पहली बार धक्का लगा। वह सोचते थे कि इस भू के समस्त मानव राजा मेरे मित्र हैं और उनकी सहयता से मैं विदर्भराज की माँग आसानी से पूरी कर दूँगा। तीसरे स्थान पर भी निराश होने से वे चिन्ता में पड़ गये। अन्य मानव-राजाओं के साथ भी यही मजबूरी होगी। क्या किया जाये? अपने मन की बात उन्होंने तीनों राजाओं को कह सुनाई।

त्रासदस्यु ने सहमति दिखलाते हुए कहा, "महर्षि, आप ठीक सोच रहे हैं। जो राजा धर्म का पालन करते हुए जीवन बिता रहा है उसके पास इस समय धन निकलना असम्भव है। मेरे विचार से धन आपको केवल एक ही स्थान पर मिल सकता है और वह है दानवराज इल्वल के पास। सुना है यक्ष-राज कुबेर के कोष से भी अधिक धन उसके पास है।"

---

1. महाभारत, वन पर्व 98.15

श्रुतर्वा ने कहा, "दक्षिण के दानवों[1] का क्या कहना? दूर-दूर व्यापार करके उन्होंने अटूट सम्पत्ति अर्जित की है। वे . . . . .

अगस्त्य ने बात काटकर कहा, "लेकिन वे हम मानवों से घृणा करते हैं। वे हमारा धर्म अस्वीकार करते हैं। वे बहुत स्वार्थी होते हैं, दुष्ट हैं, निर्दयी हैं। उनका धन लेना मुझे उचित नहीं लगता।"

"ऋषिवर, आप क्या कह रहे हैं?" श्रुतर्वा ने समझाया। "हम एक विशेष कार्य के लिये धन की इच्छा कर रहे हैं और उसी कार्य में उसे लगायेंगे। धन को दुरुपयोग में लगाने से धन बुरा होता है, सदुपयोग में लगाने से अच्छा, बल्कि यह कहिये कि बुरा धन भी सदुपयोग से अच्छा बन जाता है। यह धन आपको विवाह करके आश्रम खोलने में सहायता करेगा जहाँ आप अपनी अगाध विद्वत्ता को जन-जन में बाँटेंगे। इससे अच्छा उपयोग इस धन का क्या होगा।"

"और न हम इसे इल्वल से छीनने जा रहे हैं। उसके व्यापारी समस्त भू पर घूमते रहते हैं। तरह-तरह के मणि-माणिक्य, सुगन्धित लकड़ी आदि लेकर वे हमारे राज्यो में बेचते रहते हैं। ऐसा हो नहीं सकता कि उसने आपका नाम सुना न हो। वह व्यापारी आदमी है, आपको धन देकर वह हमारे मानव राज्यों में व्यापार की जड़ पक्की करना चाहेगा। और यदि उसने धन देने के साथ कोई शर्त रखी तो हम उस धन को अस्वीकार कर देंगे।"

"तो ऐसा ही हो। चलो इल्वल के पास चलते हैं।" और चारों पुरुष दानवों की राजधानी मणिमती की ओर चल दिये।

दानवराज **इल्वल** बड़ा प्रतापी और शक्तिशाली राजा था। उसके राज्य में मणि-माणिक्यों की खानें थीं, सुगन्धित और इमारती लकड़ियों के वन थे, उसके सागर मुक्ता उगलते थे। इन्हीं के कारण सभ्य संसार का धन खिंचकर उसकी राजधानी मणिमती की ओर चला आ रहा था।

वह योग्य पुरुष भी था, किन्तु उसमें एक कमी थी। वह ऋषियों से अत्यन्त वैर रखता था। इसका भी एक कारण था। उसके कोई पुत्र नहीं था। उसने सुन रखा था कि मानवों में ऋषियों में यह शक्ति है कि वे निपूते को तेजस्वी पुत्र प्रदान कर

---

1. दानव भी प्राचीन काल में बड़े प्रसिद्ध सागर-व्यापारी थे जो गोदावरी के आस-पास विदर्भ के नीचे रहते थे। यूरोप की महान् नदी 'दान्यूब (Danube)' (पुराना नाम दानव नदी) को शायद उन्होंने अपना नाम 'दानव नदी' दिया। ग्रीस की दन्तकथाओं में उनका वर्णन है, फारस की लोक-कथाओं में शक्तिशाली दाना की कमी नहीं।

दानव, असुर, राक्षस अलग-अलग जातियाँ थीं जिनसे देवों और मानवों के शक्ति, भू और व्यापार के लिए भीषण युद्ध हुए। बाद के पुराण को बदलने वालों ने इन्हें समानार्थी मान अँधाधुंध प्रयोग किया और इन्हें शत्रु का पर्यायवाची बना दिया। यही हाल लोककथाओं में हुआ।

सकते हैं। उसने एक ऋषि से प्रार्थना भी की थी, परन्तु उस ऋषि ने उसे दूसरी जाति का मानकर उसकी प्रार्थना ठुकरा दी। तभी से उसके हृदय में ऋषियों के प्रति भयानक रोष भर गया था।

व्यापारी होने के कारण वह चतुर भी बहुत था। वह नहीं चाहता था कि ऋषियों पर प्रत्यक्ष अत्याचार करके अपने देश के नाम को बदनाम करे और उसके व्यापार को कुठाराघात पहुँचाये। कोई ऐसा उपाय होना चाहिये कि साँप भी मर जाये और लाठी भी न टूटे। इसके लिये उसने छोटे भाई वातापी से सलाह ली।

वातापी शक्ति में अपने भाई से भी इक्कीस था। दोनों भाइयों में अत्यन्त प्रेम था और दोनों एक दूसरे पर प्राण न्यौछावर करने को तत्पर रहते थे। इल्वल ने जब उसे बताया कि एक अकिंचन ऋषि ने उसे पुत्र प्रदान करने से मना कर दिया है और उसका अपमान किया है, तो उसके रोम-रोम में अग्नि प्रज्वलित हो उठी। वह गरजकर बोला, ''मैं जितने भी हमारे राज्य में और आस-पास ऋषि और मुनि हैं सबको मार डालता हूँ। सारी दुनिया को पता चल जायेगा कि महान् प्रतापी दानवराज का अपमान करने का क्या फल निकलता है।''

''तुम सोचकर बात करो वातापी। इससे हमारे व्यापार को कितनी ठेस पहुँचेगी। हर जाति के व्यक्ति में दानवों के प्रति अविश्वास जाग उठेगा। दूसरे कुल के व्यापारी हमारे राज्य में व्यापार करने नहीं आयेंगे। हमारे लोग दूसरे देशों में जायंगे तो उनका सामाजिक बहिष्कार किया जायेगा।''

वातापी झेंप गया। ''भैया, मैं क्रोधी बहुत हूँ। क्रोध में आगा पीछा कुछ नहीं सोचता। आप बताइये हम क्या करें?''

''मेरी स्वयं समझ में नहीं आ रहा। यह तो मैंने मन में ठान लिया है कि इन ऋषियों का विनाश करना है, लेकिन इस युक्ति से कि हमारा कोई नाम न धर सके।''

दोनों भाई कुछ देर सोच में पड़े रहे। यकायक वातापी चहका, ''खोज ली, मैंने एक युक्ति खोज ली है।''

इल्वल ने उत्कण्ठा से पूछा, ''क्या?''

''भैया, ये ऋषि बड़े पेटू होते हैं। वन में तो केवल कन्द-मूल खाकर निर्वाह करते हैं, जब नगर में आते हैं तो सुस्वादु भोजन पर टूट पड़ते हैं। विशेष रूप से हमारा पौष्टिक भोजन तो ये आँख मींचकर पेट में ठूँसते हैं। मेरी योजना यह है कि जो ऋषि हमारी राजधानी में आए उसका हम दिल खोलकर स्वागत करें। उसको हम खूब पेट भरकर खिला दें, साथ में औषधि भी खिला दें जिससे वह रात के समय उठ न सके। जब गहरी नींद सो जाए तब आप मुझे आवाज़ दें। मैं चुपके से आकर उसे काल के गाल पहुँचा दूँगा। किसी को पता भी न चलेगा और हम इन ऋषियों का विनाश करते रहेंगे।''

''लेकिन अगर कोई जग गया तो बड़ी गड़बड़ होगी।''

"आप मेरा किसी से परिचय क्यों कराते हैं। दूसरे आप अतिथि की सेवा करते रहें। जब देखें कि वह सो गया है तो बकरे की बोली बोलें। यदि वह जग भी रहा होगा तो उसे सुनकर कोई निष्कर्ष नहीं निकाल पायेगा। बाकी मैं देख लूँगा। किसी को यह कहानी जग को सुनाने के लिए बच के नहीं जाने दिया जायेगा।"

दोनों भाइयों ने इस योजना पर कार्य करना आरम्भ किया और उस भाग में ऋषियों की संख्या कम होनी आरम्भ हो गई। अधिकतर घुमन्तू ऋषियों का विनाश हुआ जिसका किसी को पता नहीं चला।

महर्षि अगस्त्य के साथ तीन राजाओं के आने का सुनकर इल्वल को बड़ी प्रसन्नता हुई। इस एक को मारकर तो वह दस ऋषियों को मारने का फल प्राप्त करेगा। उसने उन चारों का अभूतपूर्व स्वागत किया।

आदर-सत्कार के उपरान्त राजा श्रुतर्वा ने अगस्त्य का परिचय दिया और उनका अपने पास आने का प्रयोजन बताया।

इल्वल ने खिले मुख से कहा, "यह तो बड़ा अच्छा है कि ऋषि ने विवाह करने का निश्चय किया।"

"जग में कौन ऐसा है जो महर्षि के इस निश्चय से प्रसन्न नहीं होगा! किन्तु मुझे खेद है कि मैं महर्षि को धन न दे सका। राजा व्रघ्नश्व और त्रासदस्यु भी उनकी सहायता न कर सके। हमने महर्षि को सलाह दी कि इस जग में केवल दानवराज इल्वल ही हैं जो आपको पर्याप्त धन दे सकते हैं।"

अगस्त्य बोले, "मैं इसी कारण इन तीन महानुभावों के साथ आपकी सेवा में उपस्थित हुआ हूँ। आशा है आप मेरी याचना नहीं ठुकरायेंगे और मुझे कृतार्थ करेंगे।"

"महर्षि, आप यह क्या कह रहे हैं। मैं किस योग्य हूँ! आपको गृहस्थी चलाने के लिये धन देकर कौन उसका सदुपयोग नहीं करना चाहेगा? मेरी समस्त सम्पत्ति आपके चरणों में अर्पित है, जितनी आपको चाहिये, ले लीजिये। बल्कि आप मेरे राज्य का एक भाग ले लीजिये, वह अधिक उपयुक्त रहेगा।"

इल्वल के इन मीठे शब्दों ने आगन्तुकों में नवीन प्राण भर दिये। अगस्त्य ने कहा, "दानवराज! आपकी बड़ी कृपा है जो आपने मेरी आवश्यकता को पूर्ण करने का संकल्प किया। राज्य के भाग की मुझे आवश्यकता नहीं, क्योंकि मेरे पगों में चक्कर है, मैं यायावर हूँ। मुझे केवल धन चाहिये जिससे मैं अपनी गृहस्थी चला सकूँ।"[1]

"जैसी आपकी इच्छा हो। आज आप विश्राम कीजिये। आप सब सज्जन परिश्रान्त हैं और चिन्ता से क्लान्त हैं। आज मेरे स्थान में ठहरिये। रात्रि भर का विश्राम आपको तरोताज़ा कर देगा। कल सवेरे आप धन लेकर लौट जाइये।"

---

1. महाभारत, वन पर्व 99.12

बात सच थी, इसमें अतिथियों को क्या ना-नुकुर हो सकती थी, अपितु मना करना दानवराज के अपमान करने के समान था। सहमति जताने पर इल्वल सेवकों से उनके ठहरने का प्रबन्ध करने के लिये प्रकोष्ठ से बाहर चला गया।

त्रासदस्यु ने बड़े अचम्भे में भरकर कहा, ''क्या यह दानवराज इल्वल है?''

श्रुतर्वा ने पूछा, ''क्या मतलब?''

''जो मैंने आज तक इसके विषय में सुना है यदि वह सत्य है तो यह इल्वल नहीं।''

''कहते तो आप ठीक हैं। मैंने सुना है कि धनी होने पर भी यह बड़ा कंजूस है। धन को दाँतों से पकड़ता है। दान के नाम से चिड़ता है।''

''यही नहीं। मानवों से यह अत्यन्त वैर रखता है। हम उसे सीधी आँख नहीं भाते।''

व्रध्नश्व ने सलाह दी, ''ऐसा लोकापवाद है तो किन्तु आज तो वह झूठा सिद्ध हो गया। आपने इसकी मीठी वाणी सुनी, इसका मधुर व्यवहार देखा। पता नहीं कैसे उल्टे समाचार संसार में फैले जाते हैं। ऐसे उदारमना व्यक्ति से धन लेने में कोई दोष नहीं।''

त्रासदस्यु बोले, ''अवश्य इस लोकापवाद में किसी ईर्ष्या का कारण है। किसी दुर्जन ने इसकी सज्जनता से चिढ़कर इसे फैलाया है।''

लेकिन अगस्त्य बिल्कुल चुप थे। इस वार्तालाप ने इल्वल की चिकनी-चुपड़ी बातों का प्रभाव कपूर के समान उड़ा दिया था। उन्होंने भी अपनी यात्राओं के मध्य इल्वल की बुराई सुनी है। विशेषत: ऋषियों से उसकी शत्रुता जगविख्यात है। कहा जाता है कि उसके राज्य में ऋषियों को नहीं जाना चाहिये। क्यों? पता नहीं वे शंकाकुल हो उठे। चिन्ता के बादल हटे थे कि शंका का कोहरा छा गया।

वार्तालाप फिर मन में दोहराया जाने लगा। और मन में इल्वल की आवश्यकता से अधिक नम्रता खटकने लगी। अवश्य कुछ दाल में काला है। वे व्यग्र होकर इधर-उधर टहलने लगे।

ऋषि को ध्यानमग्न देखकर तीनों राजा चुप हो गये और उनको निहारने लगे। उस सूचीभेद्य शान्ति में यकायक अगस्त्य को भान हुआ कि बगल के कमरे में कोई दानवी भाषा में गुपचुप बातें कर रहा है। उन्होंने ध्यान केन्द्रित किया।

८

इल्वल बहुत प्रसन्न था। उसने विशेष भोजन तैयार कराया और स्वयं बैठकर भक्ति भाव से उन्हें खिलाया।

खाना खाने के कुछ देर बाद राजा पड़कर सो गए, किन्तु अगस्त्य के नेत्रों में नींद नहीं थी। आखिर इल्वल बोला, ''महर्षि, आप विश्राम करें। मैं कुछ देर बाद आता हूँ।''

उसके जाने पर महर्षि भी बाहर निकले गये।

जब वह लौटकर आया, चारों मानव गधे-घोड़े बेचकर सो रहे थे। इल्वल ने धीरे से बकरी की ध्वनि निकाली, लेकिन वातापी नहीं आया। उसने कुछ ज़ोर से आवाज़ लगाई, लेकिन वातापी ने नहीं सुनी। वह बकरे की आवाज़ें देता रहा पर हर बार निष्फल रहा। झुंझलाकर उसने अब वातापी के नाम से पुकारना आरम्भ किया। उसे तब होश आया जब देखा कि उसका चिल्लाना सुनकर चारों अतिथि उठकर बैठ गये हैं। तीनों राजा आश्चर्य-चकित होकर उसे घूर रहे हैं और अगस्त्य मन्द-मन्द मुस्करा रहे हैं।

राजा व्रध्नश्व ने पूछा, "क्या बात है दानवराज! आप किसे पुकारा रहे हैं?"

"मैं......मैं अपने छोटे भाई को बुला रहा हूँ।"

"वह कहाँ चला गया?"

इसका उत्तर अगस्त्य ने दिया, "वह वहाँ चला गया जहाँ से लौटकर कोई नहीं आता।"

"क्या?" इल्वल अचकचा उठा।

"हाँ।" अगस्त्य ने अपने नेत्र उसके नेत्र में गड़ाकर कहा। वह थरथरा उठा। अगस्त्य ने गम्भीर स्वर में कहा, "वह पितरों के पास गया। पितर लोक में वह अपने पापों के हिसाब चुका रहा होगा।"[1]

राजाओं की समझ में कुछ नहीं आया। वे अगस्त्य की तेजोमयी मूर्ति देखते रह गये।

इल्वल बालकों की भाँति कातर हो उठा। मानों उसका सारा सत खींच लिया गया हो। "महर्षि, मेरा प्रतापी वातापी कहाँ है? आप उसे क्षमा कर दें। मुझे क्षमा कर दें।"

गहन गम्भीर स्वर फिर गूँज उठा, "मैं आपसे कह रहा हूँ राजन्, वातापी ने अपने किये का फल पा लिया है। अपराध तो आपका भी कम नहीं है। आपने ऋषि का तेज देखा नहीं है। कहिये तो आपको भी उसके पास भेज दूँ?"

श्रुतर्वा से रहा नहीं गया। उसने उत्कण्ठा से पूछा, "क्या बात है महर्षि? हमारी समझ में कुछ नहीं आया।"

"राजन्, ये दोनों भाई निरपराध ऋषियों की हत्या करते थे। उन्हें आदर-सत्कर करके अपने घर सुलाते थे, फिर रात्रि में वातापी उनकी हत्या कर देता था। कल इसकी मधुर वाणी और नम्र व्यवहार से मेरा माथा ठनका। और तभी दानवी भाषा में किया पूरा षड्यन्त्र मैंने सुन लिया।"

"तो इनका क्या हमें भी मारने का विचार था? ये तो हमें धन–धन ही क्यों राज्य का भाग देने को कह रहे थे!"

---

1. भागवत 6.18.15; ब्रह्माण्ड पुराण 4.37.25; महाभारत, वन पर्व 99.39

"यह हमें रात में रोकने का बहाना था। भोजन में इन्होंने हमें निद्रा आने की जड़ी दी। इन्हें यह पता नहीं था कि वह अगस्त्य पर क्या असर करेगी। अगस्त्य तो विष भी पचा जाने की क्षमता रखता है।"

"फिर क्या हुआ गुरुदेव?" त्रासदस्यु ने उत्कण्ठा दिखलाई।

"मुझे सोता न देखकर इल्वल कुछ देर के लिये उठकर चला गया। मैं भी पीछे-पीछे उठ लिया। कहाँ वातापी हमें धोखे से मारना चाहता था, कहाँ मैंने उसे आश्चर्यचकित करके यमधाम पहुँचा दिया।

महर्षि, मुझे क्षमा कर दीजिये," कहते हुए इल्वल ने अगस्त्य के पैर पकड़ लिये।

"महर्षि, इसे भी इसके भाई के पास पहुँचा दिया जाय। अन्यथा हम इसके राज्य से जीवित न लौट सकेंगे।" त्रासदस्यु ने सलाह दी।

क्रोधित अगस्त्य मुस्करा दिये। उनके मुख से क्रोध का भाव तिरोहित हो गया और एक स्निग्ध मुस्कान छा गई। "राजन्, आप घबरायें नहीं। भाई की मृत्यु ने इसे धक्का पहुँचाया और उसी समय मेरी दृष्टि ने इसे मन्त्रमुग्ध कर इसके सारे दुर्गुण जला दिये हैं। अब यह पवित्र हो गया है, इसे अपनी करनी पर पश्चात्ताप हो रहा है। आप सब दानवराज को क्षमा करें।"

इल्वल कुछ नहीं बोला, पैर पकड़े बैठा रहा।

अगस्त्य ने प्यार से उसे उठाया और हृदय से लगा लिया। "राजन्, किसी के अपराध पर सब को दण्ड नहीं देना चाहिए। किसी ऋषि ने आपका कुछ बिगाड़ा हो तो आप सब ऋषियों के विरुद्ध हो जायँ, यह कहाँ का न्याय है? आप मुझे वचन दीजिये कि आज से आप शुद्ध जीवन बितायेंगे। किसी को कष्ट न देंगे। वरुण आपका व्यापार दस गुना करेंगे।"

इल्वल बिलख उठा, "महर्षि, मैं अपके आदेशानुसार जीवन व्यतीत करूँगा। पर मेरा भाई......मेरा प्रबल प्रतापी भाई........."

"जिसे याद करके कोई रोये वह व्यक्ति महान् है। आप धीरज धरें और वातापी के स्मृति में एक नगर बसाएँ। मैं आशीर्वाद देता हूँ वह नगर शीघ्र फले-फूलेगा।"

सब अचम्भे में रह गये कि अगस्त्य के हृदय में किसी के लिये वैर नहीं था, द्वेष नहीं था; अपने होने वाले हत्यारे को उन्होंने तत्क्षण क्षमा कर दिया था।

९

इल्वल से धन लेकर अगस्त्य विदर्भ राज्य में वापस आये। "राजन्, आपने धन की कामना की थी, मैं धन ले आया हूँ।"

इल्वल के हृदय-परिवर्तन की कहानी भी भूखण्ड पर फैल चुकी थी। विदर्भराज अपने भावी दामाद के प्रताप से बहुत सन्तुष्ट थे। साथ ही उन्हें अपनी और रानी की मूर्खता पर पश्चात्ताप भी था। वे अगस्त्य को पहचान नहीं सके थे।

विदर्भराज ने उठकर महर्षि को आसन दिया। "महर्षि, हमें क्षमा करें। मेरे कारण आपको बहुत कष्ट उठाना पड़ा।"

''यह आप क्या कह रहे हैं राजन! आपकी कामना से मुझे एक नया अनुभव प्राप्त हुआ है। मुझे कुछ नई सीख मिली।''

''यह आपका बड़प्पन है।''

''आप मुझे क्यों लज्जित करते हैं। आप मेरे बड़े हैं।''

शीघ्र ही अगस्त्य और लोपामुद्रा का विवाह हो गया। इसमें दूर-दूर से लोग सम्मिलित हुए। विभिन्न जातियों के प्रतिनिधित्व के लिहाज से यह शिवजी की बारात थी।[1]

1. स्कन्द पुराण, ब्रह्माण्ड पुराण

तप और काम का युद्ध

१

"लोपामुद्रा, यही वह पावन स्रोतस्विनी है जिसकी गोद में मुझे आश्रय मिला था इसी के किनारे मैं पलकर बड़ा हुआ। इसी के जल के साथ मुझे ज्ञान की घूंट मिली।"

दक्षिण के पठार की छोटी-छोटी पहाड़ियों, छोटी वेगवती नदियों से अनभिज्ञ लोपामुद्रा को इस महान् विशाल नदी की मन्थर गति ने मन्त्रमुग्ध कर दिया था। उसे लगा यही है मेरे सपनों का स्थान। यही मेरे जीवन का उद्देश्य है। "सुन्दर, अति सुन्दर," गंगा की तरंगे उसके हृदय में हिलोरें उठा रही थीं।

अगस्त्य तन्मय होकर कहते रहे, "लोपा, देखी तुमने अपने देश की विविधता। कहाँ छोटी-छोटी हरी भरी पहाड़ियाँ, वर्षा में यौवनवती हुई सरिताएँ। कहाँ यह विशाल मैदान जहाँ आकाश पृथ्वी को चूमता दिखाई देता है और उसमें झिलमिलाती करधनी के समान हिमतनया। और फिर इनके स्रोत की ओर जाओ तो महान् हिमवान् के दर्शन होते हैं, सिर पर श्वेत मुकुट धारण किये। उनका कोई मुकुट नहीं उतार सकता, इनका कोई जल नहीं सुखा सकता।"

"मैं भी हिमवान् के दर्शन करूँगी," लोपामुद्रा बालकों की भाँति मचली।

"चलेंगे, उधर भी चलेंगे। लेकिन अपना आश्रम हम इस गंगा के तट पर ही बनाएँगे।[1] थोड़ा और ऊपर जहाँ यह पहाड़ों से मैदान में प्रवेश करती है। फिर हम घूमेंगे, खूब घूमेंगे। उत्तर जायंगे, पूर्व जायंगे, दक्षिण जायंगे, पश्चिम जायंगे। जब थक जायंगे, तो वापस आश्रम लौट आयंगे। गंगा हमें माँ की गोद देगीं। यह लोरी गाकर हमारी थकान हरेगी, आँचल में छिपाकर विश्राम देगी।"

"मेरा तो इसकी क्रोड़ में क्रीड़ा करने को जी करता है," लोपामुद्रा वस्त्र उतारकर जल में घुस गई थी।

अगस्त्य ने साथ देते हुए कहा, "यह मेरी माँ, गुरु सब कुछ है। कभी माँ का रूप धारण करती है। जब कुछ दिवस इसके तट पर बिता लेता हूँ तब यह शिक्षा देती है जैसे मैं चल रही हूँ वैसे लगातार चलते रहो। इधर-उधर का जल एकत्र करके आगे बढ़ते रहो। जितना आगे बढ़ो उतना ही विशाल होते जाओ, गहन होते जाओ, गम्भीर होते जाओ। और फिर अपने को विलीन कर दो।"

लोपामुद्रा ने गर्व से पति की ओर देखा और फिर मुख गंगा में छिपा लिया। जीवन में पहली बार उसने इतनी लम्बी यात्रा की थी। वह थककर चूर हो गई थी। उसके पैर चीस रहे थे। लेकिन गंगाजल ने मरहम का काम दिया। उसे नया जीवन आता प्रतीत हुआ। वास्तव में यहाँ उसका नया जन्म हुआ है। यही उसकी कर्मस्थली

1. महाभारत, वन पर्व, 97.11

है। इन्द्र उसका पथ-प्रदर्शन कर यहाँ ले आया है। उसके मुख से स्वचरित सूक्त निकल पड़ा।

अगस्त्य अचम्भित हो पत्नी का मुख निहारते रह गए।

२

"चलो, आज महर्षि मित्रावरुण से मिलने चलते हैं।" अगस्त्य ने लोपामुद्रा से पूछा। उनका आश्रम बन गया था। इल्वल और विदर्भराज के दिये धन ने काम दिया था। सुन्दर पर्णकुटी बन गई थी। गौशाल के विस्तृत स्थल में गौएँ रंभा रही थीं। परन्तु जितने दिन इसमें लगे पता नहीं अगस्त्य किस प्रकार अपने को एक स्थान पर रोके रहे। अब वे नहीं रुक सकते। कहीं न कहीं चलना है। माता-पिता को उनकी बहू दिखला लाएँ।

"अवश्य चलो। शिष्य आ गये तो निकलना दुर्भर हो जायेगा।" लोपामुद्रा ने उत्साह से सास-ससुर से मिलने का स्वागत किया।

आश्रम अपने साथी ऋषियों पर छोड़कर अगस्त्य और लोपामुद्रा निकल गए। गंगा के सहारे उन्होंने चलना आरम्भ किया।

तीसरे दिन महर्षि मित्रावरुण का आश्रम दिखाई देने लगा। उनके पगों में पंख लग गए। लोपामुद्रा का मुख उत्साह और लाज से दुगुना अरुणिम हो उठा। आज प्रथम बार वह अपनी सास विश्वविश्रुत सुन्दरी उर्वशी से मिलेगी। वह प्रेम की प्रतीक जिसने देवों का जीवन और अप्सरा धर्म प्रेम के पीछे ठुकरा दिया।

उर्वशी बाहर पादपों को पानी दे रही थी। आश्रम में प्रवेश करते आगन्तुकों को देखकर वह अभ्यर्थना के लिए आगे बढ़ी। हैं! एक तो इनमें अगस्त्य है। पुत्र प्रेम ने ज़ोर मारा। वह आगे झपटी। और दूसरी कौन है? सुना है उसने विवाह कर लिया है। उसकी पत्नी भी एक ऋषि है, सूक्त रचती है, पितरों का आह्वान करती है। एक पल को वह ठिठकी। अगस्त्य पैरों में झुका रहा गया, उर्वशी ने लपक कर लोपामुद्रा की कौली भर ली। लोपामुद्रा ने भी बच्चों के समान उसकी छाती में अपना मुख छिपा लिया।

अगस्त्य ने ठिनकते हुए कहा, "अम्मा, मैं भी आया हूँ।"

"देख लिया है रे। जा तू अपने पिता से मिल आ। पर मिलेगा कहाँ। वृद्धावस्था ने उनके पौरुख नहीं थकाये हैं। आश्रम में वे रहते कितने समय हैं। चार दिन से वे फिर बाहर गये हुए हैं। कहाँ गये हैं और कब आयेंगे, यह मुझे नहीं पता तू ही अपनी विद्या से पता लगा सकता है।"

३

अगस्त्य भी लोपामुद्रा को वहीं छोड़कर यात्रा को निकल गये। कहकर पाँच दिन के लिये गये थे, परन्तु दस दिन बीत चुके थे।

उर्वशी सब प्रकार लोपामुद्रा का ध्यान रखती थी, किन्तु फिर भी उसका मुख कुम्हलाता जा रहा था। आखिर एक दिन उर्वशी से नहीं रहा गया। उसने समझाने का प्रयत्न किया, "लोपा, बेटी हमें इस तरह के जीवन को अपना भाग्य समझकर

अपना लेना चाहिये।" उसकी समझ में नहीं आ रहा था कि बातें कैसे आरम्भ की जायें।

लोपामुद्रा ने अपने विशाल नेत्र उर्वशी के खिचे नेत्रों में डालकर झाँका। दोनों के हृदय का एक ही स्पन्दन था।

"दोनों पिता पुत्र एक समान हैं। यात्रा में इनके प्राण बसते हैं। जहाँ रुके वहीं निर्जीव होना आरम्भ कर देते हैं।"

"लेकिन मुझे साथ ले जाते तो?"

"लोपा, मेरे कारण वह तुम्हें यहाँ छोड़ गया है। कुछ दिन तुम मेरे साथ रह लो। इतने सम्भवत: महर्षि मित्रावरुण भी आ जायें।"

दोनों चुप हो गईं। इस मौन में उनके मन की बात अधिक अच्छी तरह प्रकट हो रही थी।

४

"एक दो दिन सुस्ता लो, फिर मैं तुम्हें हिमालय दिखाने ले चलूँगा।" पिता के आश्रम से लौटते समय अगस्त्य ने अगली यात्रा की बात करनी आरम्भ की।

लोपामुद्रा ने शिकायत भरी दृष्टि से अगस्त्य की ओर झाँका।

अगस्त्य ने ध्यान नहीं दिया। "चारों ओर घने वन, बीच में सरिता माँग के समान कढ़ी हुई। रंग-बिरंगे पक्षी, चहचहाहट में तुम्हारा स्वागत करते हुए। बीच-बीच में कोई वन्य पशु गरज कर पूछता--मेरे अरण्य-साम्राज्य में अनधिकार प्रवेश की चेष्टा करने वाले तुम कौन? और फिर यह दृश्य भी मिट जाता। सरिता फुहारों में बरसते झरनों का रूप लेती या पत्थरों से टकराकर सिर धुनती रमणियों का। सांप के समान लहराती पगडण्डियाँ ऊपर को चढ़ती चली जातीं मानो आकाश को छूने। पर दूसरे श्रृंग सामने, और आकाश अभी भी दूर। फिर हीरे के समान झिलमिलाती हरे पानी की झीलें राजहंसों की किलोलों से गुंजायमान। तटों पर संगमूसा से पर्वत संगमरमर जैसे श्वेत धारियाँ हृदय से चिपकाये। और सुदूर में हिमकिरीट जिन पर दिन में सूर्य और रात्रि में चन्द्र खण्ड-खण्ड होकर बिखर जायें।"

अगस्त्य के उत्साह से लोपामुद्रा भी अनुप्राणित हो उठी। "चलूँगी, मैं अवश्य चलूँगी। यह स्वर्ग देखने मैं चलूँगी।"

५

सारा ग्रीष्म बीत गया। वर्षा की निरन्तर झड़ी ने गुहाओं को बसा दिया। पेड़-पौधे मुँह धोकर और प्यारे लगने लगे। पत्थरों पर काई चिपक गई, पानी गदला हो उठा। मेघ ऊपर भी थे और नीचे भी तैर रहे थे। यह देश क्या था, नित नया दृश्य धारण करता था।

यात्री नीचे उतर रहे थे। अगस्त्य ने कहा, "चलो, पश्चिम की ओर चलते हैं। वहाँ सप्तसिन्धु में मेरा भाई वसिष्ठ विपाशा के तट पर निवास[1] करता है।"

---

1. गोपथ ब्राह्मण 1.2.8

"वसिष्ठ?"

"तुमने आज उसका नाम न सुना हो, किन्तु एक समय आयेगा जब वह इस भू का सबसे महान सूक्तद्रष्टा तो होगा।"

"चलो, उधर भी हो आते हैं।"

६

मनाली के पास व्यास कुण्ड से विपाशा का जल सात हाथ की ऊँचाई से गिर शोर मचा रहा था। लेकिन उसे भी एक गम्भीर स्वर दबा रहा था–

मन्द्रः मधुवचा ऋतावा विश्पतिः विशां दुरोशो अधायि।[1]

(आनन्द बढ़ाने वाला मधुरभाषी ऋजुगामी प्रजापालक राजा प्रजाजनों के घरों में जाकर बैठता है।)

एक अत्यन्त गौरवर्ण, लम्बा तेजस्वी युवक विस्मृत-सा यह सूक्त बोल रहा था।

"वसिष्ठ।"

युवक मानो तन्द्रा से जगा। पथ की ओर देखा।"भ्राता!"

दोनों भाई टूटकर गले मिले।

"यह तेरी भाभी है वसिष्ठ।" अगस्त्य ने लोपामुद्रा का परिचय दिया।

वसिष्ठ लपककर भाभी के पैरों में झुक गया। लोपामुद्रा ने लाड़ से दोनों बाँहें पकड़कर उसे सीधा किया–सच कहते हैं यह। एक दिन इसकी, मेरे देवर की दुन्दुभि बजेगी। यह बृहस्पति के समान प्रसिद्ध होगा।"

वसिष्ठ ने भाभी को निहारा। वरुण अगस्त्य के साथ हैं। मानो अग्नि में स्रुवा मिल गई हो। "सुवीरं स्वपत्यं दा।" (उत्तम वीर भाव से युक्त, पुत्र-पौत्रों को दो।)

"देवर राजा, पुत्र-पौत्र के लिये पहले पत्नी का वर माँगो।"

"मैं यह अपने भैया के लिए माँग रहा हूँ।"

"भैया के लिये यह अधूरा है," न चाहते हुए भी लोपामुद्रा के स्वर में तिक्तता आ गई थी।

वसिष्ठ ने विस्मय से दोनों की ओर झाँका। पल भर में वह स्थिति भाँप गया। मुस्कराता हुआ बोला, "सुवीरं स्वपत्यं प्रशस्तं रयिं धिया नः दाः।"[2] (उत्तम वीर भाव से युक्त, उत्तम पुत्र-पौत्रों से युक्त, प्रशंसायोग्य धन उत्तम बुद्धि के साथ हमें दो।)

अगस्त्य की समझ में नहीं आया।

७

वर्ष बीतते गये। एक दिन लोपामुद्रा से नहीं रहा गया। विशेष श्रृंगार करके वह अगस्त्य के पास गई। "मैंने वर्षों तक दिन रात परिश्रम किया है। जरा मेरे सर्वांग की सुन्दरता नष्ट करने लगी है? क्या पुरुष अपनी पत्नी के पास नहीं जाते हैं?"

---

1. ऋग्वेद
2. ऋग्वेद

वह पतिपरायणा, सुन्दर, प्रसन्नवदना और तरुण थी। मन में उठने वाले प्राकृतिक विचारों को दबाकर उसने कभी पति की यात्रा, चिन्तन, मनन में बाधा नहीं पहुँचाई। किन्तु अपने यौवन की निष्प्रयोजनता देखकर उसके मन में कभी ही खीज उत्पन्न हो जाती थी। वह अपने को असमय प्रौढ़ मानने लगती थी। आज उसके उद्वेगों ने संयम की दीवार ढा दी।

अगस्त्य ने पत्नी की ओर झाँका। पुष्पों ने उसकी शोभा द्विगुणित कर रखी थी तो क्रोध की लालिमा ने उसकी सुन्दरता में चार चाँद लगा दिये थे। उसके भ्रूविलास ने धरती में कम्पन पैदा कर दिया था। अगस्त्य का जी किया कि वह पत्नी को देखता रहे, जी भर कर निहारता रहे।

लोपामुद्रा ने नया सूक्त रचा, ''प्राचीन काल में देवों के समान सत्याचरण करने वालों ने भी प्रजोत्पादन किया है। फिर भी उनकी तपश्चर्या भंग नहीं हुई। स्त्रियाँ पुरुष के साथ सहवास करती ही होंगी।''

उसकी बात सत्य थी। उसका ज्ञान पूर्ण था। अगस्त्य का ज्ञान उसके सामने अभी अधूरा था। अगस्त्य ने समझाना चाहा, ''हम दोनों का परिश्रम निष्फल नहीं गया। देवता हमारी रक्षा करते हैं। शत्रुओं को पराजय करने की क्षमता हममें आ गई है। यदि हम दोनों एक दूसरे के सहयोगी बने रहे तो भविष्य में आने वाली सैकड़ों विपदाओं का विरोध कर सकेंगे।'' अगस्त्य परिवार के उत्तरदायित्व से बचने के लिए सब्ज़ बाग़ दिखा रहा था।

लोपामुद्रा व्यावहारिक रही। उसने फिर ज़ोर दिया ''जैसे रोककर रखा हुआ जलप्रवाह चारों ओर निर्बंध बहता है, वैसे ही मेरे मन का काम चारों दिशाओं में दौड़ रहा है।'' वह रुकी नहीं, ''प्रेम की पीड़ा से व्याकुल होकर ही मैं अपने पति के पास आती हूँ।''

लोपामुद्रा की कामविलोड़ित देह देखकर अगस्त्य के शरीर में भी ज्वार उठ आया। उन्होंने उसे आलिंगन में ले लिया। ''हे सोम, मुझे बल दे, ऊर्जा दे। पुरुष बहुकामी होता है। मैं पुत्र की इच्छा से पत्नी के पास जाता हूँ।''[1]

---

1. ऋग्वेद 1.179-4; बृहद्देवता 4.57। ऋग्वेद के अनेक सूक्तों में इसका वर्णन है। इनके अतिरिक्त तैत्तिरीय ब्राह्मण 1.7.11.1; तैत्तिरीय संहिता 7.5.5.2; मैत्रायणी संहिता 2.1.8; काठक संहिता 10.11; पंचविंश ब्राह्मण 21.14.5; ऐतरेय ब्राह्मण 5.16

वसिष्ठ

(लगभग 2580 ईसा पूर्व)

महासम्मेलन

१

महातेजस्वी ऋषि था वह, जो अपनी पत्नी के साथ चला जा रहा था। गोरा रंग, पिंगल केश। सुन्दर दाढ़ी उनके मुख के तेज को बढ़ा रही थी। विशाल नेत्रों से प्रतिभा टपक रही थी। उनकी पत्नी भी किसी बात में उनसे कम न थी। मनोहारी रूप और विलक्षण छवि। देह को मानों ब्रह्मा ने अपने हाथों से घड़ा हो।

अभी सूर्य निकले नहीं थे। अन्धकार दूर होने से पहले ही मानव-युगल यात्रा पर आगे बढ़ लिये थे। सहसा कुत्तों का भौंकना सुनाई दिया। कोई आर्य बस्ती पास आ गई थी। आकाश में पौ भी फटने लगी थी। उषा के दर्शन हो रहे थे।

नदी तट से एक मधुर स्वर गा उठा--

''उषा ने अन्तरिक्ष में प्रादुर्भूत होकर प्रकाश किया। अपने तेज के बल से वे अपनी महिमा को प्रकट करते हुए आईं। उन्होंने अप्रिय शत्रु और अन्धकार को दूर किया। प्राणियों के व्यवहार के लिये सबके गन्तव्य पथ को प्रकाशित किया।

''आज हमारे महासुख की प्राप्ति के लिये जागो। उषा, महासौभाग्य प्रदान करो। विचित्र यश से युक्त धन हमारे लिये धारण करो। मनुष्य-हितकारिणी देवी, मनुष्यों को अन्नवान् पुत्र दो।

''दर्शनीय उषा की ये सब प्रवृद्ध, विचित्र और अविनाशी किरणें, देवों का व्रत उत्पादन करती हुईं और सारे अन्तरिक्ष को पूर्ण करती हुईं आती और विविध प्रकार से फैलती हैं।

''यह वही द्युलोक की दुहिता और भुवनों की पालिका उषा प्राणियों के अभिज्ञानों को देखकर और दूसरे भी उद्योग करके पञ्च श्रेणियों के पास तुरंत जाती हैं।

''अन्नवती, सूर्य-गृहिणी, विचित्र धन (रश्मि) वाली उषा धन और देय-धन की स्वामिनी हुई हैं। ऋषियों के द्वारा स्तुता, बुढ़ापा देने वाली और धनवाली उषा यजमान-द्वारा स्तूयमान होकर प्रभात करती हैं।

''जो दीप्तिवाली उषा को ले जाते हैं, वही विचित्र और शोभन अश्व दिखाई दे रहे हैं। वे उषा दिप्तमती होकर अनेक रूपों वाले रथ से सर्वत्र जाती हैं। वे अपने परिचारक को रत्न देती हैं।

''सत्यरूपा, महती और यजनीया उषा देवी सत्य, महान् और यजनीय देवों के द्वारा अत्यन्त स्थिर अन्धकार का भेदन करती हैं। गौओं के चरने के लिये प्रकाश देती हैं। गायें उषा की कामना करती हैं।

"उषा हमें गौ, वीर और अश्व से युक्त धन दो। हमें बहुत अन्न दो। पुरुषों के बीच हमारे यज्ञ की निन्दा नहीं करना। तुम हमें सदा स्वस्ति द्वारा पालन करो।"[1]

ऋषि चित्रखिंचित रहे गये। चारों पग चुम्बक के समान पृथ्वी से चिपक गये। इतना सुन्दर उषा का स्तवन! इतना प्यार ऋक्! वे पग छोड़कर नदी तट की ओर उठ लिये।

एक विशवासी सरिता से नहाकर निकला था और उषा की स्तुति कर रहा था। ऋषि-युगल को देखकर वह संभ्रम उठा और उन्हें दण्डवत् प्रणाम किया।

"वत्स, चिरंजीवि हो! तुम उषा की बड़ी प्यारी स्तुति कर रहे थे।"

"आपकी कृपा है।"

"यह सूक्त किसने रचा है?"

"महर्षि, इसके सूक्तद्रष्टा ऋषि वसिष्ठ हैं।"

"वसिष्ठ, यह कौन हैं? **सम्भूति**, तुमने इनका नाम सुना है?" उन्होंने अपनी पत्नी से पूछा।

"नहीं महर्षि, मैंने वसिष्ठ का नाम नहीं सुना। जो भी हो यह ऋषि है बहुत प्रतिभाशाली।" सम्भूति भी यथेष्ट प्रभावित थीं।

"देखो वत्स, मैं **मरीचि** हूँ। मैं वसिष्ठ से मिलना चाहूँगा।"

"महर्षि, आप महर्षि मरीचि हैं!" विश्वासी ने दुबारा आदर से प्रणाम किया। "मैं कृतार्थ हुआ जो आज आपके दर्शन हुये।" मरीचि उस युग के सबसे महान्, वयोवृद्ध ऋषि थे, सारे भूखण्ड पर उनकी ख्याति फैली हुई थी।

विश्वासी कुछ क्षण नहीं बोल पाया। फिर हकलाता हुआ बोला, "देव, ऋषि वसिष्ठ इस नदी के उद्गम की ओर रहते हैं।"

"यह नदी कितनी दूर से यात्रा करके आ रही है?"

"देव, यह विपाशा है। इसे विपाशा नाम ऋषि वसिष्ठ ने ही दिया है। वे कहते हैं इसने मेरे सारे पाश छिन्न-भिन्न कर दिये। इसके किनारे-किनारे जाने पर आपको लगभग तीन दिन लगेंगे।"

"हमारे पास समय है, महर्षि," सम्भूति बोलीं। "इस ऋषि को महासम्मेलन में ले चलना चाहिये। इसका परिचय जगत को जानना चाहिये।"

मरीचि के नेत्रों ने स्वीकृति दिखलाई। उन्होंने विशवासी से पूछा, "क्या तुम ऋषि वसिष्ठ से मिले हो?"

"नहीं महर्षि, मेरा दुर्भाग्य है जो मैं अब तक उनके दर्शन नहीं कर सका।"

"फिर ये ऋक्?"

"महर्षि, अग्नि की लपट और ऋषि का तेज कहीं छिप सकता है। यहाँ के निवासी ऋषि वसिष्ठ के भक्त हैं। यह एक क्या उन्होंने सैकड़ें सूक्त रचे हैं जिनमें से अनेक हम लोगों की जिह्वा पर विराजमान हैं।"[2]

---

1. ऋग्वेद, वसिष्ठ रचित उषा स्तवन
2. ऋगवेद का पूरा सातवाँ मण्डल वसिष्ठ गोत्र का है।

"मित्र, हमें तो दुःख है कि वसिष्ठ से क्या उनके सूक्तों से भी आज हमारा पहली बार परिचय हो रहा है। चलो सम्भूति, वसिष्ठ से मिलते चलें।"

२

महर्षि मरीचि को राह में पता चला कि विपाशा नदी की दाहिनी ओर एक गन्धक का गरम सोता है, वहाँ वशिष्ठ रहते हैं। और वे सोते के पास आ गये थे, फिर भी आश्रम की चहल-पहल कहीं दृष्टिगोचर नहीं हुई। वे बड़ी दुविधा में पड़े, कहीं ऋषि ने आश्रम तो नहीं बदल दिया। राह से हटकर इतनी दूर आना व्यर्थ रहे।

"अब क्या करें?" सम्भूति ने निराशा बढ़ाई।

"हो सकता है कोई अन्य गन्धक का सोता यहाँ हो, हम गल स्थान पर आ गए हो। देखो, पूछकर देखते हैं।"

"वहाँ नीचे नदी की ओर मुख किये कोई बैठा है, उससे पूछते हैं।"

वह एक सुदर्शन, सौम्य युवक था। लम्बा-तड़गा, बहुत गोरा रंग। ऋषि की दो आवाजों ने उसका ध्यान भंग नहीं किया, पता नहीं वह किस सोच में बैठा था।

तीसरी पुकार तक महर्षि बहुत पास आ गए थे। युवक चौंका, पलट कर उसने तेजोपुंज के जोड़े को देखा मानो इन्द्र और शची पृथ्वी पर उतर आये हों। उसने सादर झुककर नमस्कार किया, "महर्षिद्वय, मैं मैत्रावरुण आपको नमस्कार करता हूँ।"

"मैत्रावरुण! क्या तुम मेरे सहपाठी महर्षि मित्रावरुण के पुत्र हो?"

"हाँ महर्षि, मैं मित्रावरुण और उर्वशी का पुत्र हूँ।"

"मैं मरीचि हूँ और यह मेरी पत्नी सम्भूति है। क्या तुम मुझे ऋषि वसिष्ठ का आश्रम बता सकते हो?"

"ऋषिवर, ऊपर सोते के पास आप कुटिया देख रहे हैं न, वह वसिष्ठ का निवास-स्थल है।"

"मैं वसिष्ठ से कहाँ मिल सकता हूँ।"

"वसिष्ठ आपके सामने उपस्थित है देव। आज्ञा कीजिये।" युवक ने नम्र स्वर में कहा।

"तुम............तुम वसिष्ठ हो?" मरीचि के मुख से निकला।

"हम तो सोचते थे कि वसिष्ठ कोई प्रौढ़ व्यक्ति होगा!" सम्भूति भी अचकचा गई।

"उसका एक विशाल आश्रम होगा जहाँ वह शिष्यों को वेद का ज्ञान कराता होगा।" मरीचि ने जोड़ा।

"उसके घनी दाढ़ी मूँछ होंगी और उससे घना अनुभव होगा।" सम्भूति बोली।

"बालक अज्ञ है। उसका अपराध बतायें।" वसिष्ठ घबरा उठा।

मरीचि हँस पड़े। "पुत्र, तुमने हमें चौंका दिया। तुम्हारे ऋक् सुनकर हमें धारणा बनी थी एक प्रौढ़ अनुभवी ऋषि की और तुम युवा निकले। इस अवस्था में इतनी अगाध विद्वत्ता!"

"महर्षि, मुझे लज्जित न करें।"

मरीचि ने बीस पल तक वसिष्ठ के मुख को झाँका। फिर गम्भीर स्वर में कहा, ''वसिष्ठ, तुम संसार को चौंका दोगे। मैं मरीचि यह भविष्यवाणी कर रहा हूँ कि एक दिन तुम्हारी ख्याति से देवकुलगुरु बृहस्पति का नाम मंदा पड़ जायेगा। तुम मित्रावरुण के नहीं, स्वयं ब्रह्मा के पुत्र हो, सरस्वती तुम्हारी वाणी पर विराजमान है।''

वसिष्ठ ने नम्रता से नेत्र झुका लिये।

''तुम्हें तुम्हारे योग्य पत्नी मिलेगी,'' सम्भूति ने कहा।

वसिष्ठ तरुणी के समान लजा उठा। बात पलटते हुए उसने कहा, ''महर्षि, मेरी कुटिया को पावन कीजिये।''

''चलेंगे, अवश्य चलेंगे। पर पहले तुम्हें आमन्त्रित कर लें।''

''आपका आमन्त्रण मुझे स्वीकार है।''

''पुत्र, सरस्वती के तीर पर ऋषियों का महासम्मेलन हो रहा है। हम उसमें आमन्त्रित होकर जा रहे हैं। यहाँ से निकले तो दूर-दूर तक ऋषि वसिष्ठ की ऋचाएँ सुनने को मिली। हमने सोचा कि उन्हें भी अपने साथ सरस्वती तीर ले चलें। उनके ज्ञान से सम्मेलन को कुछ लाभ होगा और उनका अनुभव भी बढ़ेगा।''

''महर्षि, आपने बड़ी कृपा की। सरस्वती पर विद्वत्ता के दर्शन कर मैं कृतार्थ हूँगा।''

''तुमने प्रकृति से तादात्म्य स्थापित कर लिया है। मैं चाहता हूँ कि अब तुम जनता के संसर्ग में आकर अनुभवी बनो। जनता तुम्हें कुछ दे और तुम जनता को सौगुना दो।''

३

महासम्मेलन आरम्भ हुआ। सर्वसम्मति से मरीचि को उसका अध्यक्ष चुना गया। दूर-दूर से ऋषि एकत्र हुये थे। अगस्त्य और लोपामुद्रा भी वहाँ आये थे। वसिष्ठ भाई भाभी से मिलकर बहुत प्रसन्न हुआ। हँसकर पूछा, ''भ्रातर, आपने अनेक ऋक् रचे हैं। भाभी भी मन्त्रद्रष्टा हैं। आप दोनों ने मिलकर भी कोई रचना की है?''

''मिलकर कैसी रचना होती है, वसिष्ठ? यह किन ऋषि की है?'' अगस्त्य की समझ में नहीं आया।

किन्तु लोपामुद्रा समझ गई। उसने मुस्कराकर उत्तर दिया, ''की है भाई। सात वर्ष के दृढस्यु की और चार वर्ष के ईध्वमाह की।''[1]

''भाभी, मैं आपकी अभ्यर्थना करता हूँ। मेरे इस यायावर भाई को ऐसी ही दृढ़, मनस्वी ऋषि की आवश्यकता थी।''

''मैं खोज में हूँ एक सखी की जो मेरे वानप्रस्थ देवर को उषा, इन्द्र, वायु, सोम के आलिंगन से बाहर खींच लाये।''

सम्मेलन की कार्यवाही महर्षि **क्रतु** ने आरम्भ की जो इसके संयोजकों में मुख्य थे। ''ऋषिगण सुनें। आज का दिन एक सुनहरा दिन है। आज सारे ऋषिगण सभा

---

1. महभारत, वन पर्व 94.97

में एकत्र हुए हैं जैसे इन्द्र की अध्यक्षता में देवों की सभा जुड़ती थी। हम सब भाग्यशाली हैं जो यह दिन देखने को मिला।''

''साधु! साधु!'' सभासदों ने पुकारा।

''अध्यक्षता के लिये महर्षि मरीचि हमारे मध्य उपस्थित थे, उन्होंने इस पद को स्वीकार करके हमें कृतार्थ किया। मैं इस सफलता के लिये आप सब को साधु वाद देता हूँ।''

सभा करतल ध्वनि से गूँज उठी।

''सबसे पहले मैं आपके सामने सभा को बुलाने के उद्देश्य को रखना चाहता हूँ। आप सब लोग यह अनुभव कर रहे होंगे कि मानव जाति की प्रगति अवरुद्ध हो गई है। मानव संस्कृति को हेय दृष्टि से देखा जाने लगा है। अन्य जातियाँ उभर आई हैं। अनेक मानव कुल अन्य जातियों के संसर्ग में आकर उनकी सभ्यता अपनाते जा रहे हैं। समस्या यह है कि इस दुर्गति को किस प्रकार रोका जाय।''

''आप ठीक कह रहे हैं महर्षि।'' महर्षि **पुलस्त्य** ने सहमति दिखलाई। ''अन्य जातियाँ सिर उठा रही हैं। बनारस राक्षसों के अधिकार में चला गया है। शबर और निषाद भी हमारे नगर-राज्यों पर छापे मारने लगे हैं। इस दुर्बलता और अधोगति की खोज के लिये हमें पुराण (अधिक पुराना इतिहास) में नहीं जाना पड़ेगा, पिछले दो सौ वर्षों के इतिहास का यह परिणाम है। राजर्षि मान्धाता से पहले हमारी जाति में कितने चक्रवर्ती हो गये हैं। स्वयं मान्धाता सार्वभौम सम्राट् थे, सब युगों के अप्रतिम योद्धा जिन्होंने आधे दिन में इन्द्रासन जीत लिया। सारे सभ्य संसार में उन्होंने मनुपुत्रों के नाम का डंका बजा दिया। यही नहीं, वे ऋषि भी थे, मन्त्रद्रष्टा भी थे। उनके रचे सूक्त वेद में जोड़े जाकर ऋषिकुमारों को कंठस्थ कराये जाते हैं। उस महायोद्धा राजर्षि की मृत्यु के बाद हम अधोगति की ओर अग्रसर हुए। फिर न कोई योद्धा हुआ न कोई ऋषि। छोटे-छोटे राज्यों पर कुल-राजा राज्य करते रहे। न कोई सम्राट् बना, न किसी का चक्र इस भूखण्ड पर फिरा। इसी प्रकार वेद का स्रोत सूख गया और न कोई राजा का अश्वमेध यज्ञ के लिये अनुप्राणित करने वाला रहा। वीरता और दूरदर्शिता में सम्बन्ध-विच्छेद हो गया, बुद्धि और ज्ञान में, अभ्यास और अनुभव में।''

''साधु, महर्षि पुलस्त्य,'' महर्षि **अत्रि** ने साथ दिया। ''तुमने ठीक कहा। राजाओं ने सपने देखने छोड़ दिये और ऋषियों ने विशों का पथ-प्रदर्शन करना। इसी में हमारी अवनति के बीज छिपे हैं।''

मरीचि ने पुकारा, ''आपके सामने तीन महर्षियों ने आज की ज्वलन्त समस्या का वर्णन किया है। क्या इसके विरुद्ध किसी को कुछ कहना है।''

अगस्त्य उठ खड़े हुए, ''ऋषिगण, मैं इतना हतोत्साह नहीं हूँ। हमारा स्तम्भ विश सब प्रकार से नीरोग और सुदृढ़ है। उसमें से अवश्य निकलेंगे, सम्राट् भी और ऋषि भी।''

"लेकिन उसके लिये पूरा प्रयत्न करना पड़ेगा वत्स।" मरीचि ने कहा। "तुम्हारी बात से प्रतीत हुआ कि तुम भी मानवों में हुई अवनति को मानते हो।"

"आप ठीक कह रहे हैं महर्षि।"

"और जब समाज नीचे की ओर गिर रहा हो तो उसे रोकने से ही काम नहीं बनता है उसे सहारा देकर उभारना पड़ता है, अथक परिश्रम करना पड़ता है।"

ऋतु बोले, "हमारी अधोगति के कारण बड़ी भयंकर बात हो रही है। मानव राज्य अपने आस-पास के असभ्य तथा अर्द्धसभ्य राज्यों की सभ्यता अपना रहे हैं।"

"इसमें कोई बुरी बात नहीं है," अगस्त्य ने टोका। "यदि दूसरी जातियों में कुछ अच्छी बातें हैं तो उन्हें अपनाने में क्या हर्ज है?"

महर्षि **पुलह** ने छींटा लिया, "मैंने सुना है अगस्त्य तुमने जंगली जातियों से जादू सीखा है?"

"हाँ महर्षि आप उसे जादू समझते हैं। व्यवहार में लाने के बाद ही पता चलता है कि वह कितना उपयोगी ज्ञान है।"

बात दूसरी ओर की मुड़ती देखकर मरीचि ने समापन किया, "आप सब लोगों ने समस्या सुनी। अब हम यज्ञ करते हैं और इन्द्र से प्रार्थना करते हैं कि वह हमें समस्या का हल सुझाये। अग्नि हमें बुद्धि दे। आप सब लोग सोचिये। कल फिर हम सब यहाँ मिलेंगे।"

४

महासम्मेलन का दूसरा दिन आरम्भ हुआ। अनेक सुझाव आये।

ऋतु ने कहा, "महर्षियों को आश्रम छोड़कर राजाओं के नगरों में बसना चाहिये और उनमें फिर से मानव संस्कृति फैलाने का अनुराग जगाना चाहिये।"

अंगिरा का सुझाव था, "ऋषियों को विश में जा जाकर सम्मेलन बुलाना चाहिये और विशवासियों को ऋत पर चलना सिखाना चाहिये। उनमें मानव धर्म के प्रति लौ लगानी चाहिये जिससे वे अन्य जातियों की संस्कृतियों के चक्कर में न पड़ें।"

अगस्त्य की योजना कुछ और थी, "हमें सारे विश्व को मानव बना देना है। हमें सब संस्कृतियों की महत्त्वपूर्ण और उपयोगी बातें लेकर मानव धर्म को इस योग्य बना देना है कि सारा संसार उसे अपना सके। मानव धर्म है क्या? वैवस्वत मनु ने इसे सब संस्कृतियों के निचोड़ के रूप में आरम्भ किया था। क्या यह देव धर्म है? नहीं। इसमें नाग सभ्यता भी है, गरुड़ सभ्यता भी है, असुर सभ्यता भी है, गन्धर्व सभ्यता भी है। देव नहीं बदले, इसलिये नष्टप्राय हैं। रुका हुआ पानी कीचड़ हो जाता है। नये नये नदी-नालों का जल लेने वाली सरिता कभी नहीं सूखती और सब को जीवनदान देती चलती है। हमारी आज यह हालत इसलिये है क्योंकि हमने दूसरों से सीखना छोड़ दिया। आप अन्य जातियों से भय खा रहे हैं, पर नहीं वे कूपमण्डूक हैं, भविष्य उनका नहीं है। मानव ही फिर उभरेंगे।"

पुलस्त्य एक बात से सहमत थे, "मैं महर्षि अगस्त्य की अन्य बातों से सहमत न होते हुए भी इस बात पर एकमत हूँ कि हमें समस्त विश्व को मानव बनाना है।

महर्षियों को अन्य जातियों को मानव धर्म सिखाने के लिये कृत-संकल्प होना चाहिये।''

वसिष्ठ का सुझाव सबसे अलग था, ''ऋषि को अपने अन्दर इतनी आत्म-शक्ति पा लेनी चाहिये कि वह अपना चाहा अदृश्ट से करवा सके।''

५

समापन यज्ञ हो रहा था। सम्मेलन में जितने मुँह उतने सुझाव आये थे। समस्या और उलझ गई थी। मरीचि ने कहा, ''सब वरुण पर छोड़ दो। अपने मस्तिष्क को बिल्कुल खाली कर दो। उसका सन्देश सुनने के लिये तत्पर रहो। वह हमें निर्देश देगा। वरुण महान् है।''

रात्रि हो गई थी। यज्ञ की अग्नि की लपट स्तम्भ के समान आकाश को सहारा देने के लिए खड़ी होती थी, फिर गिर जाती थी। समवेत स्वर में वरुण की स्तुति गाई जा रही थी। ऋषियों के मुख से सूक्त निकल रहे थे, लेकिन रोम-रोम शान्त था, उत्कण्ठित था, वरुण की सुझाई राह जानने को।

फिर अग्नि लपलपाई, लपट उठी, उभरी, इस बार बहुत ऊँची गई। ऋषियों की दृष्टि ने उसका पीछा किया। वह आकाश में इंगित कर रही थी सात तारों के समूह को, जो हमेशा साथ रहता है, एक तारतम्य से दिखाई देता है, मानो आकाश की स्थिति उसी पर निर्भर है। उस लपट में उन्हें वरुण के दर्शन हुए। वे कुछ कह रहे थे।

'आ गया, आ गया। वरुण का निर्देश आ गया।'' एक साथ गम्भीर स्वर उठा।

महर्षि मरीचि उठ खड़े हुए, ''ऋषिगण, आप सबने वरुण का सन्देश सुना। जिस प्रकार आकाश में यह सात तारों का मण्डल स्थित है उसी प्रकार पृथ्वी में एक सप्तर्षि मण्डल होगा। वह सब प्रकार से मानव धर्म का उत्थान करेगा, मानव संस्कृति का प्रसार करेगा। वरुण का कथन है जिस दिन सप्तर्षि पृथ्वी पर अवतीर्ण हो जायँगे, उस दिन मानव संस्कृति फिर पुराना गौरव प्राप्त कर लेगी।''

महर्षि ऋतु ने कहा, ''वरुण ने महर्षियों के नाम भी बताये हैं। वे हैं–

मरीचि, अत्रि, अंगिरा, पुलह, क्रतु, पुलस्त्य।''

''ये तो छह नाम हुए। वरुण ने सातवाँ नाम नहीं बताया।''

''हमें वरुण से फिर पूछना चाहिये,'' पुलस्त्य ने कहा।

यज्ञाग्नि में फिर आहुति डाली गई। लेकिन वरुण शांत रहा।

मरीचि बोले, ''सातवाँ तारा अभी किसी महर्षि में अवतीर्ण नहीं हुआ है। इसी कारण वरुण चुप हैं। वे हमें सातवें महर्षि का फिर इंगित करेंगे।''

वरुण का आदेश सुनकर सारा मानव समाज प्राणान्वित हो उठा।

प्राण जागे

१

वसिष्ठ ने मरीचि की बात मान ली थी। महासम्मेलन निमटने के बाद उसने देश का दौरा आरम्भ किया। जितना ही वह घूमता था उतना ही उसे अनुभव होता था कि मरीचि का कहना ठीक है। केवल अन्तर्मुखी प्रवृत्ति ही ठीक नहीं है। समाज में विचरण करना ही एक ममुष्य को पूर्ण बनाता है।

दृषदवती (घग्घर) पीछे रह गई, विपाशा (व्यास) भी गई, शतद्रु (सतलज) भी और परुष्णी (रावी) भी। चन्द्रभागा (चिनाब) नदी का तट था और एक सुरम्य आश्रम। हरियाली देखकर वसिष्ठ को अपनी कुटिया का स्मरण हो आया।

दोपहर का समय था। ऋषिकुमार अपने-अपने कामों में लगे होंगे, इस कारण आश्रम सुनसान लगता था। कुछ गौओं को चराने गये थे, शेष खेतों की देखभाल कर रहे थे। कुछ ऋषिपत्नी के साथ व्यस्त थे।

वसिष्ठ अन्दर चले आये थे पर उनकी समझ में नहीं आ रहा था कि इस विशाल आश्रम में किस ओर उसके अधिष्ठाता से मिलने जायँ। सहसा एक तेजोमयी युवती को देखकर वे स्तम्भित रह गए। जितना सुन्दर उसका रूप था, उतना ही तेज उसके मुख से टपक रहा था। लावण्य और तेज के अद्‌भुत मिश्रण ने उसके गाल एक अनोखी आभा से दीप्त कर रखे थे। वह कोई सूक्त गुनगुनाती पुष्प तोड़ने में व्यस्त थी।

वसिष्ठ ने पुकारा "देखिये।"

कोई उत्तर न मिला।

वसिष्ठ ऊहापोह में पड़ गया। फिर आवाज दूँ या न दूँ। वहीं खड़ा रहा सम्भवत: युवती को स्वयं उसकी उपस्थिति का भान हो जाय।

जो वह गुनगुना रही थी, उसे सुनकर वसिष्ठ आश्चर्यचकित रह गया। बड़ी मीठी भाषा में रचा सूक्त था वह।

लगभग दस मिनट तक वह शान्त खड़ा रहा। फिर उसने कहा, "सुनिये।"

युवती ने उचटती दृष्टि उस पर डाली।

"इस आश्रम के अधिष्ठाता कहाँ मिलेंगे?"

पास वाली छोटी कुटिया की ओर इंगित करके वह बोली, "आचार्य मेधातिथि उस कुटिया में मिलेंगे।" वह उचटती सी दृष्टि अब उस युवक पर जम गई थी।

वसिष्ठ ने पग आगे बढ़ाये, लेकिन उसकी अन्तर्दृष्टि बतला रही थी कि वे नेत्र अब भी उसी पर जमे हुए हैं।

२

कुटिया में एक प्रौढ़ ऋषि स्वाध्याय कर रहे थे। कुटी के द्वार पर मनुष्य की छाया देखकर उन्होंने ऊपर झाँका।

वसिष्ठ ने उन्हें प्रणाम करते हुए अपना परिचय दिया, "आचार्य, मैं मैत्रावरुण आपको प्रणाम करता हूँ।"

"मैत्रावरुण!" आचार्य प्रसन्न होते हुए बोले। "तुम अगस्त्य के भाई हो?"

"जी हाँ, मेरा नाम वसिष्ठ है।"

मेधातिथि उत्तेजना से आसन छोड़कर उठ खड़े हुए। 'तुम वसिष्ठ हो! वही वसिष्ठ जिनके मनोहर सूक्त मैं अपने शिष्यों को पढ़ाता हूँ। क्या तुम सचमुच वसिष्ठ हो?" ऋषि को विश्वास नहीं हो रहा था कि इस युवा ने ही वे सूक्त रचे हैं।

वसिष्ठ ने नम्रता से हाथ जोड़ लिये। "आचार्य, मैं नहीं जानता कि आप किन वसिष्ठ के सूक्त पढ़ाते हैं। लेकिन मेरा नाम वसिष्ठ है, मैं महर्षि मित्रावरुण और उर्वशी का पुत्र हूँ। अगस्त्य मेरे बड़े भाई हैं।"

"पुत्र, मैं उन वसिष्ठ के सूक्तों का पारायण करता हूँ जो विपाशा के तट पर रहते हैं। सुना है वे नित्यप्रति वरुण के दर्शन करते हैं। उषा का उन्होंने बड़ा सुन्दर वर्णन किया है। इसी प्रकार रात्रि का। ऋत के वे असली ज्ञानी हैं।"

"आचार्य, आप अधिक न कहें। मैं ही वह अकिंचन वसिष्ठ हूँ। मैं नहीं सूक्त रचता। वरुण स्वयं मेरे मुख से वे कहलवाते हैं। सब वरुण की कृपा है। अपना ज्ञान आर्यों को देने के लिये वरुण ने मुझे अपना प्रवक्ता बनाया है।"

"अरे, आप खड़े क्यों हैं? आसन लीजिये। पुत्री, एक आसन और बिछा दो।"

वसिष्ठ को पहली बार पता चला कि वार्तालाप का श्रोता कोई और भी है। मुड़कर देखा, ठीक उसके पीछे द्वार पर वही युवती खड़ी थी। ऋषि के कहते ही वह आगे बढ़ी, कोने से लपेटकर रखा हुआ आसन उठाया और पहले आसन के पास बिछा दिया।

"पहले आप आसन ग्रहण करें, आचार्य," वसिष्ठ ने कहा।

मेधातिथि ने एक बार मना करने के लिये वसिष्ठ को देखा, फिर अपने आसन पर बैठते-बैठते बोले, "आप भी बैठें।"

बैठकर वसिष्ठ बोला, "ऋषिवर, आप मुझे आप कहकर न पुकारें। मैं आपके पुत्र के समान हूँ।"

"मैं आप कहकर न पुकारूँ। तुम बृहस्पति के समान हो। इस खण्ड में तुम्हारे सूक्तों की प्रसिद्धि वन की अग्नि के समान फैल रही है। सब चकित हैं कि यह प्राचीन देवों का स्मरण दिलाने वाला कौन उत्पन्न हो गया।"

वसिष्ठ ने देखा वह कुमारी दीवार के सहारे खड़ी मुग्ध दृष्टि से उसकी ओर ताक रही है। आचार्य मेधातिथि की दृष्टि भी वसिष्ठ की दृष्टि का पीछा करते हुए उस ओर गई। उन्होंने परिचय दिया, "वसिष्ठ, यह मेरी इकलौती पुत्री **अरुन्धती** है। बहुत तीक्ष्णबुद्धि है, पर भुलक्कड़ भी है। पता नहीं किस ध्यान में मग्न रहती है। यह भी कभी-कभी सूक्त रचती है।"[1]

---

1. कालिका पुराण 22

दोनों ने एक दूसरे को नमस्कार किया।

वसिष्ठ बोले, ''आश्रम में घुसते ही सबसे पहले इनसे भेंट हुई। उस समय ये अपना सूक्त गा रही थीं। मैंने विघ्न डालना ठीक नहीं समझा और शान्त हो उसे सुनता रहा। बड़े सुन्दर विचार हैं इनके।''

अरुन्धती लज्जा से लाल हो आई। किसी भाँति अपने को संभालकर वह बोली, ''क्यों आप मुझे लज्जित करते हैं? मैं प्रयत्न करती हूँ लेकिन......'' उससे पूरा नहीं किया गया।

आचार्य ने बात पलट दी, ''वसिष्ठ, यह मेरा सौभाग्य होगा यदि तुम कुछ दिन यहाँ रहो। तुम्हें देखकर ऋषि युवकों को प्रेरणा मिलेगी। हमारे गण में नए प्राण भर जायेंगे।''

वसिष्ठ के मान जाने पर आचार्य ने अरुन्धती पर उसके आतिथ्य का पूरा भार छोड़ दिया।

३

''अरुन्धती, मेरे शिष्य मेरे आश्रम खोलने की बाट देख रहे हैं। मैं........'' वसिष्ठ की समझ में नहीं आ रहा था कि वह बात कैसे आरम्भ करे।

अरुन्धती ने निश्छल नेत्र उठाकर वसिष्ठ के नेत्रों में डाल दिये।

वसिष्ठ ने उनमें विश्वास और निष्ठा भरे पाये। उसका साहस बढ़ा, ''मेरा अर्थ था कि आश्रम का खुलना तुम्हारे चलने पर टिका हुआ है।''

''मेरे?''

''हाँ, अरुन्धती। मैं तुमसे विवाह करना चाहता हूँ। विवाह करके हम दोनों सरस्वती तीर पर अपना आश्रम खोलेंगे। वहाँ शिष्य होंगे, गौएँ होंगी और होंगे हम तुम।''

अरुन्धती ने एक झुरझुरी ली। ''लेकिन मैं विवाह करना नहीं चाहती।''

''तुम अपने को समझ नहीं पा रही हो। प्रथम दिन के मिलन से ही मैंने तुम्हें वर लिया है और तुमने मुझे।''

अरुन्धती अपनी रौ में कहती चली गई, ''और मैं अपने को इस योग्य नहीं समझती।''

अरुन्धती ने अपनी बात पूरी की और वसिष्ठ अपनी कहता रहा, ''पहले दिन ही मैंने समझ लिया था कि हम दोनों एक दूसरे के लिये बने हैं। कोई मेरे कान में आकर कह गया था कि वरुण ने हम दोनों को एक दूसरे के लिये बनाया है।''

''मुझे तो ऐसा नहीं लगता।'' अरुन्धती नेत्र छिपाकर बोली।

'मैं नहीं जानता कि तुम क्यों अपने हृदय की बात छिपाना चाह रही हो। किन्तु तुम्हारा यह नेत्र छिपाना, प्रथम मिलन पर तुम्हारी वह मुग्धावस्था, तुम्हारी भावभंगी–सब कुछ और कहानी कहते हैं। वे पुकार-पुकार कर कह रहे हैं कि मेरे बिना तुम अपने को अधूरी समझती हो जैसे मैं अपने को तुम्हारे बिना अधूरा समझता हूँ।''

''हो सकता है यह सत्य हो। लेकिन इसमें विवाह का क्या काम है?''

''जब हम एक प्राण दो काया हैं तो विवाह उसकी परिणति है।''

''हम दोनों तपस्वी है। काया का बंधन हमारे लिये क्यों आवश्यक है? बल्कि यह हमारे लिये अनुपयुक्त है।''

''अरुन्धती, तुम झिझक रही हो। मैं मानता हूँ तुम सहस्रों में एक हो। मैं भी कुछ हूँ। हम दोनों को इस स्थान पर एकत्र करने का देवों का विशेष अभिप्राय है, यह मेरे सामने सूर्योदय के समान प्रत्यक्ष है। मैं जान गया हूँ हम दोनों के अन्दर एक ही आत्मा है जैसे अगस्त्य और लोपामुद्रा में।''

''वसिष्ठ, तुम्हारी वाणी पर सरस्वती विराजमान है। तुम्हारी बात को काटना असम्भव लगता है। लेकिन फिर भी मैं विवाह-बंधन में नहीं फँसना चाहती। मैं उसके लिये नहीं बनी हूँ।''

''तुम इस पर भली भाँति सोचो। जल्दी कुछ नहीं है।''

४

आचार्य मेधातिथि के आश्रम में वसिष्ठ ने आश्रम-प्रणाली के अध्ययन में अपना समय लगाया। मेधातिथि स्वयं सूक्त नहीं रचते थे परन्तु वेद के बहुत बड़े विद्वान थे। उनकी विलक्षण स्मरण शक्ति थी और ज्ञान देने की शक्ति अद्‌भुत। इतने प्रेम से पढ़ाते थे कि वेद स्वयं स्मृति में बैठते चले जाते थे। इसी कारण उनका आश्रम उत्तर-पश्चिम भाग में बहुत प्रसिद्ध था और दूर-दूर से ज्ञानपिपासु बालक-बालिकाएँ वहाँ खिंचे चले आते थे।

वसिष्ठ ने स्वप्न देखा कि उसका भी सरस्वती नदी के तीर पर आश्रम होगा। वह स्वप्न देखता रहता। और उसकी आवश्यक पूर्ति पाता अरुन्धती में। जितना वह मनन करता, उतना ही देखता कि वह अधूरा है, उसका स्वप्न अधूरा है, उसका जीवन अधूरा है अरुन्धती के बिना।

उसने फिर एक दिन अरुन्धती से पूछा, ''अरुन्धती, तुमने मेरी बात पर सोच विचार किया होगा। कुछ दिनों के साथ में तुमने देख लिया है कि इन्द्र ने हमें एक दूसरे के लिये उत्पन्न किया है। मुझे देखकर तुम्हारे नेत्र चमक उठते हैं, तुम्हें देखकर मेरा हृदय हिलोर लेने लगता है।''

अरुन्धती ने नेत्र झुकाकर धीरे से कहा, ''वसिष्ठ, मैंने कठोर संयम में अपना जीवन व्यतीत किया है, क्या उसे निरर्थक कर दूँ?''

प्रेम से जीवन निरर्थक होता है, यह कौन कहता है? विवाह में ही जीवन की पूर्ति है।''

''यह अन्य युवतियों के लिये ठीक है, मेरे लिये नहीं,'' अरुन्धती दुखी मन से बोली। ''मैं पिताजी की दार्शनिक पगली हूँ, औरों से अलग-थलग। जो कुछ मैंने पाया है मैं उसे खोना नहीं चाहती।''

''वह खोयेगा कैसे? हम दोनों मिलकर जो पायेंगे, अब तक पाया उसके सामने कुछ भी नहीं।''

''संयम से मैंने अपने को वरुण के अधीन किया है। विवाह होते ही आत्मसंयम समाप्त हो जाएगा। फिर रह जायेगी तन की लिप्सा, पारिवारिक जीवन। हम ऋषि हैं। हमें ऐसा नहीं सोचना चाहिये।''

क्यों नहीं सोचना चाहिये? हम ऋषि हैं और उससे पहले मनुष्य हैं। वरुण ने हमें स्त्री-पुरुष बनाया है। क्या इस तथ्य और इसके सम्बन्ध को ठुकराया जा सकता है?'' वसिष्ठ ने युक्ति दी।

''देह की भूख की शान्ति में निमग्न होकर हम वरुण के नियमो का कैसे पालन करेंगे?''

''तुम्हारा ज्ञान अधूरा है अरुन्धती। तुमने इस ओर ध्यान नहीं दिया। जो तुम सोच रही हो वह जीव-जन्तुओं के लिए ठीक है और उसी श्रेणी के मनुष्यों के लिये। क्या हम तुम विवाह को दैहिक भूख की सीमा मानेंगे या आत्मा का मिलन।

दो ऋषि अपना कर्त्तव्य पूरा करके पृथ्वी को विद्या ही नहीं अच्छी सन्तति भी देंगे यही आर्य का कर्त्तव्य है।

''यह केवल तर्क है।''

''यह भय तुममें किस कारण है, मेरी समझ में नहीं आता। क्या संयम इसी का नाम है कि मैं उस नारी से जो मेरे लिये रची गई है दूर रहूँ। क्या महर्षि भृगु विवाह करने से ऋषि पद से च्युत हो गये। क्या बृहस्पति के विवाह करने के कारण उनका अगाध ज्ञान संचित और सुरक्षित नहीं हुआ?''

इन तर्कों की बौछार से अरुन्धती हार गई। उसकी आँखें डबडबा आईं। आँखों में जल आया और ओठों पर हृदय की बात। ''ऋषि, मैंने कठोर संयम का जीवन बिताया। मैं वरुण से साक्षात् करती हूँ। वह मेरे मुख से सूक्त कहलाता है। मैं इस जीवन को अन्तिम छोर तक पा लेना चाहती हूँ।''

आँसू देखकर वसिष्ठ का हृदय द्रवित हो गया। उसने पूछा, ''अन्तिम छोर से क्या मतलब?''

''मैं चाहती हूँ कि सप्तर्षि मण्डल का सातवाँ ऋषि वरण मुझे बनाये।'' इतना कहकर अरुन्धती लजाकर चुप हो गई।

वसिष्ठ के नेत्र खुल गये। उसने खुले दिल से प्रशंसा की, ''अरुन्धती, तुम सचमुच अद्‌भुत हो। मैं तुम्हें समझ नहीं सका था। वरुण तुम्हारी इच्छा पूरी करेगा। समस्त संसार तुम्हें याद करेगा। मैं तुम्हारी बाट देखूँगा।''

वसिष्ठ ने दो पल रुककर कहा, ''मैं नित्यप्रति वरुण से प्रार्थना करूँगा।'' उसके नेत्र शून्य में गड़ गये, मुख पर तेज उभर आया। उसने स्फुट स्वर में स्तवन किया, ''वरुण, मैं तुम्हारा पुत्र वसिष्ठ पुकार रहा हूँ। तुमने मुझे आत्मिक शक्ति दी। दृढ़ इच्छा का आधार दिया। तुमने मेरे कान में कहा–अरुन्धती तुम्हारी है। तुम दोनों एक प्राण दो काया हो। जब तक अलग रहोगे, तब एक अधूरे रहोगे। जिस दिन तुमने यह सत्य उद्‌भाषित किया, उसी दिन से हम एक हो गये। आज मेरी आत्मा की शक्ति और उसकी आत्मा की शक्ति एक हैं। क्या यह शक्ति इतनी नहीं कि अरुन्धती सप्तर्षि को पूरा कर सके? वरुण, अपने पुत्र की सुनो, यज्ञ में घोषित कर दो कि अरुन्धती सातवाँ ऋषि है।''

उसी दिन आचार्य मेधातिथि से आज्ञा लेकर वसिष्ठ आगे बढ़ गये, महर्षि मरीचि के आश्रम की ओर।

विपदा से मुक्ति

१

तीन ऋषि दोपहर के समय आश्रम में घुसे। आश्रम लगभग खाली था। कुछ शिष्य गायें चराने गये थे। कुछ खेतों की देखभाल कर रहे थे। आचार्यगण अपनी कुटिया में स्वाध्याय कर रहे थे।

ऋषि आश्रम से भली-भाँति जाने पहचाने लगते थे। वे चलते-चलते अधिष्ठाता की कुटिया के सामने आ गये। कुटिया के सामने छोटी सी वाटिका थी। उसके द्वार पर खड़े होकर उन्होंने हाँक लगाई। ''कोई है? हम यायावर ऋषि महर्षि से मिलने आये हैं।''

पुकार सुनकर कुटिया का द्वार खुला और एक स्त्री बाहर आई। उसे देख कर ऐसा लगा कि सूर्य का प्रकाश भी कुछ क्षीण हो गया हो। वह अन्तिम सुन्दरी थी। नितम्ब-चुम्बित कुंचित केश मेरुदण्ड पर लहरा रहे थे। कुछ वेणी से निकल कर रसों के तीर्थ अधरामृत को चूमना चाह रहे थे। कानों के पुष्प-कुण्डलों में काम झूला-झूल रहा था। पलकों में श्रृंगार का राग झलक रहा था। कपोलों पर अरुण वारुणी बिखरी पड़ी थी।

उसे देखकर एक ऋषि ने दूसरे के कोहनी मारी और धीमे स्वर में कहा, ''यही है वह भुवनमोहिनी **अनुसूया।**''

यह महर्षि अत्रि का आश्रम था और कुटिया से उनकी पत्नी अनुसूया निकली थी जो उस काल की सर्वश्रेष्ठ सुन्दरी थी। इन्द्र और अन्य देवों का मन भी उस सौन्दर्य पर विचलित था परन्तु वे महर्षि अत्रि के प्रताप और अनुसूया के सतीत्व से घबराते थे।

''आइये ऋषिवर,'' अनुसूया ने उनकी अभ्यर्थना की।

''हम महर्षि अत्रि से मिलने आये थे, ऋषिपत्नी,'' एक ऋषि ने कहा।

''महर्षि किसी कार्यवश बाहर गये हुये हैं।..........

''ओह! यह तो बहुत बुरा हुआ।'' लेकिन कहने वाले के नेत्र कह रहे थे कि यह बहुत अच्छा हुआ।

''अतिथिगण, आप निराश न हों। कुछ देर में महर्षि आ जायँगे।''

''हम बहुत दूर से आ रहे हैं। और अभी आगे जाना है।''

''आप कुछ देर विश्राम कीजिये। भोजन तैयार है। जब तक आप भोजन करेंगे, महर्षि आ जायेंगे।''

यह सुनकर तीनों ऋषि आपस में कुछ बातें करने लगे।

अनुसूया ने फिर कहा, ''मैं अपने आर्य धर्म से च्युत हो जाऊँगी यदि मैंने आपको भोजन नहीं कराया। आप भोजन के समय आये हैं। कुछ देर आराम कीजिये।''

''भोजन करने में हमें एक संकोच है,'' दूसरा ऋषि बोला। उसकी आँखों से दुष्टता झाँक रही थी।

'वह क्यों?'' दुविधा में पड़ी अनुसूया दुगनी आकर्षक लग रही थी।

''हमारी एक शर्त है। वह पूरी होने पर हम भोजन ले सकते हैं।''

''कहिये आपकी क्या शर्त है?''

फिर पहले की बारी थी। ''जाने दीजिये, आप उसे पूरा नहीं कर सकतीं।''

''आप क्या कह रहे हैं। उसे पूरा करना मैं अपना सौभाग्य समझूँगी।'' भोली अनुसूया ने ज़ोर दिया।''

''तो सुनिये। यदि आप नग्न होकर अकेले में हमें खाना परोसें तो हम खाना खा सकते हैं।'' तीनों ने विजयी दृष्टि से एक दूसरे को झाँक।

अनुसूया सन्न से रह गई। यह एक शर्त है? क्या यह आर्यों का काम है? ये ऋषि हैं? किस आश्रम में इन्हें शिक्षा मिली है? तनिक होश में आते ही वह सोच में डूब गई।

निर्दयी हँसी-हँसते हुए तीसरा आगन्तुक बोला, ''हमें पहले पता था कि आप हमारी शर्त पूरी न कर सकेंगी। आपने व्यर्थ हम पर ज़ोर देकर हमारी बात गिराई।''

पहले ने दूसरे को झिंझोड़ा, ''क्या उल्लू की तरह ताक रहे हो। यहाँ मानवों में तुम्हें भोजन मिलने वाला नहीं। महर्षि अत्रि से मिलने फिर किसी दिन आना।''

इस कथन ने उनकी पोल खोल दी। अवश्य ने मानव नहीं हैं। ये शठ किसी दूसरे कुल के हैं, ऋषियों का वेश बनाकर आये हैं। इन झूठों के साथ झूठा व्यवहार करना चाहिये। इनके व्यवहार का असली कारण अनुसूया को पता चल गया। वह जिस धर्म-संकट में पड़ी थी उससे उभर गई। भुवनमोहिनी मुस्कान के साथ उसने कहा, ''ऋषिवर, क्षमा करें। मैं कुछ संकोच दिखा बैठी, जिसके कारण आपने मानवों के बारे में पता नहीं क्या धारणा बना डाली। आप चिन्ता न करें, भोजन आप करेंगे।''

''आप क्या कह रही हैं?'' तीनों ने एक साथ कहा। उन्हें अपने कानों पर विश्वास नहीं हुआ।

''देर न कीजिये। आप सरस्वती में स्नान करके आइये। इतने मैं भोजन तैयार करके रखती हूँ।''[1]

२

तीनों ने वस्त्र उतार कर तीर पर रखे और प्रसन्नता से जल में डुबकी लगाई। जल की शीतलता ने एक का विजय का जोश कुछ ठंडा किया। जल से मुख निकाल कर उसने कहा, ''राक्षसराज, हम हार गये। उसकी बातों में आ गए।''

वे तीनों राक्षस सरदार थे। अनुसूया के विश्वविख्यात सौन्दर्य के वर्णन ने उन्हें कामाकुल कर दिया था। इसी कारण उन्होंने ये प्रपंच रचा था।

जिसे राक्षसराज कह कर पुकारा गया था, उसने पूछा, ''क्यों क्रथनक, तुम इतने निराश क्यों हो गए?''

---

1. एपिक माइथोलॉजी

"हम अन्दर घुस गए थे। हमें वही बलात्कार करना चाहिये था।"

"तुम पागल हो गए हो। यदि कोई भी गलत पग उठ जाता तो हमारी बोटियों का भी पता नहीं चलता।"

"वहाँ उस समय था कौन।"

"उसकी एक पुकार पर वहाँ भीड़ लग जाती, बचकर निकलना भी मुश्किल हो जाता।"

"तब लगती या नहीं लगती, अब अवश्य लग गई होगी। तभी तो मैं कह रहा हूँ कि हम हार गए। भाग चलो। मानव हमें ढूंढने आने वाले होंगे।"

"क्रथनक ठीक कह रहा है," गविष्ठ बोला। "इतने दिनों से हम योजना बना रहे थे और वह बिल्कुल ठीक उतरी। हमें वह सुन्दरी अकेले में मिल गई। फिर भी हम चूक गए।"

राक्षसराज बोला, "पछताने से क्या लाभ! अब सीधे हमें मैदान में उतरना पड़ेगा। मैं राक्षसों की सेना एकत्र करके आश्रम पर चढ़ाई करता हूँ। सबको मार कर हम उसे हर कर ले जायेंगे।"

तभी उन्हें शोर पास आता सुनाई दिया। उन्होंने वस्त्रों का मोह छोड़कर तैरना आरम्भ किया। वेग से उन्होंने नदी पार की ओर भाग चले।

३

अनुसूया की पुकार सुनकर पहले कुछ स्त्री और बालक कुलपति की कुटी की सामने एकत्र हो गये। फिर यह भीड़ प्रति क्षण बढ़ती रही, बढ़ती रही। अनुसूया ने आदेश दिया—आश्रम में कुछ राक्षस घुस आये हैं जो यहाँ की व्यवस्था बिगाड़ना चाहते हैं और उत्पात मचाना चाहते हैं। वे सरस्वती तीर पर मिलेंगे। उन्हें फौरन पकड़ लाओ।

यह सुनकर शिष्य सरस्वती की ओर लपके। लेकिन जब तक वे वहाँ पहुँचे चिड़िया हाथ से उड़ चुकी थी।

अपराहन् में जब महर्षि आश्रम वापस आये तो ज्वालामुखी ऊपर से शान्त हो चुका था, परन्तु लावा अन्दर ही अन्दर उबल रहा था। आश्रम के प्रमुख व्यक्तियों की सभा बैठी और उसमें अनुसूया ने हिचकते हुए सारी घटना कह सुनाई। लज्जा और क्रोध से सब लाल हो उठे।

कुत्स ऋषि क्रोध में बरसे, "इन राक्षसों की यह मजाल।"

शयु ने कहा, "हमें इन्हें बतला देना है कि महर्षि की पत्नी का अपमान क्या फल लाता है।"

तत्पश्चात् कुछ देर शान्ति छा गई। महर्षि अत्रि ने संयत स्वर में कहना आरम्भ किया, "वास्तव में आज बड़ी लज्जास्पद घटना हुई है। पर हमें क्रोध में पागल नहीं होना चाहिये।"

"क्रोध न करें तो क्या चुप बैठे रहें।" सुतपा अभी युवक था।

विमद ने वर्जना की, "क्रोध तो सबको आ रहा है सुतपा। लेकिन केवल क्रोध से काम निकल जाय तो जग का कार्य सरल हो जाय।"

महर्षि ने बात आगे बढ़ाई, ''यही मैं आपसे कह रहा था। हमें ठण्डे दिल से इसका प्रतिकार सोचना चाहिये।''

सब चुप रहे।

''समय हमारे प्रतिकूल है इसी कारण राक्षसों को यहाँ तक घुसने का साहस हुआ।'' अत्रि बोले, ''पाँच वर्ष से इस भूखण्ड पर वर्षा नहीं हुई है। यहाँ के मानववासी दूसरे भूखण्डों पर चले गये हैं। केवल कुछ विश और आश्रम सरस्वती के तीर पर बसे रह गये हैं। सरस्वती का जल भी घट गया है। यह विशाल नदी जो सर बनाती चलती है वे भी सूखने लगे हैं। इसी कारण राक्षसों की बन आई है। वनों से निकलकर उन्होंने सरस्वती तीर तक धावे मारने आरम्भ कर दिये हैं। मैं सोचता हूँ आज की बात यहाँ तक नहीं रुकेगी। शीघ्र ही हमारे आश्रम पर धावा होगा। हमें उसका सामना करने की तैयारी करनी है।''

महर्षि ने चुप होकर अपना कथन का प्रभाव जाँचने के लिये सब चेहरों पर दृष्टि घुमाई। उसके कथन का यथेष्ट प्रभाव पड़ा था।

''आप सच कहते हैं महर्षि,'' विमद बोले। ''हमें पूरी शक्ति से उनका विरोध करने के लिए तैयार होना है।''

''इस समय हमारी इतनी शक्ति नहीं है कि हम उन पर धावा बोल सकें। हमें आश्रम के आश्रय में रहकर ही लड़ना है। अभी से इसकी सुरक्षा के लिये पूरी योजना बनानी है।''

महर्षि अत्रि का मस्तिष्क वेग से काम कर रहा था। ''साथ ही हमें सब मानवों तक सरस्वती तीर पर राक्षसों के बढ़ आने की खबर भेजनी है। अधूरे प्रयत्न से काम नहीं बनेगा। हमें इस महान् पवित्र सरिता को राक्षसों से खाली कराना है। यह सरिता हमारी माता है। इसी के तट पर सबसे पहले स्वायम्भुव मनु ने पग धरा था। इसी पर वेद की ऋचाएँ गूँजी थी। केवल राक्षसों के आक्रमण के प्रतिरोध से काम नहीं चलेगा। एक बार तो इनके रक्त से सरिता का रंग लाल करना होगा और उन्हें ऐसा सबक सिखाना होगा, इतनी दूर उखाड़ फेंकना होगा कि वे फिर इस ओर बढ़ने का साहस न कर सकें।''

''आप ठीक कह रहे हैं महर्षि, ऐसा ही होगा।''

४

जैसी अत्रि को आशंका थी, चौथे दिन राक्षसों का आक्रमण हुआ। आस-पास की मानव बस्तियों के वासी आश्रम में एकत्रित हो गये थे। वे जानते थे कि एकता में ही विजय है। कुछ मानव राजा भी सेना लेकर आ मिले थे।

भयंकर युद्ध हुआ। मानवों ने राक्षसों को रोकने का भरसक प्रयत्न किया। लेकिन राक्षसों की संख्या अधिक थी और उसमें निरन्तर वृद्धि हो रही थी। कार्त्तिकेय के नेतत्व में जिन यक्षों ने देवों को असुरों से बचाया था, वे ही राक्षस कहलाने लगे थे। वे बड़े प्रबल और शक्तिशाली थे। देव और असुर आपस में लड़कर दुर्बल हो चुके थे। उनकी राह में केवल मानव ही काँटा थे। उसे भी निकाल फेंकने का यह

सबसे उपयुक्त समय था। लगातार अकाल ने सरस्वती पर मानव संख्या क्षीण कर दी थी। कुछ काल कवलित हो गए थे, शेष सरस्वती को छोड़कर पर्व की ओर बढ़ चले थे।

पहले दिन युद्ध का कोई फल नहीं निकला, लेकिन पांसा राक्षसों का ही भारी रहा। लेकिन मानवों का साहस नहीं टूटा। अगले दिन अपनी संख्य कम देखकर मानवियाँ भी रणक्षेत्र में उतर आईं। भीषण मारकाट मची। निकट था कि मानवों की पंक्ति में दरार पड़ जाती, यकायक पीछे से राक्षसों पर आक्रमण हुआ।

घमासान समर छिड़ गया। दो ओर की मार राक्षस न सह सके। उनके रणक्षेत्र से पैर उखड़ गये। विजय-स्वर गूँज उठा। "मानव शक्ति की जय हो!" "महर्षि अगस्त्य की जय हो।" "माता सरस्वती हमारी है, हमारी रहेगी।"

अत्रि ने विस्मय से एक आगन्तुक से पूछा, "क्या अगस्त्य यहाँ आया है? वह तो दूर गंगा के तट पर था।"

"हाँ महर्षि, महर्षि अगस्त्य ने ही राक्षसों के विरुद्ध इस अभियन का नेतृत्व किया है। साथ में ऋषि लोपामुद्रा और वसिष्ठ हैं। जैसे ही उन्हें समाचार मिला, वे जितने मानव मिल सके, साथ लेकर निकल पड़े। इधर-उधर उन्होंने सब मानव राज्यों को अपने दूत भेजे। वे भी आ रहे होंगे। राह में जो मिलता रहा उसे साथ लेकर वे मारामार करते यहाँ आ पहुँचे।'

५

मानव प्रसन्न थे और अपनी विजय पर आनन्द मना रहे थे। लेकिन अगस्तय कुछ और सोच रहे थे। उन्होंने गर्जना की, "मानव वीरो, अभी आनन्द मनाने का समय नहीं आया है। अभी हमारी विजय अधूरी है।"

"क्यों?" किसी ने पुकारा।

"राक्षस हार गये हैं, किन्तु उनकी शक्ति समाप्त नहीं हुई। कल नहीं तो परसों, वे फिर शक्ति एकत्र करके हम पर आक्रमण करेंगे।"

"इसमें हम क्या कर सकते हैं?"

"हम अपनी विजय को चिरस्थायी बनायेंगे। उनके सरस्वती के पास के सुदृढ़ गढ़ को समाप्त कर देंगे। न रहेगा बांस न बजेगी बाँसुरी। चलो वीरो, उनका पीछा करो। उन्हें रुकने न दो।"

एक स्वर आया, "हम बहुत थके हुए हैं। आज विश्राम करके कल से उनका पीछा करेंगे।"

वे हमसे अधिक थके हुए हैं और उनका दिल टूट चुका है। इस समय के आलस्य का मूल्य हमें भारी देना पड़ेगा। चूको मत। चलो, बढ़ो आगे।"

अगस्त्य के नेतृत्व में मानव आगे बढ़े। अन्य मानव राज्यों की सेना भी मिलती रहीं। राक्षस सरदारों के छोटे-छोटे गढ़ टूटते रहे। वे लगातार पीछे हटते गए।

इससे राक्षसों को एक लाभ हुआ। उनके छोटे-छोटे सरदारों की शक्ति समाप्त हो गई। एक सम्राट् **रावण** की अधीनता में वे संगठित हुए और दक्षिण-पूर्व नर्मदा की ओर चले गए।

अविभक्त आत्मा

१

सरस्वती तीर फिर ऋचाओं से गूँज उठा। वसिष्ठ ने भी अपना आश्रम वहीं बनाया।

एक बार महर्षि ऋतु अपनी पत्नी सन्नति के साथ वसिष्ठाश्रम पधारे। वसिष्ठ ने उनकी आवभगत की।

ऋतु बोले, ''मैंने सुना है वरुण ने एक दो महर्षि को यज्ञ में दर्शन दिये हैं और तुम्हें सातवाँ महर्षि घोषित किया। महर्षि, मेरी बधाई स्वीकार करो।''

वसिष्ठ भौंचक्का रह गया। ''यह आप क्या कह रहे हैं महर्षि?''

''मैं ठीक कह रहा हूँ, वसिष्ठ। हम छह महर्षि शीघ्र एक समवेत यज्ञ करने जा रहे हैं जिसमें वरुण का निर्देश प्राप्त होने की पूरी आशा है।''

कुछ वर्ष बीच चुके थे। वसिष्ठ को वह दिन याद था जब अरुन्धती ने लजाते हुए अपनी मनोकामना प्रकट की थी–वह सातवाँ महर्षि होना चाहती है। अरुन्धती–वरुण द्वारा प्रदत्त उसकी पत्नी।

''लेकिन यह ठीक नहीं है। मैं सातवाँ महर्षि नहीं होना चाहता।'' वसिष्ठ के मुख से निकला।

ऋतु की भृकुटी चढ़ गई। ''वसिष्ठ, तुम क्या कह रहे हो? तुम होश में हो?''

''मैं सच कहता हूँ महर्षि। सातवाँ महर्षि किसी और को होना चाहिये।''

सन्नति बीच में पड़ी, ''वत्स, वरुण का आदेश सबको मान्य होता है।''

''माता, मैं वरुण से प्रार्थना करूँगा कि वे मेरे स्थान पर अरुन्धती को सप्तर्षि में स्थान दें।''

''अरुन्धती कौन? आचार्य मेधातिथि की पुत्री।'' ऋतु ने पूछा।

''हाँ महर्षि। मेरी होने वाली पत्नी''

''वरुण उसे कभी स्थान नहीं देंगे।''

''मैं वरुण का पुत्र उनसे प्रार्थना करूँगा।''

''तुम वरुण पर दबाव डालना चाहते हो।''

''नहीं महर्षि, सन्तान को मचलने का हर समय अधिकार है और पिता को अधिकार है उसे ठीक राह पर ले जाय। वरुण मुझे रास्ता सुझाएँगे।''

क्रतु क्रोध में बोले, ''क्या हम विवाहित नहीं हैं।''

''हैं।''

''मरीचि की पत्नी सम्भूति हैं, अत्रि की अनुसूया, अंगिरा की स्मृति, पुलह की क्षमा, पुलस्त्य की प्रीति और मेरी सन्नति।''

---

1. महाभारत

"सब लोकविख्यात हैं।"

"हमें भी वरुण का निर्देश ठुकरा देना चाहिये था।"

"महर्षि, इस विषय में मैं मौन हूँ। परिस्थिति बिल्कुल अलग है। वरुण सब जानते हैं।"

२

आश्चर्य पर आश्चर्य! ऋतु को विदा करने के बाद कुछ समय बीता होगा कि वसिष्ठ को अरुन्धती दो सहपाठियों के साथ प्रवेश करती दिखाई दी। वसिष्ठ आगे लपका और दोनों एक दूसरे की बाहों में समा गये।

"अरुन्धती," कुछ क्षण बाद वसिष्ठ बोला।

"हाँ वसिष्ठ, मैं आ गई।"

"क्या वरुण का निर्देश आ गया?" वसिष्ठ ने प्रसन्न होकर पूछा।

"वरुण का नहीं, सूर्य का निर्देश मुझे मिला है।" अरुन्धती ने लजाते हुए कहा।

"तुम क्या कह रही हो?"

"जब हम दोनों का प्रथम मिलन हुआ था तब सूर्य साक्षी था। तुम्हारे जाने के बाद समय ने मुझे सुझाया कि मैं तुम्हारी पत्नी हूँ। और मेरा सबसे बड़ा कर्तव्य है तुम्हारा साथ देना। मैंने पिता से बात की। उन्हें तुम पर अगाध विश्वास है। वे बोले कि जब वसिष्ठ ने ऐसा कहा है तो यही विधिविधान है। तुम वसिष्ठ की पत्नी बनोगी यह ध्रुव सत्य है। वरुण करे तुम इस योग्य बनो।"

"फिर।"

बात आश्चर्य मेधतिथि के पट्टशिष्य ने आगे बढ़ाई जो अरुन्धती के साथ आया था, "आप दोनों का इस प्रकार बिछुड़ना सावित्री (सूर्य) को नहीं भाया। यज्ञ में उन्होंने आचार्य को और बहन अरुन्धती को निर्देश दिया कि वे जीवन का अपना उत्तरदायित्व संभालें और आपके पास जायँ।"

"सावित्री की बड़ी कृपा है हम दोनों पर। उन्होंने हमें मिला दिया।"[1] वसिष्ठ ने मन ही मन सूर्य को अर्ध्य देते हुए कहा।

"बहन आपके हर प्रकार से योग्य हैं। वरुण इन पर प्रसन्न हैं। इनके मुख से सूक्त कहलाते हैं। मानव इन्हें ऋषि करके जानते हैं।"

"प्रथम दिन ही वरुण ने मुझे बताया था कि हम एक दूसरे के लिये बने हैं।" वसिष्ठ ने सबके सामने स्वीकारा।

"आचार्य ने हमें भेजा है कि हम आपके विवाह में सहायक हों।"

३

वसिष्ठ और अरुन्धती का विवाह सम्पन्न हो गया।[2] विवाह में अरुन्धती ने उड़ती खबर सुनी कि वरुण के इंगित आने लगे हैं कि सप्तर्षि मण्डल को वसिष्ठ पूरा

---

1. कालिका पुराण 23
1. महाभारत, आदि पर्व 198.6; उद्योग पर्व 117.11; वन पर्व 130.14

करेंगे और मानवों के सब संकट टल जायेंगे। वह हर्ष के मारे फूली नहीं समाई। वसिष्ठ को बधाई देते हुए उसने कहा, ''मैं कितनी सौभाग्यशाली हूँ। वरुण ने मेरी इच्छा पूरी की।''

''किन्तु मेरी इच्छा पूरी नहीं की,'' वसिष्ठ ने स्पष्ट कहा।

''क्यों, तुम ही तो कहते थे हम एक प्राण दो काया हैं। हमारे एक अविभक्त आत्मा है। फिर तुम्हें स्वीकारना मुझे स्वीकारना नहीं हुआ?''

''अरुन्धती, हम दोनों में एक प्राण है, एक आत्मा है?''

''हाँ।''

''तो वरुण अधूरे को क्यों स्वीकारे?''

''वरुण सब जानता है।'' अरुन्धती के मुख से अपना सूक्त निकला।

''वरुण जानता है कि तुम मेरी पत्नी हो। और यह संसार को बतलाये।''

अरुन्धती चकित हो वसिष्ठ के गौरव-दीप्त मुख को देखती रह गई।

''वरुण वसिष्ठ की मेधा को जानता है क्योंकि उसी ने मुझे बनाया है। वह संसार को बताये कि वसिष्ठ की पत्नी अरुन्धती भी कोई समान्य स्त्री नहीं है।''

''तुम्हारे गौरव में ही मेरा गौरव छिपा है,'' अरुन्धती के नेत्रों में आँसू छल-छला आये। ''मैं जानती हूँ कि मेरा वसिष्ठ एक अनुपम महापुरुष है जैसा न कभी हुआ है न कभी होगा। मेरी असामान्यता इसी में है कि मुझे तुम जैसा पति मिला।''

वसिष्ठ के नेत्र ऊपर शून्य में गड़ गये थे। ''मैं वसिष्ठ वरुण से प्रार्थना करता हूँ कि वे सप्तर्षि मण्डल में वसिष्ठ और अरुन्धती का साथ निर्देश करें। वे अपने पुत्र को कभी निराश नहीं करेंगे।''

४

वसिष्ठ का वचन धीरे-धीरे सब मानवों को ज्ञात हो गया। चाहे ऋषि हों या राजा, या विशवासी, सब ने बहुत बुरा माना कि वरुण का आदेश ठुकराया जा रहा है, मानवों का बुरा समय आ गया है। कुछ की राय थी कि वसिष्ठ को मार डालना चाहिये, इस कांटे को दूर हटा देना चाहिये।

मण्डल के छह सदस्यों द्वारा यज्ञ आरम्भ किया गया। वरुण से निर्देश मांगा गया। सब बड़ी उत्कण्ठा से पूर्णाहुति की प्रतीक्षा कर रहे थे।

वरुण प्रसन्न हुये। उन्होंने दर्शन दिये और वसिष्ठ-अरुन्धती की ओर साथ-साथ इंगित किया।

अरुन्धती को सप्तर्षि मण्डल के साथ स्थान मिला। एक आठवाँ तारा जो सप्तर्षि मण्डल के वसिष्ठ तारे के हर समय पास दिखाई देता है। जिन दोनों को हर हिन्दू विवाह में दिखाया जाता है और कहा जाता है कि उनका विवाह भी वसिष्ठ और अरुन्धती के विवाह के समान सफल हो।[1]

---

1. सप्तर्षि मण्डल में वसिष्ठ (पिछले तीन तारों में बीच वाला) के समीप उगने वाला एक छोटा तारा अरुन्धती। सुश्रुत; वायु पुराण 19.2; ब्रह्माण्ड पुराण 3.8.86-87

महर्षि मरीचि ने कहा, "वसिष्ठ ने सिद्ध कर दिया कि वह हम सबसे महान् है। वरुण भी उसकी प्रार्थना नहीं टाल सकते। वह महर्षि ही नहीं, ब्रह्मर्षि है।[1] हम सब उसकी अभ्यर्थना करते हैं।"

"ब्रह्मर्षि वसिष्ठ की जय' से यज्ञस्थल गूँज उठा।

तीन सौ मील दूर अपने आश्रम में लेटे वसिष्ठ ने अरुन्धती से कहा, "आज हमारा स्वप्न पूरा हुआ।"

अरुन्धती की समझ में नहीं आया, "क्या?"

"आज सप्तर्षि मण्डल पूरा हुआ।"

"तुम्हें कैसे पता?"

"वरुण ने मुझे दर्शन दिये हैं।"

अरुन्धती ने पति के सीने में मुख छिपा लिया।

---

1. वाल्मीकि रामायण, बाल कांड 55-56

विन्ध्याचल झुक गया

१

लोपामुद्रा की छोटी बहन **गभस्तिनी** का विवाह **दध्यञ्च्** आथर्वण से हुआ था। दध्यञ्च् भी बड़े प्रसिद्ध ऋषि थे और विशेषतया मधुविद्या के विशेषज्ञ समझे जाते थे। **'मधुविद्या'** का सारांश यह था–मधु का अर्थ मूलतत्त्व। संसार का मूलतत्त्व पृथ्वी, पृथ्वी का अग्नि, इस क्रम से वायु, सूर्य, आकाश, चन्द्र, विद्युत, सत्य, आत्मा तथा ब्रह्म की खोज हर एक तत्त्वज्ञ को करनी पड़ती है। मूलतत्त्व पता लगाने से, अत्मतत्त्व का संसार से घनिष्ठ तथा नित्य सम्बन्ध ज्ञात होता है। संसार तथा आत्मतत्त्व का संसार से घनिष्ठ तथा नित्य सम्बन्ध ज्ञात होता है। संसार तथा आत्मतत्व ये एक दूसरे से अभिन्न हैं।

इस मधुविद्या के सिखाने पर दध्यञ्च् की इन्द्र से लड़ाई हो गई। अश्विनीकुमारों ने इनसे इसे सीखना चाहा जबकि इन्द्र ने मना किया। अश्विनीकुमारों की सहायता से ये बच गये।[1]

इस समय इनका राजा क्षुप से झगड़ा चल रहा था। विषय था–ऋषि और राजा में श्रेष्ठ कौन? यह व्यर्थ की बहस लगातार चल रही थी और इसने आस-पास के वासियों को अलग उत्तेजित कर रखा था। अगस्त्य इसी विषय पर बात करने आये थे।

गभस्तिनी और दध्यञ्च् ने उनका हार्दिक स्वागत किया। गभस्तिनी ने शिकायत की, ''जीजाजी, आप लोपा बहिन को नहीं लाये।''

''वह आती अवश्य पर मुझे भी शीघ्र ही लौटना है। अगली बार दोनों साथ आयेंगे।''

''इध्मवाह और दृढ़स्यु कैसे हैं?''

''दोनों योग्य हैं। उन्होंने आश्रम का प्रबन्ध और आचार्यत्व संभालकर हम दोनों को छुट्टी दे दी है। छोटे भी ठीक चल रहे हैं।''

दध्यञ्च् ने उलाहना दिया, ''इतने दिनों बाद आये हैं और आते ही कहना आरम्भ कर दिया कि शीघ्र वापस लौटना है।''

''दध्यञ्च्, हिमालय की तलहटी में ऋषियों का सम्मेलन होने जा रहा है। तुम्हारे पास भी तो उसका निमन्त्रण आया होगा?''

''हाँ, हमारा कल निकल चलने का विचार था।''

---

1. ऋग्वेद 1.80.16; 1.84.13-14; आदि; शतपथ ब्राह्मण 14.1.1.18-25, आदि; ताड्य ब्राह्मण 12.8.6; गोपथ ब्राह्मण 1.5.21; बृहद्देवता 3.18.27

''बस, इसीलिये मुझे आज वापस लौटना है और लोपामुद्रा को साथ लेकर उसमें सम्मिलित होना है।''

''मेरे योग्य सेवा बताइये। कैसे आने का कष्ट किया?''

अगस्त्य ने आने का उद्देश्य बताया, ''मैंने सुना है तुम्हारा राजा क्षुप से वाद-विवाद चल रहा है।''

भ्रातर, वह बड़ा घमण्डी है। अपने को क्या समझता है!''

''यह उनकी गलती है। लेकिन यदि वह गलती करे तो हम क्यों गलती करें। हम ऋषि हैं, हमें क्षमाशील होना चाहिये। व्यर्थ विवाद बढ़ाना नहीं चाहिये।'' अगस्त्य ने समझाया।

''भ्रातर, बात इस सीमा पर पहुँच गई है कि मेरा चुप हो जाना ऋषियों की हार माना जायेगा। क्या आप इसे ठीक समझते हैं?''

''मैं इस वाद-विवाद को मानव के लिये बड़ा दुर्भाग्यपूर्ण समझता हूँ। इस समय हमारी शक्ति विश्रृंखलित हो रही है। हमारा कर्तव्य है कि मानवों को एक सूत्र में गूँथकर मान्धाता का युग फिर लौटा लायें। कहाँ इसमें हमारी शक्ति नष्ट हो रही है।''

दध्यञ्च् चुप रहे।

अगस्त्य फिर बोले, ''मैं क्षुप को भी समझाऊँगा। मेरा तुम दोनों से निवेदन है कि इस व्यर्थ की रार को छोड़ दो। न ऋषि बड़ा है न राजा। व्यक्ति बड़ा है न कि पद। मान्धाता बड़ा है न कि आज के राजा। वसिष्ठ सबका पूज्य बन गया है न कि अन्य कोई ऋषि। बड़प्पन आदमी पर निर्भर है न कि उसकी उत्पत्ति पर। दध्यञ्च्, तुम मेरी बातों पर ध्यान से विचार करना।''

२

ऋषि सम्मेलन आरम्भ हुआ। सरस्वती पर अकाल पड़ रहा था। उसका जल सूख चला था। उसके तट इतने बड़े समुदाय को भोजन नहीं दे सकते थे। इस कारण वह गंगा के तट पर किया गया।

सप्तर्षि मण्डल के स्थापित होने ने जादू का काम किया था। मानवों की शक्ति सुदृढ़ हो चली थी। महर्षियों ने मानवों में नये प्राण फूँक दिये थे। एक नया उत्साह व्याप्त था। उन्होंने इससे भी अधिक पग उठाये थे। पुलस्त्य ने राक्षसों में मानव धर्म फैलाने का बीड़ा उठाया था। वे इसमें सफल भी हुए थे। राक्षस उनका बड़ा मान करते थे और वे राक्षसकुलगुरु बन गये थे। पुलह और क्रतु ने आदिवासियों में मानव संस्कृति का प्रचार आरम्भ किया था और वे पर्याप्त सीमा तक सफल थे।

महर्षि मरीचि ने सम्मेलन की कार्यवाही चालू की, ''आप सब सज्जनों को मालूम है कि हमारे प्रयत्न कितने सफल हुए हैं।'' उन्होंने प्रयत्नों की सफलता का सारांश दिया और आगे की समस्या सामने रखी, ''जैसे उत्तर में हिमालय है वैसे ही दक्षिण

---

1. लिंग पुराण 1.36

में विन्ध्य पर्वत है। हमारी संस्कृति फैलने में वह राह रोके खड़ा है। हमारी समस्या है कि उसे कैसे मनाया जाय। इसी समस्या पर विचार करने के लिये हम एकत्र हुए हैं।''

पुलस्त्य बोले, ''राक्षसों के साथ रहकर मुझे पता चला है कि विन्ध्य के दक्षिण में बड़े द्रामिळ (धनवान) कुल हैं, राज्य हैं, जो संसार से व्यापार करके धनवान् बने हैं। वहाँ व्यापार करने के लिये अनेक बहुमूल्य धातु हैं, काष्ठ हैं, मुक्ता हैं, मणि है। हमारा प्रयत्न होना चाहिये कि उनमें भी मानव संस्कृति का प्रसार हो। लेकिन विन्ध्य की रुकावट के कारण हम उधर नहीं जा सके हैं। जो साहसी वहाँ तक पहुँचे थे, वे सूखे पठारों के सामने देखकर, वापस लौट लिये थे। हमें इसके लिये कुछ सम्मिलित प्रयत्न करने पड़ेंगे।''

ऋषि विमद ने उठकर कहा, ''महर्षि पुलस्त्य इस विषय में राक्षसों से और पता चलायें। भयानक वनों में, ऊँचे नीचे पर्वतों पर सुनी सुनाई बातों पर शक्ति नष्ट करने से क्या लाभ!''

अगस्त्य उठ खड़े हुए। ''ऋषि विमद, ये सुनी सुनाई बातें नहीं हैं, ये प्रत्यक्ष हैं। आप दानवराज इल्वल की मणिमती नगरी देखें तो दाँतों तले उंगली दबा लें।''

''यदि वे कुल इतने सभ्य हैं, तो वे मानव संस्कृति को घास क्यों डालेंगे?'' विमद ने शंका उठाई।

पीवर ने साथ दिया, ''हमें अपनी शक्ति नष्ट करने से क्या लाभ! जब हमारे लिये यहाँ इतना काम है तो पैर फैलने से क्या लाभ! हमें विन्ध्य की ऊँचाई बनी रहने देनी चाहिये।''

महर्षि क्रतु ने समस्या उठाने का समर्थन किया, ''हमने कुछ साल पहले एक प्रण किया था–हम समस्त विश्व को आर्य करेंगे। और इसको पूर्ण करने के लिये हमने आश्चर्यजनक कार्य किये। आज क्या विन्ध्याचल की ऊँचाई ने हमारी हिम्मत पस्त कर दी है। हम हारे जुआरी के समान क्यों बोल रहे हैं?''

''महर्षि क्रतु आगे बढ़ें, पुलस्त्य राह दिखायें, हम उनके पीछे चलने को तैयार हैं।'' एक स्वर उठा।

महर्षि मरीचि ने बात संभाली, ''महर्षि क्रतु, पुलस्त्य, पुलह यहाँ बहुत महत्त्वपूर्ण कार्य कर रहे हैं। वे अन्य कुलों में हमारे प्रतिनिधि हैं। हम उन्हें खाली नहीं कर सकते।''

''तो फिर अपनी जान किसे भारी है?'' साथ ही खिलखिलाहट की हल्की ध्वनि सभा में फैल गई।

''आप इस गम्भीर समस्या को हँसी में ले रहे हैं,'' अगस्त्य का स्वर बहुत गम्भीर था।

''आप ऊँचे विन्ध्याचल को झुकाने का साहस कर रहे हैं क्या?'' वही स्वर फिर उभरा।

''दृढ़ निश्चय के साथ पग उठे तो विन्ध्य को झुकना पड़ेगा।''

''जैसे सागर सूख गया था,'' अत्रि ने अगस्त्य का स्तवन किया।

"अगस्त्य तो जादू जानते हैं ये विन्ध्य का दिमाग़ ठिकाने लगा देंगे।" वही व्यंग्यमिश्रित स्वर आया।

"इन्हें सप्तर्षि मण्डल में स्थान नहीं मिला तो इस भाँति अपने को पुजवाना चाहते हैं।"

वसिष्ठ उठकर कुछ कहना चाहते थे किन्तु अगस्त्य ने यह कहकर रोका, 'वसिष्ठ, तुम ब्रह्मर्षि हो। काम क्रोध सब को जीतने वाले।" और फिर सभा की ओर उन्मुख होकर उन्होंने कहा, "आपने एक गम्भीर समस्या पर विचार किया और बहुमत इसी ओर है कि हमें अपने आदर्श कि समस्त विश्व को आर्य कर दो पर टिके रहना है और इसको प्राप्त करने के लिये पूर्ण प्रयत्न करना है। विन्ध्य की रुकावट कुछ नहीं। एक बार मानव पगों ने इसे नाप लिया तो यह झुका रहेगा और सैकड़ों राह इसमें से फूट पड़ेंगी।"[1]

"आप इसे नापने चलेंगे?"

"हाँ, और मेरे साथ आप भी चलेंगे।' चलेंगे न?"

कोई स्वर नहीं आया।

"आप ही क्या, इस भूखण्ड के कोने-कोने से विशवासी उठेंगे और मेरा साथ देंगे। आज से मैं अपना आश्रम इध्मवाह को सौंपता हूँ। मैं और लोपामुद्रा दक्षिण में आश्रम स्थापित करेंगे, विन्ध्य को पार करके। जिसे साथ आना हो वह हमारे साथ चले। मेरा उत्तर का काम पूरा हुआ। अब मुझे उत्तर और दक्षिण में सेतु बनाना है, जैसे महर्षि पुलह, ऋतु और पुलस्त्य विभिन्न कुलों में सेतु बना रहे हैं।"

"भैया, तुम अमर हो।" वसिष्ठ उत्तेजना से उठ खड़ा हुआ और अगस्त्य से चिपट गया।

पुलह, ऋतु, पुलस्त्य ने अगस्त्य के पुत्रों को अपना लिया।[2] अगस्त्य की पुकार पर अनेक युवक-युवतियाँ साथ देने को तैयार हो गये। द्वारका के आस-पास के अनेक राजन्य जिन्होंने कालिकेयों को उनके नेतृत्व में मारा था, फिर उनके नेतृत्व के नीचे आ जुटे।

अगस्त्य ने पहला आश्रम गोदावरी के तट पर पंचवटी से कुछ दूर स्थापित किया जहाँ राम ने उनके वंशज के दर्शन किये थे। फिर वे और नीचे उतरे, कोंकण तट से होते हुए कुर्ग तक। कुर्ग उस समय कुटक कहलाता था। वहाँ उनका नाम कुटक-मुनि पड़ा। वहाँ उन्होंने उस देश की बोली सीखी और उसे वैज्ञानिक रूप दिया। तमिल का सबसे पहला व्याकरण अगस्त्य का लिखा कहा जाता है जो अब अप्राप्य है।[3] इस समय प्राप्य सबसे पुराना व्याकरण भी उनके चेले तोलकापियर का लिखा है।

---

1. महाभारत, वन पर्व 102; देवी भागवत 10.3.7; आनन्द रामायण सार 10
2. मत्स्य पुराण 202.8.12
3. उनके किसी वंशज का लिखा हुआ है।

कुटक के आश्रम में उनकी भेंट वहाँ के राजा कवेर से हुई जिसने उन्हें अपना मन्त्री बना लिया और अपनी पुत्री कावेरी का विवाह उनसे कर दिया। कहा जाता है कि चोल देश का राजा कण्डमान कुटक के राज्य में ऐच्छिक निर्वासित का जीवन बिता रहा था। और आज की कावेरी कुटक में सह्य पर्वत पर उदय होकर पश्चिम होती हुई अरब सागर में जा पड़ती थी। कण्डमान का चोल प्रदेश जहाँ कोई बड़ी नदी नहीं थी, बिल्कुल सूखा और अनुपजाऊ था। अगस्त्य की सलाह से और कवेर की अनुमति से उस नदी की धारा पश्चिम से पूर्व की ओर मोड़ दी गई और वह एक विशाल नदी बनकर चोल प्रदेश को उपजाऊ बनाती बंगाल की खाड़ी में जा गिरी। अगस्त्य की पत्नी कावेरी के नाम पर इस नदी का नाम कावेरी रखा गया।[1]

कहा जाता है कि वहाँ पहुँचकर लोपामुद्रा लुप्त हो गई और कावेरी नदी के रूप में प्रकट हुई। कावेरी की धारा पलटने के महान् अभियान में सम्भवतः लोपामुद्रा की मृत्यु हो गई और अगस्त्य का दिल टूट गया।

४

अगस्त्य का दक्षिण से ही सम्बन्ध नहीं है, समस्त दक्षिण-पूर्वी एशिया में वे पूजे जाते हैं। उनके वंशजों ने सारे दक्षिण-पूर्वी एशिया में मानव संस्कृति फैलाई। वहाँ आज भी शिव और अगस्त्य को समान आदर से 'भट्टारक गुरु' कहकर पुकारा जाता है। जैसे भारत में 'श्री गणेशाय नमः' लिखकर कोई काम आरम्भ किया जाता है, वैसे ही वहाँ हिन्दू और कुछ अन्य धर्मों के मानने वाले भी 'श्री अगस्त्याय नमः' लिखकर कार्य आरम्भ करते हैं।

एक अन्य परम्परा में अगस्त्य नामधारी महर्षि (अगस्त्य का कोई वंशज) कुटक (कुर्ग) से उत्तर में लौट गया जब उसने देखा कि कुल ब्राह्मण बकरियों की बलि देकर वैदिक यज्ञ कर रहे हैं, और वहाँ हिमालय के पगों में नैमिषारण्य का प्रसिद्ध आश्रम उन्होंने स्थापित किया और ब्राह्मणों को तीन-वर्ष पुराने चावल से यज्ञ करना सिखाया।

तमिल साहित्य की उन्नति के लिये अगस्त्य ने (उनके किसी वंशज ने) कवियों और लेखकों की सभा स्थापित की जिसे 'संघम' कहते थे। इस संघम का उद्देश्य कवियों की रचनाओं की परीक्षा करके उनके गुण-दोषों को बतलाना था। संघम के सदस्य बड़े-बड़े विद्वान और कवि होते थे। उनके द्वारा मूल्यांकन बहुत मायने रखता था।

अगस्त्य और उनके वंशजों के तीन विशेष गुण थे जिन्होंने उन्हें पूजनीय बना दिया। एक तो उन्होंने ऋषि प्रवासी होकर भी नये देश के वासियों से विवाह सम्बन्ध बनाये जिससे भावनात्मक एकता सम्पन्न हो सकी। दूसरे उन्होंने वहाँ के जन-विश्वासों को पूरा मान दिया और कभी उनकी बुराई नहीं की। तीसरे उन देशों की बोलियों को उन्होंने पूरा प्रोत्साहन दिया। उनमें रचना कीं, लिपि दीं, और देसी लेखकों को मान दिया।

---

1. मणिमेखलइ 1.15

कावेरी की उत्पत्ति की तीन दन्तकथाएँ अन्य हैं। लेकिन सब में एक समानता है। सब में अगस्त्य ने उसे अपने वर्तमान स्थान में बहाया है।

सहस्त्रार्जुन

(लगभग 2540 ईसा पूर्व)

धन-गर्व का खर्व

१

उस काल में हैहयराज कृतवीर्य का शासन सबसे सुदृढ़ था। नर्मदा के तट पर उनका राज्य था और बाहर के अनेक देशों से व्यापार ने उन्हें तथा उनके राज्य के निवासियों को धनाढय बना दिया था। इस व्यापार में भार्गव कुल उनके साथ था। शार्यात कुल के उच्छेद के बाद भृगुकुल हैहय के कुलपुरोहित बन गये थे। वे नाव बनाने में बहुत चतुर थे और दूर-दूर तक व्यापार करते थे। धीरे-धीरे वे इतने धनाढय हो गए थे कि विद्या, तपस्या साधना और सन्तोष को भूल गये। भृगु, शुक्राचार्य, च्यवन आदि की परम्परा समाप्त हो गई। वे सीधे सादे विशवासी (वैश्य) बन गये।

सरस्वती प्रदेश में अकाल की स्थिति थी तो अन्य स्थानों पर इससे भी बुरा हाल था। वर्षों तक पृथ्वी पर पानी की बूँद नहीं पड़ी। श्वेत बादल आते थे और मरुमरीचिका दिखाकर चले जाते थे। हैहय राज्य की कृषि व्यवस्था नष्ट हो गई, खेती सूख गई, तालों में कीचड़ रह गई, कूपों का पानी तलहटी से जा लगा। पशु जंगल छोड़कर भाग गये, पक्षियों ने आना बन्द कर दिया। सारी प्रजा में त्राहि-त्राहि मच गई।

कृतवीर्य ने हर प्रकार से प्रजा को सहायता दी। राज्य में स्थित अनाज के भण्डारों के मुख खुलवा दिये। व्यापारियों से अन्य वस्तुओं के स्थान पर केवल अनाज खरीद कर प्रजा में बाँटना शुरू किया। लेकिन कितने दिनों तक? वर्ष गुजरते गये और राजकोष रीतता गया। वह बारह साल का अकाल था। इच्छा रहते हुए भी राजा कुछ नहीं कर सकता था। प्रजा का हाहाकार सुनता और वह दिल मसोस कर रह जाता।

एक दिन मन्त्री ने सन्ध्या के समय एकान्त में राजा को पकड़ा। "राजन्, प्रजा का दुख अब देखा नहीं जाता।"

"मन्त्री, मैं अपना दिल चीर कर कैसे दिखाऊँ। मेरी समझ में नहीं आता मैं क्या करूँ।"

"राजन्, किसी न किसी प्रकार से प्रजा को सहारा देना पड़ेगा। यही पृथु के काल से राजा का धर्म माना गया है।"

उसी समय राजा का चचेरा भाई कक्ष में घुस रहा था। उसने इस वार्तालाप का अंश सुन लिया। उसने पूछा, "मन्त्रीवर, आप राजा का धर्म क्या बता रहे हैं।"

उत्तर कृतवीर्य ने दिया, "भयंकर अकाल पड़ रहा है। लोग भूखे मर रहे हैं। राजकोष रिक्त पड़ा है। समझ में नहीं आता क्या किया जाय। मेरे विचार से किसी नये भूभाग पर आक्रमण करके उसे जीता जाए। तभी अपनी हालत सुधर सकती है।"

"राजन्, इस विपन्न अवस्था में दूसरे राज्यों पर आक्रमण करना शोभा नहीं देता। वहाँ भी यही हालत हुई तो धन कहाँ से मिलेगा। बल्कि असन्तोष की आग और अशान्ति भड़क उठेगी।" मन्त्री ने सलाह दी।

"भैया, धन इकट्ठा करने का तो मैं आसान उपाय सुझा सकता हूँ।", चचेरा भाई बोला।

"क्या?"

"राज्य के धनी-मानी व्यक्तियों से धन-अन्न एकत्र करके निर्धनों में बाँट दिया जाय।"

"इस अकाल ने सबको निर्धन बना दिया है", राजा फीकी हँसी हँसे।

"भैया, आप क्या कह रहे हैं? राज्य का एक कुल ऐसा है जो इस समय भी आपके जैसे अनेक राज्य खरीद सकता है।"

"राजन्, इनका मतलब भृगुकुल से है। लेकिन वे हमारे कुलपुरोहित हैं। उन्हें हम अभी तक देते आये हैं।" मन्त्री बोले।

"अपना दिया हुआ यदि हम जनता का कष्ट दूर करने को वापिस ले लें तो क्या बुराई है।" भाई ने कहा।

राजा कृतवीर्य को आशा की क्षीण रेखा दिखाई दी। "इधर मेरा ध्यान ही नहीं गया। मैं भृगुकुल से बात करूँगा। वे अवश्य हमारी सहायता करेंगे।"

"कहने की आवश्यकता ही नहीं होनी चाहिये थी। वे अपने कर्तव्य भूल गये दीखते हैं। उन्हें तो दूसरों को भी जनता के कल्याण की प्रेरणा देनी चाहिये थी।" भाई कड़वा हो उठा।

मन्त्री ने समझाना चाहा, "राजन्, भृगुकुल बड़ा पुराना कुल है। उसके विषय में ऐसा सोचना हमें शोभा नहीं देता।"

"मन्त्री जी, पुरानी बातें समाप्त हो गईं। भार्गव अब ऋषि नहीं रहे। लोक-कल्याण की भावना धन-सम्पत्ति के मद में दब गई।"

कृतवीर्य के मन पर भाई की बातें गरम लोहे पर हथोड़े की चोट के समान पड़ रही थीं।

२

राजा कृतवीर्य को आपातकाल दूर करने का और कोई उपाय नहीं सूझा। उन्होंने राज्य में ढिंढ़ोरा पिटवाया कि प्रजा के त्राण और कल्याण के लिये धन-सम्पत्ति की बहुत आवश्यकता है। इसके लिये मेरी भार्गव व्यापारियों से प्रार्थना है कि वे अपनी अटूट सम्पत्ति राज्य को प्रदान करें जिससे भुखमरी और अकाल को देश से टाला जा सके।

इस घोषणा का भार्गव कुल ने घोर विरोध किया। उनका प्रतिनिधि मण्डल राजा से मिला और उसने धन देने से साफ इन्कार कर दिया।

इस कंजूसी और स्वार्थप्रियता ने राजा को क्रोधित कर दिया। दरबार में भड़काने वाले भी थे। राजा ने नई आज्ञा निकाली कि भृगुकुल से उनका धन छीन लिया जाय। उनकी सम्पदा राजकोष में जमा कर दी जाय।

राज्य के कर्मचारियों को अवसर मिल गया। भृगुवंशियों की सारी सम्पत्ति छीनी जाने लगी। सैकड़ों साल से सुख और ऐश्वर्य में जीवन बिताने वाले भार्गवों ने घोर प्रतिवाद किया और अनेक जगह प्रतिरोध किया। कुछ रक्त बहा पर निष्फल रहा। फिर उन्होंने अपनी सम्पत्ति को छिपाना शुरू कर दिया। राजाज्ञा पालन करने के लिये कर्मचारियों ने धन, आभूषण, अतिरिक्त अन्न आदि छीन कर कोष में जमा कर लिया।

जितना धन उनके पास कूता जाता था उतना एकत्रित न होने पर सब को आश्चर्य हुआ। उधर भृगुओं ने अपना धन निकाल लिया और उसकी रक्षा के लिये हर प्रकार का प्रबन्ध करने लगे। उन्होंने सेना के रूप में संगठित होना शुरू किया, आदिवासियों को नौकर रखा और अन्य मानव राज्यों से सहायता माँगी।

ये सब समाचार कृतवीर्य को मिल गये। एक राज्य के अन्दर दूसरा राज्य पाकर वह आगबबूला हो उठा। क्रोध में वह सब कुछ भूल गया। वह भूल गया कि हैहयों को व्यापार भृगुओं ने सिखाया है। उन्हीं के कारण हैहय राज्य समृद्धिशाली और शक्तिशाली हो उठा था। अपनी आज्ञा को इस भाँति अमान्य होते देखकर उसने सेना को आदेश दिया कि भार्गवों को लूट लिया जाय और उन्हें राज्य से बाहर निकाल दिया जाय।

मन्त्री ने राजा को बहुत समझाया कि भार्गवों को राज्य से भागने पर राज्य का सुदृढ़ स्तम्भ टूट जायेगा। विद्या और सम्पदा को बहुत धक्का पहुँचेगा। संस्कृति का नाश हो जायेगा। लेकिन राजा नहीं माना।

सैनिकों ने सुनियोजित रूप से भार्गव घरों पर आक्रमण किया और भार्गवों ने जमकर प्रतिरोध किया। इसने संग्राम का रूप ले लिया। भीषण रक्तपात हुआ।

प्रतिरोध के कारण सैनिक बौखला उठे उन्होंने क्रोधान्ध होकर भृगुवंशियों को चुन चुनकर मारना शुरू किया। न नारियाँ छोड़ीं, न बच्चे। न बुड्ढे बचे, न अपाहिज। उनकी अट्टालिकाएँ जला दी गईं, नावें डुबा दी गईं।

बचे खुचे भार्गवों ने भागने में ही अपनी सलामती समझी। ऋषि **और्व** के नेतृत्व में उन्होंने अपना घर बार छोड़ा, पशु-सम्पदा छोड़ी और उत्तर की ओर प्रयाण कर दिया। सैनिक लूटने-खसोटने में लगे हुए थे, इस कारण वे आसानी से बचकर निकल सके।[1]

---

1. महाभारत आदि पर्व 60.45; 169-170; अनुशासन पर्व 56; ब्रह्माण्ड पुराण 3.26.45

अवधूत तुरु

१

अगले वर्ष वर्षा हुई और हैहय राज्य फिर धन-धान्य से भर गया। किन्तु उसके विदेशी व्यापार को बहुत धक्का पहुँचा। भृगु प्रसिद्ध नाविक थे। मुख्यतया उन्हीं के द्वारा व्यापार चलता था। वे राज्य से निकाल दिये गये थे। जोम में नावों को तोड़-फोड़ दिया गया था।

इससे भी बड़ी एक कमी राजा कृतवीर्य को परेशान कर रही थी। उसका पुत्र **अर्जुन** अभी छोटा था। बचपन में ही वह बहुत शक्तिशाली था परन्तु गुरु न मिलने के कारण वह दंगई हो गया था। उसकी शिक्षा-दीक्षा का कोई प्रबन्ध न हो सका था। यही चिन्ता राजा को सालती रहती थी।

एक दिन राजा महल में उदास बैठा था कि सामने सड़क पर एक अजीब अवधूत युवक को जाते देखा। उसके पीछे चार कुत्ते जा रहे थे। युवक के मुख पर अनुपम तेज बरस रहा था जबकि चाल ढाल में अजीब लापरवाही थी। कृतवीर्य फौरन पहचान गया कि यह अवश्य किसी महर्षि का योग्य पुत्र है। राजा ने उसे महल में बुलाया और पूछा, "सौम्य, तुम्हारा क्या नाम है और तुम किसके पुत्र हो?"

युवक ने उत्तर दिया, 'राजन्, मैं सप्तर्षि मण्डल के सदस्य महर्षि अत्रि और अनुसूया का सबसे बड़ा पुत्र हूँ। मेरा नाम **दत्त** है। मेरे दो छोटे भाई और हैं जिनके नाम **चन्द्र** और **दुर्वासा** हैं।[1] वे दोनों माता-पिता के पास रहते हैं और मैं घूमता-फिरता हूँ।"

युवक विलक्षण था। उसने उत्तर इतना सम्पूर्ण दिया कि राजा को परिचय के लिये और कुछ पूछना बाकी न रहा।

राजा हर्ष से गद्गद् हो गया। जैसा वह सोचता था उससे भी सवा सेर यह युवक निकला। अर्जुन के लिये वह उपयुक्त गुरु रहेगा। चलो भृगुकुल से बिगड़ी तो उतने ही प्राचीन अत्रिकुल से बन जायेगी। यह भी भृगुकुल की टक्कर का है। और सुना है इनका भी व्यापार की ओर रुझान है। उत्तर की ओर से पश्चिम में ये सबसे बड़े व्यापारी हैं।

"दत्तात्रेय से मिलकर मुझे बड़ी प्रसन्नता हुई। आपके गुरु कौन हैं? किनसे आपको ज्ञान प्राप्त हुआ है?"

"राजा कृतवीर्य, मेरे एक गुरु नहीं, बचपन से मैं चौबीस गुरुओं से शिक्षा प्राप्त कर चुका हूँ। और अन्य की तलाश में अब भी घूम रहा हूँ।"

---

1. ब्रह्माण्ड पुराण 3.8.82,65; मार्कण्डेय पुराण 16; अग्नि पुराण 20.12; भागवत 4.1.15-33

दत्तात्रेय की ज्ञान की पिपासा देखकर राजा दंग रह गया। ''चौबीस गुरु!'' राजा को विश्वास नहीं हुआ।

दत्तात्रेय ने राजा के मुख पर लिखा अविश्वास स्पष्ट पढ़ लिया। हँसकर बोले, ''राजन् मेरे गुरु गिनो और सुनो मैंने उनसे क्या सीखा है–

२

मेरे पहले गुरु पृथ्वी माता हैं। उनसे मैंने सहनशीलता सीखी है। चाहे उन्हें कोई खोदे, जलाये, फाड़े परन्तु वे कभी उत्तेजित नहीं होतीं। वे सर्वदा कन्द-मूल, फल-फूल, जल और हीरे देती रहती है।

दूसरे गुरु जल हमेशा स्वच्छ और शीतल रहते हैं। उनके समान दिल को स्वच्छ और शीतल रखना चाहिये।

अगले गुरु अग्नि हैं। अग्नि हर चीज को जलाकर राख कर देती है, कल के लिये कुछ बचाकर नहीं रखती। उसका कार्य वर्तमान के लिये है, भविष्य की उसे कोई चिन्ता नहीं। आज जो कुछ मिले उससे सन्तुष्ट रहो, आगे की चिन्ता मत करो। यह उसकी सीख है।

चौथे गुरु वायु हैं। वायु एक जगह पर कभी स्थिर नहीं रहती, वह हमेशा चलती रहती है। किसी भी स्थान से वह लगाव नहीं रखती, लगातार चलना ही प्रगति है।

पाँचवें गुरु आकाश हैं। आकाश पृथ्वी के साथ रहता है लेकिन फिर भी वह पृथ्वी का भाग कभी नहीं रहा। आत्मा देह के साथ रहकर भी उसका भाग नहीं होती। वह आकाश की तरह वीतराग होती है।

छठे गुरु चन्द्रमा के समान एक सी दशा में रहना चाहिये। पृथ्वी की छाया उसे अलग-अलग आकार में दिखाती है, लेकिन वह एकसा समदर्शी रहता है। इसी प्रकार जीवन की घटनाएँ कितना ही प्रभाव डालें, परन्तु आदमी को एकसा शान्त और अविकल रहना चाहिये।

सातवें गुरु सूर्य हैं। वे शिक्षा देते हैं कि अपने पास कुछ मत रखो सब कुछ दूसरे को दे डालो। प्रकाश वह देता है, गर्मी वह देता है, सागर से जल खींचता है वह भी अपने पास नहीं रखता, दूसरों को बाँट देता है।

आठवें गुरु कबूतर हैं। एक दिन दत्तात्रेय ने वन में एक कबूतर पुत्र को जाल में फँसा देखा। उसका रोना सुनकर डाल पर बैठी माता भी जाल में कूद पड़ी। उसकी देखादेखी अन्य कबूतर भी आते रहे और जाल में फँसते रहे। कभी लगाव नहीं रखना चाहिये। लगाव आदमी को अन्धा बना देता है। जीवन के तनाव और खिंचाव में फँसा देता है।

नवें गुरु अजगर है। अजगर के समान भोजन की कभी चिन्ता नहीं करनी चाहिये। दिनों तक वह सुस्त पड़ा हवा खाता रहता है, जब कोई पशु पास से निकलता है, वह उसे कुण्डली में फँसाकर निगल जाता है।

मेरे दसवें गुरु सागर हैं। उसमें कोई परिवर्तन नहीं आता। बीसियों नदियाँ उसमें मिलती हैं, सूर्य उसका जल सोख लेता है। फिर भी वह एकसा नीला और खारा रहता है।

मेरे ग्यारहवें गुरु पतंगा हैं। वह सिखाता है कभी सौन्दर्य की ओर आकर्षित नहीं होना चाहिये। इससे हृदय में अशान्ति उत्पन्न होती है, यहाँ तक कि फल मृत्यु तक मिलता है।

बारहवें गुरु तितली हैं। वे सिखाती हैं कि हर जगह से कुछ न कुछ एकत्रित करते रहना चाहिये। वे फूल फूल पर मंडराती रहती हैं और जरा-जरा सा मधु लेकर आगे उड़ती रहती हैं।

तितली के साथ ही मधुमक्खी आती हैं जो मेरे तेरहवें गुरु हैं। मधुमक्खियों के जीवन से शिक्षा मिलती है कि इकट्ठा करके नहीं रखना चाहिये। बहुत दिनों का एकत्र किया मधु ज़रा सी देर में लुट जाता है।

चौदहवें गुरु हाथी हैं। हाथी को जब यौवन-मद चढ़ता है तो हथिनी समझकर शिकारियों द्वारा बनाई मूर्ति के पास जाने के लिये गड्ढे में गिर फँस जाता है। काम-आकर्षण से बचना चाहिये।

काम-आकर्षण ही क्या, हर प्रकार के आकर्षण से बचना चाहिये। इसलिये पन्द्रहवें गुरु हिरन हैं। वह संगीत के आकर्षण में बंधने को चला आता है।

सोलहवें गुरु मछली हैं। भोजन के लालच में वह कीड़े के साथ कांटे की डोर नहीं देखती। कांटा निगलती है और फँस जाती है। भोजन का लालच बुरी बला है।

सत्रहवें गुरु वेश्या हैं। वह उदासीन होती है, अपने काम के प्रति, जीवन के प्रति।

अठारहवें गुरु कुरु चिड़ियाँ हैं। वह अपने भोजन को दूसरी चिड़ियाओं द्वारा आक्रमण किये जाने पर फौरन छोड़ देती हैं। सांसारिक सामान इकट्ठा करने की चिन्ता न करना वह सिखाती है।

उन्नीसवाँ गुरु बच्चा है। जब उसे भूख लगती है तो जो उसे दिया जाता है उसी से वह भूख शान्त कर लेता है और सन्तोष कर लेता है।

बीसवें गुरु स्त्री की चूड़ियाँ हैं। उनसे मैंने एकान्त में रहना सीखा है।

इक्कीसवें गुरु सर्प हैं। सर्प कभी अपना बिल नहीं बनाता। कोई बिल मिल गया तो उसमें रह लिया, फिर आगे चल दिया। कहीं भी ज्यादा नहीं ठहरना चाहिए और कोई मकान नहीं बनाना चाहिए।

बाइसवें गुरु कलाकार हैं। कलाकार से मुझे ध्यान को केन्द्रित करने की शक्ति प्राप्त हुई है। जब वह कलाकृति बनाने में लगता है तो उसे और कुछ नहीं सूझता।

तेइसवें गुरु मकड़ी हैं। उसके जीवन से शिक्षा मिलती है कि आदमी को अति-महत्त्वाकांक्षी नहीं होना चाहिए। बड़े परिश्रम से तैयार किया गया जाल ही उसके लिए मृत्यु का जाल बन जाता है।

चौबीसवें गुरु भृंगी पक्षी हैं। वह कीड़ों को ले आता है और अपनी चोंच से मधुर आवाज़ निकाल कर उनका मनोरंजन करता है। जो कुछ भी आदमी सीखता है वह सब को बाँटे।[1]

३

दत्तात्रेय की बात सुनकर राजा कृतवीर्य के नेत्र खुल गये। मानव सच्चा ज्ञानपिपासु हो तो वह हर चीज़ से सबक सीख सकता है।

दत्तात्रेय आगे बोले, "इतने गुरु तो मुझे आज तक मिल चुके हैं। अभी पता नहीं कितने और इस जीवन में मिलने हैं।"

"दत्तात्रेय, आप सचमुच महान् हैं,"[2] कृतवीर्य ने कहा, "मेरी आपसे एक प्रार्थना है।"

"महल में रुकने को न कहिए।"

कृतवीर्य का बहुत मन था कि उन्हें अपना कुलपुरोहित बना ले। लेकिन ये अद्‌भुत ऋषि हैं, पहले ही उखाड़ना ठीक नहीं। धीरे-धीरे उंगली पकड़कर पहुँचा पकड़ना चाहिए। विनीत स्वर में उसने प्रार्थना की, "महर्षि, आप मेरे पुत्र अर्जुन के गुरु बन जायँ, यह मेरी हार्दिक अभिलाषा है।"

"वह मेरा साथ दे सकेगा? मुझे अपना गुरु मान लेगा?"

"यह उसका सौभाग्य होगा गुरुवर।"

"अच्छा" कह कर दत्तात्रेत्र आगे बढ़ लिए और एक उजड़ी बगिया में जा टिके।

दत्तात्रेय हैहय राज्य में हैं, सुनकर अत्रि कुल के अन्य सदस्य भी वहाँ एकत्र होने लगे। और दत्तात्रेय के न चाहते हुए भी वह स्थान एक विशाल आश्रम में परिवर्तित हो गया।

४

अर्जुन की शिक्षा पूर्ण हुई।[3] वह युवावस्था को प्राप्त हुआ। उस महाबली ने इतना मन लगाकर शिक्षा प्राप्त की कि दत्तात्रेय जैसे फक्कड़, मस्त गुरु भी मुग्ध हो गए। दत्तात्रेय के सब काम निराले थे। गुरुदक्षिणा मांगने के स्थान पर वे औढरदानी विष्णु के समान बोले, "मैं तुझ से बहुत प्रसन्न हूँ। बोल क्या माँगता है।"

"गुरुदेव, यदि प्रसन्न हों तो मुझे तीन वर प्रदान करें।"

"जा दिये।"

---

1. विष्णुपुराण 1.10.8; भागवत 2.7.4, 4.1.15-33, 11.4.17; ब्रह्माण्ड पुराण 3.8.82, 4.28.89; वायु पुराण 70.76-8
2. दत्तात्रेय को आज तक महाराष्ट्र में विष्णु का अवतार मानकर पूजा जाता है। सबसे पहले महाकवि माघ के 'शिशुपाल वध' में इन्हें विष्णु का अवतार कहा गया है।
3. भागवत पुराण 1.3.11

"पहला यह कि अत्रि कुल मुझे सहस्र नाव बनाकर दे।[1] भृगुकुल के चले जाने से हमारे व्यापार का नाश हो गया है, हमारी शक्ति घट गई है और हमारी धन-सम्पदा भी रूठ गई है।"

"ऐसा ही होगा।"

"मैं सम्पूर्ण पृथ्वी का स्वामी बनूँ।"

"ठीक है।"

"मैं सत्य मार्ग से कभी विचलित न हूँ।"

"तथास्तु।"

५

इस प्रकार अत्रि कुल और हैहय कुल की मैत्री आरम्भ हुई। अत्रियों ने एक हज़ार नाव बनाकर अर्जुन को दीं।[2] हैहय राज के बल को इससे चार चाँद लग गये। अर्जुन इन्हें अपनी सहस्र भुजाएँ कहता था। जग में वह **सहस्रार्जुन** नाम से विख्यात हुआ।

1. गणेश पुराण 1.72-73
4. सहस्र नाव या सहस्र पतवार की एक नाव। महाभारत, शान्ति पर्व 48.36

लहरों का स्वामी

१

पिता के मरने के उपरान्त सहस्रार्जुन राज्यसिंहासन पर बैठा। सबसे पहले उसने व्यापार बढ़ाने की ओर ध्यान दिया। इससे उस पर संसार की धन-सम्पदा खिंची चली आयेगी और यह अपनी पृथ्वी जीतने की दूसरी इच्छा पूरी कर सकेगा।

व्यापार के मार्ग में सबसे बड़ा काँटा **कर्कोटक नाग** थे जिन्होंने हैहय नाविक शक्ति कम होने पर नर्मदा जहाँ सागर से मिलती है वह भूभाग जीत लिया था। अब सारा पश्चिमी नौ-व्यापार उनके हाथों में था और हैहयों को बड़ी ठेस पहुँची थी। अर्जुन ने अपनी शक्ति संगठित की और नावों का बेड़ा लेकर उन पर भीषण आक्रमण किया। हैहय बहुत लड़ाके थे। नावों के कारण जल थल पर उनका समान प्रभुत्व हो गया था। कर्कोटक नाग भी बहुत वीर थे। भयंकर युद्धों के बाद नागों की हार हुई।

सहस्रार्जुन ने उनका सारा भूभाग अपने राज्य में मिला लिया और कर्कोटक नागों को बन्दी बनाकर अपनी राजधानी महिष्मती ले आया। वहाँ उसने उन सब पराक्रमी वीरों को स्वतन्त्र कर दिया और अपनी राजधानी में बसाया।[1] उसकी इस उदारहृदयता से वे गद्‌गद्‌ हो उठे और उसका दाहिना हाथ बन गये।

२

अब सहस्रार्जुन ने अपना विश्व-विजय का सपना साकार करना चाहा। उत्तर में कोई राज्य ऐसा नहीं था जो उसके आड़े आता। सो उसने द्वीपों पर विजय प्राप्त करने के लिये चढ़ाई की। बारी-बारी से उसने सात द्वीपों पर चढ़ाई की[2] और उन्हें जीता। हर द्वीप को जीतने के उपरांत उसने यज्ञ किया। इस प्रकार पूरे सात यज्ञ किये। हर यज्ञ में उसने सोने के यूप और सोने की वेदियाँ स्थापित कीं। साथ ही प्रत्येक में एक लाख मुद्रा दान में दीं। उसने 'सप्तद्वीपेश्वर' का विरुद धारण किया। जगत में उसे 'लहरों का स्वामी' कहने लगे।

उस महायोगी ने सब जगह शान्ति स्थापित की। ऐसा लगता था कि मान्धाता का स्वर्ण युग फिर लौट आया है।[3]

३

सहस्रार्जुन उत्तर की ओर बढ़ा था तब सूर्यवंशी राजा **रेणु** ने अपनी बड़ी पुत्री **मृगावती** का विवाह उसके साथ कर दिया था। सारी पृथ्वी में अपने नाम का डंका बजाकर अर्जुन ने अपनी पत्नी के साथ विहार करना आरम्भ किया।

---

1. हरिवंश 1.33.26)
2. पुराण में द्वीपों के नाम नहीं दिये हैं।
3. हरिवंश 1.33; पद्म पुराण सृ. 12; ब्रह्म पुराण 13; नारद पुराण 1.76

४

अगस्त्य द्वारा सरस्वती तीर से भगा दिये जाने पर राक्षस अपने सम्राट् **रावण** की अधीनता में दक्षिण चले गये थे। राक्षसों और यक्षों का धन के साथ वही सम्बन्ध था जो मछली का जल के साथ होता है। हैहयों और भृगुकुल की लड़ाई से सबसे अधिक लाभ राक्षसों ने उठाया। वे हैहयों के समान दुर्द्धर्ष लड़ाका थे, साथ ही व्यापार की आदत उनमें परम्परा से पड़ी हुई थी।

रावण ने जब सहस्रार्जुन का सूर्य चमकते देखा तो उसे बहुत क्रोध आया। उसने मन्त्रणा-सभा बुलाई। निश्चित हुआ कि कोई बहाना मिलने पर हैहयराज से युद्ध छेड़ देना चाहिये।

वह अवसर भी शीघ्र मिल गया। उसका नर्मदा के दक्षिणी भाग पर अधिकार था। एक दिन वह नर्मदा के तट पर शंकर की पूजा कर रहा था कि यकायक पानी में खलबली मची। वह ऊपर चढ़ा और उसकी पूजा की सामग्री बहाकर ले गया। यह देखकर रावण आग बबूला हो गया। उसने तट-तट ऊपर की ओर जाकर पता लगाना चाहा कि पानी बढ़ने का क्या कारण है। वहाँ सहस्रार्जुन अपनी सहस्र नावों में रानी मृगावती के साथ नर्मदा में केलि-विहार को निकला था। उन नावों के चलने से जल में खलबली मच गई थी।

रावण ने सेना सजाकर आक्रमण किया। सहस्रार्जुन ने सामना किया और राक्षस सेना नष्ट करके रावण को बन्दी बना लिया।[1]

५

''महाराज, एक महर्षि द्वार पर उपस्थित हैं। वे आपसे मिलना चाहते हैं।'' द्वारपाल ने आकर पूछा।

''उन्हें सादर अन्दर ले आओ।''

द्वारपाल के साथ वृद्ध महर्षि को अन्दर आते देखकर सहस्रार्जुन ने आसन से उठकर उनकी अभ्यर्थना की।

''सम्राट्, मैं **पुलस्त्य** आपसे मिलने आया हूँ।''

''महर्षि, मैं धन्यभाग्य हूँ जो सप्तर्षि मण्डल के एक तारे को देखने का मुझे सौभाग्य प्राप्त हुआ।''

अर्जुन के दिये आसन पर बैठते हुये पुलस्त्य बोले, ''मैं आपसे एक निवेदन करने आया हूँ।''

''आप रावण के विषय में कहने आये होंगे।''

''हाँ, राक्षसों ने मुझे अपना कुलगुरु स्वीकार किया है। मैं उनमें मानव संस्कृति फैला रहा हूँ। आप जानते ही हैं कि हमारा उनका सहस्रों वर्षों का साथ है। उनको अपनी संस्कृति में रंग लेना बहुत आसान है बनिस्बत और आदिवासी कुलों के। जैसे दक्षिण के दानव कुल को लो। वह भी राक्षसों के समान बलवान व धनवान कुल

---

1. वायु पुराण 94.35

है, परन्तु हमारा उससे कोई सम्बन्ध नहीं। बल्कि उन्हें दाबे रखने के लिये हमें राक्षस कुल को एक मध्यस्थ प्रतिरोधक राज्य बनाकर रखना चाहिये। दानवों की शक्ति तोड़नी नहीं चाहिये। आप रावण को छोड़ दें। यह उसे कृतज्ञ बनायेगा और मानव संस्कृति फैलने के मेरे ध्येय में सहायक होगा।''

''आपने व्यर्थ यहाँ आने का कष्ट किया। आप आश्रम से कहला भेजते। आपके आदेश की पूर्ति कर मैं अपने को कृतार्थ समझता।''

रावण छोड़ दिया गया।[1]

1. वाल्मीकि रामायण, उत्तर काण्ड 22.1-73; 31-33; विष्णु पुराण 4.11; आनन्द रामायण सा. 13, भागवत 9.15; मत्स्य पुराण 43; हरिवंश 1.33

विश्वामित्र

(लगभग 2520 ईसा पूर्व)

विवाहभिलाषी

१

"आपका परिचय क्या है? मुझे खेद है कि मैं आपको पहचान नहीं पा रहा हूँ।" कान्यकुब्ज के राजा **गाधि** ने युवक ऋषि से पूछा।

"मैं और्व का पुत्र **ऋचीक** हूँ," ऋषि ने उत्तर दिया। उसका रंग ताम्र वर्ण का होने पर भी मुख पर अनोखी आभा थी, नेत्रों से तेज बरस रहा था। वह आवश्यकता से अधिक लम्बा लगता था। चाल-ढाल, वेश-भूषा से वह दक्षिण से आया प्रतीत होता था।

"क्या आप भृगुकुल-ज्योति महर्षि और्व की सन्तान हैं?" राजपुरोहित ने ससंभ्रम पूछा।

"हाँ, मैं और्व भार्गव का पुत्र और शिष्य हूँ।"

"राजन्, भृगुकुल को कौन नहीं जानता। यह देवों का सबसे प्राचीन कुल है। भृगु ने इन्द्र को शिक्षा दी, दधीचि ने वज्र। च्यवन ने शर्याति को विजेता बनाया, शुक्राचार्य ने असुरों को अमर।" पुरोहित ने स्तवन किया।

"भृगुकुल को कौन नहीं जानता।" गाधि ने दोहराया। "हर नए मोड़ पर वे आगे रहे हैं।" कहा नहीं जा सकता कि यह गाधि की निश्छल स्तुति थी या भृगु की देवों को छोड़कर असुरों में मिल जाने पर व्यंजना।

राजा ने फिर कहा, "ऋषिवर, आपके पहले दर्शन नहीं हुए। कहिये मैं आपकी क्या सेवा कर सकता हूँ?"

"राजन्, आपको पता होगा हैहयराज कृतवीर्य द्वारा भार्गवों का घर, सम्पदा, व्यापार तथा फिर प्राण भी नष्ट किये जाने के समय मेरे पिताश्री बचे खुचे भार्गवों को एकत्र करके उसके चुंगल से निकल भागे थे। भगवती सरस्वती और गंगा के दर्शन करके उनके पुराने संस्कार जागे और उन्होंने गंगातट पर आश्रम बनाकर रहना आरम्भ किया। वहाँ वेद, व्यापार, नौचालन और शस्त्र सब प्रकार की शिक्षा उन्होंने देनी आरम्भ की। वरुण की कृपा से हमारा आश्रम फिर फल-फूल आया। जब अनूप देश से हम आये थे, मैं छोटा था। आज मैं युवक हो गया हूँ और मेरी शिक्षा पूर्ण हो गई है।"

ऋचीक कुछ देर रुके, फिर बोले, "मैं भी अपना आश्रम खोलना चाहता हूँ।"

"जो सहायता मुझसे हो सकेगी मैं दूँगा।"

"मेरी आपसे एक प्रार्थना है।"

''कहिये।''

''मैं आपकी पुत्री **सत्यवती** से विवाह करना चाहता हूँ।''

सुनकर राजा गाधि सन्न रह गया। वह सोच में पड़ गया। कान्यकुब्ज का राज्य नया बसा है, प्राचीन भृगुकुल से सम्बन्ध बनाकर इसका नाम ऊँचा उठेगा। किन्तु भृगुकुल पर इस समय बुरा समय आया हुआ है। एक समय का सर्वसम्पन्न परिवार इस समय दर-दर की ठोकरें खा रहा है।

''ऋषिपुत्र, आपकी याचना सुनकर मुझे बड़ी प्रसन्नता हुई। आप जैसा जामाता पाकर मैं सौभाग्यशाली बनूँगा। लेकिन.........

गाधि तीव्रता से इस उलझन से निकलने की युक्ति सोच रहा था। मेरी पुत्री, वह भी इकलौती जो सब सुखों में पली है कैसे इसके साथ रह पायेगी। सुना है भृगुकुल की दशा पहले से सुधर गई है पर मुझे कैसे पता लगे।

ऋचीक ने नम्र स्वर में कहा, ''राजन्, आप ऊहापोह न करें जो आपके मन में हो स्पष्ट कहें।''

''ऋचीक, सत्यवती मेरी इकलौती पुत्री है।''

''वह भृगुकुल के नेता की वधू बनेगी,'' ऋचीक ने उपयुक्त उत्तर दिया।

''मैंने और उसकी माँ ने सत्यवती के विवाह के लिये एक शर्त निश्चित की है। वह दुस्साध्य है। उसको पूरा करना बड़ा कठिन है।''

''राजन्, आप शर्त को बतायें। मैं अवश्य उसे पूरा करके रहूँगा।''

''ऋषिकुमार, सत्यवती उसी को मिलेगी जो दूध के समान श्वेत रंग वाले एक सहस्र अश्व हमें लाकर देगा। उन अश्वों के कानों के भीतर का रंग लाल और बाहर का रंग काला होगा। उन घोड़ों में कोई दोष नहीं होगा। जो भी मेरे इस प्रण को पूरा करेगा उसी के साथ सत्यवती का विवाह होगा।''[1] कहते-कहते गाधि स्वयं सहम गये। उन्होंने कैसी शर्त रख दी। कहीं इसी के कारण सत्यवती जीवन भर कुमारी न रह जाये। वे विह्वल हो सोच रहे थे कि कोई कठिन शर्त रखी जाये जिसे यदि यह ऋषिकुमार पूरी कर लेगा तो उसकी गरिमा पता चल जायेगी, वह सत्यवती को सुखी रख सकेगा। और यदि वह पूरी नहीं कर सकेगा तो स्वयं लौटकर नहीं आयेगा, वे इन्कार करने से बच जायेंगे। परन्तु उनके मुख से कितनी भीषण शर्त निकल पड़ी! कहीं उसका खामियाजा इकलौती पुत्री को तो न उठाना पड़ेगा!

राजा गाधि की प्रतिज्ञा को सुनकर राजसभा में सन्नाटा छा गया। राजा क्या कह गये। ऐसे घोड़े भारत भर में पचास सौ तो ढूँढ़े से मिल जायेंगे, पर एक सहस्र लाकर देना तो बिल्कुल असम्भव है।

रानी भी सभा में विराजमान थी। एक पल को वह भी अवसन्न रह गई। आज राजा को क्या सूझा। इससे अच्छा तो भार्गव को साफ मना कर देते। ज्यादा से ज्यादा भृगुकुल से शत्रुता हो जाती।

---

1. महाभारत, अनुशासन पर्व 4.7-10; विष्णु पुराण 4.7; भागवत 9.15.5-11

लेकिन इन सब को ऋचीक की वाणी ने उभार लिया। मुख पर तनिक भी तेवर न लाकर वे बोले, ''राजन्, आप ठीक कह रहे थे कि शर्त कुछ कड़ी है। किन्तु है बिल्कुल आपकी सर्वगुणसम्पन्ना सुन्दरी कन्या के उपयुक्त। इससे हल्की शर्त रखना उसका अपमान करना था।''

रानी के मुख से निकला, ''वत्स, तुम!''

और्वपुत्र ऋचीक ने सहज भाव से कहा, ''माता, आप निश्चित रहें। मैं शीघ्र ही राजा की भेंट लेकर लौटूंगा। वरुण मेरी इच्छा पूर्ण करेंगे।''

गाधि के मुख से आशीर्वाद निकल पड़ा, ''बेटा, सफल होकर वापस आओ।''

सारी सभा ऋचीक के साहस पर दंग थी। सब के मन में एक ही बात उमड़ घुमड़ रही थी–यह ऋषिपुत्र अवश्य सत्यवती के योग्य वर है। इन्द्र इसे सफल करें।

२

भृगुकुल ने उत्तर में पैर जमाते ही व्यापार करना आरम्भ कर दिया था और बहुत जल्दी ही वे इसमें सफल हो गये थे। सारे ज्ञात संसार से वे भली भाँति परिचित थे। और्व की मृत्यु हो चुकी थी, ऋचीक ही उनके नेता थे। अपने नेता की समस्या को हल करने के लिए उन्होंने देश का कोना-कोना छान मारा किन्तु श्यामकर्ण घोड़े न मिलने थे न मिले।

एक मास बीत चुका था। समय निर्बाध गति से उड़ता चला जा रहा था ऋचीक के उत्साह में कोई कमी नहीं आई थी। असम्भव शब्द मूर्खों के कोश में है। जब ऐसे अश्व होते हैं यह पता है तो विश्व के किसी न किसी कोने में अवश्य मिलेंगे।

सहसा एक दिन वरुण ने स्वगं भृगु आश्रम में समाचार पहुँचा दिया। सब जगह विख्यात हो गया था कि भृगुकुल को घोड़ों की आवश्यकता है। यह सुनकर एक घोड़े का व्यापारी विदेशी नाग मिलने चला आया। वह कुछ बढ़िया घोड़े भी लाया था। घोड़े ऋचीक को बहुत पसन्द आये। उन्होंने वे सब अपने आश्रम के लिए खरीद लिये।

घोड़े का व्यापारी बहुत खुश हुआ। वह बोला, ''मैंने सुना है आपको बहुत घोड़े चाहियें। अगली बार मैं और घोड़े लेकर आऊँगा।''

ऋचीक ने पूछा, ''तुम ये घोड़े कहाँ से लाते हो?''

''यहाँ से बहुत दूर पश्चिम में एक देश है। वहाँ वरुण के उपासक असुरों से मैं इन्हें खरीदता हूँ।''

''मुझे एक सहस्र घोड़े चाहियें।''

नाग व्यापारी के मुँह में पानी भर आया। ''आप मुझे कुछ अग्रिम दे दें, अगली बार मैं आपको अश्व ला दूँगा।''

''लेकिन मुझे विशेष प्रकार के घोड़े चाहियें। वे बिल्कुल श्वेत, श्यामकर्ण, और निर्दोष हों।''

यह सुनकर व्यापारी भी सोच में पड़ गया। ''ऋषिवर, मैं अभी ठीक-ठीक आपसे वादा नहीं कर सकता। लेकिन यह अवश्य कह सकता हूँ कि यदि कोई देश आपकी आवश्यकता पूरी कर सकता है तो वह वही देश है।''

''हम तुम्हारी बात को पूरा आदर देते हैं। हम अपनी नावों में उस देश चलते हैं। तुम हमारे साथ चलो। हम तुम्हें भी उपयुक्त धन देंगे। वरुण हमसे प्रसन्न हैं, अश्व हमें अवश्य प्राप्त होंगे।''

३

अश्व व्यापारी को साथ लेकर ऋचीक का नौका-दल निकल पड़ा। अनुकूल व्यापारी हवाएँ पाकर वह तेजी से पश्चिम की ओर चला। दक्षिण पारस में यम की नगरी सुषा को लांघते वह आगे बढ़ा। सुमेर के नगर राज्यों में आशा न होते हुए भी पूछ लिया गया और निराशा मिली।

आखिर एक दिन अश्व व्यापारी दूर इंगित करता हुआ बोला, ''ऋषिवर, हम असुरों की राजधानी के निकट आ गए हैं। इसका नाम वसुधा-नगर है। यहाँ पुष्प-गिरि पर स्थित सुख नामक मन्दिर में वरुण का निवास है जो आभोग सर्प की छाया में रहता है। उसका वाहन मकर है। यह पूरी पश्चिम दिशा का राजा है।''

व्यापारी के सम्मान भरे शब्दों से पहली बार पता चला कि वह भी वरुण का भक्त हैं बात भी ठीक थी। वरुण जल का राजा है। जो व्यापार के लिये जल में इधर से उधर घूमे वह वरुण की पूजा किये बिना कैसे रह सकता है!

''वरुण हम सब के राजा हैं। देव और मानव भी आरम्भ से उनकी पूजा करते रहे हैं। इस समय इन्द्र की पूजा अधिक होने लगी है, फिर भी वरुण अपनी जगह पर स्थिर हैं। असुरों से बातचीत करने से पहले मैं पुष्प-गिरि पर स्थित मन्दिर में जाकर वरुण की पूजा करूँगा।'' ऋचीक ने कहा।

बन्दरगाह आ गया था। नौकाएँ विश्रामस्थल से जा लगीं और भृगु नीचे उतर पड़े। ऋचीक ने वरुण का स्तवन किया, स्वयंरचित सूक्त पढ़े।[1] उपस्थित असुरों पर इसका बड़ा प्रभाव पड़ा। वे वरुण की पूजा करते थे, पर इस सुसंस्कृत तरीके से नहीं।

ऋचीक ध्यानस्थ हो गये थे। समाधि अवस्था में उन्हें लगा कि उनके सामने वरुण प्रकट हो गये हैं और मुस्कराकर उन्हें वरदान दे रहे हैं।

पूजा के बाद भृगुओं और असुरों में बातचीत चली। उस देश में ऐसे घोड़े पाये जाते थे और एक हज़ार घोड़े देना उसके लिए सम्भव था। उनकी एक ही शर्त थी।

ऋचीक ने मन में सोचा जहाँ जाता हूँ वहीं शर्त की बात होती है। मन ही मन मुस्कराते हुए उन्होंने पूछा, ''महोदय, आप अपनी इच्छा प्रकट करें।''

असुरराज ने कहा, ''देखिये महर्षि, हम इन घोड़ों के बदले आपसे पैसे भी नहीं लेंगे यदि आप हमारी इच्छा पूरी कर दें। मैं चाहता हूँ कि आपके कुछ साथी हमारे नगर में रह जायें और हमें ठीक प्रकार वरुण की पूजा करना सिखलाएँ।''

ऋचीक ने साथियों की ओर झाँका। उनके मुखों पर देश छूटने का दु:ख नहीं था बल्कि एक उत्साह था। सप्तर्षि मण्डल के आह्वान कि 'समस्त विश्व को आर्य

---

1. ऋग्वेद 9.112

कर दो' से सब अनुप्राणित थे। इससे अच्छी बात और क्या हो सकती है कि महर्षि ऋचीक का काम भी बन जायेगा और भृगुकुल को एक नया देश मानव संस्कृति में रंगने का अवसर मिलेगा।

साथियों की मौन स्वीकृति पाकर ऋचीक बोले, "असुरराज, मेरे साथी आपकी बात से सहमत हैं। ये आपके यहाँ रहने को तत्पर हैं। ऋषि अर्वावसु के नेतृत्व में वे आपके देश में रहेंगे। मैं अपने देश जाकर अन्य साथी भी भेज सकूंगा, मुझे इसमें कोई शक नहीं"

कुछ ही दिनों में एक हज़ार घोड़े इकट्ठे कर दिये गये। और नौकाओं पर चढ़ा दिये गये। कुछ भृगुओं को वहीं छोड़कर ऋचीक ने अर्वस्थान [घोड़े (अर्व) अधिक होने के कारण उस देश को उन्होंने अर्वस्थान कह कर पुकारा जो बाद में बिगड़ कर अरब रह गया] से प्रस्थान किया।[1]

४

"राजन्, भृगुपुत्र ऋचीक पधारे हैं।"

सैनिक के मुख से यह शब्द सुनकर राजा गाधि और रानी दोनों चौंक उठे। ऋचीक को गये अनेक मास बीत गये थे। उन्हें सत्यवती के विवाह होने की आशा धूमिल पड़ती जा रही थी। ऋचीक के आगमन की बात सुनकर उनकी आशायें जाग उठीं। महर्षि का स्वागत करने के लिये गाधि स्वयं द्वार तक जा पहुँचे।

ससुर को सामने देखकर ऋचीक ने झुककर अभिवादन किया और कहा, "पितृव्य, मैंने आपका आदेश पूरा किया। मैं घोड़े ले आया हूँ और वे आपकी अश्वशाला में बाँध दिये गये हैं। आप चलकर उनको देख लें।"

गाधि को पता लग गया कि भृगुकुल कितना भी लुट-पिट गया हो फिर भी उसमें अजेय प्राण हैं। वह साहसिक कुल है। अपने अदम्य साहस के बलबूते वह कितनी भी विपरीत अवस्था क्यों न हो, उससे उभर कर रहेगा। ऐसे प्राचीन, महान् और साहसी कुल के प्रधान से सम्बन्ध हो जाने में उन्होंने अपना सौभाग्य समझा। हर्ष के मारे उनके मुख से बोल नहीं निकला। वे लपक कर आगे बढ़े और ऋचीक को सीने से लगाकर उनका माथा चूम लिया।

जब हर्ष का आवेग कुछ थमा, तब राजा गद्‌गद् कण्ठ से बोला, "ऋचीक, सत्यवती तुम्हारी है। मेरा सौभाग्य है कि वरुण ने उपयुक्त वर स्वयं मेरे द्वार पर उपस्थित कर दिया।"

---

1. महाभारत, वन पर्व 115; स्कन्द पुराण 6.166

मामा भानजा

१

विवाह सम्पन्न हो जाने के उपरान्त राजा गाधि बोले, ''ऋचीक, मेरा तुम से एक निवेदन और है।''

''पितृव्य, उसे पूरा करना मेरा कर्त्तव्य है। आप आदेश दीजिये।''

''मैं चाहता था कि तुम यहाँ गंगातट पर भी एक आश्रम स्थापित करते। भृगुओं के अगाध ज्ञान से कुशिक के वंशजों को भी लाभ होता।''

ऋचीक कुछ सोच में पड़ गये।

गाधि ने बात आगे चलाई, ''तुम एक अप्रतिम योद्धा हो। महर्षि और्व ने तुम्हें एक योद्धा की पूर्ण शिक्षा दी है।''

ऋचीक की दुखती रग छेड़ दी गई। ''राजन्, भृगुकुल ने ज्ञान की पिपासा छोड़ दी थी, वे केवल व्यापार में लग गये थे। यही हमारी सबसे बड़ी गलती थी। यह तो मानी हुई बात है कि व्यापार भी वही कर सकता है जिसके छुरे की धार के सदृश तेज़ मस्तिष्क हो, विश्व भर का ज्ञान हो और अदम्य साहस हो। व्यापार के लिये ज्ञानी और योद्धा बनना भी बहुत आवश्यक है। यहीं हम अधूरे हैं। पिताजी ने इसे अनुभव किया। और बचे-खुचे भृगुओं को उन्होंने शस्त्र और शास्त्र में पारंगत कर दिया। हमारा व्यापार फिर फलने-फूलने लगे और तब कोई अन्य हैहयराज हमें उखाड़ न फेंके, इस संभावना को समाप्त करने के लिये।''

''महर्षि और्व ने बिल्कुल ठीक सोचा। तुम अद्‌भुत घुड़सवार भी हो। तुमने मुझे एक सहस्र घोड़े लाकर दिये हैं। लेकिन वे व्यर्थ ही बंधे न रहें। मैं चाहता था कि तुम पुरुओं में से उनके लिये घुड़सवार भी तैयार कर दो।''

''मैं कुछ सोचकर उत्तर दूँगा,'' ऋचीक ने कहा। ''पहले मैं भृगु आश्रम हो आऊँ, फिर आपको बताऊँगा।''

२

ऋचीक ने नया आश्रम गंगातट पर भी आरम्भ कर दिया जो कान्यकुब्ज से पाँच मील दूर था। पौरवों की अश्व-संचालन-शिक्षा आरम्भ हो गई। शीघ्र ही कान्यकुब्ज राज्य की अनुपम हय सेना तैयार हो गई जिसका भय सारे भूखण्ड में व्याप्त हो गया।

एक दिन सत्यवती ने ऋचीक से मनुहार करते हुए कहा, ''तुमने पिताजी की बात तो पूरी कर दी, अब अम्मा का कहा भी पूरा कर दो।''

''तुम्हारी अम्मा ने कुछ माँगा भी है, मुझे दिया ही दिया है।''

''वह तुमसे माँगती अच्छी लगती हैं, तुम्हें स्वयं समझ जाना चाहिये था।''

''मैं बुद्धू रहा, नहीं समझ पाया। तुम्हीं बता दो।''

''उनके कोई पुत्र नहीं है। पिताजी और अम्मा दोनों दुखी रहते हैं। तुमने उनको हय सेना दी है तो उसके योग्य राजा भी दे दो।''

आँखों में प्यार भरकर ऋचीक ने पूछा, "और तुम्हें? तुम में पुत्र की चाह नहीं है क्या?"

"क्यों नहीं!" सत्यवती के मुख से निकला और उसने लजाकर ऋचीक के सीने में मुख छिपा लिया।

ऋचीक ने उसे गुदगुदा दिया।

मुख उठाकर सत्यवती बोली, "पर मेरी कोई जल्दी नहीं। पिताजी वृद्ध हो चले हैं। अम्मा कह रही थीं–ब्रह्मा ने सारी विद्या भृगु को दे दीं, ऐसा कहा जाता है। क्या तुम्हारा पति ऐसी जड़ी बूटी जानता है जिससे मैं पुत्र का मुख देख सकूँ? भार्गव, तुम अम्मा की इच्छा पूर्ण करो।"

ऋषि ने गम्भीर होकर कहा, "मुझे जो विद्या मिली है उसमें इस प्रकार का चारु तैयार करने की शिक्षा है। मैं कुछ दिनों में दो चारु तैयार कर लूँगा। एक तुम माता जी को दे देना और एक स्वयं पी लेना। वरुण की कृपा से हम सब की कामना पूर्ण होगी।"

ऋचीक ने चारु तैयार कर दिये। कुछ दिनों बाद माँ बेटी दोनों गर्भवती हो गईं।[1]

३

कान्यकुब्ज फूला नहीं समा रहा था। गाधि और ऋचीक दोनों के यहाँ कुछ दिनों के अन्तर से पुत्र उत्पन्न हुए थे। ऋचीक ने दोनों बच्चों के संस्कार कराये। कौशिक का नाम **विश्वरथ** रखा गया और भार्गव का नाम **जमदग्नि**[2] दोनों का एक साथ ही लालन-पालन होने लगा। कभी वे कान्यकुब्ज में रहते थे, कभी भृगुओं के ग्राम में। दोनों एक साथ ही रहते थे, एक साथ ही खाते-पीते थे, एक से ही वस्त्र पहनते थे। एक के बिना दूसरे का जी नहीं लगता था।

फिर भी रंग-रूप में दोनों एक दूसरे से बिल्कुल भिन्न थे। विश्वरथ की देह का रंग दूध के समान श्वेत था और नेत्र बड़े-बड़े, काले। वह इतना चंचल था और तेज टपकाता था कि हर देखने वाला समझा जाता था कि यह कोई विलक्षण व्यक्ति है। सिर के बाल काले और घुंघराले थे। अद्‌भुत स्वभाव उसने पाया था। हर बात का प्रभाव उस पर बहुत जल्दी होता था। वह पल में हँसने लगता था और ज़रा सी ठेस लगने पर रोने लगता था। अपने इन्हीं कारनामों से वह सब को पागल बना देता था।

जमदग्नि का रंग पिता के ऊपर गया था, खुला हुआ सांवला था। बचपन से ही वह बहुत हृष्ट-पुष्ट था–गोल मटोल जिसे देखकर सबको प्यार करने को जी कर आये। लम्बोतरा सुन्दर मुख जिस पर घनघोर बाल थे। वह बहुत शान्त बालक था। किसी से भी बोलता नहीं था सिवाय अपने मामा के। और मामा था प्रत्येक से बड़-बड़ करता रहता था।

---

1. महाभारत, शान्ति पर्व 49.10; हरिवंश 1.27 विष्णु पुराण 4.7; भागवत 9.15
2. महाभारत, आदि पर्व 60.46, वन पर्व 116.8; हरिवंश 1.27.35; ब्रह्म पुराण 10; स्कन्द पुराण 10.66

धीरे-धीरे दोनों बड़े हुए। जब शिक्षा प्राप्त करने की आयु हुई तो कठिन समस्या उत्पन्न हो गई। एक को राजा के उपयुक्त शिक्षा प्राप्त करनी थी और दूसरे को ऋषि बनकर अपने कुल का दाय संभालना था। किन्तु वे दोनों तो एक दूसरे से पल भर भी अलग नहीं रह सकते थे। दोनों को बहुत समझाया गया पर एक ने न सुनी। आखिर यही तय हुआ कि दोनों को दोनों तरह की शिक्षा दी जायेगी। और इसमें सहायता दी उनकी तीक्ष्ण मेधा ने। जो दोनों को पढ़ाया जाता था साथ ही साथ याद होता चला जाता था। अच्छे शिष्य मिलना भी सौभाग्य है। ऋषियें ने अपना सारा ज्ञान उनमें उँडेल दिया।

४

एक दिन सूर्य पश्चिम में उदय हो गया। मामा भानजे लड़ पड़े। और ऐसे लड़े कि उन्हें छुड़ाना भी दुर्भर हो गया। वे उस समय भृगु ग्राम में थे। दोनों की मरहम पट्टी करके लिटा दिया गया परन्तु सत्यवती की चिन्ता नहीं मिटी। उसने ऋचिका से पूछा, "विश्वरथ और जमदग्नि में क्रोध बहुत है।"

"अभी बच्चे हैं।"

"बात को टालते क्यों हो? बचपन में ही स्वभाव का पता लग जाता है।"

"तो भी चिन्ता की क्या बात है? नेताओं में क्रोध एक गुण है।"

सत्यवती का मन नहीं माना। "विश्वरथ का क्रोध तो ठीक है। वह राजा है, उसे शत्रुओं को दबाकर रखना होगा। लेकिन जमदग्नि को ऋषि बनना है। क्षमा और शान्ति उसके भूषण होते हैं, क्रोध नहीं।"

"उसे क्रोध को दबाकर रखने की सीख दी जायेगी। उचित शिक्षा से आदमी क्या नहीं सीख सकता।" ऋचीक ने बात टालनी चाही।

"बातें मत बनाओ। यह दु:ख तुम्हें भी साल रहा है।" सत्यवती ने टोका।

"सत्यवती! इसमें हम तुम कुछ नहीं कर सकते। जमदग्नि और्व और ऋचीक के क्रोध और प्रतिकार का स्वरूप है। हैहयराज के प्रति क्रोध और प्रतिकार की भावना ने हमारी आत्मा में घर कर लिया है जो आज जमदग्नि के रूप में मूर्तिमन्त हो उठी है।"

"आप क्या कह रहे हैं?"

"मैं ठीक कह रहा हूँ। जमदग्नि एक क्रोधी ऋषि होगा। और।"

"और क्या?"

"डर है कि उसका पुत्र उससे भी अधिक क्रोधी न हो। वह ऋषि के गुण न लेकर राजा के गुण ले बैठे।"

"यह क्या हुआ?" सत्यवती घबराकर रोने लगी। थोड़े दिन आश्रम में रहकर ही वह पूरी ऋषिपत्नी हो गयी थी। "हमारा यह धर्म नहीं है ऋषिवर।"

"मैं पूरा प्रयत्न करूँगा कौशिकी। पिता और्व के और मेरे शिक्षा और संस्कार ऐसे थे कि क्रोध हमारे ऊपर हावी न हो सका। मैं भी इसमें ऋषि-संस्कार डालने का प्रयत्न करूँगा।"[1]

---

1. महाभारत, अनेक स्थल; वायु पुराण 91.66-87; भागवत 9.15; स्कन्द पुराण 6 166-167

कायापलट

१

मामा भानजे बड़े हो गए। विश्वरथ का विवाह हो गय। उसकी पत्नी का नाम **सांकृति** था, वह दृषद्वती नदी के एक नगर राज्य की रहने वाली थी, इसलिये प्यार से विश्वरथ उसे दृषद्वती कहकर भी पुकारता था। जब उसके अष्टक पुत्र की उत्पत्ति हुई, उसी समय राजा गाधि की मृत्यु हो गई। छोटी आयु में ही विश्वरथ को राज्यसिंहासन संभालना पड़ा।

जमदग्नि का विवाह सूर्यवंशी राजा रेणु की सबसे छोटी पुत्री **रेणुका** से हुआ।[1] यह विवाह गाधि अपने सामने और अपने प्रभाव से करा गये थे। वह सहस्रार्जुन की साली थी, इस प्रकार विधना ने हैहय कुल और भृगु कुल को निकट सम्बन्धी बना दिया। दत्तात्रेय की शिक्षा काम में आई; सहस्रार्जुन स्वयं इस विवाह में सम्मिलित हुआ और भृगुकुलश्रेष्ठ को भेंट दीं उसने उन्हें अनूप देश में आकर रहने का निमंत्रण भी दिया जो ऋचीक ने नम्रता से ठुकरा दिया।

विश्वरथ के तीन अन्य विवाह भी हुए और अनेक पुत्र हुए।

२

विश्वरथ राज्यकार्य में लग गया था और जमदग्नि के पास जाने का उसे समय नहीं मिलता था। जमदग्नि को दूसरा साथी रेणुका मिल गई थी। अपने शस्त्र-शास्त्राभ्यास में उसने रेणुका को साथी बनाया।

एक दिन वह रेणुका को लेकर बाण चलाने का अभ्यास करने निकल गया। धूप बहुत सख्त पड़ रही थी। परन्तु उसे इसकी परवाह कब थी। उसने तीर धनुष पर चढ़ाया और पूरे वेग से छोड़ दिया। फिर बोला, "लो रेणुका, अब तुम तीर छोड़ो।"

रेणुका हँसकर बोली, "वाह! मैं तीर चलाना नहीं जानती।"

"यही तो मानवों में कमी है। पहले जमाने में देव और देवी समान रूप से युद्ध करना जानते थे। इसी कारण वे असुरों से जीत सके। तुम्हें वह कथा याद होगी जब देवासुर युद्ध में विश्पला की टांग कट गई थी और अश्विनीकुमारों ने उसके लोहे की टाँग लगाई थी। तुम भी तीर चलाना सीख लो।"

रेणुका ने मजाक किया, "अब तो मैं तुम्हारे बेटे पालना सीखूँगी।"

जमदग्नि सोच में पड़ गया। कुछ देर बाद वह बोला, "अच्छा, एक काम करो। मैं तीर छोड़ता हूँ, तुम उन्हें उठाकर लाओ। हमारे पास थोड़े ही तीर हैं। पहले मैं तीर छोड़ता था फिर उन्हें एकत्रित करता था। इसमें बहुत समय लग जाता था। अब

---

1. भागवत 9.15.2; हरिवंश 1.27.38

मैं तीर से निशानेबाजी करता हूँ, तुम उन्हें भाग-भाग कर इकट्ठे करना शुरू करो। इससे आधे समय में ही मैं अचूक धनुर्धर बन जाऊँगा।''

इस बात पर रेणुका फौरन सहमत हो गई। जमदग्नि ने निशाने लगाने शुरू किए और वह भाग-भाग कर तीर इकट्ठे करने लगी।

सूर्य से धरती तप रही थी और वन में काँटे भरे पड़े थे। रेणुका लाड़-प्यार से पली राजकन्या थी। वह इस प्रकार धूप में और वन में भटकती नहीं फिरी थी। उसके पैर काँटों से लहुलुहान हो गये और तलुओं में फफोले उठ आये। जब उससे बिल्कुल नहीं चला गया तो वह पेड़ की छाँह में सांस लेने बैठ गई।

उधर जमदग्नि के सारे बाण समाप्त हो गये और रेणुका आती दिखाई नहीं दे रही थी। ऋषि का क्रोधी स्वभाव भड़क उठा। वह गरजा, 'रेणुका, कहाँ गई तुम?''

उस स्वर को सुन रेणुका चौंक उठी। वह भाग कर जमदग्नि के पास चली आई।

''कहाँ चली गई थी? मेरे सारे तीर समाप्त हो गए।''

इतने कष्ट पर पति का क्रोध देखकर रेणुका से नहीं रहा गया, वह फूट-फूट कर रो पड़ी। वहीं धम से बैठ गई और पैरों के तलुए दिखाते बोली, ''देखो, मेरे पैरों का क्या हाल हुआ है। धूप ने उन्हें जला दिया। मुझ से चला भी नहीं जा रहा।''[1]

जमदग्नि के क्रोध की दिशा पलट गई। उसे सूर्य पर बड़ा क्रोध आया। उसने सूर्य की ओर कुपित नेत्र उठाये। ''तुम चिन्ता न करो रेणुका। मैं तपस्या करता हूँ और सूर्य का निकलना बन्द कर दूँगा। यह आदमियों को कष्ट पहुँचाता है।''

जमदग्नि और रेणुका को यह पता नहीं था कि उनका यह व्यापार कोई और भी देख रहा है। वे चौंक पड़े। कोई उनसे कह रहा था, ''ऋषिपुत्र, तुम सूर्य का निकलना बन्द कर दोगे?''

आगन्तुक ऋषि था। बड़ा तेजोमय मुख था उसका। जमदग्नि और रेणुका को लगा जैसे सूर्य स्वयं आकाश से उतरकर उनके सामने आ खड़ा हुआ है।

''क्यों, क्या मैं सूर्य का निकलना बन्द नहीं कर सकता। तपस्या में बड़ा बल है। ब्रह्मऋषि वसिष्ठ क्या नहीं कर सकते?'' जमदग्नि का क्रोध अभी शान्त नहीं हुआ था।

पथिक मनोहारी हँसी-हँस पड़ा। ''तपस्या में बड़ा बल है। लेकिन उसे क्या इस कार्य में लगाना चाहिये? सूर्य ने तुम्हारा क्या बिगाड़ा है?''

''क्या बिगाड़ा है?'' मेरी पत्नी के पैरों की ओर देखो तब आपको पता चलेगा।''

''अरे!'' कहकर पथिक रेणुका के पास बैठ गया। उसने झोले में से जड़ी बूटी निकालीं। वह बुदबुदा रहा था, ''आज भैया की दी विद्या काम आयेगी।'' पैरों में लेप करके पट्टी बाँधने के उपरान्त वह उठ खड़ा हुआ।

''यह सूर्य की गलती नहीं है, तुम्हारी गलती है।'' वह गंभीर स्वर में बोला।

''क्या?'' जमदग्नि के मुख से लावे के समान फूटा।

---

1. महाभारत, अनुशासन पर्व 95.7-17

"तुम्हें यह नहीं पता सूर्य स्वयं तपकर संसार को प्राण प्रदान करता है। वह अन्न उत्पन्न करता है, वेद कहता है अन्न ही प्राण हैं। यही नहीं भूतल पर जितनी भी औषधियाँ, वृक्ष, लताएँ, पुष्प, घास, लोहा, सोना आदि हैं वे सब सूर्य की किरणों के परिणाम हैं। सूखी धरती की प्यास बुझाने जो बादल उमड़-घुमड़ कर आते हैं वे भी सूर्य के कारण। सूर्य प्राणदाता है, प्राणलेवा नहीं।"

ऋषि की सुसंस्कृत वाणी ने जमदग्नि का क्रोध शान्त किया। रेणुका को भी अपने दर्द में कमी होती प्रतीत हुई।

उस तेजस्वी, लम्बे, गौरवर्ण पथिक ने अपने दीप्त नेत्र सूर्य की ओर उठाये और उसके मुख से सूक्त निकला, "हे सूर्य देव, उदित होकर तुम आज, अनुष्ठान-काल में, हमें पापरहित करो। हे अदिति, हम देवों के बीच यथार्थ हों। हे अर्यमन् (दाता), तुम्हारी स्तुति करके हम तुम्हारे प्रिय हों।"[1]

पथिक के मुख से सस्वर ऋक् सुनकर जमदग्नि स्तम्भित रह गया। सुध बटोर कर उसने पूछा, "देव, आपका परिचय?"

"मुझे वसिष्ठ कहते हैं।" पथिक के मुख पर मुस्कान पूर्ववत् थी।

रेणुका और जमदग्नि दोनों पथिक के पगों में लोट गये। "ब्रह्मर्षि, हमें क्षमा करें। हम आपको न पहचान सके। हमसे कोई गलती हुई हो तो क्षमा करना।"

"तुम में लगन है जमदग्नि। इससे मैं बहुत प्रसन्न हूँ। अपनी लगन को कार्य रूप से परिणत करो।"

"जैसी आपकी आज्ञा हो गुरुदेव।"

"अपनी पत्नी का कष्ट देखकर तुम्हारा जी दुखा। और भी होंगे जिन्हें आवश्यकतावश इस चिलचिलाती धूप में निकलना होता होगा। उनका भी सिर तपता होगा, पैर जलते होंगे। सोचो, उनके लिये कुछ सोचो। सूर्य अपना कार्य कर रहे हैं, उन पर क्रोध करना नादानी है। कोई चीज ऐसी हो जो सिर और सूर्य के बीच तानी जा सके! कोई वस्तु जो पैर और पकती पृथ्वी के बीच में लाई जा सके!"

सहसा पिता का स्वर सुनाई पड़ा, "जमदग्नि, किससे बात कर रहे हो? राही को आश्रम में लेकर आना।"

जमदग्नि सोच में पड़ गया था। उसके कानों में कुछ नहीं सुना। लेकिन रेणुका हर्षातिरेक में चिल्लाई, "पिताजी, इधर आइये। देखिये, कौन आए हैं।"

ऋचीक और सत्यवती कुछ भृगुओं के पास से जा रहे थे। वे उधर चले आये। "कौन? कौन? ब्रह्मर्षि!" कहकर वे वसिष्ठ के पगों में लोट गए। सत्यवती और अन्य भृगुओं ने भी अचम्भे में भर कर उनका अनुसरण किया।

वसिष्ठ ने ऋचीक को उठाकर गले से लगा लिया, "ऋचीक मुझे प्रसन्नता है कि भृगुकुल फल-फूल रहा है।"

---

1. ऋग्वेद, 7.60.1

''सब ब्रह्मर्षि वसिष्ठ की तपस्या का फल है। उन्हीं की कृपा से हम सब मानवों का भाग्य स्थिर हो गया है।''

भृगुओं का अचम्भा अब मिटा। ओह! ये विश्ववन्द्य वसिष्ठ हैं जिनके कारण वरुण को अरुन्धती को सप्तर्षि मण्डल में स्थान देना पड़ा।

''गुरुवर, मेरे आश्रम चलकर उसे पवित्र करें।'' सत्यवती ने हाथ जोड़कर प्रार्थना की।

''कौशिकी, अवश्य चलूँगा।'' वसिष्ठ ने सहमति दिखाई।

''इस जमदग्नि को क्या हो गया?'' ऋचीक ने व्यग्रता से रेणुका से पूछा।

उत्तर वसिष्ठ ने दिया। ''यह समाधि अवस्था में है। मैंने इसके सामने दो प्रश्न रखे हैं। यह उनका उत्तर ढूँढ रहा है।''

कुछ देर के बाद जमदग्नि सोया सा जागा। ''गुरुजी, मिल गया। मुझे मिल गया।''

''क्या मिल गया, वत्स?'' वसिष्ठ ने पूछा।

''सूर्य के प्रकोप से बचने का उपाय। मैं एक गोल छत्र बनाऊँगा जो धूप के प्रकोप से मानव की रक्षा करेगा। खड़ाऊँ की तरह एक चमड़े का उपानह बनाऊँगा जो मानव के पैर की ऊपर नीचे जलन से रक्षा करेगा।''

''तथास्तु।'' वसिष्ठ ने आशीर्वाद दिया।

विश्व में **छाते** और **जूते** का आविष्कारक जमदग्नि था।

३

विश्वरथ जैसा राजा उस समय मिलना मुश्किल था। राजा में सारे राजसी गुण थे और साथ ही वेद की शिक्षा भी पूरी मिली हुई थी। दया, परोपकार, दान, यज्ञ, तपस्या और स्वाध्याय के साथ-साथ युद्ध, आक्रमण, बचाव इन सब में उसकी समान रुचि थी। साथ ही उसके पास एक अनुपम घुड़सवार सेना थी जो उस समय भूखण्ड में किसी मानव राजा के पास नहीं थी। उसकी प्रतिष्ठा दिन दूनी रात चौगुनी बढ़ रही थी।

उसे शिकार खेलने का भी बहुत शौक था। एक बार वह शिकार खेलते-खेलते अपने राज्य से बहुत दूर निकल गया। वह अपने साथियों सहित सरस्वती तट पर जा निकला। दिन भर मृगया के पीछे दौड़ धूप करते-करते कौशिक और उसके साथी थक गये थे। सन्ध्या घिरती चली आ रही थी। खाने-पीने का भी प्रबन्ध करना था और रात बिताने का भी। वन से बाहर निकलकर सरस्वती तट पर आकर उन्होंने इधर-उधर झाँका। दूर क्षितिज में धुएँ के बादल फैलते दिखाई दिये। उन्हें पता चला गया कि उस ओर किसी ऋषि का आश्रम है। उसी ओर घोड़ों की बागडोर घुमा दी गई। शीघ्र ही वे उस स्थल पर पहुँच गये। वह ब्रह्मर्षि वसिष्ठ का आश्रम था।

सन्ध्यावन्दन के उपरान्त वसिष्ठ को जब पता चला कि राजा विश्वरथ और उसके साथी आये हैं तो वे बहुत प्रसन्न हुये। जिस कारण के लिये सप्तर्षि मण्डल की

स्थापना हुई थी उसका सबसे बड़ा फल वे राजा विश्वरथ को मानते थे। वे जानते थे कि यही व्यक्ति सब मानवों का त्राता है।

वसिष्ठ के बड़े पुत्र आपव ने कहा, ''पिताजी, मैंने राजा विश्वरथ को अतिथिकक्ष में बिठा दिया है और उनसे कह दिया है कि आप सन्धावन्दन करके शीघ्र ही उन्हें दर्शन देंगे।''

''पुत्र, मैं शीघ्र उनसे मिलने चलता हूँ। तुम उनके खाने-पीने और विश्राम का प्रबन्ध करो।''

''पिताजी, विश्राम का प्रबन्ध तो हो जायेगा लेकिन......''

''लेकिन क्या?''

''पिताजी, उनके बहुत सारे साथी हैं। इस रात्रि के समय उनके खाने-पीने का प्रबन्ध करना बड़ा कठिन है।''

वसिष्ठ के मुख पर चिरपरिचित मुस्कान खिल गई। 'आपव, तुम चिन्ता मत करो। वरुण सहायक होंगे। तुम नन्दिनी के कमरे में चले जाओ, वहाँ से जो कुछ प्राप्त हो उससे भोजन का प्रबन्ध करो।'' नन्दिनी ऋषि की प्रिय गाय थी। कहा जाता था वह इन्द्र की कामधेनु की बेटी थी और मानव की सब इच्छाओं को पूरा करने वाली थी।

वसिष्ठ जब विश्वरथ के पास पहुँचे तब वसिष्ठ के शेष आश्रमवासी उसके और सब साथियों के जल से हाथ मुँह धुला रहे थे। वसिष्ठ, अरुन्धती और उनके दो पुत्र आपव और देवराज को मिलाकर उनके आश्रम के वासी कुल सौ थे जबकि विश्वरथ के साथी इससे दुगुनी संख्या में थे। आपव का घबराना स्वाभाविक था। विश्वरथ स्वयं लज्जित थे। बिना सूचना दिये वे इतनी अधिक संख्या में आ पहुँचे हैं। ब्रह्मर्षि को बहुत कष्ट करना पड़ेगा।

वसिष्ठ को द्वार पर देखते ही विश्वरथ लपककर उनके चरणों में झुक गये। वसिष्ठ ने प्यार से दोनों हाथों से पकड़कर उसे उठाया। उनके जितना लम्बा, उनसे भी अधिक गोरा, तेजस्वी नेत्रों वाला उनका युवा प्रतिरूप उनके सामने खड़ा था। उन्होंने उसे अपने हृदय से लगा लिया।

''ब्रह्मर्षि, मुझे बड़ा खेद है कि मैं बिना कुछ भेंट लिये आपसे मिलने चला आया। मैं मृगया खेलते-खेलते बहुत दूर निकल आया और अनजाने ही आपके आश्रम में आ पहुँचा। आज रात आराम करके हम सब कल सवेरे ही अपने राज्य में चले जायेंगे।''

''पुत्र विश्वरथ, तुम चिन्ता न करो, तुम सब बहुत थके हुये हो, और भूख से व्याकुल हो। इस आश्रम में जो कुछ मिलेगा उससे तुम्हारे भोजन की व्यवस्था हो रही है। खाने-पीने के बाद विश्राम करना।''

उधर जब आपव नन्दिनी कै कक्ष में पहुँचा तो उसकी आँखे फटी की फटी रह गईं। वहाँ पर तरह-तरह की साग-भाजियों और अन्न का ढेर लग रहा था। भागा

जाकर वह आश्रम की स्त्रियों को बुला लाया। और शीघ्र ही सुस्वादु भोजन तैयार हो गया।

आश्रमवासियों ने जब विश्वरथ के सामने खाना परोसा तो वह और उसके साथी भौंचक्के रह गये। कहाँ बस्ती से दूर ऋषि का आश्रम और कहाँ ये राजाओं को दुर्लभ भोजन। उनकी कुछ समझ में नहीं आया कि ब्रह्मर्षि ने इस सबका प्रबन्ध कैसे किया। भोजन के उपरान्त वे आराम के लिए लेट गये। फिर भी कौतूहलवश वे अच्छी तरह न सो सके। रात इसी उधेड़बुन में बीत गई।

४

सूर्योदय होने से पूर्व आश्रम वेद-ध्वनि और अग्नि के स्तवन से गूँज उठा। सरस्वती के तीर पर खड़े वसिष्ठ ने मन्त्र पढ़ते समय देखा कि उनसे कुछ दूर एक अन्य व्यक्ति वेद-पाठ कर रहा है। अपनी पूजा समाप्त होने पर वे उधर गये। वह विश्वरथ था। आश्चर्य से उन्होंने पूछा, ''विश्वरथ, तुम सोये नहीं?''

''सो चुका ब्रह्मर्षि! मैं इन्द्र और वरुण की पूजा करने आया था।''

''क्या तुम प्रतिदिन यह स्तुति करते हो?''

''हाँ, गुरुदेव, पता नहीं कौन सी शक्ति मुझे प्रतिदिन गंगा तट पर ले जाती है और नए-नए सूक्त मेरे मुख से निकलवाती है।''

दोनों साथ-साथ आश्रम लौट आये। प्रात:राश होने के उपरान्त विश्वरथ और उसके साथी जाने के लिये तैयार हो गये। वसिष्ठ को धन्यवाद देते हुए विश्वरथ से नहीं रहा गया। उसने पूछा, ''ब्रह्मर्षि आपसे एक प्रश्न पूछना चाहता हूँ। कृप्या मेरी उत्कण्ठा का शांत करें और मूर्खता को क्षमा।''

''विश्वरथ, तुम निस्संकोच पूछो।''

''हम इतने सारे व्यक्ति बिना सूचना दिये आपके आश्रम में आ गये फिर भी आपने हमारा इतना बढ़िया आदर-स्वागत किया। यह कैसे सम्भव हुआ?''

ब्रह्मर्षि मंद-मंद मुस्करा उठे। ''यह सब नन्दिनी का प्रताप है। उसके बल पर मैं तुम्हारा भोजन से सत्कार कर सका। उसी ने मुझे साग-भाजी और अन्न भेंट में दिये जिन्हें तुम्हारे सामने प्रस्तुत कर सका।''

यह सुनते ही विश्वरथ के मन में विचारों की आँधी उठ खड़ी हुई। एक गाय का ऐसा प्रताप! यदि यह गाय उसे मिल जाय तो उसका विश्वविजय का सपना पूरा हो जाय। वह दूसरा मान्धाता बन जाय। वह स्वार्थ में अन्धा हो उठा।

''ब्रह्मर्षि, मैं आपके सामने एक प्रस्ताव रखना चाहता हूँ।''

'बोलो।''

''यह गाय आप मुझे दे दें। आपके आश्रम का सारा भार मैं अपने ऊपर लेता हूँ। इसके अन्न-वस्त्र की सब व्यवस्था मैं कर दूँगा। नन्दिनी मानव संस्कृति फैलाने में मेरी बड़ी सहायक होगी।''

वसिष्ठ को लगा कि उनके पैरों के नीचे से पृथ्वी निकल गई। विश्वरथ पर टिकी उनकी आशाएँ चकनाचूर हो गईं। यह भी साधारण स्वार्थी राजा निकला। संभलकर

उन्होंने कहा, ''राजन्, नन्दिनी मेरे आश्रम का प्राण है। उसके बिना मैं नहीं रह सकता। मेरे बिना वह नहीं रह सकती। वह मेरे आश्रम का सहारा है, प्रतीक है।

'आप उसे मुझे दे दें। उसके बदले मैं आपको एक सहस्र क्या दस सहस्र गायें दे दूँगा।''

''मैंने तुमसे कह दिया, मैं नन्दिनी को किसी को नहीं दे सकता।''

''यह आपकी धांधलेबाज़ी है। मैं हर प्रकार से आपके लाभ की बात कह रहा हूँ, पर आपको ज़िद चढ़ रही है। यदि मैं भी ज़िद पर चढ़ जाऊँ तो नन्दिनी को बलपूर्वक हरकर ले जाऊँगा।''

वसिष्ठ मुस्करा दिये। ''विश्वरथ, मैं कह चुका हूँ, नन्दिनी इस आश्रम का अवलम्ब है। उसे कोई यहाँ से नहीं ले जा सकता।''

सुनते ही विश्वरथ को क्रोध चढ़ आया। उसने अपने साथियों को ललकारा, ''देखते क्या हो, नन्दिनी की रस्सी खोल लो और अपने साथ ले चलो।''

आश्रमवासी हत्बुद्धि हो यह वार्तालाप सुन रहे थे। वे प्रतिरोध करने के लिये आगे बढ़े परन्तु वसिष्ठ ने इशारे से मना कर दिया।

पता नहीं कहाँ से शबरों और निषादों की सेना सारे आश्रम में भर गई। उसने विश्वरथ के साथियों को मार-मार कर आश्रम से भगा दिया और विश्वरथ को पकड़कर वसिष्ठ के सामने खड़ा कर दिया। पलक झपकते ही वे सब गायब हो गये।[1]

हतप्रभ विश्वरथ से वसिष्ठ ने पहले जैसा मीठा व्यवहार किया। ''राजन्, तुम्हारे साथी भागकर जंगल में जा छिपे हैं। उन्हें साथ लेकर तुम कान्यकुब्ज लौट जाओ। इन्द्र तुम्हारा कल्याण करेगा।''

''वे निषाद, वे शबर..........''

''विश्वरथ, वे कुछ नहीं थे। यह सब ब्रह्म-तेज का प्रभाव था। तुम स्वार्थ में मूर्खता कर रहे थे। क्या नन्दिनी इतना भोजन दे सकती है? मेरे आश्रमवासी मेरी तपश्चर्या का लाभ न उठाना चाहें इस कारण मैंने उसे निमित्त बनाया था। वह भी ब्रह्म-तेज था जो निर्मल मन और कठोर तपस्या से प्राप्त होता है।''

विश्वरथ के नेत्र खुल गये। ''ब्रह्मर्षि, मैं अंधेरे में था। इस ब्रह्म-तेज के सामने राजा या ऋषि जीवन व्यर्थ है। मैं भी दूसरा ब्रह्मर्षि बनकर दिखलाऊँगा।''[2]

---

1. महाभारत आदि पर्व 174.6-43; वाल्मीकि रामायण 54.18-55
2. महाभारत, वन पर्व 85.9.12; वाल्मीकि रामायण बाल काण्ड 51-56

त्रिशंकु

१

त्र्यारुण आस-पास के देशों में अपना चक्र घुमाकर वापस लौट रहे हैं यह सुनकर अयोध्या की प्रजा हर्ष से पागल हो उठी। आज मान्धाता का युग फिर साकार होने लगा है। बाप-दादाओं की बताई हुई बातें सच होने जा रही हैं।

जब वे दिग्विजय पर निकले थे तब इन्हीं प्रजाजनों ने उन्हें धड़कते दिलों से विदा दी थी। उन्हीं की मंगल कामनाओं से राजा जहाँ गये वहीं विजय प्राप्त की। अधिकतर नगर राजाओं ने बिना लड़े ही भेंट देकर उनकी अधीनता स्वीकार की। इस प्रकार अपने राज्य को चारों ओर से सुरक्षामय बनाकर वे अयोध्या लौट रहे थे।

इस अभियान पर पूरे समय उनके साथ राजपुरोहित **वृशजान**[1] भी रहे थे। वे दोनों समान आयु के थे और साथ ही उन्होंने शिक्षा पाई थी। राजा की वीरता और पुरोहित की प्रतिभा ने ही अयोध्या को यह दिन दिखाया था।

राजा और पुरोहित दोनों एक ही रथ पर सवार थे। दूर से उन्होंने देखा वधू के समान सजी अयोध्या को। मंगल घट और तोरणों से उनका स्वागत किया गया था। अपार भीड़ होने के कारण पथ रुका सा जान पड़ता था। गगनभेदी नारों से विजयी दल का स्वागत किया गया।

भीड़ इतनी थी कि मध्य मार्ग में रथ रुक गया। आगे बढ़ने को राह नहीं थी। उत्साह में राजा स्वयं उठकर सारथी के स्थान पर बैठने लगे–मैं राह बनाऊँगा। उनसे भी पहले वृशजान ने सारथी को हटाकर स्वयं रास हाथ में ले ली। ''राजन्, आप पीछे बैठिये। मैं अभी रथ इस जनसमूह से निकालता हूँ।''

यह प्रतिस्पर्धा राजा को खल गई। उसने किञ्चित् रोष भरे स्वर में कहा, ''राजपुरोहित, अश्व भीड़ में व्याकुल हो उठे हैं। आप उन्हें साध नहीं सकेंगे। मुझे चलाने दीजिये।''

रथ पर खड़े होकर जनता की अभ्यर्थना ग्रहण करना वृशजान को बहुत भला लग रहा था। रथ आगे बढ़ाते हुए वह बोला, ''राजन्, आप पीछे बैठे रहिये। आपको देखकर जनता और पागल हो उठेगी। फिर हम महल तक नहीं पहुँच सकेंगे।'' और उसने रथ हाँक दिया।

कुछ देर रथ धीरे-धीरे चलता रहा, परन्तु अश्व भड़क उठे और वे वेग से भागने का प्रयत्न करने लगे। वृशजान ने उन्हें रोकने का बहुत प्रयास किया पर व्यर्थ रहा। सारथी ने ज़ोर-ज़ोर से चिल्लाकर भीड़ से हटने की प्रार्थना करनी शुरु की। रथ को वेग से आते देख भीड़ स्वयं काई की तरह फटती चली गई। भगदड़ मच गई। अनेक

---

1. बृहद्देवता 5.14

कुचले गए। जयजयकार का स्थान चीत्कार ने ले लिया। राजा का दिल मुँह में आ गया।

जिस बात का डर था वहीं हुई। सहसा झटका खाकर रथ रुक गया। उसके नीचे कोई आ गया था। त्र्य्यारुण कूदकर रथ से उतर पड़े। एक सोलह वर्ष का कुमार लहूलुहान कुचला पड़ा था। अनर्थ हो गया! अमंगल हो गया! उनकी विजय-कथा में एक अमिट कलंक जुड़ गया।

वृशजान भी कूदकर उनकी बगल में आ खड़े हुए थे। ''राजन्, यह क्या हुआ!''

रूखी वाणी में राजा बोले, ''जो कुछ हुआ सब आपके कारण हुआ। इस भीड़भाड़ में यदि आप रथ चलाने का दुस्साहस न करते तो यह क्यों घटता!''

भीड़ फिर एकत्र हो गई थी। कानों-कानों बात फैल गई थी। सूचीभेद्य शान्ति छाई हुई थी।

इतने आदमियों के सामने अपना अपमान वृशजान को बहुत बुरा लगा। सत्कार की गैस अभी उनके मस्तिष्क में चढ़ी थी। ''राजन्, न आप दिग्विजय को निकलते न यह घटना घटती।''

इस थोथी दलील के पीछे छिपे अभिमान ने राजा त्र्य्यारुण को विचलित कर दिया। क्रोध के कारण लड़खड़ाती वाणी से केवल इतना कह सके, ''वृशजान, आप क्या कह रहे हैं। आप....आप!''

''मैं ठीक कह रहा हूँ,'' विवेकशून्य हो राजपुरोहित बोले। ''इस दिग्विजय का पूरा श्रेय आप लेंगे तो उसके साथ लगे इस कलंक का श्रेय कौन लेगा?''

''मैं आपको ऐसा नहीं समझता था। विवेकहीन पुरुष का अयोध्या में स्थान नहीं। आप तत्काल अयोध्या छोड़ कर किसी अन्य राज्य में चले जाएँ।'' ऐसा आदेश देकर राजा ने सारथी को उस कुमार को उठाकर रथ पर लिटा कर उपचार के लिए ले जाने को कहा।[1]

२

त्र्य्यारुण ने क्रोध में वृशजान को निकाल दिया, और इसने अयोध्या की राजनीति में विष घोल दिया। राजपुरोहित के सम्बन्धियों, मित्रों और कुल वालों का एक दल हो गया जो इस काण्ड में राजा की बुराई देखता था। उन्हीं दिनों भारत में बारह साल का भयानक अकाल पड़ा जिसमें राक्षस सरस्वती तक बढ़ आये थे और अगस्त्य को उन्हें हटाना पड़ा, जिसमें कृतवीर्य को भृगुकुल की सम्पत्ति छीनकर उन्हें अपने देश से भागना पड़ा। विरोधी व्यक्तियों ने जनता में यह फैलाया कि यह सब राजा के राजपुरोहित के निकालने के कारण हुआ। आखिर जनमत के दबाव में आकर त्र्य्यारुण को अपना आदेश वापस लेना पड़ा और व्रशजान को बुलाकर पुरोहित का पद दे दिया गया।

---

1. ऋग्वेद 5.2; 5.21.3; पंचविश ब्राह्मण 13.3.12; बृहद्देवता 5.14.23

इसी बीच राजा त्रय्यारुण ने अपने पुत्र **सत्यव्रत** को युवराज घोषित कर दिया था।[1] वृशजान के लौटने के बाद उनका जी राजकाज में नहीं लगा और सत्यव्रत को सिंहासन पर बैठाकर उन्होंने रानी के साथ वन की राह ली।[2]

सत्यव्रत बड़ी दृढ़ प्रकृति का आदमी था। दोनों के दिलों में मैल पड़ चुका था, इसलिये वह राजपुरोहित से सलाह नहीं लेता था। वह जानता था कि जनता में अनुशासन का लोप हो चुका है और इसका सबसे बड़ा कारण महामात्य और राजपुरोहित हैं। उनको उसने अलग डाल दिया और अपनी सहायता के लिए नए सलाहकार रखे जो अधिकतर उसके परखे हुए मित्र थे। उसमें कुछ आदिवासी भी थे। यही आखिरी बात पुरोहित के दल को उसे पीटने की लाठी बन गई। 'ऋषियों की सहायता के स्थान पर अब चाण्डालों की सलाह से अयोध्या का राज्य चला करेगा'–जनता में इस बात का धुआँधार प्रचार हुआ।

राजा सत्यव्रत से एक गलती और हो गई। उसकी एक प्रेमिका थी जिससे वह विवाह करना चाहता था। एक बार मृगया से लौटते समय वह उसे राह में दिखाई दे गई। उसने उससे बातचीत की और अपने साथ महल में ले आया। उस युवती का विवाह अन्य स्थान पर तय हो चुका था। सत्यव्रत पर दूसरा लांछन लगा कि वह एक विवाहिता स्त्री को भगा कर ले गया।

एक दिन उसका आदिवासी सलाहकार पुरोहित के आश्रम के पास से निकल रहा था। आश्रमवासियों ने शैतानी करके आश्रम की एक मरखनी गौ को उसके ऊपर छोड़ दिया। उसकी फूल-पत्तियों की विचित्र वेष-भूषा से वह और भड़क उठी और उस पर भयानक आक्रमण कर बैठी। जब तक वह सँभले, तब तक वह धक्के से नीचे गिर पड़ा था और गाय के सींग और खुर उस पर भीषण आघात पहुँचा रहे थे। होनी की बात है, राजा सत्यव्रत उधर से आ निकला। अपने प्रिय साथी का यह हाल देखकर उसकी आँखों में रक्त उतर आया। उसने धनुष पर बाण संधान किया और वेग से छोड़ दिया। गाय आहत होकर धरती पर गिर पड़ी। और दो वाणों ने उसे मृत्यु की गोद में सुला दिया।

३

''हम राजा त्रिशंकु से मिलना चाहते हैं।'' भीषण घोष हो रहा था। राजमहल के सामने भीड़ जमा थी।

''कौन राजा त्रिशंकु?'' महामात्य ने बनते हुए, भीड़ को शान्त करने का प्रयास किया।

''त्रिशंकु, हमारा राजा सत्यव्रत। जिसने तीन घोर पाप किये हैं–चाण्डालों से अयोध्या का राज्य चलवाया है, विवाहिता स्त्री को भगाया है, और चाण्डालों के लिये आश्रम की गौ मारी है। उसे ऋषि-मण्डली ने त्रिशंकु कहकर पुकारा है। वह सत्यव्रत नहीं, त्रिशंकु है।'' भीड़ चिल्लाई।

---

1. ब्रह्म पुराण 8.97; हरिवंश 1.12; देवी भागवत 7.10
2. वायु पुराण 88.84

सत्यव्रत महामात्य के पास आकर खड़ा हो गया था। 'आप मुझसे क्या चाहते हैं? मैं उपस्थित हूँ।''

''हम त्रिशंकु के राज्य में नहीं रहेंगे। त्रिशंकु को सिंहासन छोड़ना पड़ेगा।''

''तो राज्य कौन करेगा?'' महामात्य ने पूछा।

''राज्य त्रिशंकु का पुत्र करेगा। और जब तक वह इस योग्य नहीं होता तब तक आप और राजपुरोहित राज्य चलायेंगे।'' प्रजा के एक प्रतिनिधि ने आगे आकर कहा।

भीड़ में कुछ सत्यव्रत के साथी भी थे। ''इस तरह सड़क से राजकाज चलने लगा तो अयोध्या राज्य का भगवान ही मालिक है।'' एक स्वर उभरा।

''यह कौन बोला! मारो। इसे भी राजा के साथ देशनिकाला दो।''

सत्यव्रत सोच में पड़ गया था। उसे साफ दीख गया था कि पुरोहित वर्ग ने उसके विरुद्ध दृढ़ जनमत बना रखा है और इस समय उसकी कोई नहीं सुनेगा। सेना की वह सहायता नहीं लेना चाहता था। क्या पता वह भी बँटी हुई हो और अपनी प्रजा में वह हत्याकाण्ड भी नहीं मचाना चाहता था।

उधर महामात्य भड़का रहा था, जैसे वह आज ही सब चीजों का निर्णय कराना चाहता हो। ''यह तुम क्या कह रहे हो–राजा को देशनिकाला?''

''हाँ, त्रिशंकु को अयोध्या का राज्य छोड़ना पड़ेगा। वह अपना परिवार लेकर कहीं भी जा सकता है।''

दूसरा बोल, ''उसके साथ उसके सारे साथी भी जायेंगे। जो यहाँ रह जायेगा, उसे हम मार डालेंगे।''

सत्यव्रत का गम्भीर स्वर सुनाई दिया, ''प्रजाजन सुनो, मैं जानता हूँ आपको किसने भड़काया है। बात..........

''हम कुछ नहीं सुनना चाहते। त्रिशंकु, सिहांसन छोड़ो।'' भीषण रव उठ खड़ा हुआ।

राजा का स्वर तलवार की तरह तीखा हो गया। ''आपको सुनना पड़ेगा। इक्ष्वाकु वंश का आरम्भ प्रजा का पालन करने के लिये हुआ है उससे लड़ने के लिये नहीं। मैं अयोध्या राज्य से दूर जा रहा हूँ। धीर, वीर, बलवान जहाँ जाते हैं वहीं उनका राज्य स्थिर हो जाता है।''

पत्नी **सत्यरथा** और पुत्र **हरिश्चन्द्र**[1] के साथ सत्यव्रत वन को चला गया।[2]

---

1. हरिवंश 1.13.24
2. देवी भागवत 7.12

विश्वरथ से विश्वामित्र

१

विश्वरथ लज्जित था। अभी तक जिस वातावरण में वह रह रहा था, उसमें यही प्रत्यक्ष था कि राजा की शक्ति सर्वोपरि होती है। फिर कुशिक-राज्य की हय-सेना का प्रताप चहुँ ओर व्याप्त था। लेकिन यह सब मरु-मरीचिका थी। उसने ब्रह्मर्षि वसिष्ठ का प्रताप देख लिया है। वह भी दूसरा ब्रह्मर्षि बनकर दिखायेगा।

उसे अपने ऊपर विश्वास है। उसने किसी विशेष कार्य के लिए जन्म लिया है। तभी वेद उसकी जिह्वा पर विराजता है। वरुण उसे दर्शन देते हैं। सवित (सूर्य) का वह लाडला है। वह एक मृगतृष्णा में भटका हुआ था, आज वरुण ने वसष्ठि द्वारा उसका अपमान कराके उसकी आँखें खोल दी हैं।

सारे संसार में उसकी वसिष्ठ से हार के चर्चे फैल गए होंगे। उसके हृदय में वसिष्ठ के प्रति एक फाँस गहरी गड़ गई थी।

२

कान्यकुब्ज पास आ रहा था। विश्वरथ की विकलता बढ़ती जा रही थी। प्रासाद आ गया। परिवार से मिलन हुआ।

पति को चिन्ता में पड़ा देखकर सांकृति ने पूछा, "क्या बात है? तुम कुछ परेशान दिखाई देते हो?"

विश्वरथ से कुछ उत्तर न पाकर उसने फिर कहा, "मृगया तुम जी बहलाने गये थे या चिन्ता की व्याधि मोल लेने?"

यकायक विश्वरथ ने अपना निश्चय कह सुनाया, "सांकृति, मैं वन में रहकर स्वाध्याय और तप करना चाहता हूँ। मैं ऋषि बनना चाहता हूँ।"

सांकृति के विशाल नेत्रों में प्रेम उमड़ आया। "ऋषि बनना क्यों चाहते हो, तुम ऋषि हो। इतने दिन तुम्हारे साथ व्यतीत कर क्या मैं यह नहीं पहचान पाई हूँ।"

"वरुण चाहता है कि मैं महर्षि बनूँ, देवताओं का प्रिय बनूँ, और वह मैं यहाँ रहकर नहीं हो सकता। मुझे वनों में आश्रम बनाकर रहना पड़ेगा, अब तक उपलब्ध वेद (विद्या) की संचिति करनी होगी। एकान्त में सविता से तादात्म्य करना होगा।"

"हम तुम्हारे साथ है कौशिक। जहाँ तुम्हारा वास होगा, वहीं हमारा स्वर्ग है।"

३

विश्वरथ ने राजा का चोला उतार फेंका। उसने कान्यकुब्ज राज्य की सभा बुलाई। अपना निश्चय कह सुनाया। पुत्र अष्टक को राज्यतिलक कर दिया। सेनापति प्रतर्दन और भानजे जमदग्नि को बाल-राजा की शिक्षा और संभार का भार सौंपा।

जमदग्नि ने मामा की बहुत मनुहार की कि वह पास बसे भार्गव आश्रम में बस जाय। वहाँ उसका वातावरण पलट जायेगा। और उसे अपना ध्येय पूरा करने में सफलता मिलेगी।

विश्वरथ के स्वप्निल नेत्र उठे, "जमदग्नि, तुम मुझे मत रोको। वरुण मुझे बुला रहा है।"

जमदग्नि को लगा कि सविता उन नेत्रों में आ बसा है। उसे और कुछ कहने का साहस नहीं हुआ।

विश्वरथ कहता रहा, "मुझे वन वन भटकना है। प्राणियों के ज्ञान को आत्मसात् करना है। किया था पहले भी एक महर्षि ने यह कार्य। ज्ञानों के सेतु बाँधे थे। मैं उन्ही का पुत्र हूँ। महर्षि अगस्त्य मेरे पिता और ऋषि लोपामुद्रा मेरी माता हैं। अपने ध्येय की पूर्ति में वे दक्षिण चले गए। अपने वंश का नाम मिटा दिया। अपने पुत्र, अपनी शिष्य परम्परा अन्य महर्षियों में बाँट दी। वरुण मुझे सहायता दो कि मैं उनके योग्य बन सकूँ।"

४

विश्वरथ का परिवार जंगल में आश्रम बनाकर रहने लगा, कान्यकुब्ज से काफी दूर, उतरते हुए गंगा के तट पर। वहाँ एक दिन विघ्न उपस्थित हो गया। पास के विशवासी एक मानव को घेर कर ऋषि के आश्रम में ले आये।

विश्वरथ ने सबको आशीर्वाद दिया और उनसे आने का कारण पूछा।

एक वृद्ध सज्जन बोले, "राजर्षि, बड़ा अनर्थ हो गया है।"

"क्या अनर्थ हो गया?" विश्वरथ ने पूछा।

"मानव अब दासों से विवाह रचने लगे हैं। यह हमारे विशपति का पुत्र है। इसने घर में एक व्याध की कन्या विवाह करके रख ली है।"

घिरा हुआ व्यक्ति बिफर कर बोला, "हमारे विश में कितनी दास स्त्रियाँ और युवतियाँ रख लो। लेकिन उनसे विवाह करके पत्नी का अधिकार देना, यह आज तक किसी मानव ने नहीं किया है।"

"आप लोग यह क्या कह रहे हैं?" विश्वरथ विस्मित रह गये। "व्यभिचार को, अतिचार का प्रश्रय दे रहे हैं किन्तु क्रत के अनुसार चलने को वर्जनीय बता रहे हैं।"

वृद्ध सम्भवतः उस विश के पुरोहित थे। वे बोले, "ऋषिवर, यह मानव कुल की पुरानी परिपाटी है। दासों से युद्ध में पुरुष हताहत होते हैं, स्त्रियाँ, बच्चे बचते हैं, उन्हें हम घर में डाल लेते हैं। वे हमारे बहुत काम आते हैं, कृषि आदि में बड़ी सहायता देते हैं।"

प्रौढ़ ने जोड़ा, "इनके यहाँ हमारे विवाह जैसी कोई संस्था नहीं है। उनके यहाँ बलपूर्वक घर में उठा लाना ही विवाह है। वे खुश रहती हैं और हमारा मानव कुल उनके रक्त-दूषण से बचा रहता है।"

विश्वरथ के हृदय को बड़ी ठेस पहुँची, "यह मैं क्या सुन रहा हूँ, वरुण! एक गलती पर दूसरी बड़ी गलती। सप्तर्षियों ने कहा–समस्त विश्व को आर्य करो। और यहाँ हम स्वयं दासों की विवाह प्रथा अपना रहे हैं।"

"आप क्या कह रहे हैं राजर्षि?" वृद्ध ने अचकचाकर पूछा।

"आपके ऋषि प्राणों पर खेलकर दूसरे कुलों में जा रहे हैं और उन्हें भले आदमियों का रहन-सहन सिखा रहे हैं। और हमारे विशवासी जो अन्य कुल उनकी शरण में

आ रहे हैं, उनको मानव नियमों से दूर कर रहे हैं। ब्राह्म, दैव और प्राजापत्य विवाह पद्धति के स्थान पर पिशाच विवाह पद्धति अपना रहे हैं। मैं इस युवक का स्वागत करता हूँ जिसने ठीक राह अपनाई है।''

समस्त विशवासी स्तम्भित रह गये। बहुत साहस करके वृद्ध ने कहा, ''राजर्षि, यदि हमने अन्य कुलों में विवाह किया तो मानव संतति बिगड़ जायेगी। पितर हमसे अप्रसन्न होंगे। हम देवों से और दूर हो जायेंगे। हमारे अनासा, काली सन्तान उत्पन्न होगी। उनमें बुद्धि शून्य होगी।.....

''आप गलत कह रहे हैं महोदय!'' विश्वरथ ने समझाया। ''आप महात्मा मनु की दी हुई शिक्षा को भूल रहे हैं। प्रलय के उपरान्त उन्होंने सब कुलों को एक बना दिया था और नए नियम दिये थे। क्या उससे मानवों को हानि हुई? क्या आप वरुण को साक्षी मानकर कह सकते हैं कि आप में शुद्ध देव रक्त है या आप में सहस्र वर्षों में कहीं न कहीं नाग, गरुड़, गन्धर्व, किन्नर, यक्ष या रक्ष रक्त नहीं आ मिला है? क्या आपको इससे कोई हानि हुई है? आज के दो महत्तम ऋषि आपके कथनानुसार मानव से वेश्या के पुत्र हैं। मैं महर्षि अगस्त्य और ब्रह्मर्षि वसिष्ठ की बात कह रहा हूँ। आज सारा संसार उन्हें पूजता है।

''और आप देवों की बात कर रहे हैं। क्या आप देव बनना चाहते हैं, उनके जैसे निर्बल, असमर्थ, व्यभिचारी। राह तो आपने उनकी ही थामी है। फिर वरुण भी आपको नहीं बचा पायेंगे।

''दूसरे वनवासी बुद्धि में कमी नहीं रखते। वह आपने कैसे कह दिया? महर्षि अगस्त्य के समान विद्वान आज संसार में कोई नहीं, उन्होंने अनेक कुलों का ज्ञान प्राप्त किया है। वनवासी कुछ बातों में हमसे उन्नीस हैं तो अन्य बातों में इक्कीस। अपनी कमियाँ उनके संसर्ग से दूर करो और उनकी कमियाँ अपने व्यवहार से। यही मानव धर्म है।''

५

प्रकृति का कोप अभी शान्त नहीं हुआ था। इस साल भी सूखा पड़ गया था। महान् सरस्वती नदी भी जिसका नाम ही सरस्वती इसलिये पड़ा था कि वह अपने पथ में विशाल सर बनाती चलती थी, क्षीणकाय रह गई थी तो औरों का क्या कहना! कृषि मारी गई थी, त्राहि-त्राहि मची हुई थी।

जब तीसरे दिन भी भोजन नहीं मिला तो बच्चे रोने लगे। व्याकुल होकर सांकृति ने विश्वरथ के ध्यान में विघ्न डाला। ''कौशिक, बच्चों के पेट में तीन दिन से दाना नहीं गया है, वे भूख से बिलबिला रहे हैं।''

विश्वरथ का ध्यान धरातल पर लौटा, ''क्यों, पास के विशवासी जो भोजन सामग्री दे जाते थे वे...........

''वे कहाँ से सामान दे जायें, वे स्वयं भूखे मर रहे हैं।''

''क्यों?''

''भयंकर दुर्भिक्ष पड़ रहा है, पानी न मिलने से कृषि सूख गई है, लोग पत्ते घास खाकर जीवन-निर्वाह कर रहे हैं। आप कुछ न कुछ प्रबन्ध करें, बच्चे भूख से तड़प रहे हैं।''

विश्वरथ कुटिया से बाहर आया और सहायता के लिए बस्ती की ओर चल दिया। बस्तियाँ निर्जन पड़ी थीं, पानी और भोजन की खोज में पूरी की पूरी बस्ती पशुओं को साथ लेकर निकल गई थी।

विश्वरथ दिन भर भटकता रहा और संध्या को खाली हाथ वापस लौट आया। बच्चों के आशा-भरे मुख पर निराशा की बदली घिरते देखकर उसका हृदय विदीर्ण हो उठा।

अगले दिन विश्वरथ फिर खोज में निकला। इस बार उसने दूसरी राह ली। वह नदी के किनारे-किनारे जाने के स्थान में वन के अन्दर घुस गया। शीघ्र ही वह एक चाण्डालों की बस्ती में जा पहुँचा। बस्ती में घुसते देखकर चाण्डालों ने उसे चारों ओर से घेर लिया। स्वर उभरे—यह मानव हमारी बस्ती में कैसे घुसा, इसे मार डालो। कल को यह अपने और साथी ले आयेगा। इसे वापस मत लौटने दो।

उनमें से दो तीन विश्वरथ को जानने वाले निकल आये। एक ने हाथ उठाकर चाण्डालों को शान्त होने के लिये कहा। वह बोला,"यह मानव नहीं, यह तो ऋषि है। यह छः सात महीने से गंगातट पर परिवार के साथ रह रहा है। यह भला आदमी है।"

शोर शान्त होने पर विश्वरथ ने कहा, "मैं विश्वरथ हूँ। मैं सब प्राणियों का मित्र हूँ। और एक मित्र के नाते तुम्हारे पास आया हूँ।"

"मित्र क्यों आया है? मित्र का हमसे क्या काम है?" उसी चाण्डाल ने पूछा।

"अकाल के कारण मेरे बच्चे भूखे मर रहे हैं। चार दिन से हमने कुछ नहीं खाया है। मैं आप लोगों से प्रार्थना करता हूँ कि हमें कुछ खाने को दें।"

"हम खेती नहीं करते। हम तुम्हें खाने को क्या दें?"

"आप भी तो अपना पेट भरते होंगे। उसी चीज़ से हम अपना पेट भर लेंगे"

"हम तो शिकार करते हैं और मांस खाते हैं। इसी कारण मानव हमसे घिन करते हैं। हमें ऐसे देखते हैं जैसे हम पशुओं से भी बदतर हैं।"

"यह उनकी मूर्खता है। यदि वे आपमें यह कमी समझते हैं तो इसे दूर करने का प्रयत्न करें। इस कमी को दूर करने के बजाय वे आपको अपने से दूर कर रहे हैं।"

चाण्डालों की समझ में कुछ नहीं आया। एक दूसरे चाण्डाल ने हँसी उड़ाते स्वर में पूछा, "बोलो, तुम हमारा भोजन करोगे। हम आज जंगली कुत्ते मार कर लाये हैं, खाओगे?"

विश्वरथ सूक्त में बोला, "प्राण ही आत्मा है। हर व्यक्ति को प्राण संजोकर रखने चाहियें। अपने परिवार को देह धारण करे रखने की क्षमता देने के लिए मैं किसी भाँति का भोजन ले जाने के लिये तैयार हूँ। आप मुझे एक जंगली कुत्ता दे दें। कुटिया पर ले जाकर उसे भूनकर खाने में हमें अत्यन्त आनन्द मिलेगा। हम उसे स्वाद से खायेंगे।"

चाण्डालों ने विश्वरथ को जंगली कुत्ता दे दिया जिसे कन्धे पर लादकर वह कुटिया की ओर मुड़ लिया।

६

भोजन कर चुकने के बाद विश्वरथ सांकृति के साथ टहलता हुआ बाहर निकल गया।'' ''सांकृति, मैं बड़ी उलझन में पड़ गया हूँ।'' वह विकल दिखाई देता था।

अपने विशाल नेत्र उठाकर उसके नेत्रों में डालते हुए सांकृति ने पूछा, ''तुम और उलझन! कैसी उलझन?''

''इस अकाल की स्थिति में मैं तुम्हारे साथ नहीं रह सकता।''

''क्यों?''

''तुम सबका पेट भरना मेरा पहला कर्त्तव्य है। उस हालत में मैं वरुण से दूर हो जाऊँगा। और यदि मैं वरुण की शरण में रहा तो अपना कर्त्तव्य पूरा नहीं कर सकूंगा। दोनों तरह से मेरा मरण है।''

''तुम हमारी चिन्ता मत करो। तुम वरुण से तादात्म्य करो और महर्षि बनो।''

''सांकृति, मन को बिल्कुल खाली कर देने पर सविता पूरा प्रकाश बिखेरते उसमें आ बैठते हैं। क्या ऐसे बुरे समय में मन से तुम लोगों की चिन्ता हटाई जा सकती है। यह एक झूठी आशा है, यह अपने को धोखा देना है।''

''फिर?''

''यही तो उलझन है। अपना ध्येय पूरा न करूँ तो अपनी नज़रों में ही गिर जाता हूँ। वरुण बस यही सुझा रहा है कि मुझे अकेला अपने पथ पर बढ़ना है, विश्व को शत्रु-रहित बनाना है, उसे मानव धर्म देना है, सब कुलों को आर्य बना देना है, मानव बना देना है।''

लेकिन तुम्हारे खाने की क्या होगी?''

''मेरे खाने की तुम चिन्ता न करो। तुमने मुझे दस-दस दिन, पन्द्रह-पन्द्रह दिन ध्यानावस्थित बैठे देखा है, तब क्या मैं भोजन लेता हूँ?''

सांकृति का मन नहीं माना, फिर भी वह चुप रही।

''सांकृति, चलो मैं तुम सब को कान्यकुब्ज छोड़ दूँ, फिर मैं तपस्या करने चला जाऊँगा। सफल होने पर मैं तुम्हें उस नगर से ले लूँगा। फिर हम अपना आश्रम बनायेंगे।''

सांकृति ने अपना मन दृढ़ कर लिया। ''हम अपने आप चले जायेंगे। तुम हमारी चिन्ता न करो। तुम अपने मार्ग पर बढ़े चलो। वरुण तुम्हें सफल करे।''

७

विश्वरथ के पग उठ गये थे। ध्यानाविष्ट वह पश्चिम की ओर चल दिया। मन में लगन थी–वरुण, मुझे मार्ग दिखा। मुझ में इतना साहस उत्पन्न कर कि मैं सब कुलों को ऋत का मार्ग दिखा सकूँ। सूर्य, अपने प्रकाश से हमारी बुद्धि आलोकित कर।

सरस्वती आ गई। उसके तट पर उसने डेरा डाला। पर...बड़ा जनसंकुल क्षेत्र है। वह आगे बढ़ लिया।

अरावली की छोटी-छोटी चोटियां मिलने लगीं। पुष्कर आया। पर्वत पर चढ़कर वह झील के तट पर बैठ गया। कितना शान्त स्थान है! मन को अवर्णनीय सुख मिला। पद्मासन लगाकर वह खो गया। उसकी देह वहीं रही, वह स्वयं वरुण लोक चला गया।

इक्का दुक्का आदमी उधर से निकलता उसे देखता। समय गुजरता गया। आस-पास के वासियों में व्याकुलता बढ़ती गई। ऋषि महाराज उनकी बस्ती में बिना कुछ खाये पिये बैठे हैं। वे डरते पता नहीं क्या हो जाय। पर पाते कि ऋषि के मुख का प्रभा-पुंज दिन पर दिन बढ़ता जा रहा है।

सब कुलों के व्यक्ति वहाँ एकत्रित हो रहे थे। पर्याप्त दूरी पर बैठकर सम्मान दिखाते हुए वे ऋषि का मुँह जोहते रहते।

एक दिन सहसा ऋषि के मुख से गायत्री मन्त्र फूट पड़ा, "ऊँ भूर्भुवः स्वः तत्सवितुर्वरेण्यम् भर्गोदेवस्य धीमहि धियो यो न प्रचोदयात्।"[1]

उपस्थित जनों को लगा कि सूर्य फैलता जा रहा है, बड़ा होता जा रहा है, उसका तेज उनके मन को आलोकित कर रहा है, उसकी किरणें उनकी देह को आप्लावित कर रही हैं। एक गुरु-गम्भीर स्वर गूँजा—विश्वरथ मेरा पुत्र है। वह ब्रह्मर्षि हो गया। आज से वह विश्वरथ नहीं रहा, विश्वामित्र[2] बन गया। वह जन-जन का मित्र बन गया।

यज्ञ करते सप्तर्षियों को वरुण के दर्शन हुए। वरुण ने अपने पुत्र विश्वामित्र का परिचय दिया और अन्तर्धान हो गया।[3]

---

1. ऋग्वेद का गायत्री मन्त्र
2. ऐतरेय आरण्यक 1.2.2.; पाणिनीय सूत्र 6.3.130
3. कठ संहिता 16.19; मैत्रायणी संहिता 2.7.19; तैत्तिरीय संहिता 2.2.1.2; ऐतरेय ब्राह्मण 6. 18.1; कौशितकी ब्राह्मण 15.1; जैमिनीय उपनिषद् ब्राह्मण 2.3.13; ऐतरेय आरण्यक 2. 2.3; बृहदारण्यक उपनिषद 2.2.4

त्रिशंकु की मुक्ति

१

विश्वामित्र ने विश्व को गायत्री मन्त्र का जाप दिया, मनुष्य को अपने अन्दर विश्वास दिया, अपनी बुद्धि को ऊपर उठाने की जोत जगाई।

मार्ग में जो भी मिला उसे राह दिखाते वे अपने परिवार की खोज में चल दिये। राजधानी में पता चला कि वह यहाँ नहीं लौटा था। जहाँ उन्होंने उसे छोड़ा था, उसी कुटिया में उन्हें वह रहता मिला।

ब्रह्मर्षि पति को सामने देखकर सांकृति को रोमांच हो आया। उसे लगा कि उसकी तपस्या भी पूर्ण हो गई है। वह टूटकर उनके गले से चिपट गई। बच्चों ने भी पिता को घेर लिया।

विश्वामित्र ने पूछा, ''सांकृति, तुम कान्यकुब्ज क्यों नहीं गई?''

''मैं वहाँ लौटना नहीं चाहती थी। आपके बिना। इसमें आपका और अपना अपमान समझती थी। परन्तु मुझे बच्चों की भी चिन्ता थी। उनका लालन-पालन कैसे करूँगी? जब यह चिन्ता दूर हो गई तो मैं नहीं लौटी।''

''लेकिन चिन्ता कैसे दूर हुई?''

'तुम्हारे जाने के कुछ देर बाद चाण्डालों का राजा यहाँ आया था। बड़ा सुसंस्कृत व्यक्ति था। उसने हमें दिलासा दिया और कहा कि जब तक महर्षि नही आते हम यहीं रहें। खाने-पीने की किसी प्रकार की चिन्ता न करें, उसके साथी हमारी हर प्रकार से सहायता करेंगे। और वह भी हमारी खोज खबर लेता रहेगा। उसने अकाल की कोई छाया हम पर नहीं पड़ने दी। सब प्रकार से हमारा ध्यान रखा।''

''ऐसे पवित्रात्मा से मैं अवश्य मिलूँगा। जिसने मेरे परिवार का पालन-पोषण किया और वह भी भयानक अकाल में, वह मेरा भाई है, भाई से भी बढ़कर। मैं उसका ऋण कैसे चुका सकूँगा।''

२

विश्वामित्र कुटिया से बाहर निकले कि चाण्डालों का राजा अपने साथियों के साथ आता दिखाई दिया। वह और चाण्डालों से एक हाथ ऊँचा था। रंग उसका मानवों को मात करता था। उसके साथ उसकी पत्नी और पुत्र भी थे जो सर्वथा चाण्डालों से अलग रहे थे।

विश्वामित्र प्यार से उसे गले लगाने आगे बढ़े परन्तु वह झट से उनके पगों में जा पड़ा, ''ब्रह्मषि, मैं इक्ष्वाकुवंशी सत्यव्रत आपको प्रणाम करता हूँ।''

उसकी देखा देखी और सब भी लोट गये।

विश्वामित्र ने प्यार से उठाकर कौली भर ली और पूछा, ''इक्ष्वाकु के वंशज? अयोध्यावासी?''

''हाँ ब्रह्मर्षि, कभी मैं अयोध्यावासी था, महान् मान्धाता का वंशज। लेकिन पुरोहितों ने प्रजा के साथ षड्यन्त्र रचकर मुझे अयोध्या से निकाल दिया।'''

''तुम, तुम त्रिशंकु हो?'' विश्वामित्र ने अचरज से पूछा।

''हाँ ऋषिवर, आज त्रिशंकु का वास्तविक नाम कम जानते हैं। पुरोहितों ने त्रिशंकु नाम और उसकी झूठी कलंक-कथा समस्त विश्व में फैला दी। इसी कारण मैंने बहन को अपना परिचय नहीं दिया। कभी वह घबरा जाय।''

''सत्यव्रत, मैं तुम्हारी कहानी सुनूँगा और तुम्हारे दुःख दूर करने का प्रयत्न करूँगा। तुम्हारे साथ ये कौन हैं?''

''ब्रह्मर्षि, यह मेरी पत्नी है और यह मेरा सोलह वर्षीय पुत्र हरिश्चन्द्र। ये मेरे साथी चाण्डाल हैं जिन्हें मैंने राजकाज में स्थान दिया था। जब मुझे अयोध्या से निकाल दिया गया तो मैं इनको साथ लेकर चाण्डालों की बस्तियों में घूमने लगा और उन्हें ऋत पर चलना सिखाने लगा। इन्हीं की सहायता से मैं आपके परिवार का पालन कर सका।''

''सत्यव्रत, तुम मेरे अग्रगामी हो। अगस्त्य का अधूरा काम तुम पूरा कर रहे हो।''

३

त्रिशंकु की पूरी कहानी सुनकर विश्वामित्र का क्षात्र-तेज जाग उठा। ''सत्यव्रत, तुम्हारे साथ अन्याय किया गया है। मैं इस अन्याय को मिटाकर रहूँगा।''

''ब्रह्मर्षि, आप कष्ट न करें। मैं इस अवस्था में भी सन्तुष्ट हूँ।''

'सन्तुष्ट कैसे! तुम्हारे नाम पर झूठा कलंक लगा दिया जाय और तुम उसे धोने का प्रयत्न न करो। जो काम तुम आज कर रहे हो वह यदि पूरा अयोध्या राज्य मिलकर करता तो कितना अधिक होता। बल्कि तुम्हें बदनाम करके वह काम ही गलत ठहरा दिया गया है। मैं इस अन्याय का प्रतिकार करूँगा। तुम मेरे साथ चलो। मैं हरिश्चन्द्र को उसका दायद दिलाऊँगा।''

कुछ रुककर विश्वामित्र बोले, ''सांकृति, गंगाजल लाओ। मैं अयोध्या के राजा सत्यव्रत का अभिषेक करूँगा।''

जग में वायु के समान फैल गया कि ब्रह्मर्षि विश्वामित्र ने त्रिशंकु का राज्याभिषेक कर दिया है और वह उनके साथ अयोध्या लौट रहा है।

वह शुभ दिन आया जब त्रिशंकु ने अयोध्या की धरती पर फिर से पैर रखा। विश्वामित्र का प्रताप था, सारी अयोध्या उनके पगों में झुकी पड़ी थी। पुरोहित और मन्त्री ने बिना कुछ कहे राज-काज सत्यव्रत को सौंप दिया।

सब काम सरलता से निबट गया। सत्यव्रत को सिंहासन मिल गया। राज्य करने को सुदृढ़ आधार मिल गया। पर.....

विश्वामित्र भी समझ रहे थे। सत्यव्रत प्रत्यक्ष अनुभव कर रहा था। उसका लौटना ऊपरी है। क्या वह अपनी प्रजा के हृदय में लौट आया है? यही बड़ा प्रश्न सूचक चिन्ह था।

सवेरे उठते ही ब्रह्मर्षि ने सरयू में स्नान कर गायत्री मन्त्र सस्वर पढ़ा और वरुण का आह्वान किया। वरुण ने उन्हें राह, सुझा दी। प्रसन्नचित्त वे राजा के प्रासाद में पहुँचे। सत्यव्रत ने प्रणिपात किया। आशीर्वाद देकर विश्वामित्र ने घोषणा की, ''राजन्, मैं आपका यज्ञ करूँगा। उसमें हम देवों का आह्वान करेंगे। वे उसमें भाग लेंगे और आपका रहा-सहा कलंक भी दूर हो जायेगा।''

४

नया आश्चर्य! मानवों ने नया समाचार सुना। राजा सत्यव्रत यज्ञ कर रहे हैं जिसके प्रधान विश्वामित्र हैं। यज्ञ में देवगण भाग लेंगे और सत्यव्रत को आशीर्वाद देंगे।

यज्ञ आरम्भ हुआ। दूर-दूर से मानव यज्ञ देखने आने लगे। एक मास बीत गया। देवों को बुलाया गया था, लेकिन उनके आने के कोई लक्षण दिखाई नहीं दे रहे थे। एक दिन एक यक्ष ने यज्ञभूमि में पदार्पण किया। उसने विश्वामित्र को प्रणाम किया और कहा, ''ऋषिवर, मैं देवलोक से आया हूँ। मेरा नाम सुजम्भ यक्ष है।''

''सुजम्भ, सदा सुखी रहो। कहो देवलोक के क्या हाल हैं?''

''महर्षि, क्षमा करें तो एक बात कहूँ।''

''सहर्ष कहो।'' विश्वामित्र ने अभयदान दिया।

''कोई देव इस यज्ञ में भाग लेने नहीं आयेगा। वे कहते हैं हम चाण्डालों से अपवित्र त्रिशंकु के यज्ञ में भाग नहीं लेंगे। यह समाचार यहाँ तक पहुँचाने को भी कोई देव तैयार नहीं है।''

''उन्हें पता नहीं है कि मैंने सत्यव्रत को झूठे कलंक की दलदल से उभारा है और यह यज्ञ भी मैं करा रहा हूँ।''

''वे कहते है विश्वामित्र में अभी अनुभव की कमी है। वह लड़कपना दिखा रहा है।''

विश्वामित्र मुस्करा दिये। फिर गम्भीर स्वर में यज्ञस्थल को गुंजाते बोले, ''सुजम्भ, तुम मेरा एक काम करोगे?''

''आज्ञा करें गुरुदेव।''

''तुम देवलोक जाकर मेरा सन्देश इन्द्र को पहुँचा देना। उनसे कह देना कि विश्वामित्र क्योंकि नवयुवक हैं इसलिये वे एक नया देवलोक रच रहे हैं जो पुराने देवलोक से निकट हो और नए देवों की सृष्टि करने का भी उनका विचार है।''

सुनकर सुजम्भ काँप उठा। ''आपकी आज्ञा का पालन होगा ब्रह्मर्षि। मैं तत्क्षण देवलोक को प्रस्थान करता हूँ।''

५

समस्त भू पर हलचल मच गई। विश्वामित्र क्रोधित हो गये हैं। वे तपस्या पर बैठ गये हैं। वरुण अपने पुत्र का मान रखेंगे। गंगा जहाँ से निकलती है वहाँ नये देवलोक की सृष्टि होगी। पुराने देवों को कोई नहीं पूछेगा।

यज्ञ अबाध गति से चालू था। जनता बढ़ती जा रही थी। सबका हृदय धक-धक कर रहा था। अब क्या होगा?

एक दिन सब ने आश्चर्य से देखा–समस्त प्रमुख देवों के साथ इन्द्र यज्ञस्थल पर उपस्थित थे। आते ही वे विश्वामित्र के पगों में झुक गये–"ब्रह्मर्षि मेरी गलती क्षमा करें। मैं राजा सत्यव्रत के यज्ञ में देवों के साथ उपस्थित हूँ।"

"देवराज, आपका कल्यण हो! आप यज्ञ में उपस्थित नहीं होंगे तो आपकी महत्ता क्या रह जायेगी?"

"आप ठीक कह रहे हैं ऋषिवर। मैं भूल कर रहा था।"

पुराने कटु वचनों की ओर किसी ने ध्यान नहीं दिलाया।

इन्द्र के आने पर यज्ञ निर्विघ्न समाप्त हुआ। अर्ध्य ग्रहण करने के पश्चात् इन्द्र ने राजा से वर माँगने को कहा, "राजा सत्यव्रत, हम तुमसे बहुत प्रसन्न हैं। जो चाहते हो वर माँगों, हम उसे देकर कृतार्थ होंगे।"

"देवेन्द्र इक्ष्वाकु कुल पर आपकी कृपा बनी रहे, यही चाहता हूँ।"

"राजन्, वर माँगो। जो तुम चाहोगे वही पूरा होगा।" विश्वामित्र की ओर देखते हुए इन्द्र ने कहा।

इस भू के छल-छिद्र से राजा सत्यव्रत का जी ऊब गया था, अवस्था भी काफी हो चुकी थी, पुत्र सोलह वर्ष का हो चुका था, उसे विश्वामित्र का आशीर्वाद प्राप्त था। इन सब बातों का ध्यान करके उसने कहा, "देवराज, तो मुझे देवलोक में स्थान दें। मेरा पुत्र बड़ा हो गया है, उसे राज्यसिंहासन पर बिठाकर मैं भी आपके साथ चलता हूँ।"[1]

यह माँग सुनते ही सब देव सन्न रह गए। इन्द्र का मुँह उतर गया। उसने विश्वामित्र की ओर सहायता के लिए झाँका।

विश्वामित्र प्रशंसा-भरी दृष्टि से सत्यव्रत की ओर देख रहे थे। उनका शिष्य वास्तव में राजा होने योग्य है। वह पूर्ण कूटनीतिज्ञ है। यदि वह अयोध्या पर राज्य करता रहता तो यज्ञ सफल होने के बावजूद भी हो सकता है कुछ जनों के मन में कण्टक रहता और इसका प्रभाव उसके पुत्र हरिश्चन्द्र के राज्य पर भी पड़ता। एक ही वार में उसने दोनों अभीष्ट सिद्ध कर लिये। अपना रहा-सहा कलंक भी धो दिया–जगविख्यात है कि बिरले ही पुण्यात्मा को देवलोक में स्थान मिलता है। और अपने सुपुत्र हरिश्चन्द्र की राह भी साफ कर दी। विरोधी जनमत का भी मन रखा जायेगा कि हमने त्रिशंकु को राज्य नहीं करने दिया। उन्होंने पुकारा, "साधु राजन्, साधु। आपने ठीक माँग की। आप जैसे पुण्यात्मा देवलोक में शोभेंगे।"

इन्द्र ने मरे दिल से सहमति जतलाई।[2]

---

1. वाल्मीकि रामायण, अयोध्या काण्ड 41.10; हरिवंश 1,13; स्कन्द पुराण 56.2.7
2. किंवदन्ती है कि पहला अवसर हाथ में आते ही इन्द्र ने त्रिशंकु को देवलोक से निकाल फेंका। अब न वह देवलोक में रह सकता था और न भू पर क्योंकि वह रार बढ़ाना नहीं चाहता था।

ब्रह्मर्षि विश्वामित्र

१

समस्त भूमण्डल पर दूसरे ब्रह्मर्षि विश्वामित्र की ख्याति फैल गई। उन्होंने सरस्वती के तट पर अपना आश्रम बनाया। नित नए सूक्त उनकी वाणी रचने लगी। वेद में प्रथम बार उन्होंने एकेश्वरवाद का प्रचार किया। एक ही भगवान् की विभिन्न शक्तियों को देवता के रूप में सूक्तों में पूजा गया है। यही उन्होंने दिखाया। साथ ही उन्होंने मनु का अधूरा स्वप्न पूरा करने का बीड़ा उठाया। सारे विश्व को आर्य करो के मूलमन्त्र को उन्होंने नया बल दिया। सब कुलों में एक से प्राण हैं, एक सी बुद्धि है, एक सा तेज हैं। हम सब मिलकर साथ रहें, साथ खायें, साथ सोयें।

वसिष्ठ को छोड़कर शेष सप्तर्षियों ने उनका ब्रह्मर्षि कह कर स्तवन किया। केवल वसिष्ठ ही उन्हें राजर्षि के नाम से सम्बोधित करते थे।

विश्वामित्र पहले भी वसिष्ठ से हतप्रभ हो चुके थे। वह हार उनके मन में गड़ी हुई थी। वसिष्ठ का उन्हें ब्रह्मर्षि न मानना कटे पर नमक छिड़कने के बराबर था। उनकी समझ में नहीं आता था कि किस प्रकार वसिष्ठ को अपने को ब्रह्मर्षि मानने को मजबूर करें।

बहुत सोच विचार के उपरान्त उन्होंने वसिष्ठ को अपना ब्रह्म-तेज दिखाने का निश्चय किया। उन्होंने सरस्वती का ध्यान किया और सूक्त रचकर उसका आवाहन किया। उन्होंने उसे आदेश दिया, "जब वसिष्ठ तुम्हारे तट पर ध्यान करने आयें तो अपने प्रवाह में उन्हें लाकर मेरे आश्रम में उपस्थित करना।"

विश्वामित्र का वाक्य झुठलाने का साहस सरस्वती में कैसे होता! महर्षि वसिष्ठ सूर्य को अर्ध्य देकर सरस्वती-तट पर ध्यानाविष्ट बैठे थे, उसकी चंचल लहरों ने उन्हें अपने आरूढ़ कराके विश्वामित्र के सामने ला छोड़ा।

विश्वामित्र वसिष्ठ के स्वागत की तैयारी करने आश्रम में चले गये। तभी वसिष्ठ को ध्यान टूटा। पल भर में स्थिति भाँप कर उन्होंने सरस्वती को वापस ले जाने का आदेश दिया।

जब विश्वामित्र वापस लौटे तो वसिष्ठ को वहाँ न पाकर वे और अधिक व्याकुल हो उठे।

२

जब तक वसिष्ठ उनका सम्मान न करें, उनका जीवन व्यर्थ है। यह भावना विश्वामित्र के मस्तिष्क में घर कर गई थी। वे एकाग्रचित होकर इसका उपाय सोचने में निमग्न थे। आखिर उन्हें एक नई राह सूझी। रात के समय छिपकर वसिष्ठ के आश्रम में जाने का उन्होंने निश्चय किया-आज उनसे दो दो बातें हो जायें। आख़िर क्यों मुझे वे ब्रह्मर्षि नहीं समझते?

ब्रह्मर्षि वसिष्ठ अपनी कुटिया के सामने एक विशाल अश्वत्थ वृक्ष के नीचे बैठे थे। पास में महर्षि अरुन्धती बैठी थीं। चारों ओर चाँदनी छिटकी हुई थी। उपवन के वृक्षों से छन छन कर वह पृथ्वी पर एक अनोखा चित्र बना रही थी।

अरुन्धती रात की सुन्दरता में खो गई। उसने मुग्ध स्वर में पति से कहा, ''ब्रह्मर्षि, आज कैसी शीतल मनोहारी चाँदनी चारों ओर फैली हुई है।''

वसिष्ठ ने हामी भरी, ''हाँ प्रिये, जैसे सारी जगती में ऋषि विश्वामित्र का तप-तेज फला हुआ है।''

इतना सुनते ही विश्वामित्र के मन की फाँस निकल गई। कलुष हटकर हृदय निर्मल हो उठा। पेड़ की छाँह से निकलकर वे वसिष्ठ के पगों में झुक गये।

वसिष्ठ ने बड़े प्यार से उन्हें उठाया और हृदय से लगाते हुए कहा, ''उठो ब्रह्मर्षि विश्वामित्र, आज तुमने अपने मन पर भी विजय प्राप्त की। जगत में तुम्हारे समान दूसरा कोई नहीं रहा। तुम्हारा कल्याण हो!''

परशुराम

(लगभग 2500 ईसा पूर्व)

राम का नाम-परिवर्तन

१

"राम, क्या कर रहा है? मुझे सूक्त याद करने दे।" वसु ने चिल्लाकर कहा।

"मैं क्या कर रहा हूँ तुम्हारा जी स्वयं उचटा पड़ा है, पढ़ाई में लगता कब है।" **राम** ने बड़े भाई को चिड़ाया।

विश्वामित्र ब्रह्मर्षि बनकर सरस्वती-तट पर जा बसे थे, परन्तु उनके भांजे ऋषि जमदग्नि का भृगु-आश्रम पूर्ववत् कान्यकुब्ज से कुछ दूर गंगा के तट पर चल रहा था। जमदग्नि-रेणुका के पाँच पुत्र थे-**रुमण्वत्, सुषेन, वसु, विश्वावसु,** और **राम।**[1] पाँचों पुत्र आश्रम में रहकर ऋषियों के योग्य शिक्षा पा रहे थे। चारों बड़े पुत्र बहुत सुशील और मेधावी थे, परन्तु सबसे छोटा राम बड़ा अनोखा था। वह अनुपम शक्तिशाली था। दस वर्ष की अवस्था में ही वह अपने चारों भाइयों से ऊँचा निकल गया था और उनसे बड़ा लगता था। सूखी पढ़ाई में उसका मन नहीं लगता था, कुछ न कुछ छेड़खानी करने को उसका जी करता रहता था। और फिर यदि मार-पीट हो जाती तो उसका क्रोध देखने लायक होता। वह अच्छों-अच्छों के छक्के छुड़ा देता। पता नहीं कहाँ का बल, कहाँ के तेजी उसमें भर जाती।

महर्षि जमदग्नि के पास समय-समय पर उसकी शिकायतें पहुँचती रहतीं। वे उसे बुलाते। उनकी आँख देखते ही वह भीगी बिल्ली बन जाता। वह उनका बहुत आदर करता था। अब उस भोले-बने बालक को कोई कितना डाटे, कहाँ तक डाटे? महर्षि रेणुका से कहते, "राम हमारे हैहयराज के प्रति क्रोध का प्रतिरूप है" रेणुका इसका प्रतिवाद करती, "क्यों गड़े मुरदे उखाड़ते हो? हैहयराज अर्जुन कुछ दिनों में अस्सी के हो जायेंगे। उस वृद्ध से हमारा क्या वैर। फिर वे तुम्हारे साढू लगते हैं।" जमदग्नि कहते, "मैं मज़ाक कर रहा था रेणु। अर्जुन ने भार्गवों पर कितना ही अत्याचार किया हो, किन्तु उसका एहसान हम मानव नहीं भूल सकते। इस कठिनाई के समय जब प्रत्येक मानव कुल दुर्बल हो उठा, वह ही प्रकाश-स्तम्भ के समान हमारे बीच खड़ा रहा। उसी के कारण छोटे-मोटे अनार्य राजाओं का तो कहना क्या, दक्षिण का महान् राक्षसेन्द्र रावण भी शान्त बैठा रहा।"

---

1. महाभारत, वन पर्व 116.10-11

रुमण्वत् भी वहीं बैठा था। उसने राम को डाटा, ''राम, शान्त क्यों नहीं बैठता। क्यों वसु पर कीड़ा छोड़ रहा है?''

''मैं कीड़ा छोड़ रहा हूँ! मैं तो उसे हटाने का प्रयत्न कर रहा हूँ।''

''झूठ बोलता है।'' वसु सबसे शान्त था। खीज के मारे उसके नेत्र भर आये।

रुमण्वत् ने धमकाया, ''राम, अलग हट। किसी को पढ़ने नहीं देता।''

''बड़े भाई! बड़प्पन मत जताओ। मैं कुछ नहीं कर रहा।''

शोर सुनकर रेणुका कुटी से बाहर निकल आई। ''क्यों राम, शोर क्यों मचा रहा है? तुम लोग पढ़ते क्यों नहीं?''

वसु बेचारा रोने लगा। रुमण्वत् ने शिकायत की, ''पढ़ें तभी जब तुम्हारा यह लाड़ला पढ़ने दे।''

राम ने प्रतिवाद में कुछ कहने को मुँह खोला, पर रेणुका ने उसे बीच में टोक दिया। वह दिन-प्रतिदिन की शिकायत से ऊब चुकी थी। गम्भीर स्वर में उसने कहा, ''राम, मेरे पास आ।'' वह कुटी के अन्दर चली गई। राम भी पीछे गया।

२

साग काटने का काम फिर हाथ में लेते हुए रेणुका ने पूछा, ''राम, तू क्यों नहीं पढ़ता?''

''पढ़ता तो हूँ।''

''कहाँ पढ़ता है, मैं तुझे कभी सूक्त याद करते नहीं देखती।''

''सूक्त मुझे सुनते ही याद हो जाता है, फिर मैं उसे बार-बार क्यों दोहराऊँ?''

''तुझे याद हो जाता है तो दूसरों को भी याद करने दे। उन्हें तू क्यों छेड़ता है?''

''फिर मैं क्या करूँ? खाली कैसे बैठूँ? मुझे भी तो खेलने को साथी चाहिये।''

''क्यों जी, सुनी तुमने इसकी बातें? मेरे हर प्रश्न का उत्तर इसके पास है।''

माँ की यह बात सुनकर राम को पहली बार पता चला कि पिताजी उसके पीछे कुटिया के द्वार पर खड़े उसकी बातें सुन रहे हैं।

जमदग्नि हँसते हुए बोले, ''इसकी समस्या बड़ी तिरछी है। फिर भी कोई न कोई हल सोचना पड़ेगा।''

कुछ देर सोचने का नाटय कर वे बोले, ''इसका साथी खिलाड़ी ढूँढ़ना पड़ेगा। यहाँ तो वेद की पढ़ाई होती है, इसके साथ खेलने वाला कहाँ मिलेगा? क्यों राम, किसी प्रौढ़ के साथ खेलेगा?''

राम की समझ में नहीं आया।

''अच्छा यह बता, मेरे साथ खेलेगा?''

रेणुका महर्षि की बात समझ गई। वह हर्ष के मारे फूली नहीं समाई। ''हाँ करदे राम, हाँ करदे। तेरे धन्य भाग्य जो महर्षि अपना क्षात्र-तेज तुझे देना चाहते हैं।''

बेचारा राम मूढ़बना कभी अम्मा को देखता कभी पिता जी को।

''राम तेरा वेद-पाठ चल ही रहा है। बाकी समय तेरे पिताजी तुझे शस्त्रशिक्षा देंगे। तुझे प्रचण्ड धनुर्धारी और असि-संचालन में निपुण बना देंगे।'' रेणुका ने बताया।

''पिताजी?'' राम की समझ में नहीं आया।

रेणुका ने समझाया, ''जन्म से ही मामा-भानजे साथ-साथ रहते थे, इस कारण ब्रह्मर्षि विश्वामित्र और महर्षि जमदग्नि को राजा और ऋषि दोनों की शिक्षा मिली है। महर्षि क्षात्र-धर्म में भी निष्णात हैं।''

राम हर्ष-विभोर होकर चिल्लाय, ''पिताजी'' और भागकर महर्षि से चिपट गया।

३

राम ने पिता से शस्त्र-शिक्षा लेनी आरम्भ की। यह उसकी रुचि के अनुसार ज्ञान था। इसमें वह बहुत तेज़ निकला। शीघ्र ही वह सब प्रकार के शस्त्रों में निपुण हो गया।

और फिर समस्या सामने खड़ी हो गई। आगे वह क्या सीखे? पन्द्रह वर्ष की अवस्था में ही वह वेद कंठस्थ कर चुका था और शस्त्रों में प्रवीण हो गया था। एक दिन उसने महर्षि से पूछा, ''पिताजी, मैं तलवार और बाण चलना सीख चुका हूँ। गदा-युद्ध भी मैंने सीख लिया है।............

''इनमें अभ्यास किए जाओ। अभ्यास ही व्यक्ति को निपुण बनाता है।'' महर्षि ने सीख दी।

''इसके अतिरिक्त गुलेल भी तो होती है? मैंने वनवासियों को उसमें पत्थर रखकर पक्षियों और पशुओं को मारते देखा है।''

पुत्र में लगन देखकर महर्षि को बड़ी प्रसन्नता हुई। उन्होंने समझाया, ''पुत्र, गुलेल सीखने से कोई लाभ नहीं। उसी का परिवद्धित रूप हमारा धनुष बाण है। धनुष बाण के सामने गुलेल नहीं टिक सकती। तुम्हें यदि नए अस्त्र-शस्त्र चलाने सीखने हों तो हिमालय पर चले जाओ। भगवान् शंकर भाँति-भाँति के शस्त्रों के ज्ञाता हैं। उन्हें तप करके प्रसन्न कर लो। वे तुम्हें संसार में अजेय बना देंगे।''

पिता के शब्दों से राम के सामने एक नया विस्तृत क्षितिज खुल गया। वह उत्साह से भर गया। माता-पिता ने भी उसकी राह में रोड़ा बनना ठीक नहीं समझा और उसे हिमालय जाने की सहर्ष अनुमति दे दी।

राम हिमालय में गन्धमादन पर्वत पर जा पहुँचा। उस निर्जन, शान्त उपत्यका में उसने कुटी बनाई और भगवान् शंकर की आराधना में तल्लीन हो गया। उसकी प्रचण्ड तपस्या का आभास पहले शंकर के गणों को लगा। उन्होंने उसे अपने पथ से बहुत डिगाना चाहा परन्तु दृढ़चित्त मनस्वी कहीं कार्य अधूरा छोड़ सकता है। अंततः शंकर प्रसन्न हुए। राम के सामने आकर उन्होंने वरदान माँगने को कहा।

राम ने विनीत स्वर में इच्छा प्रकट की, ''भगवन्, मेरे मन में संसार का अजेय योद्धा बनने की लालसा है। आप मुझे शस्त्र-शिक्षा दें।''

शंकर ने राम की प्रार्थना स्वीकार की और उसे शस्त्र-संचालन की विद्या देनी प्रारम्भ की।[1] योग्य शिष्य पाकर गुरु निहाल हो उठे। राम में प्रचण्ड बल था, विशाल डील-डौल था और उसका हस्त-लाघव देखते ही बनता था। विद्या पूरी होने पर प्रसन्न होकर शंकर ने राम को एक भयंकर अति-दीर्घ परशु प्रदान किया। जिस परशु को उनके दो गण मिलकर भूमि से उठा पाते थे, उसे राम ने खेल-खेल में उठा कर अपने कन्धे पर रख लिया। शंकर ने राम को वरदान दिया, ''पुत्र यह परशु तुम्हें अजेय बना देगा। इससे तुम दुर्जनों को गाजर-मूली की तरह काटकर फेंक दोगे।''

परशु से राम को ऐसा लगाव हो गया कि वह उसे सर्वदा अपने पास रखता था। उसकी धार की ख्याति भी शीघ्र फैल गई। धीरे-धीरे राम का नाम **परशुराम** में बदल गया।

---

1. रेणुका पुराण 15; ब्रह्मांड पुराण 3.22.56-60

दुःख-निवारण

१

हरिश्चन्द्र को राज्यसिंहासन पर बैठाकर सत्यव्रत स्वर्ग चला गया था। हरिश्चन्द्र की पत्नी उशीनर राजा की पुत्री **सत्यवती** थी। शिवि देश की राजकुमारी होने के कारण उसे **शैव्या** भी पुकारा जाता था। हरिश्चन्द्र को बचपन से ही विपत्तियों का सामना करना पड़ता था, उसके पिता को देशनिकाला दे दिया गया था और उसका तारुण्य वनों में बीता था। इस कारण वह धीर, शूर, निर्भीक और साहसी हो गया था। ऐसा राजा पाकर अयोध्या धन्य हो उठी। सत्यव्रत के वन चले जाने पर जो उसके गौरव में कमी आई थी, वह दूर हो गई।

हरिश्चन्द्र ने पहले घर को ठीक किया। उसने प्रसिद्ध आंगिरस कुल के **अयास्य** को पुरोहित बनाया, नये सलाहकार लिये और सुचारु रूप से शासन करना आरम्भ किया। ब्रह्मर्षि विश्वामित्र का वरद हस्त उसकी पीठ पर था, प्रजा का जो भाग त्रिशंकु के विरुद्ध था वह भी शान्त हो गया था। समस्त द्वन्द्व और संघर्ष समाप्त होकर उत्साह और उल्लास की लहरें हिलोरने लगीं। शीघ्र ही प्रजा धन-धान्य से पूर्ण हो गई।

उसने अपने पिता की नीति चालू रखी। उसके सलाहकारों में सब कुलों के प्रतिनिधि थे। इधर विश्वामित्र समस्त संसार को आर्य बनाने को कृतसंकल्प थे। वे अगस्त्य से एक पग आये थे। अगस्त्य ने सारे कुलों की एकता का पाठ पढ़ाया था, जिसमें अब भी कई मानवों को शक था। ब्रह्मर्षि विश्वामित्र ने संसार को गायत्री मन्त्र दिया जिसे सच्चे मन से हृदय में धार कर हर प्राणी शुद्ध बुद्धि और शुभ कर्म को प्राप्त कर सकता था। अपने उद्देश्य की प्राति के लिये वे देश का दौरा कर रहे थे।

अयोध्या में राजा की अनुपस्थिति के कारण पास-पड़ौस के राज्य उसे नगण्य मानने लगे थे। हरिश्चन्द्र ने अगला पग उन्हें उनका उपयुक्त स्थान दिखलाने के लिये उठाया। अयोध्या को दुबारा शक्तिशाली देखकर कुछ पड़ौसी नगर-राज्यों ने स्वयं दूत भेजकर उसकी अधीनता स्वीकार कर ली। शेष ने ईर्ष्या और जलन दिखलाई। हरिश्चन्द्र बड़ा दूरदर्शी था। उसने नीति से काम लिया। उसने कुछ को अयोध्या से पीढ़ी-दर-पीढ़ी की मित्रता का स्मरण दिलाया, कुछ को समझाया बुझाया कि प्रसिद्ध इक्ष्वाकु वंश से लोहा लेना मूर्खता है और शेष दुरभिमानियों के विरुद्ध उसने अभियान किया।

इस प्रकार अन्दर और बाहर अपनी धाक जमाकर उसने राजसूय यज्ञ किया और सम्राट् की उपाधि ग्रहण की।

२

इच्छित अभिलाषा पूर्ण होने पर भी हरिश्चन्द्र सुखी नहीं था। उसके मन को एक चिन्ता सालती रहती थी—उसके कोई पुत्र नहीं था सम्राट् को यही भय सता

रहा था कि उसके मरने पर इतने प्राचीन वंश का नाम-निशान मिट जायेगा। यही अनिष्ट की आशंका सम्राज्ञी शैव्या को सता रही थी। जैसे-जैसे समय बीतता जा रहा था, उनकी आँखों की नींद उड़ती जा रही थी।

यह चिन्ता प्रजा में व्याप गई थी। इसी को व्यक्त रूप देते हुए एक दिन अयास्य आंगिरस ने सम्राट् से निवेदन किया, "महाराज, प्रजा में बड़ी विकलता फैली हुई है। पता नहीं, क्यों देवता हमसे रूठे हुए हैं।

हरिश्चन्द्र और शैव्या तत्क्षण समझ गये कि राजपुरोहित क्या कहना चाहते हैं। हरिश्चद्र बोले, "ऋषिवर, हम भी इसी चिन्ता से पीड़ित हैं कि हमारे उपरान्त इस राज्य का क्या होगा? किस प्रकार वरुण हम पर प्रसन्न हों, समझ में नहीं आता?"

शैव्या ने कहा, "आप कोई राह सुझाइये, आंगिरस। आप जगविख्यात प्राचीन कुल के वंशज हैं। प्रसिद्ध है कि जड़ी-बूटियों पर आपका पूर्ण अधिकार है। वेद के आप ज्ञाता हैं। मुझे सन्तानवती बनाने की राह दिखाइये।" शैव्या के हृदय का उद्गार उसकी वाणी से निकल रहा था।

अयास्य भी विचलित हो उठे। "हमें वरुण को प्रसन्न करना है। वरुण प्रसन्न हो जायँ तो आपको सन्तान दे सकते हैं।"

"मैं दिन-रात वरुण से प्रार्थना करता रहता हूँ। पता नहीं वे उसे स्वीकार क्यों नहीं करते।"

अयास्य कुछ बोलना चाहते थे, लेकिन फिर चुप्पी लगा गये। इस बात को शैव्या ने भाँप लिया। उसने पूछा, "ऋषिवर, आप कुछ कहना चाहते थे?"

"मैं......मैं......" असमंजस में पड़े अयास्य बोले।

"हाँ, हाँ कहिये न।"

"वेद में वरुण से पुत्र प्राप्त करने के यज्ञ का विधान है।"

"आपने हमें पहले नहीं बताया। उसे करवाइये न।"

"लेकिन उसके साथ एक उपबन्ध है।"

"क्या?"

"सन्तान होने पर पहली सन्तान की भेंट वरुण को देनी होती है।"[1]

"हम इसके लिये तैयार हैं।" दम्पत्ति को सन्तान की ऐसी कामना हो रही थी कि उन्होंने इस उपबन्ध के महत्त्व पर कोई ध्यान नहीं दिया।

३

वरुण की कृपा हुई। शैव्या गर्भवती हुई और यथासमय उसने एक स्वस्थ और सुन्दर बालक को जन्म दिया। सारे साम्राज्य में आनन्द और उल्लास की तरंगें छा गईं। माता-पिता के आनन्द की सीमा न रही। पुत्र को गोद में लेते ही शैव्या को लगा मानो उसे स्वर्ग का राज्य मिल गया हो। पुत्र की किलकारियों से हरिश्चद्र का हृदय गूँज उठा। प्रजा ने तरह-तरह के समारोह मनाये। नामकरण संस्कार किया गया और पुत्र का नाम **रोहित** रखा गया।

---

1. ऐतरेय ब्राह्मण 7.14.2; सांख्यायन श्रौतसूत्र 15.17

सब की आँखों का तारा रोहित चन्द्रमा की कला के समान प्रस्फुटित होने लगा। जब उसकी प्रथम वर्षगाँठ उपस्थित हुई, तब सम्राट् को अपना दिया वचन याद हो आया। रोहित वरुण को समर्पित पुत्र है। अयास्य आंगिरस ने क्या कहा था—वेद बतलाते हैं कि प्रथम सन्तान वरुण को बलि देनी होती है, तभी वरुण प्रसन्न होकर पुत्र देते हैं।

किन्तु! यदि रोहित की बलि दे दी और अन्य पुत्र न हुआ तो मुझ सा मूर्ख कौन होगा! सारा संसार मेरे ऊपर हँसेगा।!

किन्तु! रोहित जैसा प्यारा पुत्र क्या बलि देने को है!

यही ऊहापोह शैव्या के मस्तिष्क को मथे डाल रही थी। जो बात उन्हें पुत्र न होने की दशा में बड़ी सरल लग रही थी, अब दावानल के समान दिल को दग्ध करने लगी।

हरिश्चन्द्र ने अयास्य आंगिरस को बुलया। ''ऋषिवर, रोहित अभी बहुत छोटा है। इस आयु में उसे माता से अलग करना ठीक न होगा। जब कुछ बड़ा होगा, तब हम उसे वरुण को समर्पित कर देंगे।''

अयास्य समझ रह थे कि आँख के तारे को माता-पिता से अलग करना कितना दुर्भर है, फिर भी एक प्रयत्न उन्होंने किया, ''सम्राट्, दिन पर दिन सन्तान पर माँ बाप की ममता बढ़ती चली जाती है। जितना उससे अलग होना आज कठिन है, उससे दुगना कठिन अगले वर्ष होगा। यह आप निश्चित जानिये।''

शैव्या ने सम्राट् का पक्ष लिया। ''कुछ बड़ा होने पर हम इसे किसी आश्रम में भेजेंगे ही; तब यह समझेंगे कि वरुण के आश्रम में भेज दिया।''

''जैसी आपकी इच्छा हो।''

हरिश्चन्द्र को एक शंका थी, ''आंगिरस, यह बताओं कहीं वरुण मुझ पर कुपित तो न हो जायेंगे?''

''यदि आप अपना निश्चय नहीं बदलेंगे तो वे क्यों कुपित होंगे?''

४

समय गुज़रता गया। वर्ष बीतते गये। रोहित बलि देने योग्य बड़ा नहीं हुआ। वरुण की करनी यह हुई कि हरिश्चन्द्र के अन्य कोई सन्तान नहीं हुई।

रोहित किशोर हो गया। उसे राजोपम शिक्षा मिली। पूत के पाँव पालने में ही दिखाई दे जाते हैं। वह वास्तव में वरुण का पुत्र था। जिस काम को हाथ में लेता था उसी में सफलता प्राप्त करता था।

हरिश्चन्द्र को उपबन्ध याद था। वह उस दिन को टालते चले आ रहे थे जिस दिन राजकुमार को बलि दिया जाना था। वरुण उन्हें सोते समय अनेक बार दिखाई दे चुके थे और बार-बार स्मरण करा रहे थे। अब तो वे जागते भी कभी ही नेत्रों के सामने कौंध जाते थे। सम्राट् ने अयास्य को बुलाया। ''ऋषिवर, वरुण मुझे नित्यप्रति दर्शन दे रहे हैं। वे क्रुद्ध मालूम पड़ते हैं।''

अयास्य आंगिरस का मन भी पलट चुका था। वे राजा के इकलौते होनहार पुत्र को वरुण को देना नहीं चाहते थे। "सम्राट्, आप चिन्ता न कीजिए। मैं स्वयं इस समस्या के हल का प्रयत्न कर रहा हूँ।"

"वरुण के कोप से कौन नहीं डरता। मुझे रोहित को वापस भेजना ही होगा।"

ऋषि सोच में पड़ गये। कुछ देर बाद बोले, "मैं रोहित को सब बात बताकर जंगल में भेज देता हूँ। अयोध्या को और आपको उससे अलग रहने की आदत पड़ जायेगी। वरुण जब आपको दर्शन दें तो आप कह दीजिये कि पुत्र वनों में चला गया है जैसे ही लौटेगा आप उसे वरुण को लौटा देंगे।"

किसी को स्वार्थ में यह ध्यान नहीं रहा कि वे वरुण से झूठ बोलने का प्रयत्न कर रहे हैं।

५

रोहित को सारी परिस्थिति समझाकर राजपुरोहित ने उसे वन में भाग जाने को कहा। सम्राट् की बात रह गई। अपने बलिदान की बात सुनकर पुत्र घर छोड़कर भाग गया है। जैसे ही मिलेगा वैसे ही उपबन्ध पूरा किया जायेगा।

रोहित के बिना सारी अयोध्या क्षुब्ध हो उठी। शैव्या और हरिश्चद्र को लगा मानो उनके प्राण निकलकर चले गये हों। कहाँ होगा? कैसे रह रहा होगा? क्या कर रहा होगा? हर समय बुरे-बुरे विचार उनके मन में उठते रहते, और झंझावात का रूप धारण कर लेते।

शैव्या से नहीं रहा गया। राजपुरोहित के सामने उसने बात छेड़ी, "इससे अच्छा तो रोहित को वरुण को दे देना है। यह अनिश्चय के निर्णय ने तो....... उससे बोला ही नहीं गया। वह फफक-फफक कर रो पड़ी।

अयास्य ने समझाना चाहा, "महारानी, आप चिन्ता न करें। मैं वरुण को प्रसन्न करने का प्रयत्न ढूँढ़ रहा हूँ। मुझे कुछ समय चाहिये। मुझे भरोसा है कि मैं सफल रहूँगा।"

हरिश्चन्द्र के मन में एक विचार आया। "क्या यह नहीं हो सकता कि रोहित के स्थान पर मैं अपनी बलि दे दूँ? वरुण को बलि चाहिये। उन्हें मैं तृप्त कर दूँगा। अपने वचन की रक्षा न करने का जो लोक में अपयश मुझे मिल रहा है, वह भी दूर हो जायेगा।"

'सम्राट्, आप ठण्डे दिल से इस पर सोचें। यह असम्भव है।" अयास्य का उत्तर था।

६

रोहित का वन में जी नहीं लगा। वह अयोध्या लौट आया। प्रजा में समाचार फैल गया कि रोहित लौट आया है और शीघ्र ही उसकी बलि दी जायेगी। सम्राट् के हाथों के तोते उड़ गये।

अयास्य की समझ में नहीं आया कि यह क्या हो गया। वह फौरन रोहित से मिला। "रोहित, यह तुमने क्या कर दिया मेरा सारा खेल बिगाड़ दिया।"

रोहित स्वयं पछता रहा था। उसकी साँप छछूंदर की गति हो रही थी। वन में चला गया था तो माता-पिता की याद सताती रहती थी; उनकी सेवा न कर पाने के कारण अपना जीवन व्यर्थ समझता था। घर लौट आया तो पाया कि माता-पिता को असह्य धक्का पहुँचा है। "गुरुवर, समझ में नहीं आता कि मैं क्या करूँ। दुविधा में मेरी जान सांसत में आ गई है।"

"तुम्हें मेरे कथनानुसार चलना चाहिये था। लौटकर तुमने सब मटियामेट कर दिया। तुम्हारे पिताजी अब प्रजा को शक्ल दिखाने लायक नहीं रहे। उनकी स्थिति बड़ी मिथ्या हो गई है। प्रजा को विदित है कि तुम वन में चले गये हो और यदि तुम मिल गये तो तुम्हें बलि दे दिया जायेगा। और तुम लौट आये हो तो बलि की तैयारी होनी चाहिये। देखा तुमने उन्हें किस स्थिति में पहुँचा दिया है।"

"मैं गलती कर गया देव। अब मैं क्या करूँ? पिताजी के सुख के लिये मैं बलि होने को तैयार हूँ।"

"क्या तुम्हारे बलि होने से माता-पिता को सुख मिलेगा?"

कुछ पल को अप्रिय शांति छा गई।

अयास्य आंगिरस ने कुछ देर सोच-विचार कर कहा, "वत्स, तुम्हें फिर वन में जाना पड़ेगा। यहाँ की स्थिति में सुधारूँगा। तुम बिना किसी से कहे सुने वन में भाग जाओ। अब बिना बुलाये मत लौटना।"

रोहित ने ऐसा ही किया। अयास्य ने फैलाया कि बलि के डर से रोहित फिर लड़कर भाग गया है। लेकिन प्रजा की वाणी को कौन रोक सकता था। लोक में प्रचलित हो गया कि अयोध्या का सम्राट् पुत्र की बलि न देने के लिये उसे वनों में भाग देता है; वह वरुण को धोखा दे रहा है। वरुण का कोप उस पर प्रलय बनकर टूटेगा।

हरिश्चन्द्र को यह समाचार मिलता रहता था। उसका दिल टूट गया। उसे क्रोधित वरुण के दर्शन होते रहते थे। और तभी उसके पेट में भीषण दर्द आरम्भ हुआ। पेट में पानी उतर आया और वह फूल गया। दर्द के मारे वह मछली के समान तड़पता। वरुण उससे वचन न पूरा करने का बदला ले रहा था।

सारी अयोध्या सन्न रह गई। शीघ्र ही समाचार वन में छिपे रोहित के कानों तक पहुँच गया। उससे नहीं रहा गया। वह अपने प्राण देकर पिता को उबारेगा। वह लौट आया।

स्थिति रोहित ने अपने हाथों में ली। समिति की बैठक बुलाई। पुरुषमेध यज्ञ आरम्भ करने का आदेश दिया।

अयास्य आंगिरस ने अगले दिन प्रातःकाल यज्ञ करके वरुण को करुण स्वर से पुकारा। और वरुण ने उस दिन उसकी माँग अनसुनी न करी।

अयास्य आनन्द से फूले न समाते राजप्रासाद की ओर लपके। रुग्ण सम्राट् को दवाई से अधिक लाभ पहुँचने वाला सन्देश उन्होंने सुनाया। "सम्राट्, वरुण का निर्देश आ गया है। वह सर्वशक्तिशाली है। वह इक्ष्वाकु वंश पर प्रसन्न है।"

हरिश्चन्द्र ने प्रश्न-भरे नेत्र ऋषि पर गड़ा दिये। वे बहुत दुर्बल हो गये थे। पेट के दर्द के मारे उनके मुख से बलि नहीं निकलता था। शैव्या ने उनके प्रश्न को स्वरूप दिया। ''आंगिरस, आप शीघ्र बताएँ वरुण का क्या आदेश है?''

''वरुण ने रोहित की बलि न लेना मान लिया है।''

''आप क्या कह रहे हैं?'' हरिश्चन्द्र के मुख से स्वयमेव निकल पड़ा।

''मैं ठीक कह रहा हूँ सम्राट्! वरुण ने मान लिया है कि रोहित के स्थान पर उसी आयु के किसी नवयुवक की बलि लेकर वे सन्तुष्ट हो जायेंगे।''

''यह बड़ा निष्ठुर कार्य है। कौन माता-पिता अपने पुत्र की बलि देने को तैयार होगा?'' शैव्या के नेत्र भर आये।

''महारानी, आप चिन्ता न करें। मैं समस्त भू पर चर दौड़ाता हूँ। हम इस कार्य में अवश्य सफल होंगे। इस पृथ्वी पर महान् इक्ष्वाकु कुल का नाम चलता रहेगा।'' मन्त्री ने उत्साह दिखाया।

अयोध्या राज्य के सारे चर खोज में लग गये।

पितृ-भक्ति

१

परशुराम लौट आया, किन्तु उसका आश्रम में जी नहीं लगता था। आश्रम का शान्त, नीरव वातावरण उसकी रुचि के अनुकूल न था। परशु कन्धे पर रखे हुए वह बाहर निकल जाता था, फिर दो दो, तीन तीन दिन तक अनुपस्थित रहता था। आश्रम में उसकी वीरता की कहानियाँ पहुँचती रहती थीं। जहाँ-कही वह अन्याय देखता था, वहीं उसका परशु तन जाता था और प्रतिकार करके रहता था। विश्व में वह महान् क्रोधी ऋषि के रूप में विख्यात हो गया।

२

रेणुका के पुत्र बड़े हो गये थे। उसके विवाह के प्रारम्भिक दिन सतत क्रियाशीलता में बीते थे जमदग्नि को युद्धाभ्यास कराते। फिर पाँच पुत्रों का लालन-पोषण था। इन सबसे निमटकर उसे लगता था कि समय ठहर गया है, बीत ही नहीं रहा है। क्या करे?

उसने युक्ति खोज निकाली। भृगु आश्रम से कुछ दूर एक सरोवर था जिसकी मिट्टी बड़ी नरम थी। वह वहाँ जाकर मिट्टी लाती थी और उस मिट्टी से तरह-तरह के खिलौने बनाती थी। इस कार्य में उसकी सर्जनात्मक लगन भी पूरी होती थी और समय पता नहीं कहाँ पंख लगाकर उड़ जाता था। प्रतिदिन महर्षि जमदग्नि को यज्ञ की सब सामग्री देकर वह आश्रम से निकल जाती थी और मिट्टी एकत्र करके लौट आती थी।

एक दिन जब वह सरोवर पर पहुँची, उस समय गन्धर्वों का राजा **चित्ररथ** अपनी रानियों के साथ स्नान करने आया हुआ था। गन्धर्व अपने मुक्त सहवास के लिए प्रसिद्ध थे। वे नग्न होकर सरोवर के जल में घुसे और किलोल करने लगे। इस दृश्य को देखकर रेणुका चित्रखिंचित रह गई। मन्त्रमुग्ध के समान वह खिंची चली गई। और इस नाटक में रम गई।

उधर आश्रम में जब रेणुका समय पर नहीं पहुँची तो सब को बड़ी चिन्ता हुई। खोज लगाने वालों को वह लौटती हुई मिली और यह समाचार सबको पता चल गया।

जमदग्नि को यह समाचार सुनते ही भयंकर क्रोध चढ़ आया। उन्होंने सब से बड़े पुत्र रुमण्वत् को अपने पास बुलाया और उसे आदेश दिया, ''पुत्र, तुम्हारी माँ ने भृगु कुल का मान मिट्टी में मिला दिया है। मेरा आदेश है कि तुम उसका तत्क्षण वध कर डालो।''

रुमण्वत् शिक्षा प्राप्त करके विवेकी और गम्भीर युवक बन चुका था। ''पिताजी, इसमें माता का दोष नहीं है, यह परिस्थितिवश हुआ।''

"पुत्र!" जमदग्नि गरजे।

रुमण्वत् ने पिता को समझाना चाहा, "महर्षि, वेद बताते हैं प्राचीन काल में यह रीति थी, यह क्षम्य था। ऋषि सुदर्शन की अनुपस्थिति में एक अन्य ऋषि उनके आश्रम में आया था जिसने उनकी पत्नी ओघावती के साथ सहवास किया था। शाम को लौटने पर ऋषि सुदर्शन इस अतिथि-सत्कार से बहुत प्रसन्न हुए थे। गौतमी के साथ इन्द्र ने संभोग किया था तब ऋषि गौतम बहुत बिगड़े थे और पुत्र चिरकारी से माता का वध करने को कहा था। किन्तु चिरकारी ने पुराने नियम का हवाला देकर उन्हें मना लिया था।"

"दूर हो जा मेरी आँखों के सामने से", जमदग्नि भभक उठे। उन्होंने बाकी पुत्रों की ओर दृष्ट डाली। सब के मुख पर लाचारी के भाव पढ़कर उनके मुख से ठंडी साँस के साथ शब्द निकल पड़े, "राम, तू कहाँ है?"

यही भय उनके चारों बड़े पुत्रों के दिल को मथ रह था। "वरुण, सहायता कर। राम को इस समय आश्रम में मत लौटने देना।" उनके शरीर का रौआँ रोआँ पुकार रहा था।

लेकिन वरुण ने उनकी नहीं सुनी। परशुराम जो चार दिन से बाहर था, उसी समय आश्रम के अन्दर घुसा। राह में उसने माँ के स्खलन की बात सुनी थी। कुटिया में घुसने पर उसने पिता को क्रोध और दु:ख से व्याकुल देखा।

"राम, पुत्र! मेरी बात मानेगा?" महर्षि का गम्भीर स्वर गूँजा।

"आदेश दें, पिताजी।" परशुराम के नेत्र चमक उठे।

"अपनी माता का वध कर डाल। वह अपने ऋत से च्युत हुई।"

परशुराम ने रौद्र रूप धारण कर लिया। जब तक बड़े भाई कुछ कहें, वह झपट कर कुटिया से बाहर निकल गया। रेणुका की कुटी में वह आँधी के वेग से घुसा। रेणुका मूक रुदन कर रही थी। परशु के एक हाथ ने उसका सिर उड़ा दिया।[1]

दुगने वेग से वह पिता के पास रक्तरंजित परशु लिए पहुँचा। "पिताजी, मैंने आज्ञा का पालन किया।" इन शब्दों के कहने पर उसे होश आया कि उसने क्या कर डाला।

जमदग्नि आसन से उठे और परशुराम को गले से लगा लिया। उसका सिर सूँघते हुए उन्होंने आशीर्वाद दिया और कहा, "बेटा, तूने पिता की आज्ञा का पालन किया है। मैं तुझसे बहुत खुश हूँ। बोल, क्या माँगता है?"

परशुराम का गात विकम्पित हो रहा था और स्वेद कणों से भर गया था। उसने रुँधे गले से कहा, "पिताजी, यदि आप प्रसन्न हैं तो मेरी माता का नाम अमर कर दीजिए। वे संसार की महान् पतिव्रता नारियों में गिनी जायँ। पल कर के मोह से उनके नाम को धब्बा न लगे।"

---

1. भागवत 9.15-16; विष्णुधर्म पुराण 1.35-36; महाभारत वन पर्व 116.14

परशुराम की विनती ने पिता की आँखें खोल दी। उनका विषण्ण मुख फीकी मुस्कान से भर गया। भर्राये कण्ठ से स्वर निकला, "ऐसा ही होगा। और कुछ माँग।"

"आप मेरे भाइयों से रुष्ट न रहें। वे विद्वान और मातृ-पितृ-भक्त पुत्र हैं।"

महर्षि ने अभय-दृष्टि पुत्रों पर डाली। "मैं इनसे भी प्रसन्न हूँ। तू अपने लिये नहीं माँगेगा, मैं जानता हूँ। वरुण तुझे युद्ध में अजेय बनाये। और यदि मैं वरुण का सच्चा उपासक हूँ तो वरुण तेरी आयु तीन सौ वर्ष की कर दे।"[1]

1. यजुर्वेद

बलि का बकरा

१

"ब्रह्मर्षि, आप हमें सीख देते हैं कि हमें एक दूसरे को नहीं मारना चाहिये, और न मुण्डमाला बनाकर पहननी चाहिये?" टोडा युवक बोला।

"तुम ठीक समझ गए, नवयुवक।" विश्वामित्र के चमकीले नेत्र सूर्य की ओर उठ गए। "हम सब वरुण की सन्तान हैं। हम सब भाई-भाई हैं। सविता सबको प्राण देता है, मेधा देता है। सब मानवों को उनका सदुपयोग करना चाहिये।"

"फिर आप लोग जो अपने को आर्य कहते हैं मानवों की बलि क्यों देते हैं?" हँसी उड़ाता वह बोला।

"क्या मतलब?"

"मैंने सुना है आपका एक राजा अपने बेटे को बचाने के लिये एक युवक की बलि दे रहा है।"

"यदि वह ऐसा करेगा तो गलत करेगा। मूढ़ता किसी विशेष वंश की निशानी नहीं है।.........तुमको कैसे पता चला?"

"मुझे उस राज्य के चर मिले थे। वे तूफान की गति से कोई नवयुवक ढूँढ रहे हैं जिसके माता-पिता उसकी बलि देना स्वीकार कर लें।"

"क्या वे सफल हुए हैं?"

"ब्रह्मर्षि, कौन ऐसा हृदयहीन माँ-बाप होगा जो पुत्र को पुरुषमेध के लिए दे दे। किन्तु मुझे पता नहीं। हो सकता है किसी हृदयहीन ने सम्पत्ति के लालच में यह दुष्कर्म कर डाला हो।"

"मैं ऐसा नहीं होने दूँगा। वरुण सब का पिता है। वह अपने पुत्र के रक्त से कैसे सन्तुष्ट होगा? इस भयंकर अन्याय को रोकना होगा।" विश्वामित्र अधिक तेजस्वी हो उठे, मानो वरुण उनकी जिह्वा पर आ विराजे हों।

२

विश्वामित्र अपना विश्व को आर्य बनाने का काम अधूरा छोड़कर पूर्व से लौट लिए। राह में उन्हें समाचार मिलते रहे।

–यह उनके शिष्य सत्यव्रत का पुत्र सत्यवादी हरिश्चन्द्र है जो पुरुषमेध यज्ञ करने जा रहा है। उसने सन्तान पाने के लिये वरुण को प्रथम सन्तान लौटा देने का वचन दिया था। उसने वचन का पालन नहीं किया। वरुण उससे क्रुद्ध हो गये। अब वह दर्द के मारे तड़प रहा है। वरुण ने उसके पेट में जलोदर कर दिया। उसके पुरोहित अयास्य आंगिरस ने कहा है कि रोहित की आयु के अन्य युवक की बलि लेकर वरुण प्रसन्न हो जायेंगे, वे राजा का जलोदर ठीक कर देंगे।

–राजा की स्वार्थ-सिद्ध के लिए अयोध्या के चर स्थान-स्थान पर घूम रहे हैं। जहाँ वे उपयुक्त नवयुवक देखते हैं वहाँ वे उसके माता और पिता से बातें करते हैं। उनको अनुमति है कि वे चाहे जितना धन देकर इस कार्य के लिए सहमति प्राप्त करें। लेकिन सब निष्फल हो रहे हैं। कौन निष्ठुर माँ बाप होगा जो अपने बेटे को मरने के लिए बेच देगा।

ब्रह्मर्षि अयोध्या की ओर बढ़ रहे थे। राह में हृदय-विदारक समाचार सुना।

–हरिश्चन्द्र सफल रहा है। पश्चिम में एक युवक मिल गया है जिसे लेकर चर अयोध्या पहुँचने वाले हैं। शीघ्र ही पुरुष मेध यज्ञ आरम्भ होगा। अनेक ऋषि आ गये हैं अयास्य आंगिरस इस यज्ञ के ब्रह्मा बनेंगे।

–भृगु वंश में उत्पन्न एक मानव है। उसका नाम है **अजीगर्त।** किसी अपराध में उसे भृगु आश्रम से निकाल दिया गया था। अब वह मारा मारा फिर रहा है। उसके तीन पुत्र हैं। उसने एक पुत्र एक सहस्र बछड़ों वाली गायों के बदले में बेच दिया है। थू है ऐसे पिता पर!

–अजीगर्त भार्गव ऋषि नहीं रहा, सो इधर-उधर के काम करके पेट पालता था। बड़ा पुत्र उसे प्यारा था, और छोटा पुत्र माँ की आँखों का तारा था। सो उसने मंझला पुत्र शुनःशेप बलि के लिए दे दिया है। बड़ा और छोटा पुत्र परिश्रमी हैं, किन्तु **शुनःशेप** विरक्त स्वभाव का है। वह परिवार का पेट पालने के कामों में सहायता नहीं करता था। पता नहीं किस ध्यान में रहता था। इसी कारण पिता ने उसे बेच दिया। उसने पिशाच का काम किया है। परन्तु क्या पिशाच भी अपने पुत्र के रक्त का प्यासा होता है?

–उस ऋषि-पिशाच अजीगर्त भार्गव ने पुत्र शुनःशेप को आशीर्वाद देकर विदा किया था। "पुत्र, तेरा कल्याण होगा। युग युग तक तेरा नाम स्मरण होगा। तूने परिवार वालों को तार दिया है। तेरे इस बलिदान से वे सुख से रोटी खा सकेंगे, जीवन बिता सकेंगे। सब को एक दिन वरुण के पास जाना है। तू तो बड़भागी है, तुझे लेने वरुण स्वयं अपने स्वर्ण-रथ पर आयेगा। तेरे कारण सम्राट् हरिश्चन्द्र का दुःख दूर होगा। अयोध्या को युवराज मिलेगा। प्रजाजन कृतकृत्य हो उठेंगे। तू धन्य है, तेरे जीवन से इतने प्राणियों को सुख मिलेगा।" सुना जाता है शुनःशेप बेचारा चित्रखिंचित रह गया था। वह ज्ञानशून्य सा चरों के साथ अयोध्या की ओर चल दिया था।

–अजीगर्त भार्गव ने पत्नी को समझाया था, "हम दिन भर लकड़ी काटते थे, इकट्ठी करते थे, फिर भी भूखों मरते थे। अब संसार में सुख से दिन बिता सकेंगे। शुनःशेप हमारा हाथ नहीं बँटाता था। साधारण आदमी न बनकर ऋषि के समान दिन बिताता था। वह विरक्त रहता था। उसके लिए माँ, बाप, भाई कुछ नहीं थे। तो हमीं उसे क्यों मानें। वरुण ने उसे जन्म दिया था, वरुण उसे वापस बुला रहा है, हम तो निमित्त मात्र हैं।" स्वार्थ में क्या युक्तियाँ दे रहा है। हे वरुण, कैसा ज़माना आ गया है। प्रजावत्सल राजा स्वार्थी हो उठा है। जन्मदाता पिता बैरी हो उठा है।

ब्रह्मर्षि के पग तेज़ी से गन्तव्य स्थान की ओर बढ़ते रहे। सन्ध्या को वे अयोध्या पहुँच गये। अगले दिन पुरुषमेध यज्ञ होना था। सारी अयोध्या हर्ष में समारोह मना रही थी। किसी को पता नहीं चला कि ब्रह्मर्षि विश्वामित्र अयोध्या पधारे हैं। वे बाहर सरयू के तट पर टिक गए।

बदला

१

''लहरों का स्वामी' सहस्रार्जुन 85 वर्ष का हो चुका था। उसकी वीरता और साहस में कोई कमी नहीं हुई थी प्रत्युत् बलवान् पुत्र-पौत्रों ने उसका अहंकार सौगुना कर दिया था। सात द्वीपों पर विजय प्राप्त करके उसने अथाह सम्पत्ति अर्जित की थी। एक समय का दिवालिया हैहय राज्य सब की आँखों का काँटा बना हुआ था। शक्ति का अहंकार, फिर धन का मद--सहस्रार्जुन अपने सामने किसी को नहीं समझता था।

उसके मस्तिष्क में आया कि वह दक्षिण को विजय कर चुका है, अब चतुरंगिनि सजाकर उत्तर की यात्रा भी कर आये। रानी मृगावती को साथ लेकर वह उत्तर के अभियान पर निकल पड़ा। जिस मानव राज्य में वह पहुँचता, वही उसकी अभ्यर्थना करता, आदर-सत्कार में किसी प्रकार की त्रुटि नहीं रहने देता। यह उसके घमण्ड को और हवा दे रहा था।

वसिष्ठ के बड़े बेटे **आपव वसिष्ठ** ने हिमालय की तलहटी में अपना आश्रम बनाया था। वहाँ रहकर वह दीन दुनिया से बेखबर कठोर तपस्या में मग्न था। सहस्रार्जुन उसके आश्रम में पहुँचा। उसे प्रतीत हुआ कि वहाँ उसके उपयुक्त उसको आदर नहीं मिला है। क्रोध में भरकर उसने आश्रम को जलाने का आदेश दिया। जब आग की लपट और धुएँ की गन्ध से आश्रम का वातावरण भर गया तब आपव का ध्यान स्वयमेव टूट गया। उसके शिष्यों ने उसे सहस्रार्जुन के आने का समाचार नहीं दिया था।

वसिष्ठ ने शिष्य को पुकारा और पूछा, ''गालव, यह आश्रम में अग्नि कैसे प्रज्वलित हो उठी है?''

उत्तर गालव की पत्नी ने दिया, ''गुरुदेव, वे साथियों के साथ अग्नि बुझाने का प्रयत्न कर रहे हैं। सम्राट् अर्जुन ने हमारे आश्रम में आग लगा दी है।''

''क्यों?''

''हमें पता नहीं। आप जल्दी बाहर निकल चलिए। आग बहुत शीघ्रता से फैल रही है।''

आपव स्थिति समझ गये थे–आश्रम बचाया नहीं जा सकता था। ''मैं सहस्रार्जुन से मिलना चाहता हूँ।''

''गुरुदेव, वह आधा योजन दूर गंगातट पर डेरा डाले हुए हैं।''

२

''सम्राट्, आपसे आपव वसिष्ठ मिलना चाहता है'', सेनापति ने सहस्रार्जुन की सेवा में निवेदन किया।

सम्राट् ने मुस्कराकर मृगावती की ओर देखा और आदेश दिया, "उसे मेरे सामने उपस्थित करो।"

आपव की आयु सहस्रार्जुन की आयु के आधे से भी कम थी, लेकिन फिर भी उसकी उपस्थिति में कुछ ऐसा खिंचाव था कि सहस्रार्जुन को संभलकर बोलना पड़ा। "क्यों आपव, अब तो तुम्हारा ध्यान टूट गया होगा।"

आपव ने गुरु-गम्भीर स्वर में पूछा, "राजन्, आपने हमारे आश्रम में आग लगा दी। हमारा क्या अपराध था?"

सहस्रार्जुन ठठाकर हँस पड़ा, "अपराध! सप्तद्वीपेश्वर तुम्हारे द्वार पर आ उपस्थित हुआ और तुमने उसका उचित स्वागत भी न किया। आज की बजाय कल तुम आ जाते तो यह दिन न देखना पड़ता।"

"वरुण का आह्वान करना अपराध नहीं है। जो वरुण की सेवा में लगा है उसे संसार से क्या लेना।"

मृगावती ने पति का बचाव किया। "ऋषि, घर आये अतिथि का स्वागत करना वरुण के दिये नियमों में प्रमुख है।"

"क्या मेरे शिष्यों ने आपका स्वागत नहीं किया था?" आपव ने अचम्भे से पूछा।

"मेरा स्वागत साधारण जनता नहीं, उसके प्रमुख करते हैं।" सहस्रार्जुन ने डींग हाँकी।

"सम्राट्, इतना अहंकार अच्छा नहीं।"

"तुम मेरा अपमान करते हो।"

"अपमान नहीं सच कहता हूँ। अहंकार के कारण दक्ष प्रजापति डूब गया, हिरण्यकशिपु का पता नहीं चला।"

"बकवास बन्द कर। मैं भिखारियों से बहस नहीं करता।"

"आपने शान्त तपस्वियों के जीवन में आग लगा दी, यह अच्छा नहीं किया। आपको इस दुष्कर्म पर पश्चात्ताप होना चाहिये।"

"यह मुझे भले-बुरे का ज्ञान देना चाहता है। सेनापति इसे शिविर से बाहर निकाल दो।"

आपव अपने को न रोक सका। "अर्जुन, तेरे अहंकार ने तेरे सत्कर्मों पर पानी फेर दिया। मैं तुझे शाप देता हूँ, तू शीघ्र ही मृत्यु का ग्रास बनेगा।"[1]

पीछे खड़े सेनापति की तलवार बाहर निकल आई। सहस्रार्जुन उत्तेजना से आसन छोड़कर उठ खड़ा हुआ। लेकिन मृगावती ने वर्जना की। "सेनापति, नहीं। ऋषि अवन्ध्य होता है।"

अर्जुन ने बड़े कष्ट से अपने को रोका। ओठ चबाता वह बोला, "सेनापति, इस धृष्ट को मेरे सामने से ले जाओ।"

---

1. वायु पुराण 94.39-47; हरिवंश 1.33; विष्णु पुराण 1.31

३

आपव वसिष्ठ की उपस्थिति का प्रभाव अभी कक्ष से दूर नहीं हुआ था कि एक चर ने प्रवेश किया। इन चरों से सहस्रार्जुन को महिष्मती और अन्य स्थानों के समाचार मिलते रहते थे।

चर ने झुककर कहा, ''सम्राट्, अनर्थ हो गया।''

आपव के शाप से अनिष्ट की आशंका उत्पन्न हो गई थी, इन शब्दों ने दोनों का चौंका दिया।

''क्या हुआ?'' सहस्रार्जुन ने पूछा।

''सम्राज्ञी की बहन का वध कर दिया गया।''

''क्या कहता है! रेणुका का?'' मृगावती को विश्वास नहीं हुआ।

''जी सम्राज्ञी! महर्षि जमदग्नि की पत्नी का।''

''किसने यह दुस्साहस किया? शीघ्र बता।'' मृगावती ने चीखते स्वर में पूछा।

''महर्षि जमदग्नि के कहने पर उनके पुत्र राम ने उन्हें मार डाला।''

''महर्षि जमदग्नि! उसको इसका फल भुगतना पड़ेगा।'' मृगावती रो उठी।

सहस्रार्जुन ने विद्रूप-भरे स्वर में कहा, ''वह ऋषि है। उसका वध नहीं किया जा सकता।''

मृगावती ने उलाहने से पुकारा, ''महाराज!''

''हमने तुम्हें याद दिलाया कि तुम्हारे कारण आपव बचकर चला गया। इन ऋषियों का साहस इतना बढ़ गया है! इन्हें सबक नहीं दिया तो ये सिर पर चढ़ बैठेंगे।''

''लेकिन यह हुआ कैसे? वह तो उसके पाँच पुत्रों की माँ थी।'' सहस्रार्जुन ने चर से पूछा।

चर ने पूरी घटना कह सुनाई।

मृगावती ने बिलखते हुए कहा, ''उस बेचारी को कुछ कहने का अवसर भी नहीं दिया गया।''

अर्जुन ने गम्भीर स्वर में कहा, ''भार्गव भी कुछ नहीं कह पायेगा।''

उसी दिन शिविर उखड़कर दक्षिण की ओर चल पड़ा।

४

भार्गव आश्रम में समाचार पहुँचा कि सम्राट् सहस्रार्जुन आ रहा है। भृगु कुल हैहयों का पुराना आचार्य था। जमदग्नि के विवाह में अर्जुन ने भाग लिया था और अनेक भेंट दी थीं। इन सब बातों को ध्यान में रखकर जमदग्नि ने हैहय सम्राट् के सत्कार का पूरा प्रबन्ध किया।

अर्जुन ने मन की बात किसी को नहीं बताई। भोजन से निवृत्त होने के उपरान्त उसने जमदग्नि से बात छेड़ी–''जमदग्नि, राम कहाँ है?''

''राम आश्रम में नहीं है। वह बहुधा बाहर ही रहता है।''

''चलो मेरा काम अधूरा ही रह गया। पहले तुमसे ही सुलट लूँ।''

"सम्राट् मैं आपका मतलब नहीं समझा।"

"मतलब सब समझ जाओगे। तुम मेरे साढ़ू हो। जानते हो?"

"सारा जग जानता है।"

"और यह जानते हुए भी तुमने मेरी साली का वध करा दिया जैसे वह संसार में अनाथ हो।"

"जो काम मैंने किया वह भृगुकुल से सम्बन्ध रखता था। उससे आपका कोई मतलब नहीं था।" जमदग्नि ने तीखे स्वर में कहा।

"और जो काम मैं करने जा रहा हूँ वह मेरे सैनिकों से सम्बन्ध रखता है भृगु कुल से नहीं।" सहस्रार्जुन गरजा। उसके नेत्र क्रोध में चमक उठे। "सैनिको, भार्गवों को आश्रम से बाहर निकाल दो। इनके आश्रम को लूट लो। पेड़-पौधों को, लता-वितानों को उजाड़ दो। और फिर इसमें आग लगा दो। भृगु आश्रम का नाम-निशान मिटा दो। स्त्री पर अत्याचार करने का इन्हें पाठ मिलना चाहिये।"

"अर्जुन, क्या करता है? वरुण से डर" जमदग्नि चीखे।

"अर्जुन को पता है वह क्या कर रहा है। वह वरुण से नहीं डरता। वरुण ने उसका कभी कुछ नहीं बिगाड़ा।" हैहय सम्राट् हँसा।

"आश्रम से चीख-पुकार आनी आरम्भ हो गई थी। महर्षि का रक्त खौल उठा। "मैं तुझे जान से मार डालूँगा लुटेरे।" वे तीर कमान लेने बाहर की ओर लपके।

"जाता कहाँ है। सैनिको, पकड़ लो इसे। इसे एक वृक्ष के साथ बाँध दो जिससे वह अपने स्वप्न को चूर चूर होता देख सके।" सैनिकों को आदेश देकर अर्जुन जमदग्नि की ओर मुड़ा। "जमदग्नि, मैं तुझे काटकर इसी अग्नि में फेंक देता। परन्तु तू ऋषि है। जा इसलिए छोड़ दिया। वैसे भी जीवित रहना तेरे लिये मरने से अधिक दुखदायी होगा।"[1]

५

राम को चार घण्टे बाद अग्निकाण्ड का समाचार मिला। वह घोड़े को तूफान की गति से उड़ाता हुआ आश्रम पहुँचा। अर्जुन जा चुका था। आश्रम जलकर राख हो गया था। हरियाली के गरम होने की अजीब गन्ध वातावरण में फैली थी। अंगारे अब भी दहक रहे थे। आस-पास कोई आदमी न था।

परशुराम के मन में बुरे विचार उमड़े। सारे भार्गव कहाँ गए? पिताजी कहाँ हैं? क्या वे सभी अग्नि की भेंट कर दिए गये? वह चिंघाड़ा, "पिताजी।"

हल्की प्रतिध्वनि सी आई, "राम।"

क्या उसके कान बज रहे हैं? यह स्वर कहाँ से उभरा? उसके प्राण कानों में आ बसे "पिताजी।"

"राम।"

---

1. पद्म पुराण; महाभारत शांति पर्व 49.56; ब्रह्मवैवर्त पुराण 3.24, ब्रह्माण्ड पुराण 3.45

ध्वनि स्पष्ट थी। दाहिनी ओर से आ रही थी। वह लपका। महर्षि जमदग्नि वृक्ष से बंधे खड़े थे। उनके मुख से बोल निकला, "तू आ गया पुत्र।"

परशु के एक सधे हाथ ने रस्सी के बंधनों को काट दिया। दुःख और आग की गर्मी से महर्षि बेहाल थे। वे बंधन काटते ही पृथ्वी पर ढुलक पड़े और बेसुध हो गये।

परशुराम ने उन्हें बच्चों के समान गोद में उठा लिया और लम्बे-लम्बे डग भरता हुआ गंगातट पर आ पहुँचा। वहाँ अन्य भार्गव भी मुँह लटकाये बैठे थे। राम को आता देखकर सब के हृदय में आश की किरण कौंध गई। राम ने पिता को रेत पर लिटा दिया। दो स्त्रियाँ भाग कर आईं और आँचल झलने लगीं। एक भार्गव गंगाजल भर लाया और मुँह पर छींटे देने लगा।

लगभग दस मिनट बाद महर्षि को होश आया। इतने परशुराम ने खड़े-खड़े कितने पहलू पलटे।

"राम! पुत्र! भार्गवों का दुबारा उच्छेद हुआ।"

"नहीं। भार्गवों को कौन नष्ट कर सकता है? हमारा आश्रम यहीं बसेगा। कल से ही यह स्थान वेद से गूँज उठेगा।"

"तू चाहे तो क्या नहीं कर सकता, राम।"

"यह काम बड़े भाई करेंगे। मुझे अपने पिता के अपमान का बदला लेना है।"

महर्षि ने हाथ की उँगली उठाकर वर्जना की।

"वह आपके साथ ऐसा व्यवहार करे। विश्ववन्द्य जमदग्नि के साथ, ब्रह्मर्षि विश्वामित्र के भानजे के साथ। काल अर्जुन के सिर पर नाच रहा है। पितृव्य ब्रह्मर्षि को पता चलने से पहले ही मैं पितृ-ऋण से उबर लूँ।"

'पुत्र, अर्जुन के साथ बहुत सेना है। तुम कान्यकुब्ज राज्य चले जाओ। अष्टक तुम्हें हय-दल देगा। आज उसके उपयोग का दिन आ गया है।"

६

अश्वों की टापों से आकाश गुंजायमान था। सहस्रार्जुन आराम से महिष्मती लौट रहा था। वह अपने उत्तरी अभियान से प्रसन्न था सब राजा उससे भय खाते थे। ऋषियों से कुछ शंका थी, उनमें से दो बड़े ऋषियों के उसने दाँत उखाड़ फेंके थे अब ऋषियों को भी अनुभव हो गया था कि 'सप्तद्वीपेश्वर' की क्या शक्ति है। इस रव से वह चौंक उठा। उसने पास खड़े सेनापति से पूछा, "यह रव कैसा हो रहा है? ऐसा लगता है जैसे असंख्य अश्व दौड़ रहे हों। क्या हमारी सेना का कुछ भाग पीछे रह गया था?"

"नहीं सम्राट्। फिर हमारे पास इतनी बड़ी अश्व सेना भी नहीं है।"

"तो यह कौन..........."

इतने में उस रव को चीरता हुआ भयंकर स्वर सुनाई दिया, "ठहर जा अर्जुन। मैं तेरा काल पहुँचा हूँ।"

सहस्रार्जुन की भृकुटि चढ़ गई। "सेनापति, यह कौन धृष्ट है? तुम सेना को युद्ध के लिये तैयार करो।"

जब तक सेना व्यूह बनाती, परशुराम की अश्व सेना उस पर आ टूटी। हैहय सैन्य दल विशाल था। अनेक युद्धों के अनुभवी वीर उसमें भरे पड़े थे। अप्रतिम योद्धा सहस्रार्जुन, उनका सम्राट्, उनके साथ था। आज तक वे युद्ध में अजेय थे। उन्होंने उत्साह से लड़ना आरम्भ किया।[1]

परशुराम के घुड़सवार थोड़े थे, परन्तु वह चपल घोड़ों पर सवार रणक्षेत्र में चपला के समान कौंध रहे थे। और शंकर का प्रिय परशुराम उनका नेता था।

राम परशु चलाता हुआ शत्रु सेना में धंसा चला जाता था। उसके परशु के सामने रेखा काई के समान फटती चली जाती थी। वह व्यग्रता से सहस्रार्जुन को ढूँढ रहा था। "कहाँ है अर्जुन? मैं उसका काल राम आ पहुँचा हूँ।" उसके भयानक शब्द सुनकर सब के दिल दहल रहे थे।

सहस्रार्जुन इन शब्दों की ओर बढ़ा चला आ रहा था। वह बड़ा प्रसन्न था। "तू आ गया राम। तेरे से हिसाब चुकाना और बाकी रह गया था। मातृहन्ता को मारकर मुझे इस भू का भार हल्का करना था, चाहे इसके लिए फिर उत्तर आना पड़ता।"

शीघ्र ही दोनों आमने-सामने आ गए और एक दूसरे पर भूखे शेरों के समान टूट पड़े। परशुराम कर्कश वाणी में बोला, "आजा चोर। आदर-सत्कार में लगे हुए महर्षि का धोखे से अपमान करने वाले का लहू मेरा परशु पीने को व्याकुल है।"

इसका उत्तर सहस्रार्जुन ने भीषण विद्रूप-भरी हँसी से दिया।

दोनों एक समान वीर थे। परशुराम सहस्रार्जुन से एक हाथ ऊँचा था, परन्तु शक्ति में, देह में सहस्रार्जुन अधिक सुगठित था। एक ही गदा और दूसरे का परशु टकरा-टकरा कर विद्युत-स्फुल्लिग छोड़ रहे थे। सैनिक परस्पर लड़ना छोड़कर उन दोनों महावीरों का समर देखने लगे।

आखिर आयु ने अनुभव पर विजय पाई। अर्जुन पिच्चासी का था और राम केवल बीस का। अर्जुन थक गया और उसके धीमे होते ही राम का परशु चमका और अर्जुन का सिर ले उड़ा। धड़ से रक्त का फव्वारा छूटा जिसने राम को भिगो दिया।

तत्क्षण युद्ध समाप्त हो गया। हैहय भाग निकले। अश्वों पर कौशिकों और भार्गवों ने उनका पीछा किया। कुछ थोड़े से ही बचकर निकल सके।

राम ने अश्व का मुख फेर लिया। परशु पर सिर टाँगे वह बिजली के समान लौट चला।"[2]

७

"लो पिताजी, आपके अपमान का बदला मैंने ले लिया है।" अर्जुन का सिर महर्षि जमदग्नि के चरणों में डालता हुआ परशुराम बोला।

---

1. अथर्ववेद 5.18.10
1. महाभारत, द्रोण पर्व; अश्वघोष: सौन्दरनन्द 9.17

हर्ष से महर्षि के नेत्र भर आए। झुके पुत्र का सिर सूँघते हुए वे बोले, ''पुत्र, मेरा ही नहीं सारे भृगु कुल का बदला तूने चुका दिया है। महाअर्थवण ऋचीक भी पितृलोक में बैठे तुझ पर प्रसन्न हो रहे होंगे।''

''यह सब उनकी और आपकी कृपा से हुआ है पिताजी।'' परशुराम ने विनम्रता से कहा।

''बेटा, एक काम और करना है।''

''आज्ञा कीजिए, पिताजी।''

''हम भृगु पीढ़ियों से हैहय कुल के गुरु थे। हमने अपने राजा को मार डाला, यह पाप हमें लगा है। इसे दूर करने के लिये तुझे तीर्थयात्रा करनी होगी। सरस्वती और गंगा के सब तीर्थों पर जाना होगा।''

यह परशुराम की मनचाही बात थी। वह फौरन तैयार हो गया और अगली प्रातः यात्रा पर निकल पड़ा।[1]

1. महाभारत, वन पर्व, मत्स्य पुराण 36; ब्रह्माण्ड पुराण 3.44

गायत्री का प्रभाव

१

अयोध्या में अजीब हलचल थी। उल्लास भी था, पर उससे अधिक उत्कण्ठा थी। सैकड़ों वर्षों के उपरान्त पुरुषमेध यज्ञ होने जा रहा था। जो बहुत पहले हुआ वर्णित किया जाता था, वह उनके सामने प्रत्यक्ष होने जा रहा था। क्या होगा? कैसे होगा? क्या वह सफल होगा? क्या पुरुषमेध करना ठीक है? जनमानस में अनेक प्रश्न थे।

दूर-दूर से लोग चले आ रहे थे। सब के लिए यज्ञ एक अजूबा था जिसे सुना सब ने था, देखा किसी ने नहीं था। वे सुन्दर, रमणीय और आकर्षक वस्त्र पहने थे। एक मानव का बलिदान उनके लिये समारोह के समान था।

सरयू के तट पर विशाल यज्ञवेदी स्थापित की गई थी। पास में यूप गाड़ा गया था जिसमें बलि-पुरुष को बाँधना था। वेदी के चारों ओर ऋषि बैठे। यजमान के रूप में सम्राट् हरिश्चन्द्र को खाट पर लिटा कर लाया गया। उन्हें अत्यन्त कष्ट था और वे बहुत दुर्बल हो गए थे। साथ में शैव्या और रोहित भी आए थे।

यज्ञवेदी के ऊपर कदलियों, पत्रों और पुष्पों से अलंकृत मण्डप बनाया गया था। चन्दन और फूलों की सुगन्ध सब को मत्त बना रही थी।

वृक्षों पर पक्षियों की चहचहाहट बन्द हो चुकी थी। सूर्यदेव प्रसन्नता में लाल होकर जनता को दर्शन दे रहे थे। बड़ी सुहावनी सुबह थी।

शुनःशेष की पूरी रात्रि ऊहापोह में बीती थी। क्या वरुण के लिए जीवन की बलि दे देना परम सौभाग्य नहीं है? क्या इस बलि से उसका नाम अमर नहीं हो जायेगा? फिर प्रश्न उठता-क्या वरुण ने मुझे जीवन इसीलिये दिया कि वह व्यर्थ नष्ट कर दिया जाय? क्या मेरा मन्त्रद्रष्टा बनने का स्वप्न अधूरा रह जायेगा?

सुनहरे सवेरे में वह सब भूल गया और मन्त्र पढ़कर उसने उषा का स्वागत किया।

सेवक आये। उसे जल से, दूध से, घी से, फिर मधु से स्नान कराया गया। इतने दो ऋषिपुत्र मन्त्र पढ़ते रहे। वह पवित्र हो गया। अब वह वरुण की सेवा में प्रस्तुत किया जा सकता है। वल्कल धारण करके वह मण्डप की ओर चल पड़ा।

जनता के बीच से वह जा रहा है। सब उसे किस दृष्टि से देख रहे हैं? अब वह प्राणी नहीं रहा, यज्ञ पूर्ण करने की एक वस्तु रह गया है। परन्तु कुछ आँखों में उसे तरस दिखाई देता है।

उन आँखों ने फिर उसमें जिजीविषा उत्पन्न कर दी। वह मरना नहीं चाहता। वह सप्तर्षियों के समान मन्त्रदृष्टा बनना चाहता है। यदि उसे इतनी जल्दी वापस बुलाना है तो वरुण ने उसे जन्म क्यों दिया था?

मण्डप आ गया है। बड़ा कोलाहल हो रहा है। किसी की जय बोली जा रही है। 'ब्रह्मर्षि विश्वामित्र की जय।' 'ब्रह्मर्षि विश्वामित्र की जय।' कितना वह चाहता था कि ब्रह्मर्षि विश्वामित्र के सान्निध्य में रहकर पढ़े। चलो, वरुण अन्तिम समय में उसकी इच्छा पूरी कर रहे हैं।

वह दण्डवत् लेट गया। ''ब्रह्मर्षि, मैं शुनःशेप आपको प्रणाम करता हूँ।''

सेवको ने उसे उठा दिया। विश्वामित्र ने आसन पर बैठे-बैठे उसे हाथ उठा कर अभय दिया। अब उसे चिन्ता नहीं।

२

विश्वामित्र के यज्ञस्थल में प्रवेश करते ही जनता में तुमुल रव उठ खड़ा हुआ। वह हर्ष-विभोर हो जयजयकार करने लगी। हरिश्चन्द्र, शैव्या और रोहित की प्रसन्नता का भी पारावार न रहा। वरुण उनसे प्रसन्न हैं, उन्हें सफलता मिलेगी।

कुपित था तो केवल अयास्य आंगिरस। उसके प्रयत्नों से सम्राट् को सफलता मिलेगी और श्रेय छीनने यह विश्वामित्र आ गया। मनु के सबसे पहले राज्य में पुरोहित कूपमण्डूक हो गये थे जो अपने को सर्वज्ञ समझते थे, दूसरों से ज्ञान सीखना नहीं चाहते थे, जो पढ़े लिखे थे पर गुने नहीं।

विश्वामित्र को यज्ञ में प्रथम स्थान दिया गया। उन्होंने अस्वीकार कर दिया। वे कर्त्ता नहीं, दर्शक थे।

तभी शुनःशेप को बलिस्थल पर लाया गया। कितना सुन्दर, मनोहर युवक है। दृष्टि डालते ही ब्रह्मर्षि को पता चल गया–यह तो महान् मन्त्रदृष्टा है! इसके सिर के पीछे कैसी चमक है! यह क्या अनर्थ होने जा रहा था!

कातर शुनःशेप को यूप के समीप खड़ा कर दिया गया। सबको लगा कि उसके नेत्र प्राणों की भीख माँग रहे हैं।

अयास्य ने मन्त्र पढ़कर वेदी पवित्र की और अग्नि प्रज्वलित की। फिर उसने आदेश दिया, ''बलि को यूप से बाँध दिया जाय।''

सेवकों को जैसे काठ मार गया हो, कोई उसे बाँधने को तैयार नहीं हुआ। कौन यह पाप अपने सिर मोल ले।

ऋषि झुंझलाया। उसने जनता का आह्वान किया–आप में से कोई आर्य आकर युवक को यूप से बाँध दे।

जनता शान्त, निश्चल खड़ी थी। दो मिनट तक मानो जगत स्तब्ध रह गया हो। सहसा पीछे से एक स्वर उभरा, ''मैं इसे बाँधने को तैयार हूँ।''

एक आदमी भीड़ को चीरता हुआ सामने आ गया था।

''तुम कौन हो?''

''मैं अजीगर्त भार्गव हूँ। यदि मुझे सौ गाय और दी जायँ तो मैं अपने पुत्र को यूप से बाँधने को तत्पर हूँ।'' वह लज्जाहीनों की भाँति हँसा।

चारों ओर से धिक्कार के शब्द सुनाई पड़ने लगे। किन्तु अजीगर्त के कान तो केवल सम्राट् की हाँ या ना सुनने को चौकन्ने थे।

सम्राट् ने क्षीण स्वर में कहा, "उसे सौ गाय दे दी जाँय।"

अजीगर्त आगे बढ़ा। तीन लकड़ी गाड़कर यूप बना था।[1] उसने उसमें शुन:शेप को रस्सी से ऊपर, बीच और नीचे तीन स्थानों पर बाँध दिया।[2]

अजीगर्त फिर बोला, "इसका वध करने के लिए कोई राजसेवक तैयार न हो तो आप लोग चिन्ता न करें। सौ गाय और लेकर मैं इस कार्य को भी कर सकूँगा।"

उसकी हृदयहीनता देखकर सब दंग रह गये। हरिश्चन्द्र के मुख से भी बोल नहीं निकला।

इन शब्दों का प्रभाव हटाने के लिए अयास्य ने यज्ञ आरम्भ करने के लिए मुख खोला। सहसा सब चकित रह गये। एक मधुर स्वर सूक्त गा उठा—वे सूक्त जो आज तक किसी ने नहीं सुने थे।

३

विश्वामित्र को चुपचाप बैठे देखकर शुन:शेप की निराशा का पारावार न रहा। उसे आशा थी कि ये क्रान्तिकारी ब्रह्मर्षि, ये गायत्रीद्रष्टा, अवश्य उसे बचायेंगे। किन्तु वे निष्पक्ष बैठे हैं। उसका हृदय विगलित हो उठा। उसे कौन बचायेगा? बिजली के समान उसके मन में कौंधा—वरुण के रहते हुए वह मानवों से आशा रख रहा है। वरुण सबको बचाने वाला है। उसने नेत्र बन्द किए। वरुण का ध्यान किया। पूर्ण प्रकाश बिखेरते वरुण उसके सम्मुख उपस्थित थे। उसने मधुर स्वर से ऋक् गाया–

देवों में किस श्रेणी के किस देवता का सुन्दर नाम उच्चारण करूँ? कौन मुझे इस पृथ्वी पर रहने देगा जिससे मैं माता-पिता के दर्शन कर सकूँ।

देवों में मैं पहले अग्नि के नाम से प्रारम्भ करता हूँ। वह मुझे इस विशाल पृथ्वी पर रहने दे ताकि मैं माता-पिता का दर्शन कर सकूँ।

हे देवादिदेव वरुण, ये उड़ने वाली चिड़ियाँ तुम्हारे समान बल पर पराक्रम नहीं प्राप्त कर सकीं। तुम्हारे सदृश इन्होंने क्रोध भी नहीं प्राप्त किया। निरन्तर विहरण-शील जल और वायु की गति भी तुम्हारे वेग को नहीं लाँघ सकी।

पवित्र-बलशाली वरुण आदि-रहित अन्तरिक्ष में रहकर श्रेष्ठ तेज:-पुञ्ज को ऊपर ही धारण करते हैं। तेज:-पुञ्ज का मुख नीचे और मूल ऊपर है। उसी के द्वारा हमारे प्राण स्थिर रहते हैं।

देवराज वरुण ने सूर्य के उदय और अन्त के गमन के लिए सूर्य के पथ का विस्तार किया है। पाद-रहित अन्तरिक्ष-प्रदेश में सूर्य के पाद-विक्षेप के लिए वरुण ने मार्ग दिया है। वे वरुणदेव मेरे हृदय का वध करने वाले शत्रु का निराकरण करें।

वरुणराज! तुम्हारी सैकड़ों—हज़ारों ओषधियाँ हैं, तुम्हारी सुमति विस्तीर्ण और गम्भीर हो। निर्ऋतिया पाप देवता को विमुख करके दूर रखो। हमारे किए हुए पाप से हमें मुक्त करो।

---

1. ऋग्वेद 1.24.13
2. ऋग्वेद 1.24.15

ये जो सप्तर्षि नक्षत्र हैं, जो ऊपर आकाश में संस्थापित हैं और रात्रि आने पर दिखाई देते हैं, दिन में कहाँ चले जाते हैं? वरुणदेव की शक्ति अप्रतिहत है। उनकी आज्ञा से रात्रि में चन्द्रमा प्रकाशमान होते हैं।

मैं स्तोत्र से तुम्हारी स्तुति कर तुम्हारे पास वही परमायु माँगता हूँ। हव्य द्वारा यजमान भी उसे ही पाने की प्रार्थना करता है। वरुण! तुम इस विषय में उदासीन न होकर ध्यान दो। तुम अनन्त जीवों के प्रार्थना-पात्र हो। मेरी आयु मत लो।

दिन और रात, सदा लोभ में मुझसे ऐसा ही कहा गया है। मेरा हृदयस्थ ज्ञान भी यही गवाही देता है कि, आबद्ध होकर शुनःशेप ने जिस वरुण का आह्वान किया था, वही वरुणराज हम लोगों को मुक्तिदान करें।

वरुण! नमस्कार करके हम तुम्हारे क्रोध को दूर करते हैं। और यज्ञ में हव्य देकर भी तुम्हारा क्रोध दूर करते हैं। हे असुर! प्रचेतः राजन्! हमारे लिए इस यज्ञ में निवास करके हमारे किए हुए पाप शिथिल करो।

वरुण! मेरा ऊपरी पाश ऊपर से और नीचे का नीचे खोल दो और बीच का पाश भी खोलकर शिथिल करो। अनन्तर हे अदितिपुत्र! हम तुम्हारे व्रत का खण्डन न करके पापरहित हो जायेंगे।[1]

शुनःशेप खो गया। वरुण को प्रत्यक्ष देख रहा था।

विश्वामित्र पुलकित हो उठे। उनका आभास ठीक निकला। यह सुदर्शन युवक महान् मन्त्रद्रष्टा है। कितना मधुर सूक्त इसने रचा है। वरुण का यह प्यारा है। किस प्यार से वे इसका सिर सहला रहे हैं।

ब्रह्मर्षि धीर भाव से उठ खड़े हुए। उन्होंने सम्राट् से पूछा, "हरिश्चन्द्र, वरुण मुझे आदेश दे रहा है कि मैं तुम्हें मूर्खता करने से रोकूँ।"

ये शब्द समारोह में वज्रपात के समान गूँज उठे।

ब्रह्मर्षि ने फिर पूछा, "किसकी आज्ञा से तुम यह पुरुषमेध यज्ञ कर रहे हो?"

उत्तर अयास्य ने दिया, "वरुण ने स्वयं यह राह सुझाई थी। उन्होंने कहा था कि केवल इसी प्रकार रोहित की और अयोध्या की रक्षा हो सकती है।" वह क्रोध में आग भभूका हो रहा था।

"शुनःशेप हवि नहीं है, मानव है अयास्य। वह यज्ञिक है। यज्ञ में उसका वध नहीं हो सकता। यज्ञ तो सृजन का साधन है, विनाश का कुण्ड नहीं। वरुण दाता है, जन्म के साथ अनेक ऋद्धि सिद्धि देता है। प्राणों की आहुति नहीं लेता।"

फिर राजा की ओर मुड़कर बोले, "हरिश्चन्द्र, क्या इसीलिए अयोध्या का सिंहासन संभाला था? स्वार्थ ने तुम्हें अन्धा कर दिया। अपने पुत्र को बचाने के लिये प्रजाजन की आहुति दे रहे हो। क्या यही आर्य का धर्म है?"

"यज्ञ में बाधा डालने वाले अनार्य होते हैं। यज्ञ अधूरा नहीं रहना चाहिये।" अयास्य का क्रोध बढ़ता जा रहा था।

---

1. ऋग्वेद 1.24

"आंगिरस, यज्ञ अधूरा नहीं रहेगा। मैं उसे पूरा कराऊँगा।"

"पूरा कैसे होगा जब आप बलि देने के विरुद्ध बोल रहे हैं?"

"हमारे यज्ञ का प्रयोजन हरिश्चन्द्र का नीरोग होना है, नरमेध देना नहीं।

"नरमेध देता है तो ऋषि एक ही प्रकार से दे सकता है। वह ऋत की वेदी पर स्वयं की बलि चढ़ा सकता है।।"

"वेद में क्यों नरमेध लिखा है?"

"वेद में इतिहास भी सम्मिलित है, बहुत पुराना। समिति ज्ञान के समय जो कार्य हमने किया था उसे हृदय में वरुण का प्रकाश फैलते ही हमने छोड़ दिया।"

"आप इतने दिन कहाँ थे! आज यज्ञ रोकने चले आये। सम्राट्, यज्ञ न हुआ तो लोक में आपका बड़ा अपमान होगा।" अयास्य ने हरिश्चन्द्र और शैव्या से अनुरोध किया।

दोनों ने ब्रह्मर्षि की ओर झाँका। विश्वामित्र के विरुद्ध जाने का उनमें साहस नहीं था।

विश्वामित्र ने अवज्ञा-भरी दृष्टि अयास्य आंगिरस पर डाली और हरिश्चन्द्र से कहा, "सम्राट्, मैं वरुण का आह्वान करूँगा। अपने पुत्र की प्रार्थना पर वे स्वयं आकर शुनःशेप के पाश छिन्न-भिन्न कर देंगे और आपको स्वस्थ बना देंगे। आपका यज्ञ पूरा होगा। इन्द्र प्रमुख देवों के साथ आकर इसमें भाग लेंगे।

"वरुण, पिता! मैं विश्वामित्र आपसे विनती करता हूँ कि आप स्वयं आकर इन मन्त्रद्रष्टा को पाशमुक्त करें और सम्राट् हरिश्चन्द्र को वचन-भंग के दोष से मुक्त करें।"

ब्रह्मर्षि की वाणी में न जाने कैसा ओज था कि पीछे खड़े दर्शकों को भी ये शब्द सुनाई दिये। यकायक यूप के पीछे उन्हें एक प्रकाश-पुँज दिखाई दिया। शुनःशेप के पाश खुलकर भूमि पर जा पड़े।[1] हरिश्चन्द्र को लगा कि उसके पेट से एक असह्य भार हट गया। उसने आश्चर्य से पेट को इधर-उधर से दबाकर देखा।

शुनःशेप दौड़कर ब्रह्मर्षि के चरणों में गिर पड़ा। 'तात, आपकी दया से मैंने देवाधिदेव के दर्शन किये। वे प्रत्यक्ष आये थे और अपने हाथों से उन्होंने मेरे बंधन खोले।"

'पुत्र, वरुण ने तुम पर कृपा की। जाओ, माता-पिता से मिलो जाकर और उन्हें आनन्द दो।"

"ब्रह्मर्षि, मेरे माता-पिता ने मुझे पुत्र के कर्त्तव्य से मुक्त कर दिया क्योंकि उन्होंने अपना कर्त्तव्य नहीं निभाया। आपने मुझे नया जीवन दिया है। मैं आपका पुत्र हूँ। आज से मैं आपके साथ रहूँगा।"

विश्वामित्र ने तत्पल स्वीकार कर लिया। "पुत्र, तू देवताओं का दिया मेरा पुत्र है। आज से तेरा नाम **देवरात** हुआ।[2] विद्या, बुद्धि के कारण तू मेरा ज्येष्ठ पुत्र माना जायेगा।"

---

1. ऋग्वेद 5.2.7 सायणभाष्य, 9.3
2. ऐतरेय ब्राह्मण 7.16; सांख्य श्रौतसूत्र 15.17, 20-21, 16.11.2; बृहद्देवता 2.115; 3.103

देवरात पिता के चरणों से चिपट गया।

५

''उठो हरिश्चन्द्र, यजमान का आसन ग्रहण करो,'' विश्वामित्र ने हरिश्चन्द्र से कहा जो हर्ष के आँसू बहा रहा था।

हरिश्चन्द्र को विश्वास नहीं हो रहा था। उसने बहुत धीरे से बैठना चाहा। शैव्या और रोहित ने सहारा दिया। बगल में हाथ देकर उठाया। दर्द पता नहीं कहाँ चला गया था। दुर्बलता अवश्य अनुभव हो रही थी। धीरे-धीरे पग रखते हुए यह यजमान के आसन पर आ बैठा।

''अयास्य कहाँ हैं?''

अयास्य आसन छोड़कर चला गया था।

विश्वामित्र ने यज्ञ आरम्भ किया। जमदग्नि ने अध्वर्यु का आसन लिया।[1] देव और मानव सब ने उसमें भाग लेकर उसे सफल बनाया। उसकी सबसे बड़ी सफलता यह थी कि उसमें अन्य कुलों ने भी भाग लिया था और अपने को आर्य समझकर धन्यभाग्य माना।[2]

६

यज्ञ-समाप्ति पर विश्वामित्र ने घोषणा की। ''अयोध्या राज्य महर्षि वैवस्वत मनु के आदर्शों का प्रतिरूप है। मैं चाहता हूँ कि यह आर्यों का आदर्श बना रहे। इसके लिये मेरी सम्राट् हरिश्चन्द्र से एक विनती है।''

''आज्ञा दीजिए ब्रह्मर्षि।''

''इस समय ब्रह्मर्षि वसिष्ठ के बराबर कोई तपस्वी चराचर पर नहीं। मैं चाहता हूँ उनकी विद्या, बुद्धि, सिद्धि अयोध्या राज्य से संलग्न हो जाय। वे अपने दूसरे पुत्र देवराज वसिष्ठ को अयोध्या का पुरोहित बनायें[3] और जब तक अयोध्या रहे वसिष्ठ उससे जुड़े रहें।''

वसिष्ठ यज्ञ के अन्त में वहाँ आ गये थे। उन्होंने पुकारा, ''ब्रह्मर्षि विश्वामित्र तुम अमर रहो। मैं देवराज को अयोध्य को देता हूँ। तुम्हारा जैसा निःस्पृह व्यक्ति संसार में दूसरा नहीं।''

अयोध्या का भाग्य बनाकर विश्वामित्र देवरात, अन्य पुत्रों और शिष्यों के साथ पूर्व और दक्षिण में कीकट, पुलिन्द, शबर, आन्ध्र आदि को गायत्री मन्त्र देकर आर्य बनाने निकल पड़े। पचास लोगों का यह जत्था पूर्व, दक्षिण के सब कुलों में फैल गया।

---

1. ऐतरेय ब्राह्मण 7.16
2. महाभारत अनुशासन पर्व 3, शान्ति पर्व 294; देवी भागवत 7.14-17; भागवत 9.7, 16; हरिवंश 1.27; विष्णु पुराण 4.7; वाल्मीकि रामायण बाल कांड 61-62
3. ऐतरेय ब्राह्मण 7.16; सांख्यायन श्रौतसूत्र 15.22.4; शतपथ ब्राह्मण 12.6.1.41; 4.6.6.5

विनाश

१

अर्जुन कार्तवीर्य के वध का समाचार जब महिष्मती पहुँचा तब राजधानी में हाहाकार मच गया। उसके पुत्र जयध्वज, शूरसेन और शूर क्रोध में पागल हो उठे। हैहय वीरों को एकत्र करके वे भृगु आश्रम की ओर चढ़ दौड़े।

धीरे-धीरे भृगु आश्रम अपने पुराने गौरव को प्राप्त कर रहा थ। सब भार्गव जी जान से कुटिया बनाने, उपवन लगाने में जुटे थे। जमदग्नि जिस वृक्ष से बाँधे गए थे, जिसके नीचे समाधि अवस्था में बैठे थे।

प्रभंजन के समान हैहयों ने आक्रमण किया। जमदग्नि और उनके चार पुत्रों के टुकड़े-टुकड़े कर दिये। अन्य भार्गव भी मृत्यु के घाट उतार दिये गये। आश्रम फिर मिट्टी में मिला दिया गया[1]

२

परशुराम तीर्थयात्रा पर था जब उसे भार्गवों के विनाश का समाचर मिला। वह तिलमिला उठा। स्यमन्तक तीर्थ का जल उठाकर उसने प्रतिज्ञा की–मैं पृथ्वी पर से हैहयों का विनाश कर दूँगा।

उसने **अष्टक** से सलाह ली। पौरव **ऋक्षवान्**, अयोध्या के **रोहित सर्वकर्मा**, मगध के **बृहद्रथ**, अंग के **चित्ररथ** और काशी के **वत्स** को लेकर एक संघ बनाया।[2] महिष्मती पर आक्रमण किया गया। भयंकर युद्ध हुआ। हैहय हार गये। भीषण रक्तपात मचा। जो हैहय दीखा वही मार दिया गया। संसार में हैहय नाम से परिचय देने वाला नहीं रहा।

अभियान समाप्त होने पर परशुराम ने संघ विचिछन्न कर लिया और स्यमन्तक तीर्थ में जाकर पितरों का तर्पण किया। तत्पश्चात् वह वनों में घूमने निकल गया।

३

हैहयों की महान् शक्ति थी। बिखरे हुए हैहय एक स्थान पर एकत्र हुए। उनके मित्र भी आये–चन्द्रवंशी **मत्स्यराज मंगल** और सुचन्द्र का पुत्र **पुष्कराक्ष**[3]। अन्य सम्बन्धी भी एकत्र हो आये।

परशुराम की क्रोधाग्नि में आहुति पड़ गई। उसने फिर संघ का आवाहन किया और हैहय का विनाश करने निकल पड़ा।

---

1. ब्रह्माण्ड पुराण 3.29.14
2. ब्राह्माण्ड पुराण 3:21.5.47
3. ब्रह्माण्ड पुराण 3.39.119

भीषण युद्ध हुआ। पुष्कराक्ष के परशुराम ने परशु से दो टुकड़े कर डाले। मंगल को भी मार डाला। हैहय फिर भाग निकले। गिरि-गह्वरों में जा छिपे, दुर्गम नदी-नालों में जा छिपे, घाटियों में जा छिपे।

इसे नये प्रतिरोध से परशुराम इतना क्रोधान्ध हो उठा कि उसने अपनी सेना नहीं तोड़ी और चुन चुनकर हैहय और उनके साथी क्षत्रियों को भी पृथ्वी से निःशेष करने का निश्चय किया। उन्होंने इक्कीस बार भू का चक्कर लगाया और हैहय क्षत्रियों को चुन चुनकर संहार किया। वह इतना विकराल हो उठा कि बाल या वृद्ध को भी उसने नहीं छोड़ा।[1] कहा जाता है कि उसने इतना रक्त बहाया कि जगह-जगह रक्त से भरे कुण्ड बन गये जहाँ उसने पितरों का तर्पण किया।

1. हैहय शक्ति के उन्मूलन से मानव समुद्री शक्ति का नाश हो गया और राक्षस समुद्री व्यापार में महान हो गए।

सृजन

१

दुनिया बहल चुकी थी। समय पंख लगाये उड़ा चला जा रहा था। विश्वामित्र अपने विश्व को आर्य बनाने के अभियान में शहीद हो चुके थे–किसी वंश के पुरोहित ने उन्हें मार डाला था–किन्तु उनके पचास पुत्र-शिष्य उनका कार्य सुचारु रूप से आगे बढ़ा रहे थे। वसिष्ठ का पहले ही देहावसान हो चुका था। सारे सप्तर्षि स्वर्ग चले गये थे। वयोवृद्ध मारीच के पुत्र कश्यप इस समय सबसे अधिक तप रहे थे।

भू पर से क्षत्रियों का अधिकार चला गया था। सब जगह परशुराम का डंका बज रहा था। वे पृथ्वी के एकछत्र सम्राट् बन गये थे। सर्वत्र शांति का बोलबाला था। इसका समारोह मनाने के लिये उन्होंने अश्वमेध यज्ञ करने की ठानी।

२

धूमधम से अश्वमेध यज्ञ किया गया। दूर-दूर से महर्षि इसमें भाग लेने आये। मरीचि के पुत्र महर्षि **कश्यप** ने यह यज्ञ कराया।

यज्ञ समाप्त होने पर परशुराम बोले, 'आज मेरी प्रतिज्ञा-पूर्ति का सुनहरा दिन आ गया है। मैंने निश्चय किया था कि इस पृथ्वी पर अत्याचारियों को नहीं रहने दूँगा और वह प्रण मैंने पूरा किया। मैं भृगु कुल में जन्मा हूँ, एक ऋषि के योग्य मेरा लालन-पालन हुआ, किन्तु मैं क्षात्र धर्म के पालन में लगा। आज मैं एकछत्र सम्राट् बन गया हूँ। लेकिन आज मेरा कैशोर्य लौटकर आ रहा है। मैं फिर से ऋषि बनूँगा। मेरी महर्षि कश्यप से एक प्रार्थना है।''

''कहिये, सम्राट्।'' कश्यप ने पूछा।

''मैं इस समस्त भू को आपको दान में देता हूँ।[1] राजन्यों पर मेरा विश्वास नहीं। एक महर्षि ही सुचारु रूप से प्रजा का पालन कर सकता है।''

इस अनुपम त्याग से यज्ञस्थल में घोर साधुवाद का रव उठ खड़ा हुआ।

महर्षि कश्यप ने पल भर सोचकर दान को स्वीकार किया। ''जन-जन सुने, मैंने महाभाग परशुराम का दान स्वीकार किया। यह पृथ्वी अब मेरी है। मैं इसका शासन इच्छानुसार करूँगा।''

फिर साधुवाद उठ खड़ा हुआ।

कश्यप ने सिंहासन ग्रहण करके राज्य करने की शपथ ली। फिर महर्षि बोले, ''शासक होने पर मैं सबसे पहला कार्य यह करता हूँ कि परशुराम को अपने राज्य से निर्वासित करता हूँ। इनकी इच्छा जहाँ जाने की हो चले जायँ, परन्तु मानव भूखण्ड पर न रहें।''

---

1. महाभारत, शान्ति पर्व 49; अनुशासन पर्व 137.12

कुछ क्षण को परशुराम क्या, सारा लोक सकते की स्थिति में रह गया। सबसे पहले परशुराम को सुध आई। उन्हेंने लपककर कश्यप की कौली भर ली। ''महर्षि, मेरे क्रोध पर अंकुश लगाने की आपने अच्छी युक्ति सोची।''

परशुराम के जाने के बाद कश्यप ने सब प्राचीन कुलों के राजाओं या राजपुत्रों को एकत्र किया और उनका वंशानुगत राज्य उन्हें सौंप दिया।

३

इक्कीस समरों में परशुराम की अधीनता में लड़ने वाले, अनेक रण-विक्षत योद्धा थे जिन्होंने उनका साथ छोड़ देने से इन्कार कर दिया। ''जहाँ महर्षि जायँगे वहीं हम जायँगे।'' भृगु-कुल के वे नायक थे ही, वह भी साथ चला।

विन्ध्य पार कर वे दक्षिण-पश्चिम की ओर चले। भृगुकच्छ से नीचे जहाँ आज बम्बई है वहाँ उन्होंने **सूर्पारक**[1] नाम का पत्तन सागर तट पर बसाया जो धीरे-धीरे पश्चिम दिशा का सबसे बड़ा पत्तन बन गया और अशोक महान् के सयम तक स्थित था।

वहाँ कुछ वासी बसाकर परशुराम और नीचे उतरे और कोंकण बसाया। कोंकण से आगे चलकर उन्होंने समुद्र से केरल की उपजाऊ भूमि छीनी और वहाँ पर आश्रम बसाया।[2]

महर्षि जमदग्नि के वरदानस्वरूप उन्होंने बड़ी लम्बी आयु पाई[3] और अन्त तक उनका क्रोध और परशु उनके साथ रहा। उनके मरने के बाद भी उनका आश्रम सुचारु रूप से चलता रहा। उनके वंशज परशुराम रामायण काल में राम से मिले और आगे पाँच सौ वर्ष उपरान्त महाभारत काल में कर्ण को भी उन्होंने शस्त्रविद्या दी।

---

1. बम्बई के पास आज का सोपारा गाँव।
2. ब्रह्माण्ड पुराण 3.56.51-57। केरल में आज भी उनके आने का समय गणना-काल चालू है।
3. यजुर्वेद

सखा से समय मिला तो . . .

हैहय फिर शक्तिशाली बने

सहस्रार्जुन के अनेक पुत्र थे, जिनमें तीन वंशकर थे, शेष शायद परशुराम द्वारा मार डाले गये थे। ये परशुराम के डर से भाग कर हिमालय की कन्दराओं में छिप गये थे और शान्ति होने पर लौट आये थे।

एक **जयध्वज** था जिसने अवन्ती में अपना राज्य स्थापित किया। दूसरा **शूरसेन** था जिसने मथुरा पर राज्य किया। और तीसरा **शूर** सुराष्ट्र में जमा।

पुराण में दिया है कि हैहय के पाँच भाग हो गये थे—वीतिहोत्र, शार्यात, भोज, अवन्ती और तुण्डीकेर या कुण्डीकेर।[1] जयध्वज के पुत्र **तालजंघ** के अधीन ये पाँचों गरत एक हो गये जिनको सामूहिक नाम तालजंघ मिला। वीतिहोत्र और तुण्डीकेर विन्ध्य में रहते थे, शार्यात पश्चिमी भारत में, भोज अरावली में और अवन्ती आज के मालवा में। यहाँ से एकत्रित होकर इन्होंने मध्यदेश, काशी, कोशल और कान्यकुब्ज पर आक्रमण किये। तालजंघ ने कान्यकुब्ज राज्य (विश्वामित्र के वंशज) को समाप्त कर दिया, काशी के हर्याश्व को मार डाला; और इक्ष्वाकु वंश के बाहु को हराकर राज्यच्युत कर दिया।[2] इसने विदिशा पर आक्रमण करके उस पर भी आधिपत्य कर लिया। एक अनुश्रुति के अनुसार वैशाल कुल ने उसका पूर्व में बढ़ना रोक दिया।

तालजंघ के बाद उसका पुत्र **वीतिहोत्र** सिंहासन पर बैठा। उसका सामना बाहु के पुत्र **सगर** से हुआ जिसने भृगुकुल के **और्व** से शिक्षा प्राप्त की थी। सगर ने इसे बुरी तरह हराया और प्राणभय से यह ब्राह्मण बन गया जिस कारण सगर ने इसका वध नहीं किया।[3]

भृगुकुल से कलह के फलस्वरूप इस प्रकार हैहय और तालजंघ साम्राज्य का अन्त हुआ।[4]

---

1. ब्रह्माण्ड पुराण 3.48.23-5, 63.120, 134; 69.51.3; मत्स्य पुराण 43.48; वायु पुराण 94.51-2
2. ब्रह्माण पुराण 3.69.51; 47;67;78; विष्णु पुराण 4.3.26; वाल्मीकि रामायण 1.70,27-29
3. भागवत पुराण 9.8.5; पद्म पुराण 3.20; विष्णु पुराण 4.3.40-1; महाभारत वन पर्व 106.8
4. कौटिल्य, अर्थशास्त्र, पृष्ठ 22

मरुत

वैशाल कुल (भलन्दन, वत्सप्रि आदि वैश्य राजाओं का कुल) ने तालजंघ का पूर्व में बढ़ना रोका था। उस समय के वैशाल कुल का इतिहास इस प्रकार ज्ञात है। **करन्धम** वहाँ राज्य कर रहा था। वह बड़ा प्रतापी राजा था। उसका पुत्र **अवीक्षित** था जिसने विदिशा की राजकन्या भामिनी के स्वयंवर में भाग लिया और वहाँ से उसका हरण करना चाहा। सात राजाओं के संघ ने उसे घेर लिया और हरा दिया। विदिशा के राजा ने उसे बन्दी बना लिया। इस पर करन्धम ने उस संघ पर आक्रमण कर उसे हरा दिया और अपने पुत्र को छुड़ा लिया। इसी में तालजंघ संघ की हार प्रतिध्वनित होती है।[1]

अवीक्षित का पुत्र **मरुत** हुआ। अपनी हार के कारण अवीक्षित ने राज्य करना अस्वीकार किया। इस कारण बड़ा होने पर मरुत सिंहासन पर बैठा और करन्धम, वीरा तथा अवीक्षित, भामिनी वन में चले गये। पुराण में वर्णित सोलह चक्रवर्तियों में मरुत एक है।[2] महाभारत में भी इसे चक्रवर्ती और पाँच श्रेष्ठ सम्राटों में से एक कहा गया है।[3] ऐतरेय ब्राह्मण में इसे कामप्र का वंशज बताया गया है। संवर्त के द्वारा इसके राज्याभिषेक की कथा भी वहाँ दी गई है।[4] शतपथ ब्राह्मण में इसे 'आयोगव' जाति में उत्पन्न कहा गया है।[5] आयोगव का अर्थ है शूद्र से वेश्या में उत्पन्न। यह गलत लगता है। हो सकता है इसकी राजधानी अयोगु हो या इसके पिता का नाम अयोगु हो। आचार्य हरिस्वामी आयोगवः का अर्थ करते हैं कि वह प्रजा को खिलाने आदि से बहुत प्रसन्न रखता था।

मरुत का प्रमुख कार्य नागों को दबाना था। इसकी दादी वीरा ने समाचार भेजा कि नागों ने आश्रम के कुछ ऋषिपुत्रों को मार डाला है। इसने प्रतिकार में भीषण रक्तपात किया और उनके अनेक नगर जला दिये। अवीक्षित और भामिनी ने नागों की प्रार्थना पर आकर इन दोनों में सन्धि करा दी।[6]

करन्धम का पुरोहित उशिज अंगिरस था। मरुत के तीन पुत्र थे–उतथ्य[7] बृहस्पति आंगिरस और संवर्त आंगिरस।[8] बृहस्पति मरुत वंश-पुरोहित थे और संवर्त ऋत्विज बने।

---

1. मार्कण्डेय पुराण 119.16-17
2. मार्कण्डेय पुराण 127.10, भागवत 9.2
3. महाभारत द्रोण पर्व 1.8 336-350, शान्ति पर्व 29.16-21
4. ऐतरेय ब्राह्मण 8.21.12; मार्कण्डेय पुराण 126.11-12
5. शतपथ ब्राह्मण 13.5.43
6. मार्कण्डेय पुराण 126.3-15; 127.10
7. वेदार्थदीपिका में उचथ्य
8. भागवत पुराण 4.1; ब्रह्मांड पुराण 3.31; महाभारत आदि पर्व 60.5, अश्वमेधिक पर्व 5.4

बृहस्पति और **संवर्त** दोनों भाई थे। किन्तु दोनों में बड़ा वैमनस्य था। बृहस्पति बहुत तेजस्वी और प्रतिभाशाली थे, साथ ही अतीव सुन्दर और प्रखर बुद्धिमान भी। संवर्त भी सब गुणों की खान थे, परन्तु बड़े भाई के सामने दबे हुए थे। बृहस्पति के सामने उनकी पूछ नहीं थी। बृहस्पति भी गर्व में भर कर संवर्त से दूर रहते थे।

मान्धाता की इन्द्रासन पर विजय के उपरान्त इन्द्र मानव सम्राटों पर विशेष ध्यान रखते थे। उन्हें डर लगता था कि फिर कोई इन्द्रासन न छीन ले। इन्द्र ने मरुत के विषय में सुना कि वह नया चक्रवर्ती बना है और उसने चारों ओर के नागों को दबाकर मानव प्रभाव पूर्वी भारत में बढ़ाया है। बस उसने अकारण मरुत से वैर साध लिया। मरुत को दुर्बल बनाने के लिये उन्होंने उसके पुरोहित बृहस्पति को अलग करना चाहा। इन्द्र बृहस्पति के आश्रम में पहुँचे और उसे देवलोक चलने का आग्रह किया। बृहस्पति के मना करने पर इन्द्र ने बातों ही बातों में उसे राजी कर लिया कि वह भविष्य में मरुत का कोई यज्ञ नहीं करायेगा।

चक्रवर्ती बनने के उपरान्त मरुत ने यज्ञ करना चाहा और इसके लिए बृहस्पति के पास जाकर उसने प्रार्थना की कि वह यज्ञ के ऋत्विज का कार्य संभाले। इन्द्र की सलाह के अनुसार बृहस्पति ने यज्ञ कराने से कोरा जवाब दे दिया। निराश होकर मरुत लौट रहा था कि राह में उसे नारद मिल गया। उसकी व्यथा सुनने पर नारद ने कहा, "इसमें घबराने की क्या बात है! बृहस्पति न सही, संवर्त क्या कम विद्वान है। वह भी तुम्हारे कुल पुरोहित का पुत्र है। बृहस्पति से लड़कर वह काशी चला गया है। उसे मनाकर लाओ और यज्ञ आरम्भ करो।"

मरुत ने संवर्त से प्रार्थना की।[1] संवर्त स्वयं एक महायज्ञ कराना चाहता था। उसने मरुत्त से पूछा कि इन्द्र या अन्य किसी से डर कर मुझे बीच में तो न छोड़ दोगे। मरुत के वचन देने पर इसने ऋत्विज बनना स्वीकार कर लिया।[2]

---

1. मरुत्त आवीक्षित राजा से इसकी सर्वप्रथम भेंट कैसे हुई इस सम्बन्ध में एक चमत्कृतिपूर्ण कथन महाभारत में प्राप्त है। अपने यज्ञकार्य की पूर्ति के लिये मरुत्त आवीक्षित इससे मिलना चाहता था, लेकिन इसके उन्मत्त अवस्था में इधर-उधर भटकते रहने के कारण इसकी भेंट अत्यन्त दुष्प्राप्य थी।
   अन्त में इसे ढूँढते हुए मरुत्त काशी में आ पहुँचा। वहाँ यह नग्नावस्था में इधर-उधर घूमता था एवं एक कुणप (शव) को काशी विश्वेश्वर मानकर उसकी पूजा करता था। राह में 'कुणप' को देखकर जो उसका वंदन करता हुआ उसके पीछे जायगा, वहीं संवर्त ऋषि होगा, ऐसी धारणा काशीवासियों में प्रचलित थी।
   इसी पर चलकर, मरुत्त ने एक कुणप लाकर काशी के नगरद्वार में रख दिया जिसका वंदन करने के लिए संवर्त वहाँ पहुँच गया। (महाभारत, आश्वमेधिक पर्व 5)
2. ऐतरेय ब्राह्मण 8.21। ऋग्वेद में भी प्राचीन याकर्ता और सूक्तद्रष्टा के रूप में इसका निर्देश है। (ऋग्वेद 10.172; 8.54.2)

जब इन्द्र ने देखा कि बिना बृहस्पति के भी मरुत का यज्ञ आरम्भ हो रहा है, तथा संवर्त उसका ऋत्विज बनाया गया है, तब उसने इस यज्ञ में विभिन्न प्रकार से कई बाधाएँ डालने का प्रयत्न किया। इन्द्र ने पहले अग्नि के साथ मरुत के पास यह संदेश भेजा कि बृहस्पति यज्ञकार्य कराने को तैयार है, अतएव संवर्त की कोई आवश्यकता नहीं है। अग्नि मरुत के पास आया, किन्तु वह संवर्त को वहाँ देखकर डर गया कि कहीं वह उसे शाप न दे दे।[1] इसलिए वह मरुत्त से इन्द्र का सन्देश कहे बिना वापस लौट आया।

इसके बाद इन्द्र से धृतराष्ट्र नामक गन्धर्व से मरुत्त के संदेश भेजा, 'यदि तुम यज्ञ करोगे, तो मैं तुम्हें वज्र से मार डालूँगा।' किन्तु संवर्त के द्वारा आश्वासन दिलाये जाने पर, मरुत्त अपने निश्चय पर दृढ़ रहा।[2]

यह जानकर कि इन्द्र मरुत्त का यज्ञ नहीं होने देना चाहता, मरुत्त को अन्य मानव राज्यों से कोई सहायता न मिली। जब उसे धन की कमी अनुभव हुई तब संवर्त ने उसे बताया कि उत्तर हिमालय में मुंजवान पर्वत है जिस पर शिव पार्वती क्रीडा करते हैं। उसके चारों ओर स्वर्ण खानें हैं जिनकी रखवाली यक्ष करते हैं। दोनों मिलकर शिव को प्रसन्न करते हैं, हमें धन की कमी नहीं रहेगी।

शिव मरुत्त से प्रसन्न हुए और उसे हिमालय का एक स्वर्ण शिखर प्रदान किया।[3]

महाभारत के अनुसार इस प्रकार संवर्त की सहायता से मरुत्त ने यज्ञ यमुना के तट पर 'प्लक्षावरण तीर्थ' में आरम्भ किया।[4] वाल्मीकि रामायण के अनुसार यह यज्ञ 'उशीरबीज' नामक देश में हुआ था।[5] शिव मरुत पर प्रसन्न हो गए हैं, यह जानकर इन्द्र और अन्य देवों ने यज्ञ में भाग लिया। इस यज्ञ की सारी सामग्री सोने की बनी हुई थी।

जो सोना बचा रहा वह हिमालय में गाड़ दिया गया। बाद में राजसूय यज्ञ में युधिष्ठिर के वह काम आया।

रक्षों का राजा रावण दक्षिण से इसका यज्ञ देखने और उसे रोकने आया। मरुत्त ने उसका सामना करने के लिए उठना चाहा। किन्तु संवर्त ने इसे मना कर दिया क्योंकि यज्ञ पूरा किये बिना उठना नहीं चाहिये। रावण ने इसके यज्ञ का वैभव देखा और बिना किसी प्रकार की हानि पहुँचाये लौट गया।[6]

यज्ञ सफलतापूर्वक सम्पन्न हुआ। दान में मिली सब सामग्री संवर्त ने बृहस्पति को भेंट कर दी। वह फक्कड़ स्वयं काशी लौट गया।

---

1. महाभारत, आश्वमेधिक पर्व 9.19
2. महाभारत, आश्वमेधिक पर्व 5.9
3. महाभारत, आश्वमेधिक पर्व 8; मार्कण्डेय पुराण 126.11-13
4. वन पर्व 129.16, शांति पर्व 29.20-21
5. उत्तर कांड 18
6. वाल्मीकि रामायण, उत्तर कांड 8

दीर्घतमस्

करन्धम के पुरोहित उशिज के तीन पुत्र थे–उतथ्य, बृहस्पति और संवर्त। उतथ्य की पत्नी का नाम ममता था। एक बार जब ममता गर्भवती थी तब देवर बृहस्पति ने उसके साथ बलात् सम्भोग किया। इस कारण उसका पुत्र अन्धा हो गया जिसका नाम **दीर्घतमस्** रखा गया।[1]

बृहस्पति के पुत्र **भरद्वाज** ने अपने सूक्त में[2] ममता द्वारा रचित स्तोत्रों का निर्देश किया है जिससे प्रतीत होता है कि ममता भरद्वाज के लिये अत्यन्त आदरणीय व्यक्ति थी।

इसी समय **सरस्वती नदी का लोप** हो गया। विनाशन नाम के स्थान पर वह मरुभूमि में लुप्त हो गई। ऋतु बदल रही थी। वसिष्ठ, विश्वामित्र के समय से उधर अवृष्टि हो रही थी।[3]

उतथ्य और ममता का पुत्र **दीर्घतमस्** था जो दीर्घजीवी था और जिसने पुरा इतिहास में महत्त्वपूर्ण भाग लिया।[4] इसलिये इसे ''मामतेय' एवं 'औतथ्य' ये उपनाम प्राप्त हुए।[5] इसके नाम का पाठभेद 'दीर्घतमस्' भी पाया जाता है।[6]

बृहस्पति के शाप के कारण यह जन्म से ही अन्धा उत्पन्न हुआ था।[7] इसीलिये इसे 'दीर्घतमस्' (दीर्घ अन्धकार) नाम दिया गया था। यह सौ वर्षो तक जीवित रहा।[8] वृद्धावस्था में इसने परमेश्वर की उपासना की, उससे इसे दृष्टि प्राप्त हुई एवं लोग इसे 'गोतम' (उत्तम नेत्र वाला) कहने लगे।[9] 'सुरभि' के सूंघने पर इसे दृष्टि प्राप्त हुई, दूसरी कथा यह है।[10] यह दीर्घजीवी था क्योंकि सगर के समय से लेकर दुष्यन्त और भरत तक इसका उल्लेख है (लगभग 2362 से 2280 ईसा पूर्व तक)। भरत दौष्यन्ति का इसने 'ऐन्द्र अभिषेक' किया था।[11] यह अभिषेक यमुना के तट पर हुआ था।[12] एक मन्त्र गायक के रूप में, इसका उल्लेख ऋग्वेद में प्राप्त है।[13]

---

1. ऋग्वेद 1.147.3 महाभारत, आदि पर्व 985-16; शांति पर्व 328) मत्स्य पुराण 49; वेदार्थ-दीपिका 6.52
2. ऋग्वेद 650.15
3. महाभारत, अनुशासन पर्व 259.9-32
4. ऋग्वेद 1.140-164
5. ऋग्वेद 1.152.6, 4.4.13
6. वायु पुराण 59.98.102
7. बृहद्देवता 4.11.15, 21-25; ऋग्वेद 1.140-64
8. ऋग्वेद 1.158.6; सांख्यायन आरण्यक 2.17
9. महाभारत, शांति पर्व 328
10. वायु पुराण, 91
11. ऐतरेय ब्राह्मण 8.23
12. भागवत पुराण 9.20.25
13. ऋग्वेद 1.158.1

दीर्घतमस् का बड़ा रंग-विरंगा जीवन रहा।[1] पुराण के अनुसार छोटी अवस्था में ही इसे वेद, शास्त्र आदि का पूर्ण ज्ञान हो गया था। यह बड़ा विद्वान था। इसी से प्रभावित होकर **प्रद्वेषी** नामक अत्यन्त रूपवती युवती से इसका विवाह हुआ। यह अत्यन्त कामी था। इसने 'सौरभेय मत' का पालन किया और गो-पुत्रों से 'गो-रति' करने लगा। यह दिन के उजाले में भी स्त्री-समागम करता था जो आश्रम के अन्य ऋषियों को बुरा लगता था। वे इसे आश्रम से भगा देना चाहते थे।

प्रद्वेषी को इससे पुत्र प्राप्त हो चुके थे। अन्धा पति उसे अच्छा नहीं लगता था। वह कमाकर इसे खिलाती थी। और इसकी बुरी आदतें उसे बहुत खलती थीं। वह आश्रमवासियों से कहती थी कि मैं इससे विवाहविच्छेद करके नया पति कर लूंगी। दीर्घतमस् ने धर्मशास्त्र का नया नियम संसार को दिया कि स्त्री के जन्म भर एक ही पति होगा। पति के रहते हुए वह दूसरा पति नहीं कर सकती, अन्यथा वह पतिता कही जायेगी।

प्रद्वेषी के कहने पर आश्रमवासियों ने दीर्घतमस् को एक तख्ते पर कस कर बाँध दिया और तख्ते को गंगा नदी में बहा दिया।[2] मत्स्य पुराण ने इस घटना का और विवरण दिया है। दीर्घतमस् अपने चचेरे भाई शरद्वत के आश्रम में रहता था। वहाँ अपनी स्नुषा से वह विषयवासनायुक्त बातें करने लगा। शरद्वत को यह व्यवहार अच्छा नहीं लगा और इसे आश्रम से बाहर निकाल दिया गया।[3]

एक वृद्ध कामी व्यक्ति के रूप में ऋग्वेद में भी इसकी अनेक कथाएँ उपलब्ध हैं जहाँ इसके नौकरों ने इसे पानी में गलाया, आग में जलाया और मारा पीटा। परन्तु हर बार यह ठीक हो गया।[4] बाद में इसे नदी में फेंक दिया गया।[5]

आनववंशी तितिक्षु ने पश्चिम से आकर पूर्वी राज्य स्थापित किया था। इस समय उसका वंशज **बलि** आनव राज्य पर शासन कर रहा था। दीर्घतमस् बहता-बहता उसकी सीमा में पहुँच गया। बलि गंगा के तट पर घूम रहा था; उसने ऋषि को गंगा से निकाल लिया। मन्त्रद्रष्टा, विद्वान्, स्वरूपवान् और अत्यन्त स्वस्थ देखकर उसने दीर्घतमस् को बहुत आदर-सम्मान दिया। उसके कोई सन्तान नहीं थी, इसलिये उसने अपनी रानी सुदेष्णा को ऋषि के पास जाने को कहा। इसे अन्धा जानकर सुदेष्णा ने अपनी जगह अपनी दासी उशिज् को इसकी सेवा में भेज दिया। उससे दीर्घतमस को कक्षीवत् और दीर्घश्रवस् आदि पुत्र हुए।[6]

---

1. वायु पुराण 99.36-78; मत्स्य पुराण 40
2. महाभारत, आदि पर्व 98.18
3. मत्स्य पुराण 48
4. ऋग्वेद 1.158.4-6; बृहद्देवता 34.11.14
5. बृहद्देवता 4.23
6. बृहद्देवता 4.23; महाभारत सभा पर्व 19.5

कक्षीवत् को औशिज कहा गया है।[1] विद्याध्ययन करने के बाद यह वापस जा रहा था, राह में राजा स्वनय भावयव्य से इसकी भेंट हुई। उसने इसे अपनी कन्या और बहुत सम्पत्ति भेंट में दीं।[2] इसकी पत्नी का नाम वृचया था।[3] पिता (दीर्घतमस्) पुत्र (कक्षीवत्) का एक ऋचा में एक साथ उल्लेख हुआ है।[4] निम्न सूक्तों का यह सूक्तद्रष्टा है–ऋग्वेद 1.116-125; 126.1-5; 9.74।

दूसरे पुत्र **दीर्घश्रवस्** को ऋग्वेद में वणिज् कहा गया है जिस पर अश्वियों ने कृपा की थी।[5] यह एक राजा था। इसे देश से निकाल दिया गया था, इसलिये वह भूखा मर रहा था। एक साम गाकर इसने अन्न प्राप्त किया।[6]

बाद में बलि और दीर्घतमस् में इन पुत्रों पर वाद-विवाद हुआ कि ये पुत्र किसके हैं। दीर्घतमस् ने सुदेष्णा की चाल राजा को बताई। तब बलि ने ऋषि को शान्त करके सुदेष्णा को समझा-बुझाकर दीर्घतमस् की सेवा में भेजा। सुदेष्णा के पाँच पुत्र उत्पन्न हुए–अंग, वंग, पुंड्र, सुह्म तथा कलिंग। इन्होंने अपने नाम पर नए प्रदेश बसाये।[7]

बाद में यह अपने पुत्रों को लेकर पश्चिम दिशा की ओर चला गया था।[8] वहाँ यह सार्वभौम भरत का पुरोहित हो गया और उसके अनेक यज्ञ इसने कराये।[9]

भारतीय पुरा-इतिहास की विलक्षणता

भारतीय पुरा-इतिहास की सबसे बड़ी विशेषता यह है कि इसमें अधिकतर महापुरुष वहीं बने जिन्हें बचपन में आपत्तियों का सामना करना पड़ा। विपदाओं से लड़कर ही वे चमके और इतिहास में अमर हो गये।

इन्द्र के समय असुरों का अत्याचार बहुत बढ़ गया था। उनके विरुद्ध खड़े होकर उसे अपने पिता की भी हत्या करनी पड़ी। पृथु की तरुणावस्था में ऋषियों ने उसके पिता वेन को मार डाला था। छोटी अवस्था में ही उसे अपना और अपने साथियों का पालन करना पड़ा। वैवस्वत मनु और यम दोनों सौतेली माँ से दुखी रहे। फिर आगे चलकर उन्हें प्रलय का सामना करना पड़ा। मान्धाता को माँ की कोख फाड़कर निकाला गया था। उसे बचपन में माँ बाप का प्यार नहीं मिला।

---

1. ऋग्वेद 1.18.1
2. ऋग्वेद 1.125, 126; ऐतरेय ब्राह्मण 1.21; जैमिनी ब्राह्मण 1.6.11; 16.4.2; सांख्यायान श्रौतसूत्र 16.4.5; बृहद्देवता 3.141-150
3. ऋग्वेद 1.51.13
4. ऋग्वेद 8.9.10
5. ऋग्वेद 1.112.11
6. पंचविंश ब्राह्मण 15.3.25
7. हरिवंश 1.13; विष्णु पुराण 4.18; भागवत 9.20.23; ब्रह्म पुराण 1.3
8. मत्स्य पुराण 48; वायु पुराण 99; महाभारत, अनुशासन पर्व 165.62
9. ऐतरेय ब्राह्मण 8.23; महाभारत, शाति पर्व 29.40-45

इसी प्रकार सगर का पिता राज्य से भाग कर उसके उत्पन्न होने से पहले मर चुका था। उसकी माँ को सौत ने विष दे दिया था जिससे सगर को बड़ी कठिनाई से बचाया जा सका। भरत का भी दुष्यन्त के द्वारा शकुन्तला को अपनी पत्नी न मानने पर एक आश्रम में जन्म हुआ और वहीं पर वह पल कर बड़ा हुआ। राम लक्ष्मण को विश्वामित्र बहुत छोटी अवस्था में माता-पिता से दूर अपने आश्रम में ले गये थे और वहीं उनको पढ़ाया लिखाया था। कृष्ण को भी कंस के डर के मारे माता-पिता ने दूर गोकुल में अपने मित्र के पास रख दिया था।

बाहुबली सगर

(लगभग 2362 ईसा पूर्व)

भारत के सोलह चक्रवर्तियों में एक इक्ष्वाकु वंश का सगर था। सगर ने अपने बाहुबल से पिता का राज्य फिर जीता था और एक विशाल सम्राज्य स्थापित किया था, इस कारण उसे बाहुबली सगर कहकर पुकारा गया है। इसके कई सिक्के मोहेंजोदड़ों के उत्खनन में प्राप्त हुए हैं।[1]

परशुराम के डर के कारण बचे खुचे हैहय हिमालय में जा छिपे थे। परशुराम के दक्षिण चले जाने के उपरान्त वे वापस लौटे और अपने साथ पाँच विदेशी जातियाँ भी लाये–शक, यवन, पारद, कम्बोज और पल्हव। उनकी सहायता से हैहय शक्ति बहुत बढ़ी और तालजंघ ने फिर एक साम्राज्य स्थापित करना चाहा।

उस समय इक्ष्वाकु वंश का बाहु[2] अयोध्या में राज्य कर रहा था। वह बहुत व्यसनी था।[3] तालजंघ से हार कर वह भागा[4] और उसने और्व ऋषि के आश्रम में शरण ली एवं उसी आश्रम में उसकी मृत्यु हो गई।[5] उस समय उसकी पत्नी कालिंदी अथवा केशिनी गर्भवती थी। उसके अनेक पत्नियाँ थीं। उनमें से एक ने सौतिया डाह में कालिंदी को विष दे दिया उस विष से सगर का सातवें मास में ही जन्म हो गया और माता का स्वर्गवास हो गया। और्व ऋषि की कृपा से ही यह अपनी सौतेली माँ के विष-प्रयोग से बच सका, किन्तु बचपन में बड़ा दुर्बल रहा। गर (विष) के साथ उत्पन्न होने के कारण इसे **सगर** नाम प्राप्त हुआ।[6]

सगर का जातकर्म और अन्य क्षत्रियोचित संस्कार सारे और्व ऋषि ने किये[7] और भार्गव नामक अग्न्यास्त्र भी उसी ने दिया।[8] च्यवन ऋषि ने भी इसे अनेक अस्त्र-शस्त्रों की शिक्षा दी। भार्गव आश्रम में रहकर इसने अपने पिता का राज्य हैहयों द्वारा छीने जाने की कथा सुनी। तब इसने प्रण किया कि वह अपने पिता का राज्य पुनः प्राप्त करेगा और हैहयों का विनाश करेगा।

---

1. भारतवर्षीय प्राचीन चरित्रकोश, पृष्ठ 1001)
2. वाल्मीकि रामायण में इसका नाम असित दिया है। (बालकांड 70.30, अयोध्या कांड 110.18)
3. वायु पुराण 88.122,127
4. ब्रह्माण्ड पुराण 3.47.78
5. मत्स्य पुराण 12.40, पद्म पुराण सृ.8; लिंग पुराण 1.66.15; विष्णुधर्म पुराण 1.16
6. वाल्मीकि रामायण 170.37; 2.110.21
7. ब्रह्माण्ड पुराण 3.47.87; सौन्दरनन्दन 1.25
8. वायु पुराण 8.124

सगर ने अयोध्या पर आक्रमण किया और उसे जीतकर हैहयों और उनके विदेशी मित्रों को वहाँ से भगा दिया। काशी के राजा प्रतर्दन ने तालजंघ के पुत्र वीतिहोत्र को हरा दिया और वह आश्रम में जाकर मुनि बन गया।

कोशल जीतकर सगर ने मध्यदेश जीता और हैहय शक्ति का विनाश किया। महिष्मती को जलाकर खाक कर दिया गया।[1] फिर उसने तालजंघों के पाँच विदेशी मित्रों के विरुद्ध उन्हें देश से बाहर निकालने का अभियान किया। वे बुरी तरह हारकर सगर के गुरु वसिष्ठ की शरण में गये। अथर्वनिधि वसिष्ठ के कहने पर उसने उन्हें छोड़ दिया परन्तु उन्हें विरूप बनने पर विवश किया। उसकी आज्ञा से यवनों को अपना समूचा सिर मुंडावना पड़ा, शकों को आधा; पारदों को लम्बे केश रखने पड़े और पल्हवों को लम्बी दाढ़ी।

इसने विदर्भ पर आक्रमण किया। इस राजा ने इसका सत्कार करके अपनी सुन्दरी कन्या सुकेशिनी का इससे विवाह कर दिया।[2] शूरसेन की मथुरा में इसके मामा थे।[3] एक और विवाह अरिष्टनेमि की पुत्री सुमति से हुआ।[4] सब को अधीन राजा बनाकर यह अयोध्या लौटा।

इसके दो पत्नी थीं किन्तु पुत्र एक भी नहीं हुआ। इसके लिये बहुत तपस्या की तो पुत्र का वरदान मिला। सुकेशिनी से एक पुत्र हुआ जिसका नाम असमंजस रखा गया।[5] सुमति के गर्भ से केवल एक मांसखण्ड उत्पन्न हुआ।[6] आगे चलकर और्व ऋषि की कृपा से इसने साठ बच्चों को अपना पुत्र माना।

सगर ने समुद्र पर वेला बांधी।[7] पूर्वी समुद्र तक पृथ्वी जीती, शायद इसका यह अर्थ है। अश्वमेध के अश्व के पीछे जाकर इसके पुत्रों ने जम्बुद्वीप के समीप के आठ उपद्वीप जीते थे जो आगे चलकर 'सागरोपद्वीप' नाम से प्रसिद्ध हुए।[8] इसकी समुद्र पर विजय के फलस्वरूप उसका नाम 'सागर' पड़ गया।

अपने दीर्घ विजयों के उपरान्त इसने अश्वमेध यज्ञ करने का विचार किया। अश्वमेध का यज्ञ छोड़ा गया और उसके पीछे इसके पुत्र सेना के साथ गये। इसी समय उन्होंने 'सागरोपद्वीप' को जीता होगा।

इन्द्र को मानव शक्ति बढ़ती देखकर बहुत डर लगता था और मान्धाता का ध्यान आ जाता था कि कहीं पश्चिम में उसका इन्द्रासन न छिन जाय। पश्चिम में अश्व

---

1. ब्रह्माण्ड पुराण 3.48
2. वायु पुराण 88.157
3. ब्रह्माण्ड पुराण 3.49 6
4. मत्स्य पुराण 12.420; वायु पुराण 88.156; वाल्मीकि रामायण बाल काण्ड 35.4
5. वायु पुराण 88.165; वाल्मीकि रामायण 1.38.16
6. ब्रह्माण्ड पुराण 3.48, हरिवंश
7. बुद्धचरित 1.44
8. भागवत पुराण 5.19.29-30

आने पर उसने राक्षस का रूप रखकर रात्रि में घोड़ा खोल लिया और उसे ले जाकर देवलोक के पूर्व कपिल के आश्रम में बांध दिया।

अश्व को न पाकर सेना में हलचल मच गई। सगर के पुत्रों ने अश्व की तलाश में आकाश पाताल एक कर दिया। जब वे महर्षि कपिल के आश्रम में पहुँचे तब उन्होंने देखा कि अश्व वहीं बँधा हुआ घास चर रहा है और कपिल ध्यानमग्न बैठे हैं। उन्होंने समझा कपिल ने घोड़ा चुराया है। वे गाली देते हुए कपिल को मारने को बढ़े। ऋषि का ध्यान टूट गया। क्रोध में भर कर उन्होंने सेना की ओर देखा, पल भर में उनकी देह की अग्नि से सब जलकर भस्म हो गये।[1] केवल चार व्यक्ति बचे–हषिकेतु, सुकेतु, धर्मरथ और पंचजन[2], जिन्होंने अयोध्या लौटकर सगर को समाचार दिया।

सगर का बड़ा पुत्र असमंजस दुष्ट निकला था जिसे प्रजा ने युवराज मानने से इन्कार कर दिया और सगर ने उसे राज्य से निकाला दे दिया।[3] बाकी सब पुत्र कपिल की क्रोधाग्नि में जल गये थे। राजा स्वयं यज्ञ में बैठा था, उठ नहीं सकता था, इसलिये उसने अपने पौत्र, असमंजस के पुत्र अंशुमान् को कपिल के पास भेजा जो कपिल से प्रार्थना करके अश्व वापस ले आया। तब यज्ञ निर्विघ्न पूरा हुआ और सगर ने खूब दान दिया। बाद में ऐतिहासिक दानपत्रों में राजाओं ने दान देते समय सगर की दानशीलता का बखान किया है।

सगर के बाद उसका पौत्र अंशुमान् सिंहासन पर बैठा।[4] उसे कपिल ने बताया कि उसके पितरों की भस्म तभी मुक्ति के द्वार पहुँचेगी जब गंगा स्वर्ग से उतरकर उनके आश्रम से प्रवाहित होगी। अंशुमान् ने भरसक प्रयत्न किया और उसके बाद उसके पुत्र दिलीप ने, किन्तु निष्फल रहे। दिलीप के पुत्र **भागीरथ** के अत्यधिक प्रयत्न ने 'भगीरथ' नाम का लाक्षणिक शब्द बोली को दिया। वह सफल रहा और गंगा पृथ्वी पर उतर आई। उसके जल के स्पर्श से समस्त पितरों की कपिल के शाप से मुक्ति और उद्धार हो गया है।[5]

आज के हरिद्वार का प्राचीन नाम कपिलस्थान था। यही कपिल मुनि का आश्रम था। कहा जाता है पहले गंगा कोटद्वार में पहाड़ छोड़कर समतल भूमि पर उतरती थी। वायु से देखने पर ऐसा लगता है कि यान्त्रिकी द्वारा इसकी धारा उत्तर में पश्चिम की ओर मोड़कर इसे हरिद्वार लाया गया है। यह प्रकृति की यान्त्रिकी है या किसी

---

1. भागवत पुराण 9.8.1-12; विष्णु पुराण 4.4.1-22; वाल्मीकि रामायण 1.40; महाभारत, वन पर्व 107.33
2. वायु पुराण 88.149
3. वाल्मीकि रामायण 1.38.20-24; महाभारत, वन पर्व 107.39-43; शान्ति पर्व 57.8
4. वाल्मीकि रामायण 1.42.1-2
5. महाभारत, वन पर्व 107; वाल्मीकि रामायण, बाल काण्ड 1.42-44; भागवत पुराण 9.9.2.10; वायु पुराण 47.37,88.168; ब्रह्म पुराण 78; विष्णु पुराण 4.4.17

इंजीनियर या भगीरथ की, कहा नहीं जा सकता।

गंगावतरण का दूसरा अन्वय यह हो सकता है कि गोमुख के पास कुछ यान्त्रिकी करके गंगा को दक्षिणीवाहिनी बनाया गया हो। गंगा पहले तिब्बत में पूर्व से उत्तर की ओर बहती जाये। भगीरथ के पुरखों नेकाफी कोशिश की कि इसे दक्षिणवाहिनी बनाया जाये। भगीरथ के समय उनके प्रयत्नों को सफलता मिली। 'भगीरथ जिस राह से गया था उसी राह से उसके पीछे-पीछे गंगा चली जिसका नाम भागीरथी दिया गया"[1], का अर्थ यह हो सकता है कि नहर खोदकर गोमुख तक पहुँचाई गई जिसमें गंगा का पानी दक्षिण को बहा। कुछ वर्ष पूर्व एक विद्वान ने एक लेख में यह दिखाया था कि भगीरथी के किनारे-किनारे जाकर यह अनुभव होता है कि यह प्राकृतिक धारा नहीं बल्कि मानव-निर्मित है।

विदर्भ

यादवों में सगर का समकालीन **विदर्भ** था जो अपनी पुत्री सुकेशिनी का सगर से विवाह करके दक्षिण की ओर चला गया। जहाँ वह गया उस प्रदेश का नाम विदर्भ पड़ गया। उसके तीन पुत्र थे–क्रथ या भीम ने विदर्भ में राज्य किया, कैशिक ने चेदि प्रदेश बसाया और तीसरा लोमपाद था।[2]

1. हरिवंश, 1.15-16; नारद पुराण 1.15; ब्रह्मवैवर्त्त पुराण 1.10
2. हरिवंश 1.36.18-20

दुष्यन्त

(लगभग 2308 ईसा पूर्व)

मान्धाता के समय पौरव राज्य को उसके साले ने उखाड़ फेंका था। उसके पश्चात् पौरव राजाओं के नाम मिलते हैं किन्तु कहाँ उनका राज्य था, यह नहीं पता चलता। पौरव वंश के इतिहास में, तंसु से दुष्यन्त के बीच के राजाओं के बारे में पुराणों में एकवाक्यता नहीं है।

पौरव वंश का जो अगला प्रसिद्ध राजा है, वह है दुष्यन्त। पंजाब में तुर्वशु वंश के चक्रवर्ती मरुत (वैशाली के चक्रवर्ती राजा मरुत आविक्षित से भिन्न) ने पौरव वंश के दुष्यन्त को गोद लिया था। इस प्रकार पुरु और तुर्वशु वंश दुष्यन्त के समय से एक हो गये।[1] बड़ा होकर इसने गंगा और सरस्वती के बीच अपना नया राज्य स्थापित किया। इसलिये इसे 'वंशकर' राजा कहा जाता है।[2] नागों को हराकर इसने उनके नगर गजसाह्वय (जिसे बढ़ाकर इसके छठे वंशज हस्तिन् ने हस्तिनापुर नाम दिया) को राजधानी बनाया।[3]

दुष्यन्त के माता-पिता के नामों के विषय में पुराण एकमत नहीं हैं। भविष्य पुराण और हरिवंश में इसके पिता का नाम तंसु[4] दिया है। परन्तु तंसु मान्धाता का मामा था जिसके समय पौरव राज्य छिन्न-भिन्न हो गया था। उसके बाद दुष्यन्त के समय वह पुनर्स्थापित हुआ, शायद इसी कारण उसे तंसु का पुत्र या नाती समझ लिया गया। संभवतया इसके पिता का नाम ईलिन था।[5] वायु पुराण में उसे शायद मलिन लिख दिया है।

दुष्मंत, दुःषन्त इसी के नामान्तर थे। इसके पुत्र भरत को दौष्यन्ति, दौःषन्ति नाम इसी कारण दिये गये।[6]

हरिवंश से पता चलता है कि दुष्यन्त मरुत्त की पुत्री का बेटा था। निपूता होने के कारण तुर्वशु चक्रवर्ती ने अपने नाती को गोद ले लिया। इसी कारण तुर्वशु वंश पौरवों में शामिल हो गया।[7] कुछ कहते हैं तुर्वशु वंश दक्षिण की ओर चला गया। ऐतिहासिक युग के पाण्डय, चोल, केरल इनकी सन्तति हैं।

---

1. भागवत पुराण 9.23.16-17; विष्णु पुराण 4.16; मत्स्य पुराण 48.1-4 हरिवंश 1.32
2. महाभारत, आदि पर्व 62.3; भागवत पुराण 9.23.17-18
3. महाभारत, अदि पर्व 68.12
4. हरिवंश 1.32.8
5. महाभारत आदि पर्व 89.14; मत्स्य पुराण 49.10
6. ऐतरेय ब्राह्मण 8.23; शतपथ ब्राह्मण 13.5.4.11-14; मत्स्य पुराण 49.12
7. हरिवंश 1.32

दुष्यन्त राज्यच्युत राजपुत्र था। तुर्वशु वंश की सहायता से इसने पुरुवंश की फिर स्थापना की। यह बाहुबली सगर से तीन पीढ़ी आगे था। सगर के महान् अभियान ने अन्य कुलों की शक्ति का ह्रास किया था जिसका लाभ पहले तुर्वशु मरुत्त को और फिर पौरव दुष्यन्त को मिला।

राज्यशकट चलाने की इसकी पद्धति बहुत अच्छी थी।[1] यह चतुरन्त पृथ्वी को गोप्ता था।[2] म्लेच्छ-राज्य पर्यन्त सब सीमा इसने जीत ली थी।[3] राक्षसों के राजा रावण के समक्ष इसे पराजय मिली थी।[4]

इसकी दो पत्नी का नाम हमें मिलता है—शकुन्तला और लक्ष्मणा। शकुन्तला को केन्द्र बनाकर महाकवि कालिदास ने संस्कृत की सर्वोत्कृष्ट कृति 'अभिज्ञानशाकुन्तल' लिखी। महाभारत और कालिदास की कथा में काफी अन्तर है।

महाभारत के अनुसार दुष्यन्त एक बार गंगा नदी पार करके मृगया हेतु गया। वहाँ यह मालिनी तट पर स्थित कण्व ऋषि के आश्रम में पहुँचा। कण्व आश्रम से बाहर गये हुए थे। वहाँ उसे तत्कालीन विश्वामित्र तथा मेनका अप्सरा की पुत्री शकुन्तला मिली[5] जिसे उसकी माता जन्मते ही वन में छोड़ गई थी और जिसे कण्व ने लाकर अपने आश्रम में पाला था। शकुन्त पक्षियों से रक्षा करने के कारण कण्व ने इसे शकुन्तला नाम दिया था।[6] शतपथ ब्राह्मण में इसे एक अप्सरा कहा गया है एवं नडपित के तट पर जन्म लेने के फलस्वरूप इसे 'नाडपिती' अथवा 'नाडपित' नाम दिया गया है।[7]

भेंट होने पर शकुन्तला ने कण्व ऋषि द्वारा ज्ञात हुई अपनी जन्मकथा दुष्यन्त को सुनाई। दुष्यन्त द्वारा प्रेमदान मांगने पर इसने बताया कि अपने पिता की सम्मति के बिना वह विवाह नहीं करना चाहती। इस पर दुष्यन्त ने इसे विवाह के आठ भेद गिनाये जिसमें गन्धर्व विवाह बिना पिता की सम्मति के हो सकता है। इस पर यह इस शर्त पर गन्धर्व विवाह को तैयार हुई कि उसका पुत्र हस्तिनापुर का राजा बनेगा।

शकुन्तला की यह शर्त राजा ने मान ली और दोनों का गन्धर्व विवाह हो गया। विवाह के बाद शीघ्र ही इसे अपनी राजधानी बुलाने का आश्वासन देकर वह लौट गया।[8]

आश्रम आने पर कण्व को सारी घटना ज्ञात हुई और उन्होंने इसे आशीर्वाद दिया। कालान्तर में इसे एक तेजस्वी बालक पैदा हुआ जिसका नाम सर्वदमन या भरत रखा गया।

---

1. महाभारत, आदि पर्व 62
2. महाभारत, आदि पर्व 69.48
3. महाभारत, आदि पर्व 62.3-5
4. वाल्मीकि रामायण, 7.19.5
5. भागवत पुराण 9.16.28-37
6. महाभारत, आदि पर्व 66.11-14
7. शतपथ ब्राह्मण 13.5.4-13
8. महाभारत, आदि पर्व 67 20

इतने दिन बीत जाने पर भी दुष्यन्त का कोई बुलावा नहीं आया। इस कारण भरत के जातकर्मादि संस्कार होने पर कण्व ने इसे पातिव्रत्य धर्म पर उपदेश दिया और शिष्यों के साथ राजधानी को भेज दिया।

दुष्यन्त की राजसभा में पहुँचकर इसने दुष्यन्त को सारी शर्तें याद दिलाई और भरत को युवराज-पद देने का आग्रह किया। परन्तु दुष्यन्त ने इसके प्रस्ताव को नहीं माना और कटु शब्दों में इसकी आलोचना की। दुष्यन्त की कठोर वाणी सुनकर इसे बड़ी लज्जा आई। इसने बार-बार धर्म की श्रेष्ठता और सूर्य आदि देवताओं की साक्षी देकर अपने प्रति न्याय करने का अनुरोध किया। शकुन्तला ने पति के पत्नी और पुत्र के प्रति कर्त्तव्य दुहराए और उनका पालन करने का आग्रह और प्रार्थना की। फिर दुष्यन्त के न मानने पर इसने यहाँ तक कह डाला, "अगर तुम भरत को युवराज नहीं बनाओगे तो भरत तुम्हारे राज्य पर आक्रमण करके स्वयं राज्याधिकारी बनेगा।"

इतने में आकाशवाणी ने दुष्यन्त को बताया कि शकुन्तला उसकी धर्मपत्नी है एवं भरत उसका पुत्र है। इस पर दुष्यन्त ने दोनों को स्वीकार कर इसे पटरानी और भरत को युवराज बनाया।[1] बाद में दुष्यन्त ने इसे समझाया कि लोकापवाद के भय से शुरु में उसने इसे अस्वीकार किया था।[2]

कालिदास द्वारा विश्वविश्रुत 'अभिज्ञानशाकुन्तल' में इस कथा में अनेक उपकथाएँ दी गई हैं--दुर्वासा ऋषि द्वारा इसे शाप दिया जाना, शक्रावतार तीर्थ में अभिज्ञान की अंगूठी खो जाना, राजा दुष्यन्त का शाप के कारण इसे भूल जाना, मछली के पेट से अंगूठी प्राप्त होने पर स्मृति का लौटना, आदि। इनका प्राचीन साहित्य में कोई उल्लेख नहीं है। यह महान् लेखक की कल्पना की उपज लगते हैं। केवल पद्म पुराण के बंगला संस्करण में इससे मिलती-जुलती कहानी मिलती है।

नडपित्-वन

शतपथ ब्राह्मण में शकुन्तला को नाडपिती कहा गया है। आज की चौकीघाटा स्थान के पास मालिनी तट की सहस्रधारा ही प्राचीन नडपित् है। इसी वन में मेनका ने विश्वामित्र का तप भंग किया था और शकुन्तला के होने पर उसे छोड़कर चली गई थी। नड जाति के अनेक क्षुपों से भरा यह स्थान नडपित् कहलाता था। आज भी वहाँ नड जाति के अनेक पौधे एवं पीले फ्यूला-पुष्प पाये जाते हैं। आज भी यहाँ जनश्रुति है कि कुलपति कण्व यहाँ प्रतिदिन स्नान करने आते थे। इससे प्रत्यक्ष है कि मेनका ने पुत्री को यहाँ छोड़ना क्यों उचित समझा।

---

1. वायु पुराण 99.132; हरिवंश 1.38; विष्णु पुराण 4.19-21; भागवत पुराण 9.20. 7-22; महाभारत, आदि पर्व 2.63-69, द्रोण पर्व 18.730, शांति पर्व 29, आश्वमेधिक पर्व 3
2. महाभारत, आदि पर्व 62; भागवत पुराण 9.20

मालिनी

मालिनी नदी का नाम कैसे पड़ा? इस नदी के दोनों तटों पर मालिनीलता नाम की विशेष लता मिलती है। इस लता की विशेषता यह है कि वह अपने प्रिय वृक्ष के वाम भाग में ही आरोहण करती है। इसकी प्रचुरता के कारण ही नदी का नाम मालिनी पड़ा।

शक्रावतार

पुराणों में उपलब्ध एक गाथा के अनुसार इन्द्र को एक बार असुरों से हार कर राज्य एवं स्वदेश को छोड़ना पड़ा। परित्याग इतने गुप्त और अज्ञात रूप से हुआ था कि स्वयं शची को और मन्त्रि-वर्ग को भी उसका पता न चला था। बहुत खोज करने के बाद उन्हें इन्द्र गंगा के एक एकान्त और निर्जन तट पर निवास करता हुआ मिल गया। तभी से उस स्थान का नाम शक्रावतार पड़ गया। क्योंकि शची को इसी स्थान पर अपना सौभाग्य-सुख प्राप्त हुआ था, इसी कारण इसे शचीतीर्थ भी कहते थे और बाद में यह स्थान सद्यविवाहिता पत्नियों की सौभाग्य की कामना की सिद्धि का स्थान बन गया था। संभवत: इसी कारण पतिगृह को जाती हुई शकुन्तला छोटे मार्ग को छोड़ कर इधर से आई थी। मुज़फ्फरनगर से नौ मील की दूरी पर शकरताल इस स्थान का अर्वाचीन नाम है और आज भी तीर्थ माना जाता है।

हेमकूट

कोटद्वार (कुहरद्वार) से दुगड्डा (द्विगर्त) एवं मालिनी के पुराणकोट-पर्वत-स्थित स्रोत के पास किमसेरा (किम-शिविर) एक प्राचीन स्थान है। उसके पास ही मावगढ़ (महाभकूट) नाम का एक शिखिर है जिसकी ऊँचाई लगभग साढ़े पाँच हज़ार फीट से अधिक है। यही वह **हेमकूट** या 'स्वर्ण' पर्वत है जहाँ पुराणों में वर्णित इन्द्र के गुरु अति प्राचीन 'काश्यप संहिता' के उपदेशक मारीच-कश्यप का मारीच-आश्रम था। यहीं राजा वार्योविद एवं कनखल-निवासी जीवक जैसे प्राचीन आयुर्वेदज्ञों ने गुरु मारीच से आयुर्वेद की शिक्षा ग्रहण की थी। यहीं कालिदास के अनुसार शकुन्तला ने 6 वर्ष का अज्ञातवास किया था, यहीं भरत का जन्म हुआ था।

महाभारत के अनुसार हेमकूट कैलास का ही दूसरा नाम था।[2] भागवत पुराण ने इसे हिमालय के उत्तर में बताया है। कूर्म पुराण ने इसे मन्दाकिनी के आस-पास बताया है। ब्रह्माण्ड पुराण ने कहा कि हिमालय का सम्पूर्ण निकटस्थ उत्तरीय भाग

---

1. जैसे मध्य भारत में बेंत के पेड़ों की अधिकता के कारण नदी का नाम वेत्रवती (बेतवा) पड़ गया था।
2. महाभारत, भीष्म पर्व 6

कैलाश कहलाता है और हेमकूट उस के अन्तर्गत है। कालिदास ने हमें इस संकट से उबारा है जहाँ उन्होंने महा हिमालय को हिमालय और लघु हिमालय (दूसरी श्रेणी) को हेमकूट बताया है। इसका मावगढ़ शिखर ही वह हेमकूट है जहाँ मारीच का आश्रम था।[1] गढ़वाल में इसे ही परम्परा से हेमकूट माना जाता रहा है। बाणभट्ट की कादम्बरी का हेमकूट भी यही है जिसके निकट के वनों में हाथियों के यूथ स्वच्छन्द विचरण करते थे और हैं।

यहाँ आस-पास के प्रदेश में जड़ी-बूटी भी बहुत मिलती हैं। जनश्रुति आज भी चली आ रही है कि इसके पास के चरकडांडा प्रदेश में महर्षि चरक अपने शिष्यों सहित औषधि संग्रह के लिये आकर ठहरा करते थे।

अग्नि एवं कूर्म पुराण में गंगाद्वार सुवर्ण नामक धर्मतीर्थ को जो हिमवत् के किसी रम्य शिखर पर अवस्थित था, मानते थे। प्राचीन काल में गंगाद्वार (जहाँ से बदरीनाथ, केदारनाथ को जाया जाय) हरिद्वार की बजाय कोटद्वार, किमसेरा, मावगढ़ होकर था। यह छोटा भी था और इसमें गंगा को बार-बार पार भी नहीं करना पड़ता था।

हेमकूट, स्वर्ण, महाभकूट (मावगढ़) तीनों का एक ही अर्थ है। हेम मायने सुवर्ण और संस्कृत में महाभ भी सुवर्ण को कहते हैं। इस शिखर पर एक विशिष्ट प्रकार की सुवर्ण सरीखी घास हर समय रहती है और जाड़े में अपने हिमाच्छन्न कूट के सुवर्ण के समान चमकते रहने के कारण यह हेमकूट कहा जाने लगा।

मारीच कश्यप

मारीच कश्यप हेमकूट शिखर पर निवास करते थे और यहीं उनका आयुर्वेदिक शिक्षणालय था। वे ही आयुर्वेद के प्राचीनतम ग्रन्थ 'काश्यप संहिता' के मूल उपदेशक थे जिसे उनके शिष्य कनखल के निवासी ऋचीक के पुत्र जीवक ने अध्ययन कर संक्षिप्त रूप में ग्रन्थित किया।[2]

ये मारीच कश्यप ऋषि के पुत्र थे।[3] ये शायद वही कश्यप थे जिन्होंने परशुराम से पृथ्वी लेकर उन्हें दक्षिण भेज दिया था। ये कश्यप काफी पहले हो गये हैं परन्तु वेद और आयुर्वेद के ग्रन्थों में मारीच कश्यप की आयु तीन सौ वर्ष बताई गई है।

काश्यप संहिता के अनुसार मारीच केवल जीवक आदि शिष्यों के शिक्षागुरु ही नहीं, उस युग के राजा वार्योविद के भी गुरु थे।[4] साथ ही ये केवल आयुर्वेदज्ञ ही नहीं, बल्कि मन्त्रद्रष्टा भी थे। वेद के अनेक सूक्तों के द्रष्टा होने के साथ-साथ जातवेदस्य आदि अत्यन्त प्रसिद्ध सूक्त-सहस्र के भी द्रष्टा थे।[5]

---

1. श्रीनिधि सिद्धान्तालंकार : मालिनी के वनों में, पृष्ठ 61-75
2. काश्यप संहिता, कल्पाध्याय
3. मत्स्य पुराण; कमलाकर: 'प्रवर दर्पण'
4. कुकूणक चिकित्साध्याय, 13.85
5. वेदार्थ दीपिका, पृष्ठ 91

मारीच कश्यप के पुत्र थे, इन्हें इसलिये काश्यप कहा जाना चाहिये था। लेकिन मत्स्य पुराण ने इन्हें गोत्रप्रवर्तक महर्षियों में स्थान देकर इन्हें कश्यप ही पुकारा है और इनसे बाद में सब काश्यप कहलाये। ये ही वे कश्यप हैं जिनकी वेद की ऋचा ने स्तुति की है और इन्हें वैदिक इतिहास में अमर कर दिया है।[1]

इनके प्रमुख शिष्य कनखल के निवासी ऋचीक के पुत्र **जीवक** के विषय में एक अद्‌भुत कथा है। जीवक ने गुरु मारीच ने तन्त्र ग्रहण करके उसे काश्यप संहिता का रूप दिया था। मगर कठिनाई यह हुई कि उस समय उसकी आयु काफी छोटी थी और इसीलिये उस काल के ऋषियों ने उसके ग्रन्थ को बालभाषित मात्र मानकर उसका आदर नहीं किया। जीवक को यह अपमान असह्य लगा। एक दिन जब ऋषिगण गंगातट पर बैठे बातचीत कर रहे थे, जीवक उधर से आ निकला। उनके देखते ही देखते ही वह गंगा में कूद पड़ा और गंगाजल ने उसे अपने में छिपा लिया।

इस अप्रत्याशित घटना को देखकर सब दंग रह गए परन्तु उन्हें दुगना आश्चर्य तब हुआ जब कुछ पलों बाद जीवक गंगा से निकलकर उनके सामने खड़ा हो गया। उसका सारा सिर सफेद हो गया था और वह एक मिनट में वृद्ध के समान लगने लगा था। तभी से वह वृद्ध जीवक के नाम से प्रसिद्ध हुआ और उसके ग्रन्थ को अत्यन्त आदर मिला। हो सकता है उसने किसी जड़ी-बूटी का कमाल दिखाया और सब उसके ज्ञान को मान गए।

कण्वाश्रम

कण्वाश्रम प्राचीन भारत का एक महान् विश्वविद्यालय था। यह बड़े आदरणीय स्थान पर प्रतिष्ठित था। दस पुराणों में इसका आदरपूर्वक उल्लेख किया गया। शाकुन्तल तो इसके रंग से रंगी है, इसकी भूमिका पर ही सारा भवन खड़ा हुआ है। महाभारत भी किसी से पीछे नहीं है। आदि पर्व 63.23, आश्वमेधिक पर्व 3.10, शान्ति पर्व 29.45, द्रोण पर्व 80.64-66 और वन पर्व में बार-बार इसका उल्लेख हुआ है। शतपथ ब्राह्मण 5.4 भी इसकी याद दिला जाता है। यही नहीं, चित्रकला, शिल्पकला आदि में भी इसका चित्रण पाया गया है।

केवल कण्व आश्रम ही प्राचीन भारत का एकमात्र आश्रम था, यह कहना गलत है। उससे पहले और बाद में भी आश्रम संस्कृत साहित्य में उल्लिखित हुए हैं जैसे वाल्मीकि आश्रम जहाँ लव-कुश पढ़े, सनत्कुमार आश्रम जहाँ नारद पढ़े, सांदीपन आश्रम जहाँ कृष्ण सुदामा पढ़े, व्यास आश्रम जहाँ वेद का विभाजन हुआ और शिष्यों को कण्ठाग्र कराया गया। उधर कालिदासोक्त वरतन्तु आश्रम[2] भी भूला नहीं जा सकता जहाँ के एक सामान्य स्नातक ने अपनी प्रिय संस्था को चौदह करोड़ स्वर्ण मुद्राएँ

---

1. यजुर्वेद 3.62
2. अग्नि पुराण अध्याय 109-कण्वाश्रमं कोटितीर्थम्

गुरुदक्षिणा में दे डालीं। परन्तु लोकप्रियता में कण्व आश्रम इन सब से बाज़ी मार ले गया था तभी उसका इतने स्थलों पर वर्णन है।

कण्वाश्रम प्राचीन वैदिक विद्यापीठ था। वैदिक संस्कृति का अभ्युदय इसका लक्ष्य था। नियमों की अपेक्षा यमों का अनुष्ठान अधिक आवश्यक माना जाता था। शिक्षा उसमें आवश्यक थी परन्तु चारित्र्यशुद्धि इससे कहीं अधिक आवश्यक समझी जाती थी। जीवन-यात्रा के कठोर मार्गों से चलना छात्र-छात्राओं को सिखाया जाता था। इसीलिए घने वनों में आश्रम, वृक्षों से भाई-चारा, हिरन और मोरों को सन्तान समझना और नदी-तटवर्ती लता-कुंजों में विश्राम करना उनका जीवन बन गया था। लगता है इस त्याग और तप से भरे आदर्श के कारण उस समय की जनता इस पर मुग्ध हो गई थी और वह सर्व-साधारण का एक महातीर्थ बन गया था। अनेक यात्री प्रतिदिन उसके दर्शन के लिए आते थे जिनके आतिथ्य का प्रबन्ध सम्भवतया आश्रम की तरुणियाँ करती थीं।[1]

कण्वाश्रम की लोकप्रियता का एक कारण और भी था। हिमालय के तीर्थें की यात्रा के लिये आज भी दो मार्ग हैं–हरिद्वार से और कोटद्वार से। प्राचीन काल में हरिद्वार वाला मार्ग अत्यधिक संकटपूर्ण और लम्बा होने के कारण लोकप्रिय नहीं था। अधिकतर यात्री कण्वाश्रम और हेमकूट होकर जाने वाले मार्ग से यात्रा किया करते थे।

कण्वाश्रम एक बहुत विशाल विद्यापीठ था इसका पता कण्व के साथ प्रयोग होने वाले कुलपति (Chancellor) शब्द से लगता है। श्रीनिधि सिद्धान्तालंकार की खोज से[2] पता चलता है कि इसका विस्तार लगभग 15.75 वर्ग मील रहा होगा। शाकुन्तल में मालिनी तीर की दीर्घता के समान कण्वाश्रम दीर्घ बताया गया है।[3] महाभारत ने भी कण्वाश्रम को बहुत बड़ा बताया है। महाभारत के कण्वाश्रम वर्णन से पता लगता है कि शिष्यों की अधिकता के कारण बहुत से शिष्यों को मालिनी नदी के तट पर कुटीर बनाकर निवास करना पड़ रहा था।

कण्वाश्रम में पाठ्य विषयों की संख्या भी बहुत थी। महाभारत में उनकी विस्तृत तालिका दी गई है। इसके अनुसार दुष्यन्त ने आश्रम में 33 पाठय विषयों को पढ़ाये जाते हुए देखा। इस तालिका में पाँच अन्य विषय अभिज्ञानशाकुन्तल जोड़ता है।

कण्वाश्रम का व्यय आश्रम के साथ लगे खेतों आदि से आता था। वैसे यह पुरु सम्राटों की निजी संस्था लगती है। वे इसकी सहायता प्रचुर धन देकर करते थे। सम्राट् भरत ने अश्वमेध यज्ञ करके पुरोहित महर्षि कण्व को सहस्र पद्म स्वर्ण मुद्राएँ दक्षिणा में दी थीं।[4]

---

1. शाकुन्तल, प्रथम अंक
2. मालिनी के वनों में, पृष्ठ 156 से 164
3. प्रथम अंक
4. महाभारत 74.134; शतपथ ब्राह्मण 5.4.2

यह आश्रम मालिनी नदी के तट पर था। इसके आस-पास लम्बा चौड़ा समतल प्रदेश और घना वन था। हस्तिनापुर से यह रथ द्वारा लगभग छः घंटे की दूरी पर था। आस-पास के वनों में हरिणों के यूथ, सूअर, बाघ, भालू और हाथियों के झुंड पाये जाने चाहिये। उस स्थान के पूर्व और पश्चिम पर पहाड़ थे। यह स्थान आजकल चौकीघाटा है। प्राचीन पडस्थान ही (पडाव = चौकी, स्थान = घाट) आज का चौकी घाटा है। शतपथ ब्राह्मण के भाष्यकार एवं सम्राट् विक्रमादित्य के धर्माध्यक्ष हरिस्वामी ने कण्वाश्रम को पडस्थान के नाम से स्मरण किया है।

वल्कलवस्त्र

आश्रम में वल्कलवस्त्र पहनने की प्रथा थी। वल्कल का अर्थ है पेड़ की छाल। आज जब इसका प्रचार नहीं रहा है तो लोग यह समझते हैं कि तपस्वी लोग पेड़ की छाल उतार कर पहना करते थे। संसार में ऐसा कौन सा वृक्ष है जिसकी छाल अंगोछे के समान चौड़ी और सीधी उतारी जा सके ओर उसे पहना जा सके? और यदि कहीं वह मिल भी कई तो चलेगी कितने दिन?

इसके स्थान पर प्राचीन साहित्य में इनके वर्णन से पता चलता है कि वे छाल की बजाय वस्त्र थे जो पहने जाते थे, धोये जाते थे, सुखाये जाते थे। इसलिये वल्कल वस्त्र का अर्थ ऐसे वस्त्रों से था जो पेड़ की छाल का सूत कात लेने के बाद तैयार किये जाते थे। गढ़वाल के पहाड़ों में एक पेड़ पाया जाता है जिसकी पतली डालियों को सन के पौधों की तरह एक माह पानी में डालने के बाद उससे धागे कात लिये जाते हैं।

कण्व

कण्व पुरा-इतिहास का एक सुपरिचित नाम है। इस नाम के अनेक व्यक्ति हमें उस युग के इतिहास में मिलते हैं। एक तो गोत्रप्रवर्तक और वैदिक सूत्रद्रष्टा कण्व प्रसिद्ध हो गए हैं। इस पुरातन महर्षि का वेद में बार-बार उल्लेख आता है।[1] कालान्तर में इसके वंशजों ने ऋग्वेद का आठवाँ मण्डल तैयार किया।[2]

एक कण्व पुरु वंश में उत्पन्न हुआ है। वह पुरु से तेरहवीं पीढ़ी में सबसे छोटे भाई अप्रतिरथ का इकलौता पुत्र था।[3]

एक कण्व वह था जिसके आश्रम में शकुन्तला का पालन हुआ था। वह काश्यप गोत्र था। भरत का अवश्मेध यज्ञों में उपाध्याय था।

---

1. ऋग्वेद 1.36.8, 10,11 आदि) अथर्ववेद 7.15.1, 18.3.15; वाजसनेय संहिता 17.74; पंचविंश ब्राह्मण 8.1.1, 9.2.6; सांख्ययान ब्राह्मण 28.8
2. बृहद्देवता 6.35-39
3. हरिवंश 1.32; विष्णु पुराण 4.29

चौथा कण्व ब्रह्म पुराण से पता चलता है। वह भी कश्यप गोत्र का था और उस युग के विख्यात तपस्वी बाल्हीक कण्व का पिता था।[1] ये बाल्हीक कण्व अपने समय में बड़े प्रसिद्ध व्यक्ति होंगे क्योंकि गौतमी नदी के जिस तट पर ये सपत्नीक तप करते थे, इनके बाद वह काण्व तीर्थ के नाम से प्रसिद्ध हुआ।[2]

पाँचवें कण्व का उल्लेख भविष्य पुराण में मिलता है जो कश्यप गोत्र का है और कलियुग शुरु होने के 1000 वर्ष बाद (लगभग 380 ईसा पूर्व) सरस्वती की आज्ञा से मिस्र देश में धर्मप्रचार के लिये गया था।[3] कण्व ने अपनी संस्कृत वाणी से मिस्र देश के दस हजार म्लेच्छों को वश में किया। इन म्लेच्छों से बने हुए 2000 वैश्यों में से कश्यप सेवक पृथु को कण्व ने क्षत्रिय बनाकर राजपुत्रनगर दिया।[4] इसके पुत्र का नाम भी बाल्हीक था।

इन कण्वों पर विचार करने से यह पता चलता है कि प्रथम तीन कण्व एक व्यक्ति हैं। अन्तिम दोनों कण्व एक व्यक्ति को बताते हैं।

सूक्तद्रष्टा कण्वों के नाम क्रमशः कण्व, मेधातिथि कण्व और प्रस्कण्व कण्व हैं; पुराणों की पुरु वंशावली में भी ये तीनों नाम इसी क्रम और परम्परा में मिलते हैं। कनिष्ठ पुत्र अप्रतिरथ के इकलौते पुत्र का नाम कण्व, पोता मेधातिथि और पड़पोता प्रस्कण्व था। नामों की यह अद्‌भुत समानता इस संभावना को सिद्ध करती है कि वैदिक और पौरव कण्व दोनों एक थे। इसके साथ ही पुरु वंशावली में हम पाते हैं कि अप्रतिरथ के ज्येष्ठ भाई सुमति का पौत्र दुष्यन्त था। इस प्रकार ये कण्व दुष्यन्त के चाचा ही नहीं, उसके समकालीन भी सिद्ध होते है।

वैदिक कण्व यदु-तुर्वशु का पुरोहित रहा होगा, क्योंकि कण्व कुलोत्पन्न देवातिथि इन्द्र से प्रार्थना करता है कि यदु तथा तुर्वशु तुम्हारी कृपा से मुझे सदैव सुखी दिखाई दें।[5] और पुराण से हमें पता है कि दुष्यन्त को गोद लिये जाने के बाद पुरु और तुर्वशु कुल एक हो गये थे।

तीसरे महाभारत में कण्व के आश्रम के वर्णन से पता चलता है कि वहाँ वेद का सांगोपांग पठन होता था। इससे भी पता चलता है कि सूक्तद्रष्टा कण्व और कुलपति कण्व एक ही थे।

कण्व पुरु वंश में उत्पन्न हुए थे। उन्होंने मारीच कश्यप या उनके पिता कश्यप से शिक्षा ली और उन्हें आचार्य माना। तभी वे काश्यप कहलाये। लेकिन बाद में वे स्वयं गोत्रप्रवर्तक ऋषि माने गये। और ऋग्वेद में 27 पीढ़ियों तक काण्व के नाम

---

1. ब्रह्म पुराण 148.3.4
2. ब्रह्मपुराण 148.5
3. भविष्य पुराण 21.3.4
4. भविष्य पुराण 4.21
5. ऋग्वेद 8.4.7

हमें मिलते हैं। कालिदास ने उन्हें अविवाहित बताया है। तो हो सकता है कि मेधा तिथि उनके आत्मज पुत्र न होकर पट्टशिष्य रहे हों।

एक प्रश्न उठता है कि क्या कण्व क्षत्रिय से ऋषि बने थे? प्राचीन काल में इस प्रकार का कोई दृढ़ बन्धन नहीं था। वैवस्वत मनु के पुत्र नाभागोदिष्ट की सन्तति वैश्य ऋषियों की थी। विश्वरथ विश्वामित्र बन गए थे। भागवत पुराण के अनुसार भरत के पौत्र के प्रपौत्र भी ऋषि बन गए थे। स्कन्द पुराण के अनुसार भारत के गोद लिये वितथ भारद्वाज के पुत्र सुहोत्र के बृहत्, काशक तथा गृतस्मति नामक तीन पुत्र थे। गृतस्मति के पुत्र ब्राह्मण, क्षत्रिय एवं वैश्य वर्ण के अनुसार काम करने लगे।

कण्व बहुत दीर्घजीवी थे। दुष्यन्त का विवाह उनके सामने हुआ। महाभारत के अनुसार भरत जन्म से छः वर्ष तक उनके आश्रम में तथा कालिदास के अनुसार मारीच काश्यप के आश्रम में पला। फिर राजधानी पहुँचने के बाद वह शिक्षा ग्रहण करने कण्वाश्रम आया होगा। दुष्यन्त की मृत्यु हुई, भरत सिंहासन पर बैठा और उसने दिग्विजय आरम्भ की। और फिर अश्वमेध यज्ञों का ताँता लगा। यमुना तट पर उसने जो 78 यज्ञ किये[1] उनमें कण्व ही संचालन कर रहे थे। इन सब घटनाओं से पता चलता है कि वे एक सौ बीस वर्ष के आस-पास जीवित रहे।

1. शतपथ ब्राह्मण 5.4.1

भरत

(लगभग 2280 ईसा पूर्व)

भारत के पुरा-इतिहास में सोलह महान् चक्रवर्तियों का वर्णन है। वहीं बताया गया है कि उनमें से केवल दो सार्वभौम सम्राट् थे जिनका चक्र समस्त भूमि पर निर्बाध घूम गया था। उनमें एक थे सूर्यवंशी मान्धाता और दूसरे थे चन्द्रवंशी **भरत**।[1] भरत पर ही इस देश का नाम भारत पड़ा और पुरु वंश को भरत वंश कहा जाने लगा।[2]

भरत दुष्यन्त और शकुन्तला का पुत्र था।[3] बचपन में ही बड़े-बड़े राक्षसों, दानवों और सिंहों का दमन करने के कारण इनका नाम कण्वाश्रम के ऋषियों ने 'सर्वदमन' रखा था।[4] इसका हाथ चक्रांकित था।[5]

सिंहासन प्राप्त करने के बाद यह अनेक बार दिग्विजय पर निकला और हर बार इसने अश्वमेध यज्ञ किया। इसने अपने रथ के साथ तेंतीस सौ अश्व जोड़ कर अर्थात् 3300 अश्वारोहियों के साथ दिग्विजय सत्र आरम्भ किया। शक, म्लेच्छों और दानवों आदि का नाश करके भरत ने अनेक देवस्त्रियों को मुक्ति दिलाई। इसने अपने राज्य का विस्तार उत्तर दिशा की ओर किया। अभिज्ञानशाकुन्तल से पता चलता है कि महान् असुर कालनेमि के वंशज **दुर्जय** से मानव घबराते थे। सबसे पहले उसका पराभव इसने किया होगा। एक अन्य मत के अनुसार गजसाह्वव (पुराना हस्तिनापुर) दुष्यन्त से नहीं भरत ने जीत कर राजधानी बनाया था। या इसने उसको बहुत समृद्ध किया। बाद में इसके पाँचवें वंशज ने उसे और उन्नत बनाकर अपने नाम (हस्तिनापुर) से प्रसिद्ध किया।[6]

भरत ने मष्णार देश को जीता और वहाँ दीर्घतमस् मामतेय को पुरोहित बनाकर अश्वमेध यज्ञ किया।[7] इस देश में स्वर्ण अलंकारों से युक्त बड़े-बड़े श्वेत दाँतों वाले हाथियों के 107 वृन्द दान में दिये।[8] महान् हस्ति-दान से इसे 'महाकर्म' की उपाधि

---

1. महाभारत, शान्ति पर्व 29.40-45, आदि पर्व 69.47
2. महाभारत, आदि पर्व 2.96
3. महाभारत, आदि पर्व 90.33, 89.16; वायु पुराण 45.86
4. महाभारत, आदि पर्व 68.8
5. महाभारत, आदि पर्व 68.4.7; द्रोण पर्व 68.1-7
6. वायु पुराण, 99.165; मत्स्य पुराण 49.42
7. ऐतरेय ब्राह्मण 8.23; महाभारत, शान्ति पर्व 29.40-45
8. ऐतरेय ब्राह्मण 39 अध्याय

मिली। 'महाकर्म' की व्याख्या करते हुए सायण लिखते हैं कि ऐसा महाकर्म भरत राजा के न तो पूर्वजों ने किया न पीछे वालों ने। शायद मष्णार देश अफ्रीका के दक्षिणी रोडेशिया का वह भाग है जो आज भी मष्णालैण्ड कहलाता है। पूर्व काल में वहाँ सोना और हाथी बहुत होते थे। वहाँ के ध्वंसावशेष इस बात के प्रमाण हैं कि अत्यन्त प्राचीन काल में वहाँ कोई सभ्य जाति रही होगी।[1]

एक और यज्ञ उसने 'साचीगुण' नामक देश में किया।[2] अफ्रीका का एक प्रदेश आज भी इस नाम से है। प्रसिद्ध है कि भरत के समान कर्म ययाति कुल के पाँच राजवंशों में से किसी ने नहीं किये।[3] ऐतरेय ब्राह्मण के महाभिषेक प्रकरण में एवं शतपथ ब्राह्मण के अश्वमेध प्रकरण में भरत सम्बन्धी अनेक गाथाएँ हैं।

भरत की दिग्विजय अनेक हुई होंगी, किन्तु उनका विवरण हमें उपलब्ध नहीं। वह समितिंजय भी था।[4] उनका अनुमान हम उसके किये अश्वमेध यज्ञों से लगा सकते हैं। उसने यमुना, गंगा और सरस्वती के तटों पर अनेक यज्ञ किये थे। यमुना के यज्ञों में अर्थात् आरम्भ में कण्व उसके पुरोहित थे।[5] उसने शुद्ध जाम्बूनद स्वर्ण के बने हुए सहस्र कमल कण्व को दिये।[6] इसके यज्ञों की संख्या ऐतरेय ब्राह्मण, शतपथ ब्राह्मण और महाभारत में अलग-अलग दी हुई है। महाभारत के अनुसार इसने तीन नदियों पर 135[7] या 137[8] अश्वमेध यज्ञ किये। शतपथ ब्राह्मण के अनुसार 78 यज्ञ यमुना तीर पर और 55 गंगा तीर पर, कुल 133 यज्ञ हुए।[9] महाभारत में ही अन्यत्र केवल 300 यज्ञ तो सरस्वती तीर पर होना लिखा है।

भरत के चार पत्नियाँ थीं जिनमें काशिराज सर्वसेन की कन्या सुनन्दा पटरानी थी।[10] शेष तीनों विदर्भ देश की राजकन्यएँ थीं।[11] इनसे भरत के एक-एक या तीन-तीन पुत्र हुए। किन्तु भरत को यही दुःख था कि "मेरा कोई भी पुत्र मेरे अनुरूप नहीं है।" यह बात रानियों के कानों में गई तो परित्याग के भय से उन्होंने सब पुत्रों को मरवा डाला।[12] इस घटना से भरत का दिल टूट गया। उसने मरुत्सोम यज्ञ किया

1. Manual of Geography by seventy authors, पृष्ठ. 1000-1001
2. शतपथ ब्राह्मण 13.5.4.12
3. ऐतरेय ब्राह्मण 8.28
4. मत्स्य पुराण 49.11
5. महाभारत, आदि पर्व 69.48
6. महाभारत, द्रोण पर्व 68.11
7. द्रोण पर्व 68.8
8. शन्ति पर्व 28.46-47
9. शतपथ ब्राह्मण 13.5.4.11
10. महाभारत, आदि पर्व
11. भागवत पुराण 9.2.34
12. "भरतस्य च पत्नीनां ये नव पुत्रा बभूवुः, नैते ममानुरूपाः पुत्रा इत्याभिहिता स्तन्मातरो जघ्नुः परित्याग भयात्।" (विष्णु पुराण); ब्रह्म पुराण 13.58; हरिवंश 1.32; भागवत पुराण 9.20.34

और उसमें भरद्वाज के पुत्र 'वितथ' को गोद लिया। शीघ्र ही भरत का देहान्त हो गया और वितथ के बड़े होने तक भरद्वाज को राज्यकाज देखना पड़ा। फिर वितथ को सिंहासन सौंपकर वह अपने आश्रम में लौट गया।[1]

भरद्वाज बृहस्पति और ममता का पुत्र था।[2] इसके पालन-पोषण के सम्बन्ध में बृहस्पति और ममता में विवाद चला क्योंकि इसका भार कोई लेने को तैयार नहीं था। दोनों ने एक दूसरे से कहा, ''तुम इसे संभालो (भरद्वाजमिमम्)।'' इसी कारण इसका नाम भरद्वाज पड़ा।[3] (इसके नामकरण की अन्य कथाएँ पुराणों में भी प्राप्त हैं परन्तु सब कपोलकल्पित प्रतीत होती हैं।[4]) संभालने के बारे में विवाद चला और अन्त में वैशाली नरेश चक्रवर्ती मरुत ने इसको पाला।[5]

यह प्रसिद्ध सूक्तद्रष्टा था। ऋग्वेद के छठे मण्डल के अनेक सूक्त इसने रचे हैं। अथर्ववेद और ब्राह्मण ग्रन्थों में इसे वैदिक सूक्तद्रष्टा कहा गया है। यह गोत्रप्रवर्तक था। यह भरत से दो पीढ़ी पूर्व था। भरत के समय इसका पुत्र या पौत्र आश्रम का अध्यक्ष था। उसके पुत्र वितथ या विदथिन को भरत ने गोद लिया था। सम्भवत: इसका पौत्र **गर्ग** था जो महान् वेदज्ञ था और स्वयं वंशप्रवर्तक हुआ।

भरत की मृत्यु दु:खपूर्ण हुई हो किन्तु इसमें कोई शक नहीं कि वह भारत का महान् पुत्र था। वह केवल नीति-विशारद, महावीर्य और महाबली[6] ही नहीं था, एक अत्यन्त सफल सेनानी भी था। अपनी इसी विशेषता के बल पर उसने समस्त पृथ्वी को जीत कर[7] एक बार फिर भारत के गौरव को प्रतिष्ठित किया और देश की आर्थिक स्थिति को फिर स्थायी सुदृढ़ स्तम्भों[8] पर खड़ा किया। इन दिग्विजयों के कारण उसके राज्यकोष में धन कितनी प्रभूत मात्रा में संचित हो गया था यह इसी से पता चल सकता है कि उसमें से एक सहस्र सोने के कमल तो उसने आचार्य कण्व को गुरु-दक्षिणा में दिये थे।[9] इसके अतिरिक्त अश्वमेध यज्ञों में–जिनमें अवश्य ही धन की अत्यन्त प्रचुर मात्रा व्यय हुई होगी।–उसने भारत के अनन्य मित्र इन्द्र को उच्च कोटि के हजारों अश्व[10] भेंट दिये थे।

---

1. मत्स्य पुराण 49.27-34; वायु पुराण 99.152-158
2. देखिये पीछे, पृष्ठ 804
3. महाभारत, अनुशासन पर्व 142.31
4. वायु पुराण 99.140-150; मत्स्य पुराण 49.17-25; विष्णु पुराण 4.19.5-7
5. बृहद्देवता 5.102-103; भागवत पुराण 9.20; विष्णु पुराण 4.19; ब्रह्माण्ड पुराण 2.38; आदि।
6. अग्नि पुराण 277.6
7. शतपथ ब्राह्मण 5.4
8. महाभारत, शान्ति पर्व 29.45
9. महाभारत, अश्वमेध पर्व 74.134
10. शतपथ ब्राह्मण 5.4.11

भागवत में भरत का वर्णन

''पिता दुष्यन्त की मृत्यु हो जाने के बाद वह यशस्वी बालक चक्रवर्ती सम्राट् हुआ। उसका जन्म भगवान् के अंश से हुआ था, इसलिये आज भी पृथ्वी पर उसकी महिमा का गायन किया जाता है। उसके दाहिने हाथ में चक्र का चिन्ह था और पैरों में कमलकोष का। महाभिषेक की विधि से राजाधिराज के पद पर उसका अभिषेक हुआ। भरत की शक्ति अपार थी। भरत ने ममता के पुत्र दीर्घतमा मुनि को पुरोहित बनाकर गंगा-तट पर गंगा-सागर से लेकर गंगोत्रीपर्यन्त पचपन पवित्र अश्वमेध यज्ञ किये। इसी प्रकार यमुना तट पर भी प्रयाग से लेकर यमुनोत्री तक उन्होंने अठहत्तर अश्वमेध यज्ञ किये। इन सभी यज्ञों में उन्होंने अपार धनराशि का दान किया था। दुष्यन्त-कुमार भरत का यज्ञीय अग्नि स्थापन बड़े उत्तम गुण वाले स्थान में किया गया था। उस स्थान में भरत ने इतनी गौएं दान दी थीं कि एक हजार ब्राह्मणों में प्रत्येक ब्राह्मण को एक-एक बद्ध (13084) गौएँ मिली थीं। इस प्रकार राजा भरत ने उन यज्ञों में एक सौ तैंतीस (55 + 78) घोड़े बाँधकर (133 यज्ञ करके) समस्त नरपतियों को असीम आश्चर्य में डाल दिया। इन यज्ञों के द्वारा इस लोक में तो राजा भरत को परम यश मिला ही, अन्त में उन्होंने माया पर भी विजय प्राप्त की और देवताओं के परम गुरु भगवान् श्री हरि को प्राप्त कर लिया। यज्ञ में एक कर्म होता है 'मष्णार'। उसमें भरत ने स्वर्ण से विभूषित, श्वेत दांतों वाले तथा काले रंग के चौदह लक्ष हाथी दान किये। भरत ने जो महान् कर्म किया, वह न तो पहले कोई राजा कर सका था और न कोई आगे ही कर सकेगा। क्या कभी कोई हाथ से स्वर्ग को छू सकता है? भरत ने दिग्विजय के समय किरात, हूण, यवन, आन्ध्र, कंक, खश, शक और म्लेच्छ आदि समस्त ब्राह्मण-द्रोही राजाओं को मार डाला। पहले युग में बलवान् असुरों ने देवताओं पर विजय प्राप्त कर ली थी और वे रसातल में रहने लगे थे। उस समय वे बहुत-सी देवांगनाओं को रसातल में ले गये थे। राजा भरत ने फिर से उन्हें छुड़ा दिया। उनके राज्य में पृथ्वी और आकाश प्रजा की सारी आवश्यकताएँ पूर्ण कर देते थे। भरत ने सत्ताईस सहस्र[1] वर्ष तक समस्त दिशाओं का एकछत्र शासन किया। अन्त में सार्वभौम सम्राट् भरत ने यही निश्चय किया कि लोकपालों को भी चकित कर देने वाला ऐश्वर्य, सार्वभौम सम्पत्ति, अखण्ड शासन और यह जीवन भी मिथ्या ही है। यह निश्चय करके वे संसार से उदासीन हो गये।''[2]

---

1. सहस्र के अर्थ संभवत: पूरे होता था; लक्ष मायने लगभग।-भगवद्दत, ''प्राचीन भारत का इतिहास'।
2. भागवत पुराण 9.20.23-33

भारत का नामकरण

इस देश को भारतवर्ष कहते हैं। पहले इसका यह नाम नहीं था। अथर्ववेद के पृथिवी सूक्त में पृथिवी और भूमि या माताभूमि नाम मिलता है। महाभारत और पुराणों में इसके लिये भारतवर्ष नाम प्रचलित हो गया था। भारत के विषय में महाभारत में अनेक काव्यमय पद पाये जाते हैं[1] किन्तु विष्णु पुराण में तो हद हो गई है–

गायन्ति देवाः किल गीतकानि
धन्यास्तु ते भारत भूमि भागे।
स्वर्गापवर्गास्पद हेतुभूते
भवन्ति भूयः पुरुषाः सुरत्वात्॥[2]

(देवता भी स्वर्ग में यह गान करते हैं–धन्य हैं वे लोग जो भारत-भूमि के किसी भाग में उत्पन्न हुए। वह भूमि स्वर्ग से बढ़कर है क्योंकि वहाँ स्वर्ग के अतिरिक्त मोक्ष की साधना की जा सकती है। स्वर्ग में देवत्व भोग लेने के बाद देव मोक्ष की साधना के लिये कर्मभूमि भारत में फिर जन्म लेते हैं।)

स्वर्ग की कल्पना तो संसार के अनेक देशों में हुई परन्तु मोक्ष की कल्पना भारतीय दर्शन की अपनी विशेषता है। सांसारिक सुखों से ऊपर उठकर स्वर्ग का सुख है जिसकी ओर सब धर्म इंगित करते हैं। लेकिन भारत का धर्म ऐसा है जो उस सुख का भी त्याग करके मोक्ष प्राप्त करने का मार्ग दिखाता है।

इस सांस्कृतिक मातृभूमि का भौतिक रूप भी पुराणों में वर्णित है–

उत्तरं यत्समुद्रस्य हिमवद्दक्षिणं च यत्।
वर्षं यद् भारत नाम यत्रेयं भारती प्रजा॥[3]

"समुद्र के उत्तर और हिमालय के दक्षिण का जो भूखण्ड है वह भारत है और इसमें रहने वाली जनता भारती प्रजा है।" पूर्व के महोदधि (बंगाल की खाड़ी) और पश्चिम के रत्नाकर (अरब सागर)[4] के मिलन स्थल के पास कुमारी अन्तरीप है जिसे कन्याकुमारी कहते हैं। वहाँ तप करती हुई कुमारी पार्वती का मन्दिर है जो अहर्निश उत्तर में कैलास पर ध्यानमग्न बैठे शिव की तपस्या कर रही हैं। देश की एकता की चेतना प्राणधारा का इससे सुन्दर रूप क्या हो सकता है!

इस देश का भारत नाम कैसे पड़ा, इस पर विचार करना है। महाभारत के आदि पर्व में कहा गया है, "भरत राजा के नाम से देश को भारत, प्रजाओं को भारती, हस्तिनापुर के मुख्य राजवंश को भरत राजवंश और उसके राजाओं को भरत कहने लगे।"[5]

---

1. भीष्म पर्व 9.5–9
2. विष्णु पुराण 2.3.24
3. वायु पुराण 45.75
4. ये दोनों नाम आज भी धनुष्कोडि के अपढ़ मछुए बोलते हैं।
5. आदि पर्व 69.49

प्राचीन काल से लेकर आज तक हर देश के एकीकरण में इसी भावना ने कार्य किया कि किस एकराट् सम्राट् ने सारा देश जीतकर उसे आदर्श शासन-व्यवस्था दी। जितने भरत ने अश्वमेध यज्ञ किये उतने किसी दूसरे चक्रवर्ती ने नहीं किये और वे उस समय तक ज्ञात देश के हर भाग में किये। ये यज्ञ भी भारत के एक होने की कल्पना को मूर्त रूप देने में बड़े सहायक थे।

अभिज्ञानशाकुन्तल के अंक 7 के अन्तिम श्लोक में कालिदास ने लिखा है कि इसी भरत के नाम से हमारा यह देश भारतवर्ष के नाम से प्रसिद्ध हुआ।

ऋग्वेद में भरत आर्यों की एक प्रतापी शाखा या जन का नाम था। भरत जन जिस जनपद में आ बसा था वह भरत जनपद कहलाया।[1] इस जनपद की प्रजा भारती कहलाई। धीरे-धीरे यह जन समस्त देश में फैलता रहा और उसी प्रकार भारत का नाम क्रमशः फैलता चला गया। दशराज्ञ युद्ध में भरत जन का वर्णन हुआ है और जैसा हम आगे चलकर देखेंगे, वह चार सौ वर्ष बाद हुआ था।

कुछ पुराणों में दुष्यन्त-पुत्र भरत के नाम पर इस देश का नाम भारत पड़ा, ऐसा वर्णित है। परन्तु उन्हीं में पूर्व अध्यायों में ऋषभ-पुत्र भरत को यह सम्मान दिया है।

इन सब स्रोतों का अध्ययन करके एक चित्र हमारे सामने आ जाता है। किसी देश का नाम किसी राजा पर पड़ने का अर्थ यह नहीं है कि उसने ढिंढोरा पीट दिया कि आज से इस देश का नाम मेरे नाम पर प्रसिद्ध होगा। यह एक लम्बी चलने वाली प्रक्रिया है। जैसा हम पहले देख चुके हैं[2] ऋषभदेव के पुत्र भरत के समय मानवों की बस्ती इस देश में भूसे के ढेर में सुई के समान थीं। साठ सत्तर मानवों के कुछ नगर-राज्य सरस्वती नदी के तट पर बस गये थे। उस समय इस देश का नाम भारत पड़ने का प्रश्न ही नहीं उठता।

इधर भरत के समय सारे उत्तरी भारत-खण्ड पर मानव राज्य फैल चुके थे। किसी महान् राजा के बाद उसके वंशज उसके नाम पर प्रसिद्ध हुए, जैसे इक्ष्वाकु के पुत्र, पौत्र, इक्ष्वाकु वंश के प्रसिद्ध हुए, उनकी प्रजा इक्ष्वाकु जन या वंश नहीं कहलाई। किन्तु सब साहित्यिक स्रोतों में लिखा है कि भरत के नाम पर उसके राज्य के सारे जन भारत जन के नाम से प्रसिद्ध हुए (शायद इस कारण भी कि उसका अपना पुत्र कोई नहीं रहा था)। और धीरे-धीरे ये भारत जन सारे देश में फैलते रहे। सूर्यवंश केवल अयोध्या और मिथिला में ही सीमित रहा और भरत के विभिन्न वंशज–कौरव, पाण्डव, पांचाल, मत्स्य, मागध, मद्राधिप, वृष्णि, यादव, अंगराज, त्रिगर्त आदि–सारे देश में फैल गए। क्योंकि सारे देश में भरत के वंशज फैल गए, इसलिये इस देश को भारत के नाम से पुकारा जाने लगा।

---

1. ऋग्वेद 3.33.11
2. पीछे देखिये, पृष्ठ 96

यज्ञोपवीत

वैदिक संस्कृति के साथ 'यज्ञोपवीत' का घनिष्ठ सम्बन्ध है। आजकल इसे जनेऊ कहा जाता है। और इसका अर्थ कई सूतों से निर्मित तीन तागों के जनेऊ से समझा जाता है। आजकल इतना मैला और अपवित्र परिधान कोई न होगा और वैदिक साहित्य में इसे 'परमं पवित्रम्' कहा गया है।

प्राचीन काल में इसे यज्ञ के समय पहनने वाले वस्त्र को कहा जाता था। आपस्तम्ब धर्मसूत्र के अनुसार यज्ञोपवीती दो वस्त्र धारण करता था। टीकाकार हरदत्त ने उसमें से उपरिवस्त्र को यज्ञोपवीत कहा है। यह वैसा ही कपड़ा होगा जैसे प्राचीन रोमन उच्चवर्गीय लोग उपयोग में लाते थे और 'तोगा' कहते थे या उनसे भी पुराने ईरानी सामन्त पहनते थे और 'चोगा' कहते थे।

तैत्तिरीय संहिता में कपड़े का विशेष प्रकार से पहनना यज्ञोपवीत बतलाया है और वह पहनने का ढंग था "जब कपड़ा दाहिने हाथ के नीचे और बाएँ हाथ के ऊपर होकर जाता है तब यज्ञोपवीत कहलाता है।"

विश्वविद्यालय में यज्ञोपवीत दिया जाता था, का अर्थ भी यही है कि शिक्षा पूर्ण करने पर ब्रह्मचारी को विशेष वस्त्र भेंट किया जाता था जिससे पता चलता था कि वह अब गृहस्थ बनने के लिए तत्पर है। राजा के पुत्र आदि अपने लिये विशेष रेशम का यज्ञोपवीत लाते थे जबकि शेष को विद्यापीठ की ओर से मिलता था। यही प्रथा अब भी शायद डिग्री लेते समय चोगा पहनने के रूप में रह गई है।

शूद्रक के 'मृच्छकटिक' नाटक में शर्विलक चारुदत्त के यज्ञोपवीत की चोरी करता है। इससे साफ हो जाता है कि वह कोई बहुमूल्य दुकूल था जो विशेष समय में–उपनयन, यज्ञ, आदि में–पहनना था, न कि तीन तागों का जनेऊ, हर समय पहना जाने वाला।

यह यज्ञोपवीत बिना सिला होता था। हो सकता है इसे ठीक स्थान पर रखने के लिये और काम में तेज़ी लाने के लिये उसे तीन धागों की एक रज्जु से बांधा जाता हो और गर्मी के कारण धीरे-धीरे वह वस्त्र उतर गया, केवल तीन धागों का जनेऊ यज्ञोपवीत बन गया।

भरत के वंशज

भरत से पाँचवीं पीढ़ी में **हस्तिन्** हुआ जिसने राजधानी को खूब विस्तृत किया और जिसे उसके नाम पर हस्तिनापुर नाम मिला।[1] हस्तिन् के दो पुत्र थे–अजमीढ़ और द्विमीढ़। **अजमीढ़** हस्तिनापुर के सिंहासन पर बैठा और द्विमीढ़ ने बरेली के आस-पास नया द्विमीढ़ वंश आरम्भ किया।[2] अजमीढ़ के तीन पुत्र थे। ऋक्ष ने हस्तिनापुर

1. महाभारत, आदि पर्व 95.34-35
2. भागवत पुराण, मत्स्य पुराण, वायु पुराण

में राज्य किया। नील ने उत्तर पांचाल का राज्य स्थापित किया; और बृहद्वसु ने दक्षिण पांचाल का।[1] नील का आगे चलकर वंशज मुद्गल हुआ जिसका ऋग्वेद में वर्णन है।[2] उसका पुत्र वध्रयश्व हुआ जिसे सरस्वती के द्वारा दिवोदास नामक पुत्र प्रदान करने का निर्देश प्राप्त है।[3] यह दिवोदास काशी के राजा दिवोदास से भिन्न है जिसने दशरथ के साथ मिलकर शम्बर को मारा था। यह उससे बाद में हुआ है। इसका पुत्र सुदास हुआ जो ऋग्वेद का सबसे प्रसिद्ध राजा है।

ऋग्वेद का नदी-स्तुति सूक्त

10/75/5-9 इसमें गंगा से सिन्धु की सहायक नदियों का वर्णन है, सो उनसे ही आर्यों का परिचय था; आर्य विदेशी थे, गंगा तक बढ़ आये थे–यह कहा जाता है। लेकिन दोष यह है कि इसके क्रम पर ध्यान नहीं देते जो पूर्व से पश्चिम की ओर है।

भारतीय परम्परा के अनुसार वेद का अध्ययन इतिहास और पुराण के सहारे करना चाहिए। ''जो ब्राह्मण अंगों और उपनिषदों के साथ चारों वेदों को जानता हो किन्तु उसको पुराण का ज्ञान न हो तो उसका विचक्षण (योग्य) नहीं समझना चाहिए। वेद का अध्ययन इतिहास और पुराण की सहायता से करना चाहिए; वेद अल्पश्रुत (इतिहास, पुराण आदि न पढ़े हुए) से डरता है कि वह मेरे ऊपर प्रहार करेगा। (मेरे अशुद्ध अर्थ करेगा)।''[4]

ऋग्वेद में इस सूक्त का ऋषि प्रैयमेध सिंधुक्षित है जिसका और कोई परिचय नहीं है। पंचविंश ब्राह्मण[5] में सिंधुक्षित् एक राजन्यर्षि (राजर्षि) था जो बहुत दिनों से अपने राज्य से निर्वासित था, किन्तु अन्त में उसका पुनरावर्तन हुआ। कहाँ का राजा, यह नहीं दिया है। भागवत पुराण में भारतवंशी पांचाल के राजा अजामीढ़ का वंशज प्रियमेध था। सो वैदिक ऋषि प्रैयमेध सिंधुक्षित् अजामीढ़ का वंशज था।

भारतीय इतिहास में राजकुमारों के निर्वसन और दूसरे प्रदेशों में विजय और राज्य-स्थापन की अनेक कहानियाँ हैं। प्रैयमेध भी गंगा से चलकर सिन्धु पहुँचा हो और वहाँ पश्चिम तट पर उतर कर उधर की सहायक नदियों से भी परिचित हुआ हो। सिन्धु नदी की समृद्धि, अश्व, रथ, अन्न और युद्ध का जो वह वर्णन करता है उससे मालूम होता है कि वह सिन्धु के तट पर विजेता के रूप में था।[6]

---

1. वायु पुराण 99.170
2. ऋग्वेद 10.102; निरुक्त 9.23–24
3. ऋग्वेद 6.31.1; 10.69.1; अथर्ववेद 2.29.4
4. पद्म पुराण 5.2.50–2
4. पंचविंश ब्राह्मण 12.12.6
5. ऋग्वेद 10.75.9

सूर्य वंश

भगीरथ का वर्णन हम पहले कर चुके हैं। वह चक्रवर्ती सम्राट् था। उसने अनेक गायें दान में दीं। वह गंगा को पृथ्वी पर लाया। वह शिव का भक्त था।

उसका तीसरा वंशज अम्बरीष नाभागि था। इसका भागवत धर्म और द्वादशी व्रत से सम्बन्ध बाद की बढ़ाई हुई बात है।

अम्बरीष का तीसरा वंशज **ऋतुपर्ण** था जिसका सम्बन्ध नल और दमयन्ती के साथ है। नल ने इसके यहाँ सारथि का काम किया था।

ऋतुपूर्ण का पुत्र सुदास था और उसका पुत्र मित्रसह। इसने गलती से मानव मांस अपने पुरोहित वसिष्ठ के सामने परोस दिया। इस पर वसिष्ठ ने इसे राक्षस हो जाने का शाप दिया। बाद में इसकी गलती न जानकर वसिष्ठ ने इस शाप की अवधि बारह वर्ष कर दी। इसने भी क्रोध करके गर्म पानी वसिष्ठ पर फेंकना चाहा। परन्तु इसकी पत्नी ने इसे गुरु के साथ अनुचित काम करने से मना किया। इस पर इसने वह पानी अपने पैरों पर डाल दिया। वह पानी इतना तृप्त था कि इसके पैर जलकर काले हो गए और इसका नाम कल्माषपाद पड़ गया।[1]

महाभारत के अनुसार इसने अपनी पत्नी मदयन्ती से गुरु वसिष्ठ द्वारा नियोग से गर्भधारण कराया जिससे पुत्र अश्मक हुआ। अश्मक ने पौदन्य[2] नामक नगर बसाया। भागवत, विष्णु एवं वायु पुराणों के अनुसार, अश्मक का पुत्र मूलक था। इसका दूसरा नाम नारी कवच था। शायद सार्वभौम भरत के डर से नारियों ने इसे छिपाकर पाला था।

मित्रसह के बाद से ही दुर्बल राजा हुए थे जो बाद में दो कुलों में बँट गए। इन दोनों भागों को दिलीप (खट्वांग) ने एक कर दिया और फिर से सूर्यवंश की शक्ति बढ़ाई। वह चक्रवर्ती सम्राट् था। इसने असुरों के विरुद्ध देवों को सहायता दी। रघुवंश और महाभारत में इसका विशद वर्णन है। इसकी प्रशंसा में एक पुरातन श्लोक भी उपलब्ध है।[3]

दिलीप का पुत्र रघु था जो श्रेष्ठ राजा हुआ। इसने अनेक विजय प्राप्त की और गुरु वसिष्ठ के कहने पर विश्वजित् यज्ञ किया। रघुवंश के अनुसार इसके राज्य में ऋषि वरतन्तु का विद्यापीठ था।

रघु का पुत्र अज था जिसे विदर्भ-राजकन्या इन्दुमती ने स्वयंवर में वरा था।[4] उनका पुत्र दशरथ था। दशरथ के समय पश्चिम में मधु यादव और चार पौरव प्रदेश

---

1. वाल्मीकि रामायण, उत्तर काडं 65; भागवत पुराण 9.9.18-35; नारद पुराण 1.8-9; पद्म पुराण उ. 132
2. शायद जातकों का गोदावरी के उत्तरी तट पर पोतन या पोतलि; बाद का पैठन या प्रतिष्ठान।
3. ब्रह्मांड पुराण 3.10.90-62; हरिवंश 1.18; वायु पुराण 73.84
4. रघुवंश

थे, दक्षिण में काशी और वत्स थे, पूर्व में विदेह, वैशाली और अंग थे। उनकी एक ही पुत्री थी जिसे अंग राजा लोमपाद को गोद दे दिया था। बाद में पुत्रेष्टि यज्ञ से उनके चार पुत्र हुए–राम, भरत, लक्ष्मण और शत्रुघ्न।

मरुत्त के वंशज

वैशाली के मरुत्त का पुत्र **नरिष्यन्त** था और पोता **दम** था जिसने स्वयंवर में दशार्ण की राजकन्या को जीता था।

दम की कुछ पीढ़ियों बाद तृणबिन्दु हुआ था। इसकी पत्नी का नाम अलंबुषा था। इसके विशाल एवं इलविला नामक दो सन्तान थीं। विशाल ने वैशाली नगर बसाया था। इलविला का विवाह पुलस्त्य महर्षि से हुआ था।[1] इनके पुत्र का नाम विश्रवस् ऐलविल था। विश्रवस् के पुत्रों में कुबेर और रावण थे।

विशाल का अन्तिम वंशज प्रमति य सुमति था जो दशरथ का समकालीन था।

अंग का राजा

दशरथ का समकालीन अंग का राजा **लोमपाद** था जिसे दामाद ऋृष्यश्रृंग की कृपा से चतुरंग नामक पुत्र प्राप्त हुआ। चतुरंग का पुत्र पृथुलाक्ष था और पृथुलाक्ष का पुत्र **चम्प** थ जिसने पालिनी नामक नगरी को खूब बढ़ाया और चम्पा नाम दिया। चम्पा का पुत्र हर्यश्व था और हर्यश्व का पुत्र **वैभाण्डकि** जिसने सर्वप्रथम गज सेना बनाई।

विदेह का जनक

दशरथ के समकालीन जनक का नाम **सीरध्वज** था जिसके दो पुत्रियाँ थीं–सीता और उर्मिला। पास के सांकिष्य के राजा सुधान्वन् ने सीरध्वज जनक से सीता का हाथ और शिव का धानुष मांगा। इस पर भयंकर युद्ध हुआ और सुधन्वन् मारा गया। सांकिष्य के राजसिंहासन पर जनक ने अपने भाई **कुशध्वज** को बैठाया।

विदर्भ के यादव

विदर्भ का यादवों का मुख्य वंश क्रथ-भीम से चला। उसका वंशज भीमरथ था जिसकी पुत्री **दमयन्ती** थी। दमयन्ती का विवाह पास के निषध देश के राजा **नल** से हुआ था। नल और दमयन्ती की कथा सब जानते हैं।

भीमरथ की दसवीं पीढ़ी में मधु नाम का सम्राट् हुआ जो महान् विजेता था। उसके पुत्र लवण को दशरथ के पुत्र शत्रुघ्न ने मारकर राज्य छीन लिया था। किन्तु

1. ब्रह्माण्ड पुराण 3.8.36-60; वायु पुराण, 70.31,24.15

उसके पाँचवें वंशज **भीम सात्वत** ने शत्रुघ्न के वंशजों को मथुरा से बाहर निकाल दिया।

काशी का वंश

वत्स और मदालसा के पुत्र अलर्क ने राक्षसों को भगाकर काशी पर फिर अधिकार कर लिया था। क्षेमक को मारकर इसने वाराणसी की पुनः स्थापना की।[1] इसके भाई ने सिंहासन के लिये इस पर आक्रमण किया तो इसने काशी का सिंहासन उसे दे दिया।[2]

इसी वंश में आगे जाकर दिवोदास उत्पन्न हुआ। ब्रह्मवैवर्त पुराण में इसी को प्रसिद्ध वैद्य धन्वन्तरि बताया गया है, परन्तु काशिराज धन्वन्तरि इसके दादा थे। इसकी बहन सुन्दरी अहल्या थी जिसका विवाह शरद्वत गौतम से हुआ था।[3] अहल्या का राम ने परित्राण किया था।

दिवोदास को ऋग्वेद में 'अतिथिग्व' (अतिथि का सम्मान करने वाला) कहा गया है।[4] इसका महान् शत्रु शम्बर था जिसका इसने दशरथ के साथ मिलकर पराभव किया।[5] इसका पुरोहित भरद्वाज था। भरद्वाज के छठे मण्डल में इसके महत्त्वपूर्ण उल्लेख मिलते हैं।

पुराणों में इसका पुत्र मित्रयु दिया है जबकि ऋग्वेद में उसका नाम इन्द्रोत है।[6]

रामकथा

संसार की सबसे प्रसिद्ध कथा रामकथा है। इस कथा के ऊपर तीन सौ से अधिक ग्रन्थ पाये जाते हैं। भारत की हर भाषा में होने के अतिरिक्त लगभग 50 एशिया के विभिन्न देशों के हैं और 20 से ऊपर यूरोपियन भाषाओं के। राम का चरित इतना मनोहर है कि हर धर्म के अनुयायी ने अपनी भाषा में अपने धर्म का मानने वाला कहकर उसका वर्णन किया है।

राम की कथा आरम्भ में भाटों द्वारा कही जाती थी। सर्वप्रथम वाल्मीकि ने उसे महाकाव्य का रूप दिया। वाल्मीकि रामायण में राम एक आदर्श पुरुष हैं, भगवान का अवतार नहीं। उनसे हम तादात्म्य स्थापित कर सकते हैं। वे एक ऐतिहासिक पुरुष हैं, काल्पनिक नहीं। हाड़-मांस का आदमी होने से उनमें दुर्बलताएँ भी हैं जिन्हें वाल्मीकि ने बिना पक्ष लिये दर्शाया है।

---

1. वायु पुराण 92.68; ब्रह्माण्ड पुराण 3.67; हरिवंश 1.29.32
2. मार्कण्डेय पुराण 34
3. हरिवंश 1.32
4. ऋग्वेद 1.51.6
5. ऋग्वेद 1.51.16
6. ऋग्वेद 8.68.17

रामकथा सब जानते हैं, लेकिन अधिकतर तुलसीदास कृत रामचरितमानस की। ऐतिहासिक व्यक्तित्व वाल्मीकि रामायण में उघड़कर आता है। जहाँ-जहाँ विभिन्नता हैं, वहीं मैं दिखलाने का प्रयत्न करूँगा।

राम का नाम

पहले नाम लेते हैं। राम का नाम राम है, रामचन्द्र नहीं। वाल्मीकि ने केवल एक स्थल[1] पर रामचन्द्र लिखा है पर वहाँ उनका अर्थ है चन्द्र के समान सुन्दर राम।

दशरथ
(लगभग 1970 ईसा पूर्व)

अयोध्या के रघुकुल राजा दशरथ के दो रानियाँ थीं—कौसल्या और सुमित्रा। लेकिन इसके कोई पुत्र नहीं था। शायद अधिक भोग विषयों में फँसे रहने के कारण ऐसा हो।[2]

प्रौढ़ होने पर इसने कैकय देश की राजकुमारी कैकेयी से विवाह करना चाहा। केकयनरेश अश्वजित और युवराज युधाजित इस शर्त पर विवाह करने को राजी हुए कि कैकेयी के पुत्र को राज्य मिलेगा।[3]

इसके अन्य भी कई रानियाँ थीं। किसी से एक पुत्री शान्त हुई थी जिसे इसने परममित्र अंग के रोमपाद को दत्तक दे दी थी।

तिमिध्वज शम्बर मध्य भारत में दण्डकारण्य के पास वैजयन्त नगर का असुर राजा था। डॉ. भंडारकर के अनुसार आधुनिक विजयदुर्ग ही प्राचीन वैजयनत है। डे महोदय के अनुसार आधुनिक वनवासी का वह प्राचीन नाम है। यह बड़ा शक्तिशाली सम्राट था। इसकी पत्नी मयराष्ट्र (मेरठ) के मय दानव की पुत्री मायावती थी। इसकी छोटी बहन मन्दोदरी राक्षसों के रावण दशानन को ब्याही थी।[4] रावण एक बार अपने साढू शम्बर के पास आकर ठहरा। वहाँ उसने मायावती को छेड़ दिया। इस पर शम्बर ने उसे द्वन्द्व युद्ध में हराकर बन्दी बना लिया। मन्दोदरी ने मय को समाचार भेजा और मय ने आकर रावण को छुड़वाया। रावण सीधा लंका चला गया।

सब मानव-विरोधी शम्बर के झण्डे के नीचे थे। इस समय शम्बर और रावण का झगड़ा देखकर मानवों ने यही युद्ध का सबसे उपयुक्त समय समझा। उन्होंने संघ बनाकर शम्बर के दुर्ग पर आक्रमण किया। संघ के नेता काशी के दिवोदास (पुरुवंशी)

---

1. वाल्मीकि रामायण, युद्ध कांड 102.32
2. सीता का अनसूया से कहना—वाल्मीकि रामायण, अयोध्या काण्ड 118.5-6
3. लक्ष्मण कौसल्या वार्तालाप—वाल्मीकि रामायण, अयोध्या कांड 21.3
4. वाल्मीकि रामायण, अयोध्या कांड 107.3
5. शिवपुराण 6.13; वाल्मीकि रामायण उत्तर कांड 12

और कोशल के दशरथ थे। इस युद्ध में शरद्वत गौतम ने बहुत वीरता दिखाई थी, इस कारण दिवोदास ने युद्ध के बाद उसे अपनी अनुपम रूपवती बहन अहल्या ब्याह दी। अहल्या के रूप के चर्चे समस्त भूखण्ड पर थे।

कैकेयी पश्चिमी सीमाप्रान्त की कन्या थी, जितनी सुन्दर उतनी ही वीर। वह भी दशरथ के साथ लड़ने गई थी और उसी रथ पर थी। शम्बर ने दशरथ के रथ के पहिये की धुरी काट दी जिसे कैकेयी ने वहाँ हथेली रख कर बड़ी कुशलता से रोका और रथ को बाजू में कर लिया।[1] इस पर प्रसन्न होकर दशरथ ने उसे दो वचन दिए। कैकेयी ने पहले बहुत मना किया, फिर बहुत जोर दिये जाने पर 'फिर माँग लूंगी', कह कर टाल दिया।

युद्ध के निमटने पर गृध्र जाति के जटायु ने दोनों के घावों की मरहमपट्टी कर बचाया। इस प्रकार मित्रता हो गई। गृध्र जाति के नायक दोनों भाई जटायु और सम्पाति थे और इस जाति को घूमने का बहुत शौक था। एक बार ये दावाग्नि में फँस गये और जल गए। जटायु तो घबराकर वहीं ठहर गया किन्तु सम्पाति अपने साथी लेकर आगे बढ़ गया।

इस युद्ध में भीषण रक्तपात हुआ और असुर तथा मानव शक्तियों का बहुत ह्रास हुआ। असुर शक्ति का विनाश कर दिया गया और मानव भी सब दुर्बल हो गए। राक्षस शक्ति का उदय हुआ और रावण अत्यन्त प्रबल हो उठा।

कैकेयी के भी कोई पुत्र नहीं हुआ। अंग में विभण्डक ऋषि रहते थे जिनके घृताची अप्सरा से एक पुत्र उत्पन्न हुआ ऋष्यश्रृंग। उस सुन्दर तेजस्वी ऋषि से राजा लोमपाद ने अपनी पुत्री शानता का विवाह कर दिया। ऋष्यश्रृंग ने दशरथ को पुत्रेष्टि यज्ञ कराया। जिससे दशरथ के साठ वर्ष की अवस्था में चार पुत्र उत्पन्न हुए—राम, भरत, लक्ष्मण और शत्रुघ्न।

रावण

सप्तर्षियों में से महर्षि पुलस्त्य ने राक्षसों में आर्य धर्म फैलाना आरम्भ किया था उनके वंशज ने राक्षसों के राजा रावण[2] को सहस्रार्जुन से छुड़ाया था। आगे चलकर तत्कालीन पुलस्त्य की राजा तृणबिन्दु की पुत्री इलविला से शादी हुई और उनके विश्रवा ऋषि हुए। इनका विवाह भारद्वाज की पुत्री देववर्णिनी से हुआ जिसका पुत्र वैश्रवण

1. वाल्मीकि रामायण, अयोध्या काण्ड 9; ब्रह्म पुराण 123
2. रावण किसी अन्य कुल के नाम का संस्कृत रूपान्तर लगता है पार्जिटर के अनुसार रावण शायद तामिल 'इरैवण' (राजा) का संस्कृत रूप है। यह व्यक्ति का नाम नहीं है। क्योंकि समय-समय पर रावण मिलते रहे हैं। महाकवि सुभट के 'दूतांगद' नाटक में रावण के अपने कई रूप दिखाने पर अंगद पूछता है—एक रावण को तो कार्तिकेय ने अपने बाहु से मसल कर मार डाला था। दूसरे रावण को नृत्य में दिये हुए अन्न को खाते समय दैत्येन्द्र की दासीगण ने मारा। तुम कौन से रावण हो?

कुबेर हुआ। उस समय राक्षसराज माल्यवान् सुमाली और माली थे जिन्होंने दक्षिण में लंका बसाई थी। कुबेर ने यक्षों की सहायता से माली को मार डाला और बाकी दोनों को भगाकर लंका पर अधिकार कर लिया। माल्यवान् और सुमाली को रसातल में जाना पड़ा।

सुमाली ने अपनी पुत्री कैकसी को विश्रवा का वरण करने को कहा। उन दोनों की सन्तान रावण, कुम्भकर्ण, शूर्पनख और विभीषण हुई। रावण ने आरम्भ में अपने पिता ऋषि विश्रवा से वेद की शिक्षा ली। फिर गोकर्णाश्रम में तप और योग किया। फिर इसके नानाओं ने इसे राक्षसों का राजा बनाया और स्वयं इसके मन्त्री बन गये।

रावण का असली नाम क्या था, पता नहीं। इसका दूसरा नाम दशग्रीव या दशानन कई रामायण ग्रन्थों एवं पुराणों में पाया जाता है। शायद यह किसी यक्ष शब्द का संस्कृत रूप होगा। इसका अर्थ यह नहीं है कि इसके दस सिरे थे। वाल्मीकि रामायण में अनेक स्थलों पर इसके एक मुख और दो हाथ होने का वर्णन है। कुछ विद्वानों के अनुसार जैसे सिंह को पंचानन (चारों दिशाओं और ऊधर्व को एक साथ देखने वाला) कहा जाता है और कार्तिकेय को षडानन (चारों दिशा और ऊपर नीचे), उसी प्रकार रावण को दशानन (चार वेद और छः वेदांग को जानने वाला) कहा जाता है।

रूपाकृति–वाल्मीकि ने उसके रूप का वर्णन किया है–अत्यधिक सुन्दर, तेजयुक्त, प्रभावशाली व्यक्ति। हनुमान पहली बार देखकर प्रशंसा करते हैं।

अमृतकुण्डी नाभि–योगसिद्ध पुरुष था। किसी यौगिक क्रिया को जानता होगा जिसमें प्राण-वायु को प्रर्याप्त समय तक नाभि में केन्द्रित रखा जा सके। योगशास्त्र में माना जाता है कि शरीर की समस्त नाड़ियों का केन्द्रबिन्दु नाभि है।

इच्छारूप–राक्षस नकली चेहरे **(Mask)** लगाते थे जैसे कथाकलि में लगता है। यह भी लगता था।

गर्दभवाहक–शायद ध्वजचिन्ह 'गधा' हो या रथ को गधे खींचते हों। जैसे ईसा के समय तक पश्चिमी एशिया में सब गधे पर बैठकर घूमते थे।

रावण ने राक्षसाधिपति बनते ही लंका पर चढ़ाई की। कुबेर और यक्ष उत्तर की ओर भाग गए। फिर यह यात्रा पर निकल गया। मयराष्ट्र के पास आखेट खेलते समय इसे मय की पुत्री मन्दोदरी मिली जिसके साथ इसने शादी कर ली। इसके पुत्र महाबली मेघनाद उत्पन्न हुआ।

रावण का वर्ण व्यवस्था में विश्वास नहीं था। बुद्धिजीवी प्राणियों को इस प्रकार बाँटना यह गलत समझता था।

रावण ने चारों दिशाओं में आक्रमण किया। उत्तर में इसने कुबेर और यक्षों को हराया। फिर शिव गणों को भी मात दी, किन्तु योगिराज की दृष्टि मात्र से हार गया और उनकी आराधना की।

देव घबराये, उन्होंनें नारद को भेजा जिसने रावण को यम पर आक्रमण करने पर भड़काया। यम का वर्णन करते समय उसके नियम बताये गये हैं–कुछ के बनाये

कठोर नियम, कठोर दण्ड से उनका पालन, स्त्री का पति की चिता पर जलकर मरना, स्त्रियों का जीवन वीरों की इच्छा पर निर्भर। रावण ने दक्षिणी फारस के राजा यम पर आक्रमण किया था। यम हारकर उत्तर की ओर भाग गया।

भोगवती पुरी के राजा वासुकि नागराज को इसने हराया।

मणिमयी पुरी में निवातकवच दैत्यों का इसने पराभव किया।

रावण ने अश्मनगर के कालकेयों को हराया और अपने बहनोई, शूर्पनखा के पति, विद्युज्जिह्व को मार डाला। मौसेरे भाई खर के साथ शूर्पनखा को जनस्थान का राज्य दे दिया और सेनापति दूषण तथा 14000 सैनिकों के साथ उत्तर के मानवों को संभालने का कर्त्तव्य सौंपा।

फिर इसने दक्षिण-पूर्व में वरुणालय पर आक्रमण किया। वरुण को ढूँढ़ता रसातल (शायद इन्डोनेशिया में) घूमा और हर स्थान पर वरुणकुमारों को हराया। कई द्वीप जीते और बेटे महीरावण को उनका राजा बनाया। सब जगह से नारी लेकर आया।

रावण जब इस अभियान पर गया हुआ था तब मधु रावण की मौसेरी बहन कुम्भीनसी को भगा कर ले गया था। अब रावण को इन्द्र पर चढ़ाई की सूझी। राह में उसने मधु की राजधानी मधुपुर पर आक्रमण किया। कुम्भीनसी नगर से बाहर निकल कर आई और अपने पति के प्राणदान माँगे। सो मधु को अभय दिया और उसे भी साथ लिया।

राह में इसने कैलास के पास अपने बड़े भाई वैश्रवण की पुत्रवधू रम्भा पर बलात्कार किया। तदुपरान्त कैलास पार करके इसने इन्द्रलोक पर चढ़ाई की। भीषण युद्ध में इसका नाना सुमाली मारा गया। इसके पुत्र मेघनाद ने बड़ा पराक्रम दिखाया और इन्द्र को बन्दी बना लिया। तभी वह इन्द्रजित करके प्रसिद्ध हुआ। मेघनाद उसी दिन लंका को लौट पड़ा; रावण अगले दिन वापिस हुआ। बहुत विनती करने पर उसने इन्द्र को छोड़ा।

राम जैसे परमवीर राजा को युद्ध में ललकारने की हिम्मत करने वाला रावण, स्वयं एक परमऐश्वर्ययुक्त, शोभा-सम्पन्न एवं पराक्रमी राजा था। रावण स्वयं एक साधारण सम्राट् न था, किन्तु समस्त पृथ्वी को जीतने वाला, एक लोकव्यापी आतंक भी था। स्वर्णासन पर बैठ कर अग्नि जैसे तेजस्वी दिखने वाले रावण को देखकर, स्वयं राम भी प्रभावित हो चुके थे।[1]

यह कुशल राजनीतिज्ञ एवं दिग्विजयी सम्राट् था। इसकी प्रजा ऐश्वर्यसम्पन्न एवं धनधान्य से पूरित थी।[2] इसके राज्य में अनेकानेक वस्तुएँ निर्माण करने की कला चरम सीमा पर थी।[3]

---

1. वाल्मीकि रामायण, अरण्य कांड 32.5; युद्ध कांड 59.26
2. वाल्मीकि रामायण, सुन्दर कांड 4.21-27; 9.2-17
3. वाल्मीकि रामायण, सुन्दर कांड 6

यह अपने मंत्रिगण में अत्यधिक आदरणीय था तथा यह स्वयं मन्त्रियों से विचारविमर्श करके राजकाज चलाता था।[1]

परमपराक्रमी होने के साथ-साथ यह उच्चश्रेणी का रसिक और संगीतज्ञ भी था।[2] कहते हैं रावणहत्था (वीणा) इसी ने बनाई थी। यह सर्वश्रेष्ठ मदिरा का विशेषज्ञ था। अपने परिवार के लोगों के प्रति यह अत्यन्त स्नेहशील था। अपनी बहन शूर्पनखा के विधावा होने पर यह बहुत दु:खी हुआ था।[3]

रावण वेदों का महापण्डित और समस्त शास्त्रों का माना हुआ विद्वान था। वाल्मीकि रामायण में इसे 'वेदविद्यानिष्णात' एवं 'आचारसम्पन्न' कहा गया है।[4] इसने ऋग्वेद का एक भाष्य लिखा। कृष्णयजुर्वेद भी इसके नाम से प्राप्त होता है। मारक अस्त्रों और प्राणभद्र औषधियों का वह ज्ञाता था। 'अर्कप्रकाश' आयुर्वेद का ग्रन्थ रावण ने रचा था। रावण के वेद में यज्ञ कराने के लिए चार ऋषियों की आवश्यकता नहीं थी जैसा वेदविधान चल रहा था। केवल एक ऋषि आचार्य का कार्य करता था जिसे चरक कहते थे।

वाल्मीकि ने शील, शक्ति और सौन्दर्य में, पांडित्य और बुद्धि में, तथा महिमा और गरिमा में रावण की प्रशंसा की है। हर राक्षस घर से वेदमन्त्रों की ध्वनि हनुमान को सुनाई देती है।[5] वह लंका की देवलोक से तुलना करता है।[6] जटायु भी रावण को रोकता है तब कहता है, "आज तक बुरा काम नहीं किया आज क्यों करते हो?"[7]

लेकिन "Power corrupts a man and absolute power corrupts absolutely".[8] शक्ति व्यक्ति को बिगाड़ देती है और असीम शक्ति सम्पूर्णत: बिगाड़ देती है। सब को हारने के कारण रावण में अहंकार, दम्भ, हिंसा, अनाचार और शोषण की वृत्ति आ गई थी। वह क्रोधी और हठी हो गया। उसने अत्याचार और अनाचार को प्रश्रय दिया।

सबसे बड़ी बात यह इन्द्रियलोलुप था। प्रारम्भ से ही उसने स्त्रियों पर अत्याचार किये। बृहस्पति कुल के ऋषि कुशध्वज की पुत्री **वेदवती** पर उसने बलात्कार करना चाहा। उसके पिता को मार डाला और उसके बाल पकड़ कर खींचे। उसने तत्क्षण बाल काट डाले और यज्ञाग्नि में जलकर मर गई। अपने भाई की पुत्रवधू रम्भा पर उसने बलात्कार किया। भोगवती में तक्षक नाग की पत्नी को ले आया। इन्द्र की अमरावती में अप्सरा पुंजीकस्थला पर अत्याचार किया। अनेक विद्याधारियों को ले आया था।

1. वाल्मीकि रामायण, अरण्य कांड 38.23-33
2. वाल्मीकि रामायण, सुन्दर कांड 44.32
3. वाल्मीकि रामायण, उत्तर कांड 24
4. वाल्मीकि रामायण, युद्ध कांड 92.60
5. वाल्मीकि रामायण, सुन्दर कांड 18.12
6. वाल्मीकि रामायण, सुन्दर कांड 9.31
7. वाल्मीकि रामायण, अरण्य कांड 50.3
8. Lord Acton

रावण की युद्ध की समय आयु

रावण ने शिक्षा ग्रहण की और तत्पश्चात् मन्दोदरी से विवाह किया। वह अपनी साली और साढ़ू से मिलने गया तब लगभग पच्चीस वर्ष से ऊपर का होगा। उसी के बाद शम्बर से युद्ध हुआ, तभी कैकेयी की शादी हुई थी। दशरथ की आयु चालीस से ऊपर होगी। राम का जन्म हुआ तब दशरथ साठ साल के थे, अर्थात् रावण लगभग चालिस से ऊपर होगा। अठारह वर्ष की आयु में राम को वनवास मिला और उसके चौदहवें वर्ष राम रावण युद्ध हुआ। इस हिसाब से उस समय रावण लगभग 75 वर्ष के आस-पास की आयु का होगा।

लंका

आज हम जिसे लंका या सीलोन कहते हैं वहाँ रावण का कोई स्मृतिचिन्ह नहीं है। उसकी वह स्थिति भी नहीं है, वह उज्जैन के देशान्तर पर नीचे भूमध्य रेखा पर स्थित थी। कृष्ण के मरने पर जब लघु प्रलय (लगभग 1350 ई. पूर्व) हुई तब द्वारका डूब गई, लंका डूब गई, दक्षिण की पुरानी मदुरा डूब गई, क्रीट की महान् सभ्यता नष्ट हो गई, क्योंकि उसके अनेक द्वीप डूब गये। उन द्वीपों के डूबने से सागर का जल उस खाली स्थान को भरने को भागा। भागते हुए मूसा और उसके साथियों के सामने खाली जगह निकल आई। यह बीस पच्चीस मिनट का काम था। पानी फिर लौटकर समतल हो गया और पीछा करती हुई पेरोए की सेना डूब गई।

लंका किरात भाषा का शब्द है। यक्ष और रक्ष जहाँ-जहाँ गए उन्होंने लंका बसाई। साहित्य में अनेक लंकाओं के नाम मिलते हैं—रूप लंका, मोह लंका, काम लंका, श्री लंका, आदि।

1. बालरामायणकार कवि राजशेखर ने सीता-स्वयंवर के अवसर पर सिंहलनरेश राजशेखर के साथ लंकापति रावण का संवाद दिखाया है।

2. पुष्पक विमान से आते समय लंका से कुछ दूर चलकर विभीषण कहते हैं यह सिंहल है।

3. भागवत पुराण (1.19.30) में शुकदेव जी ने जम्बू द्वीप के आठ उपद्वीप गिनाए हैं जिनमें लंका और सिंहल अलग-अलग हैं।

4. मार्कण्डेय पुराण में दक्षिण के देशों में लंका और सिंहल पृथक्-पृथक् आए हैं।

5. बृहत्संहिता में वराहमिहिर ने भी दोनों का विवरण दिया है।

6. भगवान् श्रीकृष्ण ने वनवासी युधिष्ठिर से राजसूय यज्ञ के समय आए राजाओं में भी दोनों द्वीपों का नाम लिया है।

7. पुष्पक में लौटते समय राम ने सीता को रत्नाकर (अरब सागर), बंगाल की खाड़ी नहीं, दिखाया था।[1]

---

1. रघुवंश 13.1

8. ईसा के समकालीन साहित्य में दक्षिण में लंका, क्रौंच द्वीप, धार्मपट्टन द्वीप और सिंहल बतलाए हैं।

9. बाल-रामायण में लंकापति रावण और सिंहलपति का संवाद है सो पृथक द्वीप।

10. पुराकाल में ज्योतिषियों ने लंका को गणना का मुख्य स्थल माना था जो ठीक भूमध्य रेखा पर था। इससे 90^0, 90^0 की दूरी पर पश्चिम को रोमक (अफ्रीका), सिद्धपुरी (अमरीका) और यमकोटि (प्रशान्त महासागर) था।

11. जैसे आज कल ग्रीनिच को मध्य रेखा मानते हैं, तब लंका से उज्जयिनी होकर जाने वाली रेखा (वर्तमान 75^0 पूर्व) को मध्य रेखा मानते थे।

12. रामायण में हनुमान ने खारे समुद्र के 966 मील लांघकर लंका में प्रवेश किया। ज्योतिष शास्त्र के अनुसार भूमध्य रेखा की भारत से वर्तमान दूरी इतनी ही है।

13. भागवत पुराण (5.9.28) में सिंहल और लंका अलग गिनाए हैं।

इस प्रकार लंका आज कल के मालदिव के आस-पास रही होगी। डूबने के बाद शायद यह उसका ऊँचा भाग सागर से ऊपर रह गया हो। लंका जीतने के बाद सेतु तोड़ ही दिया गया था।

कुछ लंका को अमरकंटक पर्वत के आस-पास मध्य प्रदेश में मानते है।

राम
(लगभग 1925 ईसा पूर्व)

राम कथा शायद ही कोई भारतीय हो जो न जानता हो; और जो न जानता हो उसको बताना बेकार है।

वाल्मीकि रामायण में राम को एक आदर्श पुरुषश्रेष्ठ के रूप में चित्रित किया गया है। प्राचीन भारतीय परम्परा के अनुसार, आदर्श पुत्र, आदर्श पति और आदर्श राजा का संगम राम में था। अहिंसा, दया, अध्ययन, सुस्वभाव, इंद्रियदमन एवं मनोनिग्रह–इन छह गुणों से युक्त उनका जीवन था।

राम का चरित्र और स्वरूप एक बुद्धिमान, नीतिमान्, सुन्दर, सद्वक्ता, आजानुबाहु तथा विशाल स्कन्ध वाले, विशाल वक्षस्थल वाले, विशाल धनुष धारण करने वाले, तेजस्वी-विशाल नेत्रों वाले, प्रजा के हित में लगे हुए, धर्म की रक्षा करने वाले, शीलवान, ज्ञानी, समदर्शी और प्रियदर्शन व्यक्ति के रूप में है। वे समुद्र के समान गम्भीर और हिमालय के समान धीर, विष्णु के समान बलशाली, चन्द्रमा के समान दर्शनीय, कालाग्नि के समान क्रोधी, पृथ्वी के समान क्षमाशील व कुबेर के समान धनी और दानी हैं।

वाल्मीकि के राम और तुलसी के राम में बहुत अन्तर है। तुलसी में वे परब्रह्म हो गए हैं; वाल्मीकि में वे ऐतिहासिक मानव हैं। स्थान-स्थान पर ऐसे वर्णन हैं कि जैसे कोई आँखों देखे चरित्र सामने हों, चाहे राम की दिनचर्या हो या लक्ष्मण, विश्वामित्र का कार्यकलाप।

विशेष बात यह है कि वाल्मीकि के राम पुरुष-सुलभ दुर्बलताओं से ऊपर नहीं और यही उनको सबका परमप्रिय बनाता है। कुछ स्थल हैं–

(i) राम का वन जाने के पहले कौशल्या को उपदेश।

(ii) लक्ष्मण से शूर्पनखा की नाक-कान काटने को कहना। वाल्मीकि का रावण कहता है कि उसने मेरी बहन के नाक-कान काटे हैं। हम राक्षस सभ्य हैं; मैं उसकी पत्नी का हरण करके सभ्य तरीके से उसकी नाक काटूंगा।

(iii) बालि का वध करना।

(iv) लंका विजय के बाद सीता का तिरस्कार।

परन्तु ये सब मानव दुर्बलताएँ हैं। हम होते तो ऐसे बानक बनने पर हम भी यही करते। इसी कारण राम भारत के बाल-वृद्ध के परमप्रिय हैं। भारत ही क्यों, जिस विदेशी ने उनका चरित्र पढ़ा वही मुग्ध हो गया।

राम वनवास

राम अभिषेक में प्रत्यक्ष दशरथ की चाल है। भरत और शत्रुघ्न भरत की ननिहाल गए हुए हैं। वाल्मीकि रामायण में दशरथ राम को बुलाकर कहते हैं, "मैं चाहता हूँ कि भरत के लौटने से पहले ही तुम्हारा अभिषेक हो जाय।" वे अभिषेक बहुत जल्दी करना चाहते हैं।

वे कैकेयी के पिता से की गई प्रतिज्ञा राम आदि से छिपाते हैं।

अभिषेक के लिये सब राजाओं को बुलाते हैं सिवाय जनक के और केकयराज के।

वे कैकेयी के साथ छल करना चाहते हैं। उसे भी इस बात की सूचना नहीं देते। उसे मन्थरा से राम के अभिषेक का पता चलता है। दशरथ की यह प्रतिज्ञा कैकेयी को भी नहीं पता थी, इसलिये उसने अपने दोनों वर मांगे।

चित्रकूट-सभा से पहले राम को पता चला जाता है कि पिता ने कैकेयी के पिता से उसके पुत्र को राज्य मिलेगा यह वचन देते हुए कैकेयी माता से विवाह किया था। यह राम उस समय भरत को बताते हैं, फिर भी भरत का बड़प्पन है कि वह इसे मानने से इन्कार कर देता है।

वाल्मीकि रामयण में दण्डक वन का वास विशेष रूप से मांगा गया है जो कष्ट और संकट से भरपूर है। दशरथ साथ में बहुत सारी सेना और सम्पत्ति भेजकर अयोध्या को सूनी कर डालना चाहते हैं जिन्हें राम वापस कर देते हैं। फिर भी उनके शस्त्रास्त्र हैं, सीता पर आभूषणों की पोटली है, लक्ष्मण पर खुदाई के लिये खन्ता और फल-संग्रह के लिये पिटक है।

वाल्मीकि रामायण में कौशल्या दशरथ के मरण तक उग्र और रौद्र हैं तथा तीखे कटु वचन कहती रहती हैं। इसी कारण वाल्मीकि के पात्र कठपुतली नहीं हाड़ मांस के मानव हैं।

स्त्री-हरण

स्त्रियों का अपहरण राक्षस प्रथा थी जो बाद में क्षत्रियों ने भी अपना ली। समय कितना बलवान है! जो प्रथा राम के समय पाप थी, वह कृष्ण के समय क्षत्रिय धर्म बन गई। कृष्ण से रुक्मिणी का विवाह और अर्जुन से सुभद्रा का विवाह इसी प्रकार हुआ था।

सती प्रथा

सती प्रथा देवों और मानवों में प्रचलित नहीं थी। इसका वर्णन सुमेरियों और शकों में मिलता है। भारत में सबसे पहले राक्षसों में मिलता है।

सुलोचना को भेजना

मेघनाद के मारे जाने पर सुलोचना ने सती होने का निश्चय किया किन्तु पति का शव तो राम-दल में पड़ा है। उसने ससुर रावण के पास जाकर मेघनाद का शव मंगा देने की प्रार्थना की। रावण ने उसे उत्तर दिया कि तुम स्वयं जाकर राम से अपने पति का शव प्राप्त करो। मुझे विश्वास है वे तुम्हें निराश नहीं लौटायंगे।

इस पर पास बैठे मन्त्रियों ने विरोधा किया, ''जिसकी पत्नी को आपने बन्दिनी बना रखा है, उसके पास अपनी बहू को भेजना कहाँ तक उचित है? क्या वह सुरक्षित लौट आयेगी?''

रावण बोला, ''तुम लोगों की बुद्धि विनष्ट हो गई है। क्या राम ऐसा काम कर सकता है?''

अहल्या

यह अपने समय की संसार की सबसे रूपवती नारी थी। इसका जन्म पुरु वंश में मुद्‌गल राजा के मेनका अप्सरा से हुआ था। दिवोदास इसका बड़ा भाई था।[1]

शम्बर से युद्ध के समय शरद्वत गौतम की वीरता पर प्रसन्न होकर दिवोदास ने अहल्या का विवाह उससे कर दिया।

इसे शतानन्द नाम का पुत्र हुआ जो बड़ा होकर मिथिला के जनक का पुरोहित बना।[2]

इन्द्र आदि देव और रक्षस आदि भी इसके हाथ के प्रार्थी थे। इन्द्र ने चाल चली। वह गौतम का रूप धरकर प्रातः निकलने से पहले इसके पास आया और इसके

---

1. भागवत पुराण 9.21; हरिवंश 1.32
2. वाल्मीकि रामायण बाल काण्ड 51; आनन्द रामायण सार काण्ड 103

साथ समागम किया। गौतम इस बीच वापस लौट आये। इन्द्र भाग लिया। उन्होंने अहल्या को पत्थर बनने का शाप दिया। अपना आश्रम वहाँ से उजाड़कर वे हिमालय पर ले गये। वह आश्रम निर्जन हो गया। कोई भी उधर न आता था।

राम को भी विश्वामित्र ने मना किया। परन्तु उन्होंने अहल्या को निर्दोष ठहराया क्योंकि उसके साथ इन्द्र ने धोखा किया था। राम अहल्या के पास ठहरे और सारे संसार ने उसे फिर अपना लिया।

सीतात्याग

गर्भवती सीता को त्यागने की कथा वाल्मीकि रामायण के उत्तर काण्ड में मिलती है।[1] कालिदास के रघुवंश में भी कथा का यही रूप मिलता है, केवल उसमें लोकापवाद बताने वाला भद्र राम का मित्र नहीं, गुप्तचर बतलाया है।[2] कथासरित्सागर[3] और भागवत पुराण[4] में एक धोबी का उदाहरण देकर लोकापवाद की कथा प्रस्तुत की गई है। सीतात्याग पर ही भवभूति ने 'उत्तररामचरित' लिखा।

राम का देहत्याग

कुश और लव का जन्म हुआ। वे बड़े हुए। राम ने अश्वमेध यज्ञ किया। सीता को फिर ग्रहण करना चाहा पर उन्होंने भूमि में प्रवेश किया।

कुछ समय के उपरान्त राम की तीनों माताओं का देहान्त हो गया।

भाइयों में सबसे पहले लक्ष्मण का देहान्त हुआ। इससे दुखी होकर राम ने भरत, शत्रुघ्न और सुग्रीव के साथ सरयू नदी में प्रवेश करके देहत्याग किया।

राम के वंशज

राम के पुत्र कुश का विवाह एक नाग राजकन्या से हुआ था। उसने विन्ध्य के दक्षिण में कुरुस्थली को अपनी राजधानी बनाया था। बाद में अयोध्यावासियों ने इससे प्रार्थना की कि अयोध्या बिल्कुल उजड़ गई है, सो यह वापस लौट आया। लव ने श्रावस्ती को राजधानी बनाकर राज्य किया।

लक्ष्मण के दो पुत्र अंगद और चन्द्रकेतु थे। इन्हें राम ने हिमालय के निकट कारुपथ और मल्ल देशों का राज्य दिया। उन प्रदेशों में अंगदीया एवं चन्द्रचक्रा राजधानियाँ बनाकर वे राज्य करने लगे।

---

1. उत्तर काण्ड 69
2. रघुवंश 14
3. कथासरित्सागर 9.1.66
4. भागवत पुराण 9.11.9

भरत को अपनी माता का केकय राज्य प्राप्त हुआ। उसके तक्ष एवं पुष्कल नाम के दो पुत्र थे। इन्होंने मिलकर शैलूष गन्धर्वराज को हराकर गान्धार प्रदेश जीत लिया एवं वहाँ क्रमशः तक्षशिला और पुष्कलावती नामक राजधानियों की स्थापना की। ये नगर ऐतिहासिक काल में बहुत प्रसिद्ध हुए।

रघुवंश में लिखा है कि भरत ने अपने पुत्र तक्ष और पुष्पकल को उनके नामों पर बसाए नगरों में बसाया (तक्षशिला और पुष्कलावती)।[1] रामायण में लिखा है कि कैकेयी के पुत्र भरत ने तक्षशिक्षा और पुष्पकलावती दो नगर बसाए और गन्धर्वों के देश और गान्धार में अपने पुत्र तक्ष और पुष्कल को रखा। दोनों नगर धन और आभूषण से भरे थे और उपवनों से अलंकृत थे। प्रजा के न्यायपूर्ण व्यवहार के लिए वे प्रसिद्ध थे। वहाँ अनेक भवन थे और सतमंजिला मकान थे। वहाँ अनेक सुन्दर मन्दिर थे और ताल, तमाल, बकुल और तिलक वृक्षों से वे भरपूर थे। भरत वहाँ पाँच वर्ष रहा।[2]

वायु पुराण में तक्षशिला को तक्ष की राजधानी बताया गया है।[3]

भरत ने सात्वत लोगों के यज्ञ का घोड़ा पकड़ लिया था और शत्रुघ्न ने आक्रमण करके सात्वतों का शूरसेन क्षेत्र छीनकर उनके राजा माधव लवण का वध किया। उसने मधुपुरी अथवा मधुरा में अपनी राजधानी स्थापित की और उसे मथुरा नाम दिया। उसके भी दो पुत्र थे–सुबाहु एवं शत्रुधातिन्। सुबाहु को मथुरा मिली और शत्रुघातिन् को वैदिश।

परन्तु राम के परिवार के राज्य बहुत दिन न चल सके। गान्धार द्रुह्यु लोगों ने जीत लिया। लवण के पौत्र भीम सत्वत ने मथुरा राज्य फिर जीत लिया। शीघ्र ही सारा उत्तरी भारत-भारत एवं यादव राजाओं के अधिकार में आ गया।

सुदास पैजवन

(लगभग 1900 ईसा पूर्व)

भरत के वंशजों में सुदास सबसे प्रसिद्ध राजा था (देखिये पीछे, पृष्ठ 830)। ऋग्वेद में इसका सबसे अधिक वर्णन पाया जाता है। यह उत्तर पांचाल में भरतों की शाखा तृत्सुओं का राजा था। इसने 'दाशराज्ञ युद्ध' नामक सुविख्यात युद्ध में दस सामर्थ्यशाली राजाओं पर विजय प्राप्त की थी।[4] दाशराज्ञ में इसके द्वारा पाई गई विजय का निर्देश ऋग्वेद में अन्यत्र भी प्राप्त है।[5]

---

1. रघुवंश, अध्याय 15, श्लोक 81
2. रामायण, वंगवासी संस्करण, उत्तर काण्ड, अध्याय 114
3. वायु पुराण, अध्याय 88
4. ऋग्वेद 7.18
5. ऋग्वेद 7.20.2; 25.3, 32.10

ऋग्वेद में हर जगह इस राजा को पैजवन की उपाधि दी गई है।[1] सुदास पैजवन रचित एक सूक्त भी हमें ऋग्वेद में मिलता है।[2] पैजवन इसका पारिवारिक नाम है या पैत्रक, इसका हमें पता नहीं चलता। निरुक्त में इसे पिजवन राजा क़ा पुत्र कहा गया है जिससे पैजवन पैत्रक नाम हुआ।[3] किन्तु स्वयं ऋग्वेद के एक स्थल पर इसे दिवोदास राजा का पुत्र[4] बताया गया है एवं दूसरे स्थल पर देववत् राज का पौत्र।[5] पुराणों और ऐतरेय ब्राह्मण में दिवोदस को वध्रयश्व का पुत्र बताया है। हो सकता है देववत वध्रयश्व की उपाधि हो[6] और पिजवन दिवोदास की।

ऋग्वेद के निर्देशों से प्राप्त होता है कि सर्वप्रथम इसका पुरोहित तत्कालीन विश्वामित्र था।[7] वह विपाशा (व्यास) और शुतुद्री (सतलज) नदियों पर सुदास के विजयी अभियानों के समय उपस्थित था और उसने सुदास को एक अश्वमेध यज्ञ कराया था।[8] विश्वामित्र द्वारा विरचित एक सूक्त में विपाशा (व्यास) एवं शुतुद्री (शतलज) नदियों के संगम पर राह देने के लिए प्रार्थना की गई है।[9] गेल्डनर का कहना है कि इस सूक्त के प्रणयन के समय वह सुदास का पुरोहित था और संवरण राजा पर आक्रमण करने वाली सुदास की विजयी सेना को मार्ग प्राप्त कराने के लिये उसने इस 'नदीसूक्त' की रचना की थी।[10]

किन्तु बाद में विश्वामित्र इस पद पर नहीं रहा और उसके स्थान पर वसिष्ठ सुदास का पुरोहित बना। कुछ समय बाद इसने सुदास और वसिष्ठ के विरुद्ध दाशराज्ञ युद्ध में भाग लिया। इसी सन्दर्भ में इसने 'वसिष्ठ-द्वेषिण्यः' नामक कई ऋचाओं की रचना की।

आगे वसिष्ठ ऋषि के पुत्र शक्ति से विश्वामित्र के द्वारा किये गये संघर्ष का निर्देश भी ऋग्वेद में प्राप्त है। राजा सुदास पैजवन के यज्ञ के समय हुए वाद विवाद में शक्ति ने विश्वामित्र को परास्त किया।[11] इस वाद विवाद में विश्वामित्र द्वारा कही गई ऋचाएँ 'मौनी विश्वामित्र' की ऋचाओं के नाम से प्रसिद्ध हैं। इनमें उसने कहा है, ''आप लोग इस 'अन्तक' (विश्वामित्र) के पराक्रम को नहीं जानते। इसी कारण

---

1. ऋग्वेद 7.18.23
2. ऋग्वेद 10.133
3. निरुक्त 2.24
4. ऋग्वेद 7.28.25
5. ऋग्वेद 7.18.22
6. ऐतरेय ब्राह्मण 8.21
7. ऋग्वेद 3.33.53
8. ऋग्वेद 3.53.9-11; 7.12
9. ऋग्वेद 3.33
10. गेल्डर, वेदिशे स्टूडियन, 3.152
11. ऋग्वेद 3.53.23-24

मुझे वाद विवाद में स्तब्ध देखकर आप हँस रहे हैं। किन्तु आप नहीं जानते कि विश्वामित्र अपने शत्रु से लड़ना ही जानता है; शत्रु की शरण जाना उसे स्वीकार्य नहीं।''[1]

इस प्रकार विश्वामित्र के अपने पद से भ्रष्ट होने पर ऋषि वसिष्ठ भरत राजवंश और तृत्सुराजा सुदास का पुरोहित बन गया।[2] जो पुरु का राजा संवरण सुदास से यमुना पर हार गया था, उसने दस राजाओं का एक संघ बनाया। वे थे पुरु, यदु, तुर्वशु, अनु, द्रुह्यु तथा अलिन् (काफिरिस्तान,) पक्थ (पठान), भलानस् (बोलन दर्रे को नाम देने वाले), शिव और विषाणिन्। परुष्णी (रावी) पर भयंकर युद्ध हुआ। वसिष्ठ की प्रार्थना के कारण रावी में बाढ़ आ गई जिसमें अनु और द्रुह्यु राजा डूब गये। कवि[3] चायमान और पुरुवंश का राजा मार डाला गया। ऋषि कवल ऐलूष भी डूब गये।[4] उसने वसिष्ठ के प्रभाव से नदियों को पार करते हुए सात दुर्गों को नष्ट किया तथा अनु और द्रुह्यु वीरों का संहार किया। पुरुओं के नये राजा ने सिन्धु नदी के मध्य एक दुर्ग में अनेक वर्षों तक शरण ली।

इसके बाद सुदास पूर्व की ओर वापस लौटा। उसने अनार्य राजा भेद को मार डाला और यमुना के तट पर अज, शिग्रु और यक्षु तीन दास जातियों को हराया।[5] इन जातियों के विरुद्ध पुरु और भरत एक हो गए थे।

अन्यत्र ऋग्वेद में त्रसदस्यु राजा के साथ इसके द्वारा युद्ध होने का निर्देश प्राप्त है।[6] दूसरी जगह त्रसदस्यु के पिता पुरुकुत्स के द्वारा इसके पराजित होने का निर्देश भी मिलता है।[7]

इस प्रकार सुदास ने शक्ति बढ़ाकर भरतों को दृढ़ बनाया। ययाति-वंशज अन्य कुल इसमें मिल गये या बाहर चले गए।

सुदास का अन्त शायद दुखद था क्योंकि उसके बाद उसका चाचा सुप्ला सहदेव गद्दी पर बैठा।

सुदास का साथी **वीतहव्य** था जो शायद सृंजय कुल का था और ऋग्वेद के छठे मण्डल के रचयिता **भारद्वाज** से सम्बन्धित था।[8]

सुदस के आस-पास के काल में ही ऋषि वामदेव हुआ जिसने ऋग्वेद के चौथे मण्डल की रचना की।

---

1. ऋग्वेद 3.53.23-24
2. ऐतरेय ब्राह्मण 7.34.9
3. क्या वह पारसी 'कवि' राजवंश से सम्बन्धित राजा था? दूसरे मन्त्र में उसे पार्थव कहा गया है (शायद पार्थिया का राजा)
4. ऋग्वेद 7.18.6. 11-14
5. ऋग्वेद 7.18.18-19
6. ऋग्वेद 7.19.3
7. ऋग्वेद 1.63.7
8. ऋग्वेद 6.15 2-3

ऋग्वेद

ऋग्वेद के अधिकतर भाग का 1900 ईसा पूर्व के आस-पास प्रणयन हुआ। उसके रचयिता महर्षि पांचाल देश और उसके पश्चिम में गंगा और सरस्वती के तट पर रहते थे। साथ ही उस समय दाशराज्ञ युद्ध आदि प्रमुख राजनैतिक घटनाएँ पंजाब के आस-पास हुई थीं। इसी कारण उस भाग का वर्णन सबसे अधिक है।

महाभारत के समय वेदव्यास ने वेद तैयार कर दिये। मानवों की शक्ति घटी, अन्य जातियाँ भी प्रबल हुईं और उनका प्रभाव ऋषियों पर पड़ा। या तो ब्राह्मणों का कर्मकाण्ड उत्पन्न हुआ या आरण्यक की उदासीनता। इसके विरुद्ध याज्ञवल्क्य के समय विद्रोह हुआ और उपनिषद-पथ का उजाला आया। याज्ञवल्क्य महावीर और बुद्ध का अग्रगामी था।

कुरु

सुदास के समय पुरुकुत्स पुरुओं का राजा था।[1] सुदास ने अपने अभियान में इसे पराजित किया था। इस युद्ध में यह मारा या पकड़ा गया; इस भयानक विपत्ति के समय इसकी पत्नी पुरुकुत्सानी ने एक पुत्र को जन्म दिया था।[2] उस पुत्र का नाम त्रसदस्यु था।[3] उसे 'पौरुकुत्स्य'[4] तथा 'पौरुकुत्सि'[5] नामान्तर भी प्राप्त थे।

दासों पर विजय पाने वाले पुरु राजा के नाम से पुरुकुत्स का निर्देश ऋग्वेद में मिलता है।[6] दिव्य अस्त्रों की सहायता से यह अनेक युद्ध जीता था।[7]

त्रसदस्यु का वर्णन भी ऋग्वेद में पुरुओं का राजा करके आया है।[8] यह सूक्तद्रष्टा भी था।[9] प्राचीन काल में प्रसिद्ध यज्ञ करने वाले के रूप में इसका उल्लेख है।[10] इसका पुत्र कुरुश्रवण था[11] जो वंशकर राजा हुआ। उसने कुरुक्षेत्र और कुरुजांगल बसाया और समस्त चन्द्रवंशियों को उनके नाम पर कुरुवंशी कहा जाने लगा। इसके दान की कवष ऐलूष ने प्रशंसा की है।[12]

---

1. ऋग्वेद 1.63.7
2. ऋग्वेद 4.38.1
3. ऋग्वेद 4.42.8
4. ऋग्वेद 5.33.8
5. ऋग्वेद 7.19.3
6. ऋग्वेद 6.20.10
7. ऋग्वेद 1.112.7-14
8. ऋग्वेद 5.33.8; 7.19.3; 8.19.36
9. ऋग्वेद 4.42; 5.27; 9.110
10. तैत्तिरीय संहिता 5.6.5.3; कठ संहिता 22.3; पंचविंश ब्राह्मण 13.3
11. ऋग्वेद 10.33.4
12. ऋग्वेद 10.33.4-5

कवष ऐलूष एक सूक्तद्रष्टा ऋषि था।[1] यह कुरुश्रवण का उपाध्याय था।[2]

इलूषपुत्र कवष सरस्वती के किनारे आंगिरसों के सत्र में आया, तब शूद्रापुत्र, अब्राह्मण और जुआरी कहकर उसे यज्ञ के लिये अयोग्य घोषित किया गया। इसे पकड़कर ऐसे जंगल में छोड़ दिया गया जहाँ पानी भी नहीं मिलता था। किन्तु कवष ऐलूष के अपनोप्त्रीय सूत्र कहने पर सरस्वती की एक धारा उधर बह आई। अभी भी उस स्थान का नाम परिसारक है। तब ऋषियों को इसका महत्त्व पता चला और उन्होंने इसे वापस बुलाया।[3] अन्य स्थल पर वर्णन है कि तृत्सुओं के लिये इन्द्र ने कवषादिकों का पराभव किया तथा उनके दृढ़ किले ध्वस्त किये।[4]

पुराणों और महाभारत में कुरु का विशद वर्णन है। वह संवरण राजा और सूर्यवंशी राजकुमारी तपती का पुत्र था।[5] इससे सुप्रसिद्ध कुरुवंश प्रारम्भ हुआ। इसके वंशज कौरव कहलाये।[6]

इन ग्रन्थों के अनुसार सुदास ने संवरण को हराया जो सिन्धु के किसी दुर्ग में जाकर छिप गया। उसके बाद वसिष्ठ की सहायता से उसने शक्ति प्राप्त की और सुदास के पुत्र सोमक से अपना राज्य छीन लिया। लगता है किसी कारण से वसिष्ठ तृत्सुओं से क्रोधित हो उठे और उन्होंने संवरण का राज्याभिषेक कर उसे हर प्रकार से सहायता दी।

संवरण की पत्नी सूर्यवंश की कन्या तपती थी। उससे कुरु उत्पन्न हुआ।[7] कुरु एक महान् सम्राट् हुआ। उसने चन्द्रवंश का प्राचीन साम्राज्य पुनर्जीवित किया। उसने प्रयाग तक विजय की और बहाँ एक यज्ञ किया। उसने कुरुजांगल देश को फिर से

---

1. ऋग्वेद 10.31-37
2. ऋग्वेद 10.32.9
3. ऐतरेय ब्राह्मण 2.19; सांख्यायन ब्राह्मण 12.1-3
4. ऋग्वेद 7.18.12
5. भागवत पुराण 9.22.4; वायु पुराण 99.214.7; विष्णु पुराण 4.19.73-8; महाभारत आदि पर्व 89.44
6. मत्स्य पुराण 50.20-2
7. वामन पुराण, अध्याय 22 में संवरण राजा वसिष्ठ को राज्य सौंप कर अश्व पर घूमने निकल गया। वहाँ वैभ्राज वन में उसने सूर्यवंश की सुन्दरी तपती को देखा। वसिष्ठ ने सूर्य को मना कर विवाह करा दिया। उनका पुत्र कुरु हुआ। कुरु को द्वैतवन में घूमते हुए सरस्वती नदी की धारा मिली जो प्लक्ष से निकली है। वहाँ कुरु ने एक विशाल झील बनवाई और उसमें स्नान किया। उसका नाम सन्निहित रखा। फिर वह ब्रह्मा के यज्ञ की उत्तरवेदी स्यमंतक-पंचक गया। फिर उसने हल-बैल लेकर इस क्षेत्र को जीता। इसका पहला नाम 'ब्रह्मा की वेदी' (ब्रह्मसर) था, फिर रामह्रद (परशुराम), और अब कुरुक्षेत्र पड़ा।

बसाया और हस्तिनापुर को राजधानी बनाया। उसी की तपश्चर्या से कुरु जांगल प्रदेश कुरुक्षेत्र के नाम से प्रसिद्ध हुआ।[1]

यह प्रदेश मानवों का सबसे पुराना स्थान था। यहीं सर्वप्रथम स्वायम्भुव मनु आये और बसे थे। यहीं सरस्वती के तट पर वेद की ऋचाओं का प्रणयन हुआ था। लेकिन सरस्वती के सूखने पर यहाँ के आश्रम उजड़ गये थे; मानव भी पूर्व की ओर बढ़कर गंगातट पर और नई नदी यमुना के तट पर आ बसे थे। इस प्रदेश में भयानक जंगल खड़े हो गये थे।

कुरु ने इस कुरुजांगल का 'कर्षण' किया। जंगल कटवाये और भूमि पर हल चलवाया; एक प्रकार से दूसरे पृथु का काम किया।

इस प्रदेश के मध्य में अनेक सरोवर थे। एक बहुत प्राचीन तथा पवित्र सरोवर के चिन्ह भी वर्तमान थे। ब्रह्मसर था जहाँ परशुराम ने स्नान करके हत्या के पाप से मुक्ति पाई थी। यहीं के किसी सरोवर के तट पर तप करते करते (भूमि को जंगल से छीनते हुए) महाराज कुरु का देहान्त हुआ जिसके कारण उस स्थान का नाम कुरुक्षेत्र पड़ गया।

कौरव वंश

कुरु के तीन पुत्र प्रसिद्ध हैं–परिक्षित, जन्हु और सुधन्वन्। उसके बाद **परिक्षित** सिंहासन पर बैठा। अथर्ववेद में इसके राज्य की समृद्धि एवं शान्ति का गौरवपूर्ण वर्णन किया गया है।[2] इसका पुत्र **जनमेजय** था[3] जिसका ऐन्द्र महाभिषेक कवष ऐलूष के पौत्र तुरा कावशेय ने किया था।[4] ये दोनों अभिमन्यु के पुत्र और पौत्र से भिन्न थे जो बहुत आगे चलकर हुए। जनमेजय ने गार्ग्य ऋषि के पुत्र को कठोर वचन कहने के कारण मार डाला। इस कारण उसे सिंहासन से उतार दिया गया। उसके पुरोहित इन्द्रोत दैवाप शौनक ने उससे अश्वमेध यज्ञ कराके इस पाप से छुटकारा दिलाया परन्तु फिर भी वह अपना सिंहासन न प्राप्त कर सका।[5]

इसके बाद जन्हु के पुत्र **सुरथ**[6] को राज्यसिंहासन मिला और दूसरे पुत्र का वंश कौरव वंश बन गया।

सुरथ का पाँचवाँ वंशज **प्रतीप** था जो दक्षिण पांचाल के राजा ब्रह्मदत्त का समकालीन था एवं भीष्म का पितामह था।[7] महाभारत में इसका पूरा वंशक्रम दिया है। इसकी

---

1. महाभारत, आश्वमेधिक पर्व 89.43; भागवत पुराण 1.46; 10.34; 16.12; ब्रह्माण्ड पुराण 3.13.100; वायु पुराण 77.93
2. अथर्ववेद 20.127.7-10; ऐतरेय ब्राह्मण 6.32.10; कौशीतकी ब्राह्मण 30.5; गोपथ ब्राह्मण 2.6.12; सांख्यायन श्रौतसूत्र 12.17; सांख्यायन ब्राह्मण 30.5
3. शतपथ ब्राह्मण 13.5.4.1; ऐतरेय ब्राह्मण 7.34; 8.11; सांख्यायन श्रौतसूत्र 16.8.27
4. ऐतरेय ब्राह्मण 8.21
5. शतपथ ब्राह्मण 13.5.3.5
6. मत्स्य पुराण 50.34
7. हरिवंश 1.20.11-12

पत्नी का नाम शैव्या सुनन्दा था। जिससे इसे देवापि, बाल्हीक तथा शान्तनु नामक पुत्र थे।[1]

देवापि ज्येष्ठ पुत्र था, किन्तु उसे त्वचा-दोष था।[2] इसलिये प्रतीप के बाद उसने राज्य लेने से मना कर दिया। **बाल्हीक** दूसरा भाई था। शिवि देश के राजा के कोई पुत्र नहीं था, इस कारण उसने अपनी पुत्री सुनन्दा के पुत्र को गोद ले लिया। उसी के ऊपर पंजाब का वह भाग ऐतिहासिक समय में बाल्हीक कहलाया।[3] इस कारण देवापि ने प्रजा के प्रतिनिधियों के सामने **शान्तनु** को राज्य सौंप दिया और स्वयं वन को चला गया।[4] उसके जाने के बाद बारह वर्ष तक वर्षा न होने से राज्य में त्राहि-त्राहि मच गई। प्रजा सोचने लगी कि यह अधर्म का काम हुआ है कि बड़े भाई के रहते राज्य छोटे भाई को मिला। शान्तनु प्रजा के साथ वन में गया जहाँ पर देवापि रहता था। देवापि प्रजा की हालत देखकर बहुत दुखी हुआ किन्तु उसने राज्य लेना फिर अस्वीकार कर दिया। देवापि ने कहा–मैं चलकर इन्द्र को प्रसन्न कर वर्षा के लिये यज्ञ करता हूँ। ऋत्विज बन कर उसने ब्रह्मस्पति और इन्द्र की प्रशंसा से स्वयंरचित सूक्त पढ़े। यज्ञ सफल हुआ, अत्यन्त वर्षा हुई। सब कुछ फिर हरा भरा हो गया।[5]

शान्तनु पुराणों में वैद्य के रूप में प्रसिद्ध है। शान्तनु की कहानी से महाभारत आरम्भ होती है जिसे भारत का बच्चा बच्चा जानता है।

पूर्वसाम

कुरु के पौत्र सुरथ के साथ का अयोध्या का सूर्यवंशी राजा **हिरण्यनाभ** था। उसी समय भारत वंश की एक छोटी शाखा, जो कोशल के पड़ौस में राज्य करती थी, का राजा कृत हुआ। **कृत** हिरण्यनाभ कौशल्य का शिष्य था। दोनों ने मिलकर सामों की संहिता बनाई जो पूर्व साम कहलाई।[6]

ब्राह्मी लिपि को अन्तिम रूप

कौरव प्रतीप के समय दक्षिण पांचाल का महान् राजा ब्रह्मदत्त था।[7] उसका एक मन्त्री कण्डरीक पांचाल और दूसरा सुबालक बाभ्रव्य पांचाल था।[8] तीनों जैगीषव्य मुनि

1. महाभारत, आदि पर्व 90.41-46
2. मत्स्य पुराण 50.39
3. मत्स्य पुराण 50.39
4. भागवत पुराण 9.22
5. ऋग्वेद 10.95-98; बृहद्देवता 7.155-157; 8.1-8; निरुक्त 2.10-11
6. वायु पुराण 88.207
7. महाभारत, शान्ति पर्व 137; हरिवंश 1.20.11-12
8. मत्स्य पुराण 20.24; 21.30; हरिवंश 1.20.13

के शिष्य थे। ब्रह्मदत्त ने जैगीषव्य ऋषि से योगविद्या प्राप्त कर, योगतन्त्र नामक ग्रन्थ का निर्माण किया था।[1] यह वेदशास्त्रविद् था। इसने अथर्ववेद के तथा कण्डरीक पांचाल ने सामवेद के क्रमपाठ की रचना की थी।[2]

सुबालक बाभ्रव्य को 'बह्वृच' एवं 'आचार्य' की उपाधियाँ प्राप्त थीं।[3] इसने ऋग्वेद की शिक्षा तैयार करके उसका प्रचार किया। इसने ऋक्-संहिता का क्रमपाठ पहले पहल निश्चित किया।[4] ऋक्-संहिता के क्रमपाठ की रचना का श्रेय वैदिक ग्रन्थों में भी इसे दिया गया है। पाणिनि ने भी बाभ्रव्य तथा इसके द्वारा रचित क्रम का निर्देश किया है।[5] ध्वनियों की छानबीन पहले चल रही थी, इसने उनके सिद्धान्त निश्चित कर दिये। दूसरे शब्दों में ब्राह्मी वर्णमाला महाभारत युद्ध से आठ पीढ़ी पूर्व लगभग 1550 ईसा पूर्व में सुबालक बाभ्रव्य द्वारा पूर्ण की गई। इसी कारण इसके बाद सब कानों-कान चले आते सूक्तों और गीतों और सुभाषितों की संहिताओं की लहर चल पड़ी। उन संहिताओं का अन्तिम एकत्रीकरण तथा संस्करण वेदव्यास ने किया।

वसु

कुरु का तीसरा पुत्र **सुधन्वन्** था। इसका चतुर्थ वंशज **वसु** था। वसु ने यादवों से चेदि जीत ली और 'चैद्योपरिचर' की उपाधि ग्रहण की।[6] वसु इसका नाम था, उपरिचर इसकी पदवी थी। शुक्तिमती (केन) नदी के तट पर शुक्तिमती नगर को इसने अपनी राजधानी बनाया। पास के कोलाहल पर्वत में एक विवर बनाकर इसने नदी के लिए मार्ग बना दिया। वसु ने सबसे पहले इन्द्र वह नाम का उत्सव आरम्भ किया। इसमें एक बाँस की छड़ी की भूमि में थोड़ा भाग गाड़कर, शेष को वस्त्राभूषण से सजाकर तथा गन्धपुष्पों से अलंकृत करके पूजा की जाती थी। इसने यज्ञ में पशुहिंसा का भी आरम्भ किया।[7]

इसके पाँच पुत्र थे—बृहद्रथ, प्रत्यग्रह, कुशांब, मावेल्ल और यदु। इसने अपने पुत्रों को अलग-अलग राज्य दिये।[8] **बृहद्रथ** ने मगध में प्रसिद्ध बार्हद्रथ वंश आरम्भ किया जिसमें आगे चलकर महान् सम्राट् **जरासन्ध** हुआ। **कुशांब** ने कौशाम्बी में राज्य किया।

---

1. भागवत पुराण 9.22.26
2. महाभारत, शान्ति पर्व 330;38-39
3. हरिवंश 1.23.21
4. पद्म पुराण पा. 10; हरिवंश 1.24.32; महाभारत, शान्ति पर्व 330.37-38
5. पाणिनि सूत्र 4.1.106; 2.61
6. वायु पुराण 94; ब्रह्माण्ड पुराण 3.6.8; हरिवंश 1.30; ब्रह्म पुराण 12, महाभारत आश्वमेधिक पर्व 57
7. मत्स्य पुराण 142
8. महाभारत, अश्वामेधिक पर्व 57.28-29

यदु ने कुरूष पर राज्य किया। **प्रत्यग्रह** ने चेदि में राज्य किया जिसका वंशज **शिशुपाल** हुआ। **मावेल्ल** को मत्स्य देश मिला जिसका वंशज विराट था।[1]

पृषत

भरत के द्विमीढ कुल के उग्रायुध ने पांचाल के राजा, ब्रह्मदत्त के प्रपौत्र जनमेजय दुर्बुद्धि पर आक्रमण किया और उसे मार डाला। जनमेजय के पौत्र **पृषत** ने भागकर दक्षिण पांचाल के नगर काम्पिल्य में शरण ली। शान्तनु के मरने के बाद उग्रायुध ने सत्यवती को मांगा और कौरव राज्य पर आक्रमण किया। भीष्म ने उसे मार डाला और पृषत को लाकर अहिच्छत्र की गद्दी पर बैठाया। पृषत बहुत जल्दी मर गया और उसके बाद युवावस्था में पुत्र **द्रुपद** गद्दी पर बैठा। आगे चलकर द्रोण ने कौरवों पाण्डवों के साथ द्रुपद पर हमला किया और हराकर उत्तर पांचाल छीन लिया, केवल दक्षिण पांचाल उसे दिया।

यादव कुल

चन्द्रवंश के यादव कुल का **भीम सात्वत** बड़ा प्रतापी राजा हुआ। इसने शत्रुघ्न के पुत्र को हराकर मथुरा छीन ली और इस प्रकार सूर्यवंश का प्रभाव पूर्व में अयोध्या तक ही सीमित कर दिया।

भीम सात्वत के चार पुत्र थे–भजमान, देववृद्ध, अन्धक और वृष्णि। **देववृद्ध** ने पश्चिम मालवा में पर्णास (बनास) नदी के तट पर राज्य किया। इसके वंशज माउण्ट अबू के निकट शाल्व प्रदेश में मार्त्तिकावत के भोज थे।

भीम और कौसल्या का तीसरा पुत्र **अन्धक** था।[2] इससे अन्धक वंश का आरम्भ होता है। यह मथुरा में राज्य करता था। इसके दो पुत्र हुए। कुकुर और भजमान। कुकुर से स्वतन्त्र कुकुर वंश चला जिसमें आगे चलकर उग्रसेन और कंस हुए। भजमान के वंशजों को अन्धक वंश की उपाधि मिली। इसमें आगे चलकर प्रसिद्ध वीर **कृतवर्मा** हुआ[3] जो महाभारत युद्ध में कौरवों की ओर का बचा रहा था परन्तु बाद में सात्यकि द्वारा मारा गया।

कुकुर का आगे चलकर आहुक वंशज हुआ जिसकी रानी काशी राजकन्या थी। इसके अनेक पुत्र थे जिनमें उग्रसेन और देवक प्रसिद्ध हैं। **उग्रसेन** के नौ पुत्र और पाँच पुत्री थे जिनमें **कंस** सबसे बड़ा था। **देवक** के चार पुत्र और सात पुत्री थीं।

भीम का चतुर्थ पुत्र **वृष्णि** था जिससे वृष्णि कुल चला।[4] इसके चार पुत्र थे–सुमित्र, युधाजित्, देवमीढुष और अनमित्र। सुमित्र के निघ्न पुत्र और आगे चलकर प्रसेन और

---

1. महाभारत, द्रोण पर्व 91
2. हरिवंश 1.37.2
3. भागवत पुराण 9.24.7–24; विष्णु पुराण 4.14.3–7
4. ब्रह्म पुराण 14.2–15,31; हरिवंश 1.34; भागवत पुराण 9.24.12–18

सत्राजित हुए जिन्होंने कृष्ण पर स्यमन्तक मणि पर लेने का आरोप लगाया और फिर अपनी पुत्री सत्यभामा कृष्ण को ब्याह दी। युधाजित् के आगे चलकर **अक्रूर** हुए। देवमीढुष की पत्नी इक्ष्वाकु कन्या अश्मकी थी। उसके पुत्र **शूर** ने भोजकन्या मारीषा से विवाह किया। शूर के दस पुत्र और पाँच पुत्री थे जिनमें ज्येष्ठ **वसुदेव** था। वसुदेव ने कुकुर देवक की सातों कन्याओं से विवाह किया जिनमें सबसे बड़ी **देवकी** थी। वसुदेव और देवकी के पुत्र **बलराम** और **कृष्ण** हुए। शूर ने पुत्री पृथा अपने मित्र कुन्तिभोज को गोद दे दी, इससे उसका नाम **कुन्ती** पड़ गया और वह छोटे कौरव भाई **पाण्डु** को ब्याही गई। एक अन्य पुत्री श्रुतदेवा थी जो कारुषराज वृद्धशर्मा को ब्याही गई। दूसरी श्रुतश्रवा थी जो चेदिराज दमघोष को ब्याही गई। इनका पुत्र **शिशुपाल** हुआ।

महाभारत युद्ध का काल

महाभारत युद्ध की तिथि पुराणों के अनुसार नन्द के राज्यारोहण से 1015 या 1050 वर्ष पूर्व है। नन्द का राज्यारोहण 382 ई. पू. है उससे महाभारत युद्ध 1407 ईसा पूर्व या 1432 ई. पू. या इसके आस-पास प्रमाणित होता है। इसके अन्य भी प्रमाण हैं।[1] एक नया प्रमाण नीचे दिया जाता है।

नेपाल के राजगुरु पं. हेमराज शर्मा के पास एक ग्रन्थ सुमतितन्त्र' है। वह ग्रन्थ सन् 576 के आस-पास लिखा गया था। उसकी एक प्रति ब्रिटिश म्यूजियम में भी है।[2] उसमें लिखने की तारीख़ दी है–युधिष्ठिर राज्याब्द 2000, नन्द राज्याब्द 800, चन्द्रगुप्त राज्याब्द 132, शूद्रकदेव राज्याब्द 247 वर्ष, शक राज्याबाद 498। शक संवत् सन् 78 से आरम्भ हुआ, सो ग्रन्थ लिखा गया 78+498=576 ई. इस हिसाब से युधिष्ठिर का राज्यारोहण 2000−576=1424 ईसा पूर्व हुआ।

गोपों का गोकुल से पलायन

कृष्ण के जन्म से कुछ वर्ष बाद गोकुल को घेरे वनों से निकलकर भयंकर भेड़ियों ने गोपों को सताना आरम्भ किया। उनके भय के कारण सारी बस्ती गोकुल से उठकर वृन्दावन चली आई।

कर्ण का अंग देश

अर्जुन और कर्ण के झगड़े के समय कृपाचार्य ने कर्ण को अर्जुन से लड़ना अनुचित ठहराया था, क्योंकि वह सूतपुत्र था। तब उसी समय दुर्योधन ने उसे अंग देश का

1. देखिये पीछे, पृष्ठ 6-8
2. 'नेपाल का कालक्रम', बिहार उड़ीसा रिसर्च सोसायटी का जर्नल, भाग 22, अंश 3, पृ. 191-195

राजा बना दिया था। क्या वह अंग देश मगध के पूर्व का अंग देश था? मगध में महान् जरासन्ध के रहते हुए वह कौरवों के अधिकार में कैसे आया? उस समय अंग हस्तिनापुर के आस-पास किसी नगर या प्रदेश का नाम था।

1. यहीं अंग था, पूर्व का नहीं।

2. दुर्योधन का उस अंग से क्या वास्ता हो सकता है?

3. अर्जुन मणिपुर जाते हुए अंग रुका था और दान दिया था।

4. दुर्योधन के पौण्डरीक यज्ञ में कर्ण की दिग्विजय में अंग का उल्लेख है।

5. महाभारत के अनुसार जरासन्ध अंग, बंग आदि का सम्राट् था।

6. अश्वमेध के घोड़े के साथ अर्जुन अंग, काशी, कोशल, किरात और तंगण गया।

7. द्रोण पर्व में वासुदेव ने अंग को युद्ध में हराया।

8. शान्ति पर्व में अंग के राजा वसुपमा ने हिमालय के कछार में युंजवत् नामक स्वर्ण-पहाड़ के दर्शन किये, जबकि कर्ण का पुत्र वृषसेन और पोता पृथुसेन था।

गौड़ देश

भारतीय संस्कृति में गौड़ ब्राह्मण को सारस्वत ब्राह्मण से ऊँचा माना गया है। यह जानकर बड़ा अचम्भा होता है। गौड़ देश (बंगाल) में नीची जाति रहती थी, वहाँ ब्राह्मणों के पाँच कुलों को कन्नौज से ले जाकर सेन वंश के संस्थापक बल्लालसेन ने बसाये थे। फिर वे कैसे सारस्वत देश के ब्राह्मणों से श्रेष्ठ हो गये?

प्राचीन समय में गौड़ प्रदेश गंगा और यमुना के मध्य पहाड़ों से नीचे का प्रदेश कहलाता था—हरिद्वार, कनखल, रुड़की के आस-पास। सरस्वती के सूख जाने पर महान् ऋषियों ने यहीं आश्रम बसाये थे। सरस्वती के आस-पास कुछ छोटे-मोटे मुनि रह गये थे। इसी कारण गौड़ ऋषि सारस्वत ऋषि से श्रेष्ठ समझे गये।

प्रलय

सन् 1956 में ग्रीक प्रोफेसर एंजेलो गॅनलोपौलस् की एक आकस्मिक खोज से सैन्टोरिनी की क्रीट सभ्यता का विनाश का पता लगा। क्रीट की मिनोअन सभ्यता प्राचीन इतिहास की एक महान् सभ्यता थी और वह वर्तमान यूरोपियन सभ्यता की अग्रगामी है। इस खोज से पहले तक यह पता नहीं था कि इस सभ्यता का विनाश कैसे हुआ। लगभग 1400 ईसा पूर्व के किसी दिन (जैसा कि रेडियोकार्बन परीक्षण से पता लगा है) क्रीट से 70 मील उत्तर का सुन्दर स्ट्रॉघंली द्वीप अपने ज्वालामुखी पर्वत के विस्फोट से टुकड़े-टुकड़े हो गया और सागर में समा गया। आज सैन्टोरिनी के द्वीप उसके अवशेष बचे हैं, वे भी लावे की 100 फुट गहरी परत में दबे है।

इस विस्फोट का प्रभाव 1883 के इन्डोनेशिया के आकातोआ विस्फोट से कुछ-कुछ समझा जा सकता है, जबकि वह इससे बहुत छोटा था। क्राकातोआ ज्वालामुखी केवल

1460 फुट ऊँचा था जबकि स्ट्रॉघंली का ज्वालामुखी 4900 फुट ऊँच था। क्राकातोआ के विस्फोट ने अग्नि की धूल 30 मील ऊँचे स्तम्भ की तरह फेंकी और गरम पत्थर 50 मील तक बरसे। उस धूल ने सारे संसार का चक्कर लगाया। महीनों बाद तक संयुक्त राज्य अमेरिका के पूर्वी तटों में सूर्योस्त ऐसा लाल हो उठता था कि फायर इंजिनों को झूठे चक्कर लगाने पड़ते थे। जब विस्फोट रुका तब वह खोखला पर्वत सागर में समा गया जिससे इतनी बड़ी लहरें उठीं कि समुद्रतटीय 295 नगर नष्ट हो गये। उस विस्फोट के शब्द से 480 मील दूर तक के घर थर्रा गये और 2000 मील तक वह सुनाई पड़ा।

इस प्रलय का हम भली-भाँति अनुमान लगा सकते हैं। इसने मिनोअन सभ्यता को पूरी तरह नष्ट कर दिया। इसके डूबने पर 1 मील ऊँची लहरें उठीं जो 200 मील प्रति घंटा की रफ्तार से क्रीट पर जा टकराईं। साथ ही मिस्र के डेल्टा पर टकराईं। सीरिया का प्राचीन प्रसिद्ध उगारित बन्दरगाह जो 640 मील पर था डूब गया। जो कुछ मिनोअन बचे वे भागकर यूनान के प्रायद्वीप पर चले गये और तब से ही यूनानी सभ्यता का आरम्भ हुआ।

इसी विस्फोट का मिस्र पर भयानक प्रभाव पड़ा। बाइबिल में वर्णित 10 प्लेग जो मिस्र पर आये इसी विस्फोट के नतीजे थे। पानी लाल हो गया, मछली मर गई। वातचक्र आये। मेंढक तट पर आ गये। तीन दिन भूमि पर अंधेरा छाया रहा। आदि इनमें गुलाम इज्रेलियों की सहायता मिली और वे मूसा के नेतृत्व में Promised Land की ओर लौटे। वे सरबनीस झील में उगे 'नरकुलों के समुद्र' में एक सूखी पट्टी से लौट रहे थे। जैसे ही वे पार हुए, द्वीप डूबने की लहरें आईं और पीछा करती पेरोए की सेना को डुबो गई।

इसी की अनुगूंज भागवत पुराण में सुनाई पड़ती है। भूकम्प के पहले दिन ही कृष्ण ने द्वारकावसियों से कहा, "आज द्वारका में चारों ओर से महा उत्पात और आँधियाँ उठ रही हैं।" और उन्होंने उद्धव को बताया था, "आज से सातवें दिन समुद्र को इस द्वारका को डुबो देगा।"[1] द्वारका के साथ[2] इसी समय लंका भी डूब गई और दक्षिण की मदुरा (मथुरा) भी जहाँ पहला तमिळ संगम हुआ था।

प्राचीन पुराण

महर्षि वेदव्यास ने पुराण की रचना की और उसे अपने छह शिष्यों को पढ़ाया।—आत्रेय सुमति, कश्यप अकृतव्रण, भारद्वाज अग्निवर्चः, वशिष्ठ मित्रयु, सावर्णि सौमदत्ति और सुशर्मा शांशपायन। आदि पुराण चार हज़ार श्लोकों की थी। और अब लाखों श्लोक हैं।

---

1. भागवत पुराण 11.73
2. महाभारत, मौसल पर्व 8.40

परीक्षित

महाभारत युद्ध का परिणाम परीक्षित को भुगतना पड़ा। उसका राज्य सरस्वती से गंगा तक मध्य भाग में था। हस्तिनापुर राजधानी थी। मानव शक्ति नष्ट हो गई थी, आदि जातियाँ फिर उभरी रही थीं।

उसने अपने राज्य से कलि को मार भगाया—का अर्थ यही है कि प्रजा को फिर सुखी और समृद्ध किया। उसने आखेट के समय भूख प्यास से व्याकुल होकर एक मौनी ऋषि शमीक का अपमान कर दिया। ऋषि का पुत्र श्रृंगी क्रुद्ध होकर नागों के राजा तक्षक से जा मिला और उसे उकसाया। नागों ने परीक्षित पर चढ़ाई की और तक्षक ने परीक्षित को मार डाला।

अथर्ववेद में प्राप्त स्तुति के एक प्रसिद्ध संगीत का नायक परीक्षित है। उसे 'विश्वजनीन' राजा कहा गया है। उसके राज्य में दूध और मधु की नदियाँ बहती थीं। उसका पुत्र जनमेजय पृथ्वी की प्रदक्षिणा करने और प्रत्येक दिशा में पूर्ण विजय के कारण सम्मिलित था।

जनमेजय

परीक्षित की हत्या के समय **जनमेजय** अवयस्क था जब वह सिंहासन पर बैठा। वयस्क होने पर इसने नागों पर आक्रमण किया और नागों को चुन चुनकर मारना शुरू किया। किन्तु तक्षक इसके हाथ नहीं आया। उसका पीछा करते-करते यह तक्षशिला तक जा पहुँचा। वहाँ इसने महान् यज्ञ किया जिसमें **वैशम्पायन** ने इसे महाभारत सुनाई। नागों को मारने से इसे आस्तीक ने रोका। केकय का राजा अश्वपति इसकी अधीनता मानता था।

जनमेजय का छोटा भाई **कक्षसेन** इन्द्रप्रस्थ के सिंहासन पर बैठा था। उसका पुत्र **अभिप्रतारिन्** हुआ जिसने खाण्डव में यज्ञ किया था। इस यज्ञ का पुरोहित **दृति** था।

जनमेजय का पुत्र **शतानिक** हस्तिनापुर के सिंहासन पर बैठा। उसने विदेह राजकन्या से विवाह किया। विदेह का राजा **जनक उग्रसेन** था जिसका पुरोहित वैशम्पायन का चेला **याज्ञवल्क्य** था। दोनों महान् दार्शनिक थे। उस समय अन्य दार्शनिक भी हुए—उद्दालक आरुणि, श्वेतकेतु, पांचाल का प्रवाहण जाबालि, गार्गी, आदि।[1] यह उपनिषदों का युग था।

शतानिक के उपरान्त **अश्वमेधदत्त** और उसके बाद उसका बेटा **अधिसीमकृष्ण** गद्दी पर बैठा। इसका सामयिक अयोध्या का राजा दिवाकर और बार्हद्रथ कुल का मगध में सेनाजित था। इसके समय में अयोध्या के पश्चिम में नैमिषारण्य में बारह

1. देखिये लेखक का 'उपनिषद्-पथ के राही'।

वर्षीय यज्ञ हुआ जिसका मुख्य पुरोहित **शौनक** था जिसमें पुराण का पाठ हुआ। अर्थात् सारा ऐतिहासिक विवरण एकत्र किया गया।

उसके पुत्र **निचक्षु** के समय हस्तिनापुर पर विपत्ति आई। ओलों या टिड्डियों ने फसल को चौपट कर दिया। धुआँधार वर्षा हुई, गंगा में बाढ़ आई और वह हस्तिनापुर को बहाकर ले गई। 1956 में श्री बी.बी. लाल की हस्तिनापुर की खुदाई से पुराणों के इस बाढ़ के विवरण की सत्यता सिद्ध हो गई।

निचक्षु ने सब कुरु जन को एकत्र किया और गंगा के सहारे-सहारे नीचे उतर गया। कौशाम्बी में उसने नया राज्य बसाया जिसमें अनेक राजा हुए। इनमें प्रसिद्ध शतानिक (परान्तप) हुआ जिसने अंग के राजा दधिवर्मन के समय उसकी राजधानी चम्पा पर आक्रमण किया। उसका पुत्र बुद्ध के समय में प्रसिद्ध राजा उदयन हुआ।

कोसल

कोसल का राजा बृहद्बल महाभारत युद्ध में मारा गया था। उसका छठा वंशज **दिवाकर** था जो अधिसीमकृष्ण का सामयिक था। इसके समय में पुराण का पाठ हुआ। कोसल की तीन राजधानी प्रसिद्ध थीं–अयोध्या, साकेत (सरयू के आमने-सामने के तटों पर स्थित) और श्रावस्ती। बौद्ध काल में श्रावस्ती राजधानी थी और साकेत प्रसिद्ध नगर था।

कोसल-काशी युद्ध

कुछ आगे के समय में प्रसिद्ध कोसल-काशी युद्ध हुआ। उस समय काशी का राजा ब्रह्मदत्त था जो जातक-कथाओं में बहुत प्रसिद्ध है। उसने कोसल के राजा दिधिति को जीत लिया।

कोसल के राजा और रानी काशी में छद्म वेश में रहते हुए पकड़े गये और ब्रह्मदत्त ने उनकी हत्या का आदेश दिया।

कोसल राजकुमार दिघायु को उसने स्वयं पाला-पोसा और अपना सेनानायक बनाया। एक बार आखेट खेलने ब्रह्मदत्त और दिघायु गए। वन में थककर ब्रह्मदत्त दिघायु की गोद में सिर रखकर सो गया। दिघायु के मन में झंझावात चला कि इस समय राजा को मार कर वह अपने माता-पिता का बदला चुका ले। बार-बार मन मारने को करता पर रुक जाता। आखिर उसने राजा को जगाकर अपने मन का चोर कह दिया। ब्रह्मदत्त बहुत खुश हुआ और उसने कोसल का राज्य दिघायु को वापस कर दिया।

तीसरी स्टेज में काशिराज की धार्मिक प्रवृत्ति से प्रोत्साहित होकर दिघायु ने काशी पर आक्रमण किया और उसे हराकर अपना बदला चुकाया।

फिर उसके वंशज **महाकोसल** ने काशी को जीतकर अपने राज्य में मिला लिया। उसने अपनी पुत्री कोसलादेवी मगधराज बिम्बिसार को ब्याही। उसका बेटा प्रसेनजित हुआ जिसने ऐतिहासिक काल में सबसे पहले साम्राज्य का सपना देखा।

उस समय काशी भारत की सबसे बड़ी नगरी थी जो बारह योजन में बसी थी। उसके बाद सात-सात योजन में बसे इन्द्रप्रस्थ और मिथिला थे। काशी का प्रताप सबसे अधिक था। उसका कोसल से युद्ध चलता था। और विदेह से भी युद्ध हुआ था। अस्सक जातक में काशी का प्रताप अस्सक (अश्मक) की राजधानी पोतलि (गोदावरी नदी पर बसा) तक था।

जनकों का अन्त

विदेह में जनकों की परम्परा चल रही थी। अन्तिम जनक कराल जनक था जो एक ब्राह्मण कन्या से दुराचार करने के कारण मार डाला गया।[1] फिर वहाँ जनतन्त्र स्थापित हो गया। बुद्ध के समय उस प्रदेश में वज्जि संघ स्थापित था। मिथिला की महत्ता घट गई थी, वैशाली प्रमुख हो उठी थी।

मगध

मगध में जरासन्ध के भीम द्वारा मारे जाने पर कृष्ण ने उसके पुत्र **सहदेव** को सिंहासन पर बैठाया। सहदेव का पुत्र **सोमाधि** था जिसने **गिरिवराज** का नगर बसाकर उसे अपनी राजधानी बनाया। उसकी अनेक पीढ़ियों के बाद रिपुञ्जय नाम का राजा था जिसे उसके मन्त्री पुलिक ने मार डाला। इसके बाद प्रसिद्ध राजा बिम्बिसार श्रेणिक हुआ जिसने गिरिवराज से लगा हुआ **राजगृह** बसाया। उसने अंग जीतकर अपने राज्य में मिला लिया। इस प्रकार मगध साम्राज्यवाद का पहला पग उठा जिसकी परिणति महापद्मनन्द तथा उसके बाद चन्द्रगुप्त मौर्य के साम्राज्य में हुई।

---

1. कौटिल्य: अर्थशास्त्र

अग्रसेन की लक्ष्मी-पूजा
(लगभग 1300 ईसा पूर्व)

वैवस्वत मनु के वैशालक वंश में जनमेजय के आस-पास राजा वल्लभ का पुत्र अग्रसेन हुआ। उसकी इन्द्र से लड़ाई हुई–वर्षा नहीं हुई, इस कारण उसके राज्य में दुर्भिक्ष पड़ गया। उसने महालक्ष्मी की पूजा आरम्भ की। अग्रसेन कोलपुर गया जहाँ नागों के राजा महोरथ की कन्या का स्वयंवर था। अनेक राजा आये थे पर सफल अग्रसेन हुआ।

राजधानी लौटकर फिर उसने यज्ञ किया। इन्द्र ने नारद को भेजकर सन्धि की। वह स्थान जहाँ इन्द्र को वश में किया हरिद्वार से चौदह कोस पश्चिम में यमुना गंगा के बीच में था। वहाँ राजा ने स्मारक बनाया।

उसने एक नवीन नगर की स्थापना की और अपने वंश वालों को बसाया। इसमें करोड़ों रुपए व्यय किये। यह चार मुख्य सड़कों द्वारा विभक्त था। दोनों ओर राजप्रासाद और ऊँची-ऊँची इमारतें थीं। उद्यान और कमल से भरे ताल थे। बीच में देवी महालक्ष्मी का विशाल मन्दिर था। (आज के अगरोहा के खंडहर)

उसने गर्ग ऋषि को पुरोहित बनाकर सत्रह यज्ञ पूरे किये और एक यज्ञ अधूरा रोक दिया। वृद्ध होने पर पुत्र विभु को गद्दी पर बैठाकर दक्षिण में गोदावरी के तट पर ब्रह्मसर में घोर तप किया और मृत्यु को प्राप्त हुआ।

इसकी तिथि–कलियुग आरम्भ होने के 108 वर्ष बाद तक राज्य किया। विभु का राज्यारोहण 108 कलियुग संवत है। इसका अर्थ हुआ जनमेजय के साथ या कुछ पीछे। तभी नाग उभरे थे।

यह वंशकर राजा था। अपने नाम पर इसने राजधानी अग्र बसाई। उसमें रहने वाले पहले आग्रेय, फिर अग्रवाल कहलाये। उसमें साढ़े सत्रह गोत्र–हर यज्ञ पर एक गोत्र को नाम दिया–बसाये।

बाद में अग्रवालों ने मथुरा के पास आगरा और फिर मध्य प्रदेश में आगर आदि बसाये।

यह अग्रवाल वंश बाद में बहुत प्रसिद्ध हुआ। चन्द्रगुप्त मौर्य, चन्द्रगुप्त विक्रमादित्य, मिहिरकुल-विजेता यशोमर्धन विष्णुवर्धन और हर्षवर्धन इसी कुल के थे। ऐतिहासिक समय में इसी कुल ने सबसे प्रमुख भाग लिया।

पार्श्वनाथ

(लगभग 777 ईसा पूर्व)

पार्श्वनाथ जैनियों के तेइसवें तीर्थंकर थे। वे बनारस के राजा अश्वसेन और वर्मला (वामा) के पुत्र थे। 30 वर्ष की अवस्था में इन्होंने गृहत्याग किया और सम्मेद शिखर पर्वत (पारसनाथ पहाड़ी–गया से आगे) घोर तपस्या की तथा केवल ज्ञान प्राप्त किया। 70 वर्ष की आयु तक इन्होंने उपदेश और प्रचार किया। तत्पश्चात् सम्मेद शिखर पर प्राण त्याग दिये।

हिन्दू धर्म समन्वयात्मक

1. निगमागम धर्म कहा जाता है। दूसरे शब्दों में निगम (वैदिक परम्परा) और आगम (प्राचीनतर प्राग्वैदिक काल से आती हुई वैदिकतर धार्मिक परम्परा) धर्मों का समन्वित रूप है।

2. सनातनी पण्डित कहते हैं हमारे धर्म का आधार केवल श्रुति (वेद) न होकर श्रुति-स्मृति-पुराण हैं।

3. इस समन्वय में सबसे बड़ा हाथ महर्षि वेदव्यास का है।

4. पहले ईश्वर केवल शिव के लिये प्रयुक्त (दक्षिण भारत में आज भी), आज देवाधिदेव के लिये।

5. यज्ञ केवल देवताओं के यजनार्थ कर्म को। गीता में वैदिक यज्ञ के साथ तपोयज्ञ, योगयज्ञ, ज्ञानयज्ञ, आदि।

6. वेद शब्द पहले विद्या या ज्ञान के लिये–ऋग्वेद, आयुर्वेद, धनुर्वेद आदि। आज केवल ऋक् संहिताओं के लिये। गोपथ ब्राह्मण में (1.1.10) सर्पवेद, पिशाचवेद, असुरवेद, इतिहासवेद तथा पुराणवेद।

एक चैकोस्लोवाक सज्जन ने बताया कि उनकी भाषा में आजकल भी 'वेद' शब्द प्रयुक्त होता है जिसका अर्थ है साइंस या विज्ञान।

प्राग्वैदिक जातियाँ

1. अथर्ववेद के पृथ्वी-सूक्त में–"जिस पृथ्वी पर पुराने लोगों ने विभिन्न प्रकार के कार्य किये थे और जिस पर देवों ने 'असुरों' पर आक्रमण किये थे। 12.1.5

2. इन जातियों का वर्णन अथर्ववेद में है। 4.19.4, 9.2.10, 8-13.1-2

3. देवों द्वारा पूर्ववर्ती असुरों की पराजय मानकर ही महाभारत, शान्ति पर्व 222-228 अध्यायों की रचना हुई। बृहदारएण्यकोपनिषद् 1.3.1 तथा शतपथ ब्राह्मण 14.4.1.1 में देव कनीयस व असुर ज्येष्ठ थे।

4. 'अमरकोष' में असुरों को पूर्वदेवाः कहा गया है।

5. पुराण, वाल्मीकि रामायण में भारतवर्ष में रहने वाली यक्ष, राक्षस, विद्याधर, नाग आदि जातियाँ हैं जो बाद में 'अमरकोष' में देवयोनिविशेष मान ली गईं।

6. पौराणिक शिव की एक विशेषता यह है कि उसके भूत, प्रेत, पिशाच आदि ही माने गये हैं। राक्षसों और असुरों के वे उपास्य देव हैं।

गिनती में द्रविड़ और कोल, मुण्डा की देन

हमारे रुपये, पैसे और सेर, छटाँक सब द्राविड़ परिवार की देन हैं। 4 और 16 में विभाजन द्रविड़ देन है। वस्तुओं की कोड़ियों (बीस) में गणना मुण्डा (कोल) की देन है। मुण्डी हिन्दी और बिहारी बोलियों में क्रिया की जटिलता भी आग्नेय देन है।

वैदिक और वैदिकेतर विचारधाराओं में द्वन्द्व

1. कर्म और **सन्यास** (प्रवृत्तिमार्ग और **निवृत्तिमार्ग**)

2. संसार और जीवन का उद्देश्य हमारा उत्तरोतर विकास है। इसी का नाम अमृतत्व है। यही निःश्रेयस है।

संसार और जीवन दुःखमय हैं, अतएव हेय हैं। इनसे मोक्ष पाना ही ध्येय।

3. ज्योतिर्मय लोकों की प्रार्थना और नरकों का निरंतर भय।

(नरक शब्द प्रथम तीन वेदों में एक बार भी नहीं, अथर्ववेद में केवल एक बार 'नारक')

4. ऋषि सम्प्रदाय (मन्त्र-द्रष्टा)–हिंसामूलक मांसाहार और तन्मूलक असहिष्णुता तथा मुनि-सम्प्रदाय (ज्ञान, तप, योग, वैराग्य)–अहिंसा, निरामिषता और विचार-सहिष्णुता।

5. वर्ण और जाति के आधार पर सामाजिक भेद भी इसी द्वन्द्व पर आधारित।

6. पुरुषविध देवता और स्त्रीविध देवता।

7. ग्राम और नगर का द्वन्द्व। वैदिक संस्कृति के वाहक तीन वर्णों में नागरिक कलाकौशल और शिल्प का कोई स्थान नहीं। इसके करने वालों की शूद्र में गिनती। शूद्र एक प्रकार से वर्तमान 'नेटिव'।

पुराण का महत्त्व

1. पुराण की इतिहास के साथ गणना की गई है। अथर्ववेद 15.6.11-12 में स्पष्टतया पुराण शब्द प्राग्वैदिक धारा की ओर इंगित करता है। इसी प्रसंग में वायु पुराण (1.54) में कहा गया है कि ब्रह्मा से सब शास्त्रों में सबसे पहले पुराण की सृष्टि हुई और तत्पश्चात् वेदों की।

2. पुराण हिन्दू धर्म के स्वरूप और विकास को समझने के लिये धार्मिक विश्वकोष हैं। ऐतिहासिक सामग्री में भी उनका महत्त्व अनुपम है।

वर्ण-आश्रम

1. बौधायन धर्मसूत्र में स्पष्ट लिखा है (2.11.29-30) कि "आश्रमों का भेद प्रल्हाद के पुत्र कपिल नामक असुर ने किया था।"

2. जहाँ तक चारों आश्रमों का उल्लेख है उनका स्पष्ट रूप से उल्लेख एक भी वेद मन्त्र में नहीं मिलता।

वेद

''वेद 'ईश्वरीय ज्ञान' है तो उसमें पाठ भेद नहीं हो सकता।'' फिर शाखा-भेद क्या है? पाठ-भेद भी हो जाना स्वाभाविक है। शाखाओं में नई ऋचाएँ भी बनीं, पुरानी परिवर्तित हुईं या भूल गए। तभी तो वैदिक वाङ्मय में ऐसी भी ऋचाएँ और मन्त्र मिलते हैं जो उपलब्ध वैदिक संहिताओं में नहीं पाये जाते। परिशिष्ट रूप जोड़े 'खिल सूक्त' क्या है!

अथर्ववेद

अन्य वेदों में मन्त्रों को प्रधानतया वैदिक या श्रौत यज्ञों का अंग मानकर उपयोगिता समझी जाती है। अथर्ववेद में मन्त्र को बहुत ऊँचे स्तर पर रखा गया है। मन्त्र में स्वयं शक्ति है अर्थात् मन्त्र आत्मा में निहित शक्ति को जगाने की कुंजी है। अथर्ववेद को जनता का वेद कहा जा सकता है।

2. इसमें राज-प्रेरणा से अन्य विद्याओं (सर्पवेद, असुरवेद, इतिहासवेद, पुराण वेद) का भी समावेश किया गया है।

वैदिक संहिताओं में 'मुक्ति', 'मोक्ष', 'दु:ख' का एक बार भी प्रयोग नहीं हुआ है। वहाँ अमृतत्व, नि:श्रेयस् की प्राप्ति ही चरम लक्ष्य है।

ऋत और सत्य का सिद्धान्त–

ब्रह्म जगत की सारी प्रक्रिया विभिन्न प्राकृतिक नियमों के अधीन चल रही है। परन्तु उन समस्त नियमों में परस्पर विरोध न होकर ऐक्य विद्यमान है। इसी को ऋत कहते हैं। इसी प्रकार मनुष्य के जीवन के प्रेरक जो भी नैतिक आदर्श हैं उन सब का आधार सत्य है। अपने वास्तविक स्वरूप के प्रति सच्चा रहना यही वास्तविक धर्म है। परन्तु वैदिक आदर्श, इससे भी बढ़कर, ऋत और सत्य को एक ही मौलिक तथ्य के दो रूप मानता है।

वैदिक परम्परा के तीन काल

यास्क ने 'निरुक्त' (1.20) में लिखा है–''प्रारम्भ में ऐसे ऋषि हुए जिन्होंने धर्म का स्वयं साक्षात्कार किया था। उनके पीछे ऐसे लोग आये, जिन्होंने स्वयं धर्म का साक्षात्कार नहीं किया था। उन्होंने उपदेश द्वारा मन्त्रों को प्राप्त किया। उनके भी अनन्तर ऐसे लोग हुए, जिनको मन्त्रोपदेश में रुचि नहीं थी। उन्हीं लोगों ने मन्त्रार्थ को समझने के लिये वेद और वेदांगों का समाम्नान (=संग्रन्थन) किया।''

1. मन्त्र-दर्शन काल — सतयुग–कर्म करना
2. मन्त्र-प्रवचन काल–श्रुति नाम पड़ा। — सतयुग का अन्त।
3. मन्त्र-संग्रथन काल–संहिता नाम पड़ा।

रामायण को संहिता नहीं करते, महाभारत को कहते हैं। संहिता का अर्थ विभिन्न स्रोतों से प्राप्त सामग्री को एकत्र करना। वैदिक कर्मकाण्ड का विकास इसी युग में हुआ। इस बात की पुष्टि मुण्डकोपनिषद् में (1.2.1)–"मन्त्रों में देखे गये कर्मों को ही पीछे से त्रेता[1] में बहुत प्रकार से विस्तृत किया गया।" इस युग का नाम भी त्रेता पड़ा। भागवत पुराण[2] और विष्णु पुराण[3]

1. पहले युग का एक ऋषि कहता है–मैं तो एक कवि हूँ, मेरा पिता वैद्य है और माता पिसनहारी है। अनेक वैश्य ऋषि, राजन्य ऋषि। वह समय विशुद्ध जन-तन्त्र तथा साम्यवाद का था। समस्त ऋग्वेद में वैश्य, राजन्य और शूद्र केवल एक बार आये हैं। वह भी पुरुष सूक्त में जो अन्तिम काल की रचना है।

2. इसके पश्चात् उन लोगों की परम्परा चली जिनको उन ऋषियों के उपदेश के सम्प्रदाय से मन्त्रों की प्राप्ति होती रही और उनके जीवन को भी ऋषियों के जीवन से प्रेरणा और वैदिक जीवन का आदर्श मिलता रहा।

3. इसमें जनता में आलस्य और अकर्मण्यता कि उनका उपास्य देव उनसे दूर और पहुँच से बाहर है; और अपने कर्तव्य का भार पुरोहित वर्ग पर छोड़ दिया। पुरोहितों ने धीरे-धीरे जनता को दुहना शुरु किया और कर्मकाण्ड दिन दूना रात चौगुना बढ़ने लगा।

रूढ़िमूलक वर्गवाद का विरोध

ऋग्वेद (8.92.30) और अथर्ववेद (20.60.3) में आया है 'हे इन्द्र, तुम एक याज्ञिक ब्राह्मण की तरह आलसी न हो जाओ।"

ऋग्वेद 10.71.5 में–"पुष्प-फल-रूपी अर्थ के बिना जो केवल शब्द-मात्र से वाणी को पढ़ता है वह मानो दूध न देने वाली कृत्रिम गौ के साथ घूमता फिरता है।"

कालिदास ने 'विक्रमोर्वशीय' में प्रजापति को भी 'वेदाभ्यासजड:' कहा है। वेदभ्यास जड़ता या मन्दता का प्रतीक हो गया। तभी पुराण, महाभारत आदि इस बात से बहुत खिन्न थे। महाभारत शान्ति पर्व 10.1, उद्योग पर्व 132.6, भागवत 6.3.25, देवीभागवत 12.6, भागवत 4.2.20-26, महाभारत अनुशासन पर्व 35.13-16।

ब्राह्मणों की पृथकत्व भावना पर शतपथ ब्राह्मण, 8.7.2.3 में "चयन में वह दूसरी इष्टकाओं को पृथक्-पृथक् यजुर्वेद के मन्त्रों से रखता है, जिससे क्षत्र की अपेक्षा पृथक्-पृथक् अर्थात् अनैक्य से बोलने वाली और विभिन्न चित्त वाली प्रजा में दुर्बलता रहे।" ने खेद प्रकट किया है।

ऋत्विजों की व्यावसायिक दुर्बलता पर ऋग्वेद 9.112.1 "जैसे कारीगर टूटी हुई वस्तु के लिये, अथवा वैद्य बीमारी के लिये, इसी प्रकार ब्राह्मण सोम-याग करने वाले के लिये इच्छुक रहता है।"

---

1. यहाँ त्रेता का अर्थ वेदत्रयी से है–शंकर-भाष्य।
2. 11.5
3. 1.5.50

"जैसे दुष्ट, चोर या लुटेरे जंगल में किसी धनवान् पुरुष को पकड़कर उसे गढ़े में फेंककर उसका धन लेकर चम्पत हो जाते हैं; ऐसे ही मूर्ख ऋत्विज् उस यजमान को, जिसका वे यजन कराते हैं, गढ़े में ढकेलकर उसके धन को लेकर चम्पत हो जाते हैं। (इसीलिये) परीक्षित् के पुत्र जनमेजय ने कहा था कि मैं स्वयं याज्ञिक कर्मकाण्ड को जानता हूँ। विद्वान् ऋत्विज् ही मेरा यजन कराते हैं। इसी कारण मेरी जय होती है।" ऐतरेय ब्राह्मण 8.11

हमारी प्राचीन संस्कृति सामाजिक थी वैयक्तिक नहीं

प्राचीन काल में क्या आज भी अन्य जातियों में विवाह सगे भाई-बहनों को छोड़कर हो जाते हैं। परन्तु हमारे विधिकारों ने चाचा, ताऊ, फूफा, मामा, मौसा के बच्चों में ही विवाह वर्जित नहीं किया बल्कि एक गोत्र में भी विवाह करना मना किया।

एक गाँव की लड़की से विवाह करने पर दामाद पूरे गाँव का समझा जाता था और उसका सब आदर करते थे।